THE
IN.CAR.NATION
CODE

Wie der digitale Wandel in der Mobilitätsindustrie gelingt.

Dr. Engelbert Wimmer

e&Co. AG – enabling value
2019, erste Auflage

It's still day one. I don't think
the alarm clock hasn't gone
off yet. We haven't even hit
the snooze alarm once. It's
early. I think it's day two
when the rate of change
slows. And so far the rate
of change on the internet
if anything is accelerating.

Jeff Bezos,
CEO Amazon

Den vielen Menschen
gewidmet, die mir erlau-
ben und mich ermutigen,
immer weiterzusuchen.
Der Industrie gewidmet,
in der ich mich wohl-
fühle und die ich zu-
tiefst respektiere.

DANKE. VIELEN HERZLICHEN DANK!

In diesem Buch steckt sehr viel Herzblut. Ich habe es im Winter 2017 in San Francisco begonnen – und dort auch im Frühjahr 2019 während einer Geschäftsreise die letzten Zeilen zu Papier gebracht. Dazwischen liegen viele Lernreisen – und zahlreiche Wochenenden und Nächte des intensiven Schreibens, neben dem beruflichen Leben eines aktiven Beraters. Auf dieser Entstehungsreise haben mich einige Menschen tatkräftig begleitet, bei denen ich mich zutiefst bedanken möchte.

Danke an meine Familie, die sehr geduldig mit mir war. Danke auch an mein Marketing-Alter-Ego, meinen Freund und langjährigen Weggefährten **Ben Wiechmann** für seine geduldige Allround-Mitarbeit an diesem Werk. Danke an **Romi Klockau**, die das fantastische Buchdesign gezaubert und damit meine Gedanken in das passende Gewand gekleidet hat. Danke an **Matthias Seifert**, der bei den exzellenten Illustrationen über sich hinausgewachsen ist. Danke an **Nikola Klein** für ihr feines Sprachgespür und das stilsichere Lektorieren des Textes. Danke an **Nina Geiss** für inhaltliches Sparring und Anregungen. Danke an mein **Team von e&Co.** – insbesondere an Hanns Peter Becker, Geza Brugger und Max Neumann – für den fachlichen Input, die vielen Diskussionen, den konstruktiven Austausch und die kontinuierliche Motivation. Danke an meinen Freund und Storytelling-Guru **Uwe Walter** für seinen wertvollen Input. Und danke an alle, die ich hier möglicherweise vergessen habe.

INHALT

EINLEITUNG

Einleitung

Das Auto.

Statussymbol, Fetisch und Streitobjekt: Kaum ein anderes Thema bewegt die Deutschen (und nicht nur diese) so sehr wie ihr Fahrzeug. Es ist und bleibt das wichtigste Verkehrsmittel, ist Inbegriff für Freiheit, Dynamik, Selbstentfaltung, Lebensstil und auch: Macht, Beschäftigung und Wohlstand. Manche Fahrzeuge mögen Generationen geprägt haben; ohne Zweifel hat die Autoindustrie ganz besonders dieses Land geformt – zur: Car-Nation.

Wer auf die harten Zahlen blickt, erahnt die Bedeutung des Sektors: Etwa 800.000[1] Menschen arbeiten direkt in der deutschen Autoindustrie; zusammen mit den indirekt Beschäftigten hängen insgesamt rund 1,5 Millionen Arbeitsplätze[2] am Autobau. Es ist unser wichtigstes Geschäft. Mit einem Umsatz von geschätzten 400 Milliarden Euro[3] würde die deutsche Autoindustrie, als Bruttoinlandsprodukt gerechnet, Einzug in die Top Ten der EU-Staaten feiern, noch vor Österreich[4]. Gleichzeitig kommen Klopfzeichen aus dem Motorraum, wir fühlen: der Vortrieb schwächt sich ab. Für die Automobilbranche, die in diesem Buch stellvertretend steht, und für die gesamte fertigende Industrie gleichermaßen. Mehr und mehr steckt, wie Thomas Vasek im Manager Magazin[5] beschreibt:

» ... das Auto – und damit das deutsche Selbstverständnis – in der Krise. In der Debatte um die deutsche Autoindustrie verdichtet sich heute, wie im Zylinder eines Verbrennungs- motors, ein Gemisch aus zen- tralen Fragen unserer Zeit: Globalisierung, Klimawandel, Digitalisierung.«

Der »Deutschen liebstes Kind« trieb das Wirtschaftswunder an, durchtauchte die Ölkrisen, erfand sich immer wieder neu im weiten Bogen zwischen einem immer noch abgehobeneren Protzen mit zunehmender PS-Zahl im SUV und den unerhörten Abwrackprämien der letzten globalen Wirtschaftskrise. Nun droht ein neues Lustobjekt das Automobil vom Fetisch-Thron zu stoßen und bündelt den Tunnelblick der Menschen. Das iPhone, mit seinen zahlreichen Klonen, hebt an, die weltweite Herrschaft über das mobile Publikum an sich zu reißen. In nur einer Dekade hat das Handy das Auto überholt und eine Bedeutung eingenom-men, die ehedem unvorstellbar war: Das Mobiltelefon ist heute sogar wichtiger als Sex, sagen 28 Prozent der mehr als 1.000 Befragten in einer repräsentativen Online-Erhebung[6], die im Auftrag der Digitalagentur Syzygy durchgeführt wurde. Eifersüchtig dementiert die Öffentlichkeitsarbeit der Autohersteller solche Zahlen und sucht nach Gegenargumenten, weist gerne auf die immer höheren Erlöse pro abgesetztem Fahrzeug hin, doch die Daten zeigen unmissverständlich: Die Käufer werden stetig grauhaariger und die Fahrzeugflotte der Germanen altert auf einen Höchststand zu. Die Neuanschaffung in der Garage ist schlicht weniger wichtig, als sie es früher einmal war. Das bedeutet im Klartext: Gefahr im Verzug für die führende Branche. Tatsächlich steht die Autoindustrie vor der größten Trans-formation ihrer über hundertjährigen Geschichte.

Um das klarzustellen: ich vertrete in diesem Buch keinen fantastischen Digital-Utopismus. Ich glaube nicht an den abrupten Abgesang des Rückzugsorts Automobil oder ein Obsolet-Werden der ultimativen Individualitätsmaschine unserer Zeit. Die süße Lust am Untergang, der viele Technik-Sirenen beinahe masochistisch anhängen, halte ich für trügerisch. Denn Menschen sind lebendige, körperliche und sinnliche Wesen. Über viele der noch kommenden Generationen hinweg werden Männer und Frauen ihre individuelle Freiheit zelebrieren, und dabei dem Zitat von Wolfgang Sachs[7] immer wieder zu neuer Gültigkeit verhelfen: Der schrieb in seinem Buch »Die Liebe zum Automobil«, das Auto sei in erster Linie »Genussmittel«, und eben kein »Transportmittel«. Es dauert, bis sich derartig tiefe kulturelle Bindungen vollständig auflösen. Das Auto bleibt also weiterhin Ausdruck einer Lebensart und wird durch keinen der aktuellen Trends zum bloßen Gerät herabgesetzt werden.

Also abwarten und Tee trinken? Eben nicht, denn die allmählichen Änderungen auf der Nachfrageseite bedeuten schwere Erschütterungen auf der Angebotsseite, wo industrielle Anlagen, Organisationen und Investitionen auf Dekaden ausgelegt sind. Symbolhaft zeigt sich der Wandel in den rauchenden Schornsteinen unserer Fabrikanlagen: Die einstigen Sinnbilder für Arbeit, Aufschwung, Fortschritt und Wohlstand sind heute zum Monument rücksichtsloser Umweltverschmutzung geworden. In vielerlei Hinsicht sehen sich materieller Besitz und der Umgang mit Ressourcen einem ähnlichen Mentalitätswandel ausgesetzt.

Das Auto als Kommunikationszentrale
Mobilität wird immer stärker verwoben mit einem Strom an digitalen Diensten, der Raum für ganz neue Geschäftsmodelle eröffnet. So wie man mit dem Smartphone zwar noch telefonieren kann, aber in erster Linie ganz andere Dinge macht, wird auch das Smart Car der Zukunft in so gut wie alle anderen Lebensbereiche hineinreichen.

Um den anstehenden Veränderungen mittelfristig nicht zum Opfer zu fallen, ist es allerhöchste Zeit, jetzt die neuen Zusammenhänge zu verstehen und einen grundlegenden Kurswechsel einzuleiten, denn die kleine Handy-Kachel ist äußerst gefräßig. In rasanter Geschwindigkeit verschwanden bereits zahlreiche vertraute Dinge des Konsumzeitalters oder wandelten sich zu bloßen Diensten im digitalen Nichts[8] – ob Terminplaner, Notizbuch oder Wecker, Taschenlampe, Radio- und Videorekorder, Musikanlage, Kamera, Desktop-PC oder das Telefon, wie wir es kannten: alles aufgesogen im »Da-gibt-es-eine-App-für«. Die Entdeckung der Welt bedeutet schon heute immer weniger den Reiz des offenen Abenteuertrips im Schutz der Frontscheibe. Hingegen scheint die omnipräsente Direktive der Mattscheibe aus der Hosentasche Sphäre um Sphäre unseres Lebens zu übernehmen. Als Nächstes stellt sich die Frage, ab wann auch Automobile sich diesem schwarzen Loch nicht mehr entziehen können.

Von Generation zu Generation verschiebt sich die Antwort darauf, was ein Auto ausmacht – ob und ab wann es etwa Funktionen anderer Geräte übernimmt, und ab wann es gar zur Zentrale der individuellen Kommunikation werden könnte. Oder wenigstens zur Außenstelle. Mit zunehmender Programmierbarkeit der Auto-Funktionen sowie der Möglichkeit, Autos fernzusteuern, ändern sich nicht nur die Reise-, sondern die gesamten Lebensgewohnheiten vieler Menschen grundlegend – von der Ernährung unterwegs über die Auswahl der Reiselektüre bis zur sozialen Komponente des

Carsharing. Das Internet der Dinge, der Elektroantrieb und zahllose andere Fortschritte, vom autonomen Fahren bis hin zu völlig neuen Mobilitätskonzepten: ohne vernetzte Sensoren, cloudbasierte Intelligenz und superschnelle Zahlungssysteme sind diese Neuerungen nicht denkbar. Unwiderruflich hält die Vernetzung dieser Datenflüsse Einzug ins Verkehrssystem und liefert jene Basis, die wir als Hoffnungsschimmer zur Bewältigung vieler Mobilitätsprobleme brauchen. Staus, Parkplatzsorgen, geteilte Nutzung, Geschäfte unterwegs: die Welt der möglichen Lösungen ändert sich momentan radikal. Diese Entwicklung treibt den digitalen Datenverkehr immens in die Höhe – und damit auch das Potenzial für neue Geschäftsmodelle. Eine Rückkopplung, die sich selbst verstärkt. Und die nicht nur das Automobil betrifft, hier aber besonders gut nachvollziehbar und beschreibbar ist. Gemessen an den vielen Veränderungen im Umfeld ist es aus meiner Sicht höchste Zeit für die Re-Incarnation unserer wichtigsten Industrie.

Was will das Buch?

Jetzt also noch ein Buch zum Thema Digitalisierung? Ja! Es ist meiner Meinung nach Zeit – um erneut ein wichtiges Zitat zu verwenden – für einen digitalen Ruck im Reich der Automobilen. Weder sind wir zu spät dran (*»It is still day one«*, Jeff Bezos, Amazon), noch hält irgendein Bösewicht den goldenen Schlüssel in der Hand, um uns aus der Zukunft auszusperren.

Ich bin begeisterter Optimist. An dieser inneren Grundhaltung orientiert sich auch das vorliegende Buch. Denn ich bin überzeugt: Die Chancen der Digitalisierung unserer Industrien sind gewaltig und überwiegen die Gefahren bei weitem. Wer sich vor dem Wandel und der Zukunft nicht wegducken will, muss sich diesen Herausforderungen dynamisch anpassen. Mir geht es in diesem Buch um eine erfolgversprechende, aktive Gestaltung des Weges in diese Zukunft. Denn der Wandel wird zahlreiche Hindernisse mit sich bringen, die es auf dem Weg zu bewältigen gilt. Meine Argumentation wird dabei nicht blind für die Gefahren sein – etwa die finanziellen Risiken, die entstehen, wenn man aufs falsche Pferd setzt oder Dinge schlichtweg nicht funktionieren. Doch diese Erfahrungen gehörten schon immer zum Wirtschaftsleben dazu, das stets auch Risiko, Ausprobieren, Hinfallen, Lernen und Weitermachen beinhaltet. Wie ich ausführen werde, bewegen sich *digital* und *analog* in einer unaufhaltsamen Konvergenz aufeinander zu. Damit ändert sich das Betriebssystem unserer Wirtschaft. Wir wandeln uns von einer Industrie- und Dienstleistungsgesellschaft hin zur *Digital Value Economy*[9]. Wie gelangen wir unbeschadet dorthin? Indem wir aus Gegensätzen Ergänzungen machen, die Brücken suchen, und nicht die Grenzen, zwischen analog und digital. Auch: Das lineare Modell der klassischen Betriebswirtschaft zur Netzwerkgesellschaft erweitern. Ich möchte mit diesem Buch drei Kernpunkte verdeutlichen. Das bedeutet:

Über die Frage »Was ist die Digitalisierung?«
hinausgehen und untersuchen, *was denn nun wirklich
getan werden muss.*

Einen Erzählstil anbieten, der im Sinne
des Storytelling einen *psychologisch anregenden
Wissenstransfer* ermöglicht.

Einen Beitrag zur Weiterentwicklung dessen
leisten, wie unsere Industrien vollständig aus den letzten
Mustern des Industrie- *in das Dienstleistungszeitalter
geführt* werden können.

Fundamental ist für mich eine Erkenntnis: Digitalisierung in Unternehmen ist nicht Technologie, sondern eine Denkweise. Ich glaube nicht daran, dass die Welt von Software (oder Plattformen) verschlungen wird, um ein berühmtes Zitat von Marc Andreessen heranzuziehen[10]: *»Software does not eat the world, but it meets the world«* – das trifft die Sache schon eher. Es geht also um einen Arbeitsplan für die Firmen und die Entscheider, für ein gekonntes »Sowohl-als-auch« von analog und digital.

WAS WILL DAS BUCH? — FÜR WEN IST DIESES BUCH?
— WIE KANN DIESES BUCH GELESEN WERDEN?

MAHLICH BEGIBT SICH AN DEN STARTPUNKT   15

Für wen ist dieses Buch?

Dieses Buch bietet einen Diskussionsleitfaden für Unternehmer, Entscheider, Innovatoren, Berater, Finanziers und wirtschaftlich interessierte Beobachter – ob im internationalen Konzern oder im mittelständischen Familienunternehmen. Es wendet sich an Menschen, die eine Umsetzung vorantreiben und Dinge »machen« wollen, statt wie das Kaninchen auf die Schlange zu starren. Es soll ein Weg beschrieben werden, der ein wettbewerblich sinnvolles Handeln ermöglicht – aufbauend auf der bisherigen Stärke unseres verantwortungsvollen, sozial ausgeglichenen und sich in Richtung Nachhaltigkeit verändernden Industrie-Modells.

Wie kann dieses Buch gelesen werden?

Die angesprochene Zielgruppe eint vor allem der Umstand, wenig Zeit zu haben. Die übersichtliche Struktur dieses Buches soll dem Rechnung tragen.

 *Reisepfad* Die gesamte Reise durch das Buch ist als Mindmap visualisiert. Damit finden Sie schneller die Bezüge zwischen den einzelnen Stationen und können mühelos zwischen den Abschnitten navigieren.

 *Navigation* Am Anfang eines jeden Kapitels sind die zentralen Botschaften als Navigationsseite zusammengefasst. Hier erfahren Sie, was Sie auf den folgenden Seiten erwartet und wie viel Zeit das Lesen in Anspruch nimmt.

 *Storytelling* Meiner Meinung nach geschieht wirklicher Wissenstransfer nur über empathisches Storytelling. Daher werden die einzelnen Kapitel durch einen »Erzählteil« eingeleitet. Diese Abschnitte sind gekennzeichnet durch das Lagerfeuer-Symbol. In der Essenz beziehen diese Abschnitte ihren Inhalt aus den Stationen der verschiedenen Lernreisen rund um den Globus.

 Detour Kleiner Umweg mit einer erläuternden Anekdote, einem Fallbeispiel oder einer Geschichte aus der Praxis. Dieser Umweg ist als ästhetischer und illustrativer Zusatz gedacht und klar als eigenständige Textbox markiert.

Die Personas unserer fiktiven Lernreise

Wir begeben uns auf eine internationale Lernreise, bei der vor allem zwei zentrale fiktive Charaktere im Dialog stehen und ihre Eindrücke und Erkenntnisse bearbeiten.

Erste Persona **Peter Mahlich**, 41 Jahre alt. Er lebt in Frankfurt, wo er bei einer großen Telekom-Company im Marketing/Vertrieb arbeitet. Er ist der Ich-Erzähler unserer Geschichte. Sein Auftritt beginnt mit einem kurzen Bericht von seinem Trip ins Silicon Valley. Während seiner Reise wird ihm eine äußerst herausfordernde neue Aufgabe als Vertriebsvorstand der AutoInc. (einem fiktiven großen deutschen Autobauer) angeboten. Bevor er in vier Monaten die neue Position antreten wird, plant er zum Einstieg eine Lernreise an ausgewählte Standorte der AutoInc. Diese macht er aber nicht alleine.

Zweite Persona **Dr. Andreas Bremer**, 48 Jahre alt. Er ist Partner in einer kleinen Boutique-Beratung, die seit vielen Jahren mit dem Topmanagement der AutoInc. zusammenarbeitet. Für den Autobauer gestaltete Bremer unter anderem das Nachwuchsprogramm für Topmanagementkräfte. Seine Devise: die zukünftigen Führungskräfte sollen sich intensiv mit der *Digital Value Economy* auseinandersetzen.

Um Herrn Mahlich auf die neue Position bei der AutoInc. vorzubereiten, reist Bremer mit ihm auf mehreren Stationen um die Welt und geht dabei den folgenden Fragen auf den Grund: **Was bedeutet Digitalisierung in der Autoindustrie für die Kunden? Für die Prozesse? Für die Organisationen und für die Führung?**

Ich wünsche Ihnen eine vielseitige Lernreise.
Dr. Engelbert Wimmer, April 2019

Mahlich begibt sich an den Startpunkt

Meetup im Valley

Immigration von Talenten

Hightech-Forschung

Experimentieren

No Non-Compete

Venture-Kapital-Ökosystem

Optimismus und »Pay-it-forward«

Ein Anruf ändert alles: Call to Action

Ein Pakt für gemeinsames Lernen

China oder doch Israel – Reisefieber

Beijing Motor STAU

China Forward

Ein Plan für China

Shalom Tel Aviv

Die japanische Disruption der Disruptoren

Die vier Domänen der Digital Value Economy

Domäne: »Creating Digital User Value – Wie aus Produkten digitale Erfahrungen werden«.

Domäne: »Operieren in Lernzyklen – Wie aus linearen Prozessen agile Zyklen werden«.

Domäne: »Design der bimodalen Organisation – Wie Skalierung und Innovation versöhnt werden«.

Domäne: »Evolution der Führung – Wie postheroische Führung gelingen kann«

C¯reating Digital User Value

Freigang im Kopf

Narrativ: Das Habitat des digitalen Nutzers

Mobile Menschen: mehr, älter und reicher

Ungebremste Urbanisierung

Der Kunde ist always on

Umkehrung des Wissens-Transfers

Vom Einkaufen zum Erlebnis-Shoppen

Aufmerksamkeit – das kostbarste Gut

Alles Realtime – das Leben in Red-Queen-Momenten

Virtuelle Gemeinschaften und »digitale Staaten«

Die Produktion des digitalen ICH

Deskriptiv:
Creating Digital User Value

Ökonomie der Digital Experiences

Konvergenz – The Secret Sauce

Ökosystem schlägt Brand Management

Präskriptiv: »Experience goes digital«

Communi-Care (¬ Feedbackschleifen)

Perfect Access (¬ Omnichannel und De-Frustration)

My Value (¬ Personalisierung, Status, Selbstausdruck)

User Contribution (¬ Co-Creation)

Communitys (¬ Social)

Collaboration (¬ Open Ecosystem)

Die Elefantenrunde und der Digital User Value

Oˉperieren in Lernzyklen

Küchengespräche

Narrativ: Die Eingeweide
der Datenmaschine

Die wahnsinnige Expansion
des Datenraums

Der Daten-Dschungel
braucht eine Datenstrategie

Lernende Maschinen
für die Datenflut

Das Ende der Hellfire Missile

Kontext Mehr-Wert

Deskriptiv:
Digitale Innovationszyklen

Siegeszug an HMI und Datenkanal

Evolution durch Value
Centric Increments

Teilen und Herrschen durch
Pace Layered Architectures

Präskriptiv:
Innovation @ Digital Speed

Hoarding Data Capital
(¬Banking on our USPs)

Design Thinking (¬Creating
Experimentation Capability)

Open Innovation
(¬Celebrate not invented here)

Universe of (Micro-)Services
(¬Modular Recombination)

Tech Trendsurfing
(¬Working the Labs)

OKR vs. KPI (¬Bridging Horizons)

Der Elevator Pitch

Dˉesign bimodaler Organisationen

Narrativ: Wale und Schwärme

Organisieren macht uns erfolgreich

Das Wachstumsmodell
von Greiner

Organisation der Innovation:
Erkundung vs. Skalierung

Die Skalierung will dominieren

Fuß in der Tür:
Corporate Venture Capital

Innovation braucht eine
»offene Organisation«

Deskriptiv:
Was sind hybride Organisationen?

Agile Organisation:
Machen oder Sein?

Standbein und Spielbein
kombinieren

Das schwierige Paar:
Innovation und Kultur

Präskriptiv:
Hybride Organisationen bauen

Definiere den Purpose
(¬Der Zweck bestimmt
die Mittel)

Hybride organisieren
(¬Experimentelle Lebens-
formen)

Knüpfe Netzwerke
(¬Schnittstellen zu Nahtstellen)

IT in DevOps (¬IT der vielen
Geschwindigkeiten)

Stopp dem Plan-Wahn
(¬Relativiere den Takt)

Allianz für Talente
(¬Steigere die
Employee Experience)

Eˉvolving Leadership

Narrativ: Das F-Wort »Führung«

Was Führung macht

Die Gefahr durch die Bewahrer

Die Neu-Entdeckung der Führung

Deskriptiv: Führung
im postheroischen Modus

»Sich-selber-besser«-Führung

New Work und New Team Work

Selbstbeobachtungsfähigkeit
optimieren

Präskriptiv:
Führung und Haltung

Leadership Kompendium
(¬Gute Führung beschreiben)

Feedback-Routinen überall
(¬Lernchancen bieten)

CEO Chief Entwicklungs-Officer
(¬Gardening Presence)

Wagnisse finanzieren
(¬Im Irren besser werden)

Storytelling baut Brücken
(¬Stand- und Spielbein takten)

Denke Ökosystem
(¬Netzwerkperformance
steigern)

**Und nun?!
Morgen zur Arbeit gehen**

Nachwort des Autors

Die digitale Avantgarde ist nicht unschlagbar

Über Nebenwirkungen und Risiken informiert…

MAHLICH BEGIBT SICH AN DEN STARTPUNKT

Mahlich begibt sich an den Startpunkt

WORUM GEHT ES?

Mahlich erlebt ein intensives Meetup im Silicon Valley und trifft sich mit Dr. Bremer, um seine Lernreise zu reflektieren. Sie besprechen wichtige Voraussetzungen für den Erfolg des Silicon Valley.

ESSENZ: ERFOLGSFAKTOREN DES SILICON VALLEY

» Immigration von Talenten – die offene Einwanderungspolitik verursacht als zentraler Erfolgsfaktor etwa die Hälfte des Wunders »Silicon Valley«.

» Hightech-Forschung – eine vielfältige und stark anwendungsorientierte Forschung liefert Ideen und Gründer. Der lokale Wettbewerb von Spitzenforschungsinstitutionen befeuert deren Qualität.

» Experimentieren – eine Kultur des »Ausprobierens«. Experimente schlagen Businesspläne um Längen. Sie liefern konkrete Daten und Erfahrungen.

» No Non-Compete – Mitarbeiter, die sich nicht gut behandelt fühlen, gehen wieder. Vielleicht zum Mitbewerber. Vielleicht als Mitbewerber. Es ist deshalb sinnvoll, sich um diese Mitarbeiter zu bemühen.

» Venture-Kapital-Ökosystem – Geld alleine macht nicht glücklich, und auch nicht erfolgreich. Eine Vielzahl von Dienstleistern hilft dabei, das Start-up-Skalierungswerk zu betreiben.

» Kultur des »Dream-on-Try-on« – Nur wer nicht aufgibt, kann gewinnen. Dies gilt auch für die Statistik und die Suche nach dem nächsten Einhorn.

» Optimismus und »Pay-it-forward« – Es ist sinnvoll, großzügig und hilfsbereit zu sein, wenn man davon ausgeht, dass genug für alle da ist.

Lesedauer: ca. 30 Minuten (220 Worte/Minute)

Meetup im Valley

Es ist November im Jahr 2017. An einem herrlichen Samstagnachmittag sitze ich in einem Meetup mitten in Palo Alto, Kalifornien, um mich herum eine wild zusammengewürfelte Gruppe Menschen. Ich hatte schon lange vor, einige Wochen aus meinem Alltag auszubrechen, um meine Gedanken neu zu sammeln. Jetzt habe ich mir eine Bildungsauszeit von vier Wochen gegönnt und bin ins Silicon Valley gereist. Zwar mit einigen Kontakten und vereinbarten Besichtigungen im Gepäck, doch im Wesentlichen frei und neugierig. Ein Bekannter gab mir gleich am ersten Tag den Tipp, mich in eines der lokalen Meetups zu setzen und einfach zuzuhören.

Ich möchte den Silicon-Valley-Spirit in mich aufsaugen, möchte erfahren, was hier abgeht – mich inspirieren lassen und meine Ideen weiterentwickeln. Aktuell beschäftigt mich auch meine persönliche Zukunft: Ein bekannter Headhunter fragte mich im Sommer, ob ich Interesse habe, Vertriebsvorstand der AutoInc.[12] zu werden. Das kam für mich überraschend, denn ich bin nicht gerade der typische Car-Guy. Obwohl ich natürlich schönen Autos seit meiner Jugend viel abgewinnen kann. Im Verlauf unserer Gespräche aber verstand ich mehr und mehr: dass sich die AutoInc. vom Fahrzeugverkäufer zum Mobilitätsanbieter wandeln muss, und dass das Fahrzeug der Zukunft ein äußerst wichtiger Knoten im Internet der Dinge sein wird. Mir wurde langsam klar, welchen Beitrag ich dazu leisten konnte. Und jetzt – in Palo Alto – ist der Zeitpunkt meiner Entscheidung in greifbare Nähe gerückt.

Am Abend, so hoffe ich, werde ich noch mehr zur AutoInc. erfahren. Denn dann ergibt sich vielleicht die Gelegenheit, mit Dr. Bremer zu sprechen, den ich schon aus der Zentrale der AutoInc. in Deutschland kenne. Er ist zurzeit in Palo Alto bei einem seiner Start-ups. Vielleicht bekomme ich aus erster Hand ein paar Infos aus der Gerüchteküche – denn ich bin sicherlich nicht der einzige Kandidat für diese Position.

Das Meetup wird gleich beginnen. Beim heutigen Zusammentreffen soll es darum gehen, sich über das Potenzial und die Zukunft von Blockchains auszutauschen. Das Thema wurde vorab in der App, über die sich die Veranstalter und Teilnehmer organisieren, grob umrissen. Im Online-Forum konnten sich die Teilnehmer spontan zu dem Treffen anmelden. Kommen darf jeder, der sich für das Thema interessiert. Mir selbst ist die Blockchain-Technologie vor allem durch den Hype um die Kryptowährung Bitcoin bekannt. Lange umgab Blockchain eine gewisse Verruchtheit, als schwer zu verfolgendes Zahlungsmittel für den Handel mit Drogen, Waffen und sonstigen Waren im Darknet, dem verborgenen Teil des Internets. Aber Blockchain ist viel mehr als nur virtuelles Geld. Ich weiß, dass es um Verfahren zur sicheren und vor allem dezentralen Abwicklung von Transaktionen in Netzwerken geht – und bin sehr neugierig, was ich heute lernen werde.

An der Eingangstür hängt ein hand-
geschriebenes Plakat. Der Ort des
Treffens ist nur für wenige Stunden
angemietet, wie ich an der Rezeption
erfahre. Die Räume liegen in dem un-
scheinbaren Firmengebäude eines
kleinen Softwareherstellers. Organisiert hat das Meetup ein Team aus
chinesischen Jungunternehmern. Beeindruckt und auch etwas überrascht
stelle ich fest, dass es sich dabei über-
wiegend um sehr gut ausgebildete, sehr
selbstbewusste und ehrgeizige Frauen
handelt. Sie nennen sich NABA, North
American Blockchain Association[13].
Auf den ersten Blick ein Zeichen für
große Ambitionen. Der Meetup-Raum
hat sich inzwischen mit etwa vierzig
Personen gefüllt. Der Eintritt ist frei,
es gibt den obligatorischen Kaffee in
Styroporbechern. Wir starten mit einer
kurzen Vorstellungsrunde. Ich horche
auf, als ich mehr zu den Hintergründen
der Anwesenden erfahre: Hinter mir
stellt sich ein Berater der amerikanischen Regierung vor. Ein Inder, der
auch gerne Aufträge in der privaten Industrie bedient und hektisch mit seinen
Visitenkarten wedelt. Neben ihm eine
Bankerin von Goldman Sachs. In stark
gebrochenem Englisch halten schließlich drei der jungen Chinesinnen ein jeweils etwa zehnminütiges Impulsreferat
zu Anwendungsfragen der Blockchain.

Aufgrund der vielen mathematischen
Formeln verstehe ich zwar bei weitem
nicht alles, kann aber nachvollziehen,
was mit dem Titel des Meetups »Smarte
Verträge« gemeint ist. Ich ahne, welches
Potenzial in der Technologie steckt.

Das Verfahren könnte, so die Diskutanten, eines Tages herkömmliche Banken überflüssig machen, Grundbücher er-
setzen und bestimmte Datenpakete so verschlüsseln, dass
sie nur noch mit der Zustimmung ihres Eigentümers gelesen
werden können. Manch einer der Anwesenden rechnet schon
bald mit diesen Entwicklungen.

Ich bin fasziniert. Was mich noch mehr ergreift als das eigentliche Thema, ist diese ganz besondere Energie unter den
Teilnehmern. Was hier passiert, ist ein Austausch zwischen
den Besten der Besten. Sicherlich nicht ganz ohne Eitelkeiten
– und nicht alle Fragen und Antworten sind brillant. Doch es
findet alles auf offener Bühne statt, freischwingend wie ein
Jazzkonzert und ohne die Verbotszonen eigennütziger Interessen, ohne bedenkentragende Juristen oder mehrseitige
Geheimhaltungsvereinbarungen. Ich würde zuhause ein
Vermögen zahlen müssen, um alle diese Personen in einen
Raum zu bekommen, denke ich mir, und dann nur noch damit beschäftigt sein, das Zusammenspiel der Beteiligten zu
koordinieren. Hier koordinieren sie sich selbst, man trifft
sich unverbindlich, aber auf Augenhöhe, zum »Networking«
und um sich über den letzten Stand der Dinge auszutauschen. Und natürlich auch, um Deals einzufädeln.

Neben mir, so wird mir klar, sitzt eines der technologischen
Schwergewichte des Silicon Valley: Hamid Pirahesh, im Range eines Fellows bei IBM[14]. Fellowship ist bei IBM so etwas wie
der Ritterschlag für technische Lebensleistungen. Eine Aus-
zeichnung, die weltweit in diesem riesigen Konzern nur etwa
knapp hundert Menschen zeitgleich führen. Sie gewinnen dadurch die enorme Freiheit, sich ihr eigenes Forschungsfeld
und Thema zu suchen innerhalb des Big Blue – wie Insider
den Konzern gern nennen. Die Mittel für diese Forschungen
können mitunter beträchtlich sein und werden meist frei-
händig vergeben. Das Ergebnis dieser Freiheit für IBM: bislang
wurden bereits fünf Nobelpreise an die Fellows verliehen,

dazu beinahe hundertfünfzig wichtige Patente eingereicht und das Unternehmen genießt höchste Reputation in technologischen Fragen. So nebenbei bietet diese Forschungsfront eine bisher recht überzeugende Absicherung des Hauses gegen unliebsame technische Überraschungen »aus dem Off« – sie half dem Konzern über Jahrzehnte hinweg, seine Vorreiterrolle zu erhalten. Das haben nur wenige der wirklich großen Technologieriesen geschafft. Wenn die eigenen Mitarbeiter die Freiheit genießen, den Stand der Dinge von innen heraus zu hinterfragen, verspüren sie nicht so schnell den Drang, mit ihren Ideen draußen etwas zu gründen, erklärt mir der freundliche Inder, der sich in den Gesprächen locker an meine Seite begeben hat. So bleibt der IBM-Tanker recht gut geschützt, trotz all der Start-up-Dynamik um ihn herum, führt er weiter aus. Ein Konzept, zu dem ich später noch viel mehr erfahren möchte.

Die Meetup-Kultur im Valley
An jedem beliebigen Tag findet im Tal südlich von San Francisco in einem Umkreis von nur einer Stunde Fahrzeit eine Vielzahl an Meetups statt. Über Firmen- und Branchengrenzen hinweg treffen sich hier Gleichgesinnte zum Austausch zu den vielfältigsten Technologie- oder Geschäftsthemen.

Gebannt verfolge ich weiter, was im Meetup passiert: Pirahesh sitzt mittlerweile entspannt mit einer Gruppe neugieriger junger Zuhörer zusammen und erklärt freimütig die technischen Beschränkungen und die Bandbreite der heutigen Blockchain-Verfahren. Aufmerksam lauscht er auch den Ideen der jungen Leute. Ich spüre seinen tiefen Respekt vor der Leidenschaft der Kollegen, sein aufrichtiges Interesse an deren Standpunkten und dem interdisziplinären Austausch. Es geht ihm nicht darum, den großen Forschungsetat, über den er verfügt, zu schützen, zu rechtfertigen, ja, ihn überhaupt zu bedenken, sondern um die ehrliche Diskussion. Ich erlebe hier aus erster Hand, wie die dem Valley nachgesagte Offenheit wirkt. Natürlich kenne ich Meetups auch aus Europa, aber das Meeting hier ist intensiv besucht und darauf angelegt, einen tiefen fachlichen Austausch voranzutreiben. Einen Austausch, in dem man, wie ich selbst erleben kann, voneinander gutes, direktes und offenes Feedback erwartet, in dem die Neugier auf die Sache des anderen nicht von Abgrenzung, Neid oder Besserwisserei angetrieben wird, sondern von dem Wunsch zu lernen. So einfach und so wirkungsvoll, denke ich mir, und mache eifrig Notizen, die ich am Abend mit Bremer reflektieren möchte.

Auf dem Rückweg fahre ich einige Meilen den Highway 101 Richtung San Francisco hoch, komme am Intel Museum vorbei, passiere das NASA Ames Research Center, den Googleplex und die Parks der Stanford University. Beeindruckt von den großen Namen gehen mir aber auch die dunklen Seiten des Valley[15] durch den Kopf, die steigende soziale Ungleichheit, die Machthäufung bis zur Wahlbeeinflussung, die Obdachlosigkeit einfacher Arbeiter, die sich die Wohnungen nicht mehr leisten können, weil die Programmierer mit ihren hohen Gehältern wie die Heuschrecken in Kalifornien einfallen. Und beim Thema der Heuschrecken, die kolportierten sexistischen Eskapaden in manchen der mit dem Valley verbundenen Unternehmen.

Um 18 Uhr bin ich im HanaHaus[16] von SAP mit Dr. Bremer verabredet. Ich parke den Mietwagen pünktlich, unmittelbar vor dem Gebäudekomplex. Als ich die Cafeteria im Eingangsbereich erreiche, winkt mir Bremer schon freundlich zu. Nachdem wir uns online als Besucher registriert haben, setzen wir uns in den offenen Workspace auf eine der einladenden Sofagruppen. Ich lasse meinen Blick durch das Gebäude schweifen, bestaune die Architektur aus alten Bögen, Stahl und Beton, die modernen Sitzgruppen und kleinen Glaszellen.

Bremer bemerkt meine Neugier, lehnt sich entspannt zurück und meint: Eigentlich wie gemacht für unsere erste Zusammenarbeit, diese Umgebung. Das kann gut sein, erwidere ich, ein bisschen Plug-and-play. Und nicht nur hier habe ich das Gefühl, in einer einzigen Plug-and-play-Welt gelandet zu sein, der Gedanke zieht sich schon durch meinen gesamten Tag, sage ich und berichte Bremer ausführlich von dem Meetup am Nachmittag, während er mir aufmerksam zuhört.

Das mit dieser extremen Offenheit und der positiven Neugier möchte ich absolut bekräftigen, erwidert Bremer, das sitzt tief in der DNA des Silicon Valley, und man muss sich darauf einlassen. Das Haus, in dem wir uns gerade befinden, wurde von Hasso Plattner, dem Mitgründer von SAP, mit derselben Philosophie gegründet. Er wollte diese Idee größtmöglicher Offenheit ganz gezielt in einen physischen Ort umsetzen, an dem sich Menschen treffen und gemeinsam Ideen und Initiativen entwickeln können. Das Haus hier, fährt Bremer fort, war mal ein Theater, es bietet auf 1.400 Quadratmetern sowohl den offenen Arbeitsbereich, in dem wir gerade sitzen, als auch zahlreiche Besprechungsräume – und sogar einen Veranstaltungsraum für bis zu 100 Personen. Ein simpler Klick und ein paar Dollar pro Stunde – schon sind Sie mittendrin im Paralleluniversum, mitten in der vibrierenden Projektszene des Silicon Valley. Es ist eine offene Bühne für Zusammenarbeit, sozusagen. Das Wichtigste an Ihrem Erlebnis aber ist, dass Sie sich auf eigenen Beinen hierher begeben haben, dass es eben nicht Teil einer organisierten Reise ist, wie ich das so oft bei Managern erlebe, ergänzt er. Sonst wäre es nämlich nur eine Einzahlung auf das, verzeihen Sie, Arroganzkonto der Manager. Nach dem Motto: digitalen Streichelzoo gesehen, und abgehakt.

Na ja, entgegne ich und versuche, den Unterton beim Ausdruck »Arroganzkonto« zu ignorieren, Open Workspaces sind ja sicherlich kein Alleinstellungsmerkmal für das Silicon Valley, wir haben längst überall in Europa vergleichbare Angebote und Start-up-Zentren.

Das bringt mich zu der Frage, die ich Bremer schon die ganze Zeit stellen möchte, wegen der wir eigentlich heute hier sind: Warum, setze ich an, ist Ihrer Meinung nach die kreative Energie gerade im Silicon Valley so unglaublich groß? Lieber Herr Dr. Bremer, fahre ich fort, Sie haben ja bereits viele Kooperationen zwischen Amerikanern und Deutschen begleitet. Was gibt man den Kindern hier nur ins Frühstück, dass selbst wir aus dem Land der Tüftler und Bastler uns tief vor deren Kreativität verneigen müssen?

Eine gute Frage, lacht Bremer und zückt seinen Stift. Lassen Sie uns eine Mindmap zeichnen, dann können wir versuchen, das gemeinsam auf einen Punkt zu bringen. Denn es ist wirklich sehr wichtig, diese Stärken zu kennen. Und ich glaube auch, dass es bessere Wege gibt, als dagegen anzukämpfen. Eher sollten wir lernen, die Energien der Angreifer geschickt für uns zu nutzen – ähnlich wie im Kampfsport!

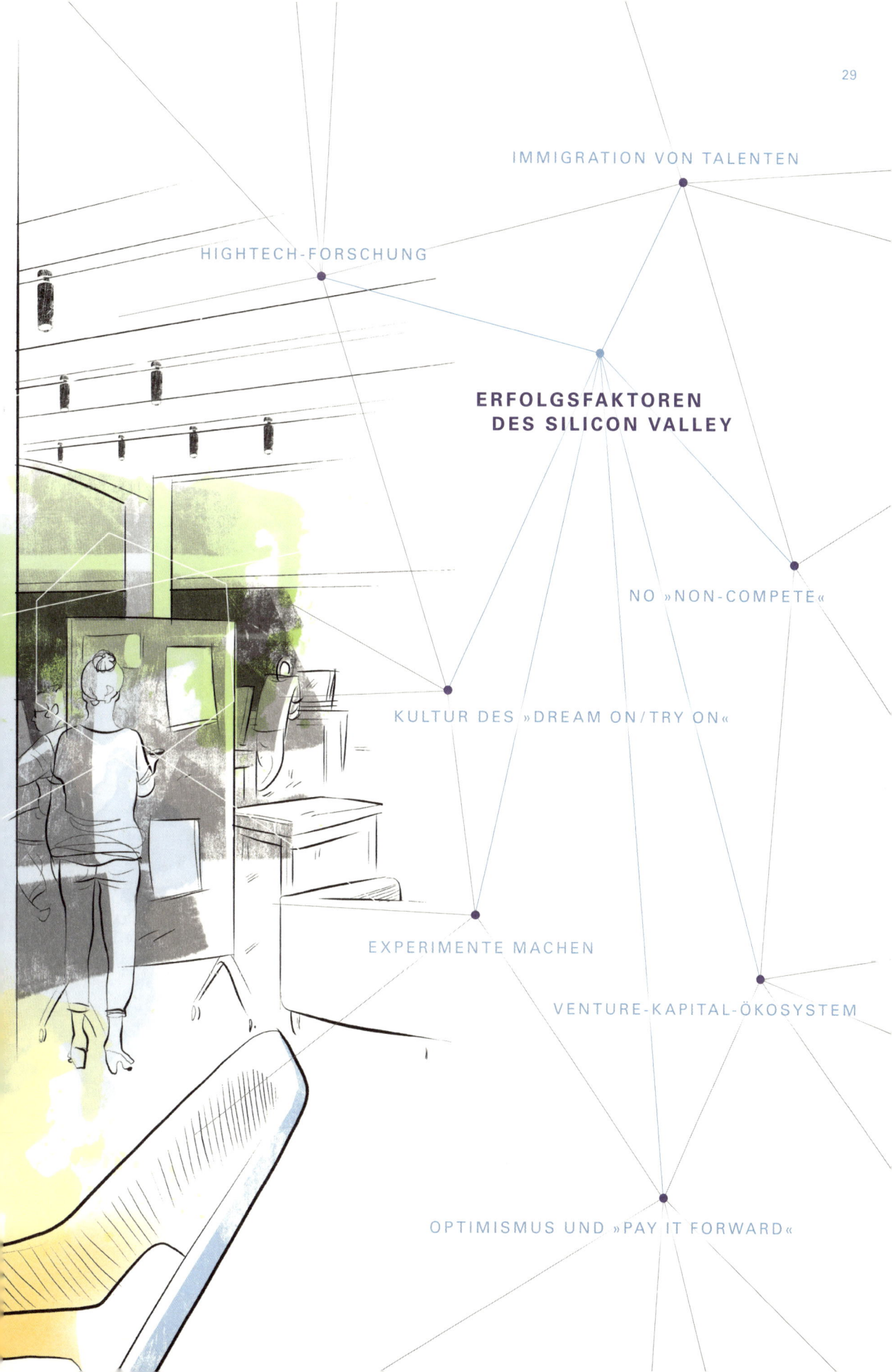

IMMIGRATION VON TALENTEN

HIGHTECH-FORSCHUNG

**ERFOLGSFAKTOREN
DES SILICON VALLEY**

NO »NON-COMPETE«

KULTUR DES »DREAM ON / TRY ON«

EXPERIMENTE MACHEN

VENTURE-KAPITAL-ÖKOSYSTEM

OPTIMISMUS UND »PAY IT FORWARD«

Immigration von Talenten

Als Erstes, fährt Bremer fort, müssen wir uns ansehen, wo diese Talente herkommen, die den Erfolg antreiben. Die Mehrzahl kommt eben nicht aus der Region, sondern *in die* Region. Der Grund ist einfach: Einwanderer haben meist weniger zu verlieren und mehr zu gewinnen, wenn sie Risiken eingehen, und gründen deswegen doppelt so häufig eigene Unternehmen wie gebürtige Amerikaner. 44 der 68[17] sogenannten Einhörner im Valley, also Unternehmen die mehr als eine Milliarde US-Dollar wert sind, wurden von Einwanderern gegründet. Wir haben also eine Gruppe von Migranten, die viel gewinnen können und die hier zahlreiche Vorbilder haben, die zeigen, dass man es wirklich schaffen kann. Das zieht an. Und durch diese Offenheit für den Zuzug von Talenten wurde das Valley zur Marke für die Kreativköpfe der Welt. Es gibt Studien, die belegen, dass 53 Prozent[18] der Ingenieure, etwa die Hälfte der CEOs und Gründer im Valley, knapp die Hälfte der Professorenschaft und über die Hälfte der Studenten außerhalb der USA geboren wurden. In der Konsequenz ist das hier ein unglaublicher Schmelztiegel, erklärt Bremer weiter. Und die Talente bleiben dabei nicht in Isolation: Immer dann, wenn Menschen sich neu orientieren, weil sie das Land, den Beruf, das Fach wechseln, sind sie gleichzeitig viel offener für neue soziale Kontakte. Denken Sie nur an die Zeit Ihres Studiums, Herr Mahlich, das war eine vergleichbare Phase des persönlichen Umbruchs. Im ersten Semester haben gleichzeitig alle neu ankommenden Studenten das Problem, ihre Valenzen für soziale Beziehungen neu besetzen zu müssen. Deswegen klappt das dann auch hervorragend, sich zu vernetzen. Oh ja, ergänze ich, auch bei mir sind genau diese Kontakte, die damals spontan entstanden sind, heute nicht mehr aus dem Leben wegzudenken. Aber wenn man dann erst einmal im neuen Ort in der neuen Rolle eingeschwungen ist, ergänze ich, ist es viel schwieriger, so viele neue Leute kennenzulernen. Genau, erwidert Bremer, aber wenn sich das »Sich-immer-neu-kennenlernen« und das »Sich-immer-wieder-neu-erfinden« durch die hohe Frequenz an neuen Talenten, Ideen, Ventures oder Projekten quasi als Dauerzustand etabliert, dann passiert genau das, was wir hier als die offene Valley-Kultur erleben. Ein guter Freund meinte jüngst zu mir, dass das eigentliche Icon für das Valley nicht das iPhone oder der Mikrochip sei, sondern der Umzugswagen. Das hält neugierig.

So hatte ich das bisher nicht betrachtet. Die Darstellung aber leuchtet mir ein. Ich erinnere mich an Szenen aus dem Meetup und erzähle Bremer von meinen Beobachtungen, die mich vor wenigen Stunden so begeistert haben. Das waren, so schließe ich ab, extrem junge Leute, teilweise gerade frisch von der Uni – man konnte förmlich hören, wie sie mit den Hufen scharren, um sich in der Welt zu beweisen.

Hightech-Forschung

Bremer nickt zustimmend und zeichnet den zweiten Ast auf die Mindmap: Hightech-Forschung. Mit Stanford, UC Berkeley und UC San Francisco *verfügt das Valley über drei der Top 15 amerikanischen Universitäten*[19]. Der Nachwuchs an jungen Spitzenleuten ist damit in großer Breite gesichert und reicht von Hightech, Software und Biotechnologie über viele Domänen hinweg bis zu grünen Technologien. Und das sind Menschen, die gelernt haben, sehr neugierig zu sein, die in diesen Spitzeninstituten ihren Forschergeist kultiviert haben und nicht vernebelt sind vom Bologna-Gespenst des Test-orientieren Paukens. Das Thema liegt ihm offensichtlich am Herzen, denn Bremer führt weiter aus: Wissen Sie, er räuspert sich, die gute Absicht in Ehren, aber Bologna hat die wissenschaftliche Leistungskraft einer ganzen Generation nachhaltig beschädigt. Denn das, was zum Lernen noch alles dazugehört – Zeit, Freiräume zum Experimentieren, sich Ausprobieren, neue Standorte finden – gibt es kaum mehr.

Experimentieren

Stattdessen pendeln die Studenten heute zwischen punktegeiler, aber sinnfreier Präsenz-Bespaßung und autokratisch gesteuertem Nachplappern. Sie lernen vor allem »befolgen«, nicht »entdecken und erobern«[20]. Das Beispiel der beiden Montessori-Schüler und späteren Google-Gründer Larry Page und Sergey Brin spricht Bände, führt Bremer weiter aus. Beide haben in einem viel beachteten Interview mit Barbara Walters von ABC deutlich darauf hingewiesen, dass ihre schulisch geförderte Befähigung zum selbstgesteuerten Lernen grundlegend für ihren späteren Erfolg war[21]. Das gilt natürlich heute umso mehr, da das Wissen sich so rasch verändert und ein Leben lang immer wieder erneuert werden muss. Schauen Sie sich nur um, sagt Bremer, wozu diese große Neugier und Offenheit führt. Wenn Sie von San Francisco bis hierher den Highway 101 runterfahren, finden Sie für jede Zukunftstechnologie einen Start-up, der sein Glück versucht, ganz gleich ob das künstliche Intelligenz ist, Biotechnologie oder Raumfahrt. Egal, in welcher Zukunftsdisziplin man gerne vorne mitspielen möchte: Es gibt für Top-Leute keinen Grund, von hier wegzugehen.

Stimmt eigentlich, sogar Autobauer gibt es hier, ergänze ich mit einem Augenzwinkern und denke an Tesla, deren Headquarter keine 20 Minuten Fahrtzeit von Palo Alto entfernt liegt. Dass neben Tesla eigentlich auch alle anderen namhaften Hersteller von Fahrzeugen ein Technologielabor im Valley betreiben, um möglichst frühzeitig von den technologischen Erfindungen in Kalifornien zu profitieren, vertiefe ich an dieser Stelle nicht. Und erst recht nicht die Frage, wie erfolgreich sie damit sind. Vielleicht haben wir an anderer Stelle aber die Gelegenheit, das zu vertiefen.

Forschung erzeugt Ideen, erzeugt Anwendung, erzeugt Gewinne, befeuert Forschung, erklärt Bremer. Das wirtschaftlich wichtigste Glied in diesem Regelkreis ist aber das Anwenden, also das Neue zu »machen« – und das immer wieder, fährt er fort. Ich nenne das den »Experimentiergeist«. Damit wollen wir den dritten Ast der Mindmap zeichnen. Bremer schreibt »Hightech-Experimente machen« auf das Blatt.

Die Brücke zwischen dem Wissen und dem Tun war hier schon immer gut ausgebaut, setzt er an, und die wirtschaftliche Entwicklung der Region begann in den 1950er-Jahren mit dem Stanford Industrial Park, einem Forschungs- und Industriegebiet direkt neben der Stanford University. Aber das Tun war immer etwas stärker als das bloße Wissen, und nach und nach gründeten ehemalige Mitarbeiter von Elektronikfirmen oder die Absolventen der Universitäten kleine Unternehmen und entwickelten ihre Forschungsergebnisse zu neuen Ideen und Produkten weiter. Schauen Sie, das Valley war eigentlich immer ein Hort der Nerds und Bastler. Die Techniker haben sich wohlgefühlt in dieser Kultur des Experimentierens. Sie durften spielen, die Dinge ausprobieren[22] und haben sich und ihre Erfindungen auch gegen Widerstände durchgesetzt. In dieser Tech-Kultur hat man sich die Kaufleute in den meisten Unternehmen eigentlich nur angemietet. Das passt gut zur deutschen Ingenieurskunst, sagt er, es funktioniert hier nur noch viel schneller. Mit der Verbreitung der Computertechnik seit den 1960er- und 1970er-Jahren siedelten sich im Silicon Valley immer mehr Hochtechnologie-Unternehmen aus dem Software-Umfeld an. Das skaliert noch schneller als die Produktion von Halbleitern. Mit den Erfolgen der Softwarebranche begann das Geld plötzlich wie Öl aus dem Boden zu sprudeln, und es folgten die vielen Hungrigen, die es auch wissen wollten.

Es war der ideale Nährboden für immer noch mehr Experimente, und hat sich immer weiter hochgeschaukelt. Bis zu den bekannten Moonshots und dem ehrgeizigen »Faktor Zehn«, um den Innovationen aus dem Valley besser sein wollen, um Geld für die Finanzierung zu bekommen. Die Devise: Immer noch höher, schneller, weiter, absurder.

Sie halten das für Übertreibung? Unangemessen? Unanständig? Sie haben recht! Aber genau das brauchen wir doch so dringend als Geschichten-Material für unsere Welt! Das sind die Storys, die uns mitreißen, die Wagnisse, aus denen das Garn für die Zukunft gesponnen wird. Das ist Storytelling in Reinform. Bremers Augen blitzen, während er begeistert aufzählt: Eine Suchmaschine, deren Namen eine Eins mit hundert Nullen symbolisiert[23]; soziale Netzwerke, denen man die bedrohliche Macht zuschreibt, die US-Präsidentschaftswahlen zu beeinflussen; Elon Musk mit seiner kolossalen Mission, den Mars zu besiedeln … Das ist die Welt der Einhörner, die uns in ihren Bann zieht. Und das liefert das Valley durch konkrete Experimente.

Aber genug, unterbricht sich Bremer plötzlich, bevor ich mich vollständig in meiner Schwärmerei für die großen Geschichten verliere. (Ich gestehe, ich bin in diesem Moment erleichtert, Bremer wieder »landen« zu sehen.) Denn ich möchte, fährt er fort, kurz noch auf die Funktion einer Vielzahl von kleinen Experimenten zu sprechen kommen, die aus meiner Sicht sehr wichtig ist. Sehen Sie, Herr Mahlich, wir haben in unseren industriellen Denkmodellen die Vorstellung von einem genialen Kopf kultiviert, der die eine Idee, den einen Gedankenwurf als große Eingebung hat, und der das dann immer weiter perfektioniert. In diesem Prozess liegt der große Schritt in der einen Idee, und der ganze Rest ist ein langer Weg der Fehlerbeseitigung. Am Ende bekommt der Kunde das Produkt. *Die Philosophie im Valley ist aber eine andere: Ideen sind billig, nur die rasche Umsetzung zählt.* Und die beginnt bei einem ersten Experiment. Ein MVP, ein Minimal Viable Product, vor den Kunden bringen, ist dafür ein guter erster Schritt. Dieses MVP wird dann vielfach alterniert und immer wieder getestet. So entsteht Reifung bis zur Meisterschaft, argumentiert Bremer[24].

Nehmen wir Google Search, die führen 5.000 bis 7.000[25] Experimente durch – pro Jahr. In einem stabilen Geschäft. Das haben sich die Kollegen der digitalen Zunft aber nicht selber ausgedacht, schon Edison setzte in seiner Erfindung der Glühbirne auf tausende Experimente[26], bevor er die richtige Kombination fand. Das Tolle heutzutage: In der digitalen Welt kann man viele Versionen eines Produktes parallel testen, indem man dem einen Teil des Publikums eine Variante zeigt und der anderen Gruppe eine andere. Mark Zuckerberg sagte vor kurzem in einem Interview, dass eine der Leistungen, auf die er besonders stolz ist, das Test-Framework sei, auf dem Facebook läuft. Zu jeder beliebigen Zeit gibt es nicht nur ein Facebook, sondern wahrscheinlich 10.000 unterschiedliche[27]. In einer Umwelt, die sich schnell verändert, kann dadurch ungleich viel schneller getestet werden, wohin die Reise des

Publikums geht. Besonders die traditionellen Firmen tun sich aber mit den kleinen Experimenten mit wirklichen Kunden extrem schwer. Denn sie müssen mit den experimentierenden Projektteams und den kleinen Experimenten genauso durch die gesamte Organisation laufen wie mit den ganz großen Projekten. Es gibt keine Fastlane. Der Grund für die langen Durchlaufzeiten: die Entscheidungswege bis zum Go-live, in die alle Funktionen eingebunden werden wollen. Die Entwicklung, der Vertrieb, die Produktion, die Logistik, die Was-auch-immer. Das ganze Gewicht der Abstimmungen, Zustimmungen, Bedenken und Rechtfertigungen lastet auf dem Experiment – das verzögert und verteuert alles extrem. Die Unternehmen des Silicon Valley aber sind genau andersherum aufgestellt: Kleine Experimente sind die Norm. Der Experimentieransatz verschiebt die Entscheidung schlicht auf einen Zeitpunkt nach dem Go-live, erklärt Bremer. So werden viele, oft tausende Varianten vor Kunde getestet. Entscheidend sind dann die Daten, und zwar via Messung. Das ist nicht nur radikal schneller, sondern auch um Größenordnungen effektiver und günstiger.

Ich muss sagen, Herr Bremer, vieles von dem, was Sie ausführen, kann ich aus eigener Erfahrung bestätigen, erwidere ich. Aber es gibt einen Aspekt, den ich unter der Überschrift »Experimente machen« auf unserer Mindmap erwartet hätte, und den wir noch nicht besprochen haben. Sehr schön, Bremer lächelt mir ermunternd zu, deswegen ist es ja auch eine Mindmap, damit wir das flexibel erweitern können. Also, Herr Mahlich, woran denken Sie?

Nun, setze ich an, ich beobachte eine Art Demokratisierung in den Möglichkeiten, Dinge selber zu machen. Mithilfe von YouTube-Videos, durch Maker-Spaces, über Blogs und Foren oder auch in organisierten Hackathons. Heutzutage können mehr Leute als jemals zuvor in den Schaffensprozess von Neuem eingebunden werden.

↗

Kleine Experimente, schnelle Umsetzung
Ein Minimal Viable Product (MVP) wird lediglich mit den minimal notwendigsten Funktionen ausgestattet, um als erste Produktversion vor den Kunden gebracht zu werden. Mit dem Feedback der Nutzer beginnt daraufhin eine iterative Abfolge von stetigen Verbesserungen und rasch aufeinanderfolgenden Produktlaunches. Der Begriff des MVP kommt aus dem Lean-Start-up-Ansatz.

Man muss nicht erst groß investieren, bevor man Ideen ausprobieren kann. Und wenn es dann nichts wird, ist es auch nicht so schlimm. Das macht es einfacher, nicht zu lange an Dingen oder Themen festzuhalten, die nicht funktionieren. Spannender Gedanke, meint Bremer, das gilt übrigens auch für Mitarbeiter. Die halten auch nicht an Unternehmen fest, die nicht funktionieren. Wie recht er hat, denke ich und erinnere mich an die Umstände, die mich in meiner letzten Funktion dazu gebracht haben, meine Freiheit zu erproben. Dabei spüre ich, dass ich doch etwas nervös bin wegen der Entwicklungen in der Heimat und den Aufgaben, die vielleicht dort auf mich warten.

DER ZAUBERER VON MENLO PARK

Ein begabter Erfinder, Marketingcrack und Unternehmer experimentierte schon im Silicon Valley, lange bevor diese Region so hieß. Thomas Alva Edison eröffnete 1876 ein Lab (damals noch Labor genannt) in Menlo Park, wo er 1877 eine echte Innovation rausknallte: den Phonographen. Zwei Jahre später gelang es ihm, die elektrische Glühlampe markttreif zu machen, nachdem er (genau wie seine Vorgänger) zigmal gescheitert war und mehr als 6.000 Materialien getestet hatte, bis er endlich den richtigen Glühfaden fand, der Licht ins Dunkel brachte. Die Glühlampe war für Edison nur Mittel zum Zweck, denn der clevere Geschäftsmann hatte eine Vision: Er wollte die amerikanischen Städte elektrifizieren – und für den Aufbau eines Elektrizitätsnetzwerks musste er über passende Produkte die Nachfrage wecken (ein Copycat der Gasindustrie).

Doch dann machte er einen entscheidenden Fehler, der ihn Reputation und sehr viel Geld kostete: Er setzte stur auf den falschen technischen Standard, nämlich auf das Gleichstromsystem. Damit versuchte er sich im berühmten »Stromkrieg« gegen seine Konkurrenten George Westinghouse und Nikola Tesla durchzusetzen, die ihrerseits Wechselstrom als Schlüssel zur Elektrifizierung ansahen – und damit recht behielten. Für Westinghouse ging es im Strombusiness glorreich weiter. Tesla hingegen, der hochintelligente Erfinder und Physiker mit über 280 Patenten, kam auf keinen grünen Zweig. Immerhin ist er heute Namensgeber eines innovativen und angesagten Elektroautoherstellers aus dem Valley. Ja, richtig: Der Firmenname Tesla wurde nicht einfach von einer Branding-Agentur erfunden, sondern ist Programm. Es bleibt zu hoffen, dass das Unternehmen in finanzieller Hinsicht erfolgreicher sein wird. Übrigens, noch eine schöne Anekdote: Als Edison 1931 starb, bat US-Präsident Hoover alle Amerikaner während der Beisetzung ihre Glühbirnen auszuschalten, um dem Tüftler die letzte Ehre zu erweisen. Eine zauberhafte Geste.

Ach so, frage ich neugierig zurück, wie darf ich das denn verstehen? Ich finde, dass die Unterhaltung extrem spannend verläuft, dennoch schiele ich immer wieder etwas abgelenkt auf mein Smartphone. Während wir sprechen, treffen zahlreiche Nachrichten meiner Ansprechpartner bei der AutoInc. aus Deutschland ein – und das, obwohl es dort spät in der Nacht sein dürfte. Ich will aber den Lauf der Diskussion nicht unterbrechen, auch wenn es mir schwerfällt.

No Non-Compete

Das liegt an einem sehr speziellen Wechselspiel zwischen den Gründungsmythen des Silicon Valley, sagt Bremer und streckt sich – vermutlich spürt er noch den Jetlag in seinen Knochen – und einer lokalen Besonderheit in der kalifornischen Gesetzgebung. Dann zeichnet er den nächsten Ast auf die Mindmap: Kein Non-Compete.

Es ist so, setzt er fort, dass *das kali-fornische Gesetz die Verwendung von »Non-Compete«-Klauseln in Arbeits-verträgen für grundsätzlich ungültig erklärt*[28]. Damit kann ein Mitarbeiter, der unzufrieden ist oder schlicht wo-anders mehr Geld verdient, mit seinem Wissen extrem einfach durch die Tür verschwinden und bei einem Mitbe-werber oder auch seiner eigenen Firma im selben Themenfeld weiterarbeiten. Diese gesetzliche Regelung kann auch nicht durch eine Fortsetzung der Ge-haltszahlung oder andere Tricks um-gangen werden, was die Firmen im Sili-con Valley natürlich nicht besonders erfreut. Viele Untersuchungen schrei-ben diesem kalifornischen Gesetz eine hohe volkswirtschaftliche Funktion zu. Es bewirkt, dass sich die Arbeitskraft der Wissensarbeiter immer sehr rasch dorthin verschiebt, wo sie die höchste Wirkung entfaltet, erklärt er weiter. Die Produktivität steigt dadurch also insgesamt stark an.

Nun zur angesprochenen Vermengung mit den Gründungsmythen: In der zweiten Hälfte der 50er-Jahre, also zu einer Zeit, als Steve Jobs und Bill Gates noch nicht einmal zur Schule gingen, kam es zu einem kleinen Aufstand beim Halbleiter-Hersteller Shockley, wo der Nobelpreisträger und herrische Eigentümer Shockley im Ruf stand, seine Mitarbeiter nicht sonderlich respektvoll zu behandeln. Dies führte dazu, dass acht sehr talentierte junge Män-ner quasi über Nacht Shockley verließen, um mit einer eigenen Firma in das vielversprechen-de Geschäft mit den damals neuartigen Transistoren einzusteigen[29]. Sie waren die ersten, die integrierte Schaltkreise auf einem Siliziumchip produzierten, was sogar namensgebend für das heutige Silicon Valley ist. Die Geschichten über die »Fairchild Eight«, die ihr Grün-dungsversprechen in einem Café in San Francisco auf einer Ein-Dollar-Note unterschrie-ben, und die daraus entstandenen Netzwerke und weiteren Folgegründungen sind Legende.

Nur um einige dieser wichtigen Spieler zu nennen: Zwei der Fairchild Eight, Gordon Moore und Robert Noyce, gründeten später gemeinsam den Chipgiganten Intel und der den Verfolgungen durch die Nazis entflohene Österreicher Eugene Kleiner gründete zusammen mit dem ehemaligen Mitarbeiter von Hewlett Packard, Tom Perkins, die berühmte Investmentgesellschaft Kleiner Perkins.

Die für damalige Verhältnisse unerhörte Dreistigkeit der Fairchild Eight, sich einfach auszugründen, weil sie unzufrieden waren, wirkte wie ein Weckruf für die Firmen im Valley. Die Unternehmen erkannten, dass sie ihr Möglichstes tun mussten, um talentierte Mitarbeiter zu halten: Hohe Gehälter, Sportanlagen, eine sinnvolle Beschäftigung, Freiheit bei der Wahl der Gestaltung des Arbeitsplatzes, Feedback an die Vorgesetzten zur Führungsleistung, eine aufregende Mission. *Hier musste man in einem sehr harten Wettbewerb um die besten Mitbewerber die Firmen an die Mitarbeiter anpassen, statt die Mitarbeiter in die Firma einzupassen.* Das prägt, und ich glaube Sie sehen, dass da doch einige Dinge zusammenfließen, die man an der Oberfläche schnell übersieht, schließt Bremer ab.

Mittlerweile ist es im HanaHaus stiller geworden und ich bemerke, dass die tätowierten Hipstertypen an der Cafeteria demonstrativ damit begonnen haben, die Kasse zu schließen. Also schlage ich Herrn Bremer vor, unser Gespräch doch an einem anderen Ort fortzusetzen, da sich auch mein Magen langsam bemerkbar macht. Sehr gut, antwortet er, da habe ich genau das richtige Restaurant für Sie. Wenn wir dort noch etwas essen wollen, dann müssen wir uns jetzt beeilen.

Als wir im nahe gelegenen San Mateo im brasilianischen Restaurant Espetus beim Essen sitzen, legt Herr Bremer wieder die Mindmap auf den Tisch und rekapituliert kurz, was er dort schon aufgeschrieben hat. Wir bestellen, und während wir mit einem Glas Rotwein in der Hand auf unser der Örtlichkeit entsprechend sehr fleischreiches Essen warten, fährt er mit seinen Ausführungen fort. Eine wichtige Zutat für den Hochdruckkochtopf des Silicon Valley haben wir als Nächstes auf der Liste: Venture-Kapital. So werden die vielen Experimente finanziert.

Venture-Kapital-Ökosystem

Alle Firmen brauchen zum Wachstum Kapital. Und viel wichtiger noch: erfahrene Kapitalgeber, damit das Kapital auch wirken kann. Das sollten die deutschen Unternehmen eigentlich selbst sehr gut wissen. So ist die frühe Rolle der Deutschen Bank in der Gestaltung der deutschen Industrie durchaus mit den Kapitalgebern im heutigen Valley zu vergleichen. Ohne diese Bank[30] und ihre weitsichtige Wachstumsfinanzierung hätte es nach der Gründerzeit in Deutschland nie ein Siemens, eine AEG Emil Rathenaus, ein Mannesmann, ein Bayer oder BASF gegeben. So wie Georg von Siemens, damals erster Vorstand der Deutschen Bank, als tatendurstiger Dynamiker der Industrie auf die Beine half, braucht es auch heute nicht nur Geld, sondern vor allem Erfahrung bei der schnellen Skalierung von Start-ups. Lassen Sie mich das genauer erklären, meint Bremer und notiert einen neuen Begriff auf der Liste.

Wie Sie sehen, habe ich hier nicht nur Venture Capital geschrieben, sondern Venture-Capital-Ökosystem. Warum? Weil das Geld alleine eben nicht den Unterschied macht – auch wenn alleine im Jahr 2017 etwa 25 Milliarden Dollar an Venture Capital ins Silicon Valley und nach San Francisco geflossen sind. Das sind etwa fünfzehn Prozent dessen, was global insgesamt für Start-up-Finanzierungen durch Wagniskapitalgeber ausgegeben wurde. Eine unglaubliche Menge Geld! Aber es ist auch wichtig, wer das Geld dann wie in Umlauf bringt. Die Platzhirsche unter den Venture-Kapital-Firmen hier im Valley sind etwa 50 große Firmen[31]. Die kennt man alle unter wohlklingenden Namen wie Sequoia Capital, Kleiner Perkins Caufield & Byers, Accel Partners oder Benchmark Capital. Zusammen mit vielen weiteren Dienstleistern, Beratern, Recruiting-Firmen und dergleichen mehr bilden sie das eigentlich interessante Rückgrat des Silicon Valley. Sie kreieren etwas, das ihre vielen Nachahmer in der Welt mit den Copy-and-Paste-Valleys nicht schaffen: ein Dienstleistungs-Ökosystem, in dem das Geld in die richtigen Kanäle fließt. Aktuell kenne ich nur ein anderes Land, welches das neben dem Silicon Valley noch hinbekommt: Das ist Israel. Deswegen wächst dort das Venture-Engagement so rasant an. Sicher, China macht sich auch nicht schlecht, aber die Situation dort ist eine andere. Lassen Sie uns das später bei Gelegenheit noch mal aufnehmen.

Dienstleistungs-Ökosystem
Zusammen mit zahlreichen Dienstleistungsunternehmen, wie etwa Beratungs-, Marketing- und Recruitingfirmen, bilden die Wagniskapitalgeber das weithin verflochtene Dienstleistungs-Ökosystem des Silicon Valley. Erst das funktionierende Netzwerk ermöglicht, dass das investierte Geld in die richtigen Kanäle fließt und ein Start-up mit einer guten Idee schnell und nachhaltig skalieren kann.

Zunächst möchte ich Ihnen das mit dem Ökosystem noch etwas genauer erklären. Bremer manövriert nachdenklich die Mindmap zwischen die Teller, die ein Kellner soeben vor uns aufgetischt hat. Schauen Sie, Herr Mahlich, nur als Beispiel: Zum Thema Ökosystem gibt es ein paar Blocks von hier entfernt, mitten in Palo Alto, eine Anwaltskanzlei mit dem schönen Namen »Wilson Sonsini Goodrich & Rosati«. Diese Firma beschäftigt sich schwerpunktmäßig mit dem Schutz von geistigem Eigentum im Umfeld neuer Technologien. Da arbeiten über 1.500 Angestellte. Und das ist nur eine der Firmen, die sich darauf spezialisiert haben, den rechtlichen Boden zu beackern, und die die Kapitalgeber brauchen, um ihre Investitionen zu schützen. Denn das ganze Wagniskapitalgeschäft funktioniert ja nur, wenn Sie das, worin ein Investor sein Geld steckt, auch schützen können. Jeder Forscher von der Stanford Universität, von Google, Apple oder einem der tausenden Start-ups kann hier unkompliziert und sofort checken, ob er eine Idee patentieren lassen kann. Der Zeitvorteil einer solchen Infrastruktur ist entscheidend.

Und von diesen Spezialisten gibt es zahlreiche mehr: Etwa für Marketing, um eine Brand schnell und global zu platzieren und vor Nachahmern zu schützen, oder für Technologien, die dafür sorgen, dass eine Innovation dem Wachstum auch standhält und nicht unter großem Volumen einbricht. Das sind nur einige der Beispiele. Die großen Platzhirsche verfügen eben nicht nur über das Geld. Sie haben auch die handwerkliche Erfahrung und das Netzwerk, damit eine Idee von der Garage in kürzester Zeit zum Konzern wachsen kann.

Optimismus und »Pay-it-forward«

Daneben, fährt Bremer fort, gibt es noch etwa 2.000 weitere Glücksritter-Firmen, die sich als »Venture-Kapitalisten« hier im Valley versuchen. Sie leisten einen Beitrag, sind aber nicht die wirklich wichtigen Spieler. Viele davon sind »entsandte Scouts« der klassischen Corporates. Denen geht es meist nur darum, eine Shopping-Liste abzuarbeiten und zügig Ideen und Köpfe abzugreifen, um dem heimatlichen Mutterschiff mit Quick-Wins aus der gefühlten Innovationsflaute zu helfen. Das funktioniert aber ohne Netzwerk und unternehmerischen Drive meistens nicht, ergänzt Bremer. Stupid Money, wie es der Managing-Partner eines dieser Fonds im Gespräch mit mir beschrieben hat. *Erst der kluge Venture-Kapitalgeber macht das Investment klug,* resümiert Bremer mit einem kleinen Zwinkern. Bei dieser Bemerkung muss ich einhaken, denn mir fällt ein Gerücht über Bremer ein, das mir in Deutschland zu Ohren gekommen war: Sie haben doch auch einiges an Lehrgeld investiert, wenn ich da richtig informiert bin, oder?

Oh ja, nickt Bremer. Das waren einige äußerst teure Lernerfahrungen. Und sehr nachhaltige. Heute kann ich darüber schmunzeln, das war nicht immer so. Damals, etwa um die Jahrtausendwende, hatte ich meinen Beraterjob für einige Monate an den Nagel gehängt, und mich darauf verlegt, an der Börse zu zocken. Ich habe auf alles gesetzt, was das junge Internet bot: Neue Medien, Online-Shopsysteme, virtuelle Marktplätze und dergleichen mehr. Alles Zeug ohne ein tragfähiges Geschäftsmodell. Dann durfte ich auf die schmerzhafte Weise lernen, dass Wachstum alleine eben nicht reicht. Aber in jedem Scheitern liegt ja auch ein Anfang. Bremer schaut mich vergnügt an und macht eine vage Handbewegung. Offensichtlich will er das Thema damit auf sich beruhen lassen.

Naja, nehme ich den Faden wieder auf, aber ist das nicht eine zentrale Erfahrung im Leben eines jeden Gestalters: mal die Richtung geändert oder sich gegen großen Widerstand bewiesen zu haben? Man sagt ja, dass es im digitalen Geschäft dazugehört, auch mal an die Wand zu fahren. Dann probiert man es eben noch mal. Bremer lächelt. Scheitern ist sicher. Das ist die eigentlich wichtige Botschaft, fährt der Berater nach einem kurzen Schweigen fort. Auch wenn die Valley-Tourismusführer das gern unter dem Stichwort »Kultur des Scheiterns« so verkaufen. Aber tatsächlich ist es dort allgegenwärtiger. Experimentieren beinhaltet das Risiko des Scheiterns, meint Bezos von Amazon, sonst wäre es ja kein Experiment. Und Andreas von Bechtolsheim, eine der großen deutschstämmigen Internet-Persönlichkeiten des Silicon Valley, hat es auf die Formel gebracht: *»Wenn eine Idee nicht funktioniert, gibt es eben eine andere.«* In Deutschland dagegen kann man sich ein Scheitern nicht leisten.

Das ist die eigentlich wichtige Botschaft, meint Bremer weiter. Wie Sie schon angesprochen haben: Scheitern ist nicht das Ende einer Karriere, sondern der Anfang des nächsten Versuches. Es ist eine lästige, aber notwendige Konsequenz des Schürfens nach dem einen großen Diamanten. Für jedes Einhorn stranden eben tausende weniger erfolgreiche Unternehmen. Hier im Valley aber begegnet man dieser Statistik mit größerem Optimismus und bleibt trotz der systembedingten Misserfolge grundsätzlich zuversichtlich. Die technologischen Entwicklungen gebären auf der Suche nach dem Einhorn ohnehin laufend weitere Chancen.

Und egal, wen Sie hier fragen, jeder kennt zahlreiche Geschichten von den harten Hunden, die nach einem schweren Fall wieder aufgestanden sind. Das sind die Heldenmythen im Valley, und die haben sich über den Globus weitergesponnen. Da kann man eine ganze Philosophie drauf aufbauen, führe ich seinen Gedanken weiter. Denken Sie nur an den chinesischen Ausnahmeunternehmer Jack Ma, der mit Alibaba so unendlich erfolgreich wurde. Vor seinem Durchbruch war er quasi ein Sammler von Pleiten, Pech und Pannen[32]. Aber mit seiner Fähigkeit, immer wieder aufzustehen, ist er auch eines meiner großen Vorbilder geworden. Ein echter Ansporn dafür, es immer wieder zu versuchen, auch wenn es hart ist. Oder die Geschichte von Steve Jobs, der aus seiner eigenen Firma geworfen und wieder zurückgerufen wurde, um sie vor dem Abgrund zu retten. Das ist Mythenstoff wie aus einer griechischen Heldensage. Genau, lacht Bremer. Das sind die ganz großen Kämpfe. Und gleichzeitig bleibt man im Kleinen freundlich zueinander. Denn, er hebt ein wenig professoral den Zeigefinger, dein Gegner von heute könnte dein Kunde von morgen sein. Da brennt man lieber keine Brücken ab.

Zum wiederholten Mal fühle ich mich an das heutige Meetup erinnert. Da ist sie wieder, diese Grundstimmung, die mich schon zuvor am Nachmittag so fasziniert hat: Es ist genug für alle da. Wenn wir teilen, dann werden wir gemeinsam noch viel schlauer und schneller sein. Doch auch die Schatten ziehen wieder an meinem inneren Auge vorüber, die Menschen in den Zelten in San Francisco, die sich keine Wohnung mehr leisten können, die endlosen Reihen von Wohnmobilen, in denen die unteren Schichten ihr Leben fristen. Bremer scheint meine Gedanken zu erahnen, denn er führt fort: Auch wenn wir in diesen Tagen so viel über die Gier der Corporates hören, ist die Grundeinstellung der Menschen hier eine sehr großzügige und hilfsbereite. Schauen Sie sich nur mal den Film »Das Glücksprinzip« an, der hier in den USA unter dem Titel »Pay it Forward« läuft. Er vermittelt genau diese Idee: Du gibst anderen Menschen freiwillig etwas weiter, damit diese, wie in einem Schneeballsystem, das Gleiche tun. Durch die vielen positiven Gefallen, die man einander erweist, verbessert sich das Gesamtsystem für alle. So ähnlich läuft das hier im Valley: Man hilft sich gegenseitig. Die Motive sind vielleicht weniger romantisch, aber die Resultate durchaus effektiv, durch die Einstellung, dass es genug für alle gibt. Natürlich, fährt er fort, gibt es auch die eher abgeschotteten Welten, wie die von Apple, Tesla oder auch Microsoft. Aber selbst dort wandern die Talente und die kleinen »helfenden Handreichungen« in großer Zahl zwischen den nahe beieinander liegenden Firmen hin und her – »on und off the job«. Sogar das ikonenhaft überzeichnete Alleingenie Steve Jobs war in den 90er-Jahren oft und gern Gast auf den sozialen Events im Valley, wo er den Vertretern der alten Generation wie Andy Grove von Intel dankbar für deren Tipps an den Lippen hing. Später hat er sich dann selbst für die neuen Erfinder eingesetzt. Es gibt diese rührende Geschichte, wie er zusammen mit Jeff Bezos von Amazon dem Erfinder Dean Kamen die Leviten gelesen hat, als der mit seiner Erfindung, dem Segway, ankam[33].

Aber ich sehe gerade, es ist schon spät. Lassen Sie uns das Gespräch morgen fortsetzen.

Gedankenvoll schlürfe ich meinen Espresso und ergänze: Dieses Sharing ist in Wahrheit auch eine wichtige Form, das eigene Netzwerk zu erneuern. Man behält die alten und die neuen Gegner im Auge und kann bei Dingen mitmachen, die man alleine nie schaffen würde. Alles Frenemies, schmunzle ich. Bremer nickt.

Wir verabschieden uns. Später im Hotelzimmer kann ich lange nicht einschlafen. Die Eindrücke des Tages ziehen an mir vorbei, meine Stimmung schwankt zwischen kindlicher Aufregung und einem Gefühl der Ohnmacht. Ich spüre, wie ich mitspielen will, aber keinen Weg sehe, wie. Dazu beschleicht mich eine vage Vorahnung, denn mein Handy hatte den Tag über immer wieder Nachrichten empfangen. Während das Tonsignal auf lautlos geschaltet war, signalisierte mir der aufflackernde Bildschirm jedes Mal eine intensive Aktivität am anderen Ende der Welt. Morgen, denke ich müde, morgen früh.

Ein Anruf ändert alles: Call to Action

Um etwa sechs Uhr in der Früh rolle ich mich langsam aus dem Bett. Der Jetlag und die kurze Nacht haben sich schwer in meine Knochen gelegt. Schlaftrunken öffne ich die ersten E-Mails, und bin mit einem Mal hellwach. In groben Blöcken flimmern die Nachrichten durch meinen Kopf … der Aufsichtsrat der AutoInc. bestätigt auf der Basis der vorliegenden Vorvereinbarung die Berufung zum Vorstand der AutoInc. … die vielen Nachrichten und verpassten Anrufe der letzten Stunden erklären sich plötzlich. In Deutschland ist es jetzt mitten in der Nacht, niemand würde mehr rangehen, oder doch? Na, einundzwanzig Uhr, und tatsächlich, doch noch ein Anruf, das Büro des Vorstandsvorsitzenden, und dann die Gewissheit: In drei Wochen schon werde ich einen der begehrtesten Jobs in der Branche haben. Holy shit, geht es mir durch den Kopf, und nochmal, holy holy shit.

Nachdem wir uns am Telefon für ein weiteres Meeting vertagt haben, setze ich mich benommen auf einen der Stühle in dem kleinen Studio, das ich mir für mein Exil in Kalifornien angemietet habe. Wieder einmal kommt mir die Geschichte von Sisyphos in den Sinn, die mir seit meiner Studienzeit immer wieder durch den Kopf geistert: Durch einen Verrat zieht der antike Held den Groll der Götter auf sich und wird dafür in der Unterwelt grausam bestraft. Seine Strafe besteht darin, einen großen Fels einen steilen Hang hinaufzurollen. Immer kurz bevor er den Gipfel erreicht, entgleitet ihm der schwere Stein und rollt ins Tal zurück. Und jedes Mal muss Sisyphos wieder von vorn anfangen.

Na, bisher wusste ich in meiner Laufbahn meist, wo ich mit meinem Stein am Berg stand. Aber jetzt? Gefühlt ganz oben angekommen oder doch wieder im Tal und der eigentliche Berg und der Stein größer denn je? Ist *mein* Stein nun etwa liegengeblieben? Zum Lohn dafür, dass ich mich immer so angestrengt habe, irgendwann einmal solch eine Aufgabe übernehmen zu dürfen? Oder ist er, bei dem was vor mir liegt, nur wieder ins Tal gerollt?

Erst spreche ich mit meiner Partnerin Clara, schließlich wird dies unser Leben mehr als verändern. Als erfolgreiche Anwältin versteht sie das aber gut und freut sich mit mir. Und, mehr als das, sie spricht mir Mut zu, nachdem sie den Kloß in meinem Hals wahrgenommen hat. Eilig ziehe ich meine Sportsachen an, ich will mir mit etwas Frühsport und Sauerstoff den Tag zurechtlegen. Jetzt, mit dieser Nachricht, bekommt meine Reise, auch meine innere Reise, plötzlich eine ganz andere Relevanz.

»Die Zukunft ist schon da.
Sie ist nur ungleich verteilt.«

William Gibson

Ein Pakt für gemeinsames Lernen

Pünktlich um 9:30 Uhr ziehe ich die Tür des Starbucks auf, in dem ich mich mit Bremer verabredet habe. Wir wollen heute eigentlich gemeinsam einen innovativen Start-up besuchen, besser gesagt eine Ausgründung aus dem Hause Bosch, in dem Sensoren für die Konsumgüterbranche und dort vor allem für Mobiltelefone gefertigt werden. Aber die Neuigkeiten von heute früh überstrahlen alles, was es an Interessantem zu sehen gegeben hätte. Ich erzähle ausführlich. Dann packe ich die Gelegenheit beim Schopf und schlage Dr. Bremer einen Deal vor: Herr Bremer, Sie haben sich ja bereits auf einige meiner Fragen eingelassen und Sie kennen die AutoInc. sehr gut. Was halten Sie davon, mich noch intensiver auf meinem Anflug in die neue Rolle zu begleiten? Als eine Art persönlicher Digitalcoach? Lassen Sie uns zusammen eine Agenda bauen, mit der es mir möglich sein wird, all das systematisch vorzubereiten, was man wissen muss, um in einem Automobilunternehmen wie der AutoInc. die Digitalisierung wirklich voranzutreiben und dabei sowohl das Management als auch die Mitarbeiter auf die Reise mitzunehmen.

Bremer ist sichtlich beeindruckt von meiner Berufung in den Vorstand und schüttelt mir erst mal ausgiebig die Hand. Er ringt offensichtlich mit den Worten, außer »Glückwunsch zur tollen Aufgabe« kommt nicht viel aus ihm raus. Nach einer kurzen Pause aber sagt er mit Nachdruck: Gerne bin ich hier ihr Sparringspartner, denn das ist eine Aufgabe von der Art, weswegen ich eigentlich Berater geworden bin. Und zu der Agenda habe ich auch schon eine Idee, nicht fertig, aber eine Idee. Die bedeutet jedoch, dass wir etwas um die Welt reisen müssen, Herr Mahlich, denn wie der Science-Fiction-Autor William Gibson behauptet, »ist die Zukunft schon da – sie ist nur ungleich verteilt«[34].

Wir müssen also dorthin, wo man bereits mehr von der Zukunft sehen kann. Was, noch mehr als man hier sehen kann? Ich bin ehrlich erstaunt. Natürlich, bekräftigt Bremer, denn die Zukunft ist nicht nur ungleich verteilt, sie ist auch in jeder Region eine andere. Aber ein Schritt nach dem anderen. Wenn Sie wollen, bin ich gerne dabei. Lächelnd streckt mir Bremer die Hand entgegen. Wir besiegeln unsere Zusammenarbeit der kommenden Wochen mit einem festen Händedruck. Acht Wochen, schießt es mir durch den Kopf, acht Wochen, die ich einem »Erste-Hundert-Tage-Plan« als Vertriebsvorstand der AutoInc. vorspannen kann. Ich fühle beinahe körperlich, wie die Zeit drängt und wie die Fragezeichen wachsen. Was zuerst? Was braucht Vorbereitung? Ich will die Herausforderung annehmen, mich als Newcomer in diesem Spiel zu beweisen. Und ich werde alles dafür tun, nicht als naiver Newbie auf den ersten Metern zu straucheln. »It is my turn, to put a dent into the universe«,[35] hallen die Worte von Steve Jobs in mir nach.

**Mahlich begibt sich
an den Startpunkt**

Meetup im Valley

Immigration von Talenten

Hightech-Forschung

Experimentieren

No Non-Compete

Venture-Kapital-Ökosystem

Optimismus und
»Pay-it-forward«

Ein Anruf ändert alles:
Call to Action

Ein Pakt für gemein-
sames Lernen

**China oder doch Israel
– Reisefieber**

Beijing Motor STAU

China Forward

Ein Plan für China

·Shalom Tel Aviv

Die japanische Disruption
der Disruptoren

**Die vier Domänen
der Digital Value Economy**

Domäne: »Creating Digital User Value
– Wie aus Produkten digitale
Erfahrungen werden«.

Domäne: »Operieren in Lernzyklen
– Wie aus linearen Prozessen
agile Zyklen werden«.

Domäne: »Design der bimodalen
Organisation – Wie Skalierung
und Innovation versöhnt werden«.

Domäne: »Evolution der Führung
– Wie postheroische Führung
gelingen kann«

C¯reating Digital User Value

Freigang im Kopf

Narrativ: Das Habitat
des digitalen Nutzers

Mobile Menschen:
mehr, älter und reicher

Ungebremste
Urbanisierung

Der Kunde ist always on

Umkehrung
des Wissens-Transfers

Vom Einkaufen
zum Erlebnis-Shoppen

Aufmerksamkeit – das kostbarste Gut

Alles Realtime – das Leben
in Red-Queen-Momenten

Virtuelle Gemeinschaften
und »digitale Staaten«

Die Produktion des digitalen ICH

Deskriptiv:
Creating Digital User Value

Ökonomie der Digital Experiences

Konvergenz – The Secret Sauce

Ökosystem schlägt
Brand Management

Präskriptiv: »Experience goes digital«

Communi-Care (¬ Feedbackschleifen)

Perfect Access (¬ Omnichannel
und De-Frustration)

My Value (¬ Personalisierung,
Status, Selbstausdruck)

User Contribution
(¬ Co-Creation)

Communitys (¬ Social)

Collaboration
(¬ Open Ecosystem)

Die Elefantenrunde
und der Digital User Value

CHINA ODER DOCH ISRAEL
— REISEFIEBER

China oder doch Israel –Reisefieber

WORUM GEHT ES?

Mahlich trifft sich mit Bremer zur Beijing Motor Show. Sie diskutieren die Disruptionen der »klassischen« Autobranche durch die Digitalisierung und Chinas Drängen auf den Markt. Mahlich entwirft eine »China-Strategie« für die AutoInc. Auf einer weiteren Reise gehen Mahlich und Bremer dem Gründergeist der »Start-up Nation« Israel auf die Spur.

ESSENZ: NEUE MITBEWERBER UND EIN SICH SCHNELL VERÄNDERNDER MARKT

Ein Plan für China

» One Global Talent Program – Nachwuchstalente aus China gewinnen, um neue Entwicklungen und Trends im Osten frühzeitig zu erkennen.

» In Wachstum (ko-)investieren – über neue gute Partnerschaften in das eigene Portfolio und die Produktionskapazitäten in China investieren.

» Open Connect – mehr Dienste rund um das »Fahrerlebnis« anbieten und Plattformen für Drittanbieter öffnen.

» Technology Hedging – viele Technologien für viele Marktsituationen anbieten.

» Diversifizierung des »Distribution Models« – viele unterschiedliche Handelsformate sowie neue Sharing-Modelle und digitale Services als zusätzliche Ertragsmodelle.

» Expansion um das Fahrzeug – von der reinen Versorgung mit Neufahrzeugen in die Breite des Leistungsspektrums.

Lesedauer: ca. 43 Minuten (220 Worte/Minute)

China, nunmehr weltweit wichtigster Automarkt, gehört mit den dortigen Messen nunmehr in den Reiseplan eines jeden Automanagers wie früher der Besuch auf der IAA in Frankfurt. Bremer und ich hatten dort einen sehr anstrengenden Aufenthalt, um auf der Beijing Motor Show unsere neuesten Produkte für den Markt China zu sehen und Kollegen zu treffen. Wir beginnen diesen Abschnitt mit der Rückreise aus Beijing…

Beijing Motor STAU

Freitag, 27. April 2018. In Peking ist es schwül und regnerisch. Nach einem Abendessen, das um 24 Uhr an einer Bar in der Innenstadt endete, wieder einmal viel zu wenig Schlaf, einem doppelten Espresso zum Munterwerden und zweieinhalb Stunden Stop-and-Go-Verkehr, hält mein Taxi um 9:45 Uhr endlich vor Terminal 3 auf dem Beijing Capital International Airport. Welcher Teufel hatte mich bloß geritten, nicht die U-Bahn zu nehmen? Wahrscheinlich ein Mix aus Nicht-Wahrhaben-Wollen und Bequemlichkeit. Ich wusste doch, dass Dauerstau und schlechte Luft typisch sind für die 21-Millionen-Metropole. 150 Minuten für 29 Kilometer, Durchschnittsgeschwindigkeit 11,6 Kilometer – Joggen ist beinahe schneller. Aber geht das in Peking ohne Hustenreiz? Im Winter, wenn die Stadt aufgrund der Wetterlage in grauem oder gelbem Smog versinkt, tragen viele Bewohner Atemschutzmasken. Kein Wunder, dass alle chinesischen Gesprächspartner, die ich auf der Beijing Motor Show 2018 und zuvor in Shanghai getroffen habe, davon träumen, Autos in elektrisch angetriebene, autonom fahrende und umfassend vernetzte Smartphones auf vier Rädern zu verwandeln – emissionsfrei und ohne Stau.

Mein Lufthansa-Flug LH 721 Peking-Frankfurt soll um 11:20 Uhr starten. Beim Check-in und der Sicherheitskontrolle gibt es Gott sei Dank keine langen Schlangen. Wieder mal bemerke ich, dass China in Logistikfragen trotz des an vielen Stellen noch immer spürbaren Nachholbedarfes dabei ist, uns rechts zu überholen. Rechtzeitig erreiche ich das Gate und meinen Platz. Rechts neben mir, auf dem Platz am Fenster, blättert Dr. Bremer bereits in einer Zeitung. Seit Mittwochabend haben wir uns nicht gesehen. Der Berater hatte in den letzten Tagen viele eigene Termine und die letzte Nacht direkt am Flughafen verbracht. Pünktlich hebt der Airbus A 340-600 ab. Flugzeit: etwa neuneinhalb Stunden, Ankunftszeit in Frankfurt: 14:20 Uhr. Dr. Bremer schlägt vor, nach dem Frühstück ausführlich über unsere Eindrücke zu sprechen und aufzuschreiben, was wir daraus machen wollen. Schließlich haben wir in puncto China nicht nur das Thema Digitalisierung, sondern eine in ihren Dimensionen weitaus größere Problematik vor der Brust. Oh ja, stimme ich zu. Angesichts der Vielzahl der Informationen, Ideen und Probleme, die bereits auf uns eingeströmt sind, wird mir etwas bange. Im Grunde habe ich keine Ahnung, wie und wo wir anfangen sollen.

Nachdem die Stewardess das Frühstückstablett weggeräumt hat, drehe ich mich Dr. Bremer zu, soweit der Sitz es zulässt, und beginne das Gespräch vorsichtig mit einer allgemeinen Bemerkung: Die Taxifahrt heute Morgen war ein Erlebnis, dass ich mir nicht noch einmal gönne. Beinahe drei Stunden Stoßstange an Stoßstange – das muss nicht sein. Bremer schaut mich freundlich an. Ärgern Sie sich nicht, erwidert er. Schließlich waren Sie zum ersten Mal hier in China – und nun konnten Sie hautnah erleben, was in Megametropolen wie Peking oder Shanghai wirklich los ist. Die ersticken in Stau und Luftverschmutzung. Und es gibt in China zahlreiche vergleichbare Megametropolen: Guangzhou, Tianjin, Shenzhen, Chengdu, Dongguan, Chongqing, Shenyang und Wuhan. Sie alle wachsen Tag für Tag in rasantem Tempo weiter, weil jährlich Millionen Chinesen vom Land in die Stadt ziehen.

Sehen Sie, fährt Bremer etwas abwesend fort, für diese innerchinesische Völkerwanderung gibt es gute Gründe. Denn in den Städten ist das verfügbare Pro-Kopf-Einkommen zwei- bis dreimal so hoch wie auf dem Land[36]. Die chinesische Regierung hat bereits um die Jahrtausendwende eingesehen, dass für eine entwickelte Volkswirtschaft und eine breite Bekämpfung der Armut bis 2030 mindestens 400 Millionen Menschen von Bauern zu Stadtbewohnern werden müssen. Das wurde durch den Bau der Städte dann entsprechend gefördert. Und das erklärt, warum pro Jahr über 20 Millionen Landbewohner ihre Koffer packen, um ihr Glück in einer der neuen Städte zu suchen. Wohlstand durch Urbanisierung lautet das Motto, unter dem sich das Land vom Bauernstaat zu einer Sammlung moderner Metropolen wandelt. Die Menschen träumen vom Leben einer typischen, wohlhabenden und konsumorientierten Familie der Mittelschicht. Das ist sehr gut nachvollziehbar, und das geht nur, wenn schon in wenigen Jahrzehnten geschätzte acht von zehn Chinesen in einer Stadt wohnen. Heute sind es gerade mal fünf. Die Völkerwanderung in Europa, die bei uns noch immer im kollektiven Gedächtnis weiterlebt, war dagegen ein winziges Ereignis. China steht deswegen vor riesigen Herausforderungen, dem muss man Respekt zollen. Und vieles gelingt auch, denken Sie nur einmal daran, dass die wirtschaftliche Erneuerung in den letzten dreißig Jahren beinahe 800 Millionen Menschen über die Armutsgrenze gehoben hat. Wir haben heute ein neues China, das als Wirtschaftsmacht auf dem Weg ist, die Weltspitze zu erobern. Irgendwann zwischen 2025 und 2030 wird das Bruttosozialprodukt Chinas sogar das der USA einholen. Über 1,6 Millionen Chinesen haben es im sagenhaften Goldrausch der letzten zwanzig Jahre geschafft, Millionäre zu werden[37]. Und auch die Anzahl der chinesischen Milliardäre steigt stetig an[38]. Das treibt deren Selbstsicherheit an und fördert auch ein neues Anspruchsdenken der Eliten – was natürlich auch viele Spannungen und Risiken birgt. Aber die Regierung hat einen Plan. Sie möchte zeigen, wie es gelingen kann, die Probleme in den Griff zu bekommen.

Bei Bremers Bemerkung zu »Chinas Plan« hebe ich reflexartig meinen Finger und ergänze: Eigentlich bin ich ja, was die großen Pläne anbelangt, eher ein Skeptiker. Wenn ich aber von unserer Reise etwas mitnehme, dann ist es die klare Erkenntnis, dass die chinesische Führung nicht nur Unternehmen wie das unsrige, sondern sogar die Weltgemeinschaft insgesamt ganz schön vor sich hertreibt.

Es wirkt fast wie eine Partie des Brettspieles Go, in der es darum geht, Schritt für Schritt neues Terrain zu besetzen und damit die Optionen der Wettbewerber stetig zu verringern. Go, das ist doch ein Spiel, das Ihnen liegen müsste, Herr Bremer. Was machen wir also aus den vielen Eindrücken der Reise und, noch viel wichtiger, was ziehen wir für die AutoInc. daraus? Ich habe nämlich den Verdacht, dass unsere Aufstellung bereits ganz schön wackelig ist und wir keine zusammenhängende Antwort auf die technologischen oder wirtschaftlichen Probleme haben. Und während wir keine Antworten finden, investieren wir munter weiter, bekommen aber wegen der sich verschärfenden Kapitalverkehrsbeschränkungen das Geld nicht aus dem Land zurück. Wir transferieren weiter unser geistiges Eigentum, nur um kurz Ruhe zu haben, werden aber im nächsten Moment in unseren eigenen Regionen von einer Flut an Marken-Nachahmern und hinterlistigen Patenttrollen in unserer Existenz gefährdet. Etwas neunmalklug ergänze ich noch: Bei Go tendieren schwache Spieler ja manchmal dazu, frühzeitig im Spiel sichere Gebiete anzustreben. Starke Spieler hingegen warten oft bis zur Endphase einer Partie, um dann aus einer Vielzahl unsicherer Stellungen ein Gesamtgebiet zu gewinnen. Um die Wahrheit zu sagen, füge ich an, ich wäre für ein kleines, gesichertes Gebiet im Moment schon dankbar. Damit will ich den sonst so überlegten Herrn Bremer mit einem Augenzwinkern aus der Reserve locken.

Bremer nickt, entgegnet dann aber: Sehen Sie, ein Wirtschaften ist mit China ohne tieferes Verständnis für deren gesellschaftspolitische Orientierung nicht sinnvoll. Die innere Logik des Systems ist einfach zu unterschiedlich. Das sollte bei aller China-Euphorie spätestens mit den offiziellen chinesischen Feiern und Ehrungen zum zweihundertsten Geburtstag von Karl Marx klarer geworden sein.

China Forward

Schauen Sie, fängt er an, China kann man nicht mit wenigen Allgemeinplätzen gerecht werden, dazu ist die Lage der Chinesen zu komplex. Das kommunistische Regime schreibt schon seit vielen Jahren keine produktionsorientierten Detailpläne mehr. Stattdessen arbeitet es in langlaufenden Rahmensetzungen und hat akzeptiert, dass das traditionell lineare Wachstumsmodell mit seinem Motto »Grow first – Clean later« auf Dauer nicht mehr funktioniert. Und das ist erst mal nicht schlecht, weil es universell wahr ist. Natürlich verdankt das Land dem linearen Paradigma des Konsumismus seinen phänomenalen Aufstieg nach dem Kommunismus. Doch der Preis ist hoch. Das wissen die Chinesen nur zu gut. Klimawandel, Luft- und Meeresverschmutzung sowie rücksichtslos ausgebeutete Rohstoffe, die auch nur noch wenige Jahrzehnte verfügbar sind, gefährden jetzt ihre Zukunft – und unsere gleich mit. China setzt also auf einen raschen Wandel von der Werkbank zur Hightech-Nation. Aber es will diesen Wandel nach den eigenen Regeln gestalten, und nicht nach den unseren.

So kann man das sehen, erwidere ich. Aber, lieber Herr Bremer, es gibt auch die völlig andere Perspektive. Sie haben doch die Vertreter der chinesischen Regierung auf der Beijing Automesse gehört: Die eigenen Hersteller sollen in erster Linie als Angreifer für den Weltmarkt ertüchtigt werden[39]. Das Ziel einer ökologischen Nachhaltigkeit verfolgt man, wenn überhaupt, erst in zweiter Linie. Lassen Sie es mich so sagen: Für mich klingt das eher nach dem Geist eines chinesischen Neo-Imperialismus als nach einer angemessenen Kooperation auf Augenhöhe. China ist ein riesiger und bedeutender Markt. Deswegen muss man aus meiner Sicht sehr realistisch einschätzen, was dort im Gegenzug zum Marktzugang für ein erpresserisches Spiel abläuft. Das wird nicht einmal mehr versteckt und ist mittlerweile eine von den Marktteilnehmern mit knirschenden Zähnen akzeptierte Schutzpolitik für die chinesischstämmigen Industrien. Die grünen Absichtserklärungen und die strengen Quoten für elektrische Fahrzeuge sind doch lediglich ein schlecht getarntes Feigenblatt für die chinesische Elite, die plant, den Technologietransfer weiter voranzutreiben und in Zukunft dann mit eigenen Produkten auf die Märkte zu drängen. Ja, die klaren Bekenntnisse von Parteichef Xi auf dem Weltwirtschaftsforum in Davos zum offenen und fairen Handel waren wichtig. Das Gerede vom freien Welthandel war aber in erster Linie ein buntes Feuerwerk für den Elefanten im Raum, der dies vor lauter Twitter-Botschaften nicht mal gehört hat. Ansonsten gilt ganz klar die Devise »China forward«. Zwar schiebt man damit nicht so selbstgefällig den schwarzen Peter nach außen, wie es bei »America first« der Fall ist. Doch das chinesische »Lernen vom Meister« ist nur eine sanftere Formulierung für dasselbe Ziel. Ich merke, ich habe mich etwas in Rage geredet, aber ich muss meinen Gedanken einfach Luft verschaffen. Nehmen wir mal das Thema Intellectual Property, spreche ich weiter, Sie haben doch meine Kollegen aus der Industrie beim Treffen mit dem Botschafter gehört? Die beklagen sich, mit welcher Dreistigkeit Chinas Datendiebe alles abgreifen, was man irgendwie klauen kann. Selbst wenn es nur die Personallisten sind. Und wird das verfolgt? Fehlanzeige. Trotz WTO-Beitritt und zahlreicher Vereinbarungen unserer Länder zum Schutz des geistigen Eigentums bleiben die Geschädigten auch mit Beweisen in der Hand meist im regionalen Protektionismus und in der mangelnden Koordination der Regierungsbehörden stecken. Man kann schon froh sein, wenn man die eigenen Produkte noch vor den Nachahmern auf den Markt bringen kann – trotz der schönen politischen Beteuerungen.

Sicherlich, konstatiert Bremer, da muss man einige Entwicklungen kritisieren. Aber man mag das hören wollen oder nicht: Aus chinesischer Sicht ist das eine Reaktion auf die erst in den letzten Jahrzehnten massiv verschärften Regelungen für geistiges Eigentum, wobei sie es so wahrnehmen, dass manchmal mit zweierlei Maß gemessen wird. Ähnliche Vorwürfe gab es bereits in den 1990ern an die Tigerstaaten Hongkong, Taiwan, Südkorea und Singapur, als diese ihre Modernisierungen vollzogen hatten. Auch sie waren lange vom Modell des »Vorsprung durch Nachmachen« beseelt. Viele Regelungen zur Handhabung von geistigem Eigentum stammen heute aus genau jener Auseinandersetzung, die der Westen zu dieser Zeit mit diesen Ländern hatte. Nun will auch China sich eine ähnliche Karenzzeit zur Anpassung zugestanden wissen, wie die Tigerstaaten sie faktisch auch bis zur Jahrtausendwende bekommen hatten. Und diese Zeit will China natürlich auch nutzen, um eigene Positionen rund um die Frage des geistigen Eigentums auszubauen. Also zuhause etwas großzügiger mit Verstößen umgehen und andernorts mit großem Nachdruck die eigenen Rechte einfordern. Das brauchen wir, WTO hin oder her, nicht als fair, vertragskonform oder gerecht zu akzeptieren, aber die Position müssen wir sehen. Statt zu jammern, sollten wir in der Industrie deswegen sehr klare rechtliche und, bezogen auf den Schutz unserer Systeme, auch technische Sicherungsmaßnahmen ergreifen.

> Klartext ist, setzt Bremer fort, China hat sich laut einer Studie von CompuMarkt in nur vier Jahren von Platz 10 der internationalen Markenanmelder auf Nummer zwei vorgeschoben. Bei der aktuellen Geschwindigkeit wird es nicht mehr bis zum Ende dieses Jahrzehnts dauern, bis China den aktuellen Champion USA einholt. Und den Kampf um das geistige Eigentum führen die Chinesen natürlich nicht nur in China, sondern immer aggressiver auch bei uns vor der Haustür. Im Jahr 2017 etwa hat das Amt der Europäischen Union für geistiges Eigentum (EUIPO) über 11.000 chinesische Markenanmeldungen bearbeitet[40]. Das ist ein Anstieg von 55 Prozent in nur einem Jahr. Und das Deutsche Patent- und Markenamt (DPMA) meldet vergleichbare Zuwächse von Markenanmeldungen aus China.

> Was lernen wir daraus? Bremers Frage ist offenbar rhetorisch gemeint, da er schon zur Antwort ansetzt: Erstens müssen wir die großen Linien der chinesischen Regierung sehr ernst nehmen, da sich das Land daran unmissverständlich ausrichtet. Und zweitens müssen wir lernen,

dass wir in China besser mit dem Strom als gegen den Strom gewinnen können. Ja, es gibt politische Entwicklungen, die wir nicht gutheißen können. Dabei jedoch in selbstgefälliger Rechthaberei und einseitigem Wettbewerbsdenken zu verharren, wird uns arg in Bedrängnis bringen.

Wie beim Go-Spiel ist das Ziel im Handel ja nicht, den Gegner vollständig zu vernichten, sondern die Größe der beherrschten Gebiete und die Anzahl eventuell gefangener Steine so groß wie möglich zu machen. Genau diese Langfristigkeit in den Zielsetzungen prägt die strategische Denkweise der Chinesen, fährt Bremer in seinem Monolog fort. Nehmen wir zum Beispiel das Thema Energieverbrauch. In den letzten zwanzig Jahren hat sich der Ölverbrauch Chinas von etwa 4 Millionen Barrel pro Tag, also dem, was China zum Zeitpunkt der Jahrtausendwende etwa auch selbst produzieren konnte, auf über 12 Millionen im Jahr 2017 verdreifacht[41]. Das ist zwar noch ein Stück weg von den etwa 18 Millionen Barrel, die die USA oder Europa jeweils verbrauchen. In der Handelsbilanz ist das aber ein schöner Batzen an Geld und Abhängigkeiten. Dabei fahren pro Tausend Einwohnern in China erst etwa 232[42] Autos herum, verglichen mit 450 in Europa oder fast 700 in Amerika. Sollte China das ungebremst aufholen, und der Zuwachs ist jüngst Gott sei Dank abgeflacht, würde in sehr kurzer Zeit der verkehrsbezogene CO_2-Ausstoß der USA auf den von China noch mal draufgesetzt werden. Wenn wir das in Bezug auf unser Klima oder andere geopolitische Spannungen irgendwie bewältigen wollen, dann muss es da andere Wege geben. Und in unserem Industriesegment geht das nur mit einer Flotte an Fahrzeugen, die möglichst wenig verbraucht oder wenigstens teilweise elektrisch betrieben wird, und die am besten auch nicht von jedem einzelnen Menschen als Alleineigentum verwendet wird.

Kein Zweifel, Dr. Bremer hat recht, denke ich bei mir. Die Weltbevölkerung wächst unaufhaltsam. Bis 2050 prognostizieren die Vereinten Nationen einen Zuwachs von 7,6 auf fast 9,8 Milliarden Menschen. Im Jahr 2100 leben bereits 11,2 Milliarden Menschen auf der Erde[43]. Völkerwanderung ist überall. Die Megastädte von heute – wie Tokio, Jakarta, Delhi, Manila, São Paulo, Mexiko-Stadt, Dhaka, Moskau, Kairo, Lagos, Rio de Janeiro – sind die Mega-Megastädte von morgen. Ohne radikale Digitalisierung und Veränderung unserer Geschäftsmodelle werden wir die Kurve für unseren Planeten nicht kriegen. Und wenn man für ein Unternehmen wie die AutoInc. in der Verantwortung steht, dann sind das auch die Dimensionen, die bei der Ausrichtung der Firma nicht vergessen werden dürfen[44].

Ja, ich weiß, setzt Bremer nach, die Elektrofahrzeuge sind auch ein Weg, der das Produkt Auto zu einem chinesischen Exportschlager machen soll, und der Strom kommt deswegen auch noch nicht ohne Klimaeffekt in die Batterie. Aber unbenommen, für ein »Weiter so« reichen die Ressourcen unseres Planeten bei über 10 Milliarden Menschen einfach nicht aus. Die Devise muss also lauten: Statt Produkte zu bauen, die nur selten oder gar nicht genutzt werden, ist es besser, dafür zu sorgen, dass sie geteilt werden. Und das treibt die chinesische Führung energisch voran, wie viele andere langfristig angelegten Entwicklungen auch. Dass die chinesische Regierung dabei nicht auf eine Unterstützung durch die digitalen Plattformen aus den USA setzt, muss man nicht noch weiter ausführen, das haben wir auf der Automobilmesse ja zur Genüge gesehen.

Mir wird klar, wie weitsichtig die chinesische Regierung sich auf diese Zusammenhänge eingestellt hat und wie sehr die Dinge hier in China ineinandergreifen. Es gibt sogar einen staatlich verordneten, sehr aggressiven Plan, das Land in ein überlegenes Hightech-Kraftwerk umzuwandeln, wie ich erfahren habe. In 2015 wurde ein 10-Jahres-Plan mit dem Titel »Made in China 2025« verabschiedet. Mit diesem sollen Chinas Positionen in einigen der wichtigsten Innovationssektoren gezielt auf Eroberung ausgerichtet werden. In Feldern wie der Robotik, der Informationstechnologie, der Luftfahrt, der neuen Energieträger oder der Fahrzeuge mit neuen Antrieben will die Regierung nicht nur aufholen, sondern dominieren. Modell und Vorbild: die deutsche und die japanische Industrie.

Um die Sache nicht auf die lange Bank zu schieben, folgte eine ganze Flut von Aufkäufen technologischer Vorreiter, auch bei uns in Deutschland. Von langer Hand gesteuert und von den staatlich gelenkten großen Banken Chinas finanziert[45].

Bremers und mein zentrales Thema – die Digitalisierung aller Aspekte der Autoindustrie – hatte natürlich auch bei allen unseren Gesprächspartnern auf der Motor Show ganz oben auf der Agenda gestanden. Künstliche Intelligenz, selbstlernende Bordelektronik, schnelles Internet, Glasfaser, Cloud, 5G-Mobilfunknetz – das Beste war gerade gut genug.

Als hätte er meine Gedanken gelesen, fährt Bremer fort: China digitalisiert sich mit Lichtgeschwindigkeit. Im Alltag beherrschen Smartphones bereits das komplette Leben. Etwa 40 Prozent aller weltweiten E-Commerce-Transaktionen finden hier statt[46]. Erst waren Warenhäuser die begehrtesten Einkaufsstätten, zu denen die Kunden auch in China pilgerten, dann TV-Verkaufssender, dann Outlet-Center. Nun ist es das Internet. Alibaba, der Internet-Handelsriese, eilt von Rekord zu Rekord und strebt im Online-Handel an die Weltspitze. Die Handelsgiganten Chinas sind längst dabei, sich mit Amazon zu messen. Rund eine Milliarde Chinesen verbringen 30 Prozent der Zeit, die sie ihrem Smartphone widmen, auf der Kurznachrichten- und Bezahl-App Wechat von Tencent. China ist zur Speerspitze einer Welt geworden, die immer digitaler tickt. Und die Trends werden auch dort gesetzt, längst schon zeigen Alipay, WeChat Pay oder QQ Wallet und Baidu Wallet den Weg. Das Silicon Valley mit seinem eigenen Welteroberungsmodell wirkt abgeschlagen, weil den Chinesen ein gigantischer Vorteil hilft: Der nahezu unendliche eigene Markt. Wie sehr China Gas gibt, kann man sogar an den makroökonomischen Daten ablesen.

Während Bremer spricht, holt er eine seiner typischen Grafiken hervor.

Die Entwicklung der digitalen Wirtschaft in China

ABBILDUNG 1
BIP und Digital Economy in China

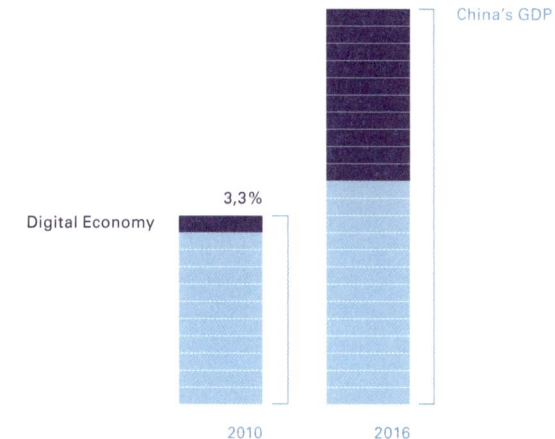

Dieses schöne Bild habe ich einem Vortrag des Marketingvorstands von Tencent, Seng Yee Lau, entnommen. Nun soll man ja keiner Statistik trauen, setzt er augenzwinkernd fort, die man nicht selbst gefälscht hat, wie der alte Churchill gesagt haben soll. Die Zahlen mögen etwas übertrieben wirken. Aber sie zeigen doch, wie stark sich die *Digital Economy* als Ziel und Wunschzustand in die Denkweise der Chinesen eingebrannt hat.

Während Dr. Bremer in seiner Tasche nestelt, denke ich über seine Worte nach. Eine digitalisierte Gesellschaft hinterlässt natürlich auch Datenspuren. Aber auch das kommt einer Staats- und Parteiführung nur entgegen, die nach dem Motto herrscht: Vertrauen ist gut, Kontrolle ist besser. Dabei geht mir das *Social Credit Scoring System*[47] der chinesischen Regierung durch den Kopf, mit dessen Hilfe das Verhalten der Menschen in einer Art Punktesystem verfolgt, bewertet und öffentlich einsehbar gemacht werden soll. Dieses Verfahren ist zwar heute noch eine Baustelle und über zahlreiche Behörden und private Plattformen verteilt, doch sind bereits mehrere Millionen Menschen darin erfasst. Jedes digitale Verhalten wird dafür herangezogen, wo immer Kameras verfügbar sind – mittels Gesichtserkennung, durch eine lückenlose Verfolgung der Internet-Aktivitäten, Buchungen, Geldströme oder einfach nur der Wege, die ein Mensch durch eine Stadt zurücklegt. Rauchen in der Nichtraucherzone am Bahnhof? Schwarzfahren? Zu viel Zeit mit Computerspielen verbracht oder gar unerlaubte Social Media Postings aus dem Westen gelesen? Abzug. Und noch mehr Abzug, wenn es öfter vorkommt. Ab 2020 will die Regierung das Verfahren landesweit einsetzen. Es gibt bereits Pilotstädte, in denen der Test inklusive Gesichtserkennung und lückenloser Speicherung zu laufen begonnen hat. Die Konsequenzen schlechter Ratings klingen unglaublich – sie reichen vom Drosseln der persönlichen Internetgeschwindigkeit über keine Tickets für Inlandsflüge, keine Plätze in guten Hotels bis zu drastischen Strafen, wie keine Plätze für die Kinder von »Sündern« auf guten Schulen. Auch eine öffentliche Liste der schwarzen Schafe, auf die Arbeitgeber schauen sollen, bevor sie Arbeitsverträge ausstellen, gibt es schon. Die Gedankenpolizei aus George Orwells Roman 1984 erscheint mir wie eine Kindergartenvariante dessen, was die Chinesen planen. Mir wird schlecht, wenn ich nur ansatzweise weiterdenke, was sich da alles zusammenbraut, denn durch künstliche Intelligenz und die unendliche Tiefe der verfügbaren Daten könnte dieses Big-Brother-Monster beinahe allmächtig werden.

Ist das anders als in den USA, bei allem, was wir heute durch Snowden wissen? Nun, zumindest ist es in diesem Falle klar gegen die eigene Bevölkerung und die Ideale gerichtet, die wir als wichtig ansehen, denke ich, und alles andere als ein verschämter oder versteckter Griff nach der totalen Überwachung[48]. Genau wie bei der brachialen Forderung nach dem Transfer von geistigem Eigentum spielt das System den Einzelnen gnadenlos gegen die Masse aus. Muss man nicht gut finden, beschließe ich meinen inneren Dialog. Es ist aber ein Faktum, das bei Investitionsabwägungen beeinflussen sollte, in welches Nest man seine Eier legt.

Die Digitalisierung kommt ja nicht alleine, nehme ich das Gespräch mit Bremer wieder auf. Die Top-Themen auf der Beijing Motor Show waren vor allem die Themen, die sich davon ableiten, wie die Smart City und das autonome Fahren. Heute Vision, 2025 Realität – davon war beinahe jeder meiner Gesprächspartner dort überzeugt. Zumindest offiziell, ergänze ich, und auch hier wirkt die Propaganda der Amerikaner und der Chinesen. Das war vor zwei Jahren noch anders, wie mir der Vorstandsvorsitzende der AutoInc. erzählt hat. Da hatten die Skeptiker in den offiziellen Stellungnahmen noch die Oberhand und die chinesischen Pläne klangen nach Fantasterei. Aber in fünfzehn Jahren, davon gehen jetzt alle felsenfest aus, fahren in Peking nur mehr untereinander vernetzte Autos, Transporter und Lkw – synchronisiert mit dem öffentlichen Nahverkehr – durch die Gegend, Tag und Nacht. Handy nehmen, App anklicken, und schon steht ein Fahrzeug vor der Tür.

Der Druck, den die chinesische Regierung ausüben wird, um dies so schnell wie möglich in die Realität umzusetzen, wird nur dadurch etwas abgefedert, dass die technischen Hürden noch auf viele Jahre extrem hoch sein werden, auch für die lokalen chinesischen Hersteller. Weder die Infrastruktur für den Mobilfunk, die Leistungen der heutigen Computersysteme in den verfügbaren Fahrzeugen oder die Robustheit der Systeme sind vor der Mitte der kommenden Dekade reif für eine komplette Durchdringung des Marktes. Das wäre zu teuer, meinte unser Chief Technology Officer Hennrich bei einem internen Briefing anlässlich der Messe. Auch für die Chinesen. Aber der Weg wird mutig beschritten, und wir werden schneller, als es uns lieb ist, unsere Fahrzeuge mit immer komplexerer Elektronik auf immer höhere Gerade der Automatisierung vorbereiten müssen. Auch hier mischt die Regierung aktiv mit und versucht den Einsatz von gewissen Technologien und den damit verbundenen Technologietransfer zu regulieren. Ganz konkret: Es soll uns vorgeschrieben werden, welche Systeme wir zukünftig in unseren Joint Ventures für den Zugang zum Markt in China zu entwickeln haben[49]. Wir können davon ausgehen, dass die Kopien dieser Systeme morgen ohne Lizenzzahlungen in den Fahrzeugen zum Einsatz kommen, mit denen wir an anderer Stelle am Weltmarkt im Wettbewerb stehen werden. Und die digitalen Dienste in den Fahrzeugen werden von Anbietern kommen, an denen wir weder über ein Joint Venture noch über andere Formen beteiligt sind. Dazu werden uns die chinesischen Internetgiganten wie Alibaba, Tencent und Baidu, der Mobiltelefon- und Netzwerkkonzern Huawei, Autobauer wie SAIC, BAIC, BYD, FAW oder Geely antreiben – sie alle gehen bei der Digitalisierung aggressiv voran, um ihre Wettbewerbsposition zu stärken, und sie haben auf der Beijing Motor Show ganz unverblümt ihre Muskeln auch Richtung Autoindustrie spielen lassen. Es ist klar, dass sie ein Stück des Kuchens rund um das vernetzte Fahrzeug abhaben wollen. Und es ist nun eben auch meine Rolle, unsere AutoInc. da im Spiel zu halten, sage ich zu Bremer. Das wird schwierig genug werden, denn die chinesische Politik scheut sich nicht im Geringsten, unliebsame Konkurrenten eiskalt vor ihrer Firewall stehen zu lassen. Das haben die schon bei Google, Amazon oder Facebook bewiesen, beende ich meine Ausführung und suche etwas ratlos den Blick von Bremer.

Da ist sie wieder, die Schwarz-Weiß-Brille, erwidert er daraufhin. Natürlich ist das chinesische System mächtig und hat seine Probleme. Die Regierung führt ein Milliardenvolk innerhalb von zwei Generationen aus dem Mittelalter an die technologische Weltspitze, das dürfen wir nicht vergessen. Es gibt aber neben all den damit verbundenen Risiken auch Chancen, und gerade Ihre AutoInc. ist ja nicht schlecht mit dem großen Land gefahren. Überlegen wir mal: Was hat bisher zum Erfolg beigetragen? Respekt vor der Andersartigkeit und die Suche nach gemeinsamen Vorteilen zum Beispiel. Sie haben vorhin die Kapitalverkehrskontrollen angesprochen, mit denen die Regierung versucht, das Geld im Land zu halten. Das machen die aber nicht, um die Ausländer zu bestrafen. Sie wollen verhindern, dass die reichen Chinesen, deren Vertrauen in die heimische Wirtschaft und die politische Elite einem scheuen Reh gleicht, ihr Vermögen allzu einfach ins Ausland transferieren können. Genau diese Regeln aber treffen auch die Ausländer. Wenn Sie mich fragen, ist die etwas restriktivere Finanzpolitik der Chinesen genau jenes Fünkchen Verstand, welches vielleicht die recht skrupellose Wild-West-Mentalität auf der anderen Seite der Erde kompensiert. Das explosive Wachstum und die extreme Intransparenz bei den chinesischen Schattenbanken und den vielen Finanzvehikeln hat jüngst sogar zu recht überraschenden Kommentaren des ehemaligen Finanzministers Lou Jiwei geführt: Er meinte, das Finanzsystem sei »schwerwiegend verkorkst«[50] und unkontrollierbar. Und das in den Griff zu bekommen, war eine der obersten Prioritäten des Staatspräsidenten Xi für 2018. Das war ein gutes Ziel. Sie sehen also, meint Bremer, dass man vieles auch von einer völlig anderen Seite betrachten kann, wenn man einen Schritt zurückmacht. Vielleicht bleibt uns so die nächste globale Finanzkrise noch etwas länger erspart. Und übrigens, ergänzt er, wurden die Regelungen zur Ausfuhr von Dividenden und Gewinnen aus direkten Investitionen durchaus gelockert. Ich möchte hier gar nicht den China-Versteher mimen, sondern auf eine viel komplexere Welt des Geben-und-Nehmens hinweisen, die sich von der früheren Überheblichkeit möglichst schnell verabschiedet.

Ja, der Plan zur Revitalisierung der antiken Seidenstraße
ist ein Dominanzakt Chinas, nimmt Bremer meine Einwände vorweg.

Der Ausbau der Handelswege über die zentralasiatischen Länder, den Iran und die Türkei bis tief nach Europa und die Anbindung des Seewegs über Südasien und das Horn von Afrika in Richtung Mittelmeer sind keine abstrakten Pläne, sondern konkrete Schritte, aus der Sicht Chinas, sich wieder an die Spitze Eurasiens zu setzen. Die BRI – Belt and Road Initiative, so nennt die Regierung das Programm und hat schon mal über hundert Milliarden dafür auf den Tisch gelegt – will ganz Asien, Europa und Afrika miteinander verbinden, möglichst unter chinesischer Kontrolle. Wenn es so kommt wie geplant, wäre das die Mutter aller Konjunkturprogramme. Der nach dem Zweiten Weltkrieg von den Amerikanern finanzierte Marshallplan für Europa würde dagegen wie eine Randnotiz in den Geschichtsbüchern verblassen. Vielleicht braucht unser Globus ja bald ein solches Programm, um sich nach dem Wegfall des einst offenen Amerikas zu stabilisieren. Die angestrebte Position Chinas kann dabei niemanden überraschen, der die Größe und die Geschichte dieses Landes kennt. Was wir suchen müssen, sind kluge Wege, daran zu partizipieren. Was ich sagen will, ist, dass die Zeit der westlichen Alleinstellung schlichtweg vorbei ist. Die Digitalisierung ist nur ein weiterer Turbo für diesen Trend. Alles geschieht dadurch schneller und vernetzter. Und es bilden sich, nicht nur in China, sehr eigenständige und andersartige Local Practices heraus, die ihre Wirkungen global zeigen. Wenn wir mit China, und nicht gegen China, erfolgreich sein wollen, brauchen wir in Zukunft eben mehr Menschen, die von China lernen wollen, als Missionare. Im Kampfsport heißt es: Nutze die Kraft deines Kontrahenten.

Ein Plan für China

Puh, so interessant das politische Terrain auch ist, erwidere ich, wir sollten unsere Aufmerksamkeit wieder intensiver auf die Möglichkeiten der AutoInc. richten. Wir sind zuletzt ganz schön abgeschweift. Um aber Ihren letzten Punkt für uns aufzugreifen, sage ich zu Bremer und mache mir einen Eintrag in mein Notizbuch, werde ich mit unserer Personalabteilung sprechen. Wir sollten uns für unsere Talentgruppe im China-Geschäft dringend Verstärkung durch einen oder zwei Absolventen der neuen Top Business Schools in China holen. Vielleicht sogar vom Hupan College, der Unternehmerschule, die Jack Ma von Alibaba in Hangzhou gegründet hat. Die ist so etwas wie die Stanford Business School für China, wenn man das vergleichen will, nur noch viel stärker auf Digitalisierung fokussiert, überlege ich laut und kann einen gewissen Stolz auf meine eigenen Lernerfolge nicht unterdrücken. Na, wenn das mal reicht, bemerkt Bremer den jähen Sturz aus der Höhe der volkswirtschaftlichen Debatte in das betriebliche Mikromanagement. Aber lassen Sie uns die konkrete Situation der Digitalisierung im Automobilbereich in China mal genauer unter die Lupe nehmen, lege ich die Richtung des Gesprächs fest, und zunächst kurz die wichtigsten Fakten zusammenfassen.

> Bremer nickt mir zu und ich fahre fort: China will viele seiner Probleme über modernste Technologie in den Griff bekommen. Die Technik erlaubt der Regierung, die Megastädte zu organisieren und zu verwalten, zu versorgen und zu entsorgen. Das ist der Basistrend, zu dem die AutoInc. noch auf lange Sicht einen guten Beitrag leisten kann. China ist aber entgegen unserer Vorstellungen eben nicht ein Land, sondern viele Regionen. Die entwickelten Küstenstädte Shanghai und Shenzen finden es viel attraktiver, bei der Modernisierung auf Regelungen und Verbote zu setzen. Dort werden Verbote für den Privatbesitz von Autos und die Regulierung der Infrastruktur attraktive Lösungen sein. Auch der Zwang zur Elektrifizierung greift dort eher. In Städten mit weniger organisierter Infrastruktur und hohem Zuzug – wie Chengdu und Chongqing – wächst aber der private Besitz von Fahrzeugen auf Sicht weiter. Es gibt dort eine fühlbar geringere Regulierung dessen, was die Bürger dürfen, und auch keine finanzielle Kraft, durch Investitionen in die öffentliche Verkehrsinfrastruktur ähnlich lenkend einzugreifen wie in den reicheren Küstenstädten.

Und natürlich bleibt in einem so radikal wachsenden Markt wie China der Absatz von Fahrzeugen weiterhin hoch. Auch wenn es regionale Unterschiede gibt: In den urbanen Zentren Asiens und auch in vielen Städten der westlichen Welt ist der Bedarf, »Mobilität zu bewerkstelligen«, wesentlich dringlicher als die Anforderung, ein eigenes Auto zu haben. Wir wissen, dass ein Carsharing-Auto rund 20 herkömmliche Fahrzeuge ersetzt[51]. Das spart kostbare Ressourcen, was wir unterstützen sollten. Quasi aus dem Nichts entstand in China, wie ich gelernt habe, der wichtigste Markt für das Teilen von Autos – und er verdoppelt sich jährlich, was kein Wunder ist, da von den 300 Millionen Führerscheininhabern dort aktuell nur etwa ein Drittel ein eigenes Auto besitzt. Damit so viele Chinesen wie möglich so bald wie möglich ein Auto nutzen können, ist Auto-Teilen jeder Art also ein sehr sinnvolles Ziel. Und das kann nur mittels Digitalisierung erreicht werden. Die Regierung verfolgt das mit entsprechend hoher Aufmerksamkeit – auch als Ventil für die mehr als eine Million Chinesen, die alleine im Raum Peking auf die Zuteilung einer Autonummer warten, mit der sie dann ein eigenes Fahrzeug anmelden dürfen. Zudem will China so früh wie möglich elektrisch fahren, und autonom. Sie wissen, dass dadurch der Komfort, der Zugang zu Mobilität für alle, die Sicherheit und die Wohnqualität steigen und der Geräuschpegel in den Städten sinkt. In smarten Städten gibt es mehr Platz und die Luft ist deutlich besser. Und wenn wir erst einmal wenigstens im Stau autonom fahren, dann wird man auch unterwegs arbeiten können und damit viel produktiver. Auch ein wichtiges Argument, fahre ich fort.

Entlang dieser Linien müssen wir unsere Strategie aufstellen und durch eigene Investitionen absichern, schließe ich die Aufnahme der Fakten ab. Dann sage ich zu Bremer: Ich möchte Ihnen schildern, was ich von hier mitnehmen werde. Wieder zeichne ich eine Mindmap auf meinen Notizblock, die meine Gedanken zu einer China-Strategie festhalten soll:

EXPERIMENTE MACHEN

DIVERSIFIZIERUNG DES
»DISTRIBUTION MODELS«

OPEN CONNECT

PLAN FÜR CHINA

NE GLOBAL TALENT PROGRAM

IN WACHSTUM
(KO-)INVESTIEREN

EXPANSION
UM DAS FAHRZEUG

TECHNOLOGY
HEDGING

Erstens: One Global Talent Program.

Wie ich schon vorher sagte, brauchen wir als globale Firma bessere Wege, um auch den Pool der chinesischen Nachwuchstalente für uns anzuzapfen. Das bedeutet auch ein Mehr an Möglichkeiten, den kulturellen Austausch und das Voneinander-Lernen voranzutreiben. Nur damit können wir verhindern, von neuen Entwicklungen, Geschmäckern oder Trends kalt überrascht zu werden, weil diese eben nicht mehr nur von West nach Ost wandern werden.

Zweitens: In Wachstum (ko-)investieren.

Das chinesische Marktwachstum bis 2020 auf beinahe 30 Millionen jährlich verkaufte Fahrzeuge bedeutet für alle Hersteller, weiter investieren zu müssen. Es bedeutet für die Joint Ventures, weiter lokales Geld mitzuinvestieren, für das später lokale Gewinne gemacht werden müssen. Ich gebe zu, dass immer mehr Hersteller sich aus diversen Gründen von ihren lokalen Partnern lossagen wollen. Diese zumeist staatseigenen Mitbesitzer der Joint Ventures spielen aber aus meiner Sicht nicht nur als Wettbewerber und Empfänger der Technik für die eigenen, lokalen Marken eine Rolle. Sondern sie hängen als hoch investierte Eigentümer und Arbeitgeber mit in der Verantwortung. Wir sollten hier eine gute Partnerschaft suchen und weiter massiv in unsere Modellpalette und die Produktionskapazitäten in China investieren. Ganz besonders sollten wir darauf achten, die Trends intensiv zu verfolgen und den Bereich der SUVs und der Premium-Fahrzeuge weiterhin gut zu bedienen, da hier das Wachstum und der Wissensvorsprung noch lange für gute Margen sorgen werden. Für die kommenden Jahre wird der Hunger der wachsenden chinesischen Elite in diesen Segmenten weiter für ungebremste Nachfrage sorgen. Ob man allerdings die neuen Antriebe ausschließlich mit den bisherigen Partnern vorantreiben möchte, sollte weiter geprüft werden, da sich dafür vielleicht auch eine unabhängige Neugründung eignet. Herr Bremer, ich glaube, wir müssen berechenbare Partner bleiben und dürfen dennoch nicht in den bestehenden Partnerschaften festsitzen, weil sich auch die Chinesen mit größerer Flexibilität neu und vielleicht schneller ausrichten, als wir denken. Alleine der staatlich gewollte Umbau des Autosektors wird in den kommenden Jahren zu Zusammenschlüssen führen, die wir heute überhaupt noch nicht einschätzen können.

So wie unsere chinesischen Joint-Venture-Partner die Freiheit und vielleicht auch den Druck von oben haben, sich mit eigenen Marken und mit neuen Partnerschaften zu positionieren, sollten auch wir alle lokalen Freiheiten testen und Wege prüfen, wie wir in naher Zukunft über eigene Elektrofahrzeugmarken günstiger an die kompensatorischen CO_2-Zertifikate gelangen könnten, um den zu erwartenden Kompensationshandel nicht zu teuer werden zu lassen.

Drittens: Open Connect.

Es wird meiner Meinung nach schon in wenigen Monaten keine Fahrzeuge mehr im Angebot geben, die nicht mit dem Internet verbunden sind. Damit das aber auch zu einem Geschäft für uns werden kann und nicht nur Kosten bedeutet, müssen wir mehr eigene Dienste bieten, die das Fahrzeug attraktiv machen, und unsere Displays im Fahrzeug zu einem gewissen Ausmaß für Drittanbieter öffnen. Sonst haben wir morgen einen Lock-out bei gewissen Standard-Diensten zu befürchten, die dann nur in chinesischen Fahrzeugen angeboten werden, erkläre ich Bremer. Schon heute berichten mir wichtige Kollegen aus unserem chinesischen Joint Venture, dass eine große Zahl neuverkaufter Fahrzeuge ohne internetfähiges Infotainment ausgeliefert wird, da der Markt für chinesische Nachbauten bessere, günstigere und schönere Systeme für die Nachrüstung anbietet. Da baut dann eine Werkstatt ein perfektes System in unsere eigenen Fahrzeuge ein, genauso wie früher einmal bei uns in günstigeren Wagen die Radios nachgerüstet wurden. Das können wir nicht so hinnehmen, denn sonst sperren wir uns am Ende mit unseren Diensten aus unseren eigenen Fahrzeugen aus. Wir müssen unser Angebot also rasch technologisch verbessern. Und offener werden. Die Gefahr ist jetzt noch vergleichsweise gering, denn der Wettbewerb unter den chinesischen Mitspielern ist groß, und wir besitzen noch immer die bessere Kenntnis davon, welche Daten wir aus welchen Sensoren im Auto anzapfen können. Wenn wir unsere Plattformen vorsichtig öffnen, verhindern wir eigene Sackgassen und lernen gleichzeitig über die Kooperationen dazu.

Viertens: Technology Hedging.

Der Glaube der Chinesen an die elektrische Zukunft mag langfristig durchaus begründet sein. Doch noch über Jahrzehnte werden wir viele Mischformen von Antrieben im Angebot haben und haben müssen. Und viele Probleme beim Umstieg auf die elektrische Fahrweise sind noch nicht mal im Ansatz erkannt. Diese Probleme rühren nicht nur von der Batterie her, sondern vor allem von der Ladeinfrastruktur, die noch in weiten Teilen viel zu gering ausgebaut ist. Auch wenn der Druck der Chinesen noch so groß wird, können wir nicht alternativlos deren Forderungen nach Pure Electric nachkommen. Wir brauchen für viele Marktsituationen weiterhin kombinierte Aggregate mit Range Extendern, Motoren für Erdgas sowie Fortschritte im Leichtbau und bei klassischen Motoren. Herr Bremer, fahre ich fort, es wäre schlicht verantwortungslos, wenn wir angesichts so vieler Fragezeichen die Brücken für unsere guten Technologien zu schnell abbrechen würden.

Fünftens: Diversifizierung des »Distribution Models«.

Einerseits, erkläre ich Bremer, brauchen wir mehr und sehr unterschiedliche Handelsformate, um den unterschiedlichen Modalitäten des Autovertriebs in China gerecht zu werden. Das bedeutet sehr viel mehr Mut für Experimente und Vielfalt, statt einheitlicher Handelshausklötze. Ich denke dabei an ganz viele unterschiedliche Formen von kleinsten Ein-Zimmer-Showrooms bis hin zu Mega-Mobility-Erlebnis-Parks. Das reicht aber nicht, Herr Bremer, weil trotz einer Vervielfachung der Angebotswege an die Endkunden von Fahrzeugen kein Weg mehr an der direkten Unterstützung der vielen Sharing-Konzepte vorbeiführt, wo sich viele Nutzer ein Fahrzeug teilen. Auch wenn der Wettkampf der Anbieter von geteilten Flotten mörderisch ist, brauchen wir dringend eine bessere, genau auf diese Zielgruppe zugeschnittene digitale und vertriebliche Unterstützungsstrategie. Das bedeutet: Angebote zur Übernahme des Fahrzeuges ohne Schlüssel per Handy, bessere Lokalisierung des Abstellortes, Apps zur Steuerung lokaler Dienstleister, zusätzliche Ertragsmodelle wie eine digitale Werbung in der Windschutzscheibe und dergleichen mehr. Vielleicht aber auch einen Verkäufer, der mit dem Tablet unter dem Arm Hausbesuche macht, auch möglich, denn das läuft zum Beispiel in Japan. Auf jeden Fall im Gegensatz zu heute viel mehr Vielfalt und Dinge ausprobieren.

Sechstens: Expansion um das Fahrzeug.

Ob das die Finanzierung von Fahrzeugen ist, die Verwertung von ge-
brauchten Autos, die professionelle Versorgung mit Aftersales-Lösungen
oder die Subskription von digitalen Diensten – das enorme Wachstum
muss nun aus der reinen Versorgung mit Neufahrzeugen auch in der
Breite des gesamten Leistungsspektrums ankommen. Ich weiß, dass
unsere Kollegen in China nicht auf dem Baum schlafen, aber vielleicht
helfen da einige kritische Impulse, ergänze ich. Herr Bremer, ich sehe da
eine gigantische Chance, den bestehenden Footprint besser zu nutzen.

Ich merke, wie die Aufmerksamkeit nun doch etwas abflacht,
und beschließe, dass es höchste Zeit ist, unseren Gehirnen eine
Pause zu gönnen. Bald werden wir ohnehin zur Landung ansetzen.

Ein guter Zeitpunkt, um für mich im Stillen ein Resümee zu ziehen.
Ja, China hat mich überwältigt. Durch Größe, Wachstum, Ehrgeiz und
politischen Willen. Auch eingeschüchtert, denn die Verachtung, mit der
die chinesischen Eliten auf die aus ihrer Sicht schwachen westlichen
Demokratien herabschauen, ist deutlich zu spüren. Nicht nur zwischen
den Zeilen. China wird als Markt und als Partner eine Supermacht werden, auch im Cyberspace. Punkt. China ist entgegen meiner früheren
Vorstellung nicht dabei, sich dem Westen anzunähern. Das Zwischen-
feuer der Liberalisierung der Neunziger ist im Begriff, von der Partei
domestiziert zu werden, damit die kommunistische Partei nicht an den
Ungleichheiten im eigenen Land aufgerieben wird. Und ja, China will
den Westen und seine Ideen mit digitalen und physischen Mitteln auch
aussperren. Oder wenigstens spalten. Na, oder wenigstens deutlich
beeinflussen. Gleichzeitig setzt ein ganzer Erdteil zu einer wirtschaftlichen und kulturellen Aufholjagd an, die unsere Zivilisation verändern
wird. Und dieser gigantische Wandel, mit Trillionen kleiner Probleme
überall, fragt nach unzähligen Lösungen, die immer wieder für alle Seiten neu verhandelt werden müssen. Aber das Glas ist halb voll, denke
ich. Das Freund-Feind-Denken wird am Ende weder dem Weißen Haus
oder sonst jemandem helfen. Als Vertreter eines globalen Unternehmens
muss meine Botschaft sein: Wir sind Partner und Mitgestalter auf Augenhöhe. Wir sind sowohl global als auch »China«, und wo immer es geht,
werden auch wir unseren Einfluss und unsere Strategien geltend machen.

↗

Von China lernen
China digitalisiert sich mit Lichtgeschwindigkeit. Zwischen 2010
und 2016 stieg der Anteil der Digital
Economy am BIP um fast 30 Prozent.
Das Smartphone beherrscht das all-
tägliche Leben. Dabei versucht China
viele seiner Herausforderungen über
Technologie zu lösen, etwa die Verwaltung der Megastädte oder auch
Probleme mit Umweltverschmutzung
und Treibhausgasemissionen.

Viele dieser Entwicklungen treibt
die Regierung durch Regulierungen
massiv an, in der Mobilität z. B. durch
den Zwang zur Elektrifizierung: China
will so bald wie möglich elektrisch
und autonom fahren. Und öffnet damit ein unüberschaubar großes Feld
an neuen digitalgestützten
Ertragsmodellen.

Mir ist eigenartig zumute, als die Maschine unsanft auf der Rollbahn aufknallt und ich kurz darauf meinen Koffer aus dem Gepäckfach ziehe. Ich habe mich mit meiner neuen Rolle auf ein sehr großes Spiel eingelassen, wie mir bewusst wird, und ich bin mir zunehmend unsicher, wie viele Freiheiten ich eigentlich wirklich habe. Ich stecke meinen Notizblock in die Seitentasche und frage mich, wann ich mich schon einmal so gefühlt habe. Meine Gedanken wandern zu den Prüfungen während meines Studiums, zu denen ich manches Mal angetreten war, ohne den abgefragten Stoff wirklich gut zu beherrschen. Es ist einfach zu wenig Zeit, stelle ich fest, um wirklich alles bis zum Ende zu denken. Und die Dinge ändern sich zu rasch, um in den vielen Fragen immer auf der Höhe der Zeit zu sein. Sisyphos kommt mir wieder in den Sinn. Und die Frage, wo am Berg ich mit meinem Stein gerade stehe. Herr Bremer muss meinen entmutigten Blick gesehen haben, denn er klopft mir ermunternd auf die Schulter. Herr Mahlich, sagt er dann, Kopf hoch, ich bin mir sicher, dass wir in den kommenden Wochen noch viele Aspekte finden werden, mit denen Sie eine konsistente Strategie für Ihre neue Aufgabe formulieren können. Lassen Sie uns weiter neugierig sein und weitersuchen. Übrigens habe ich schon eine Idee, wo wir ein Beispiel dafür finden, wie sich ein sehr kleines Land mit nichts als Erfindungsgeist, Unternehmertum und Kreativität selbst an den Haaren aus … na ja, sagen wir nicht aus dem Sumpf, sondern aus der Wüste gezogen hat.

Gern, erwidere ich etwas zerstreut, während ich dem Berater die Hand zum Abschied reiche, und gern auch rasch. Wissen Sie, setze ich nach, ich sehe schon, was ich alles gelernt habe. Aber ich muss langsam auch einige Dinge finden, die ich in der neuen Rolle in Taten umsetzen kann. Herr Bremer nickt zuversichtlich. In seinem starken Händedruck kann ich förmlich die Energie spüren, mit der er bereits im Geiste vorausmarschiert, einem klaren Plan folgend.

Shalom Tel Aviv

Ich bin beeindruckt. Der gute Bremer hat es mal wieder geschafft, mich zu überraschen. Auf seinen Rat hin hatten wir uns sehr kurzfristig nach Israel aufgemacht, um dem Phänomen der *Start-up Nation*[52] auf die Spur zu gehen. Start-up Nation ist der Titel eines Buches, das bereits im Jahr 2011 den enormen Gründergeist Israels beschrieb. Und es ist eine Art Geisteshaltung. Wie mir Bremer versprochen hatte, würden wir in Israel viele »Missing Links« finden, um ein eigenes Modell bauen zu können, das sich abhebt von dem Plattformkapitalismus[53] des Silicon Valley und der Staatskontrolle Chinas. Innerhalb von nur zwei Tagen ist es Bremer gelungen, uns in eine Runde von Unternehmern einzuschleusen, die sich zu einer Investorenrundreise zusammengefunden hat und in Israel wichtige Venture-Partner und Start-ups besuchen will.

Nun thronen wir in einem der oberen Stockwerke eines mondänen Büroturms, direkt über den israelischen Offices von Facebook und Autodesk, im Boulevard Rothschild 22. Vor uns erstreckt sich das Zentrum von Tel Aviv. Wir spüren förmlich den Herzschlag einer völlig anderen Herangehensweise an die Themen Start-up und Modernisierung. Gebannt hören wir dem etwa sechzigjährigen Investoren-Urgestein Yahal Zilka zu, der uns einen spannenden Einblick in das Land und seine digitalen Möglichkeiten gibt. Er ist einer der Partner des Wagniskapitalgebers Magma Ventures und während er uns die Geschichte der Start-up Nation Israel erzählt, fühlen wir hautnah, welche enorme Mobilisierung dieses kleine Land in seiner jüngeren Geschichte hinter sich gebracht hat. Israel ist, meint einer der anderen Unternehmer hier im Meeting, im Grunde ja selbst noch immer ein Start-up. Yahal ist ein guter und witziger Erzähler, dem die Runde aufmerksam zuhört, während er auf einem riesigen Bildschirm einige Grafiken aufflackern lässt. Er zeigt Bilder und Zahlen, die mich noch lange beschäftigen werden, dessen bin ich mir unmittelbar bewusst.

Israel ist mit einer Fläche von etwa 22 Tausend Quadratkilometern so groß wie Slowenien oder halb so groß wie etwa Estland oder die Slowakei und beherbergt heute 8,3 Millionen Einwohner. Mit einem mittleren Pro-Kopf-Einkommen von 40.000 USD im Jahr 2017[54] liegt man nur leicht unter dem Vergleichsniveau von Frankreich. Dabei hat das kleine Land auf den ersten Blick wenig zu bieten, denn es ist geradezu umzingelt von recht unfreundlich gesinnten Nachbarn und besteht aus kargen Böden mit wenigen Rohstoffen. Nun ja, der Exportmarkt für Orangen allein würde das kleine Land nicht zu einem Magneten für Investoren aus aller Herren Länder machen. Der überproportionale Zustrom von Investments hat andere Ursachen. So gibt Israel etwa 4,25[55] Prozent des Bruttosozialproduktes für Forschung und Entwicklung aus und leistet damit einen Aufwand zur Zukunftssicherung, wie es kein anderes Land der Welt im Verhältnis zur Einwohnerzahl erreicht, erklärt uns Yahal Zilka. Neugier, Forschung, die Entwicklung neuer Ideen, Mut und Kreativität werden groß geschrieben in dem kleinen Land. Immerhin verantwortet Israel, obgleich geografisch und demografisch ein Zwerg, mit seinen Universitäten jährlich etwa ein Prozent der weltweiten wissenschaftlichen Publikationen.

Bremer wirft mir einen vielsagenden Blick zu. Während der Vorstellungsrunde mit den anderen Unternehmern hatte er mir bereits einige Erklärungen zugeflüstert. Auftraggeber für Forschung und Entwicklung ist vor allem die öffentliche Hand, und da nicht zuletzt die *IDF*, die *Israel Defense Forces*, wie die Streitmächte Israels genannt werden, fährt er nun mit gedämpfter Stimme fort. Seit der Staatsgründung im Jahr 1948 sahen sich die Israelis gezwungen, der Überzahl an arabischen Streitmächten durch Kreativität und Klugheit zu begegnen. Und so wurde das Militär – in dem beinahe jeder israelische Staatsbürger, die Männer wie die Frauen, mehrere Jahre dient – zur Team- und Talentschmiede für die besten technischen Problemlöser der Welt.

MYTHOS 8200 – EDELHACKER UND GROSSE GESCHÄFTE

Die Autoren des bahnbrechenden Buches *Start-up Nation,* Dan Senor und Saul Singer, schrieben bereits 2009 über die herausragende Bedeutung der Streitkräfte für den Start-up-Erfolg Israels. Sie bezeichneten in ihrem Bericht die Einheit 8200 (der hebräische Name dieser legendären Hightech-Spionageagentur lautet »shmone matayim«) und die anderen Eliteeinheiten des israelischen Militärs als »das Äquivalent von Harvard, Princeton und Yale«.

Die 8200 ist eine der größten militärischen Einheiten der Israel Defense Forces und bezogen auf die technische Leistungsfähigkeit und die Aufgabenstellungen mit der amerikanischen *National Security Agency (NSA)* durchaus vergleichbar. Jedoch dürfte die Personalausstattung der NSA sicherlich noch um ein Vielfaches größer sein. Laut Informationen des Forbes Magazins[56] gehören der 8200 aktuell etwa 5.000 Menschen an.

Wer diese Eliteinstitution als Absolvent nach dem Dienst verlässt, kann sich mit seinen dort erworbenen Fähigkeiten seine Jobs (und, auch das ist wahr, weitgehend auch sein Gehalt) in Israel, im Silicon Valley oder in jedem anderen Hightech-Umfeld geradezu nach Belieben aussuchen. Zahlreiche der reich gewordenen IT-Unternehmer Israels haben in ihren Lebensläufen den Eintrag »Dienst in der 8200« stehen, bei einigen prangt die 8200 sogar als erste Zeile in ihrem Profil bei LinkedIn. So gut der Weg aus der Einheit in die Karrieren in die Privatwirtschaft gepolstert ist, so streng ist die Auslese bei der Aufnahme. Das Rekrutierungsprogramm der Spezialeinheit screent noch während der Schulausbildung gezielt Jungen und Mädchen auf ihre schnelle Auffassungsgabe, außergewöhnliche Programmier- und Hacking-Fähigkeiten oder Gaben in der Mustererkennung. Mit zum Ausbildungsprogramm gehört dann das ständige Lösen schwierigster Aufgaben wie der Bau von Schleudersitzen aus Bastelmaterial, die Erzeugung hochkomplexer Computerviren wie dem Stuxnet Virus (welcher vor einigen Jahren im Iran zum Einsatz kam, um das dortige Nuklearprogramm zu schädigen) oder, kolportiert, der Aufbau eines der mächtigsten Telefonüberwachungssysteme unserer Zeit. Ständig verschiebt die Elite der militärischen MacGyvers das Limit der technischen Machbarkeit und während der aktiven Dienstzeit gilt: »Geht nicht« wird nicht als Antwort für eine technische Herausforderung akzeptiert, selbst wenn eine Lösung wirklich kaum vorstellbar ist. Wenn man sich keine tausenden Kampfflugzeuge leisten kann, dann werden eben Drohnen gebaut. Oder Maschinengewehre, die um die Ecke feuern. Oder Radarsysteme, mit denen man durch Mauern blicken kann.

Erste Nebenbedingung: Wenig Hierarchie, die dem neuen Denken im Weg steht. Grundsätzlich gilt: Die israelische Kultur ist als eine der »aufmüpfigsten« der Welt bekannt und das zeigt sich auch beim Militär – und zwar dadurch, dass es nur extrem wenige Offiziere auf oberen Rängen gibt. Viel lieber vertraut man auf die Fähigkeiten zur Selbstorganisation und findet große Kommandostrukturen, na ja, lächerlich. Selbstorganisation zwingt die unteren Ränge in die Verpflichtung zur Initiative, es kann sich niemand auf »die da oben« berufen, sondern es ist das eigene Handeln, das ultimativ zählt.

Zweite Nebenbedingung: Networking. In keinem anderen Land läuft die gar nicht immer so geheime Geheimdiensttätigkeit so eng verzahnt mit Wissenschaft und Wirtschaft ab, in dem Wissen, dass die Mittel des kleinen Landes sehr begrenzt sind, und darauf vertrauend, dass am Ende alle Parteien gleichermaßen davon profitieren. Als eine der Folgen dieser Interaktion dürfte sich der weltweite Marktanteil Israels im Geschäft mit dem Sektor der Cyber Security auf nunmehr weit über 10 Prozent belaufen. Marktanteil und Gesamtumsatz wachsend. Dafür dass die Geschäfte laufen, sorgt auch die 8200er Alumni-Vereinigung mit ihren 15.000 Mitgliedern, die sowohl als Gastgeber für einschlägige Events als auch mit einem eigenen Accelerator-Programm aktiv sind. So entstehen lebenslange Verbindungen.

Kein Wunder, dass man in Israel nicht fragt: Wo haben Sie studiert? – sondern:
In welcher Einheit haben Sie gedient?

Wer solch ein militärisches Ausbildungsprogramm durchlaufen hat, erklärt mir Bremer, zählt zu den besten Technologen der Gegenwart. Dabei werden in kleinen Teams extrem unkonventionelle Lösungen gefunden, und wer das in seiner Ausbildung mehrfach mit seinen Kollegen durchexerziert hat, der kann automatisch die technischen Grundlagen für zwei oder drei Start-ups direkt aus der Tasche zaubern, wenn er ausmustert, raunt Bremer mir zu. Ich bemerke, wie unser Getuschel in der Runde etwas unangenehm auffällt und deute Bremer an, dass wir das später fortsetzen sollten.

Zilka, ein Veteran des globalen Wagniskapitalmarktes, zeigt uns nun eine Grafik, die unterschiedliche Weltregionen hinsichtlich ihrer Venture-Investitionen vergleicht.

Weltweiter regionaler Vergleich

5,365
$74.5B

2,483
$17.6B

2,847
$70.8B

11,042 Deals
$164.4B Invested Globally

ABBILDUNG 2
Die Welt des Wagniskapitals (2017)

Zunächst spricht Zilka darüber, dass der amerikanische Anteil vom weltweiten Kuchen für Wagniskapital im Jahr 2017 erstmals seit Jahrzehnten deutlich weniger als 50 Prozent beträgt. Noch vor 20 Jahren lag dieser Anteil bei weit über 80 Prozent, sagt er, und bestätigt dann, was ich schon erwartet hatte: Das Kuchenstück der Chinesen ist dabei zu explodieren und wird in etwa fünf bis zehn Jahren mit den Ausgaben der Amerikaner gleichziehen. Vor allem die Bereiche Artificial Intelligence und Halbleiter sorgen für das Wachstum. Die Chinesen wollen in diesen Disziplinen unbedingt an den anderen Märkten vorbeiziehen und fluten den Start-up-Markt mit Investitionen in diese Technologien.

Dann klärt uns Zilka über den extrem großen Anteil des Wagniskapitals auf, der seinen Weg nach Israel findet. Nun sind Wagniskapitalgeber von Natur aus sehr scheue Wesen. Sie fokussieren normalerweise auf besonders innovative Unternehmen mit einem hohen Wachstumspotenzial, wie sie vor allem in den vom Wandel intensiv betroffenen Branchen Technologie, Einzelhandel oder Biotechnologie zu finden sind. Geschäftsfelder mit einem sehr hohen Kapitalbedarf sind für diese Kapitalgeber hingegen nicht interessant, weswegen Immobilienentwicklung, Bergbau oder auch Energie nicht zu ihren Zielgeschäften gehören. Vom internationalen Kuchen für Wagniskapital (164 Milliarden, wie in der Grafik gezeigt) bekommt das kleine Israel jedoch beachtliche drei Prozent ab (verglichen mit USA: 43 Prozent, China: 36 Prozent, Europa: 10 Prozent, Indien: 8 Prozent). Schnell wird mir klar: Wenn Europa dieses Niveau pro Kopf schaffen wollte, müssten wir unsere Ausgaben in diesem Bereich etwa verdreiundzwanzigfachen und würden dann alleine in Europa etwa das Doppelte des jährlich verfügbaren globalen Wagniskapitals zur Verfügung haben. Dass solche Investitionen eine Auswirkung auf die Fähigkeit eines Landes haben, Arbeitsplätze zu schaffen, muss ich mir selber nicht näher erläutern. Dieser Vergleich zeigt auch, wie gigantisch die Früchte der Anstrengungen Israels in Bezug auf seine Innovationskraft sind.

Spannend finde ich nebenbei, wo das Wagniskapital in Israel hingeht. Ganz vorne: Cyber Security, Halbleiter und Komponenten für autonome Fahrzeuge und, natürlich, Big Data und künstliche Intelligenz. Also genau in die Schwerpunktfelder, die auch inmitten meiner automobilen Interessen liegen. Die gute Nachricht aber: Wir sind schon da. Beinahe alle globalen Unternehmen haben auf dem Rücken der Erfolge der letzten Jahre ihre lokalen Scouting-Präsenzen intensiv ausgebaut. Als Yahal eine Folie zeigt, auf der die Logos der internationalen Investoren und Vertretungen der Autoindustrie in Israel zu sehen sind, muss ich schmunzeln. Es ist eine beinahe vollständige Liste des Who-is-Who der Industrie. Wenigstens ist die Wichtigkeit von Israel im technologischen Bereich erkannt, denke ich. Ich frage mich aber, ob bei all den vielen entsandten und fleißigen Bienen, die hier um die technologischen Blüten brummen, auch genügend von dem Können bei uns in der AutoInc. ankommt.

Die japanische Disruption der Disruptoren

Während ich Zilkas Ausführungen weiter lausche, wird mir durch eine Nebenbemerkung plötzlich etwas anderes klar: Der Markt für Wagniskapital hat insgesamt in den letzten Jahren enorme Volumensprünge gemacht, und dies hatte eine klare Ursache: Der Vision Fund des japanischen Investors und Softbank-Vorstandsvorsitzenden Masayoshi Son hat diese Welt völlig durcheinandergewirbelt. Dieser Fund ist ein Ungetüm, mit dem ich mich noch genauer befassen muss[57].

Während der weltweite Venture-Markt im Jahr 2017 in Summe über eine Geldmenge von 164,4 Milliarden Euro verfügen konnte, hatte alleine das Vehikel von Masayoshi 93 Milliarden Euro eingesammelt, um an vielen Stellen und sehr dominant in diesen Markt eingreifen zu können. Ich erinnere mich vage an die Geschichte, dass 2016 der saudische Kronprinz Muhammad bin Salman 45 Milliarden Dollar in den Fund von Masayoshi Son gepumpt hatte, um die Abhängigkeit des Königreiches vom endlichen Öl zu reduzieren.

Addiert man dazu die eigene Kriegskasse des Japaners, die in etwa 28 Milliarden ausmacht, und die Klein-
beträge einiger Trittbrettfahrer wie Abu Dhabi oder die der Verwalter der nicht unerheblichen Barmittel
von Apple, waren die 93 Milliarden schneller zusammengekommen, als viele damals gedacht hatten. Wie
ich in Zilkas Vortrag erfahre, ist Masayoshi Son aber damit noch nicht zufrieden und sammelt schon
fleißig für die ehrgeizige Folgeauflage eines weiteren solchen Monsters, in dem er noch mal 100 Milliarden platzieren will. Ein Disruptor der Disruptoren, geht es mir durch den Kopf und ich notiere mir mit
einem großen Ausrufezeichen, dass ich das unbedingt mit Bremer weiter beleuchten will.

Den Blick auf mein Handy, um den Gedanken und Fragen rund um den Vision Fund mit einer Google-
Recherche auf die Sprünge zu helfen, unterlasse ich jetzt aber doch. Es wäre nach der Tuschelei von
vorhin zu unhöflich, jetzt in der ersten Reihe mit dem Handy in der Hand vom Vortrag des eloquenten
Israelis abzulenken. Also bringe ich mit einiger Mühe meinen gedanklichen Ausflug nach Japan zu
Ende und konzentriere mich auf die Diskussion im Raum.

Wieder dreht sich das Gespräch um die enormen technologischen Leistungen angesichts der geringen
Bevölkerungszahl Israels. Wir lernen, dass der amerikanische Chip-Riese Intel bereits 1974 vor allen
anderen Mitbewerbern den Technologiestandort für sich entdeckt hatte, und ich merke mir das nette
Detail, dass der Name Intel von »integrated Electronics« abgeleitet ist. Der erste große Wurf des israelischen Intel-Außenpostens gelang dann schon fünf Jahre nach dem Start, als das lokale Team den
8088er Prozessor entwickelte[58]. Dieser war das Herz des IBM Personal Computers erster Generation,
dem ersten Computer auf dem das Microsoft DOS (Disk Operating System) breite Anwendung fand.
Viele weitere wichtige Intel-Produkte wie der Pentium- und der Celeron-Prozessor wurden später in
Israel entwickelt und produziert. In der Folge wuchs Intel zum größten privaten Arbeitgeber im Land
heran. In den vier lokalen Technologie- und Designzentren (Haifa, Yakum, Petach Tikwa und Jerusalem) und den zwei Fabriken (in Kirjat Gat und Jerusalem) arbeiten aktuell über zehntausend Menschen direkt für den amerikanischen Halbleiterkonzern.

↗

Elektronikriese in Israel
Intels Exporte aus Israel
betrugen im Jahr 2018
umgerechnet etwa 35
Milliarden US-Dollar.
Nach eigenen Angaben
beschäftigt der Konzern
11.700 Angestellte in
Israel sowie weitere
1.100 Beschäftigte bei
der Kameratochter
Mobileye. Derzeit plant
der Elektronikriese den
Bau einer weiteren
Chip-Fabrik in Kirjat Gat
– wiederum flankiert
durch staatliche Finanz-
beihilfen und Anreize
durch Steuer-
vergünstigungen.

Für das junge Land war es sicherlich
extrem wichtig, das Powerhaus Intel für
sich gewonnen zu haben. Ähnlich wichtig war es aber auch, damit eine Quelle
für hunderte Gründer zu erschließen,
die sich in den letzten 40 Jahren mit
dem Wissen und dem Netzwerk aus
Intel heraus mit eigenen Ideen selbstständig gemacht haben. Diese vielen
Hightech-Separatisten mit ihren zahlreichen Versuchen, eigene Wege und
eigene Firmen zu definieren, lieferten
reihenweise Beispiele für erfolgreiches
israelisches Unternehmertum. Sie sind
die Ursache dafür, dass die gesamte
Elektronikindustrie ein breites lokales
Ökosystem an Firmen hier in Israel be-
treibt, deren Aufgabe es schlicht ist,
eng am Puls der Zeit und an den Ideen
dieser Unternehmer zu sitzen, um damit im globalen Wettlauf um die besten
Halbleiter nicht abgehängt zu werden.

Die lange Liste der Firmen, die in Israel
eine Forschungsrepräsentanz haben,
klingt in meinen Ohren ähnlich vollständig wie die eben gehörte Aufzählung ansässiger Akteure aus der Autoindustrie. Neben Intel und Google lese
ich Namen wie SAP, IBM, Apple, HP,
IBM, EMC, GE, Philips, Siemens, Oracle,
Microsoft, Motorola, Dell, AMD, Paypal,
McAfee, Cisco, Deutsche Telekom,
SanDisK, eBay, AOL, Autodesk, Yahoo
und so weiter. Mit einem japanischen
Konnichi Wa von Sony, einem koreanischen An-nyeong-ha-se-yo von LG und
Samsung und einem chinesischen Ni
hao von Haier, Lenovo, Legend, Huawei
oder Baidu und Alibaba ist auch Asien
sehr gut in Israels Sammlung inter-
nationaler Repräsentanzen vertreten.

Und wieder erwähnt Yahal Zilka,
was ich schon im Valley gelernt habe,

nämlich wie wichtig es ist, die unterschiedlichen Tiere des Start-up-Zoos gemeinsam zu halten. Erfahrene Unternehmer, die »wissen, wie es geht«, gewiefte Geldgeber und Marketing-Gurus, die gute Ideen auch schnell skalieren können, Rechtsanwälte und Beratungen sowie den Freund und den Feind vom Nachbarunternehmen, der an dasselbe Thema mit einem leichten Twist in der Technologie etwas anders herangehen will. Und noch ein Faktum lässt mich aufhorchen: Über ein Viertel der Menschen, die heute in Tel Aviv leben, wurde nicht hier geboren. Es sind wieder einmal die Einwanderer, die auch hier den Unternehmergeist und das Selbstverständnis mitbringen, durch die Verwirklichung ihrer Träume nicht viel zu verlieren, aber alles gewinnen zu können. Eine große Herausforderung, das alles in unserer Kultur zu vermitteln, denke ich.

Während die Unternehmergruppe nach dem Vortrag bei Magma Ventures mit dem Aufzug nach unten fährt, klingen in mir noch einige der Statistiken nach, die wir soeben gehört haben. Als wir aussteigen, nehme ich Herrn Bremer zur Seite und bitte ihn, uns von der nun folgenden Besichtigungstour bei den Start-ups aus dem Portfolio von Magma Ventures abzumelden – ich möchte jetzt viel lieber meine Gedanken sammeln und das Gehörte reflektieren. Es gibt, wiederhole ich beschwörend, jährlich zwischen 1.000 und 1.400 neue Start-ups in dem winzigen Land und aktuell zwischen 5.000 und 6.000 Start-ups insgesamt. Also ein Start-up pro 1.400 Einwohner – da bastelt ja tatsächlich in jedem Dorf einer an der Eroberung der Welt[59]. Von diesen Träumern haben wiederum über 750 einen wagniskapitalfinanzierten Nachbrenner, um damit im Turbospeed auf den Weltmarkt zu drängen. Das ist jetzt nach dem Silicon Valley der zweite magische Fleck, wo es quasi in der Luft liegt, es mit neuen Ideen und Technologie auf Weltspitzenniveau als Start-up zu versuchen – wegen der Nähe zum Militär ist es vielleicht hier sogar noch technologischer.

Herr Bremer bemerkt meine Begeisterung und erwidert, auch um seine Reiseempfehlung zu bekräftigen: Ich habe Ihnen ja gesagt, Herr Mahlich, es gibt noch weitere Modelle, um sich in der aktuell an Fahrt aufnehmenden Technologiezentrifuge zu behaupten. Die Israelis machen es

mit einer brillanten Grundausbildung im Militär, durch die ganze Generationen in Technologie, Improvisation und Leadership geschult werden, garnieren das, wo es geht, mit etwas staatlicher Hilfe, halten kulturell das Unternehmertum hoch, locken Technologiekonzerne und Investoren mit großzügiger Förderung und genialem Marketing, und schon haben wir das Wunder in der Wüste.

Wir schlendern einige Straßen entlang und setzen uns dann ins Café Benedict zu Kaffee und einem Pancake. Ich merke, wie ich schon wieder meine Sicht auf ein Land revidieren muss: Von wegen Vision vom sozialistisch betriebenen Agrar-Kibbuz, sage ich zu Bremer, die züchten hier sehr systematisch ihre Einhörnchen. Das nachzumachen dauert zu lange oder ist am Ende gar unmöglich, auch wenn ich Ideen habe, was wir vom Vorgehen für uns nutzen können. Wir müssen aber im Jetzt alles dafür tun, deren Innovationskraft gemeinsam in unseren Produkten so schnell und reibungslos wie möglich auf den Markt zu bringen. Jetzt wird es wirklich Zeit für unseren vereinbarten Konzeptentwurf einer Agenda Digital.

Herr Bremer hat offensichtlich schon darauf gewartet, denn er zieht fast zeitgleich ein Blatt aus der Tasche, auf dem die Überschrift *»Die vier Domänen der Digital Value Economy«* zu lesen ist. Also gut, ich nicke, dann mal los.

Dr. Bremers Blatt zeigt, mal wieder, eine Art Mindmap. Dieses Mal aber hat sie in der Mitte nicht nur eine Wurzel, sondern vier. Darin die Buchstaben: »C—O—D—E«. Und viele weitere Äste. Ich finde das mit dem Code instinktiv anregend und höre aufmerksam zu, als Bremer mit seinen Ausführungen beginnt. Damit wir in der Diskussion vorankommen, sagt Bremer, gliedere ich die vier zentralen Domänen der *Digital Value Economy* in die wichtigsten Themenfelder.

Mit diesem Bild können wir eine Art Koordinatensystem für all die Ideen und Maßnahmen beschreiben, in die wir unsere *Agenda Digital* unterteilen wollen, erklärt er. Und als Erstes werde ich gleich mal die Wurzeln etwas genauer beschreiben, damit wir einen sauberen Aufsatz für die weiteren Schritte hinbekommen.

DIE VIER DOMÄNEN DER DIGITAL VALUE ECONOMY

Die vier Domänen der Digital Value Economy

WORUM GEHT ES?

Mahlich und Bremer schreiben zusammen die *Agenda Digital* für ein Überleben in der *Digital Value Economy*. Sie unterscheiden vier Domänen, deren Umgestaltung für Unternehmen erfolgskritisch sind.

ESSENZ: DIGITAL VALUE ECONOMY.

» Creating User Value – Das Produkt Auto wird zur digitalen Customer Experience »Mobilität«, die es laufend zu optimieren gilt; der Nutzen wird gesteigert durch Netzwerkeffekte von Diensten.

» Operating in Cycles – Die *Digital Value Creation* führt Wertinkremente aus realer und digitaler Welt zusammen; die Leistungserbringung erfolgt in Zyklen über zahlreiche Feedbackschleifen; eine Herausforderung sind die unterschiedlichen Geschwindigkeiten von realen Produkten und digitalen Diensten.

» Designing Bimodal   Die bimodale Organisationskultur kombiniert Skalierung (Exploitation) und Innovation (Exploration) und steht dadurch in einem dauerhaften Dialog mit ihrer Umwelt.

» Evolving Leadership – Klassische »Command-and-Control«-Strukturen werden den komplexen Entscheidungsbedarfen nicht mehr gerecht. Führung erfordert stattdessen Teamfähigkeit, Neugier, Offenheit für Kritik und Meinungsvielfalt, analytische Fähigkeiten, Kommunikationsgeschick und Toleranz gegenüber Widersprüchen.

Lesedauer: ca. 8 Minuten (220 Worte/Minute)

Domäne: »Creating Digital User Value – Wie aus Produkten digitale Erfahrungen werden«.

Früher haben wir solche Konzeptbilder gerne mit dem Kunden im Zentrum begonnen, obwohl wir diesen Kunden eigentlich gar nicht kannten. Der war nämlich abstrakt in Segmenten versteckt und generalisiert, durch den Vertrieb und die Landesorganisationen über den Großhandel und die lokalen Partner bedient. Im Grunde, meint Bremer, stand der Kunde in Wahrheit nie im Mittelpunkt, sondern als »Empfänger« am Ende der Prozesse. Im Mittelpunkt waren Produkte und interne Abläufe, der Rest war nur laues Marketing. In der *Digital Value Economy* wird das Produkt aber nicht mehr am Stück in (selten gewordenen) Transaktionen verkauft, sondern in ganz viele Nutzungseinheiten aufgeteilt und als *digitaler User Value,* als digitale, kontextoptimierte Kombination von Abruf, physischem Gut und zeitanteiliger Dienstleistung zur Verfügung gestellt. Was beim Nutzer ankommt, sind einzelne Fahrten und Transporte, ein einzelner Film, den man sich in das Auto lädt, oder eine Videokonferenz, die man bei verdunkelter Scheibe im Stau abhalten kann. Der Kunde wandelt sich dabei folgerichtig vom Käufer eines Produktes zum »Nutzer eines Services«, das Erleben der Servicenutzung findet als digitale Experience statt. Suchen, buchen, zahlen, sharen, liken. Das ist der neue Mix. Daten geben – gegen *Convenience und Sicherheit.* Zeit sparen. Das Leben einfacher machen.

Das verschiebt die Suche nach Wettbewerbsvorteilen von der internen Ablaufoptimierung hin zur spannenden Frage nach einer *(laufenden!) Optimierung der User Experience.* Und es erklärt auch, und darauf wollen wir später genauer eingehen, warum die Internetriesen ihr Glück in der eigentlich ertragsschwachen Automobilindustrie suchen wollen. Weil sie verstanden haben, dass es nicht um das Produkt Auto, sondern um die digitale Customer Experience »Mobilität« geht. Weil ein Kunde, der irgendwann einmal autonom fährt, unterwegs mit unendlichen Möglichkeiten zum Konsum weiterer Dienste angeregt werden kann.

Folgerichtig werden wir uns unter dieser Überschrift damit beschäftigen, wie wir es schaffen, die Logik der Vorteile durch Kostendegression, also der bisherigen Logik unserer Industrie, *mit einer Logik der Nutzenprogression durch Netzwerkeffekte von Diensten zu erweitern.* Denn ein Service steht natürlich in diesem Denkmuster nicht mehr alleine da, sondern wird erst durch ein Ökosystem an benachbarten Diensten viel wertvoller.

Aber eins nach dem anderen, schiebt Herr Bremer dann schnell hinterher, der wohl meine Augen bei diesem Theoriefeuerwerk aus dem Kopf quellen sieht, das werden wir heute im Anschluss noch genauer vertiefen. Dafür sind unsere taufrischen Erfahrungen aus den USA, China und Israel eine extrem brauchbare Hintergrundbühne. China erlebt ja derzeit als gesamtes Land – Moment, unterbreche ich ihn, lassen Sie uns erst die Übersicht zusammenfassen und dann im Detail auf die Domänen eingehen. Bremer nickt und führt dann seine Aufzählung fort:

Domäne: »Operieren in Lernzyklen – Wie aus linearen Prozessen agile Zyklen werden«.

Als Zweites stellt sich nun die Frage, wie denn der *Digital Value* geliefert wird. Wir betreten damit die Welt der realen und digitalen Leistungserbringung. Früher wäre das vielleicht die Domäne der Prozesse gewesen und wir hätten in der Bearbeitungsrichtung »Lieferant-Mehrwert-Kunde« unter der Prämisse »stabiler, schneller, günstiger« gedacht.

Heute müssen wir stattdessen in Zyklen denken, deren Funktion es ist, immer wieder neue und innovative digitale Wertinkremente in den einzelnen Touchpoints zur Verfügung zu stellen. Also Information plus reales Produkt plus Daten über die Verfügbarkeit plus Transaktion zur Nutzung plus Feedback zur Zufriedenheit plus Empfehlung zur Nutzung an andere plus, plus, plus. Aber als Paket.

Die Herausforderung: Die Veränderungen der physischen Welt und der digitalen Möglichkeiten miteinander in Einklang zu bringen. Ein Fahrzeug zu bauen ist zum Beispiel ein komplexer, mehrjähriger Prozess. Es werden Lieferanten beauftragt, Teile und Werkzeuge gekauft, Fabriken geplant und Produkte getestet. Und wenn das Produkt einmal die Fabrik verlassen hat, dann lebt es noch 10 Jahre oder länger, bevor es zur Weiterverwertung in den ewigen Jagdgründen einer Schmelzanlage verschwindet. Eine digitale App lebt hingehen oft nur wenige Monate und ist dann schon wieder »outdated«.

Die *Digital Value Creation* führt nun Wertinkremente aus realer und digitaler Welt gleichermaßen zusammen, und zwar so, wie es gerade für den möglichen Nutzer optimal ist. Wir brauchen also Modelle, um die reale und die digitale Welt zu synchronisieren, wenn wir deren kombinierte Vorteile an den Nutzer bringen wollen.

Von zentraler Bedeutung ist dabei die Gestaltung des Human Machine Interface, über das der Nutzer Zugang zu seinem Service erhält. »Seinem« Service meint hier, zugeschnitten auf den einzelnen Nutzer durch den Kontext oder die Daten, die dabei verwendet werden oder entstehen. Durch die Echtzeitanforderungen der Interaktion mit vielen Wertschöpfungspartnern wird die Wertkette von Porter[60] zum Wertnetzwerk und füttert zahlreiche Feedbackschleifen.

Lieber Herr Dr. Bremer, ich kann das mit den Schleifen durchaus nachvollziehen, weil das Konzept des Design Thinking vom Kunden weg und die dann dazu passenden Iterationen zur Verbesserung von Produkten gut damit zusammenpassen. Das Problem aber sehe ich darin, dass es meiner Erfahrung nach sehr schwierig ist, diese unterschiedlichen Geschwindigkeiten einer Innovation von realen Produkten und von digitalen Diensten gut organisiert zu bekommen. Das passt dann selten in ein funktionierendes Organigramm.

Domäne: »Design der bimodalen Organisation – Wie Skalierung und Innovation versöhnt werden«.

Genau deswegen ist unser nächster Bereich die Organisation und Kultur, antwortet Herr Bremer prompt. Jede Art von Organisation verfolgt grundsätzlich einen eigenen, meist sehr individuellen Zweck – und funktioniert entsprechend anders. Damit ein Nutzer in Echtzeit zu akzeptablen Kosten (!) bedient werden kann – und gleichzeitig die Innovationen in der erforderlichen Geschwindigkeit weiter vorangetrieben werden können – muss eine kluge Kombination der *auf Skaleneffekte ausgerichteten Pyramide (Exploitation) und den nach Erkundung strebenden Schwärmen (Exploration) gelingen*[61].

Die Verhandlung über die Ausgestaltung (wo fest, wo flexibel, wie verbunden) und die Diskussion zur Unternehmenshaut (was ist innen und was ist außen) muss laufend neu geführt werden. Dies gelingt nur, wenn man tief in die Organisationskultur eindringt und den überaus wertvollen Schatz an speziellen Mythen, Memes[62] und ungeschriebenen Gesetzen einer Gemeinschaft zutage fördert. Und anschließend neue »Grundgeschichten« manifestiert. Das Paradoxe ist: Bimodale Organisationen sind keine Endzustände mehr, die man nach der Logik »Unfreeze-Optimize-Freeze« umbaut wie einen alten Käfer zum Buggy, sondern ein dauerhafter Dialog über die Umwelt des Unternehmens. Ok, erwidere ich, das klingt zumindest nach einer sehr guten Metapher für die klare Aussage, wann denn die Digitalisierung fertig sein würde. Gar nicht nämlich, weil wir da auf einen Prozess zusteuern, der eben nicht enden wird. Und dann verstehe ich auch schon, warum Sie diesen vierten Buchstaben hier so prominent zeigen.

Domäne: »Evolution der Führung – Wie postheroische Führung gelingen kann«.

Richtig, fährt Bremer fort, der neue Typus von Organisation erfordert auch eine neue Art der Führung. Die tradierten, auf den heroischen Führer ausgerichteten »Command-and-Control«-Organisationen reichen für die Bewältigung der vielfältigen Entscheidungsbedarfe im Spannungsfeld zwischen Exploitation und Exploration nicht mehr aus.

Die Idee, dass der Führer die Richtung und die Antwort kennt und der Rest des Teams entweder umsetzt oder durch Roboter ersetzt werden sollte, hüpft auf einem Bein, während die Performer längst ihren Sprint verbessern. Zu langsam, zu wenig inklusiv, zu hoch die psychischen und faktischen Kosten der klassischen One-Chef-Show. *Die Grundidee: Komplexere Umwelten fordern komplexere Organisationen und diese wiederum erfordern komplexere Führungsmechanismen und Führungskräfteentwicklungen.*

Das, was wir postheroische Führung nennen, führt Bremer aus, setzt auf die Kraft eines Teams von unterschiedlichen Charakteren im Führungskreis, die die Zukunft des Unternehmens auf Augenhöhe miteinander verhandeln.

Die Kernfrage der postheroischen Führung ist die nach dem Zweck und dem Warum der Organisation. Postheroische Führung sucht nicht nach dem mächtigen Allwisser, sondern nach dem Sinn und dem besten Prozess des Lernens. Das entlastet die nicht mehr erfüllbaren Selbstansprüche der Führer und rüttelt auch etwas an den oft narzisstischen und manchmal nicht mehr irdischen Selbstbildern vieler Entscheider.

Mit dem Ende des heroischen Führers beginnt sich das Anforderungskarussell für die Führungskräfte der Zukunft aber neu zu drehen: Ein realistisches Selbstbild und eine tief verwurzelte Teamfähigkeit, Neugier und Offenheit für Feedback-Mechanismen, analytische Qualitäten und Talent zum Verhandeln gehören genauso zum Repertoire wie Toleranz gegenüber Widersprüchen. In seiner Haltung wandelt sich der Chief Executive Officer zum *Chief Evolution Officer*. Bitte nicht falsch verstehen, das ist keine Basisdemokratie auf der Suche nach dem kleinsten gemeinsamen Nenner, meint er weiter. Auch die Teams werden mit neuer Intensität und mit der dauernden Neuerfindung ihrer selbst gefordert.

Ich schaue auf das Blatt und dann auf Herrn Bremer. Mir ist klar, dass er das nur als erste Übersicht gedacht hat, und nicke vorsichtig. Es ist ein sehr weiter Bogen, den wir da aufspannen, und um die Systematik seines Denkens besser zu verstehen, frage ich: Und wie machen wir dann weiter, wenn wir diese vier Domänen tatsächlich als die zentralen Handlungsfelder für den Umbau der AutoInc. entwickeln wollen?

Dann, meint Bremer, untersuchen wir in jedem Handlungsfeld die Treiber und zentralen Konzepte des Wandels. Ich nenne das den *deskriptiven Teil* unserer Denkarbeit. Im Anschluss an diese Sortierung werden wir eine Art Handbuch zur Implementierung schreiben, in dem wir für jede Domäne einen Satz von Handreichungen formulieren, damit die AutoInc. auch Maßnahmen definieren kann, die auf die erforderlichen Veränderungen einzahlen. Das nennen wir den *präskriptiven Teil* zu jeder Domäne. Und wenn es am Ende durchdacht ist, dann geben Sie dem ganzen Programm noch einen schönen Titel, und fertig ist Ihre Agenda. Ja, über den Titel habe ich schon nachgedacht, erwidere ich, und auch schon eine Idee, wie wir das Ganze nennen. Das ist mir ganz klassisch gestern Abend unter der Dusche

eingefallen, als ich mich fragte, was denn die Delle sein könnte, die ich ins Universum schlagen will. Da dachte ich, dass ich keinesfalls nur einer der vielen Palliativmediziner unserer Industrie sein will, sondern dass wir eine Inkarnation brauchen für unseren Sektor. So kam ich auf den Titel *In-car-nation.* Zusammen mit Ihren vier Buchstaben wird es dann zum *In-car-nation-Code.* Wow, Bremer ist sichtlich beeindruckt, da bereite ich wochenlang meine schöne Mindmap vor, und dann kommen Sie und überstrahlen meine Arbeit mit einem solchen Kreativblitz. Aber ich mag das, er zwinkert belustigt. Und ich mag die Struktur, entgegne ich. Dann wollen wir mal darangehen, Fleisch an dieses Gerippe zu hängen. Feierlich stoßen wir mit dem Rest des kalt gewordenen Kaffees auf unsere bevorstehende Arbeit an.

CREATING
DIGITAL
USER VALUE

Creating Digital User Value

WORUM GEHT ES?

Bremer und Mahlich untersuchen die zentralen Ausgangsfaktoren für Wertschöpfung in der *Digital Value Economy:* den digitalen Nutzer und sein Habitat. Woraus entsteht eine Digital Experience? Und welche Handlungsempfehlungen leiten sich daraus ab?

ESSENZ: DIGITAL USER VALUE UND DIGITAL USER EXPERIENCE KREIEREN.

DESKRIPTIV: Schlüsselkonzepte
» Digital Value – entsteht in Digital User Experiences,
 die es laufend zu optimieren gilt.
» Konvergenz – Die Online- und Offline-Welt verschwimmen,
 eine Trennung ist nicht mehr sinnvoll.
» Ökosystem – Markenführung bedeutet
 das Management des gesamten Ökosystems.

PRÄSKRIPTIV: Handlungsempfehlungen
» CommuniCare – Aufmerksamkeit schaffen;
 Besser zuhören und digitale Feedbackschleifen nutzen.
» Omnichannel – Kanäle nutzerfreundlich vernetzen
» MyValue – Nutzerbindung durch Personalisierung.
» User Contribution – Authentizität und Identifikation
 mit Dienst oder Produkt (Sharen/Liken).
» Communitys – Idee des Austauschs zu einem Interessengebiet statt linearem Sender-Empfänger-Prinzip.
» Collaboration – Öffnung zu Content-Partnern
 und Anschluss ans Ökosystem.

Lesedauer: ca. 100 Minuten (220 Worte/Minute)

Freigang im Kopf

Ich bin sehr froh, den Nachmittag alleine mit Herrn Bremer und auch ein bisschen mit mir selber genießen zu können und dabei frei von einer geplanten Agenda zu sein. Ich ahne zudem, dass wir uns mit unserem kleinen Modell ein gutes Stück der Frage angenähert haben, wie wir unsere noch losen Ansätze zur Digitalisierung sortiert bekommen.

Kurzerhand schlage ich vor, unsere Diskussion ins Freie an den Strand von Tel Aviv zu verlegen und rufe uns über die App von Gett ein Taxi, das auch schon nach wenig mehr als einer Minute vor uns anhält. Lassen Sie uns mal dem Kopf einen Freigang geben, raus aus dem üblichen Trott, sage ich zu Bremer. Wenig später erreichen wir den Independence Park, und das Mittelmeer begrüßt uns mit einer frischen Brise und dem intensiven Geruch nach Salz. Wir laufen ein Stück den Strand entlang, bevor wir uns auf einer kleinen Steinmauer niederlassen, vor der rauschend die Wellen brechen. Um wieder auf unser Thema einzuschwenken, beginne ich: Natürlich ist ein Theoriemodell immer unvollständig, das gilt sicher auch für unser Konzept: C—O—D—E.

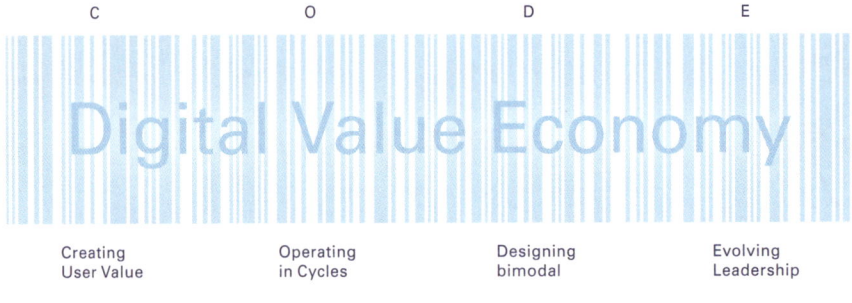

ABBILDUNG 3
C—O—D—E

Das muss ja so sein, weil wir durch die Simplifizierung schärfer auf das Wesentliche schauen und es besser verstehen wollen. Aber ich mag das Modell jetzt schon sehr. Es gefällt mir besonders gut, als Ausgangspunkt das Thema *Creating Digital User Value* zu nehmen, da das an den Grundfesten dessen rüttelt, was wir als unsere Industrie verstehen – was wir in der Autoindustrie sind, wenn Sie verstehen, was ich damit meine?

Ja, sagt Bremer, da sprechen Sie einen Punkt an, der mich seit Jahren beschäftigt. Lassen Sie mich das etwas genauer erläutern, Herr Mahlich: Wenn ich zum Beispiel mit einem deutschen Manager aus dem Autosektor über seine Industrie spreche, dann reden wir von Leistung, Komfort, Antriebsstrang und vielleicht noch über eleganten Leichtbau, also von Produkten. Wenn ich mit einem amerikanischen Manager darüber rede, dann versteht er darunter ein Geschäft – das Big Business, mit Betonung auf Big, und etwas verhohlen schwingt eigentlich auch noch immer die Verarbeitung des Chapter-Eleven-Traumas von vor nicht einmal zehn Jahren mit. Wenn die Japaner hingegen über ihre Autoindustrie sprechen, beschreiben sie ihre effizienten Fabriken, Fertigungssysteme und Roboter, also die Produktion.

Sie sehen, meint Bremer, selbst vermeintliche Kern-Wett-
bewerber begreifen sich selbst und das, was sie tun und
ausmacht, im Grunde sehr unterschiedlich.

*Für uns, fährt er fort, bedeutet dies, dass wir uns auf der Suche
nach der Digitalisierung fragen müssen, wie wir unseren Auftrag
und unsere Rolle als digitalisierte Industrie künftig verstehen.*

Wollen wir im Kern lediglich einen digitalen Zuckerguss auf
das ach-so-schöne Produkt kippen oder noch mehr Robotik
und Automatisierung in der Fabrik erreichen? Ich meine,
beides wäre trivial und nicht zukunftsfähig. Wir müssen
eigentlich im Kern eine neue Wertperspektive schaffen.
Das genau soll *Creating Digital User Value* ausdrücken. Die
Digitalisierung unseres Geschäftes fragt, um den guten alten
Peter Drucker zu zitieren, nach der Schaffung eines digitalen
Nutzers. Nachdem Bremer den Satz beendet hat, zieht er zu
meiner Überraschung Schuhe und Socken aus und springt
in den Sand unterhalb der Steinmauer. Aaah, schön warm,
sagt er lachend, und ich folge spontan seinem Beispiel.

»The purpose of a business
is to create a customer.«

Peter Drucker[63]

Die Aufgabe, denke ich, die vor mir und meiner Branche liegt, scheint tatsächlich
zweigeteilt: Das traditionelle Business mit den bekannten Produkten, Dienstleistungen und ihren Ausprägungen macht die eine Seite aus. Das alles, inklusive der
Preise und Variationen, entscheiden wir nach eingehender Marktanalyse und Ab-
wägung, mit Liebe zum Detail, bester Verarbeitung, Top-Qualität und perfekten
logistischen Prozessen. Da bedeutet Digitalisierung auch Automatisierung. Doch
das alleine ist viel zu linear und analog. Denn digital beinhaltet, wie eben diskutiert, dass sich der Nutzen und der Nutzer selbst komplett ändern. Der Nutzer ist
durch das digitalisierte Leben in gewisser Hinsicht ein anderer Mensch geworden,
in seiner Denkweise und Mentalität, seinen Wünschen und seinem Verhalten.

Narrativ: Das Habitat des digitalen Nutzers

Herr Bremer, ich glaube, nicht nur die Rolle und die Funktion eines Kunden werden sich dramatisch ändern. Sondern seine gesamte DNA, seine Mentalität, sein Kontext. Wir haben uns wieder auf einen Abschnitt der Mauer gesetzt und beobachten entspannt das Treiben am Strand, genießen den angenehmen Nachmittag.

Lassen Sie uns beim *Digital User Value* noch tiefer bohren, rede ich weiter, damit wir diesen User und seine Persönlichkeit besser verstehen. Damit wir lernen können, was wir für den *digitalen Kunden* sind. Und lassen Sie uns ganz symbolisch den Begriff Kunde streichen, auch wenn es natürlich in Zukunft noch Kunden geben wird. Sprechen wir von jetzt an lieber nur noch vom *User*. Das kontrastiert schön diese andere Art des Zusammenwirkens der Autoindustrie mit dem Nutzer unserer Produkte.

Gerne, erwidert Bremer und rollt wie ein Pergament die Mindmap vor uns auf. Dann lassen Sie uns das Feld mal aufteilen, wechselt er wieder in den Beratermodus, denn Ihre Frage berührt so viele Punkte, dass wir etwas gliedern müssen. Die erste Nachricht lautet: Ihre Industrie kennt den Kunden als wirklichen, einzelnen Menschen ja eigentlich gar nicht. Bisher hat die Autoindustrie in kleinstufigen Prozessen auf die Kunden, pardon, er erwidert meinen Blick, auf die User hin gearbeitet, und zwar in der Regel für große, klar segmentierte Zielgruppen. Die Verantwortung dafür lag beim Vertrieb, sozusagen am Ende eines linearen Prozesses. Genau dort also, wo Sie jetzt als Vertriebsvorstand formal zuständig sind. Doch der Zuständigkeitsbereich wird sich, wenn wir von Nutzern sprechen, noch radikal ändern. Diese Herausforderung nehme ich gern an, ich hatte immer schon einen kleinen Revolutionär im Ohr, entgegne ich selbstbewusst und ringe Bremer damit ein Lächeln ab. Doch er geht nicht direkt auf meinen Kommentar ein: Sie werden selbstverständlich weiter für die Nutzer verantwortlich sein. Jemand muss diese Umbauprozesse ja voranbringen und überhaupt erst mal die dahinterstehenden Trigger analysieren. Aber dieses »Silodenken«, diese traditionelle Aufteilung – die wird der Vergangenheit angehören, sonst sind bald auch die Firmen Vergangenheit.

Verstehe, erwidere ich, aber das brauchen wir viel genauer. Beginnen wir also mit den einzelnen Faktoren, die den Nutzer von morgen prägen. Haben wir dort auch knackige vier Punkte?

Mobile Menschen: mehr, älter und reicher

Leider nicht, es sind wesentlich mehr. Aber durchgezählt habe ich sie auch noch nicht. Sie können ja eine Strichliste führen, sagt er für mein Gefühl etwas zu forsch. Ob das von der sommerlichen Umgebung und dem zwanglosen Ambiente kommt? Bevor ich eine Antwort finde, redet er schon weiter: Also, egal ob es Ursachen oder Folgen sind, die demografischen Fakten schieben sich wie eine Plattentektonik über unsere Ökonomien. Wenn ich die qualitativen Veränderungen vom Kunden zum digitalen Nutzer beschreibe, wollen wir nicht versäumen, zuerst die zahlenmäßig wichtigsten Trends rund um den Lebensraum des digitalen Nutzers zu erwähnen. Dazu gehört: Die mobilen Menschen werden mehr, älter und reicher. Bremer führt aus, wie sich in Zukunft nicht nur die Anzahl der Menschen, sondern auch ihre Altersstruktur stark verändern wird – was vor allem für die massiv alternden westlichen Gesellschaften bekannt ist, sich aber auch als genereller globaler Trend beobachten lässt. Die Prognosen, die er aus einem Stapel Blätter in seiner Pergamentrolle zieht, zeigen Dramatisches:

» Die **Weltbevölkerung** (derzeit etwa 7,4 Milliarden Menschen) wird bis zum Jahr 2030 auf 8,5 Milliarden, bis zum Jahr 2050 sogar auf über 9,7 Milliarden anwachsen.

» Die **Zunahme wird in Afrika** mit jährlich 2,55 Prozent und insgesamt auf fast 2,5 Milliarden Menschen bis 2050 extrem stark ausfallen. Heute leben in Afrika knapp 1,3 Milliarden Menschen. In den vergangenen 100 Jahren hat sich die Bevölkerung dort in vielen Ländern verzehnfacht[64]! In einer Randbemerkung stellt Bremer fest: Auch im Bürgerkriegsland Syrien hatte sich zwischen 1950 und 2010, also in nur 60 Jahren, die Bevölkerung von 3,5 Millionen auf 21 Millionen Einwohner etwa versechsfacht[65].

» **Indien** (2015 mit 1,31 Milliarden) wird bis 2050 mit 1,71 Milliarden Menschen China als bevölkerungsreichstes Land ablösen. China entwickelt sich leicht rückläufig: Von knapp 1,38 Milliarden in 2015 schrumpft die Einwohnerzahl auf etwa 1,35 Milliarden in 2050 – im Jahr 2100 soll es sogar nur noch eine Milliarde sein[66].

» In den **USA** wird die Bevölkerung von knapp über 322 Millionen in 2015 auf 389 Millionen in 2050 ansteigen. Vor allem auch wegen des weiterhin starken Zuzugs[67].

» Wenig überraschend dürfte das **Schrumpfen Europas** sein: Die Bevölkerung wird bis zum Jahr 2050 von 738 Millionen in 2015 auf dann 707 Millionen abnehmen[68].

Die schiere Anzahl an Menschen ist dabei nur ein Aspekt, meint Bremer. Aus Geschäftssicht sind natürlich viele mögliche Nutzer immer gut, zumal wenn sie zahlungskräftig sind. Und durch das hohe durchschnittliche Wirtschaftswachstum scheint wirklich kein Mangel an Chancen für gute Geschäfte zu herrschen. Doch selbstverständlich haben die Bevölkerungszahl und das Wachstum in lokalen Märkten mitunter auch starke, durchaus negative Auswirkungen auf die Gegebenheiten, die Infrastruktur, die Chancen und Grenzen dieser Entwicklung.

Daher ist es auch wichtig, sich weitere damit verbundene Aspekte anzuschauen, führt Bremer weiter aus. Zum Beispiel werden die Menschen im Schnitt massiv älter – und zwar überall, nicht nur in Japan und Deutschland[69]:

» Das **Durchschnittsalter in Indien** lag 2015 bei 26,6 Jahren und wird bis 2050 auf 37,3 Jahre relativ stark ansteigen. In China lag das Durchschnittsalter in 2015 bei 37 Jahren – bis 2050 verändert sich dieses auch auf »beinahe japanische« 49,6 Jahre.

» Das **Durchschnittsalter soll sich in den USA** leicht, von 38 Jahren in 2015 auf 41,7 Jahre in 2050, verändern.

» Drastisch zunehmen wird die **Zahl der über 60-Jährigen:** Sie wird sich ausgehend vom heutigen Stand bis zum Jahr 2050 mehr als verdoppeln – auf 2,1 Milliarden weltweit. Wir werden ein Planet älterer Menschen. Für Europa bedeutet dies, dass 2050 dort etwa 34 Prozent der Bevölkerung älter als 60 Jahre sind.

» **Japan** hatte bereits 2015 mit 26 Prozent den weltweit höchsten Anteil von Menschen, die über 64 Jahre zählen. Mehr noch als Deutschland. 2050 wird dort das Durchschnittsalter bei 53,3 Jahren liegen.

Denken Sie nur, wie viele Menschen dann Mobilität konsumieren wollen, aber vielleicht nicht mehr können. Auch ein Aspekt, ergänze ich, will aber gerne noch mehr von dem Zahlensalat hören, der in Bremers Ausführungen durchaus etwas Lebendiges hat. In diesem Sinne fährt er auch schon mit dem nächsten Thema fort: Für Unternehmen, die hochpreisige Produkte oder Dienstleistungen anbieten, besonders für einen Vertriebsvorstand, ist der nächste Punkt von besonders starkem Interesse. Die Menschen werden reicher – dies aber leider nicht überall. Die Trennlinie verläuft dabei gar nicht einmal zwischen den einzelnen Ländern und Kontinenten, sondern innerhalb der Staaten, zwischen Land und Stadt.

Ungebremste Urbanisierung

Die Chancen für einen Aufstieg und bessere Verdienstmöglichkeiten sind, wie wir bei unserem Besuch in China erfahren haben, in den urbanen Zentren viel größer als auf dem Land. Deswegen bleibt die Attraktivität der Städte extrem hoch und der Zuzug zu den Zentren hält weiter ungebremst an – mit oft negativen, ja fatalen Auswirkungen auf die Infrastruktur, vor allem auch jene für den Verkehr, der in vielen Regionen völlig chaotisch bis hin zum Stillstand, nun ja, »abläuft« möchte man da kaum noch sagen. Zumal die Verstädterung oft vor allem jene Länder trifft, die ohnehin eine Bevölkerungs-explosion erleben. Doch all das ruft ja geradezu nach völlig neuen Lösungen, auch privatwirtschaft-lichen. Denn vielerorts ist der Staat nicht in der Lage oder willens, diese Neuerungen zu organisieren und zu finanzieren. Lassen wir noch einmal die Zahlen sprechen[70]:

» Über 54 Prozent der globalen Bevöl-kerung lebten im Jahr 2014 **in Stadt-gebieten** – insgesamt 3,9 Milliarden Menschen. Bis 2050 sollen es aller-dings 6,4 Milliarden werden (eine Zunahme um etwa 64 Prozent in den kommenden 35 Jahren). Es sind (Stand 2013) geschätzte 232 Millionen inter-nationale Migranten in Bewegung und 740 Millionen »interne« Migran-ten, die aus den ländlichen Gebieten in die Städte ziehen[71]. Die Infrastruktur, ohnehin oft in einem erbärmlichen Zustand, besonders in Afrika, kommt dann völlig zum Zusammenbruch. Stundenweise Stromsperren sind schon heute an der Tagesordnung[72], durchaus geplant und im Wochentakt organisiert für jeweils bestimmte Stadtteile. Beim Autoverkehr kommt es ebenfalls zum Blackout. Die Ursa-chen liegen in der schieren Anzahl der Nutzer und den meist wenigen Straßen – sodass auch hier eine orga-nisierte Zuteilung, wie beim Strom-kontingent, naheliegt, ja in einigen Ländern wie Singapur bereits strikt praktiziert wird. Dort allerdings aus Mangel an Platz, und weniger aus fehlendem Geld oder Willen.

» Laut einer PwC-Prognose **bremst der demografische Wandel das wirtschaft-liche Wachstum** bis 2050 etwas aus, selbst beim bis-herigen Spitzenreiter China. Dafür etabliert sich Indien – mit seiner relativ jungen Bevölkerung und dauerhaft hohen Wachstumsraten – als zweitgrößte Volkswirt-schaft der Welt. Das hört sich zunächst beeindru-ckend an, doch pro Kopf bleibt davon leider nicht viel übrig.

» **China** wird, so die PwC-Studie, im Jahr 2050 mit einem BIP von knapp über 61 Billionen US-Dollar voll-ends die **größte Volkswirt-schaft der Welt** sein. Das ist von uns aus gesehen nur eine Generation entfernt und entspricht in etwa dem Siebzehnfachen des heuti-gen deutschen BIP (in 2014 lag das BIP in China bei 17,7 Billionen US-Dollar).

» **Dicht dahinter folgt Indien** mit einem prognostizierten Bruttoinlandsprodukt von 42,21 Billionen US-Dollar in 2050 (BIP in 2014: 7,28 Bil-lionen US-Dollar). Die USA liegen an dritter Stelle mit einem BIP von 41,39 Billio-nen US-Dollar (BIP in 2014: 17,42 Billionen US-Dollar. Deutschland wird in 2050 ein BIP von 6,39 Billionen US-Dollar haben (BIP 2014: 3,63 Billionen US-Dollar) und Japan in Höhe von 7,92 Billionen US-Dollar (BIP 2014: 4,78 Billionen US-Dollar)[73].

Die weltweite Wirtschaftskraft wird also vor allem durch das Wachstum von Indien und China kaufkraftbereinigt weiter um über zwei Prozent pro Jahr angeschoben. Gleichzeitig schwächt sich das globale Bevölkerungswachstum auf deutlich unter ein Prozent ab. Das durchschnittliche Einkommen der Menschen nimmt damit weltweit schneller zu als die Anzahl der Menschen. Pro Mensch bleibt also mehr Geld.

Speziell die globale Mittelschicht profitiert von diesem Trend, obwohl in einigen der hochentwickelten Länder der Druck auf die Mittelschicht hoch bleiben dürfte und die Einkommenszuwächse in den oberen Einkommensgruppen viel stärker als im Mittelfeld stattfinden werden. Die Ungleichheit wird weiter anwachsen, auch wenn sich für einen Großteil der Menschheit die Lage insgesamt deutlich verbessert. Besonders die Städte werden aber extrem unter dem Druck der Zuwanderung ächzen und weiterhin vor allem in die Basisversorgung mit Wohnraum, Energie, sauberem Wasser und Entsorgung investieren, um der steigenden Anzahl von Menschen ein würdiges Leben bieten zu können.

Bremer tippt weiter auf seine Grafiken. Gerade die Demografie ist ein wunderbares Beispiel dafür, wie alles mit allem zusammenhängt, sich gegenseitig bedingt, bremst, beschleunigt und beeinflusst, setzt er fort. Mehr Geld bedeutet unter anderem auch mehr Mobilität, und dies wiederum bedeutet, dass die Migrationsbewegungen überall ansteigen und die Gesellschaften als Ganzes vielfältiger werden. Alterung bedeutet, deutlich mehr ältere Menschen leben künftig in loseren Familienzusammenschlüssen und haben auch im Alter mehr Geld zur Verfügung – vor allem, um dafür Dienstleistungen zu kaufen. Kaum eine Dienstleistung ist und bleibt dabei so begehrt und zentral wie der Zugang zum Internet mit den zahlreichen Diensten, die daran geknüpft sind. Die Lebenswirklichkeit der Nutzer hat sich durch die digitalen Medien innerhalb des vergangenen Jahrzehnts also extrem verändert.

↗

In Zukunft werden immer mehr Menschen mobil sein. Zugleich steigen das Durchschnittsalter sowie der durchschnittliche Wohlstand der Menschen. Die Trennlinie zwischen Arm und Reich wird schärfer. Sie verläuft künftig nicht mehr zwischen Ländern oder Kontinenten, sondern innerhalb der Staaten: zwischen Stadt und Land. Dabei bedeutet mehr Geld immer auch mehr (Zugriff auf) Mobilität.

Das ist eine geballte Ladung an Zahlen und Erkenntnissen, denke ich. Natürlich waren mir die grundsätzlichen demografischen Linien bewusst, nicht jedoch die teilweise riesigen Verwerfungen und Unterschiede zwischen den Kontinenten. Ob diese Flughöhe aber auch für meinen 100-Tage-Plan schon hilft, da bin ich mir nicht so sicher. Ich mache mir eine Notiz, dass ich dennoch diese Zahlen später als aussagekräftige Präsentation von Dr. Bremer erhalten möchte, ahne jedoch schon, dass er mir ohnehin alle Folien penibel aufbereitet zukommen lassen wird, noch bevor ich wieder zuhause bin.

Der Kunde ist *always* on

Bremer spricht unterdessen weiter. Die nächste große Entwicklung zumindest in unserer Zielgruppe, und nur darauf kommt es schließlich an: Die Kunden sind *always on*. Ein Großteil des Lebens, und damit auch des Geschäftslebens, findet im Netz statt – in Zukunft noch viel mehr als heute. Das Internet ist in uns, über uns, begleitet uns; es ist ein neuer Teil unserer DNA, wie Sie sagten. Und das gilt weltweit.

Egal, wie man dazu steht und was es für unseren Körper, unsere Gesundheit und meinetwegen unser Seelenheil bedeutet: Wir informieren (uns), identifizieren uns, kommunizieren, buchen, bezahlen und flirten online.

Das Smartphone wird dabei zum Universalwerkzeug für die Erschließung der Welt. Wir surfen, chatten, mailen, posten und sind überall und immer erreichbar[74]. Wenn während eines Urlaubs das Essen auf den Tisch kommt, greifen wir nicht zuerst zu Messer und Gabel oder zur Pfeffermühle, sondern zum Smartphone – um den Red Snapper in seiner ganzen Pracht zu fotografieren und, noch bevor wir ihn verspeisen, dies der Weltöffentlichkeit mitzuteilen. Dass er dabei vielleicht kalt wird, um nur einen geringfügigen Nachteil zu nennen, nehmen wir in Kauf.

Das Smartphone ist aus dem Alltag – selbst oder gerade wegen seiner banalen Seiten – nicht mehr wegzudenken, und ein neuer Begriff macht die Runde für etwas, das wir zumindest rudimentär mittlerweile alle kennen: *Nomophobie*[75] – No-Mobile-Phone-Phobie. Die Angst, ohne sein Telefon oder Handyempfang zu sein[76]. Das dürfte Ihnen auch in Ihrer alten Branche schon begegnet sein, Herr Mahlich, merkt er mit einem Zwinkern an. Diejenigen, die unter dieser Angst leiden, befürchten: Was digital nicht erreicht werden kann, hört auf zu existieren. Das Funkloch als schwarzes Loch für das Selbst und das Sein ohne Netz? Laut Studien sollen beinahe zwei Drittel der Briten diese Angst kennen, in anderen Ländern ist es ähnlich.

Beim Begriff der Nomophobie muss ich grinsen und wiederhole das Wort still in meinem Kopf, um es nicht zu vergessen. Ich werde die Nomophoben schockieren, wenn ich in meinen Sitzungen Handyverbot erteile, werfe ich ein. Bremer lacht kurz auf und erwidert: Wer führen will, sollte mit gutem Beispiel vorangehen. Punkt für ihn, mein Handy ist tatsächlich auch für mich ein intimer Begleiter geworden, ich hätte manch langen Meeting-Marathon ohne das Gerät nicht durchgestanden.

Schauen Sie, Herr Mahlich, sein Blick schweift etwas abwesend über das Wasser, schon drei von vier Deutschen besitzen heute ein Smartphone, bei den Zwölf- bis 19-Jährigen sind es fast 100 Prozent[77]. Das Smartphone ist bei vielen von uns geradezu an den Körper angewachsen. *Online* zu gehen kann man fast gar nicht mehr sagen, wir gehen dort nämlich nicht mehr hin oder rein, sondern wir sind dort. *Surfen*, merkwürdigerweise ein kaum noch benutzter Begriff, obwohl er, wie ich finde, schön und treffend klingt, ist heute keine Tätigkeit mehr, sondern ein selbstverständlicher Dauerzustand. Und eine Auszeit gibt es oft nicht einmal in der Nacht. Zumindest im Hintergrund läuft die Fitness- und Schlaf-App und wird mir – aber auch dem dazugehörigen App-Unternehmen – am nächsten Morgen die Schlafphasen genauestens anzeigen. Habe ich nicht schon vor dem Aufstehen meine Nachrichten gecheckt, läuft bei manchen von uns spätestens beim Zähneputzen das Smartphone heiß: Auf der entsprechenden App wird angezeigt, ob ich meine elektrische Zahnbürste auch richtig halte und korrekt über meine Zahnreihen führe. Und mutmaßlich weiß darüber auch der dahinterstehende Elektronikkonzern Bescheid.

Um die digitalen Nutzer besser zu verstehen, müssen wir uns damit beschäftigen, wie wir vom Kinderzimmer aus beginnend dabei sind, unser tägliches Verhalten vollständig anders zu strukturieren. Bremer zeigt auf ein weiteres Blatt aus seinem Stapel. Es trägt die Überschrift »Kinder Internet Medien«, eine Studie des *Medienpädagogischen Forschungsverbunds Südwest*. Wie ich erkennen kann, hat er einige Aussagen mit Textmarker gekennzeichnet[78]:

» 80 Prozent der Zwölf- bis 13-Jährigen **besitzen ein Smartphone.**

» Für 60 Prozent der Kinder ist die Beschäftigung mit Computer-/Konsolen-/ Onlinespielen oder mit dem Handy/Smartphone (59 Prozent) eine **regelmäßige Freizeitaktivität.**

» 97 Prozent der Haushalte, in denen Sechs- bis 13-Jährige aufwachsen, sind mit einem **Computer oder Laptop ausgestattet.**

» Gut drei Viertel der Kinder geben an, dass sie wenigstens ab und zu einen PC oder Laptop nutzen – in der Regel wesentlich häufiger. **Mädchen und Jungen** liegen hier übrigens gleichauf, im **Altersverlauf** steigt der Anteil der PC-Nutzer von 48 Prozent bei den Sechs- bis Siebenjährigen auf 98 Prozent bei den Zwölf- bis 13-Jährigen an.

Sie wissen, dass ich eigentlich nicht viel von der naiven Klassifizierung von Generationen halte, spricht Bremer weiter. Aber das, was man die Generation Z nennt, also die Menschen, die etwa zwischen 1995 und 2010 geboren wurden, dürfte mit etwa 1,2 Milliarden Menschen tatsächlich so etwas wie die erste »globale Medien-Generation« sein.

Die Angehörigen dieser Altersgruppe sind sich global sehr ähnlich in Bezug auf ihre »Handy-Sozialisierung«. Diese internationale Ähnlichkeit untereinander ist größer als zu den vorhergehenden Generationen. Ich habe aktuell keine Studien, die diese These belegen könnten, aber ich denke schon, dass wir vom Massai-Buschland Kenias bis zur muslimischen Mädchenschule Afghanistans gewisse Kongruenzen identifizieren können. Für das Verständnis der Welt der digitalen Nutzer ist das kein unerheblicher Aspekt, rundet er das Thema ab und schickt seinen Blick wieder in die Ferne.

Umkehrung des Wissens-Transfers

Einen Moment lang sind wir beide in unsere Gedanken vertieft. Mich fesselt das »Selbstverständliche«, der Grad an Tiefe, mit der die Digitalisierung in den Köpfen der nachwachsenden Generation verwurzelt ist. Noch etwas Archaisches verändert sich meiner Meinung nach, füge ich dann zu Bremers Ausführungen hinzu, etwas, das scheinbar gottgegeben ist: Die Weitergabe von Wissen und Alltagskultur erfolgt zumindest bei diesem Thema nicht mehr von Alt zu Jung, sondern umgekehrt. Wie die neuesten Geräte, Anwendungen oder sozialen Netzwerke funktionieren (und welche von ihnen längst abgemeldet sind) samt ihren soziopsychologischen Mechanismen und Features, das erfahren nun die Eltern von ihren Kindern. Wir sprechen hier nicht von individuellem Spezialwissen, das ein Sohn seinem Vater erklärt, das hat es schon immer gegeben, sondern von einem grundsätzlichen Bildungsvorsprung in puncto digitale Medien. Und zwar auch in der Erarbeitung dieses Wissens und dessen Quellen: Die abendliche Tagesschau ist bereits seit zehn Jahren abgemeldet, Fernsehen im Allgemeinen auch. Wer heute wissen will, wie man einen Nudelauflauf macht, schaut auf YouTube nach und lächelt milde über die technisch halbwegs fortschrittlichen Eltern, die zumindest die digitale Rezeptfunktion ihres Thermomix nutzen, um sich die Zutaten für ihr Abendessen zusammenzustellen.

Diese Erkenntnisse sind für mich wenig überraschend, schließlich war ich jahrelang im Marketing und Vertrieb einer internationalen Telekommunikationsfirma tätig. Entscheidend, sinniere ich weiter, sollten für mich vor allem die Ableitungen für meinen künftigen Job sein. Diese Generation wird, wenn sie die Produkte der AutoInc. kauft, oder, um im Bild zu bleiben, nutzen will, extrem hohe Ansprüche an die Aspekte Vernetzung, Benutzerfreundlichkeit, Tempo der Services, Aktualisierung, Varianten und so weiter haben. Nichts weniger als das vollständig digitalisierte Auto mit all seinen Services drumherum wird Akzeptanz finden. Um das an den Mann oder die Frau zu bringen, müssen wir uns wohl auch Gedanken um das Thema Digitalisierung des Vertriebs machen, ergänze ich, und schiele auf den nächsten Punkt in Bremers Mindmap.

Vom Einkaufen zum Erlebnis-Shoppen

Genau, nickt Bremer und fährt fort: Ich möchte jetzt zu einigen anderen, eher weichen Verhaltensweisen, Einstellungen und Mentalitäten kommen, die allerdings harte Konsequenzen haben. Denn dahinter steckt eine grundlegend neue und andere Philosophie beziehungsweise Kultur, wie man einkauft, ja, was Einkaufen überhaupt bedeutet. So wie der Kunde zum digitalen Nutzer wird, entwickelt sich auch der Einkaufsvorgang selbst zum digitalen Erlebnis weiter. Es geht sowieso schon lange nicht mehr darum, rein funktional den Bedarf zu decken, setzt er fort. Das schiere Versorgen hat sich mit der gesteigerten Lust am Besonderen, Individuellen, an emotional aufgeladenen Produkten deutlich gewandelt.

Vor etwa 20 Jahren ist der wöchentliche Großeinkauf dem – oft häufigeren und punktuellen – *Shopping* gewichen. Das hat sich längst zu einer Lebenseinstellung[79], für einige Menschen sogar zu einem Lebensinhalt entwickelt. Richtig ist, dass der Konsumakt als »Versorgungsgeschehen« in den vergangenen 20 Jahren zunehmend Teil der Identitätsbildung wurde: Ich kaufe, also bin ich. Ich kaufe, also gehöre ich dem erlesenen Club an, der sich um eine Marke gebildet hat – auch wenn mehrere Hundert Millionen »Clubmitglieder« dazugehören, wie beim iPhone. Ich bin »die Inszenierung einer Marke«. All dies gilt es natürlich zu nutzen – aber wem erzähle ich das.

Ein »Genau!« liegt mir auf den Lippen, doch ich verkneife es mir, während Bremer seinen Gedanken bereits weiterführt: Natürlich galt das schon lange vor der Digitalisierung, schließlich leben wir seit Jahrzehnten in einer hedonistischen Konsumgesellschaft, deren Mittelpunkte für viele von uns Lifestyle, Event, Wohlfühlen, Unterhaltung und Amüsieren sind. Die Qualität und der Grad der Durchdringung – oft ohne, dass wir es merken – hat sich nun aber gewandelt; und zwar wegen der Wesenszüge der Digitalisierung, zu der besonders die Vernetzung von allem mit allem gehört. Heute ist die Inszenierung des Ich damit tiefer eingebettet in den digitalen Fluss.

Puh, entfährt es mir, das klingt nicht nach einem einfachen Weg, sich da durchzusetzen[80].

Der Aufmerksamkeitsfilter

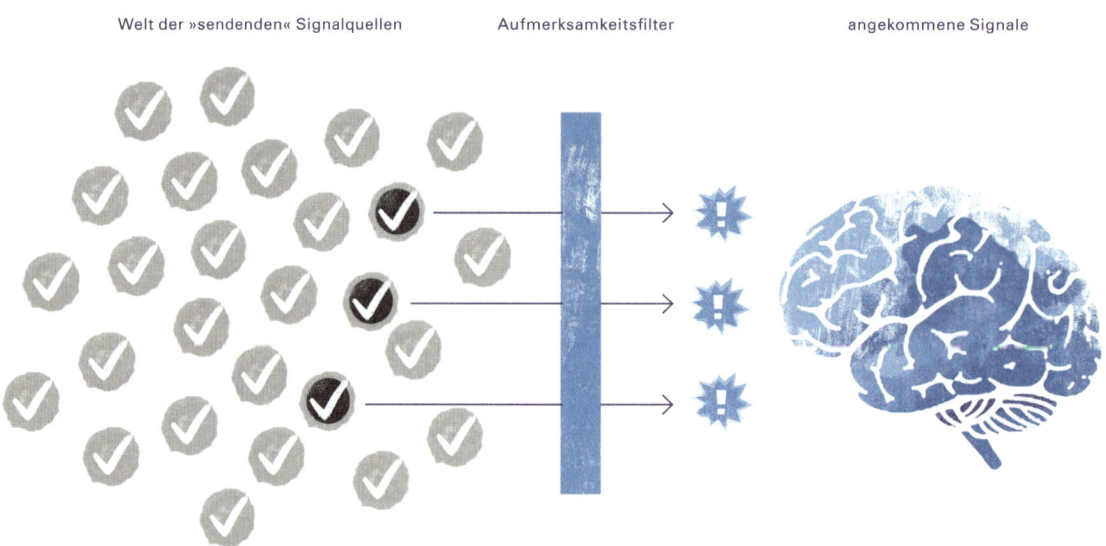

Welt der »sendenden« Signalquellen   Aufmerksamkeitsfilter   angekommene Signale

ABBILDUNG 4
Der Aufmerksamkeitsfilter

Aufmerksamkeit – das kostbarste Gut

Jetzt trifft aber die Flut der attraktiven digitalen Verwirklichungs- und Erlebnismöglichkeiten auf einen gewaltigen Auswahlfilter, führt Bremer weiter aus, und das ist unser Aufmerksamkeitsvermögen. Schließlich haben wir nur begrenzte Kapazitäten, schon rein zeitlich gesehen.

In der Informationsgesellschaft sind wir Händler der Informationen, die wir erzeugen und konsumieren. Wir sind aber, wie der Ökonom und Psychologe Herbert A. Simon es beschreibt, nicht unendlich aufnahmefähig. *Information consumes the attention of its recipients. Hence a wealth of information creates a poverty of attention*[81], zitiert Bremer den bekannten amerikanischen Sozialwissenschaftler und fährt fort: Es entsteht paradoxerweise durch den Überfluss eine neue Knappheit, denn die Menschen und deren Aufmerksamkeit werden von der Information aufgesogen und in Anspruch genommen.

Herr Mahlich, sagt er, bitte sehen Sie mir nach, dass ich an dieser Stelle einige Literaturhinweise geben muss. Gerne gebe ich Ihnen dann auch die entsprechenden Referenzen, damit Sie das eine oder andere Werk dann auch direkt nachlesen können. So haben Thomas Davenport und John Beck bereits 2002 in ihrem Buch *Attention Economy: Understanding the New Currency of Business*[82] darauf hingewiesen, dass in einer Welt der Informationsüberflutung nicht Ideen oder Talente, sondern die Aufmerksamkeit der zentrale und wirtschaftlich bedeutende Engpass sein wird. Sie argumentieren in dem Buch überzeugend dafür, dass Unternehmen das knappe Gut der Aufmerksamkeit gezielt bewirtschaften müssen, wenn sie im Wettbewerb bestehen wollen.

Dazu ein konkretes Beispiel: Aus der Sicht des Silicon Valley ist der Medienkonsum bereits so stark angewachsen, dass Steigerungen nur durch Intensivierung (also besser passende Inhalte mit höherer Relevanz für den Nutzer zum richtigen Zeitpunkt über den richtigen Kanal) oder durch den Entfall anderer Aktivitäten aus dem Leben des Nutzers denkbar sind.

Na, für den Entfall von »Off-Aktivitäten« haben die Protagonisten der *Digital Value Economy* bereits eine Sache ausgemacht, die sich besonders für eine Bewirtschaftung eignet und die genau mein künftiges Metier betrifft, steige ich in das Thema mit ein. Das ist das Autofahren. Schließlich verbringt ein durchschnittlicher Autofahrer etwa zwei Jahre und sechs Monate seiner Lebenszeit hinterm Steuer, davon allein zwei Wochen nur an roten Ampeln (was mir persönlich recht wenig vorkommt). Der Fahrer sitzt dort festgeschnallt vor einer ganzen Front von Displays. Das Auto wäre eine Goldgrube, wenn man doch nur die lästige Fahrerei loswerden könnte. Damit erklärt sich, warum Firmen wie Google so massiv in diese Branche investieren. Glauben Sie mir, die heutigen Ertragspotenziale der Autoindustrie pro gefahrener Stunde wirken wahrscheinlich lächerlich gegen das, was sich die Digitalzunft an Geschäftspotenzial pro Stunde ausmalt. So als Größenordnung: wir sprechen etwa vom Fünf- bis Achtfachen des Gewinnpotenzials pro Stunde, wenn ich einigen ihrer Beraterkollegen glauben kann[83].

Sie haben sicher recht, Herr Mahlich, nimmt Bremer den Faden wieder auf, aber auch dann muss der Anbieter um die Aufmerksamkeit kämpfen. Um diese Aufmerksamkeit zu erlangen und zu bewirtschaften, werden alle Register gezogen. Auch wenn das bedeutet, mit hohen Kosten dafür zu sorgen, dass Menschen während der Autofahrt die Hände vom Steuer nehmen können, nur um ihre Aufmerksamkeit eben genau diesen anderen Geschäften zu widmen.

Die Frage ist jetzt: Wodurch entsteht überhaupt Aufmerksamkeit? Einerseits durch Relevanz, beantwortet Bremer sich die Frage selbst. Relevanz meint situationsbezogene Wichtigkeit oder Nützlichkeit im Moment. Das bedeutet, dass man mehr Aufmerksamkeit bekommt, je besser man als Sender die Prioritäten eines Empfängers kennt und den Kontext einordnen kann, in dem er die Nachricht empfängt. Das ist etwas, was wir vermehrt den intelligenten, lernenden Algorithmen übertragen werden, die wie eine Zentrifuge den Kern individuell relevanter Informationen aus dem Informationsfluss schleudern. Andererseits ist Aufmerksamkeit auch die Folge eines »raschen Wechsels«, denn wir sind evolutionär auf die Wahrnehmung von raschen Veränderungen gepolt. Das Rascheln im Gebüsch, die Bewegung im Unterholz, die Push-Nachricht am Telefon. Eine Erinnerung an die Zeit, als wir noch der Jäger waren, legt Bremer nach.

Leider ist dieses knappe und flüchtige Gut der Aufmerksamkeit des Nutzers nur für Sekunden verfügbar. Zu dicht sind das Rauschen der Informationen aus dem Hintergrund und die Überflutung mit Optionen. Geschickt lernt unser Wahrnehmungssystem sich zu schonen und zu laute oder nutzlose Reize auszublenden. Ein Beispiel für diese Lerneffekte? Bremer grinst mich schelmisch an und fragt: Wann haben Sie die letzte Bannerwerbung der AutoInc. gesehen[84]? Oder nennen Sie mir nur zwei der Banner, die Sie in den letzten zwei Wochen gesehen haben. Sehen Sie, sagt er, nachdem ich nur kurz mit den Schultern zucke, Ihre Wahrnehmung leistet ganze Arbeit.

Was wirkt? Nur mehr individualisierte Werbung und Direktansprache, die ein kontextbezogenes, sehr persönliches Erleben bedient, sagt er. Unternehmen, die es schaffen, diesen Punkt zu bedienen – und viele Konsumenten schätzen es unbewusst durchaus sehr, wenn Unternehmen ihre Persönlichkeit erfassen – stehen dann auf der Gewinnerseite. Natürlich weiß ich, dass dieser gläserne Konsument und der drohende Verlust der Privatheit etwas Beängstigendes haben. Und das nimmt noch zu, je mehr wir über Big Data lernen und je mächtiger die Algorithmen werden, die die unterschiedlichsten Datenquellen verbinden. Bremers Schultern sinken etwas ein, als er fortfährt: Mit den neueren Verfahren des Datenmanagements sehen wir sogar, dass wir die Identitäten der

Nutzer gar nicht mehr zu speichern brauchen, sondern dass die Datenspuren in den Verhaltensmustern bereits hinreichend Rückschlüsse für gute Verhaltensprognosen zulassen. Mit anderen Worten, wenn ich sehe, wie sich der Nutzer bewegt und was er bisher gemacht hat, brauche ich seinen Namen nicht, um sehr gut zu verstehen, was er als Nächstes machen wird. Sogar über Geräte und einzelne Applikationen hinweg.

Ich verstehe sehr gut, was Sie meinen, bestätige ich aus eigener Erfahrung. Was früher viele einzelne analoge Geräte waren – Notizblock, Taschenrechner, Kamera, Kalender und Wecker sind da noch die simpleren Beispiele – verschmilzt zu einer Wolke von kommunizierenden Geräten und Sensoren, die uns überall umgibt. Wenn ich mir früher einen Termin in den Timer eingetragen habe, hat es eben nicht automatisch geklingelt, um mich eine halbe Stunde vorher darauf hinzuweisen, wie dicht der Verkehr ist. Ich erinnere mich noch, wie erschrocken ich war, also ich mir vor Jahren in mein neues Smartphone den Termin einer Geburtstagsfeier eingetragen hatte, samt Adresse. Als ich gerade im Flur stand, um loszugehen, meldet sich Google Maps, um mir zu sagen, dass ich losfahren müsse. Die Verblüffung war perfekt. Rasch aber freute ich mich, dass zumindest, was den Zeitpunkt des Aufbruchs anbelangte, Google zumindest »noch« nicht wirklich klüger war als ich. Darüber bin ich mir aber heute oft nicht mehr so sicher, ergänze ich etwas resigniert.

Wir haben uns etwas festgeredet, ich bemerke erst jetzt, wie tief die Sonne schon steht. Auch die harte Steinmauer zeigt ihre Wirkung und ich sage zu Bremer: Wir sollten uns etwas die Beine vertreten, bevor wir hier anwachsen. Ich möchte zwar unser Gespräch und vor allem unseren Gedankenfluss nicht abwürgen, aber ein Glas Wasser wäre jetzt angenehm. Schnell haben wir die Schuhe wieder angezogen und schlendern zu einer kleinen Bar, die vor einem der monumentalen Hotelkomplexe am Strand liegt. Nachdem wir unseren Durst gestillt haben, holt Bremer wieder seine Mindmap heraus und deutet auf den nächsten Ast.

Als ich mich auf unsere Diskussion vorbereitete, habe ich mich gefragt: Welche sind denn die großen Themen, die das Leben des »digitalen Nutzers« und damit den Nutzer selbst so stark verändern? Ich denke, aufgrund unserer flüchtigen Aufmerksamkeit ist auch die Frage insgesamt danach, was Zeit für uns ist, von großer Bedeutung. Denn das, was wir als Zeit begreifen, hat sich verändert. In einer langen Entwicklung von der Kirchturmuhr über die Uhr am Handgelenk bis hin zum Gefühl eines allverdichtenden Echtzeitzwanges haben wir, so scheint es, immer weniger davon. Und zwar auch das in Echtzeit und permanent. Bremer hält inne, um einen Schluck zu trinken. Mit dem erfrischenden kühlen Wasser und unserem Ortswechsel kommt die Aufmerksamkeit wieder zurück, und ich bin froh, dem smarten Berater wieder mit neuer Energie folgen zu können.

Bremer fährt fort: Die Beschleunigung vieler Lebensbereiche wird offensichtlich, wenn man sich einen Film der 1950er- oder 1960er-Jahre ansieht: Lange Kamerafahrten durch weite Landschaften, eine langsam aufbauende Erzählweise, leichter Humor und die klare Rollenzuordnung von Held, Bösewicht und Comic Relief. All das ist aus vielen heutigen Filmen verschwunden. Stattdessen wird dem Zuschauer heute weitaus mehr abverlangt:

Rasante Schnitte, mehrere Bilder mosaikartig zusammenmontiert, brutale Actionorgien, undurchschaubare Charaktere und eine Vielzahl plötzlicher Wendungen, verbunden mit immer komplexeren Erzählsträngen. Ähnliches gilt für die Musikvideos, die sich ebenfalls seit ihrem Aufkommen stark beschleunigt haben.

Auch hier möchte ich gern wieder mit einem kleinen Zitat in den nächsten Ast der Mindmap einsteigen, fährt Bremer fort und blättert in seinem Papierstapel. Beginnen wir mit dem Gefühl der rasanten Beschleunigung unseres Lebens.

»Well, in our country,« said Alice, still panting a little, »you'd generally get to somewhere else – if you run very fast for a long time, as we've been doing.«

»A slow sort of country!« said the Queen. »Now, here, you see, it takes all the running you can do, to keep in the same place. If you want to get somewhere else, you must run at least twice as fast as that![85]«

Alles Realtime – das Leben in Red-Queen-Momenten

Wir leben in Red-Queen-Momenten. Alles muss immer schneller gehen, sonst fällt es zurück und wird unerheblich. Action, jetzt, Realtime. Prime-Service, Lieferung in 24 Stunden – spätestens. Warten scheint ein Relikt aus längst vergangener Zeit zu sein. Die Segnungen moderner Technik, die Steigerung der Internet-Bandbreite und die »Mobilisierung der Mobilität« haben ihren Teil dazu beigetragen, dass heutige Kunden kaum noch bereit sind, auf ein Produkt, eine Dienstleistung oder ein Erlebnis zu warten: Notfalls wird ein Aufpreis für schnellere Lieferung bezahlt, der Händler gewechselt oder ein anderes Produkt erworben, nur um nicht warten zu müssen. Und im Internet misst man diese Zeit in Millisekunden. Eine Webseite, die sich nur schleppend aufbaut, ist aus Nutzersicht nichts wert – und schon ist der Kunde bei der Konkurrenz (Slow, heißt es etwas reißerisch, ist das neue Down).

Daher gehört die Seitenladegeschwindigkeit, gemessen in Millisekunden, zu den wichtigsten Kriterien Googles beim Ausspielen der Rankings bei den Suchergebnissen – und somit auch zu den Dingen, die von hochbezahlten Spezialisten suchmaschinenoptimiert werden. Die Welt in Millisekunden. Hier bekommt der Ausdruck »Zeit ist Geld« sein modernes Paradoxon. Keine Zeit ist Geld, wenn man warten muss. Denn wenn eine Seite nicht ladezeit-optimiert ist, natürlich insbesondere für mobile Geräte, dann wird sie von Google abgestraft. Man landet auf den hinteren Rängen und der Umsatz bricht ein, durchaus von einem Tag auf den anderen, wenn Google seinen Algorithmus updatet[86].

Da alles mit hohem Tempo abläuft, haben wir auch unseren Lebensrhythmus darauf angepasst, führt Bremer aus. Vieles machen wir nun spontan (auch, weil wir uns nicht unnötig vorher festlegen wollen), ja in letzter Sekunde – darauf sind wiederum die Anbieter eingegangen. Die Überseereise muss ich nicht mehr ein Jahr im Voraus planen und buchen, ich kann es auch einen Tag vorher machen (freilich um den Preis der etwaigen Nichtverfügbarkeit oder eines teureren Tickets). Damit ist unser Leben schneller geworden, und einst Besonderes hat damit durchaus auch seinen Reiz verloren. Und Vorfreude? Die dauert nun nur noch einen Tag, sonst endet das schon in Frust. Schließlich heißt warten stillstehen und damit auch: nicht mobil zu sein. Das Warten kommt für Produzenten oder Konsumenten von Mobilitätsprodukten nicht infrage, zumal die Werbeindustrie ständig aufs Neue verspricht, alle Wünsche sofort zu erfüllen. Dies gilt beim Autokauf ebenso wie für den Sofortaustausch des Top-Smartphones. Das Leben im radikalen Jetzt wird durch die Digitalisierung also immer weiter beschleunigt: Je schneller und preiswerter die Angebote zur Verfügung stehen, umso weniger sind Kunden bereit, abzuwarten.

Bevor wir aber allzu philosophisch werden, möchte ich kurz den Bogen zu unserer Branche zurückspannen und fragen, was das für uns bedeuten kann. Nicht mehr warten wollen steht eben im Widerspruch dazu, dass wir Autos bis zu einem Drittel ihrer Fahrzeit im Kreis bewegen, um nach der Nutzung einen Parkplatz dafür zu finden[87]. Die Digitalisierung öffnet die Türen für Geschäftsmodelle mit vielen Instant-Fahrzeugen am Straßenrand und verbindet unterschiedliche Verkehrssysteme nahtlos und effizient mit der Devise »streamen können, statt haben müssen«. Systeme, die mit digitalen Schlüsseln die Infrastruktur teilen (und damit wieder eine Reihe von Dienstleistern und Innovationen schaffen), erhöhen massiv den Durchsatz und schonen die Umwelt. Wir werden damit vielen Individuen mehr pro Zeit geben können. Aber auch als Gemeinschaft anders werden. Wieder rückt er mit dem Stift auf der Mindmap eine Zeile nach unten und fährt mit dem nächsten Thema fort.

Virtuelle Gemeinschaften und »digitale Staaten«

Eine digitale Gesellschaft hat selbstverständlich auch Einwohner – in der Regel organisiert in Communitys. Wie der Wortstamm nahelegt, haben die Mitglieder etwas gemeinsam: ein Hobby, ein Geschlecht, einen Beruf, ein Reiseziel, die Mitgliedschaft in einem Sportverein oder auch einem realen Freundeskreis. Social-Media-Plattformen, die zuallererst den Kontakt und Austausch organisieren, gibt es Tausende. Doch nur eine Handvoll davon ist relevant, vor allem *weltweit* relevant. Insbesondere in China (Tencent, Alibaba und andere) und Russland existieren sehr starke lokale Pendants zu den amerikanischen Marktführern, aber auch sie folgen identischen Mechanismen und waren zumindest anfangs nahezu Kopien.

Lassen Sie mich auch noch was zu Facebook sagen, von dem man immer wieder hört, es sei out, besonders bei jungen Leuten. Oder es würde wegen der Datenschutzprobleme weniger genutzt oder sowas, referiert der Berater, der trotz des kühlen Wassers plötzlich etwas müde wirkt, als er fortfährt: Meiner Meinung nach stimmt dies einfach nicht. Facebook ist mit 2,32 Milliarden Menschen (Q4 2018)[88] die größte Gemeinschaft der Welt, größer als jedes Reich der Geschichte und sogar größer als China mit seinen 1,4 Milliarden Menschen. Selbst schlimme Skandale können Facebook anscheinend nicht viel anhaben und so erschütternd einige der Vorfälle auch sein mögen – real interessiert die kenianische Kellnerin, den brasilianischen Taxifahrer oder den pakistanischen Lehrer dies kaum, weil die Nutzenaspekte der sozialen Plattform gefühlt überwiegen. So denkt die übergroße Mehrheit der Nutzer.

> *Stimmt, sage ich und merke, dass auch mein Engagement nachlässt, obwohl mich das Thema sehr interessiert. Auch ich habe Freunde, echte Freunde, die etwa nach AGB-Änderungen oder dem Kauf von WhatsApp bei Facebook vollmundig angekündigt hatten, nicht länger mitmachen zu wollen. Die Abstinenz hat nicht einmal zwei Wochen angehalten.*

Auch ich habe mir schon mehrfach überlegt, meinen Account zu löschen, aber es ist erstaunlich, wie magnetisch diese Plattformen wirken, egal ob WhatsApp, Facebook, Instagram oder wie sie auch immer heißen mögen. Schauen Sie nur mal, wie fein abgestuft sich die 2,13 Milliarden Facebook-Nutzer organisieren: als Abbild des realen Freundeskreises, als Untergruppe für die Planung eines bestimmten Wanderurlaubs, als »Backpacker Australien«, »Radfahren in Berlin«, »Horrorfilme«, »Singles 40+«, »Schönheits-OPs Erfahrungen/Ergebnisse« (sic), »Lada Niva IG Deutschland« und so weiter. Ich habe auch noch etwas für die Diskussion vorbereitet, meint Bremer weiter: Die Digitalmarketingagentur Zephoria gibt regelmäßig aktuelle Zahlen zur Facebook-Nutzung heraus. Ich zeige Ihnen mal jene von April 2019. Dr. Bremer blättert, als hätte er nur darauf gewartet, die nächste Studienzusammenfassung auf. Zephoria selbst sagt: *»What this means for you: In case you had any lingering doubts, statistically, Facebook is too big to ignore«.*

Ich habe Ihnen aus einer Reihe von Quellen die wichtigsten Eckdaten zusammengetragen[89]:

» Weltweit **nutzen derzeit 2,32 Milliarden Menschen Facebook** (Q4 2018), das sind 9 Prozent mehr als ein Jahr zuvor.
» Es gibt **1,15 Milliarden tägliche mobile Facebook-Nutzer** und 1,74 Milliarden monatlich. Nach eigenen Angaben entfielen auf sie (die mobilen Nutzer) 93 Prozent der Werbeeinnahmen (Q4 2018), ebenfalls mit steigender Tendenz.
» **1,52 Milliarden Nutzer loggen sich täglich ein** (Dezember 2018), 9 Prozent mehr als im Vorjahreszeitraum.
» In **Europa** sind 307 Millionen Menschen auf Facebook (Search Engine Journal).
» Den größten Anteil stellen **die 25- bis 34-Jährigen** mit 29,7 Prozent.
» Das **Geschlechterverhältnis** ist einigermaßen ausgeglichen, auf Facebook sind etwas mehr Frauen aktiv.
» Es gibt geschätzte 83 Millionen Fake-Profile[90].
» Ein **durchschnittlicher Besuch** auf Facebook dauert 20 Minuten (Infodocket, Zephoria 2018).
» **Pro Minute** werden 510.000 Kommentare geschrieben, 293.000 Mal der Status aktualisiert und 136.000 Fotos hochgeladen (The Social Skinny, Zephoria, 2017).
» Die Hälfte aller **18- bis 24-Jährigen** geht auf Facebook, wenn sie aufwachen (The Social Skinny).

Was heißt das? Bevor ich antworten kann, fährt Dr. Bremer selbst fort: Facebook ist weltumspannend, riesig, lebt und wächst permanent, vor allem außerhalb der westlichen Gesellschaft. Facebook ist überhaupt kein Auslaufmodell, wie es hierzulande manchmal heißt, sondern brummt in jeder einzelnen Sekunde – sichtbar durch die schiere Masse an Postings, Kommentaren und Fotos, die hochgeladen werden. Ob man das mag oder nicht, Facebook ist die größte und wichtigste Gemeinschaft der Welt, also das soziale Medium schlechthin, jenseits von China und Russland. Für die Nutzer ist es relevant, sonst würden sie dort nicht so aktiv sein, und zwar oft als Allererstes, wenn sie morgens aufwachen und noch weiter, wenn sie unterwegs sind. So schrecklich die Datenskandale der letzten Zeit auch sind, daran wird sich so schnell nichts ändern. Die Nutzer von Facebook stecken schon zu tief fest im sozialen Netz.

Dem stimme ich zu. Facebook und seine Verwandten sind nicht mehr wegzudenken als Marktplatz, Bühne, Tribüne, Zeitung, Fotogalerie, Kino, Nachrichtenbörse und natürlich Werbeplattform in einem. Es ersetzt zwar nicht das reale Leben, bildet aber viele Elemente davon ab, besonders die Kommunikation, den Austausch, die Diskussion. Wie spannend, sage ich an Bremer gewandt, hier die Verbindungen zu unseren vorangegangenen Erkenntnissen und Daten zu sehen. Nahezu alle unsere Schlagwörter tauchen hier wieder auf. Ich spüre, wie ich aufgeregter werde, und füge hinzu: Das ist eines meiner Steckenpferde – Zusammenhänge sehen, Verbindungen ziehen, eins und eins zusammenzählen, und daraus gute Geschichten bauen.

Richtig, daher ist es gut, dass wir so sauber systematisiert haben, lächelt mich Dr. Bremer an, der ziemlich lässig im persönlichen Umgang, in seiner Arbeitsweise aber ein äußerst fokussierter Typ ist. Wahlbeeinflussung, Fake-News, Datenskandale, das alles führt zum berechtigten Bashing der Plattformen, spricht Bremer weiter, aber was Sie nicht vergessen dürfen: Kommunizieren über diese Plattformen wirkt und die Netzwerkeffekte können gewaltig sein. Für die junge Generation mögen sogar andere Social-Media-Plattformen mehr Bedeutung haben. Die bei Facebook prominent vertretene und vor allem zahlungskräftige Gruppe der 25- bis 34-Jährigen aber ist über keinen anderen Weg derartig gut erreichbar. Besonders für Sie und den Autokonzern von morgen ist das eine wichtige Information.

Apropos Erreichbarkeit und Netzwerkeffekte, sagt Bremer dann, können Sie sich noch an die Ice Bucket Challenge 2014 erinnern? Klar, meine ich darauf, der halbe Vorstand meiner damaligen Firma hat sich zum Eiswasserselbstbegießen getroffen. Die Hintergründe der Aktion sind aber doch irgendwie an mir vorbeigegangen. Nun, dann lassen Sie es mich kurz zusammenfassen, fährt Bremer fort. Das war eine der ersten und bekanntesten Spendenaufrufe im Social-Media-Kontext. Er diente zur Spendensammlung für die Forschungseinrichtung und Hilfsorganisation ALS Association. Dass es dabei um die Nervenkrankheit »Amyotrophe Lateralsklerose« ging, haben die meisten schon wieder vergessen. Aber dass sich so viele Menschen dabei filmen ließen, wie sie sich einen Eimer eiskaltes Wasser über den Kopf gießen, daran kann sich beinahe jeder erinnern. Anschließend wurde das Video über die sozialen Netzwerke geteilt, man spendete zehn Dollar und nominierte drei neue Bekannte, Freunde oder Prominente für die Challenge. Die sollten dann binnen 24 Stunden gleichziehen und anschließend ihr eigenes Video in den sozialen Netzwerken teilen. Nahm man die Herausforderung nicht an, wurden ganze 100 Dollar als Spende fällig. Dieser Spendenmarathon löste einen noch nie dagewesenen viralen Hype aus. Zu den prominentesten Teilnehmern gehörten unter anderem Mark Zuckerberg, Bill Gates und George W. Bush. Insgesamt verzeichnete die ALS Association einen Zuwachs von über 300.000 neuen Spendern[91]. Auch deutsche Politiker haben sich da fleißig eingereiht, um ein wenig vom Popularitätshype zu naschen. In einem Zeitraum von 28 Tagen (29. Juli bis zum 27. August 2014) wurden mehr als 94 Millionen US-Dollar Spenden eingenommen. Im Vergleich zum Vorjahreszeitrum war das ein Spendenanstieg von über 4.500 Prozent (2,1 Millionen US-Dollar im Vorjahreszeitraum)[92].

Ein Beispiel für eine noch raschere Skalierung liefert das Onlinespiel *Pokemon Go,* das in nur einem Monat von Null auf über hundert Millionen Spieler angewachsen war[93]. Sehen Sie, Herr Mahlich, wenn die Idee und das Aktivierungsniveau in der richtigen Dosis auf eine Community treffen, kann der Effekt gewaltig sein.

Nicht von ungefähr haben im Jahr 2016 die Ausgaben für das Marketing in Social-Media-Plattformen bereits die global getätigten Ausgaben für die Fernsehwerbung übertroffen[94], ergänzt Bremer.

Man kann aber auch Beispiele finden, die weniger einen spielerischen als einen realen, wettbewerblichen Hintergrund haben. Etwa die virtuelle Verwaltung von Estland: Der baltische Staat folgt der Devise, die eigene geografische Randlage durch optimale Internetangebote zu kompensieren. Schon 2015 wurde dort eine digitale Staatsbürgerschaft eingeführt – ein weltweites Novum. Freilich handelt es sich nicht um eine echte Staatsbürgerschaft. Aber es könnte ein erster Schritt dorthin sein. Mit der *E-Residency* und einer digitalen ID lassen sich zumindest auch für Ausländer einige Dienstleistungen der estnischen Regierung nutzen, was vor allem für ortsunabhängige Unternehmer interessant sein dürfte. Für 50 Euro kann man die Staatsbürgerschaft beantragen – natürlich im Internet. Polizei und Grenzschutz prüfen daraufhin die Motive des Antragstellers, und wenige Wochen später darf man die smarte Chip-Karte – also den Ausweis – in der nächsten estnischen Botschaft abholen. Sie dient als digitale Signatur, mit der Verträge unterzeichnet, Firmen gegründet, Dokumente verschlüsselt, Daten verifiziert oder Bankkonten eröffnet werden können. 30.000 E-Residents hat das kleine Land immerhin hinzugewonnen, das wäre ein »Bevölkerungszuwachs« von 2,3 Prozent[95].

Lassen Sie mal diese 30.000 besonders beweglichen Individuen ein Jahrzehnt lang ihre Geschäfte machen und dann werden Sie sehen, welche Effekte so was hat, spricht Bremer weiter, ich jedenfalls bin mir sicher, das Ergebnis wird überwältigend sein. Ohnehin ist Estland – dort wurde Skype erfunden – extrem fortschrittlich bei der Digitalisierung seiner Verwaltung und den Bürgerdienstleistungen. Geht es in Deutschland noch zu wie Ende des 19. Jahrhunderts – nur persönliches Erscheinen zählt, auf E-Mails wird nicht geantwortet, alles schön handschriftlich und in Aktenordnern verstaut – hat Estland bereits heute alle Verwaltungsvorgänge digitalisiert. Ich weiß das aus eigener Erfahrung, da ich dort ein spannendes Start-up-Unternehmen berate:

Diese Prozesse haben dort eine derartige Selbstverständlichkeit angenommen, dass einem hierzulande die Tränen kommen. Über das dezentrale Rechnersystem X-Road (das auch in Finnland, Aserbaidschan oder Namibia Anwendung findet) läuft der komplette Datenaustausch zwischen Bürgern, Unternehmen und Behörden: Wohnort ändern, zum Wehrdienst melden, Testament machen, Führerschein beantragen. Selbst Krankenhäuser sind an das System angeschlossen, jeder kann seine Krankenakte mit allen seinen Behandlungen einsehen[96] – in Deutschland der Albtraum von Datenschützern und Politikern, die den Stillstand kultiviert haben und sich am liebsten auf einen »Datenschutz« berufen, der im Kern ein bürokratischer und juristischer Schutz vor Fortschritt ist. In Estland dagegen ist nahezu das gesamte Land im Internet organisiert, von der Firmengründung bis hin zur Stimmabgabe bei der Parlamentswahl. Im Personalausweis steckt ein Chip, und auf diese Weise kann sich jeder Bürger identifizieren, Dokumente einsehen, digital unterschreiben und nahezu alle Vorgänge im Handumdrehen tätigen, auf die ich in Deutschland, zumal in Berlin, monatelang warten muss, um endlich physisch vor den Staatsdiener treten zu dürfen. Die einzigen Ausnahmen in Estland sind Heirat, Scheidung und Immobiliengeschäfte[97].

Im Baltikum ist damit eine Art Digitalstaat entstanden, der nicht mehr Daten erhebt als der deutsche – sie jedoch sinnvoll verknüpft, effizient verarbeitet und daraus Erkenntnisse gewinnt, und das durchaus auf Knopfdruck. Man muss nicht immer nur das Datenmonster China vor Augen haben, wenn man *Staat und digital* denkt, meint Bremer, es geht auch anders. Aber ich vergaß, fügt er dann zwinkernd hinzu: Immerhin kann man in Berlin bei der Bußgeldstelle jetzt das Blitzer-Foto online einsehen, zumindest schon mal eine Anwendung mit Automobilrelevanz. Achja, und die Steuererklärung geht auch im Netz (wenn es ums Geldeinnehmen geht, ist der Staat schon mal etwas moderner). Aber wenn das Finanzamt die Belege anfordert, muss ich sie wieder in einen Briefumschlag tüten und zur Post tragen.

In mir läuft noch der innere Film ab, wie Bremer mit großen Augen seine Radarfotos lädt und dabei muss ich etwas lachen. Herr Bremer, sage ich, wie ich sehe, haben Sie nur noch einen letzten Ast auf der Mindmap, über die wir im narrativen Teil unserer ersten Domäne sprechen wollen. Ich schlage vor, wir machen das jetzt noch fertig und fahren dann gemeinsam ins Hotel zurück. Bremer nickt und sagt: Gut, dann lassen Sie uns von der digitalen Gemeinschaft weggehen und nach dem digitalen »ICH«, also dem Individuum fragen. Sein Stift wandert auf den letzten Punkt im ersten Abschnitt.

Die Produktion des digitalen ICH

Das »digitale ICH« des Nutzers, also seine Profile, seine Aktivitäten im Netz, seine Datenspur, seine Zugehörigkeiten, seine digitale Lebensform, seit 2015 auch wie eben besprochen seine digitale estnische Staatsbürgerschaft oder auch seine Bitcoins sind das Ergebnis eines aktiven Gestaltungsprozesses. Das ist eine kontinuierliche Selbst-Produktion, in der ein Nutzer sich selbst und seine Persönlichkeit in seinen digitalen Aktivitäten ausdrückt.

Dahinter stehen allerdings sehr zeitintensive und – Zeitverdichtung hin oder her – manchmal durchaus zeitraubende Vorgänge. Laut einer ARD/ZDF-Onlinestudie[98] waren die Deutschen im Jahr 2018 täglich 196 Minuten online. Dies ist vor allem wegen der intensiveren Nutzung von Smartphones ein Zuwachs von 47 (!) Minuten allein gegenüber 2017. Nur die Verweildauer in sozialen Medien verschlingt von dieser Zeit etwa 30 Prozent, also etwa eine Stunde täglich für jeden Nutzer.

Dabei ändert sich gerade in Hinblick auf die Symbole für den sozialen Status vieles gewaltig. Was früher das Premium-Fahrzeug, das Luxusanwesen und auch die Luxusembleme der Modemarken waren, wird heute subtiler inszeniert. Da ist dann ein Facebook-Posting vom Urlaub in der Toskana ein effektiverer Boost für das Selbstwertgefühl, als dies einer der berühmten roten Wagen aus dem benachbarten Modena sein könnte, führt Bremer aus. Wobei Statuserhöhung heute nicht zu verwechseln ist mit »angeben«. Schließlich möchte ich meinen Instagram-Freunden nicht unbedingt zeigen, was ich mir leisten kann, sondern was ich alles erleben kann – und dies kann auch ein abenteuerlicher Schrottbus sein, mit dem ich durch Afrika fahre. Es wird dabei nicht nur einfach erlebt, sondern Erlebtes bekommt durch das Teilen einen zusätzlichen Wert.

Was früher der Dia-Abend war (Wochen später und ohnehin erst NACH dem Urlaub) wird nun mittels Facebook, Twitter oder anderer Dienste dem Freundeskreis sofort zugänglich gemacht. Ich kann mitten im Virunga-Nationalpark Ruandas stehen und die Berggorillas mit dem Silberrücken bestaunen – und dies gleichzeitig allen mitteilen und mich dabei mit drei Klicks auf den Beautyfilter auch gleich noch deutlich verjüngen. Es wäre allerdings eine kostspielige Zeitverschwendung, denn die Stunde Gorilla-Besuch kostet 1.500 Dollar, ergänzt Bremer. Ein Echtzeit-Posting würde also mit 25 Dollar pro Minute Opportunitätskosten zu Buche schlagen. Wer weiß, vielleicht ist es auch deshalb so teuer, um die Leute zumindest dort vom Nutzen sozialer Medien abzuhalten. Übrigens ist die Internetanbindung innerhalb Ruandas[99] dank Glasfaserkabel erstklassig und selbst im Busch besser als in vielen ländlichen Regionen Deutschlands[100].

Es ist ein starker psychologischer Trigger dieser »sozialen Aktivitäten«, spricht Bremer weiter, dass der Absender auf Reaktionen aus ist und diese auch sehr zuverlässig bekommt. Dadurch wird eine Kommunikationsspirale in Gang gesetzt: Ich möchte geliked werden, mein Foto soll kommentiert, mein Live-Bericht soll geteilt werden. Doch haben die Freunde selbst dafür überhaupt Zeit? Haben sie mich zwar noch als Freund, folgen mir aber gar nicht mehr?

Höchstwahrscheinlich sind sie ebenfalls mit ihrer Selbstdarstellung, mit der Aktualisierung ihrer Profilfotos, ihres Beziehungsstatus oder dem Betrachten von Tiervideos beschäftigt. Deswegen muss das Feedback schnell gehen und wie ein Ping funktionieren, dem das Pong sehr einfach folgen kann. Das Motto der Baby-Boomer »Ich kaufe, damit die anderen sehen, also bin ich«, mutiert erneut und wird über das »Ich erlebe, damit die anderen sehen, also bin ich« schließlich zu einer neuen Form der Selbstvergewisserung: »Ich teile, damit die anderen bestätigen, also bin ich«. Viele Facebook-Seiten und noch mehr die Seiten bei Instagram werden dadurch zum Schrein einer kunstvollen digitalen Selbst-Inszenierung.

Besonders in der adoleszenten Bindungssuche (also im letzten Abschnitt des Jugendalters kurz vorm Erwachsenenalter) bieten Experimentierfreude und Selbstentfaltung in den sozialen Medien einen idealen Hintergrund für die Inszenierung des ICH und der sozialen Integration in eine Gemeinschaft. Soziale Plattformen geben uns das Gefühl, bedeutend zu sein, Freunde zu haben und nicht alleine zu sein. Wir denken, immer jemanden zu haben, der zuhört. Das erklärt, warum wir – besonders in diesem Alter, wer Kinder hat, weiß wovon die Rede ist – so viel Zeit darauf verwenden. Wir investieren zur Selbstbestätigung gerne in unsere Fotos, Videos, Kommentare und Likes. Sie bieten eine gute Möglichkeit, sich selbst darzustellen und wahrgenommen zu werden. Die Krönung ist dann ein eigener YouTube-Kanal, was sich immerhin für einige wenige Influencer mit besonders vielen Followern auch finanziell auszahlen kann. Das endet natürlich nicht mit der Adoleszenz, sondern erstreckt sich über alle Phasen des Lebens.

Die Instrumente dafür reichen über ein weites Spektrum. Vom heimlichen Akt der narzisstischen Selbst-Bespiegelung, indem man nach dem eigenen Namen googelt, um den *Proof of Self-existence* zu finden, bis zur Sammlung einer steigenden Anzahl von Friends und Followern, die wie Trophäen auf der Suche nach Anerkennung und Status vor sich hergetragen werden, gibt es viele Möglichkeiten[101].

Warum erzähle ich Ihnen das so ausführlich, fragt mich Bremer. Nun, das Verständnis für den schnellen Wandel der Statussymbole und der Kommunikationsmuster bereitet nicht zuletzt den klassischen Unternehmen viel Mühe, deren höheres Management trotz anderslautender Bekenntnisse meist wenig mit der digitalen Revolution anzufangen weiß. Geführt von Menschen, die Facebook oft nur aus der

Presse kennen und deren Reisen immer noch von der Sekretärin gebucht werden, bleiben die innovativen Ausflüge der Unternehmenslenker in die Social Economy oft tapsige Experimente. Zu sehr ankern unsere Konzerne noch im Zeitalter des *Vertriebes von Produkten*. Da geht es eben weiterhin lediglich um die ideale (schnelle, günstige, wirkungsvolle) Anbahnung des Kaufaktes. Der Rest ist Sache der Kundenbetreuung. Und das muss sich ändern.

Die modernen, sozial vernetzten Nutzer wollen soziale Referenzen und Geschichten, die sie digital teilen können und in denen sie eine Rolle spielen; die Hand immer am Smartphone, um ein Bild von sich in der Welt zu produzieren, nicht nur um die Szene zu genießen.

↗

Nicht nur das Habitat des digitalen Nutzers, auch sein Verhalten hat sich stark verändert. In der digitalisierten Erfahrungswelt greifen die Verlockungen des reinen Produkterwerbs nicht mehr, um sich des eigenen sozialen Status zu vergewissern. Für den Nutzer wird das Teilen einer Erfahrung über die sozialen Medien zur neuen Form der Selbstbestätigung, in der sich das digitale ICH immer wieder selbst aufs Neue erschafft.

Der Nutzer ist also gleichzeitig zum Produzent geworden, versuche ich das Gesagte zusammenzufassen, und er produziert sich durch die digitalen Medien selbst, richtig? Das ist eigentlich keine wirkliche Überraschung! Schon seit 20 Jahren übernehmen wir als Nutzer einen Teil der früheren Arbeit, also der Produktion von Unternehmen, vor allem aus Kostengründen, selbst. Denken Sie nur an das Online-Banking oder das Flügebuchen. Es ist allerdings ein interessanter Aspekt, dass dabei das digitale ICH mitproduziert wird, ergänze ich nachdenklich. Aber um ehrlich zu sein, Herr Bremer, ich bin ganz froh, dass sich der *narrative Ast* genau wie dieser Tag langsam dem Ende zuneigt. Wir sollten nun dafür sorgen, dass der Tag so gut ausklingt, wie er begonnen hat.

Erstens habe ich schon Hunger, stelle ich fest, wir sollten uns langsam zurück ins Hotel begeben. Unsere Freunde von der Unternehmerrunde sind sicherlich bald von ihrer Tour zurück, und ich möchte zu gerne wenigstens eine kleine Zusammenfassung davon hören, was sie heute erlebt haben. Zweitens müssen wir uns die Frage stellen, welche Kernkonzepte wir aus den vielen Punkten von heute als die *deskriptiven Faktoren* herausdestillieren, damit wir auch den Kollegen der AutoInc. etwas mitbringen können. Und drittens, darauf läuft es ja hinaus, sollten wir einige konkrete Handlungsempfehlungen formulieren, damit wir das Schiff dann auch gemeinsam gedreht bekommen.

Deskriptiv: Creating Digital User Value

Nachdem wir uns im Hotel erfrischt haben, erfahren wir, dass die Unternehmergruppe noch in Haifa feststeckt. Also begeben wir uns zu zweit zum Hafen von Jaffa, zu Dr. Shakshuka, dem Restaurant, in dem der Name Programm ist. Hier wird die israelische Nationalspeise Shakshuka mit Pita gereicht und wir tauchen mit vielen Einheimischen in das lokale Leben ein, etwas Feilschen vor der Bestellung inklusive. Als Dr. Bremer der weiblichen Bedienung einen Moment länger hinterherschaut, als es vielleicht angebracht wäre, kann ich mir ein Grinsen nicht verkneifen und sage zu ihm: Herr Bremer, lassen Sie uns doch weiter über die potenziellen *digitalen Experiences* nachdenken. Er scheint meine Gedanken erraten zu haben, tupft sich kurz die Lippen und fährt fort, ohne auf den süffisanten Ton meiner Bemerkung weiter einzugehen.

Gut, setzt Bremer an. Drei große Veränderungen beschreiben meiner Meinung nach
die konzeptionellen Megatrends rund um den Wandel vom Produkt zum Dienst
und vom Käufer zum Nutzer.

» **Erstens: Der *Digital Value* entsteht in Digital Experiences, der Rest ist Commodity.**
» **Zweitens: Die Welt von Online und Offline verschwimmt und eine Trennung ist nicht mehr sinnvoll.**
» **Drittens: DDas Ökosystem zu managen wird wichtiger, als eine Brand zu managen.**

Aber ein Schritt nach dem anderen. Der Ausgangspunkt ist dieser, fährt Bremer fort:
Der digitale Nutzer ist, wie wir heute schon ausführlich besprochen haben, ein im Ver-
halten stark verändertes Wesen. Wenn sich allerdings Habitat und Verhalten so stark ver-
ändern, dann nutzen die alten »Fallen« der Unternehmen nichts mehr. Was der Nutzer im
Tausch für sein Geld in der digitalisierten Wirtschaft erwartet, ist qualitativ ein anderer
Nutzen als der durch das reine Produkt gewonnene, mit dem er in erster Linie funktionale
Bedürfnisse oder Statussignale befriedigen konnte.

Ökonomie der Digital Experiences

Ich ahne, dass wir dem Kern der Sache näher kommen. Aber so einfach will ich Bremer
nicht vom Haken lassen. Was also, mein lieber Herr Bremer, bedeutet *Digital Value* genau?
Ist das etwas anderes als die Digital Experience?

Nun, jetzt muss ich etwas ausholen und mit einem Autor anfangen, der mich lange beschäftigt hat: Mit Jeremy Rifkin, der in seinem Buch *Null-Grenzkosten-Gesellschaft*[102] die Vision
beschreibt, dass sich einmal erstellte digitale Produkte in ihren Grenzkosten eher früher als
später durch Kopie und Verteilung an weitere Nutzer der Nulllinie annähern. Im Klartext bedeutet das: Ist ein digitaler Inhalt erst mal produziert, lässt er sich nahezu kostenlos verviel-
fältigen. Und dann wird der Wettbewerb dafür sorgen, dass die Preise für diese Güter auch
sehr schnell und radikal verfallen. Das war bei Datentausch und Musik der Fall, erwischte in
der Folge die Film- und Medienbranche und neuerdings sogar die Universitäten, wo einmal
aufgezeichnete Massen-Vorlesungen der besten Professoren zu Grenzkosten von Null an Studenten aller Herren Länder herausgegeben werden. Diesen Ansatz finde ich intellektuell sehr
interessant, führt Bremer aus, halte ihn aber für irreführend und, mit Verlaub, nicht hilfreich.

Ein sehr einfaches Gegenargument: Wenn es stimmte, dass die digitalen Produkte progres-
siv an Wert verlören, würde die digitale Revolution mit großen Happen ihre Kinder auffres-
sen. Faktisch ist genau das Gegenteil der Fall. Ausgerechnet die Digitalbranche bildet den
Bereich, in dem in exponentiellen Wachstumskurven weiter Wert geschaffen wird. Und das
hat gute Gründe. Sehen Sie, ein Irrtum liegt darin begründet, dass Rifkin auf der Kostenseite
unterwegs ist. Damit ist er in guter, jedoch völlig rückwärtsgewandter Gesellschaft. Meiner
Meinung nach – Bremer kramt den Ausdruck eines Textes aus der Tasche – ist das ein gutes
Beispiel für die gefährliche Gewöhnung an allzu bekannte Rezepte. Dazu möchte ich Ihnen
gerne folgende Anekdote zu lesen geben. Er reicht mir das Papier, auf dem das Konterfei des
amerikanischen Präsidenten George Washington zu sehen ist.

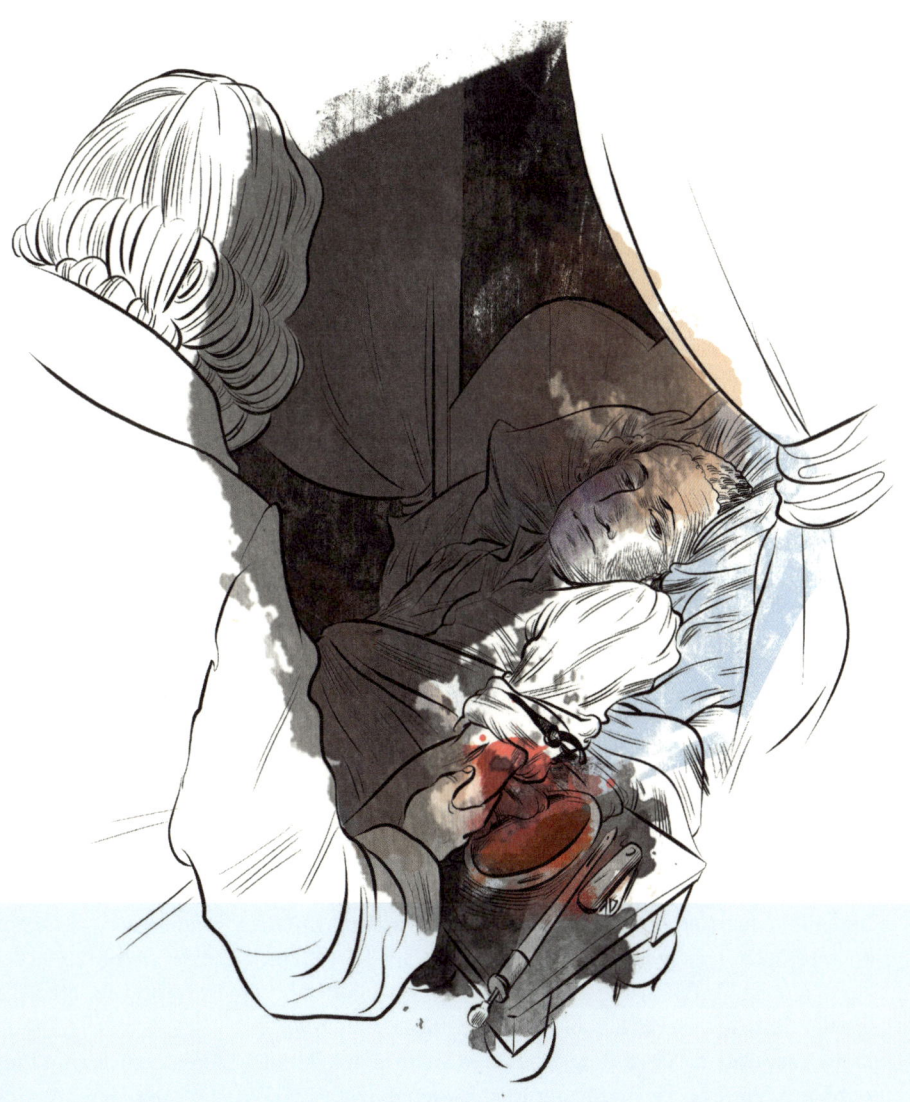

GESUNDSCHRÖPFEN UND DIE WOHLTAT DES ADERLASSES

George Washington, der erste Präsident der Vereinigten Staaten, hatte sich sechs-
undsechzigjährig im Dezember 1799 eine Infektion des Kehlkopfes zugezogen.
Er vertraute, genau wie die führenden Ärzte seiner Zeit, auf die heilende Kunst
der seit der griechischen Antike ausgeübten Praxis des Aderlasses sowie auf die
reinigende Wirkung von Abführmitteln. Schon am ersten Tag der Erkrankung
wurde ihm ein Drittel Liter Blut abgenommen, um den Körper zu entgiften.
Als sich der Zustand des Präsidenten am zweiten Tag nicht verbesserte, nahm
man ihm in zwei weiteren Sitzungen wieder jeweils einen halben Liter Blut ab.
Und als er gegen Abend noch schwächer wurde, schnitten ihm die Ärzte kurzerhand die Adern der Länge nach auf, wonach aus den Wunden nur noch sehr
dickflüssiges Blut tropfte. Noch am selben Abend verstarb der Präsident[103].

Was lernen wir? Bremer schaut mich fragend an, als ich mit dem Lesen fertig bin, und schiebt sogleich seine Antwort hinterher: Die Ärzte sprachen sich ohne schlechtes Gewissen aufgrund gängiger Praxis gegenseitig von jedem Verschulden frei. Nach dem Motto: Wenn es alle machen, ist es gut. Und wenn es gut ist, kann mehr nur besser sein. Obwohl viele Studien einige Jahre später klar bewiesen, dass ein Aderlass in den meisten Fällen eine extrem schädliche Wirkung hat, brauchte es weitere Jahrzehnte und Generationen von Ärzten, bevor die Medizin das Vorgehen hinterfragte und die herrschenden Autoritäten den Aderlass im Giftschrank der Geschichte verschwinden ließen. Andernfalls hätten sie systematische Fehlbehandlungen eingestehen müssen. Ich garantiere Ihnen, fährt Bremer gutgelaunt fort, auch heute finden Sie noch die ewig gestrigen Traditionalisten, die einen Zusammenhang zwischen dem massiven Blutverlust des Präsidenten und seinem Tod verleugnen und weiterhin Aderlässe als »traditionelle« Heilmethode anpreisen[104].

> *Aber was lernen wir hier für unseren Kontext, dringt Bremer weiter. Über Kosten nachdenken – dafür wird heute kein Manager schief angesehen, nicht wahr? In einer digitalisierten Welt aber geht es um Geschwindigkeit und darum, intelligente Mehrwerte zu schaffen. Das ist was völlig anderes.*

Ich verstehe, worauf Bremer hinauswill, aber ich brauche eine kleine Pause. Während ich mit der flachen Hand eine beschwichtigende Geste mache, versuche ich das Ganze in meinen Worten zusammenzufassen: Was Sie mir sagen, ist, frei zusammengefasst, das Folgende: Wenn die Prozesse und Produkte in der analogen Welt, in unserem Falle also Autos und Autoindustrien, einander ähnlicher werden, dann ist eine weitere Optimierung unserer internen Prozesse oder Strukturen nur eine Fortführung des Aderlasses und vielleicht kein idealer Einsatz unserer Ressourcen. Wir müssen die *Digital Experience* und die Steigerung des *Digital Value* in den Mittelpunkt setzen, statt geringfügiger Kostenvorteile, richtig?

Genau, meint er, wir brauchen meiner Meinung nach eine kopernikanische Wende. Wir müssen aufhören zu glauben, dass die Kostenplaneten das Zentrum des wirtschaftlichen Universums bilden. Die waren sicherlich lange eine Quelle für Wettbewerbsvorteile im Industriezeitalter, und auf einem gewissen Niveau ist das auch weiterhin so. Ich sage auf keinen Fall, dass die Kostenbrille ihre Berechtigung verloren hat – ohne operative Exzellenz kein taktisches Überleben im Wettbewerb. Wir müssen aber einsehen, dass wir uns mit unseren Unternehmen auf dem Weg in ein wettbewerbliches Morgen deutlich intensiver um die Sonne des *Digital Value* drehen werden. Ein gigantisches Unterfangen, denn die Ansprüche der unterschiedlichen Nutzer sind weit gespreizt und nehmen rasant zu. Wir haben es also mit einem sehr beweglichen Ziel zu tun. Der Zukunftsforscher Jim Carroll meint:

»Today is the slowest day of technological change for the rest of your life«,[105] und das prägt die Evolution des *Digital Value*. Sicherlich werden wir nicht über einen Big Bang den Sprung in dieses neue Denken schaffen, aber wir können mit raschen Impulsen auch in der AutoInc. viel dafür tun, dieser Evolution auf die Beine zu helfen.

Aber zurück zum *Digital Value*. Ein digitaler Mehrwert, oder neudeutsch *digitaler Value,* hebt die Nutzenerfahrung sozusagen auf eine höhere Ebene. Er entsteht aus einer gesamthaften, erweiterten, kombiniert realen und digitalen Leistung. Hmm, brummt er und überlegt, versuchsweise könnten wir uns dem Phänomen *Digital Value* ja mal über eine Messung nähern. Aber nur um die Vergeblichkeit dieses Ansatzes zu zeigen.

Aus rein betriebswirtschaftlicher Sicht wäre der digitale »Mehrwert« eine simple Aufrechnung von Kosten und Erträgen. Für die Unternehmen wären das also die Kosten der digitalen

Initiativen und ihr Vergleich mit den Erträgen der digitalen Dienste. Und aus der Sicht der Nutzer wäre es der Nutzertrag aller digitalen Dienste minus die Kosten der digitalen Dienste und Services. Klingt präzise – ist aber natürlich eine Sackgasse. *Digital Value* bedeutet nämlich nicht unbedingt einen finanziellen Nutzen-Rückfluss, sondern kann auch erst einmal als Mehrwert in Daten, in verbesserter Anmutung, Nutzbarkeit, einem Feedback anderer Nutzer oder in anderen Komfortmerkmalen für den Nutzer entstehen. Oder der *Digital Value* ergibt gar keinen vergleichbaren Nutzen, weil es ihn analog nicht geben würde und er die Messung oder den Vergleich ganz grundsätzlich nicht erlaubt. Was nutzt Facebook in Geld, fragt Bremer schelmisch, oder die Ergebnisse der Suche bei Wikipedia nach dem Natufium, einer alten Kultur in der Levante, genau in dem Moment, in dem man ein Buch über den Vorderen Orient studiert? Sie sehen, die Suche nach dem klassischen Nutzen hat eine trivialisierende, aber nutzlose Argumentation zur Folge.

Selbst der Versuch, andere Näherungsindikatoren wie komplizierte Score Cards, Spinnen-Diagramme oder vergleichbare Konstrukte für die vielen Nuancen von digitalem Wert zu etablieren, wirken wenig hilfreich und erinnern mich an »aufgeräumte Kunst«[106], fährt er fort. Hier, schauen Sie mal, er öffnet eine Präsentation auf seinem Laptop und zeigt dann auf zwei Bilder.

Wenn ich den *Digital Value* in seine Bestandteile und klassischen Kategorien zerlege und aufräume, statt den Zusammenhang wirken zu lassen, dann verliert das Kunstwerk seinen Sinn und Gesamtzusammenhang.

ABBILDUNG 5
Digitale Nutzenmessung
ist wie aufgeräumte Kunst

Ich muss schmunzeln, als ich die Sujets wiedersehe, denn Herr Bremer hatte sie auch schon in einem anderen Zusammenhang verwendet. Zumindest als Metapher gut wiederverwendet, räume ich ein.

Der einzige indirekte Näherungsindikator für *Digital Value,* nimmt er den Ball wieder auf, der sich als einigermaßen hilfreich erweisen könnte, ist meiner Meinung nach der NPS, der *Net Promoter Score*[107]. Also die Messung der Quote von Nutzern, die eine bestimmte Erfahrung auch anderen (Freunden) empfehlen würden.

Hier pflichte ich Dr. Bremer nickend bei, denn das trifft sich auch mit meiner eigenen Überzeugung. Der *Net Promoter Score* ist der einzige Indikator, der meiner Erfahrung nach die gesamthafte Qualität einer Dienstleistung beschreiben kann. Ja, sage ich daraufhin, die Net Promoter Scores sind mir auch ein Begriff und damit kann man zumindest die Zufriedenheit mit der digitalen Erfahrung erfassen. Man muss dabei natürlich auch höllisch aufpassen, dass die messende Organisation dann nicht damit beginnt, nur den Messwert zu optimieren, statt sich digital zu verbessern. Das ist aber ein anderes Thema, bremse ich meinen Eifer. Jetzt brauchen wir noch eine Näherung dafür, was die *Digital Experience* ist.

An dieser Stelle kritzelt Bremer einige Wörter auf seinen Block und meint: Da gibt es für mich eine sehr einfache Näherung. Die *Digital Experience* geht über den *Digital Value,* also das »Was«

einzelner Transaktionen hinaus und beschreibt eher das »Wie« und damit die Summe aller digitalen Erfahrungen über alle Touchpoints hinweg. Das Ganze ist mehr als die Summe seiner Teile. Und vielleicht auch sehr viel reduzierter als der Zusammenbau vieler Teile. Das lenkt die Aufmerksamkeit in der Diskussion auf genau diese durchaus subjektive und zeitlich nicht stabile Erfahrung der Interaktion mit einem Anbieter. Bestes Beispiel ist Apple. Herr Mahlich, Sie nutzen doch sicherlich auch den App-Store von Apple und damit den *Digital Value* jedes der Produkte, die dort angeboten werden. Was Sie aber zu einem Jünger des Apple-Clans macht, ist die gekonnte Gestaltung des »Wie« der digitalen Experience: Da geht es um Designanmutung und Wiedererkennbarkeit, um Schutz vor dem Zugriff Dritter, um eine durchgängige Absturzsicherung der Daten und so weiter.

Er spricht weiter, während ich intensiv zuhöre: Die Entwicklung hin zum werthaltigen Konsumenten-Erlebnis ist nicht wirklich neu. Sie wurde bereits Ende der 1990er-Jahre unter dem Begriff *Experience Economy*[108] beschrieben. Darunter verstehen die Erfinder dieses Begriffes, die Autoren Pine II & Gilmore, eine Wirtschaftsform, die den bisherigen, eher nüchternen Begrifflichkeiten von Gütern und Dienstleistungen einen emotionalen Wert aus der Erfahrung des Kaufes und der Nutzung als »zahlungsfördernde« Komponente hinzurechnet. Gemeint sind bewegende Erlebnisse, die Produkte fundamental anreichern können. Ein Beispiel für die emotionale Aufladung der Produktlandschaft lieferten Pine II & Gilmore in ihrem berühmt gewordenen Artikel im Harvard Business Review von August 1998, also vor immerhin zwanzig Jahren.

Darin wird anhand der Geschichte über die Evolution des Geburtstagskuchens der wirtschaftliche Wandel verdeutlicht, der in jedem Zeitalter die Inszenierung des Events »Geburtstag« mit immer höherer Komplexität und externer Wertschöpfung darstellt. Ich fasse das mal kurz zusammen:

Das bedeutet, meint Bremer, dass die immer höherwertige Gestaltung des Geburtstagserlebnisses den physischen Kuchen nur mehr als Beiwerk hat, sowohl in dem Erleben des Kunden als auch in der Gestaltung des Preises.

» Wir beginnen zu Zeiten der **Agrargesellschaft:** Die meisten Zutaten für einen Geburtstagskuchen bezogen die subsistenzwirtschaftenden Bauern direkt vom eigenen Hof. Ein Zukauf war vielleicht für wenige Cent für die (wiederverwendeten) Kerzen erforderlich.

» Im **Industriezeitalter** kamen dann die vorgemixten Backmischungen auf den Markt: Wer es sich leisten konnte, erstand die vereinfachte Zubereitung des Kuchens für einige Dollar im Geschäft und sparte so an einem kostbar gewordenen Gut: der eigenen Zeit.

» Der Übergang zur **Dienstleistungsgesellschaft** eröffnete eine weitere Verdienstoption: Bäcker boten den Service an, den Geburtstagskuchen direkt an den Kunden zu liefern – eine komfortable Symbiose aus Produkt und Dienstleistung, die für die Kunden allerdings erneut einen Kostenanstieg um den Faktor 10 bedeutete. Bis dahin bleiben die Dinge »kostenortientiert«.

» Der Schritt in die **Erlebnisökonomie** schließlich trug dazu bei, dass einige Familien das »Event« Geburtstag heute komplett auslagern und an routinierte Entertainer übergeben. Das ursprüngliche Produkt »Geburtstagskuchen« wird dabei zur kostenlosen Beigabe – und der Kunde zahlt für das Geburtstagsevent gerne einige hundert Dollar.

Die nächste Erlebnisstufe beim Kuchenbacken, wie auch immer sie heißen mag, wäre dann womöglich ein Retro-Event-Tag auf dem Bauernhof, auf dem man sich die Zutaten selbst zusammenstellt, inklusive Kühe melken, Getreide mahlen, Eier im Hühnerstall einsammeln, feixe ich in mich hinein. Wahrscheinlich ist das gar nicht so weit hergeholt. Doch ich bin kein Eventmanager, um diese Businessidee weiter zu verfolgen, während mich eine Erwähnung im Harvard Business Review durchaus freuen würde. Ich merke, dass meine Konzentration etwas nachlässt und schüttle mich kurz, um Herrn Bremer weiter folgen zu können.

Im digitalen Zeitalter, der **digitalen Ökonomie,** fährt der Berater nun fort, reichen aber Marken, Produkte und sogar traditionelle Erlebnisse nicht mehr aus, um den Nutzer zu begeistern. Die Erlebnisökonomie wird nun an allen möglichen Stellen um die digitale Dimension erweitert. Schnelles Finden von Informationen und einfaches Anpassen an den eigenen Bedarf, direktes Feedback, Mitgliedschaft in einer Community. Einfach und schnell zu bedienen, gerne im geteilten Besitz und mit Wartung und Zugriff aus der Ferne. Die geteilte Welt *as a Service.* Genau diese digitale Anreicherung bestimmt immer mehr, wie die Unternehmen (von der Bank, über den Automobilkonzern, den Thermomix, zum Kaffeehaus am Eck) ihre Leistungen für die Nutzer so erbringen können, dass der Mehrwert und die Differenzierung auch »wertgeschätzt« und am Ende bezahlt werden.

Dann kann das Handy von Apple schon auch mal tausend Euro kosten, was durch nichts in der Hardware gerechtfertigt ist und kein Kostenanalytiker verstehen wird, kommentiere ich die Ausführungen von Bremer. Denn der Wert kommt über die durchgängige *Digital User Experience,* die in der Nutzung aller Dienste begründet liegt. Ja, meint er wieder, und alles, was diesen Mehrwert des digitalen Zeitalters nicht hat, droht im weltweiten Wettbewerb zur Basisware abgewertet zu werden. In diesem Sinne ist die Erweiterung der *Experience Economy* der Kollegen Pine und Gilmore um die Digital Experience deutlich mehr als alter Wein in neuen Schläuchen und damit auch mehr als nur ein Marketingtrick. Es ist, fährt er fort, vielmehr die zusätzliche Dimension der Werterfahrung schlechthin.

»Digitaler Wettbewerb bedeutet: Die Optimierung von Kosten ist Pflicht, als Kür optimieren Gewinner jedoch die digitale Experience.«

Engelbert Wimmer

Herr Bremer, erwidere ich nach kurzem Nachdenken, ich glaube wir sind hier an einem wichtigen Punkt. Wir sollten da durchaus noch etwas länger verweilen, denn das kann uns einige wichtige Ideen liefern. Versuchen Sie bitte noch mal, das in leicht verständliche Worte zu packen, die uns in dem Kontext hier besser helfen.

Das werde ich gern versuchen, entgegnet er kurz, denn das Konzept der *Digital Experience Economy* ist eben weit mehr als nur ein digitaler Anschluss an die analoge Ware. Und ein guter Service macht eben noch keine Erfahrung aus. Joseph Pine, Co-Autor des Buches *Experience Economy* erklärt das anschaulich: *»Erst wenn ein Service einprägsam wird, wird er zum Erlebnis.«* Einprägsam meint bei ihm überraschend und nachhaltig besser als erwartet. Im digitalen Kontext bedeutet das: So zeitsparend oder vorkonfiguriert oder differenziert oder intelligent oder kreativ oder sozial oder alles zusammen, dass sich diese Erfahrung radikal vom Wettbewerb abhebt. Wenn ich es noch verständlicher formulieren soll, kann ich nur mit einer Analogie antworten: *Think Steve Jobs.*

Wenn wir zum Beispiel die Geburtstagsgeschichte von eben im Sinne der Digital Value Economy fortschreiben wollten, dann würden folgende beispielhafte Aspekte das *digitale Erlebnis* des Geburtstagskuchens weiter anreichern können. Während er weiterspricht, lässt Bremer wieder mal eine seiner Mindmaps entstehen:

» **Digital Customization.** Beispiele wären: Ein in Zuckerguss gedrucktes Bild des Geburtstagskindes, eine individuelle Anpassung der Süße oder der Geschmacksrichtung, zwölf Sorten von Kerzen mit unterschiedlichem Geruch, die Abstimmung der Mehlsorte des Rezeptes und der Nüsse auf das Allergieprofil der Gästeliste, die individuell bedruckte Verpackung.

» **Digital Convenience.** Beispiele wären: Ein Konfigurator für die Torte, eine gute und schnelle Möglichkeit, das Produkt online zu bestellen (oder per Drohne liefern zu lassen?), zu bezahlen, die Produktion zu verfolgen. Man könnte seine Wahl speichern und wieder abrufen, einen Termineintrag oder eine Wunschliste mit kleinen Geschenken für die Party versenden. Oder die Torte kommt völlig ohne Bestellung, weil der digitale Assistent gemerkt hat, dass wir beinahe den Geburtstag vergessen hätten.

» **Social-Media-Nutzung.** Beispiele wären: Alles, was den Kuchen zum sozialen Event machen kann. Ein Party-Tweet, eine Facebook-Seite der Bäckerei, Postings, Kommentarfunktionen für die Gäste und Gutscheine für die Freunde, die an der Party nicht teilnehmen konnten. Eine App, mit der die Freunde Toppings spendieren können.

» **Intelligent Advisor.** Zum Beispiel ein Bot, der als virtueller Berater für die Organisation des Geburtstagsfestes mit Vorschlägen zur Gestaltung der Einladungen, zur Terminfindung und Logistik der Gäste, zur Geschenkwahl und zur Einhaltung des Budgets behilflich sein kann.

Als er geendet hat, setze ich seine Liste fort: Da kann man gut weitermachen, denn die Zukunft klopft schon mit neuen Ideen an die Tür. Die weit entfernten Familienmitglieder könnten sich in die Party per VR-Brille einklinken, die Feier würde mit einem gemeinsamen, virtuellen und sehr individuellen Abenteuer-Spiel am Mars beginnen und, und, und ... Man bekommt richtig Lust, sich Sachen auszudenken, sage ich, und räume in meinem Kopf die Lieferdrohne und den Backroboter gegen den Widerstand meines Spieltriebs wieder in das Fantasiefach zurück.

Ich glaube auch, dass es enorm wichtig ist, die Evolution immer am Laufen zu halten, ergänze ich, denn sonst ist die Gefahr groß, um im Bild des Geburtstagskuchens zu bleiben, dass man zum bloßen Lieferanten der Eier wird. Was bedeutet, dass man austauschbar und nicht mehr wirklich am profitablen Teil der Wertschöpfung beteiligt sein würde. Ich befürchte sogar, dass man bei der heutigen Veränderungsgeschwindigkeit nur sehr kurze Zeiträume hat, um diese Anpassungen zu vollbringen. In der Konsumgüterbranche sind es oft nur wenige Monate, die man zur Aktualisierung von Produkten benötigen darf. Wer da nichts in petto hat, was er morgen bringen kann, der kippt gnadenlos aus dem Rennen. Wenn man »sieht«, was die Konkurrenz macht, ist es meist schon zu spät. Das Beobachten der Mitbewerber ist bei dieser Geschwindigkeit wie ein Fahren mit dem Blick in den Rückspiegel – und hilft nur wenig.

Der Fokus muss also darauf liegen, den *Digital Value* erst einmal zu entwickeln und dann die *Digital Experience* unermüdlich weiter auszubauen. Dabei sollte man tunlichst darauf achten, dass diese *Digital Experience* über alle Kanäle hinweg den Diensten der Wettbewerber überlegen ist und sich keine Vermittler an dem eigenen Dienst vorbei an den Kunden heranmachen können. Nur eine überlegene *Digital Experience* kann dagegen helfen und dann existiert in der Folge aus der Sicht des Nutzers kein Unterschied mehr zwischen Produkt und Dienst und Kanal! Dieses Phänomen nennen wir Konvergenz.

»Kunden kaufen keine Produkte, sie kaufen die Antwort auf ein Bedürfnis.«

Jeff Ernst, Forrester

Konvergenz – The Secret Sauce

Damit wären wir beim zweiten großen deskriptiven Themenkomplex, der sich fundamental verändert, sagt Bremer: Digital ist kein Kanal mehr, wie viele Marketinggurus ohnehin seit einiger Zeit mit steigendem Nachdruck sagen, digital ist immer. Und Konvergenz ist das, was der Retailsektor unter *Omnichannel* seit einigen Jahren erlebt: Es gibt keine Trennung mehr zwischen Produkt und Dienst, zwischen online und offline. Das Produkt und der Dienst rund um das Produkt – aber auch der Zugang zum Produkt – werden eins.

Ich schaue in meinen digitalen Spiegel und wische verschiedene Outfits auf mein virtuelles Ich, posiere vor unterschiedlichen Hintergründen und bekomme es in wenigen Stunden geliefert. Ich mache ein Foto meiner Haut und bekomme eine Hautcreme, die ein Roboter speziell für mich zusammenrührt. Mein Hauttyp, meine Flecken, mein Lifestyle. Ist es ein Produkt oder ein Service, mich und meinen Kontext so gut zu kennen – und dann das passende Produkt für mich fertigzustellen? Egal! Das ist Konvergenz. Massenfertigung von Produkten, die perfekt auf den einzelnen Nutzer zugeschnitten sind – in Losgröße Eins. Und die Lieferung? Realtime.

Herr Mahlich, Bremer blickt mich unvermittelt an, genau das ist es, was Platzhirschen wie den Beautyproduzenten Cotty und L'Oréal den Schlaf raubt: die digitale Experience, die sich wie ein Buschfeuer aus der Nische in den kompletten Mainstream überträgt. Die klassischen Vorteile einer hochautomatisierten Fabrik nützen dann nicht mehr, wenn die individuelle Tinktur mit dem passgerechten Anwendungsverfahren von einem flexiblen Roboter mit meinem persönlichen Bild und genau auf mich zugeschnittenen Anwendungsempfehlungen versehen verpackt wird. Wenn die Drohne schneller liefert als der Shop nebenan.

Bremer fährt eifrig fort: Das ist schon lange keine Fiktion mehr, sondern steht vor der realen Verwirklichung. Trinkflaschen, die mit den individuell exakt richtigen Nahrungsergänzungsstoffen aus Minikapseln gefüllt werden, so wie es das ideale Ernährungsprogramm verlangt, und die sich selbstständig beim Anwender melden, wenn es Zeit zu trinken ist. Das alles gibt es schon.

Und mit virtueller Realität steigern wir die Drehzahl der *Digital Experiences* weiter. Denken wir an Urlaubsreisen, Mobiliar, Bildungsangebote oder Autos … er lehnt sich wieder in seinen Stuhl zurück und gönnt mir eine kleine Pause.

Ich weiß, dass seine techniklastige Prognose sehr real ist. Wenn digital und physisch im Omnichannel wirklich im beschriebenen Ausmaß verschwimmen, was ich auch selber für unausweichlich halte, was mache ich dann mit meinen tausenden Handelsniederlassungen, die wir heute in der AutoInc. zusammen mit unseren Partnern betreiben, geht es mir durch den Kopf. Digitalisieren? Das ist dann keine intellektuelle Debatte mit meinen Vorstandskollegen mehr, sondern eine gewaltige Revolution für das Ressort, dem ich selbst vorstehe. Für einige Momente fühlte ich mich kraftlos angesichts der Vielfalt und des Ausmaßes an Aufgaben, die vor mir liegen.

Apropos Konvergenz, Herr Bremer, Sie erinnern sich vielleicht an einen der Stars auf der Beijing Motor Show. Ich meine den SUV der neuen Marke *Byton*[109] aus China. Der Name (nomen est omen) leitet sich ab von »Bytes on Wheels – Bytes auf Rädern«. Das Unternehmen hat den Internetriesen Tencent und den iPhone-Auftragsfertiger Foxconn als Investoren mit sehr tiefen Taschen an Bord. Die Gründer sind ehemalige BMW-Manager und sie betrachten das Fahrzeug, genau in dem von Ihnen beschriebenen Sinn, eher als digitale Plattform denn als ein Auto. Design und Fahrzeugkonzept der Kollegen entstehen in München, Elektronik und autonomes Fahren im Silicon Valley, Einkauf, Lieferkette und Produktion in China. Byton nutzt bereits serienmäßig die Amazon-Sprachsoftware Alexa. Software-Updates sind angeblich leicht möglich, um das Fahrzeug, wenn es auf der Straße fährt, jederzeit frisch und attraktiv zu halten. Da haben wir das ja schon mal – zumindest als Idee. Und wie machen wir jetzt weiter? Meine Energie kommt langsam wieder zurück und ich schaue Bremer auffordernd an.

Tja, jetzt sind wir beim ultimativen Konvergenz-Produkt Mobilität angekommen, fährt der weiter fort: Will ich ein Auto haben oder gefahren werden? Genauso wie für den von Ihnen erwähnten Byton scheint auch für Apple völlig klar zu sein, dass Autos die *perfekten Kandidaten* für eine maximale Konvergenz sind. Folgerichtig sollen sie der nächste große Geniestreich des amerikanischen Konzerns werden. Laut Medienberichten arbeiten bis zu 4 Prozent der Mitarbeiter, also immerhin 5.000 Menschen, bei Apple am Geheimprojekt *Auto*.

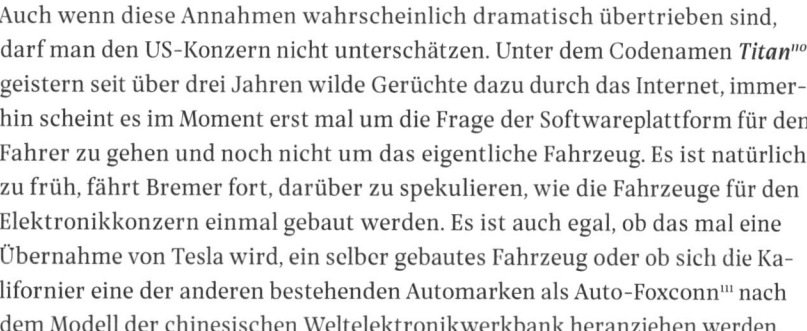

Auch wenn diese Annahmen wahrscheinlich dramatisch übertrieben sind, darf man den US-Konzern nicht unterschätzen. Unter dem Codenamen *Titan*[110] geistern seit über drei Jahren wilde Gerüchte dazu durch das Internet, immerhin scheint es im Moment erst mal um die Frage der Softwareplattform für den Fahrer zu gehen und noch nicht um das eigentliche Fahrzeug. Es ist natürlich zu früh, fährt Bremer fort, darüber zu spekulieren, wie die Fahrzeuge für den Elektronikkonzern einmal gebaut werden. Es ist auch egal, ob das mal eine Übernahme von Tesla wird, ein selber gebautes Fahrzeug oder ob sich die Kalifornier eine der anderen bestehenden Automarken als Auto-Foxconn[111] nach dem Modell der chinesischen Weltelektronikwerkbank heranziehen werden.

*Konvergenz bedeutet für uns, führt Bremer aus, dass mittelfristig zumindest in den Städten ein Besitzen des Produktes Auto nicht mehr wichtig ist und sich zum Streaming wandelt. **Also dem temporären Nutzen als Konvergenz von Produkt und Dienstleistung.** Das ist aber mehr als nur ein etwas geänderter Zugang zum bestehenden Produktspektrum – denke nur Nokia versus Apple – sondern die völlige Neugestaltung der **Digital Experience** der Mobilität.*

Herr Mahlich, wenn Sie das richtig machen wollen, dann müssen Sie das Konvergenzprodukt aus der digitalen Experience heraus in die reale Umsetzung entwickeln. Der Berater sieht mich plötzlich eindringlich an. Da ist nichts mehr zu gewinnen mit den klassischen Produktentstehungsprozessen. Wie ich schon sagte, äußert Bremer nun sehr betont, in den Daten- und Servicepaketen steckt das eigentliche Potenzial der Wertschöpfung. Wir sollten da mutig mit dem berühmten Faktor Zehn an Ertrag pro Zeit rechnen. Also digital first! Aber dazu dann später mehr.

Nur als Randnotiz möchte ich da noch mal auf unseren Freund und Autor Jeremy Rifkin zurückkommen, spricht Bremer weiter, der sich anscheinend an dem amerikanischen Autor etwas festgebissen hat. Es ist zwar Realität, dass viele Daten kopiert werden können und vielleicht auch zu Grenzkosten verfügbar sind. Aber die Leistung und die *Customer Experience* zentraler, digitaler Plattformen, die sich durch innovative Alleinstellungen ihrer Serviceangebote in beachtliche Monopolpositionen manövriert haben, sind es nicht. Das zeigt sich auch im Vergleich der Umsätze je Mitarbeiter bei unterschiedlichen Firmen. Volkswagen, der weltgrößte Autobauer, kommt mit seinem Konzern auf 350.000 Euro Umsatz pro Mitarbeiter im Jahr, deren prestigeträchtige Marke Porsche für sich alleine genommen immerhin auf 790.000 Euro. Das ist aber verglichen mit 1,2 Millionen Euro pro Mitarbeiter bei Google, 1,4 Millionen bei Facebook und gigantischen 2,1 Millionen bei Apple winzig. Und wir vergleichen hier die Umsätze, nicht die Gewinne. Bei den Gewinnen sieht das noch drastischer aus. Wir brauchen also Strategien, Bremer faltet etwas theatralisch die Hände vor dem Gesicht, wie wir uns im Ökosystem Mobilität mit digitalen Diensten und Partnern so breit wie möglich aufstellen können.

»Our competitors aren't taking our market share with devices; they are taking our market share with an entire ecosystem.[112]«

Elop, CEO Nokia

Ökosystem schlägt Brand Management

Herr Bremer, ich folge Ihrer Argumentation intellektuell in weiten Teilen ja von Herzen. Ich sehe auch den Eintrag auf Ihrer Mindmap, mit dem Sie nun auf die Bedeutung des Öko-systems eingehen wollen. Ich will aber auch etwas den Advocatus Diaboli in mir zu Wort kommen lassen. Denn es gibt auch eine völlig andere Sicht auf unser Thema. Wenn wir uns zum Beispiel nur an die jüngst gemeinsam besuchte *Autoworld* in Peking erinnern, dann waren die Hallen dort voll mit Menschen, die sich die Autos angeschaut haben und eben keine Apps. Ganz ehrlich, an vielen Ständen waren die Fahrzeuge so gut besucht, dass man im Gedränge sehr reale Angstzustände bekommen konnte. Und je exklusiver, teurer und abgefahrener, desto dichter war der Ansturm um die Wagen herum. Zwar sind die ange-botenen Motorisierungen vielleicht etwas kleiner als in anderen Ländern, und der Elektro-antrieb ist an den Ständen überall die Norm, sicherlich. Und doch waren es vor allem dicke SUVs, die dort von den Herstellern ins Rennen um den heißen Markt gefahren werden. Was der Großstadtdschungel kaufen will, so belegen das die nackten Absatzzahlen, das brummt und röhrt noch immer viel mehr, als es surren würde.

Auch wenn ich Ihnen bei vielem zustimme und das digitale Erleben sicherlich massiv wichtiger wird – dass sich Li Shufu, der Eigentümer von Geely, jüngst mit einem Betrag von geschätzten 9 Milliarden Euro ein Zehntel von Daimler gesichert hat[113], ist doch eher ein Zeichen dafür, dass wir mit unserer Industrie nicht so schnell auf dem Abstellgleis landen werden, wie das manch ein Untergangs-prophet so gerne voraussagt.

Herr Bremer ist ganz offensichtlich überrascht von meinem Konter, und auch ich selbst bin nicht sicher, was mich da innerlich umtreibt. Ich will, fahre ich fort, ganz einfach verhindern, einer intellektuellen Spielerei aufzusitzen, während unsere Marktbegleiter sich aktuell wieder verstärkt auf die Material-schlacht im klassischen Sinne einlassen und wir dann vielleicht das Geld an der falschen Stelle aus-geben. Der Friedhof der Unternehmen mag bevölkert sein von Firmen, die dem Zug der Zeit nicht folgen konnten. Der Friedhof der Start-ups ist aber nicht weniger dicht belegt mit Unternehmen, die ihrer Zeit technologisch zu weit voraus waren und die dann an ihren guten Ideen erstickt sind.

Okay, nimmt Bremer den Faden auf, dann wollen wir das mal etwas auseinandernehmen. Niemand sagt, dass wir nicht auch in Zukunft starke und schöne Autos bauen werden. Ich glaube sogar, dass der Durchschnitt der Fahrzeuge, die wir in den kommenden Jahren produzieren werden, dramatisch werthaltiger sein wird als alles, was wir heute herstellen. Durch noch mehr Sicherheit, bessere und weit sparsamere Antriebe, viel besseren Komfort und noch anspruchsvolleres Design. All dies wird schon alleine deswegen besser werden müssen, um im Wettbewerb in unseren gesättigten Märkten bestehen zu können. Das gilt auch für die Personalisierung der *Digital Experience,* für die physische und cyberphysische Sicherheit und so weiter. Als Metapher möchte ich sagen, dass wir die edelsten Segelschiffe einer Zeit verdanken, in der der Siegeszug der Dampfschiffe schon längst unterwegs war.

Es wird also meiner Meinung nach eine Zeit des Übergangs geben, in der sich erst in Nischen und dann immer rascher auch im Mainstream die neuen Fahrsysteme durchsetzen werden. Wer dann im übertragenen Sinne nur Segler und keine Dampfschiffe bauen kann, endet dann jedoch rasch im Marinemuseum, führt Bremer weiter aus. Und das ist der Casus knacksus, wenn ich das so sagen darf, denn »Zukunft können« entsteht nicht durch eine Eingebung über Nacht. Das kommt vom Sich-um-die-Zukunft-Kümmern und braucht auch in der digitalen Welt noch immer viel Zeit, Training und Experimente. Es macht mich immer wahnsinnig, wenn alle von den plötzlichen Disruptionen sprechen, als wären nicht jedem Durchbruch mehrere Jahre schwerer Vorbereitung vorausgegangen. Das gilt für Google und Apple genauso wie für Amazon oder Alibaba.

Und natürlich werden die Innovationsträger erst mal Fahrzeuge sein, die sich in den Nischen entwickeln. Das werden noch nicht die großen Volumen sein. Es werden aber immer wieder neue Anforderungen an die Fahrzeuge gestellt, und sei es nur die Frage, wie bei wechselnden Nutzern die Autos innen und außen sauber zu halten sind, um ein simples Thema zu erwähnen. Die Lebensdauer und Robustheit eines autonomen City-Cruisers, der unterschiedliche Nutzer vielleicht mehr als 100.000 km im Jahr chauffiert, ändern sich. Da muss man sicherlich viel probieren. Und welches der Systeme sich durchsetzen wird, die Fahrzeuge auf möglichst versteckten Plätzen bereitzuhalten, weiß natürlich auch kein Mensch. Sicher ist aber, dass es für diejenigen, die kaum Experimente wagen, sehr viel schwieriger sein wird, sich auf diese Zukunft einzustellen. Und die Experimente können, nein, müssen so verrückt sein wie ein Begleitroboter zum automatisierten Verstauen von Gepäck oder eine intelligente Tür, die sich je nach Wetter und Einstiegssituation schützend über den Passagier erhebt. Oder ein intelligenter Sprachassistent wie der berühmte Kitt im Serienkitsch eines *Knight Riders* der Achtzigerjahre, worauf Bremer mit den Fingern der rechten Hand von links nach rechts schwenkt, als Persiflage auf die Lichtsignatur des intelligenten Autos aus der Serie.

Konvergenz bedeutet auch, fährt er fort: Die Business Cases ändern sich und erlauben noch mal andere, neue, komplexere Produkte. Kann ein Auto nicht auch eine komplette Firma sein, an der man beteiligt ist? Ein Profit-Center, das sich selber Kunden sucht, Pakete liefert, wenn es nicht gebraucht wird, Services selbstständig bezieht, sich für jeden der temporären Nutzer differenziert zeigt, durch Funktionen, Bereitschaften, Preise oder was auch immer?

Sicherlich, diese Fantasien sind noch zwei Jahrzehnte weit von der Realisierung weg – oder auch nur eine Dekade. Aber bis dahin müssen wir in der Lage sein, unser Autogeschäft von heute in diese Mobilitätsindustrie der Zukunft verwandelt zu haben. Es ist keineswegs übertrieben zu behaupten, die Technik stehe bei vielen Aspekten noch völlig am Anfang der Entwicklung. Schauen Sie aber auf die rasante Entwicklung der Elektronik und der Vernetzung in den letzten fünf Jahren und auf die Konvergenz vieler neuer Technologien und dann verstehen Sie schon was Bezos meint mit »It is still day one«. Schließen Sie mal die Augen und stellen Sie sich Folgendes vor: Ein Reisender will auf dem Weg von der Arbeit nach Hause noch schnell einkaufen. Während er im Bürogebäude in den Lift steigt, holt er mit dem Rufknopf das Auto an den Abholpunkt, wo es, als er unten ankommt, dann auch schon auf ihn wartet und ihn mit einem Zwinkern begrüßt. Er setzt sich in sein Fahrzeug, sagt kurz »nach Hause und unterwegs noch was einkaufen«, dann diktiert er seinem virtuellen Assistenten während der Fahrt noch einige Nachrichten und schickt diese los. Der Assistent kennt die Vorlieben des Fahrers, blendet die Einkaufsliste in die Windschutzscheibe und empfiehlt aufgrund der Einkaufshistorie, was im Haushalt sonst noch zur Neige gegangen sein könnte. Während der Fahrt hebt er zudem in der Windschutzscheibe Gebäude hervor, die zu vermieten sind, mit Preisen und Bildern der Apartments. Denn der Assistent weiß, dass sich der Passagier seit Monaten um eine Mietwohnung in dieser Gegend bemüht. Nur heute hat er keinen Kopf dafür, denn am Horizont wird über dem Stadion der aktuelle Spielstand seines Vereins gegen den der Nachbarstadt angezeigt. Kurz in den Zuschauerraum geschaltet und den Jubel über das letzte Tor genossen. Wir führen, immerhin. Anschließend lässt sich der Reisende am Eingang des Einkaufszentrums abliefern, und das Auto sucht sich selbstständig einen Parkplatz in der Ladebucht und steckt dabei auch den Ladestecker automatisch in die Ladesäule.

Während der Fahrzeugbesitzer durch das Center streift und den Kaffee genießt, den er auf Gutschein bekommen hat, um hier zu shoppen, werden die Einkäufe zum Fahrzeug geliefert, registriert, eingeladen und per automatischer Überweisung die Rechnung beglichen, sobald das Fahrzeug das Grundstück verlässt. Ein Paket für einen Nachbarn wird dabei auch noch in einem gesonderten Fach verstaut, wovon der Reisende aber nichts mitbekommt, denn darum wird sich das Auto kümmern, nachdem der aktuelle Job erledigt ist.

Als ihm seine Frau eine Nachricht sendet, dass sie schon dringend auf einige Zutaten für das Abendbrot wartet, wechselt er im Fahrzeug vom Economy- in den Turbomodus, tauscht die sparsame gegen die schnellere Route und reiht sich in der Überholspur ein. Warum auch nicht? Die Unfallgefahr ist ohnehin seit der Einführung vollautonomer Fahrzeuge massiv gesunken.

Kurz darauf aber beschließt das Auto aufgrund einer gerade neu abgerufenen Verkehrslage, seinen Besitzer darauf hinzuweisen, dass die schnelle Route nur einen zeitlichen Vorteil von anderthalb Minuten bringen würde und sich daher nicht empfiehlt. »In Ordnung«, sagt der Mann, denn er hat sich angewöhnt, die Ratschläge seines Assistenzsystems zu beherzigen. Der Verkehr bleibt ruhig und der Autopilot lenkt souverän durch den Abend.

Entspannt setzt der Mann sich die VR-Brille für eine Videokonferenz auf, an der er noch aus dem Auto teilnehmen möchte. Das wäre zwar auch am In-Car-Infotainment-System gut möglich gewesen, doch es ist Firmenpolitik, vertrauliche Inhalte nicht mehr auf Screens zu projizieren. In der Windschutzscheibe flackern nicht nur die Wettermeldungen auf, sondern ab und zu auch Einladungen von Restaurants oder für Abendveranstaltungen in der Gegend. Mit einem kurzen Handzeichen hält der Mann eine der Einblendungen für später fest, denn in einem der Restaurants, an denen er eben vorbeifährt, hat sein Auto eine Weinverkostung mit Weinen aus dem Piemont, seiner Lieblingsregion gefunden. Er freut sich über den Tipp und darüber, dass sein Auto aus seinen Reaktionen bereits so passgenau gelernt hat, die interessanteren Angebote für ihn zu filtern. Dieses Weinevent will er sich nachher noch genauer anschauen, aber das muss bis nach der Konferenz warten. Als der Bürgermeister sich kurz per Avatar zeigt und wegen der anstehenden Wahlen winkt, wischt er ihn kurzerhand zur Seite – mit oder ohne Konferenz, auf politische Werbung hat er im Moment wirklich keine Lust, auch wenn er politisches Engagement wichtig findet.

Was ich Ihnen mit meiner kleinen Fantasiegeschichte zeigen möchte, sagt Bremer, ist Folgendes: Die Mobilität der Zukunft muss am Ende nicht nur den physischen, sondern auch den virtuellen Raum als konvergente Erfahrung erschließen. Das Fahrzeug verwandelt sich neben Arbeitsstelle und Zuhause zum *Third Place*[114], zum dritten voll vernetzen Ort.

Die Grenzen zwischen Arbeit, Autobahn und Zuhause verwischen. Größere Displays, schnellere Netzanbindungen, immer mehr und intelligentere Fahrassistenten und eine Explosion von Geschäftsmöglichkeiten rund um den digitalen Fahrerarbeitsplatz, an dem die Welt digital erfahren wird.

Wir sind längst unterwegs in diese vernetzte Zukunft[115], denn die Bereitschaft, Kommunikations- oder Informationsdienste während der Fahrt zu nutzen, ist schon in den letzten Jahren extrem angewachsen. So sehr, meint Bremer, dass wir deswegen zahlreiche Gesetze brauchen, mit denen die Ablenkung vom Fahren reguliert werden soll.

Schließlich steigt das Unfallrisiko nur beim Tippen von SMS um den Faktor 23[116] an und es muss unser Ziel sein, die Menschen nicht nur vernetzt, sondern natürlich in erster Linie sicher an ihr Ziel zu bekommen. Sicherer wird das Online-Sein beim Unterwegs-Sein aber nur, wenn die Fahrassistenten erst auf der Autobahn, später dann auf gesicherten Landstraßen und irgendwann überall das Fahren übernehmen.

Damit wir als Autobauer auch in dem neuen *Third Place* relevant bleiben, müssen wir die Koordination einer ganzen Reihe von Mitspielern betreiben, deren Geschäftsmodelle eben auf jenen Nutzer abzielen und die gemeinsam das neue *Ökosystem Mobilität* bilden. Je offener wir dies halten, desto eher werden wir als *Friendly Player* die Mitwirkung vieler Partner und die gemeinsamen Skaleneffekte bewirken können. Und um das klar zu sagen: Viele der möglichen Mitspieler im Ökosystem sehnen sich ohnehin nach Alternativen zu den monopolistischen amerikanischen Plattformkraken.

Potential value shifts

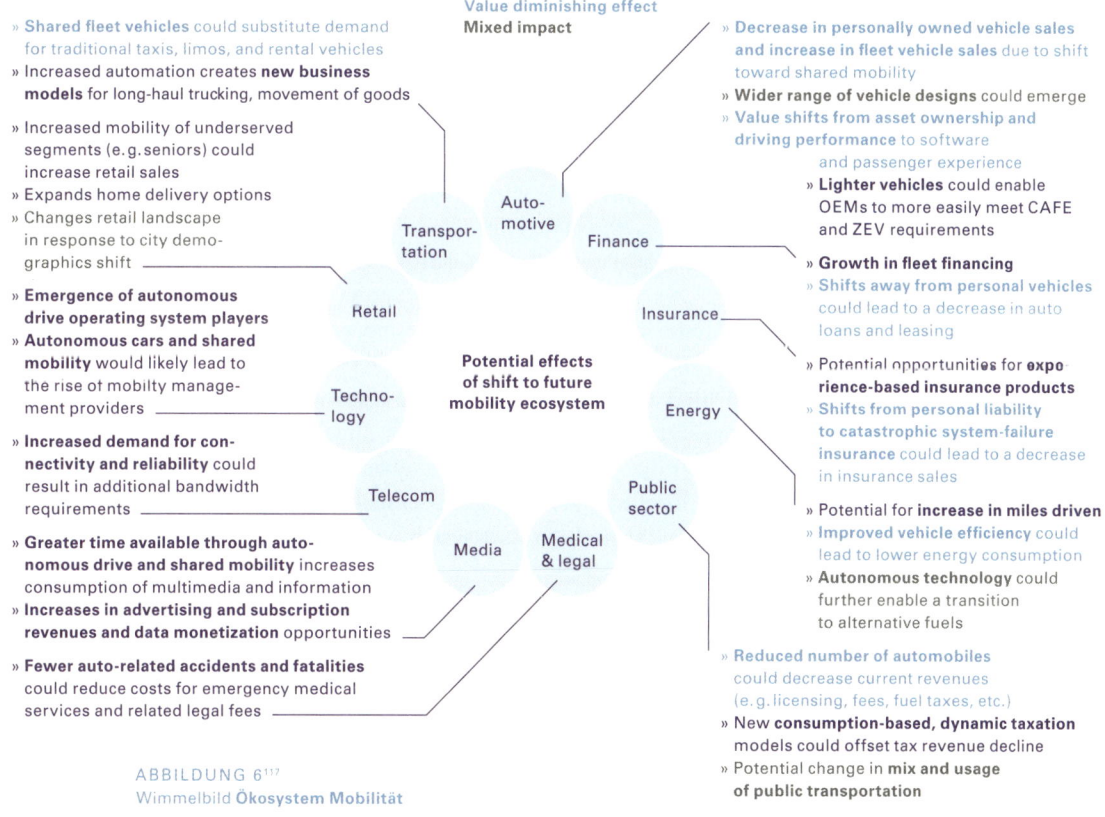

ABBILDUNG 6[117]
Wimmelbild **Ökosystem Mobilität**

Ich habe Ihnen dazu ein kleines Wimmelbild gebaut, in dem viele der Partner symbolisch ihren Platz haben. Das hat aber keinen Anspruch auf Vollständigkeit, und ich will den heutigen Abend auch nicht noch zur Nachtsession machen. Vielleicht wäre es sinnvoller, wenn Sie das mit den verantwortlichen Kollegen der unterschiedlichen Vertriebsregionen später mal in einem Workshop durchsprechen, sagt Bremer und reicht mir sein vorbereitetes Bild mit – tatsächlich – einem Gewimmel an Symbolen und Anmerkungen. Sehen Sie, meint Bremer, in diesem Ökosystem gibt es sicherlich eine ganze Reihe von Parteien, die alle mitmachen wollen. Es gibt aber einen Joker, den nur die Autoindustrie spielen kann – und das ist das Management der Aufmerksamkeit des Fahrers. Das bedeutet, solange die Fahrzeuge noch nicht selber fahren, und das wird für die meisten Fahrzeuge noch mindestens eine Dekade lang der Fall sein, wird keine andere Partei den Zuflussregler dessen, was dem Nutzer gezeigt wird, so gut bedienen können wie eben die Autobauer. Schlicht, weil das auch der Gesetzgeber unter dem Stichwort *Driver Distraction Regulations* genau so will. Ablenkung vom Fahren, und damit Aufmerksamkeit für etwas anderes, ist der Schlüssel, der direkt in der Hand dieser Industrie liegt.

Es ist aus meiner Sicht nun fundamental wichtig, sich diese Position, die Verantwortung und das Vertrauen der Nutzer nicht zu verspielen. Und wie mache ich das, fragt Bremer rhetorisch. Indem ich den besten Content vor den Nutzer bringe – und zwar den besten im Sinne von Relevanz aus Nutzersicht, und nicht durch *Windfall Profits* einiger Cents für eine Werbepause. Wer das beherrscht, erobert den App-Store für die Mobilitätsnutzer der Zukunft. Da bin ich mir sicher, sagt Bremer.

Ich sehe, was Sie meinen, erwidere ich, und worauf Sie am Ende hinauswollen, wenn Sie hier auf die Mindmap »Ökosystem schlägt Brand Management« schreiben. Die Wahrnehmung einer Brand wird in einem konvergierenden Universum aus physischen und digitalen Angeboten durch die *digitale Experience* erlebt. Und der Inhalt dessen, was erlebt wird, wird situationsbedingt aus dem Ökosystem bezogen. Diese Gesamterfahrung erweitert das Spielfeld für die Markenführung enorm – auf das Management eines ganzen Ökosystems. Wow. Ich verstehe jetzt etwas besser, warum Sie das in diesem Kontext so hoch und zentral bei den deskriptiven Punkten aufhängen. Das Management des Ökosystems ist von so zentraler Bedeutung für die Wahrnehmung der Marke und das Gesamtbild der Dienstleistung, dass das entgegen eines ersten Impulses nicht dezentral, nahe an den operativen Themen und ganz nahe am Kunden gestaltet werden kann. Je stärker andere Branchen, neue Geschäftsmodelle, klassische Positionierungs fragen sich taktisch aufdrängen, desto mehr braucht man einen Satz an zentralen Vorgaben, wo man mit dem Gesamtangebot hin will.

Richtig, meint Bremer, genau das wollte ich damit sagen. Sie haben das hervorragend zusammengefasst, Herr Mahlich. Das sind die drei deskriptiven Konzepte: Erstens die **Digital Experience Economy** *als neuer Handlungsrahmen, in dem die digitale Erfahrung den Erfahrungsraum radikal erweitert, zweitens die Konvergenz, also die Verschmelzung von digitalem und realem Angebot, und drittens die Einbettung des Angebots in das Ökosystem.*

Präskriptiv: »Experience goes digital«

Es ist spät geworden, wir sind unter den letzten Gästen im Restaurant. Für heute scheint alles gesagt zu sein und wir merken beide, dass es Zeit wird, ins Hotel zurückzukehren. Also zahlen wir und rufen uns per App ein Uber in Richtung Hotel, schlendern dann aber noch etwas schweigsam einige Straßen um das Hotel herum. Der Boden strahlt noch immer warm von der Hitze des Tages und obwohl es schon beinahe Mitternacht ist, herrscht noch ein reges Leben in der Stadt. Ich mag es hier, sage ich unvermittelt, und unsere Diskussion heute hat mich sehr angeregt. Kommende Woche werden wir daraus dann sehr gut die Handlungsaspekte ableiten können. Ihre Mindmap hat mir ja schon verraten, dass Sie ordentlich vorgearbeitet haben. Für mich war es aber tatsächlich sehr hilfreich, das so gut über die Analyse vorzubereiten. Und es wird uns sicher auch dabei helfen, die Ableitungen dann gut verkaufen zu können. Damit verabschieden wir uns für diesen Tag.

Seit meiner Rückkehr aus Israel ist mehr als ein Monat vergangen und der Alltag in meiner neuen Rolle ist überwältigend. Und bis zum Rand angefüllt. Das hatte ich auch erwartet und geglaubt, mich eigentlich gut darauf vorbereitet zu haben. Jetzt fühlt es sich nicht wirklich so an. Mein altes Bild von Sisyphos und seinem Stein, denke ich mir, und fühle den Stein schwer und unbeweglich vor mir liegen. Auf meinem Schreibtisch stapelt sich bereits etwa ein Dutzend vollgeschriebene Notizbücher, in denen ich meine Gedanken geordnet habe, um so gut wie möglich sortiert zu sein. Ich merke, ich bin es nicht, denke es beinahe laut, schlage eines der Notizbücher auf und seufze etwas mutlos. Die zufällig aufgeschlagene Seite zeigt die Zusammenfassung eines Blogs von Robert Hargrove[118], den ich vor einigen Monaten gelesen hatte und in dem er die *5 Phasen der Transition in eine Exekutivfunktion* beschreibt. Ich rekapituliere, was mich auf meiner Reise in den Vorstand ereilen sollte:

PHASE EINS: COUNTDOWN / VORBEREITUNG FÜR DEN START.

Hargrove fordert in seinem Blog wenigstens einen Monat der Vorbereitung auf eine Vorstandsrolle wie meine. Ich hingegen hatte mir fast fünf Monate Zeit zur Abarbeitung einer vorbereitenden Lernagenda für meinen Top-Job gegönnt. Hatte mich mit vielen Leuten unterhalten, meterweise PowerPoints gepflügt und zahlreiche Experten gesprochen. Die Vorbereitung reichte dennoch nicht, und ich bin mir nach den ersten Wochen im Job zunehmend unsicher in meinen Entscheidungen. Und das, obwohl ich in Bremer einen guten Mentor gefunden habe, der mir zur Seite steht, ohne selbst Interessen im Spiel zu haben. Alles läuft im Zeitraffer ab, denke ich, und ich kann die notwendigen Informationen für all die Entscheidungen einfach nicht schnell genug verdauen. Ich mache mir eine Notiz in das letzte der Bücher: *Schneller und besser entscheiden ¬ Bremer.*

PHASE ZWEI: HONEYMOON / SELBST-ÜBERSCHÄTZUNG.

Laut Hargrove ist das die Phase, in der die Dinge zu funktionieren beginnen und man Gefahr läuft, durch Selbstüberschätzung gefährliche Spielfehler am politischen Schachbrett zu begehen[119]. Meist ist das durch fehlendes Feedback von Peers oder aus der Tiefe der Organisation bedingt. Mit fetten Buchstaben schreibe ich *Honeymoon!* auf die Mappe, in der die Vorbereitungen für den Vorstandsworkshop liegen, auf die ich mich jetzt eigentlich konzentrieren sollte, statt in alten Notizbüchern zu graben. Dennoch lese ich weiter:

PHASE DREI: REALITY BITES / DESILLUSIONIERUNG.

Hier spricht Hargrove davon, dass man auch als Mitglied eines Vorstandes entdecken wird, dass der CEO sich einmal als Dr. Jekyll und gleich darauf als Mr. Hyde zeigen kann. Na ja, etwas in dieser Richtung ist mir tatsächlich schon zu Ohren gekommen, denn so gut unser Vorstandsvorsitzender seine Agenda vorantreibt und auch mich als Teil des Wandels inthronisiert hat: Die Regeln und die Zeichen der Gunst überleben oft nicht die Zeit zwischen zwei Meetings. Was gestern noch genial war, kann heute schon Mist sein. Illusionen, nein, denke ich, ich mache mir da keine Illusionen und entscheide mich, diesen Eintrag zu ignorieren.

PHASE VIER: ANPASSUNG / DIE RICHTIGE EINSTELLUNG FINDEN.

Hier hatte ich nur notiert: Entweder damit leben, dass der CEO schwierig ist und das eigene Team eben nicht nur aus Weltklasse-Spielern besteht – oder sich einen neuen Job suchen. Dabei fällt mir ein, dass die Fluktuation in den Vorständen großer deutscher Unternehmen eigentlich recht gering ist und ich mit meiner Ängstlichkeit vielleicht etwas übertreibe. Mit knapp über 12 Prozent liegt die jährliche Vorstands-Wechselquote in Deutschland sogar noch deutlich unter dem internationalen Durchschnitt von 14 Prozent. Unter den großen Industrienationen wechseln nur die Japaner ihre Vorstände noch langsamer als wir. Dennoch schreibe ich auf den Zettel mit Themen für Bremer: *Exit-Strategie*.

PHASE FÜNF: INTEGRATION / GESCHAFFT.

Hier hatte ich in mein Notizheft geschrieben, dass dies nach 12 bis 18 Monaten der Fall sein könne. Ich nehme mir vor, Hargroves Artikel bei Gelegenheit wieder aufzurufen, um ihn mir noch mal anzusehen.

Jetzt aber ist es höchste Zeit, meinen kleinen Vortrag vorzubereiten, den ich dem Vorstandskreis unter dem Titel *Experience Economy* angekündigt habe. Ich male mir die spannende erste Gelegenheit aus, in einem kleinen Kreis zu reflektieren, was ich gelernt und mitgebracht habe, und finde, dass es eine sympathische Idee des Vorsitzenden ist, einen solchen Austausch zu Lernerfahrungen durchzuführen. Dem Vernehmen nach geschieht das während eines Abendessens unter Kollegen, mit dem Anspruch, das operative Geschäft ruhen zu lassen und einmal im Monat darüber zu sprechen, woran man als Person gewachsen ist und was man in den Vorstand davon einbringen möchte.

In der Mappe liegt ein Stapel Zettel und Folien von dem gemeinsamen Heimflug aus Israel mit Herrn Bremer sowie einige Seiten Notizen von unserem Aufenthalt in China. Ein paar Stichworte zu meinen vorherigen Erfahrungen im Silicon Valley und zu China sind schnell gefunden. Zusammenzufassen, was ich konzeptionell gelernt habe, fällt mir leicht. Ich notiere: *Experience Economy, Konvergenz und Ökosystem*. Nun aber wird es etwas schwieriger, denn der wichtigste Teil des Abends sollte ja sein, darüber zu sprechen, was sich daraus für die AutoInc. ableiten lässt. Oder wie der Vorstandsvorsitzende sagte: Nicht nur deskriptiv schwafeln, wie man die Welt sehen könnte, sondern präskriptiv beschreiben, was zu tun ist, und darüber nachdenken, was das auch in der Umsetzung bedeuten würde. Um das vorzubereiten, greife ich auf eine der Mindmaps zurück, die ich zusammen mit Dr. Bremer gemacht habe, und muss grinsen, als ich merke, wie mich die Arbeitsweise des Kollegen angesteckt hat. Ich will aber eine neue, eigene Mindmap beginnen und schreibe, wie es vermutlich auch Herr Bremer in seiner Sprache nennen würde, den Begriff *Handreichungen Gestaltung der Digital Experience* in die Wurzel meiner Mindmap. Daneben skizziere ich die Äste, in denen ich die wichtigsten Bereiche für Umsetzungsaktivitäten zusammenfassen will und sortiere sie in einer (grob) logischen Reihenfolge von oben nach unten durch. Das dauert etwas, doch nach einer halben Stunde bin ich mit meinem ersten Gekritzel zufrieden. Ja, denke ich mir, so kann ich die Geschichte erzählen.

PERFECT ACCESS
(THINK DE-FRUSTRATE)

COMMUNI-CARE
(THINK FEEDBACK)

HANDREICHUNGEN GESTALTUNG
»DIGITAL EXPERIENCE«

USER CONTRIBUTION
(THINK CO-CREATE)

INDIVIDUALISIERUNG
(THINK MY VALUE)

API 2 FIRM
(THINK OPEN)

COMMUNITYS
(THINK SOCIAL)

Communi-Care (↬ Feedbackschleifen)

Mit der Kommunikation will ich anfangen, entschließe ich mich. Wieder habe ich die Stimme von Dr. Bremer im Ohr: Etwa 5.000 Werbebotschaften empfängt ein Mensch in der westlichen Welt heute pro Tag[120]. Das ist wahrlich ohrenbetäubend. Oder vielleicht besser, weil visuell: blendend. Es muss uns nun darum gehen, Unternehmenskommunikation endlich umgekehrt zu praktizieren: Statt sich noch lauter und aufdringlicher mit klassischer Werbung, Direct Mailing, Telemarketing, Plakaten, Broschüren, Adwords, Messeauftritten oder TV- und Videowerbung per Megafon zu Wort zu melden (also im Tumult der 5.000 Botschaften den *Share of Voice* durch immer ausgefeiltere Tricks zu optimieren), sollten wir stiller werden und zuhören, beobachten, verstehen. Feedback einholen. Darum geht es eigentlich, wenn es gelingen soll, Nutzer besser einzuschätzen, ihre Wünsche zu verstehen und perfekt zu erfüllen.

Aus eigener Erfahrung weiß ich, dass ein lauter Werbeauftritt leider oft das Gegenteil der Absicht erreicht: Die Kundschaft ist genervt und schaltet einfach weg. Sie wird bannerblind, wie es Bremer schon gesagt hatte. Und deswegen ist das Erste, was ich auf die Mindmap schreibe, *Communi-Care*: Wir müssen besser zuhören lernen. Tatsächlich, denke ich mir, schreit unser Social-Media-Bereich geradezu danach, das mit dem Zuhören besser hinzubekommen, und erinnere mich an mehrere Meetings. Eigentlich, so habe ich gelernt, nutzen wir das Feedback aus Social Media kaum und lassen sogar viele Kunden, die aktiv auf digitalem Wege nach Unterstützung, einem Kaufangebot oder einem Servicetermin fragen, ins Leere laufen[121]. Es ist zu viel zu tun, doch wegen der steigenden Anfragezahlen über alle Kanäle überall nur Verstopfung und keine Prozesse. Also abwarten oder abwimmeln statt antworten, wie ich gelernt habe, und oft noch dazu mit ungeeigneten Standardfloskeln.

Das hat sicherlich schlimme Auswirkungen im Feld, meine ich, denn alleine Facebook nutzen etwa 2,32[122] Milliarden Menschen wenigstens einmal pro Monat, bei Instragram ist es immerhin schon eine Milliarde[123] und sehr schnell wachsend. Instagram und WhatsApp gehören übrigens beide zur Facebook-Familie, was viele Nutzer gerne ignorieren. Das gibt den Menschen unendlich viele Gelegenheiten, zu loben, zu kritisieren, zu teilen und – oftmals sicher auch unbewusst – sehr viel über sich zu erzählen, und wir sind kaum Teil dessen. Was die Menschen dort sagen, ist ein Schatz, der offen vor uns liegt. Und das sollten wir auch wirklich ernst nehmen, sinniere ich vor mich hin, auch wenn ich später in der Vorstandsrunde sicher die leidige Datenschutzfrage werde mitbeantworten müssen. Jedenfalls vermute ich deutliche Spielräume in der Verbesserung dessen, was ich bei meiner ersten Introsession mit dem Team vom Social Media Listening bei der AutoInc. gesehen habe. Damit das auch verstanden wird, werde ich im Vorstandskreis mit genau dieser Geschichte und einem Beispiel aus der Digitalbranche beginnen, und zwar mit dem Beispiel Netflix, denke ich weiter. Da kann ich den Zusammenhang zwischen dem *Zuhören* und *genau Anbieten* sehr gut zeigen. Auch der amerikanische Videodienst hat ja die Aufgabe, punktgenau mit seinen Geschichten und seinen Inhalten präsent zu sein: Überall dort, wo Nutzer unterwegs sind, muss er – genau wie wir – in allen Touchpoints mit interessanten Inhalten verlockend sein, für Jung und Alt, Männer und Frauen, Einheimische und Menschen aus anderen Ländern. Diese Punktgenauigkeit bekommt Netflix nur hin, weil die Firma so genau auf das Verhalten der Nutzer achtet.

Wir müssen auch in unserer Industrie **so schnell wie möglich die Feedback-Verfahren derer lernen, die in der digitalen Welt geboren wurden**, denke ich bei mir. Bei Netflix, so habe ich in einem Vortrag in China gehört, liefert jeder der fast 139[124] Millionen Kunden aus aller Welt eine Fülle von Daten ab, wenn er sich auf der Webseite bewegt und einen Film oder eine Serie auswählt. Diese Datenerzeugung geschieht sicher bei den Kunden in unserer Automobilindustrie ähnlich, auch wir haben viele Millionen Seitenbesucher pro Jahr, doch wir wissen zu wenig über die Seiten, von denen die Nutzer zu uns kommen, was sie genau suchen, ob sie es finden, wo sie dann hingehen, was sie vorher bei Google gesucht oder vielleicht sonst bei Amazon gekauft haben. Das braucht ja gar nicht einmal den intimen Blick in die Unterwäsche der Privatsphäre, eine Gruppierung hilft auch schon viel.

↗

Besser zuhören
Bislang nutzen wir das Feedback aus den sozialen Medien kaum und bedienen auch diese Kommunikationskanäle zu wenig, um mit unseren Kunden in einen direkten Austausch zu treten. Was aber die Menschen dort mitteilen, und auch über sich selbst preisgeben, ist ein Schatz, der nur darauf wartet, gehoben zu werden.

Genau das ist auch der Trick bei Netflix: Cluster, Typen und Muster zu bilden. Sicherlich, der Aufwand, allein diese Daten zu analysieren, ist enorm. Um die Zuschauer zu kategorisieren, hat das Unternehmen – im Prinzip ein IT-Konzern, der Filme und Serien produziert und verleiht – 2.000[125] Nutzergruppen mit unterschiedlichen Vorlieben und Geschmäckern definiert. Das Management testet kontinuierlich, ob die 2.000 tatsächlich nötig sind – oder ob auch 500 reichen oder vielleicht doch 5.000 besser sind. Dahinter steckt viel Mathematik und ein Algorithmus, der maschinell dazulernt. Auch dieses Stichwort notiere ich mir: *Maschinen sind gute Zuhörer.*

Was bei Netflix am Ende allein zählt, ist der Geschmack. Dabei könnte man viel mehr erfassen, aber Messwerte wie Land, Stadt, Alter oder Geschlecht spielen derzeit keine Rolle. Jeder einzelne Nutzer gehört – ohne selbst davon zu wissen – dem Netflix-System entsprechend verschiedenen Geschmacksgruppen an, die unterschiedlich gewichtet werden: Netflix weiß beispielsweise, dass eine Serie wie *Stranger Things* ganz vorne in der Gunst mehrerer Geschmacksgruppen steht – konkret: bei Menschen, die Horrorfilme oder Serien mit jungen Schauspielern oder Detektivgeschichten mögen. Je nachdem, welche Interessen und Vorlieben die Zuschauer haben, zeigt Netflix ihnen dann unterschiedliche Vorschaubilder. Die Vorschaubilder animieren dazu, einen Titel auszuwählen. Ein Abonnent klickt durchschnittlich 40- bis 50-mal, bevor er sich entscheidet. Netflix schaut im wahrsten Sinne des Wortes in Echtzeit dabei zu, wie jeder einzelne Kunde die jeweiligen Produkte nutzt. Jedes Detail wird gespeichert: Daten, die heute nicht wichtig sind, können morgen wichtig sein. Weil Netflix die Daten rauf und runter analysiert, ist die individuelle Kundenzufriedenheit hoch. Werbung zeigt Netflix nicht, alleine das Kernprodukt zählt. Eine Serie, die mit viel Aufwand in 22 Sprachen und 190 Ländern erscheint, muss erfolgreich sein. Inhalt und qualitatives Feedback zum Inhalt durch Click oder Nicht-Click ist demnach Trumpf – und der Schlüssel für ein Geschäft, das rasant wächst. Im Januar 2018 erreichte Netflix, das derzeit mit knapp fünfeinhalbtausend Mitarbeitern pro Jahr rund acht Miliarden Dollar in Filme und Serien investiert, einen Börsenwert von 100 Milliarden Dollar[126], zehnmal mehr als nur acht Jahre zuvor.

Von dem Wissen, dass Netflix über seine Kunden hat, sind wir in der Automobil-industrie derzeit weit entfernt, überlege ich weiter, obwohl wir mit unseren vernetzten Fahrzeugen und dem gigantischen Netzwerk in Handel und Aftersales eigentlich noch viel mehr Daten erzeugen. Doch die Zeiten ändern sich: Auch wir Autobauer wollen erfahren, was die Händler wissen – und handeln derzeit quer durch die gesamte Industrie weltweit neue Verträge aus, die uns und den Händlern künftig einen gemeinsamen Zugang zu diesen Daten garantieren. Egal ob Lob, Beschwerden und Reklamationen: unsere vielen Customer Touchpoints sind wunderbare Orte, um unseren Kunden zu ermöglichen, Rückmeldungen aller Art zu geben. Wir müssen nur die Kanäle auch auf Empfang tunen! Zuhören! Neugierig sein – und niemals beleidigt! Geben wir also unseren Kunden die Chance, jederzeit einfach, benutzerfreundlich und kostenlos sagen zu können, was stört – und was gut ist. Wir müssen nicht alles neu erfinden, sondern, da bin ich mir sicher, oft nur besser hinhören und die Schätze, die wir eigentlich bereits haben, besser nutzbar machen. *Communi-Care und Feedback* bilden meinen ersten Punkt, bestätige ich mir selbst.

Perfect Access (¬ Omnichannel und De-Frustration)

Auch der zweite Punkt auf der Mindmap ist schnell aus meinen Unterlagen zu erkennen: **Tue alles dafür, dass die Kunden, die man hat – oder haben könnte – sich nicht frustriert aus der Kommunikation ausklinken.** Ich schreibe: *Perfect Access und Think De-Frustrate.*

Auch hier helfen mir die Notizen, die ich mir bei der Autoshow in Peking gemacht hatte. Würde mir die Digitalisierung nicht so wichtig sein, wäre das Thema De-Frustration unserer Kunden vielleicht sogar ein Motto, welches ich mir als Alternative für meinen Hauptauftrag Digitalisierung vorstellen könnte. Zu oft habe ich bei meinen Gesprächen von den vielen Schwierigkeiten gehört, die unsere Interessenten haben, ein einmal konfiguriertes Fahrzeug von der Online-Website zum Offline-Handel zu bekommen, Termine online oder gar aus ihrem Kalender mit unseren Werkstätten zu buchen oder einfach nur eine Beschreibung für unsere vielen und zu allem Übel unterschiedlichen Fahrzeug-Apps zu bekommen, die mit unseren Autos ausgeliefert werden.

Wir müssen schlicht für den Endanwender unserer Technik konsistenter werden, bin ich mir sicher. Und dies über alle Kanäle hinweg. Ich erinnere mich an ein spannendes Gespräch mit dem Vertreter einer Marketingagentur am Rande der Automesse in Peking, in dem er mir den Unterschied zwischen *Multichannel* und *Omnichannel* erklärte. Multichannel bedeutet, dass wir unsere Inhalte und Angebote über viele unterschiedliche Kanäle wie Websites, Apps, E-Mail, aber auch offline über den Handel und Messen anbieten. Omnichannel bedeutet hingegen, dass wir darüber hinaus einen Wechsel dieser Kanäle, wie es in der Interaktion mit einem Kunden eben oft geschehen kann, so einfach, durchgängig und nahtlos wie möglich machen. Dabei ist mir natürlich klar, dass der Hauptgrund für die Schwierigkeit der Vernetzung dieser Kanäle die unterschiedlichen Abteilungen unseres Hauses sind, die sich lieber voneinander abgrenzen, als sich zu vernetzen. Es ist auch eine natürliche Entwicklung, dass sich Abteilungen über ihre Zuständigkeiten abgrenzen und sich damit Silos ausbilden, spinnt sich der Faden in meinem Kopf fort. Wir müssen aber in Zukunft viel stärker darauf achten, denke ich, dass diese Silos nicht bei der Reise des Kunden als Brüche oder Abrisse wahrgenommen werden und dann unsere *User Experience* stören. Daten immer wieder einzugeben, endlos in Telefonschleifen zu hängen, keine Antwort auf E-Mails zu bekommen und ein Anliegen immer wieder neu erklären zu müssen, ist genau die Art von Frustration, die wir unseren Kunden in Zukunft ersparen müssen.

Hier reicht hinhören nicht aus, beschließe ich bei mir, sondern wir brauchen ein Programm, das diese Brüche, die durch unsere internen Silos entstehen, entdeckt und die Reise des Kunden über alle unsere Touchpoints optimiert. Als ganz besonderes Beispiel für eine weitreichende Strategie zur De-Frustration des Kunden fällt mir das Vorgehen von Tesla bei der Einführung seiner ersten Fahrzeuggenerationen ein. Wohl wissend, wie sehr sich die Qualitätsreputation einer Marke in den ersten Jahren in den Köpfen der Käufer festsetzt, und wohl auch durchaus in weiser Voraussicht, dass bei einer neuen Fahrzeugklasse eine Reihe von Problemen mit sehr großer Wahrscheinlichkeit zu erwarten ist, kündigte Elon Musk eine Strategie des *frustfreien Kundenerlebens* an, das er unter anderem durch einen weitgehend kostenlosen Aftersales Support erreichen wollte. Die Tesla-Fahrer wurden bei kleinen Problemen gar nicht erst zur Kasse gebeten. Um die Kundschaft eng zu binden, bietet Tesla bis heute eine äußerst umfangreiche Neuwagen-, Gewährleistungs- und Mobilitätsgarantie an. Testfahrt? Ein einfacher Button auf der Homepage und Sie werden von einem Händler in Ihrer Nähe kontaktiert. Self-Service für technische Informationen? Easy. Und Finanzierungsanfragen? In den meisten Ländern direkt online zu erhalten. Die gesamte Interaktion dreht sich dort um den Kunden, nicht um das Produkt. Und das wiederum hilft den Nutzern, Zeit zu sparen.

My Value (¬ Personalisierung, Status, Selbstausdruck)

Gut, denke ich, nun folgt der dritte Ast meiner Handreichungen für das Management-Team: *My Value.* Dabei soll es, wie ich auch mit Dr. Bremer besprochen habe, vor allem um die Frage gehen, wie die Digitalisierung durch kluge Datennutzung die Dienste aus der Anonymität heben kann. Die Frage also nach der **Personalisierung und dem geheimnisvollen »Mein« der Dienste, einer Eigenschaft, die ehedem nur Dinge hatten, die man besitzen konnte.**

Ich erinnere mich an einen Vortrag des Chefs der Suchmaschine Google, Sundar Pichai, der auf der Google IO Konferenz 2017 zum ersten Mal Einblick in die Absichten des kalifornischen Konzerns bezüglich des Einsatzes von künstlicher Intelligenz gewährt hatte. Ich klicke auf das YouTube-Video der Konferenz und gebe zu, dass man sich dem Charme des eloquenten indischstämmigen Mitvierzigers kaum entziehen kann, wenn er zu Beginn seiner Vorstellung von der Evolution des Computers spricht. Sein Vortrag handelt vom Durchbruch des Personal Computers in den 1980ern (ein Computer auf jedem Schreibtisch, eine interessante Referenz an Microsoft) und zeigt in Zehn-Jahres-Schritten erst die Verbreitung des Internets in den 90ern (ich erinnere mich an das *»Bin ich schon drin oder was?«* von Boris Becker bei uns in Deutschland) und dann den Durchbruch der Smartphones in den 2000er-Jahren (die ganze Welt in der Hosentasche). Google konnte von dieser Entwicklung enorm profitieren, indem die Firma *die* Suchmaschine für alle Menschen im Internet zur Verfügung stellte. Die kommende Herausforderung für Google, so fährt Pichai fort, ist es nun, jedem Nutzer seine eigene, individuelle Suchmaschine anzubieten. Er verspricht in seinen Ausführungen, jedem User quasi seinen eigenen virtuellen Diener zu erschaffen, der seinem Herrn mit allen Daten, Vorlieben und Funktionen über alle vernetzbaren Geräte hinweg folgt. *Google Assistent,* so erfahren wir, heißt der gute Geist, der nach den Vorstellungen des Inders in allen Devices wohnen möchte und der, so weiß ich aus Gesprächen mit Googlianern, mit sehr unterschiedlichen Stimmen und Persönlichkeiten für die verschiedenen Situationen des Lebens in Erscheinung treten soll.

Ja, schließe ich meine Gedanken ab, das ist ein gutes Beispiel für die Runde. Wie Google sollten wir **unsere Mobilitätsdienste zum persönlichen Navigator jedes Nutzers** machen. Der kennt meine Lieblingsroute, den Starbucks auf dem Weg, jedes Schlagloch und jede Kreuzung und weiß sogar, wann der Schulbus hält oder die Müllabfuhr im Weg stehen wird. Meine Kollegen stecken sicherlich bei dieser Vorstellung noch in dem Glauben fest, dass deswegen so was wie ein Big Brother entstünde. Das werde ich mit dem Hinweis beantworten, dass es nicht erforderlich ist, mich persönlich zu kennen, sondern lediglich eine Persona, eine Abstraktion von mir, deren Verhalten durch meine Daten gut prognostizierbar ist. Mir ist aber auch etwas mulmig bei der Frage der sehr viel größeren Einflussnahme der digitalen Riesen – und ich erinnere mich, dass ein Marketingleiter aus dem Valley mal zu mir gesagt hat, dass auch die Programmierer von Google statt der eigenen Suchmaschine diejenige des Mitbewerbers DuckDuckGo[127] verwenden, die eben nicht davon lebt, die Datenspuren der Nutzer aufzuzeichnen. Ich muss hier über diese Klippe und werde dann versprechen, das an anderer Stelle wieder aufzunehmen, denke ich mir[128].

Ein zweites Beispiel schreibe ich noch daneben, damit ich in der Runde auch über Analogien für unser konkretes Geschäft sprechen kann: *das Bestellsystem von Amazon.* Dort lautet die Botschaft: »Kunden, die diesen Artikel gekauft haben, kauften auch ...«. In der analogen Welt helfen Verkäufer bei der Orientierung, in der digitalen Welt sind die Empfehlungssysteme, die als Basis die persönlichen Daten und Profile der Nutzer verwenden, ein mächtiges Mittel der Überzeugung. Empfehlungssysteme helfen, die Individualisierung *(everything at my fingertip)* auf die Spitze zu treiben. Hier muss ich kurz innehalten, schenke mir ein Glas Mineralwasser ein und überlege.

Nutzer, die sich um Datenschutz nicht scheren, denke ich nach, erhalten sicherlich genau das, was sie wollen. Nutzer hingegen, die ihre Persönlichkeit schützen wollen, haben ein Problem.

Unsere Autoindustrie wird sich durch das Internet der Dinge, Carsharing, autonomes Fahren sowie eine enge Vernetzung von Autos, Händlern, Nutzern und Herstellern in den kommenden Jahren zu einer Datensammelindustrie der Extraklasse verwandeln. Schon heute sammeln die Autos viele technische Daten: Standort, gefahrene Kilometer, Anzahl der Fahrten, Geschwindigkeit, Drehzahl, Beschleunigung oder Bremsintensität sowie viele weitere von Sensoren erfasste Messwerte, wie die Anzahl der Insassen, ob die Scheibenwischer wischen oder der Fahrer müde ist. Die Daten erlauben Aussagen über den Fahrstil oder ermöglichen sogar Erkenntnisse über Freundschaften, Hobbys sowie regelmäßige Besuche bestimmter Orte. Sicherlich, viele Daten bleiben derzeit wegen der fehlenden Vernetzung noch im Auto, das verändert sich aber gerade massiv und wir werden zunehmend in der Lage sein, diese Daten nicht nur zu sammeln, sondern wie Google auch intelligent zu verknüpfen. Damit wir hier nicht in einen Grabenkrieg zwischen Datenschutz und Convenience geraten, sollten wir also die Chance nutzen, beide Welten möglichst schnell miteinander zu versöhnen: durch große Transparenz, die nicht nur im Detail erklärt, welche Daten erhoben werden und was mit ihnen passiert, sondern auch, wie Nutzer ihre Daten kontrollieren oder auch einfach löschen können. Ich ahne, dass die Angstreflexe bezüglich des Datenschutzes die Diskussion über das Thema Personalisierung schwierig machen könnten. Eine sehr verständliche Reaktion, die aber bei der Gestaltung der Zukunft nicht besonders hilfreich ist, wie ich finde.

Es ist spät geworden und durch die Fenster sieht man die Laternen an der Straße aufflackern. Ich merke, dass es lange her ist, seit ich so eine Ausarbeitung selbst gemacht habe. Seit Jahren habe ich ein Team und jüngst Herrn Bremer für so was. Respekt, denke ich mir, das kostet doch alles mehr Zeit und Konzentration als gedacht. Also rein in die nächste Sache: Ich schreibe *User Contribution* auf den folgenden Ast.

User Contribution (¬ Co-Creation)

Gesteigert wird »mein« nur durch »von mir gemacht«, schreibe ich auf ein Schmierblatt, auf dem ich meine Gedanken sortiere. Schon durch die Erlaubnis der Datennutzung zur Personalisierung gibt der Nutzer ja ein Stück von sich für erlebbaren Mehrwert her. Authentizität, Bindung zur Marke, Identifikation mit dem Dienst oder dem Produkt potenzieren sich, wenn die Menschen ihre Kreativität in den Gestaltungsprozess einbringen können, statt unmündig am Ende der Kette auf den Produktsegen zu warten.

Das gesamte Web 2.0 baut im Grunde, sinniere ich weiter, auf dieser Kreativität der Nutzer auf, und bereits 2005, erinnere ich mich, hatte das *Time Magazin* deswegen »You« zur Person des Jahres gewählt[129], um genau diesen Trend anzuerkennen. Ich finde ein Blatt mit einem Zitat aus einem der Vorträge, die wir in China im Rahmen der Automobilausstellung gehört hatten, das ich nun in den Packen meiner Notizen sortiere. Darauf steht:

»User-generated videos about a brand get 10 × more views on YouTube than content created by the brand, and user-generated content-based ads get 4 × higher click-through rates.«

Source: »38 Mind-Blowing Stats About User Generated Content«
TINT [130]

Es geht dabei also nicht um die platte Idee eines universellen »Wer-bastelt-mit«, sondern um die kluge und authentische Referenz auf die Peers der Nutzer in der Kommunikation. Wirkliche Mitwirkung ist dabei mehr als plumpe Hashtag- und Selfie-Kampagnen. *User Contribution* vermittelt das Gefühl, an einer großen Geschichte teilzuhaben, durch den Verweis auf den Peer, der zum Helden wird, durch Storytelling und Mittel wie Abstimmung oder das Teilen der Inhalte mit anderen Nutzern.

Ich beschließe, das Beispiel der überaus klugen Kampagne von Toyota *Feeling the Street*[131] zu dem Abendtermin mitzu-bringen. Auf meiner Festplatte finde ich dazu den Mitschnitt eines YouTube-Videos, den ich mir zur Vorbereitung noch ein-mal anschaue. Ja, das passt, denke ich zufrieden. In dieser Kampagne können Nutzer oder Künstler ihre eigene Street-Art-Performance filmen und sich zur Wahl »zum besten Street Artist« stellen. Also Kunst zum Mitmachen als Brücke zur Er-fahrung eines geteilten Lebensgefühls. *Feeling the Street* wurde zu einer Bühne für zahlreiche Künstler und begleitet den von den Nutzern zum Sieger der Kampagne gewählten Musiker dann filmisch während eines speziellen Roadtrips. Als ich mich live zu den 120.000 Followern der Kampagne geselle, finde ich heraus, dass eben die zweite Auflage der Tour beginnt. Die Zeit vergeht, während ich einige der Künstler anschaue, und nach einer halben Stunde merke ich, dass ich angesichts der vor mir liegenden Aufgaben vielleicht etwas zu lange in den Videos der Musiker hängengeblieben bin.

Zum Thema *User Contribution* fällt mir plötzlich noch ein zweites Beispiel ein: der Schokoladenhersteller Ritter Sport. Vielleicht mein kleiner Hunger, denke ich, erinnere mich aber gleich wieder an meine Vereinbarung mit mir selbst, nächtlichen Schokoladenanfällen zu widerstehen. Der Süß-warenkonzern lädt seine Kunden seit einiger Zeit dazu ein, auf seiner Website Vorschläge für neue Schokoladenrezepte zu konfigurieren, das Ergebnis hübsch zu verpacken und mit originellen Namen zu versehen. Eine Jury wählt aus den Konfigurationen dann neue Geschmacksrichtungen für konkrete Tafeln im Handel aus.

Der Effekt war nicht nur die Begeisterung tausender Scho-koholics, sondern die Erfindung tatsächlicher Produkte. Der größte Sortencoup von Ritter Sport war eine limitierte Sonderedition unter dem Namen *»Einhorn-Schokolade«*. Die Social-Media-Gemeinde drehte komplett durch[132], der Onlineshop des Schokoladenherstellers brach wegen des Ansturms immer mal wieder zusammen, die begehrten rosa Trophäen wurden auf eBay zu illusorischen Preisen versteigert. Auch eine Nachproduktion konnte die riesige Nachfrage nicht decken. Ähnlich erfolg-reich war die nächste Kreation, die zum Welt-Cannabis-Tag auf den Markt kam: *»Schoko & Gras – Hanfsamen im Voll-milchrausch«*. Natürlich *»legal und limi-tiert«*, wie man auf der Verpackung lesen konnte. Davon wurden 100.000 Stück hergestellt – und sie waren nach nur 48 Stunden ausverkauft. In diesem Kontext besonders lustig: der Hashtag #schokotrip wurde von Ritter Sport eingesetzt, um im Vorfeld auf Insta-gram mysteriös anzukündigen, etwas sei »im Busch«. Weitere originelle Kam-pagnen-Wortspiele folgten, wie *»Stoff für Gespräche«*, *»Sweed!«* oder *»Hanf im Glück«*. Die Verkäufer in den Läden tru-gen Shirts mit der Aufschrift *»Schoko-dealer«*. Und in einer Instagram-Story konnten die Schokofans den gesamten Produktionsablauf ihrer limitierten Tafeln verfolgen.

Mir klingt noch die Diskussion mit einem Berater-Kollegen von Bremer im Ohr, laut der in einer Nielsen-Studie zum Ver-trauen in die Werbung[133] *»Global Trust in Advertising«* 92 Prozent der Erwach-senen angeben, dass sie Empfehlungen von anderen Nutzern mehr vertrauen als allen anderen Arten der Werbung, einschließlich der Empfehlungen von Prominenten, mit denen wir besonders in unserer Industrie früher so erfolgreich waren. Das ist ein Risiko und gleichzeitig eine gigantische Chance, denke ich. Wir brauchen dennoch dramatisch mehr Chancen für kreative Menschen, bei uns *mit*-machen zu können, und das dann zu teilen, denke ich mir. Das Teilen ist die nächste Dimension des Handelns, denn dadurch entsteht die Kommunikation, die uns in Gruppen zusammenbringt.

Communitys (¬ Social)

Als nächsten Eintrag schreibe ich: *Communitys.* Mir ist im gleichen Moment sonnenklar, dass ich hier einiges an Aufklärungsarbeit werde betreiben müssen. Denn in den Ohren vieler Autokollegen klingt Community eher nach privatem Hobby oder Freizeitangelegenheit als nach der harten Geschäftsrealität unseres Sektors. Vielleicht liefert der Begriff Milieustudie noch einen bekannten Anknüpfungspunkt, also die Zusammenfassung von soziodemografischen Gruppen zu erfassbaren Kaufgruppen. Aber eine digitale Community, mit der ich dauernd im Austausch bin – und die untereinander vernetzt ist – ist etwas völlig anderes als eine Gruppe von Menschen, die einmal bei mir gekauft hat oder etwas kaufen soll. Es gleicht eher einem ständigen Gesprächsfluss und hat auch wenig mit den klassischen Ansätzen des Customer-Relationship-Managements zu tun, in das viele Unternehmen viel Geld gesteckt haben, ohne die Beziehung mit den Kunden in den Griff zu bekommen. Bei CRM ging es im Vordergrund um den Besitz der Daten des Kunden, als wäre dadurch etwas gelöst worden. Vielleicht noch um Kampagnen oder Beschwerdemanagement. Das ist jedoch ein Thema, in das ich jetzt nicht weiter einsteigen will.

> Ganz technokratisch – es schaudert mich bei dem Gedanken, dies rein funktional zu sehen – ist auch schon die Menge aller Fahrer in einem Verkehrssystem eine Art von Community, die Straßen teilt, Ziele verfolgt und intensiv kommuniziert. Das bedeutet, denke ich weiter, dass die einfachste Basis für den Mehrwert einer Verkehrsgemeinschaft darin besteht, die Daten über den Schwarm der Fahrzeuge aufzubereiten und den Teilnehmern bestmöglich als Verkehrsinformation zurückzuspiegeln. Das wäre zwar eine sehr schwache Community, aber ein Anfang.

> *Für eine echte Community braucht es ein wirkliches gemeinsames Interesse, und ich setze meine Gedankenliste an möglichen Communitys fort: Oldtimer-Enthusiasten, Mitfahrermitnehmer, Gutscheinsammler, Strafzettelvermeider, Grün-um-die-Wette-Fahrer, Parkplatzvermieter, Off-Road-Enthusiasten, Auto-am-Wochenende-Nicht-Braucher und dergleichen mehr. Kommt doch was zusammen, denke ich und will es bei den Beispielen belassen.*

Dann durchfährt mich ein plötzlicher Zweifel – und mit einem Blick auf die mehrstufige Vertriebs-
kette unseres Unternehmens überdenke ich die Sache mit der Community noch mal: Haben wir über
unsere Handelshäuser nicht schon über Dekaden daran gearbeitet, reale Communitys zu unterstützen?
Stimmt nicht ganz, korrigiere ich mich in Gedanken selbst, das sind ja immer noch Kommunikations-
formen im alten Stil und die funktionieren nach dem *Broadcast-Prinzip:* Hier ein Sender, dort viele
Empfänger. Damit ist das ja nicht die Idee einer Community, bei der es um den Austausch rund um
ein zentrales Interessensgebiet geht. Na ja, ein Beispiel habe ich zur Hand und befürchte, dass meine
Kollegen das nicht so gerne hören, nach dem Motto: Schon wieder Tesla. Tesla hat aber mit seiner
unabhängigen Tesla Community namens *Tesla Motor Club*[134] trotz der großen Probleme bei der Auslieferung seiner Fahrzeuge eine geniale Strategie der Kundenbefriedung, der Kundenbindung zu
einer intensiven Community und der Kunden-Contribution gewählt. In diesem Forum sollen sich die
Menschen zu Problemen mit den gekauften Fahrzeugen äußern, Beschwerden abgeben und Ideen einbringen können. Eigene Tesla-Mitarbeiter, aber auch andere Kunden können dann helfen, Rat geben,
sich austauschen. Das Ergebnis? *Wir von Tesla* als Gefühl der Zugehörigkeit zum Clan der Besonderen.
Wieder mal hat Elon Musk bewiesen, dass er die Fahrzeuge vom digitalen Kundenerlebnis her denkt.
Wenn man durch das Forum klickt, sieht man, dass viel von der Arbeit an der Kundenfront von enthu-
siastischen Fans der Elektromarke im Peer-2-Peer-Verfahren bearbeitet wird. Nutzer helfen Nutzern.
Und das für alle einsehbar. Undenkbar in traditionellen Firmen. Bisher jedenfalls. Und die Öffnung
muss sogar noch viel weiter gehen.

Collaboration (¬ Open Ecosystem)

Also weiter. Bis jetzt konnte ich ja viele Handreichungen gut mit Beispielen belegen. Wie aber
lässt sich die notwendige Öffnung für ein *Ökosystem Mobilität* darstellen? Und wie bekomme
ich die weitreichenden Konsequenzen aufs Papier, die ein kontrolliert offenes System[135] mit
sich bringt? Schrittweise nachvollziehbar machen, würde Bremer sagen, grüble ich weiter.
Also gut. Schritt für Schritt.

» **Erstens:** Öffnung der digitalen Kanäle für Content-Partner. Richtiger wäre eigentlich,
   diese Partner Kontext-Partner zu nennen, denke ich. Also digitale Dienste von anderen
   Partnern in und um das Thema Mobilität aufnehmen. Multimodalen Verkehr managen.
   Bahn, Bus, Flugzeug, Parkhaus und so weiter. Logisch. Damit das aber geschehen kann,
   brauchen unsere Partner draußen unsere Daten.

» **Demnach zweitens:** Kontrollierte Öffnung unserer Datenbasis. Also Tausch von Daten
   mit den anderen Teilnehmern des Ökosystems. Das wird schon eine Nummer schwieriger
   werden, da unsere Datenschützer dabei mit ihrer Sicht auf ihre eigene Rolle gerne im Weg
   stehen und nicht verstanden haben, dass es um den Schutz der Nutzer und nicht um die
   Verhinderung der Gestaltung von Zukunft geht. Mir fällt das alte Bonmot ein, wonach jeder Projektleiter für ein Problem eine Lösung sucht und jeder Jurist für eine Lösung ein
   Problem. Leider scheinen unsere Juristen in diesem Fall besonders begabt bei der Erzeugung
   von Problemen zu sein, und in der Folge sehen unsere Datennutzungseinverständniserklä-
   rungen und unsere internen Restriktionen so aus, als würde man mit dem Nutzer eigentlich
   nichts zu tun haben wollen. Das ist ein operatives Problem, um das ich mich später noch
   kümmern werde, beschließe ich, und nehme mir den nächsten Unterpunkt vor.

» Drittens: *Collaboration* und unsere Firma komplett ans Ökosystem anschließen. Was meine ich? Diese Frage richte ich an mich selbst. Nun, die bisherigen Handreichungen implementieren ja eher lediglich das, was aus den bekannten Schnittstellen an Erwartungen über die Digitalisierung zugunsten einer Verbesserung der *Digital Experience Economy* gefordert ist (ein digital vermitteltes Erlebnis mit einem signifikanten Wert für den Nutzer). Bisher sicherten die Empfehlungen die Konvergenz von realer und virtueller Welt ab. Dabei bleiben die Hersteller gedacht in einer sehr kontrollierenden Rolle und die Dienste sehr eng am Auto.

Meiner Meinung nach entstehen jedoch die Aha-Effekte der nächsten Generation von *Digital Experience* nicht im Kern der traditionellen Autoindustrie, sondern an den Rändern zu anderen Industrien. Mir kommt wieder das Ökosystem-Wimmelbild von Bremer in den Sinn: Entertainment, Media, Education, Healthcare, Retail. Das sind die Partner, mit denen wir zusammen etwas Neues und Radikales aufbauen können. Wir brauchen also eine klare Partnerschaftsstrategie, sage ich mir, über die unsere Marke zu einem signifikanten Player im Ökosystem Mobilität ausgeweitet wird. Wir können damit aus unseren Fahrzeugen ortsabhängige Such- und Findemaschinen machen, in die unsere Partner ihr Angebot selber einstellen können. Wenn es dann in den Kontext passt, können wir unseren Nutzern quasi buchstäblich die Wünsche von den Augen ablesen und deren Erfüllung unterstützen. Das wird das gesamte Marketing auf den Kopf stellen, überlege ich, denn was in den 1980ern das Produktmarketing war und in den 1990ern in die Vermarktung von Produkt und Service überging, sich in den 2000ern als customer-centric etablierte und sich mit den 2010ern plattformzentriert gezeigt hat, bereitet sich nun darauf vor, in den 2020ern eine *Ecosystem Economy* zu werden.

»By 2020, 50 procent of digital transformation initiatives will fail due to the lack of an end-to-end customer experience operating system.«

Source: »IDC FutureScape: Worldwide Chief Marketing Officer 2017 Predictions« IDC Research, Inc.[136]

Es eilt, denke ich. Das ist keine Übertreibung. Dennoch lösche ich das Licht, es ist sehr spät geworden und ich brauche eine Mütze Schlaf, denn mit müden Kriegern ist keine Schlacht zu gewinnen.

Die Elefantenrunde und der Digital User Value

Heute um 19:30 Uhr hatte der Vorstandsvorsitzende zur großen Elefantenrunde mit gemeinsamem Abendessen ins Gästehaus der AutoInc. geladen. Ich komme eben von diesem Termin zurück und habe meine angekündigte Präsentation gehalten. Es war, zumindest dem Gefühl nach, ein Fiasko. Was für ein Mist, denke ich. Ich greife zum Telefon und will Bremer anrufen, doch halte ein, es ist schon nach Mitternacht. Mein Blick fällt auf ein Post-it auf meinen Unterlagen. Grell leuchten mir die Buchstaben auf dem gelben Papier entgegen: *Honeymoon!* Wie passend. Ich lasse mich in den Schreibtischsessel plumpsen und denke an Robert Hargrove zurück. Zweimal tief Luft geholt und überlegen, was da eben abgelaufen ist. Unruhig mache ich mir einige Notizen, um den Ablauf besser rekapitulieren zu können.

Zuerst hatte es ewig gedauert, bis ich mit meinem Vortrag anfangen konnte. Da stand ich wie ein Schulbub mit meinen Folien am Beamer und die Kollegen mussten unbedingt erst noch ganz hitzig eine Personalie besprechen. Einer unserer leitenden Mitarbeiter aus der Entwicklungsabteilung war von einem chinesischen Autobauer abgeworben worden, die Aufregung war merklich groß. Schon der Start war schwierig, schien es, der Vorstandsvorsitzende leitete mit den Worten ein: Nun zeigen Sie mal, was Sie für uns vorbereitet haben. Ich hätte da schon spüren müssen, dass es zwei Lager im Raum gab – meines und das aller anderen. Und so war diese Aufforderung der Auftakt zu einer Runde PowerPoint-Kino, es hätte nur noch gefehlt, dass jemand Popcorn verteilt, sinniere ich missmutig. Bei meinem anfänglichen Hinweis, ich habe intensiv im Silicon Valley und in Israel geforscht und mich mit dem digitalen Wettbewerb beschäftigt, zogen sich die Augenbrauen der Kollegen verdächtig hoch. Es war zu viel Halbwissen im Raum. Und ich, das ist mir im Nachhinein klar, hatte meine Ausführungen viel zu schulmeisterlich angesetzt. Ich war besoffen von den Erkenntnissen und den vielen Geschichten und habe in meiner Hybris nicht gründlich in den Raum hineingefühlt. Keiner der anwesenden Kollegen war unter 50, alle auf der Spitze ihrer sehr erfolgreichen Karrieren, gewöhnt recht zu haben, und es schien, als wollten sie sich nicht wirklich tiefgreifend mit meinen Ausführungen unter dem Titel *Creating Digital User Value* beschäftigen.

Den Anfang meines Vortrages, den deskriptiven Teil, überstand ich noch ganz gut. Meinem Gefühl nach hatte der gesamte Vorstand hier noch sehr gut nachvollziehen können, was mit *Digital Experience Economy* gemeint war. Das mit der Konvergenz lief auch noch leidlich gut, aber bei der Aussage, dass man Produkte in Zukunft aus der digitalen Welt heraus beginnend in die reale Welt entwickeln sollte, kamen die ersten etwas süffisanten Kommentare meines Kollegen Hennrich, dem Vorstand des Technikressorts. Ich erinnere mich an seinen bissigen Satz: »Na, dann bin ich mal sehr gespannt, wie sich die Qualität der Anforderungen aus dem kundenorientierten Vertrieb heraus steigert, wenn in Zukunft eine Ableitung aus dem Cyberspace bestimmt, wogegen wir entwickeln müssen«. Als ich dann das offene Ökosystem als wichtige Säule der Generierung von Mehrwerten erklärt hatte, waren mir sowohl die Kollegin aus der Beschaffung als auch der aus der Finanz fast gleichzeitig von der Fahne gelaufen.

*Ich merke jetzt, dass ich einen der grundlegendsten Fehler gemacht habe, die man überhaupt im Management machen kann. Ich bin mit Forderungen nach massiven Veränderungen in den Bereichen der Kollegen zum Chef gelaufen, ohne meine Peers vorher an Bord zu holen. Mein **Nemawashi**, so nennen die Japaner die vielen Vorgespräche zur Einbindung aller Betroffenen vor Entscheidungen, war grottenschlecht. Und mir wird jetzt auch ganz übel.*

Der Rest des Abends war meiner Wahrnehmung nach vollends schweres Wasser gewesen. Kommunikation, in den Augen der Vorstandskollegen sowieso mein Kernthema, solle ich doch mit meinem Verantwortungsbereich einfach »machen«. Niemand würde mich irgendwo zurückhalten, den Kunden gute Experiences zu liefern. Verbesserungen in der Integration der Kanäle – seit Jahren vom Vertrieb gefordert, da sei es nun an mir, das mit Priorität anzugehen. Personalisierung, da gäbe es seit Jahren ein Programm, ach was, viele Programme, um die Produkte durch noch weitreichendere Konfigurationsmöglichkeiten an den Kunden anzupassen.

Mein Kollege aus der Produktion hatte die Gelegenheit aber zum Anlass genommen, über die ausufernde Varianz durch die vielen Konfigurationen zu klagen, die durch den Vertrieb getrieben ohnehin schon ein Ausmaß erreichte, das längst nicht mehr wirtschaftlich sei. Das Gegenteil, nämlich radikale Standardisierung, sollte doch auch mal als Idee überprüft werden, meinte er. Communitys und Collaboration kamen nur mehr am Rande zur Sprache.

Ich brauche einen neuen Anlauf, stelle ich fest. Erst ein Gespräch mit Bremer, dann mit dem Vorstandsvorsitzenden. Ich war für die Kollegen zu abstrakt geblieben, hatte sie nicht für die Reise gewinnen können. Aber so leicht kann und werde ich mich nicht geschlagen geben, auch wenn ich ahne, dass ich heute viel mehr falsch gemacht habe, als ich jetzt schon übersehen kann.

**Mahlich begibt sich
an den Startpunkt**

Meetup im Valley

Immigration von Talenten

Hightech-Forschung

Experimentieren

No Non-Compete

Venture-Kapital-Ökosystem

Optimismus und
»Pay-it-forward«

Ein Anruf ändert alles:
Call to Action

Ein Pakt für gemein-
sames Lernen

**China oder doch Israel
– Reisefieber**

Beijing Motor STAU

China Forward

Ein Plan für China

Shalom Tel Aviv

Die japanische Disruption
der Disruptoren

**Die vier Domänen
der Digital Value Economy**

Domäne: »Creating Digital User Value
– Wie aus Produkten digitale
Erfahrungen werden«.

Domäne: »Operieren in Lernzyklen
– Wie aus linearen Prozessen
agile Zyklen werden«.

Domäne: »Design der bimodalen
Organisation – Wie Skalierung
und Innovation versöhnt werden«.

Domäne: »Evolution der Führung
– Wie postheroische Führung
gelingen kann«

Creating Digital User Value

Freigang im Kopf

Narrativ: Das Habitat
des digitalen Nutzers

Mobile Menschen:
mehr, älter und reicher

Ungebremste
Urbanisierung

Der Kunde ist always on

Umkehrung
des Wissens-Transfers

Vom Einkaufen
zum Erlebnis-Shoppen

Aufmerksamkeit – das kostbarste Gut

Alles Realtime – das Leben
in Red-Queen-Momenten

Virtuelle Gemeinschaften
und »digitale Staaten«

Die Produktion des digitalen ICH

Deskriptiv:
Creating Digital User Value

Ökonomie der Digital Experiences

Konvergenz – The Secret Sauce

Ökosystem schlägt
Brand Management

Präskriptiv: »Experience goes digital«

Communi-Care (¬ Feedbackschleifen)

Perfect Access (¬ Omnichannel
und De-Frustration)

My Value (¬ Personalisierung,
Status, Selbstausdruck)

User Contribution
(¬ Co-Creation)

Communitys (¬ Social)

Collaboration
(¬ Open Ecosystem)

Die Elefantenrunde
und der Digital User Value

OPERIEREN
IN LERNZYKLEN

Operieren in Lernzyklen

WORUM GEHT ES?

Mahlich, Hennrich und ihre Berater wenden sich dem Bereich der Prozesse zu. Unter dem Stichwort Experience Economy diskutieren sie die Beziehung zwischen Auto und Nutzer im Zeitalter von Augmented Reality und künstlicher Intelligenz, die Macht über Datenflüsse und die transformative Rolle schneller Lernzyklen.

ESSENZ: INNOVATIONSPROZESSE UND AGILES MANAGEMENT.

DESKRIPTIV. Schlüsselkonzepte
» **HMI und Datenkanal** – Sichern von Datenquelle und zentraler Schnittstelle zum Kunden.
» **Evolution in Value Centric Increments** – Feedback der Nutzer und agile Methoden in Entwicklung einbringen.
» **Pace Layered Architecture** – Unterschiedliche Prozessgeschwindigkeiten beachten, Trennung der Entwicklung von Hardware und Software.

PRÄSKRIPTIV: Handlungsempfehlungen
» **Data Capital** sichern mit klarer Datenstrategie.
» **Experimentierfähigkeit** mit Design Thinking und agilen Methoden steigern.
» **Öffnung** von Innovationsprozess und Ideentransfer.
» **Modularer Aufbau des IT-Systems** durch Microservices und APIs; Abbau von Datensilos.
» **Labore** als Produktinnovatoren, Impulsgeber und Prüfinstanzen für die Mutterorganisation.
» **Steuerungsmethoden** kombinieren mit OKRs und KPIs.

Lesedauer: ca. 168 Minuten (220 Worte/Minute)

Küchengespräche

Schnell habe ich herausgefunden, dass Bremer auf einer Dienstreise unterwegs ist und erst in zwei Tagen wieder hier sein kann. Ich werde warten, bis er wieder da ist, sage ich am Telefon zu Bremers Assistentin, ein Telefonat scheint mir für die komplexe Lage in meinem Kopf schlicht nicht ausreichend. Was ich aber machen kann, denke ich mir, ist meinen inneren Bremer anzurufen und das Gespräch mit ihm im Kopf zu führen.

Sicher würde er wissen wollen, stelle ich mir vor, warum ich durch diese gefühlte, aber vielleicht gar nicht so reale Zurückweisung so gekränkt war. Wir würden über meine Erwartungen sprechen und über meinen etwas romantischen Hang zur Selbstinszenierung und zur emotionalen Überzeichnung. Ich schmunzle bei dem Gedanken, dass er mich vielleicht eine Drama Queen genannt hätte und ich dann antworten müsste, dass Vertrieb ohne Emotionen eben nicht geht. Tief in mir nagt auch die Angst, der Autoindustrie vielleicht am Ende wenig helfen zu können, das Gefühl nur als Zaungast dabei zu sein, während eine Branche scheitert und zum reinen Versorger wird, wie es am Ende doch auch in der Telekom-Branche geschehen ist. Und er würde mir vielleicht etwas über die Fähigkeit zur Resilienz erzählen, also darüber, wie man schwierige psychische Belastungen und Stresssituationen als Lernchancen begreift, wie ich mich durch den Rückgriff auf eigene Ressourcen und auf jene meines sozialen Umfelds auch im Gegenwind stabil hinstellen kann. Am Ende hätte er vorgeschlagen, sich einmal versuchshalber vorzustellen, es wäre wirklich so schlimm gewesen, wie es sich anfühlt. Er hätte mich aufgefordert, diesen Gedanken testweise zu akzeptieren und dann einfach durch das schwarze Loch der Versagensangst hindurchzugehen. Also zu überlegen, was wirklich passieren würde, wenn das alles so schlimm abliefe, wie ich es im Kopf habe. Ich würde dann erkennen, dass die Erde sich auch unter Annahme dieser Katastrophe weiterdreht, dass ich auch morgen aufwachen werde und ein neuer Tag beginnt. Die inneren Dramen sind meist nur das: innere Dramen. Das anzuerkennen, zaubert die Probleme nicht weg, stärkt aber die Fähigkeit, sich selbst und die Probleme auseinanderzuhalten. Alleine das entspannt.

Am nächsten Nachmittag trifft sich der Vorstandskreis schon wieder, diesmal zur Vorführung einiger Fahrzeuge, deren Freigabe zur Produktion ansteht. Ich treffe mich zur Vorbereitung des Termins mit einem versierten Kollegen aus meinem Ressort Produktmarketing, der mir dabei hilft, das Fachvokabular und die Klippen dieses Prozesses vorab gut zu verstehen. Es liegen noch etwa sieben Monate vor uns, bis diese Fahrzeuge in Serienproduktion aus der Fabrik laufen werden, erfahre ich. Erstaunt lerne ich dabei mehr über die vielen, meist entkoppelten Prozesse der unzähligen und hierarchisch verschränkten Zulieferer sowie über unsere eigenen Abläufe und Funktionsbereiche als Fahrzeughersteller. Mir ist klar, dass wir als Hersteller und Taktgeber irgendwie dafür sorgen müssen, dass die vielen Komponenten und Softwaremodule über die sogenannten Integrationsstufen gehoben werden, zu denen im Zeitfortschritt eine immer höhere Qualität des Gesamtsystems erreicht werden muss[137]. Je reifer das Fahrzeug wird, desto mehr der formgebenden Werkzeuge sind bestellt, die die Außenhaut des Fahrzeuges erschaffen. Oder es stehen immer mehr von genau den Teilen bereit, die schon so aussehen und funktionieren wie für den Serieneinsatz geplant, oder eben Software pakete, die für das fertige Fahrzeug irgendwann fehlerfrei zusammengebaut werden müssen. Die Komplexität dieses Unterfangens ist erschlagend.

Am Tag null, dem Start der Produktion, müssen die Fabriken anlaufen, die Lieferanten liefern, die Testkilometer gefahren und die Fehler ausgebessert sein. Beim Handel müssen die Prospekte liegen, die Filme gedreht, die Typen geprüft und genehmigt und bei den Kunden beworben sein. Das war zwar immer schon so, aber durch die extreme Menge an Software im Fahrzeug hat sich zu den vielen Variablen eine neue Dimension gesellt, deren Beherrschung bei weitem noch nicht so entwickelt ist, wie ich das gehofft hatte. Etwa 100 Millionen Zeilen Code stecken in den Fahrzeugen, die da auf der Rampe stehen werden, erfahre ich, verglichen mit etwa 10 Millionen, die in einem Joint Strike Fighter stecken, immerhin einem der modernsten Kampfflugzeuge unserer Zeit. Und das, meint mein Kollege aus dem Produktmarketing, dürfte wegen der Vernetzung der vielen Sensoren und Assistenzsysteme je Fahrzeug bis 2025 auf etwa eine halbe Milliarde Zeilen Code ansteigen. Probleme, fügt er mit Augenzwinkern hinzu, seien da vorprogrammiert[138].

Die Vorboten dieser Komplexität erreichen uns genau in diesem Moment, während wir uns die Projektberichte der SUVs genauer ansehen: Die Vernetzung der vielen Systeme im Fahrzeug, die Anbindung der internetbasierten Dienste, die aufwändigen Registrierungsprozesse für die SIM-Karten in allen Ländern, die man zur Vernetzung mit dem Internet braucht, und nicht zuletzt die Schulung von Handel und Werkstätten als Vorbereitung für die vielen neuen Funktionen wurden radikal unterschätzt. Mein Kollege berichtet verschmitzt von vielen *Melonenampeln* in den Berichten der letzten Monate vor dem Meilenstein des *SOP*, dem *Start of Production*. So bezeichnet er Ampeln, die nur außen grün leuchten, aber die bei der leichtesten Berührung aufplatzen können und dann doch innerlich knallrot sind.

Mit einem mulmigen Gefühl mache ich mich auf in die Fahrzeughalle. Dort stehen drei Exemplare unseres neuen Micro-SUVs, eines mit Benzinmotor, eines mit Hybridantrieb und ein Elektrofahrzeug[139]. Bis die Fahrzeuge in die Feld-Erprobung dürfen, müssen noch hunderte Experten aus allen Fachbereichen Hand anlegen und den Nachweis erbringen, dass die Produkte sowohl bei glühender Hitze als auch in den Polarnächten im nördlichen Norwegen tadellos funktionieren. Technisch erproben sollten wir die Fahrzeuge aber heute schon können. Also einschalten, losfahren und ein paar Runden drehen. Unsere Aufgabe ist es, dabei die Fahrzeuge einmal komplett zu testen und uns ein Bild vom Stand der Entwicklung zu machen. Neben mir steht, sichtlich angespannt, mein Kollege Hennrich, der das Entwicklungsressort leitet. Während einer seiner Mitarbeiter auf einem riesigen Monitor den aktuellen Entwicklungsfortschritt erklärt, fällt mir auf, dass er plötzlich kleiner wirkt als bei unserem gestrigen Abendgespräch. Wie ich schon vorher im Briefing erfahren habe, klemmt es bei dem Projekt an allen Ecken.

Meine Herren, fasst Hennrich nach den Ausführungen seines Vorredners zusammen, wir haben ein Problem. Und das könnte so groß sein, dass sogar der Anlauf zum ursprünglich geplanten Zeitpunkt nicht erfolgen kann. Ganz besonders die neuen Services aus der digitalen Welt verursachen gewaltige Probleme. Hennrich hat nun meine volle Aufmerksamkeit. Was folgt, ist ein ganzer Tsunami aus offenen Punkten. Es ist unklar, ob es in den unterschiedlichen Ländern einen oder mehrere Sprachassistenten im Fahrzeug geben wird, denen man eine E-Mail diktieren oder die man nach einer Ausweichroute fragen kann. Werden wir in Zukunft Ladesäulen für die Elektrofahrzeuge reservieren können oder laufen unsere Kunden Gefahr, in ungeplanten Wartezeiten vor, statt in der Ladestation hängen zu bleiben? Können die Punkte aus unserem Loyalitätsprogramm *AutoInc.More* im Display des Fahrzeugs angezeigt werden und kann man diese dann in kleine Upgrades umtauschen?

Ich bin überrascht, wie viel in dem Projekt noch unklar ist. Kein Wunder, dass Hennrich unter Strom steht und sich offensichtlich verteidigen muss. Natürlich kommt keiner der vielen offenen Punkte ohne eine Idee, was nun getan werden sollte, um das irgendwie noch hinzubekommen. Dennoch beschleicht mich das Gefühl, dass mit den Problemen in diesen Fahrzeugen nicht nur er, sondern wir alle hier mit dem Rücken zur Wand stehen, und ich merke, dass ich nicht der Einzige bin, dem mulmig zumute ist. In einer Pause finde ich mich zufällig in der Kaffeeküche der Autohalle zusammen mit Hennrich und dem Vorsitzenden des Vorstands wieder.

Noch etwas gekränkt vom gestrigen Abend und angestachelt von den Problemen des Kollegen, setze ich an zu einem »Na, da hat die Entwicklung ja einen ganzen Berg von Aufgaben an der Backe«, schlucke aber kurz. Bevor ich etwas sagen kann, ergreift der Vorsitzende das Wort. Herr Mahlich, Herr Hennrich, ich will Ihnen beiden mal was erzählen, fängt er an. Bevor wir uns kurz hier im kleinen Kreis zu einigen der Sachfragen besprechen, ist mir wichtig, dass Sie verstehen, dass wir alle hier als Stewards auf diesem Schiff eine Rolle haben.

Wissen Sie, fährt er fort, als ich vor sechs Jahren den Vorsitz übernahm, sagte mein Vorgänger bei der Übergabe der Geschäfte zu mir: Nehmen Sie das Steuer, halten Sie Kurs, aber vergessen Sie nicht, dass Sie ein Steward sind, und nicht das Schiff. Der Steward – das ist so ein schönes altes Wort. Es kommt von *Stig* wie Stall oder Scheune und *Weard* von Wache oder Kümmerer. Wir sind also diejenigen, die sich hier um den Stall kümmern. Ich habe von ihm gelernt, dass der Stall nicht dem Steward gehört und dass das Vertrauen derer, die uns mit dieser Aufgabe betraut haben, ein wichtiges Gut ist, das wir nicht verspielen dürfen. Gerade weil man uns als Stewards aber nicht jeden Tag auf die Finger schauen kann, brauchen wir manchmal einen *Red Face Test*, führt der Vorsitzende weiter aus.

Dieser Red Face Test ist der kritische Blick in den Spiegel am Abend eines jeden Tages, wo man sich selber die Frage stellt: Bin ich ein guter Steward auf unserem Schiff? Kann ich dazu Ja sagen, ohne rot zu werden? Habe ich meinen Stall sauber gehalten und meine Aufgaben mit einem wahrhaftigen Anteil an *Ownership* übernommen?

Das, meine Herren, ist mir eine wichtige Handreichung im Sinne von Herrn Mahlich, die ich Ihnen gerne für die weitere Zusammenarbeit mitgeben möchte. Bitte reichen Sie sich in diesem Sinne die Hand, denn ich brauche Sie in der Digitalisierungsfrage unbedingt auf einer gemeinsamen Seite und nicht als Gegner. Was ich erreichen will, erklärt der Vorsitzende, ist nicht nur, die aktuellen Projekte besser ins Ziel zu bringen. Das ist schwer genug, wie wir gerade sehen. Wir müssen darüber hinaus das, was Herr Mahlich gestern als Konvergenz der Erfahrungen aus realer und digitaler Welt beschrieben hat, zum normalen Ergebnistyp unserer Prozesse machen. Da muss sich grundlegend was tun. Ich erwarte, meine Herren, dass Sie unseren holprigen Start von gestern Abend zum Anlass für die Mutter aller Schulterschlüsse nehmen. Und ich vertraue darauf, dass Sie das schaffen.

Das hat gesessen. Ich merke, wie nicht nur bei mir, sondern auch bei Hennrich etwas geschehen ist. Wir reichen einander stumm die Hand und schütteln sie kurz, Worte brauchen wir nicht. Okay, denke ich mir, Steward, das ist eine gute Rolle.

Narrativ: Die Eingeweide der Datenmaschine

Ein Mahagonischreibtisch. Fast wie ein Raumschiff, denke ich, als ich die Ausmaße der Tischplatte in Hennrichs Büro erfasse, glatt und glänzend poliert, dick wie mein Arm. Gleich dahinter sitzen der Technikchef und sein Assistent in hohen Ledersesseln, neben mir Bremer und ein junger Kollege aus seinem Team, Herr Kell, ein Internet-Guru, den ich im Zuge unserer Zusammenarbeit kennengelernt habe. Wir sind hier zu einem Sondierungs-gespräch »Technik und Vertrieb«, ein bisschen wirkt es auf mich wie Koalitionsverhand-lungen für eine Regierungsbildung oder etwas ähnlich Offizielles. Na ja, es geht natürlich auch darum, dem Vorstandsvorsitzenden entgegenzukommen, und für mich, um besser zu verstehen, mit wem wir es in technischen Belangen in unserer Firma zu tun haben. Und um herauszufinden, ob die kleinen Blößen, die wir beim jeweils anderen gesehen haben, schon eine offene Flanke waren. Vielleicht im Geiste auch ein kleiner Schimmer Hoffnung, mit dem Handschlag neulich wirklich einen Verbündeten zu finden.

Nach einer kurzen Vorstellungsrunde ergreift Bremer als Erster das Wort: Ich glaube, beginnt er und er stockt gleich darauf, um nach einer kurzen Pause nachdenklich fort-zufahren, ich glaube, dass wir uns zunächst darüber unterhalten sollten, wie die Digitali-sierung die beiden Bereiche Vertrieb und Technik schon in sehr naher Zukunft aneinander-schweißen wird, enger als wir uns das heute überhaupt vorstellen können. Das Bindemittel dafür heißt Daten. Denn die Digitalisierung, spricht Bremer weiter, erschafft, braucht, verarbeitet und vernetzt Daten in noch nie dagewesener Menge und Geschwindigkeit.

Damit wir die Dynamik etwas bildhaft machen können, habe ich Herrn Kell gebeten, einige Zahlen zu recherchieren, fährt er fort. Erlauben Sie mir, zu Beginn einiges zu re-petieren, was Sie vielleicht schon gehört haben, und dann einige Thesen zur Diskussion zu stellen, mit denen wir hoffentlich gemeinsam weiterkommen können.

Die wahnsinnige Expansion des Datenraums

Fangen wir mal mit den physischen Datengebern an, also den vernetzten Fahrzeugen. Bis zum Ende des Jahres 2018 lieferte die Autoindustrie insgesamt weltweit rund 117 Millio-nen Fahrzeuge mit Vernetzung aus, das wird bis 2020 auf beinahe 196 Millionen ansteigen[140]. Innerhalb von nur zwei Jahren wird die Durchdringung mit automobiler Digital-Konnek-tivität also rasant ansteigen, was sicherlich auch durch die verschärften gesetzlichen Vor-schriften Europas, Russlands oder auch Chinas wegen der erhöhten Fahrersicherheit von vernetzten Fahrzeugen motiviert ist. Diese Fahrzeuge generieren dank zahlreicher Sensoren laufend gigantische Informationsmengen und integrieren sich zunehmend in das *Internet der Dinge*, das IoT, wie man das heute auf Neudeutsch bezeichnet. Wie Sie aus erster Hand wissen, werden viele dieser Informationen auch heute tatsächlich schon ausgetauscht, sei es als Wartungszustände, Updates von Navigationsdaten oder einfache Infotainmentinhalte.

Es wird nur sehr viel mehr werden und das treibt den Datenverkehr über das mobile Internet, neben dem Datenverkehr von Smartphones, Stichwort mobiles Video und dergleichen an.

Wir sprechen beim Datenverkehr im mobilen Internet von einer Versiebenfachung von etwa 132 Exabyte im Jahr 2017 auf knapp unter einem Zetabyte im Jahr 2022. Nur zum Vergleich, sagt Bremer, das ortsgebundene Internet wächst zwar etwas weniger, um nur etwa das Dreifache, aber absolut auch weiter von 1,3 Zetabyte in 2017 auf 3,84 Zetabyte im Jahr 2022 an[141].

SORTIERUNG IM BYTE-DSCHUNGEL

» **1 Byte** = 8 Bit (Einsen oder Nullen)

» **1 Kilobyte** = 1024 Byte (ungefähr eine Viertel Druckseite)

» **1 Megabyte** = 1024 Kilobyte (500 Textseiten, ungefähr der Umfang dieses Buches in Ihren Händen)

» **1 Gigabyte** = 1.024 Megabyte = (ein kleiner USB-Stick oder für Vielleser: Ein Bücherregal von 10 Metern Länge)

» **1 Terabyte** = 1.024 Gigabyte = (haben gute PCs als Festplatte, entspricht etwa der Menge an Daten, die 2016 pro Stunde bei YouTube hochgeladen wurden, oder das Holz von fünfzigtausend Bäumen in bedruckter Form)

» **1 Petabyte** = 1.024 Terabyte = (eine Musiksammlung von 1 Petabyte mit mp3-Aufnahmen zu der Zeit von Jesu Geburt gestartet, würde jetzt, etwa 2.000 Jahre später, langsam den letzten Titel erreichen)

» **1 Exabyte** = 1.024 Petabyte =~1018 Byte (alle Druckwerke der Menschheit erreichen etwa 0,2 Exabytes, die Gesamtmenge aller bislang von Google gesammelten Daten erreicht immerhin geschätzte 15 Exabyte)

» **1 Zettabyte** = 1.024 Exabyte = (seit 2010 wird die Menge der von der Menschheit insgesamt gespeicherten Daten in Zettabyte angegeben, bildlich: 250 Milliarden DVDs oder 36 Millionen Jahre Aufnahmen in HD Video)

» **1 Yottabyte** = 1.024 Zettabyte = (100 Milliarden Festplatten zu 10 Terabyte, es würde etwa 11 Milliarden Jahre dauern, diese Datenmenge durch einen leistungsfähigen Internetanschluss runterzuladen)

Dass so viele Daten getauscht werden, ist jedoch nur ein Proxy dafür, dass auch der globale Bestand an Daten extrem wächst. In der IT-Branche macht in diesem Zusammenhang der Begriff der *Zettabyte-Ära* seine Runde, wobei ein Zettabyte eine Milliarde Mal das ist, was ein leistungsstarker PC heute als Festplatte eingebaut hat. Laut dem Forschungsunternehmen IDC[142] dürfte der globale Datenbestand ca. im Jahr 2010 diese Zettabyte-Grenze durchbrochen haben, um dann etwa alle zwei Jahre in Verdopplungsschritten weiterzuwachsen. Das bedeutet, dass wir innerhalb von zwei Jahren immer genauso viele Daten neu erschaffen werden, wie es vorher insgesamt in allen Computern schon gegeben hat, nur um das mal plastisch zu verdeutlichen.

Das ist ein weiteres schönes Beispiel für eine Exponentialfunktion, und wie bei der Steigerung der Leistung unserer Computer ist auch hier auf lange Zeit noch keine Sättigung in Sicht. Genau hier beginnt die Relevanz für unser heutiges Treffen, geht Bremer in die Zielgerade seiner Ausführungen. Diese neue Dimension der Daten ist genau jene Brücke zwischen Ihren beiden Bereichen, die nun dringend ausgebaut, gesichert und gestaltet werden will.

Der Daten-Dschungel braucht eine Datenstrategie

Meine Thesen, die ich für Sie mit Herrn Kell zur Diskussion vorbereitet habe, sind erst mal auf Überschriftenebene die folgenden:

» **Erstens: Eine klare Datenstrategie ist wettbewerbsentscheidend.**
Es ist strategisch überlebenswichtig, eigene proaktive Antworten für die Erzeugung und Bewältigung der vielen Daten zu finden.

» **Zweitens: Die gemeinsame Prozessgestaltung muss agile, digitale und klassische Prozesse verbinden.**
Das ist eine Reaktion darauf, dass wir mit den klassischen Prozessen nicht mehr schnell genug die digitalen Sahnehäubchen auf die Produkte nachreichen können. Und Sahnehäubchen werden für ein Zeitalter der Digitalisierung eben nicht mehr reichen!

» **Drittens: Content Delivery wird zu Context Delivery.**
Die Produkt- und Servicegestaltung muss die Einzigartigkeit jedes Nutzers und den engen Aufmerksamkeitstrichter systematisch bedienen.

Jetzt werde ich das gerne mal zur Diskussion stellen. Ich möchte nur noch anfügen, dass das Gute an Brückenbauwerken ja ist, dass sie ihrer Natur nach zu keinem der Ufer allein gehören, schließt Bremer verschmitzt seinen kleinen Monolog ab.

Hennrich und sein Assistent haben sich die Ausführungen mit unbewegter Miene angehört und an der einen oder anderen Stelle Notizen gemacht. Na, Herr Bremer, nimmt Hennrich dann den Faden auf, jetzt habe ich aber sehr lange und geduldig die Luft angehalten. So unter uns, sagt er weiter, möchte ich dennoch kurz klarstellen, dass wir in den letzten Jahren durchaus nicht auf dem Baum geschlafen haben. Unsere Fahrzeuge stehen in puncto Vernetzung im Wettbewerb in der Bestklasse und zum Thema Digitalisierung haben wir sowohl im Silicon Valley als auch in Israel früher als die meisten Kollegen im Fahrzeugbau lokale Aktivitäten in Angriff genommen. Was Sie uns da so schlau darlegen, fährt Hennrich fort, klingt verdächtig genau wie das, was wir seit Jahren wie eine Forderungs-Monstranz gegenüber den Nachbarbereichen vor uns hertragen. Leider hatten insbesondere die Herren aus dem Vertrieb bisher keinerlei Antworten auf die Frage der Digitalisierung parat, wenn ich mal von einigen sehr teuren Experimenten mit Customer-Relationship-Systemen oder dergleichen absehe.

Mein Puls steigt bei der offensiven Bemerkung merklich an und ich höre mit eindeutig gespannterer Körperhaltung wie er fortfährt: Ich will aber nicht in alten Geschichten rumwühlen, sondern Ihnen sagen, dass ich mich über die Grundrichtung unseres Vorstandsvorsitzenden zur Öffnung und zur Modernisierung genauso freue, wie ich mich über die Berufung von Ihnen, Herr Mahlich, gefreut habe. Ein bisschen frischer Wind ist genau, was wir meiner Meinung nach für die Weiterentwicklung der AutoInc. ganz dringend brauchen. Ich bemerke das vergleichsweise freundliche Angebot von Hennrich, beschließe das Spiel nach der vielleicht etwas zu belehrend wirkenden Auftaktrunde von Bremer so cool wie möglich anzunehmen und nicke ihm freundlich zu. Er fährt fort und meint: Übrigens haben auch wir uns für heute unsere Gedanken gemacht und das Thema Daten steht auch auf unserer Punkteliste ganz oben.

Nun, Herr Mahlich, spricht Hennrich weiter, ich knüpfe an Ihre Vorliebe für eine bildhafte Sprache an und versuche mal den folgenden Vergleich. Wenn in der Agrarzeit die Getreidespeicher symbolisch für Wachstum und Wohlstand standen, und in der Industriellen Zeit die Vorräte an Kohle und Öl, dann sind im Informationszeitalter die großen Datenspeicher die Symbole für die Souveränität derer, die diese beherrschen. Leider trügt das schöne Bild des Silos aber etwas, denn Datenzentren sind heute zumeist keine physische Bauwerke mehr, die man alleine besitzen muss. Aber ein Schritt nach dem anderen, sagt Hennrich. Wie Herr Bremer möchten auch wir unsere Gedanken systematisiert darlegen, damit wir genauer verstehen, wovon wir sprechen.

Also, zunächst könnte man vermuten, dass das Horten von allen möglichen Daten die zentrale künftige Königsdisziplin wäre. Unvermittelt denkt man dabei an die oftmals kritisierte Rolle von Google, Facebook oder der neuen chinesischen Mitspieler, die geradezu besessen sind von der Datensammelwut. Das ist aber aus unserer Sicht ein krummes Bild.

Bevor man im Digitalisierungsfieber stumpf in die weit verbreitete Daten-Goldgräberstimmung verfällt und beginnt blind zu sammeln, muss man verstehen, dass das Sammeln ohne Strategie in erster Linie Kosten verursacht und dass die Halbwertzeit der verderblichen Ware Daten bedenklich kurz sein kann. Aus unserer Sicht ist es viel mehr das eigentliche Ziel, mithilfe der gesammelten Daten bessere Entscheidungen zu treffen, auf Kundenwünsche zu reagieren und vor allem vorausschauend agieren zu können. In diesem Sinne passt das, was Sie zuletzt über Context Delivery sagten, auch genau in unser Bild. Gerne nehmen wir Ihre drei zuletzt geäußerten Thesen als Sortierung in unsere Diskussion auf, Herr Bremer. Vielleicht ist das sogar sehr praktisch, fügt er hinzu.

Ihre erste These lautet ja: »Eine klare Datenstrategie ist wettbewerbsentscheidend«. Das stimmt aus unserer Sicht. Aber wir müssen das natürlich noch viel genauer betrachten, denn so für sich genommen würde das ja auch niemand abstreiten. Wir brauchen dazu eine Analyse, welche Art von Daten wir genau meinen, und eine Idee, wie wir von beiden Seiten dazu beitragen können, eine solche Datenstrategie auszurufen. Das führt mich zum Schlagwort *Big Data*, das in den letzten Jahren ja geradezu Mode geworden ist, spricht Hennrich weiter.

Leider hat die inflationäre und oft umgangssprachlich geprägte Verbreitung des Begriffs mehr Unklarheiten geschaffen als beseitigt. Innerhalb der Technik haben wir deswegen als Sprachregelung und Definition von »Big Data« den Vorschlag des Verlags O'Reilly[143] übernommen.

Danach geht es **bei Big Data um Datenmengen, die mit konventionellen Datenbanksystemen nicht mehr erfasst werden können, weil sie zu groß, zu schnelllebig oder zu heterogen sind.** Der Umgang mit diesen Daten erfordert daher alternative Strategien zur Systematisierung und Auswertung. Aus unserer Sicht weisen alle wesentlichen Daten, mit denen es die Mobilitätsindustrie der Zukunft zu tun haben wird, diese drei Wesensmerkmale von »Big Data« auf. Die Rede ist von den **drei »Vs«**[144]:

» **Volume:** Das Datenaufkommen für eine Mobilität, wie wir sie uns in Zukunft vorstellen, ist enorm: Das sind unglaubliche Mengen von Sensordaten wie von Ihnen schon dargestellt, aber auch Wetter- und Verkehrsinformationen, Unfallwarnungen, neu ausgebaute Straßen, plötzlich auftretende Hindernisse, Informationen zu Fahrer und Fahrverhalten, günstigster oder schnellster Strecke, Benzinpreisen oder der Verfügbarkeit von Ladestationen.

» **Velocity:** Wir brauchen diese Daten beinahe in Echtzeit, gerade im Sicherheitsbereich. Die Vorausschau über die Sensoren über mehrere Fahrzeuge ist gewünscht, Risiken und jede Art von Veränderungen müssen unmittelbar berücksichtigt werden oder werden im Idealfall bereits von der Software antizipiert. Übrigens wird 5G, der neue Mobilfunkstandard, schon in wenigen Jahren genau diese Geschwindigkeit liefern. Es wäre aber ein frommer Wunsch, zu sagen, wir wären irgendwie darauf vorbereitet, dieses Potenzial zu nutzen.

» **Variety:** Die Daten, die durch Autos erzeugt oder von Autos ins Netz eingespeist werden, weisen extrem unterschiedliche Formate auf: Bilddaten, Sensorinformationen, Karten und Vektorangaben müssen sich in der Datenverarbeitung ergänzen. Es wird sich zeigen, inwieweit wir Autohersteller uns auf gemeinsame Formate und Standards einigen können oder ob uns eine Auseinandersetzung mit den Digitalriesen mit negativen Konsequenzen für Nutzer, Betriebs- und Planungssicherheit droht. Wir rechnen aber eher damit, dass diese Standardisierung nicht gelingen wird und wir uns am Ende mit mehreren regionalen Standards anfreunden müssen.

Es sind also tatsächlich sehr große, schnell verfügbare und veränderliche Datenmengen, die wir im Fokus haben sollten. Und das sind Daten, die situativen Sinn ergeben und das unterstützen, was Sie, Herr Bremer, vorhin Context Delivery genannt haben. Die Kollegen von IBM sehen da übrigens noch zwei weitere »Vs« in der Liste. Das eine zusätzliche V ist **Veracity**, also die Richtigkeit oder die Vertrauenswürdigkeit der Ausgangsdaten. Das umschreibt grob die Anforderungen an die Datenqualität, insbesondere in Bezug auf Authentizität, Vollständigkeit und Mehrdeutigkeit. Lässt die Veracity zu wünschen übrig, stimmen natürlich auch die abgeleiteten Ergebnisse nicht. Das Ergebnis kennen wir aus der klassischen Datenverarbeitung als SHI-SHO-Logik: Also Shit-in und Shit-out. Das fünfte »V« von IBM ist übrigens der Begriff **»Value«**[145], der nach dem wirtschaftlichen Wert der Daten fragt. Das trifft aber den schon vorhin genannten Punkt, dass ohne eine Idee davon, was man mit den Daten machen will, all die Datensammlerei erst mal nur blinde Kosten verursacht, und wir uns sehr strategisch positionieren sollten.

Was wir für sinnvolle Datengeschäfte aus unserer Sicht erst mal nicht brauchen, sind große relationale Tabellen mit den persönlichen Informationen unserer Nutzer, nach dem Beispiel des »Mobility-Big-Brother-is-watching-you«. Wir brauchen meiner Meinung nach keine Infos darüber, wo der Nutzer Schuhe gekauft hat, ob er gerade einen Film gesehen hat und vielleicht nicht einmal, wie der Name dieses Nutzers ist. Vielleicht greife ich da zu kurz,

sagt Hennrich, aber mir ist es auch ein persönliches Anliegen da intensiver drüber nachzudenken. Ich glaube einfach: Private Daten sind privat. Damit will ich uns bewusst beschrän-
ken, obwohl mir klar ist, dass insbesondere die digitalen Unternehmen unendlich viel mehr
über ihre Nutzer, die Märkte und Produkte wissen als jemals zuvor. Beim Shoppen, Mailen,
Twittern, Chatten, Surfen, Voten oder selbst nur dem Tragen eines Smartphones entstehen
gigantische Datenmengen – über jeden einzelnen Anwender.

Wenn ich unsere Fähigkeiten, den technischen Rahmen und die Gefahren im Missbrauch der
Daten sehe, dann sind wir als vertrauenswürdiger Mobility-Partner mit dem fokussierten
Nutzenversprechen »Mobilität« und einer sauberen Hand bei der Datenfrage vielleicht nicht
schlecht aufgestellt. Und die Gefahren sind mindestens so real wie die Chancen. Alle system-
kritischen und vorwiegend emotional-impulsgesteuerten Männer zwischen 20 und 25 Jahren und mit geringer Bindung an ihre Familie? Auf Knopfdruck und kein Problem. Wahr-
scheinlichkeitsaussagen über persönliche Eigenschaften und intime Details wie Suizid-
gefährdung, Sexualität, Glaube, die Verführbarkeit durch erotische Abenteuer, die Lese-
geschwindigkeit oder die politische Einstellung, die bevorzugten Wahrnehmungskanäle
(visueller oder auditiver Typ)? Gerne. Aber nicht von der AutoInc.! Das sind nur einige sehr
plakative Beispiele für die einfacheren Profilcharakteristika. Sie zu identifizieren ermöglicht
erschreckende neue Handlungsweisen im Denkraum zwischen Werbung und Manipulation.

Datenstrategie
Eine klare Strategie
zur Nutzung von Daten
gehört in der Digital
Economy zu den ent-
scheidenden Aufgaben
des Managements. Zwi-
schen dem Schutz von
Privatsphäre und der
drohenden Gefahr, sich
selbst vom Wettbewerb
auszuschließen, drän-
gen zahlreiche Fragen
darauf, beantwortet
zu werden.

Ich glaube, dass wir zu all diesen Versuchungen eine sehr klare Distanz brauchen. Daraus folgt, und damit komme ich zu meinem zentralen Punkt für heute,
dass wir genau in Ihrem Sinne eine klare Datenstrategie brauchen, um sowohl
die kurzfristigen wirtschaftlichen als auch die langfristigen ethischen Fragen
zu beantworten: Wer darf und soll welche unserer eigenen Daten bekommen?
Bei uns intern und extern im Ökosystem? Wollen wir durch die Öffnung unserer
Fahrzeuge, Hausnetze, Telefone etc. für die Plattformen hinnehmen, dass die
Kollegen aus dem Valley oder irgendwoher sonst das Konsumverhalten oder die
politische Ausrichtung der kommenden Generationen nach Belieben steuern
können? Wollen wir riskieren, dass unsere Fahrzeuge zu fahrenden Mikrofonen
werden, die mitschneiden für alle, die gerade nach Lust und Laune in ein Fahrzeug
reinhören möchten? Oder wollen wir als Schützer der Intimsphäre einen Aspekt
möglichen Komforts zur Disposition stellen, um ein letztes Quäntchen Privatheit
im mobilen Kokon zu gewährleisten? Welche Daten aber brauchen wir, damit wir
im Wettrennen um Komfort und Sicherheit nicht auf der anderen Seite zu viel an
Chancen und Anschluss verlieren? Was sind dann die geeigneten Datennutzungs-
vereinbarungen für die Daten, die wir unbedingt in unserem eigenen Ökosystem
haben wollen? Schließlich wollen wir uns auch nicht selbst völlig und grundsätzlich aussperren aus der Teilhabe an den Möglichkeiten, die uns die Daten
verheißen. Und hier stellt sich noch eine Frage: Sind wir überhaupt in der Lage,
diese Daten auszuwerten oder gewinnbringend einzusetzen? Haben wir am Ende
auch ausreichende und entsprechende Mittel zum Schutz dieser Daten? Genau
für diese Fragen brauchen wir strategische Antworten, führt Hennrich aus.

Nach eine kurzen Pause fährt er fort: Genauso wie alle anderen Ressorts haben wir in der Technik in den letzten Monaten mit einer Arbeitsgruppe die erforderlichen Maßnahmen der neuen europäischen Datenschutzgrundverordnung implementiert. Das bot viel Gelegenheit, über Grundsätzliches zu Daten nachzudenken. Und grundsätzlich, wiederholt Hennrich das Wort mit einem Wink zu Herrn Kell, den ich nicht gleich verstehe, befasst sich die europäische Politik ja bereits seit etwa 20 Jahren mit dem Schutz von Daten. Mit der Richtlinie 95/46/EG hat sich die EU klaren Grundsätzen für die Verarbeitung personenbezogener Daten verschrieben und in der Verordnung 2016/679 konkretisiert[146]. Auf dieser Richtlinie bauen übrigens heute alle Datenschutzstandards der EU-Gesetzgebung auf.

Ich habe mir die Zeit genommen, das alles mal etwas nachzuvollziehen, fährt Hennrich fort und ergänzt: Die Richtlinie basiert auf sieben sehr sinnvollen Prinzipien des Datenschutzes, die wie eben angedeutet innerhalb der Europäischen Union in nationalen Gesetzen harmonisiert werden sollen. Aus Sicht der EU verlangt der Datenschutz für die Speicherung der Daten folgende Rahmenbedingungen:

» **Zweck:** Daten sollten ausschließlich zu den genannten Zwecken verarbeitet werden.

» **Einwilligung:** Personenbezogene Daten sollten nicht ohne Einwilligung der betroffenen Person weitergegeben oder mit Dritten geteilt werden.

» **Sicherheit:** Erhobene Daten sollten sicher aufbewahrt und vor möglichem Missbrauch, Diebstahl oder Verlust gesichert werden.

» **Benachrichtigung:** Betroffene Personen sollten darüber benachrichtigt werden, wer über sie Daten sammelt.

» **Weitergabe:** Personen, deren personenbezogene Daten gesammelt werden, sollten erfahren, welche Institution diese Daten sammelt.

» **Zugang:** Betroffenen Personen sollte Zugang zu den über sie gesammelten Daten gewährt werden und die Korrektur falscher Daten sollte ihnen möglich sein.

» **Rechenschaftspflicht:** Betroffene Personen sollten von den für die Verarbeitung Verantwortlichen Rechenschaft über die Einhaltung der genannten Prinzipien verlangen können.

Diesen Prinzipien folgend dürfen personenbezogene Daten nicht ohne Wissen oder eindeutige Zustimmung der betroffenen Person genutzt werden. Das unterscheidet uns deutlich vom Wild-West-Datenkapitalismus in den USA oder dem systemorganisierten Big-Brothertum Chinas.

CHINA ENTDECKT DEN DATENSCHUTZ FÜR PRIVATE PERSONEN

So sehr der chinesische Staat sich systematisch mit dem Sammeln und Auswerten der Daten über seine Bürger beschäftigt, so sehr ist aber auch wahrzunehmen, dass es gleichzeitig eine sehr deutliche Bewegung Chinas in Richtung der Schutzstandards Europas gibt, wenn es um die Verwendung der Daten von privaten Personen durch Subjekte aus der Privatwirtschaft geht. Die chinesische Regierung hat dazu am 1. Mai 2018 einen neuen Standard für den Schutz der personenbezogenen Daten veröffentlicht[147], dessen Prinzipien sogar noch über denen der Datenschutzgrundverordnung der EU liegen. Dieser Standard regelt die Bedingungen, unter denen personenbezogene Daten erfasst, gespeichert und weitergegeben werden dürfen. Wie Europa will auch das chinesische System den Datenfreibeutern durchaus wirkungsvolle Ketten anlegen. Das ist nur an der Oberfläche ein Widerspruch zu den Plänen der chinesischen Regierung, durch Social-Credit-Systeme und massive, zentrale Überwachung den Einfluss des Staates zu stärken. Auch hier will man nicht, dass Alternativen zu den staatlichen Monopolen entstehen. Zwar ist die Implementierung dieser Standards noch nicht ganz klar, doch zeichnet sich eine deutliche Annäherung der Rechtsnormen Europas und Chinas ab, bei der die USA in eine merkliche Isolation geraten.

Aber so schön die Prinzipien der Europäischen Union klingen und so viele der daraus folgenden Gesetze sich um den Schutz der Daten bemühen: Die trojanischen Pferde sind die Einwilligungen der Anwender. Einmal einer der Plattformen gegeben, sind dem weltweiten Gebrauch der Daten kaum Grenzen gesetzt. Es ist nun mal Tatsache, dass das Internet trotz neuer nationaler Firewalls nicht an den nationalen Grenzen Halt macht.

Aus unternehmerischer Sicht muss gefragt werden, ob die Akzeptanz der hiesigen Rechtsnormen ein Wettbewerbsnachteil ist, wenn man mit den globalen Plattformen in den Wettstreit treten muss. Alternativ bieten sich Kooperationen mit Partnern an, die in Geografien mit geringeren Anforderungen lokalisiert sind. Aus unserer Sicht gehört die Frage nach der Strategie der Nutzung von Daten noch vor dem Datenschutz – denn hier lassen die Regelungen im Gesetz recht wenig Spielraum zu – auf die Top-Agenda unseres Managements. Zumindest die mit der Umsetzung betrauten Kollegen aus der IT, dem Vertrieb und der Entwicklungsabteilung sollten Fragen nach dieser Strategie wirklich konsistent beantworten und kongruent entscheiden können. Wenn wir eine Datenstrategie formulieren wollen, dann sollte sie folgende Defizite adressieren, deren Behebung aus unserer Sicht dringend erforderlich ist. Bitte betrachten Sie das gerne als Suchliste, die wir gemeinsam weiter ergänzen können.

UNSERE DATENSTRATEGIE SOLLTE UNSERER MEINUNG NACH:

» alle **Datenquellen** (Sensoren, Kunden-Touchpoints, Prozesse usw.) **systematisch im heutigen Ist-Zustand und im Soll-Zustand erfassen** und in Katalogen beschreiben (also eine Übersicht geben, welche Quellen und Arten von Daten wir haben, ob strukturiert oder unstrukturiert, ob intern oder extern). Es müsste uns so schnell wie möglich gelingen, unsere Datenquellen über alle Touchpoints hinweg, in denen unsere Produkte und Dienste mit dem Nutzer in Kontakt geraten, zu beschreiben – von der ersten Anfrage bis tief in das Aftersales hinein. Übrigens können Chat-Verläufe genauso wichtige Datenquellen sein wie Protokolle von Callcentern und dergleichen mehr. Dabei sollte unser Schwerpunkt auf den besonders wertvollen Quellen liegen, die außer uns keiner lesen oder interpretieren kann. Hier spielt das Fahrzeug selbst und die darin verbauten Sensoren natürlich eine ganz besondere Rolle. Dieses Verzeichnis unserer Datenquellen sollte für alle Bereiche zugänglich und die Verwendung verbindlich sein.

» die **Zugriffssystematik regeln** und damit bestimmen, wer auf die inhaltlichen Daten über welche Regelungen zugreifen kann. Die Datenstrategie sollte respektieren, dass in unterschiedlichen Regionen der Welt divergierende Ideen bestehen, wem die Kontrolle über die Daten zusteht. In unserer Kultur steht die Kontrolle der personenbezogenen Daten nur dem Nutzer selbst zu. Gleichzeitig gibt es zahlreiche Daten, die eben keinen Bezug zum Nutzer haben und die dennoch extrem wertvoll sind, wenn wir sie alle gemeinsam nutzen können.

» klar **definieren, wo und wie Daten abgelegt werden.** Schwierig, weil unsere Ressorts gerne jeweils eigene Datensilos haben, statt in gemeinsamen Infrastrukturen zu arbeiten. Aber am Ende ist ein Neuaufsatz der Datenhaltung vielleicht sogar günstiger als die vielen kleinen Datenzentren, die wir uns heute über alle Geschäftsbereiche hinweg leisten. Nachdem das Datenaufkommen ohnehin stark wächst und alte Daten wenig wert sind, müssen wir da einen konsistenten Plan nach vorn erarbeiten. Eine digitale Zukunft ist aus meiner Sicht ohne die Zusammenführung wichtiger Daten aus der Entwicklung, der Produktion, dem Vertrieb und allen anderen Quellen überhaupt nicht möglich.

Und ohne Masterplan und gewisse Investitionen wird die dafür erforderliche Infrastruktur halt nicht entstehen. Es ist aus meiner Sicht auch zutiefst verwerflich, an wie vielen Stellen wir uns ohne viel nachzudenken in die Fänge von cloudbasierten Dienstleistern begeben haben, die uns ohne Not dazu treiben, deren Datenhaltung in der Cloud für wichtige Kundendaten zu nutzen. Dabei geben wir in vielen Fällen extreme Extraktionsrechte weiter. Meiner Meinung nach müssen wir hier dringend alternative Konzepte der Datenhaltung entgegensetzen, um uns nicht am Ende in der Unabhängigkeitsfrage zwischen der Pest der digitalen Plattformen, die sich zwischen uns und unsere Nutzer schieben, und der Cholera der Clouds, die sich zwischen uns und unsere Daten schieben wollen, entscheiden zu müssen. Wie wir den Markt aber aktuell beurteilen, spielt uns der merkliche Verfall der Preise für Speichersysteme und die rasche Entwicklung von Multi-Cloud-Systemen da durchaus in die Hände.

» **festlegen, wie die Nutzung und die Weiterentwicklung des Datenschatzes vorangetrieben** werden können. Daten sollen zur Erzeugung von Mehrwert-Vorschauen dienen. Dazu brauchen wir eine Entwicklung von mustererkennenden Algorithmen und die laufende Weiterentwicklung der Datenmodelle und der Datenerzeugungsprozesse, um die Prognosekraft zu erhalten. Das muss aber jemand in die Hand nehmen, der etwas davon versteht und der als zentraler Dienstleister für uns alle auch langfristig dafür verpflichtet wird. Ich vermute, dass wir da in eine starke Truppe von Spezialisten im eigenen Haus investieren müssen, um den Anschluss nicht zu verlieren.

Nun, fügt Hennrich hinzu, Sie sehen, dass das alles weit über die Wirkungsgrenzen unserer beiden Vorstandsbereiche hinausgeht. Und es geht auch weit über das Mandat hinaus, welches wir heute dem Bereich IT gegeben haben. Darüber sprechen wir dann später noch mal. Es ist aber aus meiner Sicht unvermeidbar, dass wir unsere Kernsysteme und unsere konzernweite IT-Architektur kritisch darauf durchleuchten, ob wir für unsere neue Datenstrategie die richtige Basis haben.

Wie schon angesprochen werden wir meiner Meinung nach um die eine oder andere Modernisierungsinvestition nicht herumkommen, betont Hennrich und fährt fort: Mir ist aber wichtig, dass wir die Gunst der Stunde nutzen, um uns selbst und der AutoInc. klarzumachen, dass es einen wichtigen Regelkreis gibt zwischen der Fähigkeit, in großen Mengen Daten zu sammeln und auszuwerten, und der Fähigkeit, neue digitale Produkte und Erkenntnisse zu schaffen. Immerhin beruhen aktuell sieben von zehn der nach Marktkapitalisierung wertvollsten Unternehmen auf einem datengetriebenen Geschäftsmodell und wir haben weder eine Datenstrategie noch den Hauch einer Infrastruktur, um solche Modelle entwickeln zu können.

Zugegeben, mir ist auch noch nicht jeder Schritt völlig klar, da werden wir Experten brauchen. Wenn wir aber schon nicht so einfach wie die amerikanischen Plattformen an die Daten kommen, die ihre Nutzer nach dem Konzept »Bezahlen mit Daten« abgreifen, oder wie die Chinesen, die diese Daten qua Staat in riesigen Datenbanken verknüpfen, sollten wir zumindest so schnell es geht Ordnung und Sinn in die eigenen Datenquellen bringen.

Hennrich setzt sich etwas zurück und blickt mich unvermittelt an, bevor er mich direkt anspricht: Herr Mahlich, in Ihren Ausführungen bei unserem Abendessen mit den Vorständen haben Sie sehr eindringlich auf die Bedeutung der *Digital User Experience* hingewiesen, übrigens teile ich die Beurteilungen uneingeschränkt, fährt er fort, und auch Ihre Meinung, dass an der Schnittstelle zum Kunden die Chancen entstehen, die zu einer fundamentalen Dis-Aggregation unserer Wertschöpfungskette geradezu einladen. Unsere neuen Wettbewerber fokussieren genau darauf, dort einen möglichst hohen Mehrwert zu liefern, indem sie die gesammelten Daten mit intelligenten Algorithmen noch wertvoller machen. Siehe Uber, Gett oder DiDi. Durch die Nutzung dieser Angebote entstehen immer weitere Daten und Erkenntnisse, die wie Zinseszinsen die Bildung von Nutzen, Einsichten und Verbrauchervertrauen stärken. Wenn wir da nicht mit eigenen Ideen und Daten mithalten, drängen uns die neuen Spieler über kurz oder lang in die Rolle eines ertragsminimierten Zulieferers für die Infrastruktur im Angebot Dritter. Eine eigene Datenstrategie ist meiner Meinung nach eine der wenigen Waffen, die wir dagegen ins Feld führen können, unterstreicht Hennrich und hebt dabei beide Handflächen, als wolle er ein großes Schutzschild formen.

Apropos lernen: auch lernende Systeme brauchen wir dringend, damit wir in der Datenflut nicht ersticken. Und wenn schon der Begriff *Big Data* etwas schwierig zu verdauen war, so wird das Thema *Artificial Intelligence* noch anspruchsvoller werden. Das aber kann ich gerne an Herrn Kell übergeben, denn im Kontext *Lernender Systeme* haben wir uns bereits bei anderer Gelegenheit einmal getroffen.

Überrascht ziehen Bremer und ich die Augenbrauen hoch und auch Kell wirkt etwas unsicher. Dann klärt uns Hennrich auf: Herr Kell, ich habe einen Ihrer Vorträge auf unserem Automobilforum genossen und denke, dass das, was wir zu der folgenden Frage nach intelligenten Methoden der Verarbeitung unserer Daten aufgeschrieben haben, exakt zu den Ansichten passt, die Sie dort dargelegt haben. Genauso, wie wir eben für Big Data einen strategischen Rahmen gesucht haben, in dem wir uns schnell bewegen können, ohne immer wieder in Grundsatzfragen zu versinken, brauchen wir aus meiner Sicht so etwas auch für die Verarbeitung der Daten. Und ich denke, hier muss dann die Frage nach unserem Umgang mit der künstlichen Intelligenz unser Folgethema ein.

Hennrich wirft einen schnellen Blick in die Runde, und ich muss zugeben, er hat sich mehr als ausgezeichnet auf das Gespräch vorbereitet. Seine lange Argumentation läuft entlang eines Fadens, dem ich gerne folge. Langsam fühle ich mich etwas wohler in dem Raum – vielleicht auch weil mir Hennrich mehrfach etwas Honig ums Maul geschmiert hat? Ich wische den Gedanken gleich wieder beiseite. Wer, frage ich mich, denkt denn so was?

Lernende Maschinen für die Datenflut

An dieser Stelle ergreift Herr Kell das Wort, ein schlaksiger junger Mann mit einer etwas zerzausten Frisur und einem unüberhörbaren Dialekt, den er gleich bei seinem ersten Wort unter Beweis stellt. Eigentlisch, beginnt er mit einem schwäbischen »Sch« im Nachklang, ist das mit der künschtlichen Intelligenz auf der ersten Zwiebelschale recht einfach, weil zumeist arg übertrieben. Ich möchte aber zunächst, wie beim Thema Daten, eine gemeinsame Basis herstellen, bevor wir dann anfangen Ableitungen zu diskutieren, damit wir alle hier in der gleichen Sprache von den Dingen reden.

Maschinenlernen
Um nicht in der Flut an Daten zu versinken, brauchen wir intelligente Systeme, die in der Lage sind, mittels Feedbackschleifen selbstständig zu lernen. Möglich wird dies etwa durch Self-Reinforcement-Lernprozesse, in denen ein Algorithmus in einer raschen Sequenz von Versuch und Irrtum den Erfolg oder Misserfolg eines jeden Versuchs auswertet und so in kürzester Zeit erfolgreiche Verhaltensstrategien identifiziert.

Die Grundlage des Hypes um künstliche Intelligenz und das maschinelle Lernen, fährt der junge Mann fort, sind zwei wesentliche Trends, die einige Klassen von Algorithmen, die wir eigentlich schon seit längerer Zeit gut kennen, plötzlich sehr viel leistungsfähiger machen. Der erste Trend ist das Wachstum der Datenmengen, die diese Algorithmen als Grundlage verwenden, um ihre Leistung radikal verbessern zu können. Dieses Wachstum haben wir ja eben besprochen. Und zweitens ist die Rechenleistung unserer Computer in den letzten Jahren in eine Dimension vorgestoßen, in der sich auch komplexeste Rechenvorgänge in vernünftigen Zeiträumen bewältigen lassen. Diese Leistungssteigerung folgt dem bekannten Mooreschen Gesetz des Intel-Mitgründers Gordon Earle Moore aus dem Jahr 1965, das besagt: Die Komplexität, gemeint ist die Anzahl der Transistoren von integrierten Schaltkreisen, und damit die Leistungsfähigkeit von Computern verdoppelt sich durch den technischen Fortschritt etwa alle 12 bis 24 Monate[148]. Dieses Gesetz hält seit der Zeit, in der Moore es postuliert hat, mit erstaunlicher Robustheit an. Zur Entwicklung der Hardware gibt es noch mehr zu sagen, da komme ich gerne später drauf zurück.

Uns interessiert ja erst mal die Software, die leistungsfähige Computer immer intelligenter werden lässt. Intelligenter werden bedeutet, simpel gesprochen, lernen. Genau in diese Richtung beginnen wir unsere Ausführungen, erklärt Kell, also mit lernenden Maschinen. ML, also maschinelles Lernen, beschreibt nämlich bei Computern die Fähigkeit, aus Daten zu lernen. Ein ML-System trainiert üblicherweise anhand von vielen Beispielen, was richtig und was falsch ist und kann nach Beendigung der Lernphase das Gelernte in einem engen Rahmen verallgemeinern. Das heißt, es werden nicht einfach alle existierenden einzelnen Beispiele vom Computer auswendig gepaukt, sondern der Algorithmus *erkennt* gewisse Gesetzmäßigkeiten in den zu prüfenden Daten, auch wenn er das ganz spezifische Exemplar noch nicht gesehen hat, sondern nur ähnliche Muster. Ein praktisches Beispiel aus Ihrem Sektor ist die Verkehrszeichenerkennung in Ihren Fahrzeugen. Die Onboard-Kamera erfasst die Verkehrszeichen im Umfeld des Fahrzeuges und klassifiziert diese über einen Algorithmus. Dabei muss sie auch jene Verkehrszeichen richtig zuordnen, die die Kamera noch nicht gesehen hat, weil sie neu sind. Damit meine ich natürlich nicht »neu« im Sinne von Fantasie-Verkehrszeichen, sondern welche, die etwas verbogen sind, die an einer Ecke vielleicht verdreckt sind oder vergilbt, teilweise abgedeckt oder einfach nur sehr schräg stehen.

Ein anderes prominentes Beispiel für die spontane Zuordnung von neuen Inputs zu bekannten Klassen ist Ihr Filter in der E-Mail-Inbox, der beurteilt, ob eine ankommende Mail als Spam klassifiziert wird. Da entscheidet das Programm aufgrund vieler historischer Beispiele und des Feedbacks anderer Nutzer, ob die neue Mail, die das System ja noch nie vorher gesehen hat, automatisch im Spam-Ordner abgelegt werden soll. Dazu muss das System aber viel trainieren und reichlich Feedback darüber erhalten, was es richtig und was es nicht richtig erkannt hat. Erkennen bedeutet beim maschinellen Lernen, dass das System Input-Muster klassifiziert und mit einer gewissen Wahrscheinlichkeit zu Output-Ergebnissen zuordnet.

Die Muster, über die sich die Algorithmen des maschinellen Lernens hermachen, können wiederum in sehr verschiedenartigen Datenarten versteckt sein. Es eignen sich so unterschiedliche Inputs wie Fingerabdrücke, Gesichter, physische Bewegungsmuster, die genannten E-Mails, Ihre Kontobewegungsdaten und vieles mehr. Es gibt dann sehr viele Verfahren, wie das System technisch die jeweiligen Lernaufgaben im Detail bewältigen kann, und viele Unterarten von Algorithmen, um das einzelne Problem zu lösen. Meist werden für die Erkennung der Muster aber irgendwelche Formen von neuronalen Netzen verwendet, deren Arbeitsweise aus der Gehirnforschung abgeleitet wurde. Diese Nähe zur Gehirnforschung erklärt vielleicht ein wenig das Frankenstein-Moment, über das man der künstlichen Intelligenz heute so viele dunkle Zuschreibungen macht. Da gibt es einerseits Algorithmen, die man aus der Funktion des menschlichen Gehirns abgeleitet hat. Andererseits entstehen in diesen Programmen keine einfach lesbaren Zwischenergebnisse, sondern mit jedem Trainingsdurchlauf lediglich ein Satz immer schwerer zu interpretierender statistischer Muster im Inneren des Systems. Je tiefer das neuronale Netz, also je mehr Lagen von Neuronen der Computer darstellt und je mehr Knoten sich zwischen die Input- und die Output-Schicht schieben, desto dramatischer wächst die Vielfalt an möglichen Verknüpfungen im Inneren des Algorithmus. In jedem Knoten des Netzes wird das aus mehreren Quellen ankommende Signal zu einem Ausgangssignal verdichtet und gewichtet. Je öfter das System trainiert, desto klarer wird durch diesen Mechanismus über die Verteilung der Gewichte im Inneren des neuronalen Netzes ein Inputmuster einem Output zugeordnet. Das meint man hier mit Lernen[149]. Der Ablauf ist, verzeihen Sie mir den Ausdruck, zwar rein mathematisch, aber in seiner Mächtigkeit manchmal schon »spooky«.

Apropos spooky, spricht Kell weiter, durch sogenannte Self-Reinforcement-Lernprozesse[150] bringen diese Programme sich zum Beispiel selbst bei, bisher komplett unbekannte Computerspiele in einer raschen Sequenz von Versuch und Irrtum zu bewältigen. Der Algorithmus startet das Spiel einfach immer wieder und testet dann, mit welchem

Verhalten er weiterkommt. Wenn das Programm bei einem Versuch viele Punkte macht, gibt es eine Belohnung (das vorherige Verhalten wird verstärkt), wenn es Fehler macht, wird das vorherige Verhalten bestraft (geschwächt). Selbst bei einem Start von null Wissen erreichen diese Programme innerhalb weniger Stunden intensiven Übens Weltmeisterniveau. Diese Art von Algorithmen braucht also nur ein Feedback über Erfolg und Misserfolg jedes Versuches und verzichtet ansonsten völlig darauf, vom Menschen zu lernen. Die Ergebnisse können mitunter extrem beeindruckend sein. Im März 2016 erlangte in diesem Zusammenhang der Sieg des Computerprogramms AlphaGo von Google gegen Lee Sedol, den angeblich stärksten Go-Spieler unserer Zeit, ganz besondere Berühmtheit[151]. Um die Leistungsfähigkeit von AlphaGo zu beurteilen, erklärt Kell weiter, muss man berücksichtigen, dass ein Go-Spiel mehr Permutationen hat, also mögliche Spielsequenzen, als es Atome im Universum gibt. Selbst wenn der Computer also gigantisch schnell wäre und er beinahe unbegrenzten Speicher zur Verfügung hätte, könnte das Programm nicht einfach alle denkbar möglichen Abläufe vorher durchrechnen und dann nachschlagen, wie es da von jedem Punkt ideal weiterlaufen würde. Der Algorithmus muss vielmehr das Wesentliche erfassen und »wahrscheinlich gute« Züge erzeugen können.

Für solche sehr eng fassbaren Aufgaben scheint die ML-Zunft in den letzten Jahren immer bessere Antworten parat zu haben und komplexeste, musterbehaftete Beziehungen von Eingaben und Ausgaben immer besser miteinander verbinden zu können. Das können sogar sprachliche Beziehungen sein. Ein Satz in Englisch auf der einen Seite und derselbe auf einer übersetzten Website auf Finnisch. Multiplizieren Sie das mit Millionen von Sätzen auf Millionen von Webseiten als Input, und schon lernt der Algorithmus, wie man aus dem Englischen ins Finnische übersetzt. Oder ins Griechische. Natürlich versteht er deswegen die Sprache nicht, aber er kann die Muster auf der einen Sprachseite extrem gut in die Muster auf der anderen Sprachseite übersetzen. Je höher die Rechenleistung und die Datenmenge, desto gewaltiger können diese Analysen von Mustern ausfallen. Gib dem Computer Millionen von Bildern und korrespondierende Bildbeschreibungen und dann werden die Programme bald in Ihrer Fotobibliothek nach dem Bild suchen können, auf dem Tante Erna ein rotes Kleid trägt und auf einem Pony reitet.

Mit jedem Treffer, und auch mit jedem Mal, wo das Programm etwas falsch macht, lernt der Algorithmus dazu. Mit jedem dieser Lernschritte wird die Welt der Computer mächtiger etwas zu tun, was man früher als rein menschliche Leistung oder sogar als Alleinstellung des Menschlichen klassifiziert hätte.

Für den praktischen Einsatz von Maschinenlernen gibt es heute viele vorgefertigte Programmbibliotheken, die selbst sehr komplexe neuronale Netze quasi schlüsselfertig anbieten, spricht Kell weiter, und die meisten funktionieren nach dem vorhin beschriebenen mathematisch-statistikorientierten Musterbearbeitungsprinzip der neuronalen Netze. Doch das Innere bleibt eben oft eine Black Box. Wichtig ist in der Diskussion zu ML und künstlicher Intelligenz der Grundsatz, dass diese Verfahren nicht von selbst auf die Idee kommen, nach Mustern zu suchen, sondern dass man diese Prozesse von Spezialisten, den sogenannten Data Scientists, aufsetzen lassen und sehr aufwändig kalibrieren und betreiben lassen muss. Denken Sie nur an das vorhin genannte E-Mail-Beispiel. Anpassungen müssen laufend erfolgen und das passiert nur zum Teil automatisch, denn auch die Spammer verbessern die Spam-Qualität und damit muss das System, das nach Spam sucht, immer weiterentwickelt werden.

Weil aber die Leistung der Rechner wie gesagt wächst, die Datenmenge radikal zunimmt, und sich immer mehr Menschen mit der Materie *maschinelles Lernen* beschäftigen, wird die Liste der Einsatzgebiete, in denen die Maschinen die Leistung der Menschen übertreffen, täglich länger. Das ist ein selbstverstärkender Kreislauf, sagt Kell: Mehr Können führt zu mehr Nachfrage führt zu mehr Marktpotenzial führt zu mehr Investition führt zu mehr Können. Und Ängsten, das auch. Ein beeindruckendes Indiz dafür, wie viele Menschen sich damit beschäftigen, war für mich der Onlinekurs *Artificial Intelligence (AI)*, den die Stanford Universität erstmals im Herbst 2011 angeboten hat[152]: Bei seiner ersten Durchführung haben unglaubliche 160.000 Menschen teilgenommen. Das sind etwa zehnmal so viele Teilnehmer, wie die Universität üblicherweise an physischen Studenten betreut. Zwar haben dann nur etwa 20.000 ein Zertifikat erworben, aber diese Zahlen sind ein veritabler Hinweis darauf, wie viele Menschen sich dem Thema künstliche Intelligenz bereits mehr als nur oberflächlich gewidmet haben.

Das zusammengenommen erklärt auch, warum sich viele neue Anwendungen von Frage-Antwort-Maschinen wie Siri, Cortana, Alexa oder Google Assistant, bei denen wir uns in natürlicher Sprache mit Computern austauschen, so rasch entwickeln. Wir haben schlicht seit etwa 2010 das globale Nachschubventil an Daten, Rechenpower und Algorithmen auf Abruf und für die Data Scientists und Programmierer von ML weltweit drastisch weiter geöffnet. Deswegen werden in vielen Onlineshops spracherkennende und schreibende Bots zum Standard. Auch virtuelle Assistenten trifft man vermehrt, die so Sachen können wie Empfehlungen à la »Kunden, die sich für X interessiert haben, fanden auch Y interessant«. Im industriellen Umfeld findet man ML-basierte Anwendungen natürlich im Bereich der Datensicherheit oder auch bei der Wartung von Maschinen und im Qualitätsbereich.

Wie jetzt schon mehrfach angesprochen wurde, ist aber auch die Diskussion zu den ethischen Implikationen der künstlichen Intelligenz intensiver geworden[153]. Meiner Meinung nach wirken diese Algorithmen wegen der beeindruckenden Ergebnisse in den vielen Nischen aber viel mächtiger, als sie tatsächlich sind. Es stimmt, wenn man nur genügend Daten und Rechenpower einsetzt, werden durch ML immer mehr Probleme lösbar, für die es mit klassischer Programmierung bisher keine gute Lösung gab. Damit die Algorithmen aber funktionieren, brauchen sie ein sehr kontrolliertes Umfeld und eine Instanz, die ihnen sagt: Richtig gemacht oder falsch gemacht. ML stellt im Grunde aber gar nicht die philosophische Frage, wie wir Maschinen das Denken beibringen können, sondern widmet sich der viel profaneren Herausforderung, ein Input-Output-Ergebnis zu erreichen, das dem eines Menschen nahekommt oder es sogar übertrifft. Demnach können Algorithmen durchaus lernen, juristisch einwandfreie Argumentationen zu liefern, ohne einen Funken juristischer Bildung zu besitzen, oder einen Fernlaster zu fahren oder eine Drohne zu steuern. Es kommt in all den beschriebenen Anwendungen aber überhaupt nicht darauf an, dass Algorithmen in Computern auch nur annähernd dem Denken der Menschen näher kommen.

Hier erlaube ich mir die Brücke oder auch die Grenze zu dem, was wir künstliche Intelligenz nennen, genauer zu beschreiben. Die Apologeten der künstlichen Intelligenz sehen in der stärker werdenden Fähigkeit von Maschinen, intelligentes Handeln zu simulieren und mehr davon zu können, was in der lateinischen Wortherkunft *intellegere* angelegt ist, also wörtlich »inter« wie »zwischen« und »legere« wie »lesen, wählen«, schon Hinweise darauf, dass etwas, was intelligent wirkt, auch intelligent sein müsste. Dem schließe ich mich ausdrücklich nicht an. Für mich bleiben die Programme, mit denen wir es bei uns zu tun haben noch sehr lange lernende Maschinen und werden nicht durch mehr Rechenleistung und Datenspeicherung auch gleich künstliche Intelligenzen, meint Kell. So lange kein Selbstbewusstsein und keine eigene Motivation bei diesen Programmen im Spiel ist, über die diese aus einem eigenen Antrieb handeln würden, sind das für mich Werkzeuge. Sie bleiben auch in sehr komplexen Ausbaustufen das, was man *philosophische Zombies*[154] nennt.

Natürlich können ferngesteuerte Zombies beliebig gefährlich werden und eine darüber hinausgehende ethische Befassung ist weiter spannend und wichtig. Für unser Thema reicht meiner Meinung nach aber die Sichtweise aus, dass wir es mit sehr flexiblen Robotern zu tun haben. Im Moment gibt es keine Indikatoren dafür, dass die Maschinen irgendetwas machen würden, was wir aus Science-Fiction-Büchern kennen.

Ist also ein intensiveres Maschinenlernen der Weg zur künstlichen Intelligenz?, wirft Herr Kell seine rhetorische Frage in den Raum. Nein, natürlich nicht. Weder sind wir heute dabei, ein Skynet[155] zu bauen – das ist die böse Maschineninstanz, die sich im Actionfilm *Terminator* an die Auslöschung der Menschheit macht – noch naht die Singularität, also der Zeitpunkt, ab dem die Maschinen sich ihrer selbst bewusst werden. Mit der Ausnahme einiger Utopisten ist die wissenschaftliche Gemeinde insgesamt durchaus davon überzeugt, dass es bis zur starken künstlichen Intelligenz, die eine menschliche Intelligenz nachbilden oder gar übertreffen würde, noch ein sehr weiter Weg ist. Viele glauben sogar, und ich tendiere dazu, mich in meiner privaten Meinung anzuschließen, dass die Reduktion der menschlichen Intelligenz auf bloße Rechenvorgänge eine sehr fragwürdige Vereinfachung darstellt. Beinahe so als würden wir ein schlechtes Gefühl entwickeln, weil der Taschenrechner besser multiplizieren kann, als wir selber es können.

POPULÄRWISSENSCHAFTLICH VERURSACHTE HALLEY PANIK

Viele Menschen beschäftigen sich unendlich gerne mit allen möglichen obskuren Gefahren, Verschwörungen und Untergangsszenarien. Manche auch, um damit ihr eigenes kleines Geschäft zu machen. Das erinnert mich an die faszinierende Episode vom Weltuntergangs-Kometen Halley, der 1910 die Menschheit in Aufregung versetzte[156]. Damals war die Welt voll mit neuen Erfindungen, genialer Technik und, aus heutiger Sicht, einem gerüttelten Maß an Halbwissen. Viele Städte verfügten in der Moderne des Jahrhundertwechsels neuerdings über Akademien, Fernrohre und lokale Wissenschaftler. Diese hatten zwar auch einige reale Erkenntnisse hervorgebracht, zum Beispiel durch eine Spektralanalyse des Kometen, doch verursachten sie durch wechselseitiges und ungenaues Nachplappern in erster Linie wahrhafte Kettenreaktionen von immer weiter gesteigerten, oft völlig haltlosen Ereignisprognosen. Unter anderem über die Zusammensetzung des Schweifes des Kometen, der aus Sicht der populärwissenschaftlichen Deutungszunft möglicherweise das Leben auf unserer Erde in einem Blausäurenebel ersticken könnte. Die gerade entstandene Massenpresse garnierte die schlechten Nachrichten auf den Titelseiten mit weiteren Halbwahrheiten, verkürzten Zitaten und beeindruckenden Bildern. Die Folge war ein weltweites Entsetzen und heillose Panik. Eine *vernünftige* Diskussion schien völlig ausgeschlossen, Kometen-Pillen hatten Hochkonjunktur, Gasmasken verkauften sich den Quellen nach hervorragend und Papst Pius XII. erschien auf dem Plan, um das egoistische Hamstern von Sauerstoffflaschen vehement zu verurteilen. Auch wenn nicht nur in Konstantinopel, dem heutigen Istanbul, 100.000 Menschen in Nachtgewändern auf die Dächer stiegen, um den Kometen und unseren Untergang zu sehen, ging die Welt am Ende, wie wir heute wissen und damals bereits sauber berechnet hatten, doch nicht unter.

Die künstliche Intelligenz wird meiner Meinung nach von vielen Menschen wider besseres Wissen dämonisiert, statt sie als symbiotisches Werkzeug zu begreifen, sagt Kell. Das aber ist eine Frage, der wir jetzt nicht zu viel Raum geben sollten. Wenn Sie wollen, dann gebe ich Ihnen dazu gerne einen Link auf einen Text von Kevin Kelly, dem ehemaligen Herausgeber und Mitgründer des *Wired,* der eine aus meiner Sicht sehr kluge und nüchterne Einordnung der Frage nach der Annäherung an eine starke künstliche Intelligenz liefert[157].

Künstliche Intelligenz und Automatisierung bergen neben Risiken auch enorme Chancen auf dem Arbeitsmarkt der Zukunft. In der Automobilindustrie führt maschinelles Lernen nicht nur zum autonomen Fahren. Vielmehr wird das Fahrzeug der Zukunft zum vernetzten Mitspieler im Internet der Dinge, der selbst unaufhörlich Daten produziert und auswertet.

In jedem Fall aber laufen wir rund um *Big Data* und *KI* auf eine gewaltige kommunikative Herausforderung zu. Überall sprießen neue Datengesetze wie die Datenschutzgrundverordnung, und viele weitere Warnschilder, Regelungen, Sperren, Nachweispflichten und gestrenge Gängelungen. Manchmal geschieht dies aus Geschäftsraison, als Transparenzgebot, im Namen der sauberen Demokratie oder eines nationalen Interesses. Der typisch deutsche Ethik-Reflex, der zu jeder Technologie sofort und umfassend die Technologiefolgenabschätzung diskutiert haben will, wird im globalen Kontext mal vorsichtig bewundert (zum Beispiel, wenn es um die mutigen Schritte in der Energiewende und den Ausstieg aus der Atomkraft geht), meist aber mit einem Kopfschütteln abgetan. Ist man aber schon deswegen ein rücksichtsloser Technikgläubiger, nur weil man nicht in devot vorauseilendem Gehorsam in die Technologiefolgenabschätzungsdebatten der Maschinenstürmer einstimmt?

Ja, die künstliche Intelligenz wird für viele klassische Berufe extreme Veränderungen und Arbeitsplatzrisiken mit sich bringen. Sie wird aber für jene, die sich schnell anpassen, auch gewaltige Chancen bieten. Eine Chancenbetrachtung findet aber nicht im gleichen Ausmaß statt, obwohl genau dort viele der Jobs gefunden werden könnten, die zweifelsohne in den kommenden Jahren verloren gehen werden. Ich glaube, wir brauchen dringend eine technologische Aufklärung, damit nicht digital ungebildete Entscheider den Fortschritt und die Anpassung unserer Wirtschaftsbasis verhindern. Während ich Herrn Kells Worten lausche, merke ich, wie sehr wir uns in diesem Thema festgebissen haben, und gebe ein kurzes Handzeichen, es damit gut sein zu lassen.

TECHNIKFOLGENABSCHÄTZUNG, NOCH EINE ANEKDOTE: DER **RED FLAG** ODER **LOCOMOTIVE ACT** IM ENGLAND DER 1860ER-JAHRE.

Die Eisenbahn hatte ab Anfang des 19. Jahrhunderts England erobert und war wie in fast allen Ländern fest in staatlicher Hand. Vom Wettbewerb durch die neuen Maschinen zum individuellen Selbstfahren waren weder die Eisenbahngesellschaften noch die Betreiber von Pferdefuhrwerken und ihre jeweiligen Lobbys begeistert. Das davon beeinflusste britische Parlament reagierte mit Blick auf die Anwendung dieser Selbstfahrer sehr restriktiv. Damit das ganze Maschinenfahren nicht außer Kontrolle geriet, sollte das britische Lokomotivgesetz den Einsatz dieser Maschinen regeln. Innerorts wurde die Geschwindigkeit für Selbstfahrautomaten also auf wenig reizvolle zwei Meilen pro Stunde beschränkt, außerhalb waren immerhin vier erlaubt[158]. Ähnlich entschleunigend wirkte die für Autofahrer besonders spaßbremsende Vorschrift, dass vor jedem Auto ein Mensch mit einer roten Fahne herlaufen und in ein Horn blasen musste, um Kutschen, Reiter und Zuggespanne zu warnen. Wer dagegen verstieß, diesen Warner vor der Maschine laufen zu lassen, riskierte drakonische Strafen. Erst 1896, also dreißig Jahre nach Einführung des Lokomotivgesetzes, wurde die Regelung gelockert. Das Lokomotivgesetz blockierte laut mehreren Quellen den Ausbau von Straßen und die Entwicklung einer Autoindustrie im England des 19. Jahrhunderts signifikant.

Hennrich nickt nachdenklich und erwidert: Ja, maschinelles Lernen und KI werden unsere Welt in den kommenden Jahrzehnten stark verändern. Das steht fest. Und es steht auch fest, dass wir unsere Industrie davon nicht abkoppeln dürfen, deswegen sind wir ja hier. Technologisch sind wir mit unseren Produkten da längst mittendrin. Es gibt vier Anwendungsfelder, fährt er fort, in denen wir produktseitig mithilfe von maschinellem Lernen schon heute große Fortschritte machen.

Lassen Sie mich das etwas genauer beschreiben, führt Hennrich weiter aus und zählt die folgenden vier Stufen der Entwicklung des maschinellen Lernens an seinen Fingern ab:

» **Erstens: Wahrnehmungsunterstützung durch Maschinenlernen.** Das wurzelt in einer zunehmenden Menge von Sensoren, die das Fahrzeug, das Umfeld und den Fahrer überwachen. Dazu gehören auch so komplexe Sensoriken wie für die Spracheingabe, aber auch für die Wahrnehmung von Stimmung oder Müdigkeit sowie für das Management der Aufmerksamkeit des Fahrers. Wir haben es zuletzt, wie zu Beginn unseres Gesprächs schon ausgeführt, mit völlig neuen Sensoren aus dem Konsumgüterbereich und sogar aus dem Feld der Medizintechnik zu tun. Hier verlassen wir uns durchaus auch auf die Arbeitsteilung mit den Zulieferern, die sich oft in großer Detailtiefe um die Algorithmen in den Sensoren kümmern. Das alles lässt zwar auch bei uns den Arbeitsaufwand in Summe stark anwachsen, aber das ist für uns heute in den meisten Fällen von der Komplexität her noch beherrschbar.

» **Zweitens: Maschinenlerngestützte Repräsentation.** Das ist derzeit der Haupttreiber für immer mehr Rechenleistung im Auto und beinhaltet unter anderem die Fusion der Sensorsignale, also die »Zusammenrechnung« der Daten von all den unterschiedlichen Sensoren, mithin die Analyse der Wahrnehmung. Im Weiteren geht es um die Auswertung dessen, was das Fahrzeug *sieht*. Was ist eine Spur und was ist ein Fußgänger, ein Verkehrszeichen oder ein Fahrzeug im Quer- oder im Gegenverkehr? Hierunter fallen auch die komplexen Algorithmen, die Daten mit Kontext anreichern, wie bei der Personalisierung oder dergleichen mehr. Das ist der Bereich, in dem wir mit unseren klassischen Verfahren ganz eindeutig an Leistungsgrenzen stoßen und dringend von den Kollegen aus der Digitalbranche dazulernen müssen. Das beginnt beim Management großer Softwareprojekte, fragt nach der Beherrschung immer größerer Datenmengen, Stichwort Datenstrategie, und endet unter anderem bei der Frage nach den Methoden der Verifikation, also der Bestätigung der Richtigkeit dessen, was die Software als Muster erkennt.

» **Drittens: Entscheidungsautomatisierung mithilfe des maschinellen Lernens.** Darunter verstehen wir in erster Linie aktive Eingriffe zum Schutz der Insassen, also im einfacheren Fall die Weiterentwicklung der vielen Assistenzsysteme. Es kann sich aber darum handeln, das Informationsangebot in Abhängigkeit davon zu steuern, wie sehr die Aufmerksamkeit des Nutzers überhaupt eine Interaktion zulässt. Das Besondere dabei ist, dass wir unter dem Stichwort »Entscheidungsautomatisierung« aktiv damit beginnen, in alternativen Szenarien zu denken und mehrere Optionen zur »Entscheidung« zu stellen. Dazu fließen viele Infos in die Entscheidungsvorbereitung ein, vor allem auch von anderen Fahrzeugen oder über das Back-End, also aus der virtuellen Verkehrsumgebung. An dieser Stelle wird das Fahrzeug zum Mitspieler im cyberphysischen System, dem Internet der Dinge. Sehr vereinfacht ist das zum Beispiel unter anderem die Antwort auf die Frage: Welches Produkt oder welchen Dienst würde der Nutzer genau jetzt und genau auf sich persönlich zugeschnitten gerne haben wollen.

Wir haben zwar erste Modelle zur Beantwortung dieser Frage, im Vergleich zu den großen Plattformen aus dem Silicon Valley oder China wirken diese aber aus meiner Sicht eher noch wie Faustkeile in einem Raumschiff.

» **Viertens: Aufgabenautomatisierung durch Maschinenlernen.** Gemeint ist das Lösen von Aufgaben durch Maschinen, die dazu ein komplexes Modell als Repräsentation der Fahrzeugumwelt brauchen.

Das wäre dann exemplarisch so was wie ein Parkpilot, der selber einen Parkplatz sucht, oder ein Autobahnpilot, der über größere Distanzen selber fahren kann. Das Gesamtsystem verfolgt dabei Ziele und kann selber situativ aus einer Anzahl von Lösungsvarianten wählen. Die Umwelt kann sich dabei zu einem gewissen Grad verändern und das Ziel bleibt natürlich aufrecht. Wenn ein Parkplatz von einem anderen Auto weggeschnappt wurde, soll das Fahrzeug weitersuchen und nicht entnervt in den Errormodus wechseln. Eine ähnlich komplexe Gesamtaufgabe kann zum Beispiel auch die Übernahme der Cyberabwehr sein.

Auch in der Automatisierung von Aufgaben im Entstehungsprozess unserer Software sehen wir für Maschinenlernen große Potenziale. In unserer Produktentwicklung setzen wir massiv darauf, in Zukunft verstärkt ML-Algorithmen bei der Suche von Fehlern, der Automatisierung von Tests und in der gesamten Entstehungskette von Software zum Beispiel für das Management der API-Schnittstellen einzusetzen.

Ohne extrem mächtige Software-Werkzeuge werden wir aus unserer Sicht bei dem Anstieg von heute kaum mehr robust zu beherrschenden 100 Millionen Zeilen Code im Fahrzeug auf demnächst erwartete 500 Millionen scheitern. Die Zeiten, in denen ein Programmierer auf einem leeren Screen einige Zeilen Code für sich alleine schreiben konnte, sind ohnehin längst vorbei, meint Hennrich. Die Softwareproduktion ist ein sehr komplexes Unterfangen geworden, bei der trotz Modularisierung jedes Element des Codes sehr umsichtig in ein gigantisches Netz an Schnittstellen und Daten-Anbindungen integriert werden muss. Die Verwaltung der abertausenden APIs, den wichtigen Schnittstellen zwischen den Programmen, werden wir aus unserer Sicht ohne Beiträge aus dem Feld des maschinellen Lernens nicht schaffen.

Eigentlich, spricht Hennrich weiter, liegt unsere Herausforderung gar nicht so sehr auf der inhaltlichen Ebene. Das Was verstehen wir heute bereits viel besser als früher. Wo wir aber regelmäßig an unsere Grenzen stoßen, ist die Frage des Wie der Softwareprozesse. Wie schwere Lehmschuhe drückt uns das Erbe unserer Abläufe fest auf den Boden des Maschinenbaus zurück, also in die Scholle, aus der wir gekommen sind. Ich male Ihnen mal ein Bild, um das zu illustrieren, sagt Hennrich, greift sich einen Stift und geht zu dem Whiteboard hinter uns.

Gehen wir mal zuerst von der historischen Arbeitsweise aus und schauen uns an, wie wir bisher Software geschrieben haben. Das hier ist ein ganz normaler Softwareprozess, wie er sich in den letzten Jahren als Standard etabliert hat:

Traditioneller Software-Entwicklungsprozess

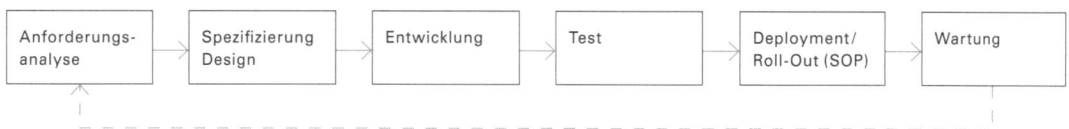

ABBILDUNG 7
Traditioneller Software-Entwicklungsprozess

Im ersten Schritt analysiert man in diesem Prozess die Fachanforderungen, also was gemacht werden soll. Sagen wir mal eine Funktion, um die Türen des Fahrzeuges zu öffnen. Dann spezifizieren wir das Design. Das fragt nach den Steuergeräten, die die Tür öffnen können, dem Schlüsselkonzept und so weiter. Dann kommen die Entwicklung, also das Codieren der Funktion und der anschließende Test – auf und zu, auf und zu. Beim Deployment wird die neue Funktion in das Fahrzeug und die Fabrik integriert, also jedes Fahrzeug bitteschön genau seinen passenden Schlüssel an der richtigen Stelle und zur richtigen Zeit, und wird am *SOP*, dem *Start of Production*, der Fabrik zur Verfügung gestellt.

Ich kann in diesem Prozess also genau zurückrechnen, wann ich mit dem Projekt beginnen muss, damit ich diesen SOP-Einsatzzeitpunkt erwische, stellt Hennrich fest. Und was ich inhaltlich bekommen soll, ist auch klar, denn am Anfang des Projektes habe ich das ja als Anforderung in den Prozess eingekippt. An diesem Punkt endet dann das Projekt und die Verantwortung geht in den Bereich des Kundendienstes über. Genau da ist aber einer der Haken. Das Projekt endet. Zurück an den Start geht es nur, beachten Sie die gestrichelte Linie, wenn es wieder ein neues Projekt gibt. Das geht leider schon bei der normalen Software im Fahrzeug heute nicht mehr, und wenn wir das nicht radikal ändern, werden wir erst recht nicht im Zeitalter des maschinellen Lernens ankommen.

Wie wir gleich sehen werden, ist das auch kein isoliertes Prozessthema mehr, das ein Ressort alleine lösen kann.

Das Ende der Hellfire Missile

Hennrichs Gesicht versteinert sich etwas, während er weiter ausführt: Vom Wettbewerb her stehen wir schon jetzt von allen Seiten unter dem Druck, in immer kürzerer Zeit immer noch komplexere Produkte zu liefern. Dabei rechnen wir die bestehenden Prozesse linear hoch und glauben, allein durch »More of the same« und ehrgeizig verdichtete Lieferzusagen dagegenhalten zu können. Aber, ob wir uns das eingestehen wollen oder nicht, die Wahrheit ist: Wir haben heute in quasi allen unseren Projekten gegenüber den optimistischen Plänen in der Realität massive Verzögerungen. Die Planungsbasis stammt aus der Zeit der mechanischen Produkte und ist durch eine funktionale Arbeitsteilung über die Ressorts hinweg bestimmt. Digital ist da nur ein Zuckerguss auf dem Blech. Was ich sagen will, meint Hennrich, ist, dass wir wegen der unterschätzten Andersartigkeit des digitalen Geschäftes entgegen unserem Anspruch Gefahr laufen, langsamer und nicht schneller zu werden.

Ich vermute auch, fügt Hennrich hinzu, dass uns das kunstvolle Weiterreichen des Schwarzen Peters, also der Schuld an den einzelnen Verzögerungsgründen, von einem Ressort zum nächsten nicht hilft. Unser Problem ist meiner Meinung nach systematisch, übergreifend und auch nicht nur eines der viel zu langen Projektlaufzeiten. Auch die geplanten Kosten überschreiten wir wegen der ungewohnten Komplexität der Software in beinahe allen Fällen am Ende deutlich und bringen meist nur einen Teil der erwarteten fachlichen Ergebnisse in unseren Produkten zum Laufen. Jetzt kommt noch dazu, dass durch die Digitalisierung und die Datenrückflüsse unsere Projekte ja gar kein Projektende mehr erreichen. Ich kann das Projektteam, das das Fahrzeug gebaut hat, immer weniger in das nächste Projekt schicken, wie das früher der Normalfall war, weil mit der Auslieferung der eigentlich datenliefernde Lebenszyklus des Produktes in seinem Einsatzleben erst beginnt, führt Hennrich aus.

Das eben meine ich mit dem Ende der »Hellfire Missile«. Früher konnte ich die Verantwortung für ein Projekt im Sinne von »Fire und Forget« an einem bestimmten Punkt in die Produktion und die wiederum später an den Vertrieb übergeben, ohne dauernd weiter damit befasst zu sein. Aber heute werden Produkte zu Diensten, die ständig weiter betreut werden wollen. Überall haben wir plötzlich Rückflüsse von Daten, über die Zufriedenheit des Nutzers, die Fehler, Bugs und Anregungen, und Daten darüber, wo und wie und was genutzt wurde. Daten über Daten – bei Ihnen im Vertrieb, Herr Mahlich, aus dem Marketing, der Handelsstufe, dem Aftersales, der Produktion und genauso bei uns in der Technischen Entwicklung. Das ursprünglich zeitlich befristete Entwicklungsprojekt wird dadurch zu einer intensiven, quasi lebenslangen Dauerbefassung mit dem Fahrzeug im Feld. Nachdem wir noch vor kurzer Zeit gejammert hatten, beinahe keine Daten aus der realen Welt unserer Produkte zu haben, leiden wir in jüngster Zeit überraschend stark an Projekt-, Daten- und, ja, auch Komplexitätsverstopfung.

Hennrich macht eine kleine Pause und fügt schließlich an: Ein »Weiter so« in meinem Ressort ist schlicht keine Option. Dann schaut er in meine Richtung und ergänzt: Schon für die bestehenden Projekte und noch viel mehr für die vom Vorstandsvorsitzenden geplante Produktoffensive müssen wir an dieser Stelle mit neuen Ideen kommen. Ich suche und brauche da Ihre Mithilfe, Herr Mahlich. Wir benötigen meiner Meinung nach dringend Möglichkeiten, dieses Dilemma aus dem immer schneller Liefern-Müssen im einzelnen Projekt und dem laufenden Aktuell-Halten aller Produkte im Feld bis hin zu einer flexiblen Anpassung an die digitale Mode des Tages, wie wir das bei Handys schon kennen, prozessual überwinden zu können. Wir haben zwar einige Hypothesen, die wir dazu mit Ihnen diskutieren wollen, aber, da sind wir ehrlich, wir haben noch keine Lösungen.

Hennrich macht wieder eine kurze Pause und sagt dann an seinen Assistenten gewandt, dass es nun Zeit sei, uns mit frischem Kaffee zu versorgen, was ich von meiner Seite dankbar bestätige. Mir wird klar, dass der Vorstandskollege hier sehr frei und offen seine Sorgen auf den Tisch packt und dass er es bisher sehr klug vermieden hat, die Ursache für diese Probleme in den anderen Bereichen zu suchen. Sicher, er hat auch immer wieder darauf hingewiesen, dass er das nicht in seinem Ressort alleine lösen kann. Doch einen tatsächlichen Vorwurf hat er vermieden. Dabei gehe ich durchaus davon aus, dass insbesondere mein Ressort wenig zur Reduktion der Probleme beigetragen hat. Schließlich ist die Betreuung der Produkte im Feld eine Aufgabe des Vertriebes und des Aftersales, also in erster Linie meines Verantwortungsbereiches. Bei der Aufbereitung der Datenflüsse aus dem Feld oder der vorausschauenden Klärung von Anforderungen für die Zukunft hat Hennrich da sicher wenig gute Unterstützung gefunden, soviel konnte ich auch nach der kurzen Zeit bei der AutoInc. schon erraten.

Deswegen fällt es mir leicht, ihm nun zu antworten: Herr Hennrich, ich glaube gut zu verstehen, was Sie meinen, und meine bisherigen Gespräche mit meinen Spezialisten haben mich in puncto der »laufenden Betreuung im Feld« auch ernüchtert. Wir sind nicht dazu aufgestellt, den Dialog mit unseren Nutzern wirklich ausreichend gut zu führen. Ähnliches nehme ich auch in meinem Ressort wahr. Denn auch wir arbeiten nach dem von Ihnen so schön beschriebenen Modell der Hellfire Missile. Vielleicht passt der Raketenvergleich hier sogar besonders gut, da die jeweiligen Neuerscheinungen, also unsere fahrzeugbezogenen Produktlaunches, geradezu kampagnenartig rausgepumpt werden. Das ganze Geschäft mit dem Lebenszyklus des Produktes, übrigens schon heute eigentlich die zentrale Quelle unseres finanziellen Erfolges, macht dann etwas verschämt der Bereich Kundendienst und die Teileversorgung. Ich vermute auch meinerseits Verwerfungen zwischen dem linearen Modell des »In-den-Markt-Pumpens« und der nachhaltigen Betreuung, wie Sie es eben beschrieben haben. Selbstverständlich nehmen wir die Einladung zu weiteren Gesprächen für eine gemeinsame Prozessentwicklung gerne an, füge ich noch hinzu und freue mich dann über den frischen Kaffee.

Kontext Mehr-Wert

Wir sind jetzt über die Datenwelt und die künstliche Intelligenz bis hin zu einigen unserer Prozessdefizite einen weiten Weg in unserer Diskussion gegangen, was für unseren Einstieg auch in Ordnung ist, greift Hennrich schließlich den Faden wieder auf. Am Ende läuft das für mich alles in der Frage zusammen: Welche Voraussetzungen müssen wir sicherstellen, damit wir irgendwann einmal jedem unserer Nutzer situativ angepasste, optimal nutzbare und nützliche digitale oder physische Dienste anbieten können? Und das möglichst personalisiert, automatisiert und so exakt auf den Kontext abgestimmt wie möglich! So wie ich das sehe, decken sich diese Voraussetzungen genau mit den vorhin besprochenen Themen: Wir müssen die Datenflut besser beherrschen, intelligente Algorithmen finden, die aus diesen Daten lernen, und nicht zuletzt: unsere Prozesse modernisieren, damit wir dauerhaft dranbleiben können.

intelligente Algorithmen

aus Daten lernen

Prozesse modernisieren

Das ist mein Stichwort, denke ich und bin plötzlich hellwach, es entspricht genau meinem Credo: *Experience goes digital.* Lieber Herr Hennrich, ergreife ich das Wort, was Sie da beschreiben, ist genau die Basis für das, was ich an unserem Abend mit den Vorständen angesprochen habe. Wenn wir diese Anforderungen technisch absichern, können wir nachher in Echtzeit in den Daten jenen Kontext aufspüren, über den wir unseren Nutzern eine viel bessere, bidirektionale Kommunikation, eine verbesserte Kanalintegration, mehr Personalisierung und Co-Creation und am Ende ein geteiltes (shared, social) und offenes Ökosystem bieten.

Zugegeben, das sind viele Punkte, und die sind nicht einmal so ganz neu! Unter der Überschrift »Personalisierung« betreiben wir schon seit Jahren einen Zuschnitt auf zumindest eine Art von Kontext der Nutzung unserer Produkte: nämlich den Zuschnitt auf den einzelnen Nutzer. Personalisierung ist aber nur die Spitze des Kontext-Eisberges, weil ein- und dieselben Menschen in unterschiedlichen Settings ganz verschiedene Bedarfe an Mobilität oder einfach auch nur an Funktionen eines Fahrzeuges haben können. Ein Familienvater, der mit Frau und Kindern unterwegs ist, möchte möglicherweise ein deutlich anderes Diensteportfolio aktiviert haben, als wenn er dieselbe Strecke im Kontext einer Dienstfahrt oder auf dem Weg in den Baumarkt zurücklegt. Fragen wir uns doch mal, welche Maschinen schon heute sehr gut antizipieren, wie wir sie nutzen wollen – sicher denken Sie da auch als Erstes an Ihr Smartphone. Einmal das Display gekippt und, schwupp, dreht sich die Anzeige um neunzig Grad. Einmal auf den Kartendienst getippt und schon sehen wir die Restaurants in genau der Umgebung, in der wir uns aktuell befinden. Das gelingt vor allem durch das Zusammenspiel einer enormen Anzahl von Sensoren, die den Kontext, also das Nutzungsumfeld, erfassen. Bis 2020 werden im Handy etwa 20 unterschiedliche Sensoren verbaut sein. Dazu gesellt sich ein massiv wachsendes Umfeld von Sensoren im IoT, auf die das Handy per Datenverbindung »remote« zugreifen kann.

Das geht aber auch im Auto, fahre ich eifrig fort. Die physisch verbauten neuen Sensoren bieten immer mehr Sicherheit und Komfort – als Nachtsichtgerät, als Sensor für den Querverkehr oder als Aufmerksamkeitsmanagement bei Müdigkeit. Vielleicht auch als Gesundheitswächter, der unsere Atem- und Herzfrequenz beobachtet, oder auch vernetzt mit dem IoT der Umgebung, um die Luftgüte, die Verkehrsdichte oder die Anschlüsse an den öffentlichen Verkehr zu erfassen. Weil das aber so viel ist, müssen wir das für die Nutzer klug bündeln, ohne zu überfordern. Im Rennen um die Erfassung des Kontexts und die Verdichtung all dieser Sensorsignale bringen die großen Internetplattformen digitale Assistenten ins Spiel, wie Siri oder Alexa und wie sie alle heißen. Deren einzige Aufgabe ist es, uns den ganzen Tag zu belauschen, verfügbar zu sein, zu lernen und über den Kontext immer besser Bescheid zu wissen. Je mehr sie davon verstehen, was wir gerade mögen, umso komplexere Wünsche können sie antizipieren. Sie beginnen sogar schon damit, unsere Wünsche selbst dann zu erfüllen, wenn sie uns nicht hören können, indem sie etwa die Heizung oder andere Geräte abschalten, wenn keiner da ist, dem sie nützen.

Eigentlich aber bilden Handy und Auto nur eine physische Brücke mit möglichst vielen Sensoren, über die unsere virtuellen Avatare unsere Umwelt wahrnehmen können, führe ich meinen Gedanken weiter aus. Ich glaube, es geht mittelfristig um die Frage, wie man dann daraus einen möglichst kontextreichen Auszug an Informationen als Grundlage für eine wirklich »erweiterte Wirklichkeit«, also eine »Augmented Reality«, erzeugen kann. Ohne Kontext fehlt das, was verstärkt werden kann, und es bleibt nur ein leerer virtueller Raum oder ein physisches Objekt mit einer digitalisierten Bedienungsanleitung. Das wäre aber viel zu kurz gesprungen. Übrigens meine ich in dem Zusammenhang, erkläre ich weiter, dass sich das Auto geradezu ideal, und eigentlich tausendmal besser als das Smartphone, dazu eignet, einen wirkungsvollen Kokon für eine Augmented Reality im Raum um den Nutzer anzubieten. Das Auto ist rundherum verglast, voller Elektronik und bis unter das Dach mit Sensoren ausgestattet. Es ist mit ganz unterschiedlichen Individuen als Passagieren unterwegs, und dennoch sind diese Passagiere recht prognostizierbar an eine Position und an einen gewissen Verhaltensrahmen gebunden. Auf dem Weg in diese Zukunft sind zweifellos viele einzelne Schritte notwendig, ergänze ich, bevor wir in einer Welt solcher fahrender Augmented-Reality-Ökosysteme ankommen werden. Ich weiß, dass wir noch zwei oder drei Generationen von etwas entfernt sind, was in dieser Hinsicht als wirklicher »Game Changer« funktionieren kann, setze ich nach, aber das wird kommen. Ich bin mir sicher, dass es sich lohnen wird, diesen langen Weg zu einer Augmented Reality im Fahrzeug konsequent weiterzuverfolgen. Apropos Timing, füge ich hinzu, das Geheimnis stabiler Ökosysteme liegt meiner Meinung nach auch darin, dass sie nicht über Nacht auf dem Reißbrett entstehen. Selbst Google, Apple oder Amazon brauchten jeweils viele Jahre, um zu dem zu werden, was sie heute sind. Und auch bei denen gab es viele Veränderungen auf dem Weg – und sogar eine Anzahl von Verirrungen und Fehleinschätzungen. Google Glass war so ein Beispiel. Und das Antennenproblem des iPhone 4[159] oder die Batterieprobleme der letzten Jahre zeigen, dass bei aller Genauigkeit selbst Apple nicht unverwundbar ist – und Zeit braucht.

Dennoch hatten diese Technologieriesen einige Prinzipien aufgestellt, spreche ich weiter, an denen sie sich nachhaltig orientieren konnten: Eine langfristige Datenstrategie, Grundarchitekturen für ihre Applikationen, sehr klare und eng kontrollierte Interfaces für die Partner und so weiter. In diese Richtung könnten wir uns auch etwas ausdenken, meine ich, eine mächtige technologische Basis in der Art, wie wir das Angebot aus dem Ökosystem für die Nutzer mischen. Eine Art Matrix, über die wir die Information über den Nutzer auf der einen Seite mit den Diensten auf der anderen Seite in einer kontextbezogenen Logik zusammenbringen. Über den einzelnen Nutzer soll das System dabei möglichst genau wissen, wer die Person ist – nicht unbedingt namentlich, mehr als Typ und Historie und aktuelle Verfassung – und damit, welche Rollen, Rechte, Vorlieben, Lernbereitschaften, Spieltriebe dieses Profil hat und so weiter.

Nachdenklich fahre ich fort: Die Matrix muss natürlich auch gut verstehen, was da lokal an realer Umgebung und auch an Technologie vorhanden ist, welche Sensoren und welche Ausgabegeräte, welche Anbindung und welche Kanäle. Und dann bespielt die Matrix die Realität mit allen erdenklichen Diensten, so wie der Nutzer das halt nutzen kann.

Offenbar habe ich Hennrich eine Steilvorlage geliefert. Er zwinkert verschmitzt, als er einwirft: Und schon ist Neo aus der Matrix auf der Spur des weißen Kaninchens. Ich bin tatsächlich völlig verblüfft über Hennrichs coolen Spruch, mit dem er elegant sein Gespür für die Gratwanderung unserer menschlichen Vorstellungskraft und auch unseres Gesprächs zusammenfasst.

Solange wir abstrakt von dem sprechen, was wir durch kontextsensitives Computing erreichen wollen, erinnert vieles davon an Science-Fiction. Beschreiben wir es aber genauer, denke ich, klingt das schnell nach einem überzeichnet technophilen Comic.

Bei kultigen Anspielungen aus dem Film »The Matrix« kann ich mithalten und antworte mit dem folgenden Zitat:

»Dies ist Deine letzte Chance, danach gibt es kein Zurück mehr! Wenn Du die blaue Pille nimmst, ist alles vorbei. Du wachst auf in Deiner Welt und glaubst an das, was Du glauben willst. Nimm die rote Pille, und Du bleibst im Wunderland. Und ich führe Dich in die tiefsten Tiefen des Kaninchenbaus!«

Laurence Fishburne als Morpheus in »The Matrix«

Vielleicht ist das, was Morpheus in »The Matrix« zu Neo sagt, auch für unsere Situation eine gute Metapher, spreche ich weiter. Nehmen wir die blaue Pille, bleiben wir Hersteller von Fahrzeugen. Das ist der weniger aufregende, aber für unsere eigene Laufbahn vielleicht bequemere Weg. Ein bisschen digitaler Sternenstaub auf das Produkt und unser Marketing, sonst aber streng Dienst nach Vorschrift und Business Case. Oder wir nehmen die rote Pille und werden eine äußerst ungewisse Zukunft haben und mit sehr großen Mächten kämpfen. Denn dann werden wir uns dagegen wehren, zu bloßen Produkten und zu Spielsteinen in der Plattformmatrix anderer zu werden. Dafür wird es dann aufregend und lebendig und lässt uns die Zukunft mitgestalten. Für mich: definitiv das rote Zeug.

Hennrich lacht, ihm scheint unser Science-Fiction-Exkurs zu gefallen, denn er erwidert: An anderer Stelle überzeugt Morpheus Neo von seiner Bestimmung, als er sagt: Hör auf, es zu versuchen – mach es! Vielleicht ist das auch ein gutes Motto für uns und den gesamten Vorstand.

Was wir dann machen müssen: Unsere Welt radikal befreien von dem Gedanken an lineare Prozesse und uns überall mit wirkungsvollen Feedbackschleifen versehen. Das ist vielleicht im Kern auch die Anleitung für die Transformation vom Versuch »agil zu machen« zum »Agilsein«. Agil zu sein meint ja nichts anderes, als rasche Rückkopplungen zu organisieren. Ohne Rückkopplungen auch keine echte Kontextsensitivität. Das Schwierige an der von Ihnen bevorzugten roten Pille, um in der Matrix-Metapher zu bleiben, ist ja, wie Sie eben selbst so gut erklärt haben, dass nicht jede Rückkopplung auch gleich einen positiven Business Case mit sich bringt. Ganz abgesehen davon, dass wir die digitale Datenflut in unserer heutigen Organisation nicht abbilden können, ergänzt er verschmitzt und mit offenbar weiterhin guter Laune. Wir haben ja noch überhaupt niemanden, auf dessen Türschild die Aufgabe steht: »Alle Felddaten bitte hier einwerfen«. Darüber hinaus sind wir aus meiner Sicht prozessual überhaupt nicht dafür aufgestellt, Daten und Feedback als kontinuierlichen Arbeitsstrom bis hin zum geforderten Maschinenlernen zu verdauen. Sehen Sie, Herr Mahlich, sagt Hennrich und zückt seinen Stift, ein Arbeitsprozess aus dem Bereich der digitalen Welt und vor allem des maschinellen Lernens sieht nämlich so aus:

Datengetriebener ML-Entwicklungsprozess

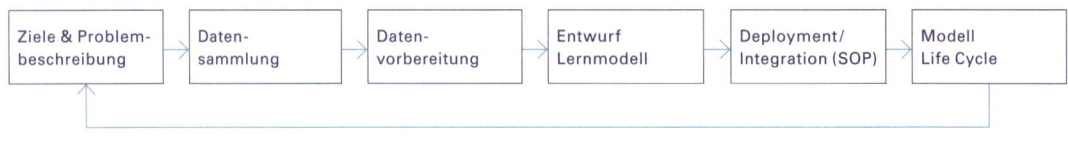

ABBILDUNG 8
Datengetriebener ML-Entwicklungsprozess

Wie im linearen Prozessmodell beginnen wir auch hier mit einer fachlichen Zielsetzung, die aber eher in einer Frage oder Problembeschreibung wurzelt, welche wir mittels der Datenanalyse beantworten oder lösen wollen.

Der Ausgangspunkt kann zum Beispiel die Zielsetzung sein, einem Nutzer unterschiedliche Optionen zu geben, von A nach B zu kommen. Dazu sammeln wir zuerst mal die Ausgangsdaten, das sind so Daten wie: Wo ist der Nutzer zum Zeitpunkt seiner Abfahrt, mit oder ohne Gepäck, Begleitung, Termindruck, oder was für Vorlieben hat der Nutzer bisher gezeigt und was an typischen Ausgaben oder Zahlungsmethoden leistet sich der Nutzer normalerweise. All das also, was sich als Kontext verstehen lässt. Als Nächstes bereiten wir die Daten für die Analyse vor und suchen danach, welche Transportmittel in der aktuellen Verkehrssituation grundsätzlich verfügbar sind: ein Taxi, ein Uber, ein Bahnticket oder ein Roboterauto sowie alle Kombinationen dieser Möglichkeiten. Im selben Augenblick berechnen wir zum Beispiel auch, in welcher Reihenfolge diese Optionen nach Nützlichkeit gereiht werden können. Meiner Meinung nach wird ein gutes System übrigens dann gar keine Auswahl vorschlagen, sondern es wählt die Empfehlung automatisch und trifft selbstständig die entsprechende Vorbereitung, spricht Hennrich weiter[160]. Nur wenn der Nutzer abweichen möchte oder nachfragt, greift das System noch auf ein Menü an Alternativen zurück. Die optimale User Experience löst das Problem nämlich möglichst automatisch und restlos und fragt eben nicht die ganze Zeit zurück, was es denn nun tun soll. Wir wissen heute aus vielen Untersuchungen, dass es auf Dauer als sehr mühsam empfunden wird, sich den ganzen Tag durch Menüs und Optionen zu arbeiten. Das Verhalten der Nutzer gehört ja eher in Ihr Ressort, Herr Mahlich – ich bin mir sicher, dass Sie meine Ansicht teilen: Die digitale Plattform-Avantgarde der Amerikaner und der Chinesen hat einen guten Grund, die Vorteile der unterbrechungsfreien Convenience vor die Vorteile einer breiten Auswahl zu stellen. Auf Dauer ist das ein viel erfolgreicheres Vorgehen. Ich nicke zustimmend, denn natürlich kenne ich den Wert der unterbrechungsfreien Customer Experience und wäre gar nicht auf die Idee gekommen, an dieser Stelle noch an Menüs oder eine manuelle Auswahl zu denken.

Idealerweise bauen und kalibrieren wir das Lernmodell so, fährt Hennrich fort, dass wir also von vornherein möglichst das perfekte Angebot erwischen. Alle Abweichungen sind dabei ein wichtiges Feedback zur Verbesserung unserer Algorithmen. Jeder weitere Datensatz verbessert das Lernmodell entsprechend. Wie wir ausliefern, wie wir das Ganze in kleinen Inkrementen ausrollen und im Lebenszyklus warten, ist mir jetzt nicht ganz so wichtig wie der Umstand, dass wir dann an dem Nutzer extrem eng dranbleiben müssen, weil diese eben beschriebene Echtzeit-Rückkopplung des Nutzerverhaltens so fundamental wichtig ist. Was macht der Nutzer wirklich? Ist er zufrieden? Hat ein Nutzer etwas Unerwartetes gemacht und wenn ja, kann man davon lernen? Das sind die zentralen Daten, über die wir das Angebot stetig verbessern müssen.

Die zentrale Änderung in der Prozesslogik ist damit die kontinuierliche Rückkopplung, betont Hennrich. Das hier, er tippt mit dem Stift auf die durchgezogene Linie in seiner Zeichnung, die vom Ende des Prozesses wieder zurück an den Anfang führt, und zieht sie dann mit einem fetten Strich noch einmal nach. Bricht diese Feedbackschleife ab oder verlieren wir die Datenspur oder drängt sich ein anderer in die Mitte dieses Austausches, dann laufen wir sehr schnell Gefahr, nicht mehr ausreichende Relevanz in den unterschiedlichen Kontexten erzeugen zu können. Schneller als wir es meinen, werden wir dann zum bloßen Lieferanten von einzelnen Funktionen oder müssen uns am Ende gar einen Rest Aufmerksamkeit über teure Werbemaßnahmen erkaufen. Hennrich blickt mich eindringlich an, während er fortfährt:

Also – was wir unbedingt kontrollieren müssen, ist einerseits die Schnittstelle zum Nutzer, das Human Machine Interface, und andererseits den daran gekoppelten Datenstrom. Alles andere werden wir künftig auch zukaufen können.

Das klingt hart, und natürlich werden wir noch lange die physischen Merkmale unserer Produkte haben, die uns davor schützen, zu schnell zu einer gesichtslosen Gebrauchsware zu verkommen. Aber denken Sie das nur mal fünf oder zehn Jahre weiter.

Neben Hennrich tippt sein Assistent demonstrativ gegen seine Armbanduhr, und auch ich stelle fest, dass wir länger als vorgesehen sitzen geblieben sind. Herr Hennrich, erwidere ich, ich bin da durchaus bei Ihnen, aber lassen Sie uns die Fortsetzung unserer Diskussion vertagen. Damit wir in der Zwischenzeit weitere Fortschritte machen, schlage ich vor, mich mit Herrn Bremer auf unserer Seite mal einzuschließen und darüber nachzudenken, wie wir das Thema der Prozesse und das, was wir zu den schnellen Lernzyklen eben diskutiert haben, in eine deskriptive Darstellung bekommen. Das ist der erste Schritt einer Systematisierung, füge ich erklärend hinzu, dem wir dann gemeinsam eine Reihe von Umsetzungsvorschlägen anschließen können. Diese Methode habe ich schon für meine Vorbereitung auf den gemeinsamen Vorstandsabend genutzt. Da ist es mir zwar nicht so gut gelungen, alle auf die Reise mitzunehmen, wie ich es mir gewünscht hätte. Aber die Systematik der Vorbereitung hat mir sehr gut geholfen. Bei unserem nächsten Meeting können wir dann das Ergebnis einem gemeinsamen Review unterziehen und dann darüber nachdenken, wie wir es im Kollegenkreis unserer Vorstände gut verkauft bekommen.

Hennrich stimmt meinen Worten merklich wohlwollend zu und wir verabreden uns spontan für den kommenden Mittwoch, an dem überraschend ein Zeitfenster frei geworden ist. Diesmal treffen wir uns dann bei mir, sage ich, auch wenn mein Büro noch nicht so gut eingerichtet ist und ich auch keinen so beeindruckenden Tisch habe, an den wir uns setzen könnten. Oh, dieser Tisch, der sollte eigentlich im Museum stehen, lacht Hennrich. Er stammt noch aus Gründungszeiten unserer AutoInc. Das Monstrum wandert seit Jahren eher wie ein Trostpreis von Vorstandsbüro zu Vorstandsbüro. Ist aber einigen der abergläubischen Aufsichtsratsmitglieder ein emotionales Anliegen, das gute Stück im Einsatz zu wissen. Den Tisch, Herr Mahlich, bringe ich Ihnen gerne am Dienstag mit, Hennrich zwinkert mir vergnügt zu. Aber nein, wehre ich schnell ab, ich habe noch gar nicht begonnen, mir über mein Büro Gedanken zu machen. Unvermittelt beschleicht mich das dumpfe Gefühl, dass in diesem Spiel bei der AutoInc. noch viel zu lernen sein wird über das weite Spektrum menschlicher Befindlichkeiten. Meine Gewohnheit, leichtfüßig oberflächliche Bemerkungen und Anspielungen in meine Konversation einzubauen, gehört dringend auf den Prüfstand, denke ich. Mein Soll-Lernpensum ist heute also wieder weiter angewachsen.

Deskriptiv: Digitale Innovationszyklen

Schweigend fahren Bremer und ich mit dem Lift nach unten ins Foyer des Gebäudes, in dem die Technische Entwicklung der AutoInc. ihre Hauptverwaltung hat. Während wir langsam in Richtung Parkplatz laufen, versuche ich die letzten Stunden einzuordnen. Hennrich, beginne ich, ist ein kluger Kopf. Genauso wie ich mir seit Monaten den Kopf zerbreche über die digitale Zukunft im Vertrieb und Marketing, macht er sich seine Gedanken darüber, wie er künftig seine Produkte entwickeln soll. Irgendwie habe ich aber so ein Gefühl, dass wir uns in unseren Perspektiven zwar ergänzen, aber noch nicht wirklich von derselben Sache sprechen.

Bremer antwortet mir ebenso nachdenklich: Ich verstehe sehr gut, was Sie meinen, Herr Mahlich, das ist ein bisschen wie bei der Parabel mit den blinden Männern und dem Elefanten. Kennen Sie diese dreitausend Jahre alte Geschichte, in der eine Gruppe blinder Männer einen Elefanten untersucht, um rauszufinden, was das denn für ein seltsames Wesen sei? Einer betastet den Rüssel, einer einen Stoßzahn, der nächste ein Ohr, wieder einer ein Bein und einer den Schwanz. Dann behauptet derjenige, der den Rüssel in der Hand hatte, dass der Elefant eine Art Schlange sei, derjenige, der den Stoßzahn fühlte, dass es ein Tier wie ein Speer sei. Aber nein, es ist so etwas wie ein Baumstamm, sagt derjenige, der das Bein betastet hatte, und so weiter. Irgendwie sehen sich in der Parabel alle im Recht und können sich nicht darauf einigen, wie das exotische Tier denn nun wirklich aussieht. Herr Mahlich, fährt er fort, das ist vielleicht eine gute Metapher, denn erkenntnistheoretisch besteht der Fortschritt ja darin, erst einmal alle Aussagen der blinden Männer ernst zu nehmen und als deren individuelle Wirklichkeit zu würdigen. In der Digitalisierungsfrage hieße das also, die individuellen Perspektiven der einzelnen Ressorts zu verstehen und dann im gemeinsamen Diskurs herauszuarbeiten, was die Digitalisierung in Summe aus uns macht. Eine riesige Dialogübung – Bremer stockt, ohne seinen Satz zu beenden. Ich glaube aber, setzt er dann den Gedanken fort, dass unsere Übung mit der CODE-Mindmap so was wie ein Referenz system bieten kann. Damit können wir den Beteiligten eine Sprache liefern, die beschreibt, wie die Digitalisierung die Industrie transformieren wird. Herr Mahlich, ich glaube die von Ihnen vorgeschlagene Konkretisierung der Auswirkungen im Bereich der Prozesse ist genau der richtige nächste Schritt.

Wenn wir unsere Mindmap konsequent abarbeiten, dann geben wir jedem Blinden aus der Parabel etwas mehr Verständnis darüber, wo er gerade steht und was insgesamt zu tun ist. Wir können zwar nicht durch Wunderheilung die Blinden zu Sehenden machen, aber dazu beitragen, dass die gemeinsame Sicht auf die Welt ein Stück weit klarer wird. Im Übrigen, Bremer blickt mich offen an, sollten wir einsehen, dass auch wir eine Partei in der Fraktion der Blinden sind.

Dem zuzustimmen fällt mir leicht, auch wenn ich schon etwas von dem Vorstandswasser verspüre, das mich zwar – wie ich selbst finde – keinesfalls blind macht, alle anderen aber zumindest ein wenig kurzsichtiger wirken lässt.

Unvermittelt gehen mir wieder die Phasen des Ankommens in einer Topmanagement-Rolle durch den Kopf, die ich mir von Robert Hargrove notiert hatte. Phase zwei: Honeymoon/Selbstüberschätzung? Nein, denke ich durchaus kritisch mit mir selber, vielleicht bin ich noch etwas besoffen von der neuen Rolle. Ich habe aber nicht den Eindruck, dass ich komplett abgehoben agiere. Ich beginne mich durchaus bewusst in der Welt hier zu vernetzen und mir das Feedback der Peers zu holen. Bei all meinen Gesprächen habe ich meine Antennen bereits an vielen Stellen in die Tiefe der Organisation gelegt und hoffe nicht mehr im Honeymoon festzustecken. Also schon Phase drei? Reality Bites und Desillusionierung? Na ja, setze ich meinen inneren Monolog fort, erste Lektionen habe ich bekommen und einige Illusionen abgebaut. Aber Reality Bites? Vielleicht ein bisschen Verlust der süßen Unschuld, weil ich einfach so viel zu lernen habe. Oder bin ich etwa schon weiter? Phase vier: Anpassung und die richtige Einstellung finden. Ja, denke ich mir, so zwischen drei und vier, zwischen der Erfassung der Realität und der Suche nach einer richtigen Einstellung. Da sollte ich im Moment unterwegs sein.

> Bremer bemerkt meine Abwesenheit und schweigt taktvoll, bevor er nach einem geeigneten Termin für die weitere Vorbereitung unseres Meetings zum »deskriptiven Teil« fragt. Es bleibt uns nichts anderes übrig, als den kommenden Samstag zu wählen. Auch für Bremer scheint das die beste Option zu sein, ein verstohlener Blick in seinen Kalender verrät mir, dass der Berater gut gebucht ist. Kell soll dabei sein, sagt Bremer dann, was ich gerne bestätige, nachdem der sich heute so wacker geschlagen hat.

> Bevor wir uns trennen, gebe ich Bremer noch mit auf den Weg, was ich mir als Überschriften notiert habe: Erstens müssen wir was sagen zu der Frage der Kontrolle des *Human Machine Interface (HMI)* und dazu, wie wir den Datenstrom zu unseren Geräten im Feld sichern können. Sichern im Sinne von für uns sichern und gegen Wegelagerer. Da ergänzen sich die Aussagen und Ansichten von Hennrich und unsere eigenen sehr gut. Dann brauchen wir etwas zur Grundarchitektur des Innovationsprozesses, ich kann das noch nicht genauer sagen, füge ich hinzu. Aber wir müssen da verstärkt Anleitungen bei unseren digitalen Kollegen finden, wie wir unsere Innovationen viel schneller und besser auf den Markt bekommen. Als Drittes würde ich gerne unsere Sicht darauf schärfen, wie wir die unterschiedlichen Prozessgeschwindigkeiten unter einen Hut bringen können. Wir müssen einerseits weiter in Maschinenbauzyklen unsere Autos durch unsere Fabriken bekommen. Das ist die eine Geschwindigkeit. Und in der anderen Geschwindigkeit wollen wir in Echtzeit digitale Dienste liefern können. Und da darf nicht der Langsamste für alle im Konzert der Taktgeber sein.

Siegeszug an HMI und Datenkanal

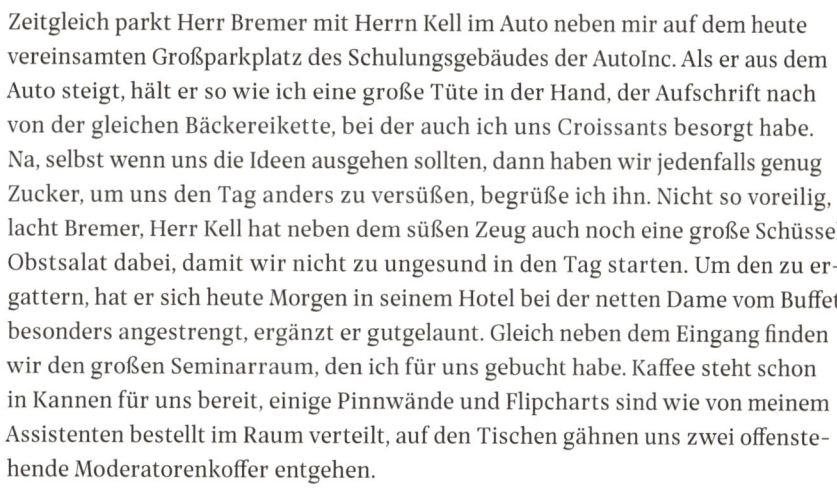

Zeitgleich parkt Herr Bremer mit Herrn Kell im Auto neben mir auf dem heute vereinsamten Großparkplatz des Schulungsgebäudes der AutoInc. Als er aus dem Auto steigt, hält er so wie ich eine große Tüte in der Hand, der Aufschrift nach von der gleichen Bäckereikette, bei der auch ich uns Croissants besorgt habe. Na, selbst wenn uns die Ideen ausgehen sollten, dann haben wir jedenfalls genug Zucker, um uns den Tag anders zu versüßen, begrüße ich ihn. Nicht so voreilig, lacht Bremer, Herr Kell hat neben dem süßen Zeug auch noch eine große Schüssel Obstsalat dabei, damit wir nicht zu ungesund in den Tag starten. Um den zu ergattern, hat er sich heute Morgen in seinem Hotel bei der netten Dame vom Buffet besonders angestrengt, ergänzt er gutgelaunt. Gleich neben dem Eingang finden wir den großen Seminarraum, den ich für uns gebucht habe. Kaffee steht schon in Kannen für uns bereit, einige Pinnwände und Flipcharts sind wie von meinem Assistenten bestellt im Raum verteilt, auf den Tischen gähnen uns zwei offenstehende Moderatorenkoffer entgegen.

Also gut, fange ich an und nehme einen großen Schluck heißen Kaffee, lassen Sie mich die Ausgangssituation kurz rekapitulieren. Dabei schiebe ich eine Kopie unserer Mindmap auf den Tisch zwischen uns und füge hinzu: Wir haben bereits intensiv die drei Schlüsselkonzepte zum *Digital User Value* beschrieben. Diese waren die Ökonomie der Digital Experiences, die unseren Produkten und Diensten eine zentrale digitale Erfahrungsdimension hinzufügt, die Konvergenz, über die das Produkt und die digitalen Services untrennbar zusammenwachsen, und das Konzept, dass in einer *Digital Economy* das Management des Ökosystems wichtiger als das Management der Marken wird. Das war dann die Grundlage für einige Handlungsempfehlungen, die wir als präskriptiven Teil von diesen Schlüsselkonzepten abgeleitet haben. Diese Systematik ist aus meiner Sicht sehr hilfreich. Genau in dieser Vorgehensweise wollen wir nun auch im Bereich der Prozesse vorgehen, fahre ich fort.

Mit Prozessen meinen wir hier diejenigen Arbeitsabläufe, die beschreiben, wie der *Digital User Value* entsteht. Das ist aber kein statischer Vorgang, denn mit jedem einzelnen Austausch ändert sich die Basis, sage ich, wobei ich merke, wie sehr die grundlagenorientierte Zusammenarbeit mit Herrn Bremer bereits mein Denken beeinflusst hat. Ich fahre fort, meine Gedanken zu schildern: Bei jedem Austausch entstehen Unmengen an Daten und das Angebot oder auch der Prozess selber verändert sich auf Grundlage dieser Daten. Nutzerdaten und Nutzungshistorie erlauben eine Personalisierung, die Weiterentwicklung und die Aktualisierung unseres Angebotes und zahlreiche weitere Lerneffekte. Diese Interaktionsschleifen begründen, warum wir vom »Operieren in Lernzyklen« sprechen. Weil nun der Ausgangspunkt für die Zyklen wieder der Nutzer ist, setze ich nach und sehe dabei Bremer und Kell auffordernd an, sollte der erste Punkt auf unserer heutigen Agenda die Suche nach den prozessualen Schlüsselkonzepten an der Nutzerschnittstelle sein.

Kell stopft den Rest seines Croissants in den Mund und läuft zu einem der bereitstehenden Flipcharts. Das ist genau der Startpunkt, den wir für heute auch von unserer Seite vorbesprochen haben, setzt er an. Das Mensch-Maschine-Interface, das wir aus dem Englischen kommend »HMI« nennen, ist ein wichtiger Begriff, den wir uns etwas genauer anschauen sollten. Denn dahinter verbirgt sich eine extrem aufregende Evolution dessen, wie wir mit den Maschinen um uns herum zusammenarbeiten. Er räuspert sich und wirkt in diesem Moment ein wenig professoral, was ihn älter wirken lässt, als er vermutlich ist.

Historisch gab es ja nur wenige Kanäle, über die wir Menschen den Maschinen Befehle erteilt haben, fährt der junge Berater fort. Dazu zählten Schalter, Hebel, Knöpfe und in jüngerer Zeit auch Tastaturen, Kameras und Mikrofone. In dem Maß, wie das Können der Maschinen anwächst, muss aber die Bandbreite und die Geschwindigkeit des Informationsaustausches zwischen Mensch und Maschine gesteigert werden. In beiden Richtungen, also vom Mensch zur Maschine, aber auch von der Maschine zum Menschen, steigen die Anforderungen und die Wechselwirkungen. Schon heute kontrolliert folgerichtig nicht mehr nur der Mensch die Maschine, sondern auch die Maschine den Menschen. Die Maschine fragt: Kann der Mensch mich verstehen? Ist der Mensch aufmerksam, müde oder aufgeregt? Kann ich den Menschen vor einer falschen Eingabe schützen? Das intensiviert die Beziehung zwischen Mensch und Maschine und erlaubt, bitte sehen Sie mir die philosophische Übertreibung nach, eine nahtlose Erweiterung des Ichs in die physische und gleichermaßen auch in die virtuelle Welt hinein. Der berauschende Zuwachs an Macht und Fähigkeiten lässt uns heute sogar stärker als je zuvor an die bislang tabuisierte Grenze realer technischer Schnittstellen zwischen dem Gehirn und der Maschine heranrücken. Für den Moment wollen wir aber nicht weiter über Science-Fiction oder unsere Verwandlung in Cyborgs sprechen, auch ohne feste Verdrahtung in den Kopf entwickelt sich die Schnittstelle zwischen Mensch und Maschine radikal weiter.

Lassen Sie mich das in einen evolutionären Kontext bringen, denn wir Menschen haben große Schwierigkeiten damit, Veränderungen über größere Zeiträume hinweg im Zusammenhang zu verstehen. Dafür haben wir schlicht kein passendes Sinnesorgan. Die letzten dreißig Jahre brachten mindestens einmal im Jahrzehnt eine komplette Neuauflage dessen, wie wir mit Maschinen umgehen. Ob grafische Oberflächen, Mäuse, die im wahrsten Sinne des Wortes kinderleichten Wischbewegungen von Apple und Konsorten und so weiter, das alles waren ja nur Zwischenschritte dieser Evolution, setzt Kell fort. Aktuelle Zukunft: Die Interaktion mit der Maschine soll die Form eines natürlichen Gesprächs annehmen.

Was mit Siri von Apple begonnen hat, reifte in den letzten etwa fünf Jahren mit atemberaubender Geschwindigkeit zu einem wirklich funktionierenden Sesam-öffne-dich der digitalen Welt. Überall plötzlich digitale Assistenten und Sprachbots wie Siri und Google Assistant. Lange schon sind wir da über die tapsig-dummen Sprachbefehle hinweg, über die wir in lustigen, in vielen Fällen sehr peinlichen Versuchen damit experimentieren, dem Navigationssystem eine Zieleingabe vorzusprechen. Vielleicht kennen Sie diesen absolut großartigen Sketch von BBC Scotland, in dem zwei schottische Landsleute versuchen, den Lift per Spracheingabe in ihrem schottischen Akzent davon zu überzeugen, sie in die elfte Etage zu fahren[161]. Spontan müssen Bremer und ich loslachen, denn dieser Spot ist fast schon ein Klassiker in der Szene. Na klar, Herr Kell, sage ich.

Die Spracherkennung ist allem Humor zum Trotz tatsächlich im Begriff zu ändern, wie wir von der Welt sprechen, fährt Kell fort. Und wie wir *mit* der Welt sprechen. Ein schönes Zitat der Kollegen von Gartner[162] illustriert das sehr gut:

»By 2020, the average person will have more conversations with bots than with their spouse.«

Gartner Inc.

Sie finden diese digitalen Knechte heute aber nicht mehr nur bei Apple, Microsoft, Samsung und Konsorten. Quasi überall, wo Konsumgütermarken etwas erklären wollen, wo Nutzer etwas buchen oder reservieren, etwas zurückgeben oder etwas erfahren, also wo ein Servicesystem mit dem Nutzer interagieren kann, sind ja bereits als Vorläufer automatisierte Chatbots im Einsatz. Zumindest versuchsweise.

An all diesen Stellen wird man in einem gefühlt sehr sanften Übergang schon in den kommenden zwei Jahren überall auch Sprachassistenten anbieten, mit denen man sich in immer natürlicherer Weise und sogar in beliebigen Sprachen austauschen kann. Es gibt übrigens derzeit auch eine wahre Flut von Programmen, die eine direkte Echtzeit-Übersetzung zwischen Menschen unterschiedlicher Sprachen am Handy anbieten. Ich empfehle Ihnen dringend, das mal auszuprobieren, wenn Sie es noch nicht getan haben. Sie werden begeistert sein!

Der Trend zur gesprochenen Sprache als Medium der Interaktion steht übrigens nicht alleine da, fährt Kell fort. Gleichzeitig sehen wir auch bei der Interaktion am Bildschirm einige wichtige Entwicklungen, die wiederum mit der sehr kurzen Aufmerksamkeitsspanne der Nutzer zu tun haben. Wir haben das schon an anderer Stelle besprochen: Zunehmend verschwinden viele Menüs und Auswahloptionen aus dem Interface zwischen Mensch und Maschine. Was im Angebot bleibt, ist die eine Vorauswahl, von der die Maschine aufgrund der Daten ausgeht, dass sie die richtige ist, und vielleicht noch ganz wenige Alternativen. Nutzen und Convenience stehen dabei im Vordergrund. Niemand will zweihundert unterschiedliche Flugverbindungen mit fünfzig Stunden Reisedauer und vier Umstiegen studieren, wenn man eigentlich nur mit einer möglichst sinnvollen Verbindung von München in die Dominikanische Republik fliegen möchte. Die Vorauswahl muss die Reiseplattform selber hinbekommen, indem sie das Vorlieben-Profil des Nutzers richtig einschätzt. Wer das als Reiseanbieter nicht aufgeräumt bekommt, wird meiner Meinung nach schon bald nicht mehr existieren. Eine unendliche Angebotsvielfalt ist schlicht überhaupt kein Vorteil. Das ist lediglich mühsam und komplex. Und Werbung? Nur wenn sie in den Kontext passt und möglichst zielsicher und gut platziert wird.

Damit sind die Zeiten endgültig vorbei, in denen gigantische Portale ihre Flickenteppiche aus Links vor die Nutzer hängen können. Clickbaiting nennt man das, wenn ein Anbieter eine Spur mit oberflächlichen Krümel-Geschichten legt, der der Nutzer wie ein Tier, das man in die Falle lockt, folgen soll. Etwa wie der Link auf die zehn besten Tipps für Immobilienkäufer, die dann am Ende für den Nutzer in einem Nirwana aus Werbelinks enden. Zu viel Komplexität, zu viel Rauschen, zu wenig Relevanz, das stößt die Nutzer ab, erklärt Kell weiter. Google hat das übrigens bereits sehr früh erkannt und die Reduktion auf seinen wohlbekannten sparsamen Sucheinzeiler zur differenzierenden Waffe gemacht.

Was aber, wenn auch diese Suchzeile verschwindet, und damit dann auch die Anzeigefläche für Werbekunden insgesamt? Na, genau das ist der Fall, wenn man mit dem Computer nur mehr per natürlicher Sprachfunktion kommuniziert, statt stundenlang drauf zu glotzen. Das ist dann ein Problem, grinst Kell schelmisch. Besonders, wenn Sie mir zustimmen, dass realistischerweise kein Sprachassistent einer Suchmaschine mir die nächsten hundert Einträge vorlesen wird, nur damit die Suchmaschine auch weiterhin an den AdWords viel Geld verdienen kann.

Auf den ersten Blick stellt das Sprachinterface also das Geschäftsmodell von Suchmaschinen und anderen Intermediären infrage, weil nicht mehr von allen möglichen Anbietern Geld genommen werden kann, deren Anzeigeplatz ja verschwunden ist, sondern nur mehr maximal von dem einen, der zum Zug kommt. Da ist aber auch schon die Lösung mit angezeigt: Man muss dann also nur von dem einen, der zum Zuge kommt, so viel Geld verlangen, dass man dann mindestens gleich viel verdient wie früher. Der Zugang zum Nutzer wird dann noch enger, strategisch bedeutender und wertvoller. Verwertet wird dieser Zugang am besten über Echtzeitauktionen für den situativen Kontext. Auf Grundlage der jeweiligen

Daten lässt sich so strategisch und finanziell der beste Nutzen aus dem Nutzer ziehen. Und genau das, sagt Kell bestimmt, wird meiner Ansicht nach passieren, wenn uns keine Gegenmaßnahme einfällt. Dann werden wir uns die Anzeigesekunden für unsere Inhalte in den eigenen Fahrzeugen von den Internetplattformen ersteigern müssen und froh sein, ab und zu einen Kontextmoment konstruieren zu können, in dem wir als Autoindustrie noch Relevanz haben. Den Rest organisieren die amerikanischen und chinesischen Plattformen für die Nutzer.

Mit der Weiterentwicklung des HMI zu sehr intelligenten Assistenten vollzieht sich ein dramatischer Wandel: Denn die heute wenigstens noch in der Theorie »fairen« Bedingungen eines freien Marktes werden von den Plattformen durch den Besitz von Daten über die Nutzer und die bisherigen Transaktionen komplett ausgehebelt. Von wegen Informationstransparenz und Gleichheit der Bedingungen! Bei den Internetriesen hängt die unsichtbare Hand des Marktes wie ein Marionettenarm an deren Datenkabeln. Kell steigert sich nun immer weiter in das Thema hinein. Man kann den großen Plattformen ja nicht einmal verdenken, wovon unzählige schlaue Bücher[163], Venture-Kapitalgeber mit riesigen Investitionen, junge Unternehmer und erfahrene Hasen aus der Old Economy gleichermaßen träumen. Plattformen sind nun mal das große, monopolistische Geschäft der Zeit. Sie verhalten sich lediglich erwartungskonform.

Im Grunde stellte man sich bisher die Internetplattformen als Märkte vor, die möglichst komfortabel und möglichst profitabel Angebot und Nachfrage für eine Kategorie von Nutzen miteinander verbinden wollen. Diese Idee der »fokussierten Märkte« ist keineswegs neu. Börsen, Kaufhäuser, selbst Tier- oder Gemüsemärkte gibt es als spezialisierte Plattformen schon seit Jahrhunderten. Auch die Regeln, was eine Plattform ausmacht, sind längst bekannt: Statt der Optimierung interner Prozesse der einzelnen Beteiligten, geht es um die Optimierung des Austausch-Ökosystems für die Gesamtheit der Beteiligten.

Wenn nun aber der Markt selber die ihm zur Verfügung stehende Transparenz dazu verwenden kann, manipulierend einzugreifen, wird es schwierig. Ein Gemüsemarkt, der nur die Tomaten desjenigen Händlers zeigt, der dem Marktplatz am meisten dafür bezahlt, ist weder für den Käufer noch für die Verkäufer ein attraktives Modell. Genau solche Verwerfungen sehe ich aber auf uns zukommen. Der junge Berater blickt uns aufmerksam an. Die Vorboten sind meiner Meinung nach ein Amazon, das alle Produkte und Shops auf seiner Plattform danach scannt, ob und mit welchen Produkten sich ein Angebot als Eigenmarke lohnt, und ein Google, das auf den Android-Handys bei Auslieferung nur hauseigene Apps installiert haben will. Das zeigt die Richtung der zunehmenden Konflikte zwischen Wettbewerbshütern und Monopolisten. GAFA, das Quartett aus Google, Apple, Facebook und Amazon, besteht nur aus den derzeit bekanntesten Unternehmen dieses Archetyps. Auch Tencent, Huawei, Xiaomi oder Alibaba gehören zu diesen neuen Superfirmen, die davon profitieren möchten, spezialisierte Ökosysteme zu dominieren.

Das Medium der Sprache, und damit der Einsatz lernender Maschinen als Interface, verschiebt die ökonomische Macht nun sprungartig noch viel stärker in Richtung der Internetplattformen, führt Kell weiter aus. Es ist die ultimative Verknappung und Konzentration des Austausches von Informationen: Nur was der Assistent als relevant erkennt, teilt er mit. Ein großer Teil dessen, was früher die wertvollen Marken mit ihrer Navigationswirkung bewirkt haben, wird damit durch Sprachassistenten übernommen. Nach dem Motto: Erklär mir die Welt und ihre Dienste, lieber virtueller Freund. Wer jedoch für den Sprachroboter nicht die richtigen Transaktionsmöglichkeiten (im Klartext: Zahlung durch entweder Geld oder die Freigabe von Daten) hat oder diese aus Datenschutzgründen nicht preisgeben will, existiert für die Plattform nicht. Dann mal lieber schnell den Haken auf die dreißig Seiten der Nutzererklärung setzen, weil Convenience. Da will man es, Hand aufs Herz, nicht zu genau nehmen, schließlich sind die Nutzenpotenziale für beide Seiten zu interessant. Kell malt, während er weiterspricht, ein Bild auf die Flipchart.

ABBILDUNG 9
Sprachassistenten als Fernsteuerung für die Welt

Alle diese Weiterentwicklungen an der Schnittstelle zum Kunden werden die Plattformpositionen nur stärken – wenn die großen Plattformen sich zukünftig durch den exklusiven Zugriff auf die Schnittstelle zum Nutzer und die Daten, die sie dort sammeln, immer tiefer in das Verhalten des Nutzers integrieren können, wenn sie zum Nadelöhr werden, durch das das gesamte digitale Leben gehen wird. Beispiel gefällig? Kell zieht fragend die Augenbrauen hoch. E-Mails für den Nutzer automatisch vorbereiten oder sogar beantworten. Oder das Bankkonto durchforsten und Vorschläge machen, wie man sein Geld besser anlegt[164].

Welche der vielen Apps aus dem Appiversum für welche Hilfestellung durch den Sprachassistenten im zweiten Schritt herangezogen werden, dürfte wie vorhin angedeutet natürlich von ebenso intelligenten Algorithmen nach dem Prinzip der Nutzenmaximierung ermittelt werden. Nutzen meint beide Parteien: Den Nutzer, der seinen Bedienkomfort verbessern und die zahlreichen Angebote optimal nutzen will, und die Plattform, die daraus Erlöse abzweigen will.

Dazu Folgendes, führt Kell weiter aus, während er genervt mit ausgelaufener Farbe seines Stiftes an seinen Fingern kämpft. Echt analoge Probleme, meint er kurz, und sagt: Der Sprachassistent ist ohnehin bis an die Zähne mit Algorithmen aus dem Bereich des Maschinenlernens ausgestattet, deswegen schnell noch etwas nachlegen und einige Algorithmen bei der Frage nach dem Verhalten des Nutzers hinzufügen. Schon kann der Assistent das Verhalten eines Nutzers (»ich habe meine Urlaubsreise erfolgreich über folgende Stationen kombiniert«) auch einem anderen Nutzer vorschlagen – weit über einzelne Anbieter hinaus[165]. Surfen, eigentlich per Definition eine Bewegung an der Oberfläche, bekommt im Gespräch mit den Sprachassistenten durch die Hilfe der eben genannten Werkzeuge des Maschinenlernens »Tiefe, Geschichte und Kontext«. Macht und Ertragspotenzial wachsen für die Plattformen dramatisch an in einer Welt, in der diese aufgrund der Daten über einen Nutzer mehr wissen, als dessen Ehefrau oder er selber weiß.

Nun zurück zum HMI, sagt Kell und ich stimme ihm dankbar zu, denn zur Macht der Plattformen ist meinem Gefühl nach wirklich schon alles gesagt worden. Die Frage ist, setze ich an, wie verhindern wir diese Monopole und welche Konzepte helfen uns, selber eine wichtige Position im Denkraum unserer Nutzer zu behalten? Ich bin etwas ungeduldig, denn ich spüre, dass wir uns im Kreis drehen. Schroffer als beabsichtigt setze ich nach: Wir befinden uns hier in einer eigenartigen Echokammer, in der sich eine Reihe von ähnlichen vagen Behauptungen irgendwo zwischen Boulevard, Halb-Wissenschaft und Beratung immer wieder gegenseitig aufrufen. Wie zur Hölle werden wir denn jetzt konkret in unserer Gestaltung?

Kell fährt merklich konsterniert, aber keineswegs eingeschüchtert fort: Aus meiner Sicht ist das Erste und Wichtigste, sich als Autohersteller die Hoheit über das HMI und den Datenstrom mit allen Mitteln zu bewahren. Schauen Sie, Herr Mahlich, das Verrückte ist, dass das HMI sich in den nächsten Jahren weiter dramatisch verändern wird. Keiner weiß aber wohin genau. Ein Auto-HMI eines für die Langstrecke gebauten Premium-Cruisers mit Autobahnpilot wird anders aussehen als das eines Robotaxis, und das wieder anders als das HMI eines Pendlers, der täglich auf dem Weg zu seinem Arbeitsplatz in der City schon mal einen Teil seiner Mails erledigen wird. Auch die großen digitalen Plattformen befinden sich mitten in einem ähnlichen Sturm. Ja, das HMI wird noch intelligenter, flexibler, wird noch mehr als Brücke zwischen realer und virtueller Welt fungieren. Aber, wirklich, auch die großen Plattformen wissen nicht, was die Zukunft bringt. Der kolportierte mehrfache Abbruch des Projekts Titan von Apple, in dem es angeblich um die Neuerfindung des HMI im Auto geht, zeigt doch, dass der Weg überhaupt noch nicht klar ist. Ich bin deswegen der festen Meinung, dass alles, was wir heute mit dem eigenen Technologiereservoir ins Fahrzeug einbauen, morgen genauso viel oder wenig Relevanz haben wird wie das Zeug, das ihnen ein GAFA-Vertreter oder ein chinesischer Partner ins Cockpit bauen würde. Auch wenn vielleicht die Versuchung groß ist, taktische Geländegewinne durch eine breite Öffnung Ihres Cockpits für die Plattformen zu erreichen – tun Sie das erst mal nicht. Zumindest nicht ohne wasserdichte Verträge und klare Regelung, wer unter welchen Umständen an welche Daten kommen kann. Sie würden damit nichts gewinnen, außer vielleicht ein paar Ahas, wenn das Fahrzeug Siri kann – oder einen Facebook Chat. Sie würden aber den wichtigen Lernprozess aus der Hand geben, über den die Industrie herausfinden könnte, wie etwas Eigenes zu gestalten ist. Sie würden nicht die erforderliche Geschwindigkeit und die Fähigkeiten annehmen, um solche Dinge selbst weiterzuentwickeln. Zudem würden Sie eine große Abhängigkeit aufbauen, die darin besteht, dass jemand, der es gewohnt ist, nur in sehr kurzen Generationen zu denken, mit viel Geld überzeugt werden will, für Ihre Fahrzeuge und Dienste über Jahrzehnte als Datenversorger den »alten Schrott« weiterzubetreiben. Denn wenn ein Dienst am Handy nicht mehr verfügbar ist: So what!? Das sieht bei einem Fahrzeug für fünfzigtausend Euro ganz anders aus. Und nicht zuletzt: Sie würden sehr fahrlässig auf den Datenschatz verzichten oder ihn zu einem Zeitpunkt mit dem trojanischen Pferd teilen, aus dem schon morgen eine Horde kannibalisierender Dienste kriechen könnte.

Lieber Herr Kell, entfährt es mir, ich kenne solche Sprüche aus meiner Zeit in der Mobilfunkbranche. Die Realität ist: Der Zug ist abgefahren. Wirklich. Wir verkaufen als Autobranche keine 100 Millionen Fahrzeuge insgesamt pro Jahr, die größten Hersteller, wenn es hochkommt, vielleicht zehn Millionen global.

Als Vergleich: Der Mobilfunkmarkt ist ein Markt, der in Milliarden Nutzern gemessen wird. Wenn die mal am Wochenende die Produktion aus Versehen weiterlaufen lassen, dann produzieren sie unsere Stückzahlen schlicht aus Versehen, Herr Kell.

Er sieht mich mit großen Augen an und erwidert dann ruhig: Richtig, der Weltmarkt für Mobiltelefone ist mit aktuell etwa 1,5 Milliarden Geräten sehr groß und auch der globale Smartphone-Umsatz ist mit knapp unter 400 Milliarden US-Dollar wirklich beachtlich. Aber nur zum Vergleich, Herr Mahlich: Der weltweite Markt für Neuwagen bewegt sich im Bereich von etwa zwei Billionen US-Dollar pro Jahr, dazu kommen die nachgelagerten Dienste wie die der Finanzierung und des Aftersales mit den Geschäften für Teile und Services sowie die einträglichen Gebrauchtwagengeschäfte, die vielleicht noch mal in derselben Größenordnung von zwei Billionen liegen. Übrigens, insgesamt mit recht robusten Wachstumsraten durch immer teurere, immer besser gewartete und immer besser vernetzte Fahrzeuge – und das durchaus nicht nur von China getrieben, sondern mit einem insgesamt stabilen, langfristigen Umsatzwachstum. Da ist ein Faktor Zehn dazwischen, Herr Mahlich. Auch wenn ich weiß, dass sich viele Internetfirmen trotz Sicherheitslücken, Datendiebstählen, Monopolverfahren und IP-Verletzungen wie Halbgötter fühlen, wäre es aus meiner Sicht nicht ganz richtig, sich unnötig kleiner zu machen, als es wirklich notwendig ist.

Das gilt übrigens auch, wenn man den Forschungsetat der unterschiedlichen Spieler betrachtet. Da geben wir alleine in Europa etwa 25 Milliarden Euro pro Jahr für automobile Forschung aus. Global gesehen, sehen Sie mir die Unschärfe nach, denn da hat jeder sein eigenes Zahlen-Orakel, forscht die Autoindustrie für einen Betrag von zusammengenommen wahrscheinlich an die 100 Milliarden US-Dollar pro Jahr. Das sind Summen, die schon was hermachen, auch wenn wir sie im Moment vermutlich völlig falsch einsetzen. Und das ist noch nicht alles, unsere Klaviatur hat noch weitere wichtige Tasten zu bieten. Die Autoindustrie hat sich mit Nokia-Here einen eigenen Kartendienst gesichert, daran kann die AutoInc. partizipieren. Die Industrie verfügt über sehr stabile globale Vertriebskanäle und ausgezeichnete Beziehungen zu den Behörden, die für viele Funktionen im Fahrzeug die Hoheit zur Abnahme bezüglich der Sicherheit der Autos haben. Das, Herr Mahlich, ist insgesamt schon ein Pfund, welches wir in die Waagschale werfen sollten. Worum es mir eigentlich geht, wirft Kell rhetorisch ein, ist einerseits die Dramatik der Gefahr klar darzulegen und andererseits zu zeigen, dass die Autoindustrie mitnichten hilflos dasteht und sich besser organisieren und mit eigenen Strategien klar behaupten muss.

ABBILDUNG 10
Voice-Bots als Domänen-Navigator

Nehmen wir mal das Beispiel der Sprachassistenten. Dabei blättert er die Flipchartseite von eben um und malt ein weiteres Bild auf das nächste Blatt.

Ich glaube nämlich nicht, dass es am Ende nur einen einzigen Sprachassistenten für alle Themen geben wird. Dazu sind die einzelnen Lebensdomänen für die Nutzer viel zu unterschiedlich und auf Jahre hinaus sehr heterogene Strategien und Domänen möglich. Was wir dann brauchen ist ein Assistent, der als Vermittler im Kontext der Mobilität die anderen Assistenten bedient. Und der auch erkennt, wann überhaupt ein Gespräch möglich ist, wo sich der Nutzer befindet, welche Assistenten verfügbar sind, und dann sind wir schnell im Bereich des Aufbaus eines Ökosystems unterwegs. Dann integrieren wir Dienste und nicht mehr Teile, wir werden zum Koordinator von Domänen. Kells Augen leuchten, während er weiterspricht: Diese Domänen sind natürlich nur Vorschläge, genauso könnten hier Domänen wie Bildung, Hobbys, Freundeskreise und soziale Netzwerke oder Unterhaltung stehen, fährt Kell fort. Aber, das erscheint mir wichtig, es gibt keinen Grund, die Koordination aus den Fahrzeugen heraus an eine zentrale Plattform aus den USA zu delegieren.

Übrigens, räuspert er sich, endet mit den Sprachassistenten auch die Idee des »There's an app for that«, welche die Multifunktionalität des Smartphone mitbegründet hat, langsam auf besondere Weise. Das beschreibt auch Sascha Lobo, der bekannte deutsche Blogger in seiner Spiegel-Online-Kolumne »Die Mensch-Maschine« recht schön[166]. Seinen Ausführungen nach drängen sich die Plattformen wie eine sprachfähige Mehltauschicht mit ihren Bots zwischen die Anwender und die vielen Apps. Man benutzt dann am Ende keine App mehr, sondern man lässt den Bot eine App benutzen. Also eine massive Delegation alltäglicher Entscheidungsgewalt an die Maschine. Auch andere sprachfähige Geräte wie der intelligente Lautsprecher Echo von Amazon, dem Google jüngst sein System Google Home entgegensetzte, werden sehr rasch Einzug in unser Leben und unsere Gewohnheiten finden. Diese Gegensprechanlagen für den persönlichen Assistenten beginnen sich zunehmend in die Umgebung der Menschen zu integrieren, sie steuern Heizungen, Musikanlagen, Fernseher und das Licht, überwachen Wohnungen, Autos und Garagen. Wie vorhin angedeutet ist aber offen, ob damit auf Dauer ein Bot die alleinige Schaltstelle macht oder ob es zu einem

Netz von Bots kommt. Auch wenn es prominente Beispiele für eine zentrale Überinstanz gibt, wie WeChat in China, ist mein Gefühl, dass die Menschen großen Gefallen an Systemen fänden, die mehrere Anbieter bespielen können, statt von einem alleinigen »Big Brother« abhängig zu werden. Das trifft auch den Wunsch nach Privatheit der Daten, wo wir im Moment ganz viele Aktivitäten sehen, deren Ziel die Einschränkung der Allmacht der Plattformen ist.

Ein prominentes Beispiel für diese Gegen-den-Großen-Bruder-Bewegung ist das viel beachtete Projekt Solid, in dem der Internet-Erfinder Tim Berners-Lee am Massachusetts Institute of Technology (MIT) dabei ist, eine dezentrale und paketorientierte Datenhaltung zu entwerfen, die das Thema der Privatheit der persönlichen Datenanteile noch mal ganz von vorne anpacken will. So was sollten wir beobachten und weiter unterstützen[167]. Die ganze Blockchain-Welle stammt ja auch aus dem Wunsch, die zentrale Kontrolle von allem zu hinterfragen und auf dezentrale Konzepte zu setzen.

Bitte keine Blockchain-Diskussion, unterbreche ich Kells Ausführungen, merke dann aber, dass meine Ungeduld kein produktiver Beitrag zu unserem Workshop ist und die Situation eine ganze Dimension komplizierter zu sein scheint, als zunächst gedacht. Etwas versöhnlicher füge ich deshalb hinzu: Und wie, das frage ich ehrlich etwas ratlos und ganz offen, bekommen wir so einen Multiagenten in unsere Autos?

Na ja, wahrscheinlich nicht alleine, sagt Kell und klingt plötzlich etwas unsicher. Um das aktiv zu gestalten, sollten wir auf der Grundlage unseres HMI zusammen mit Partnern aus der Industrie, vielleicht auch mit einigen großen Städten, einigen Retailern und IT-Anbietern ein zumindest europäisches Ökosystem aufsetzen, das sehr offen zur Partizipation einlädt. Die Dynamik könnte vielversprechend sein, weil sich sowohl die Fähigkeit zur Eingabe von Sprache (also Sprache im Kontext richtig verstehen: wo gibt es hier eine gute Pizza?) als auch die Fähigkeit zur Ausgabe von guten Antworten (in der XY-Straße – darf ich gleich einen Platz für dich buchen?) rasend schnell weiterentwickeln. Wie gesagt: ein eigener Kartendienst und unser Servicenetzwerk sind wichtige Einzahlungen. Das kann man dann durch kluge Allianzen nutzbar machen.

Wahrscheinlich ist es völlig unmöglich, den Weg in diese Zukunft noch genauer zu beschreiben, ohne komplett in technologische Utopien zu verfallen, ergänzt Bremer, der bisher seinem jungen Kollegen schweigend zugehört hatte. Es gibt zum Beispiel einige Technologien, spricht er weiter, die seit fünfzig Jahren schon »nur maximal zehn Jahre vor dem Durchbruch« stehen. Die starke künstliche Intelligenz ist so eine Fata Morgana, und vielleicht auch eine gute Augmented Reality als die herbeigesehnte Erzeugung von perfekten Illusionen. Das sind alte Träume der Menschheit, in denen wir verlassen »was ist« und uns potenziell völlig im Cyberspace verlieren können. Alle möglichen Erfahrungen ohne Anstrengung und per Knopfdruck, oder nicht mal das, nur per Augenzwinkern. Eine übermächtige Matrix Reality und ein Schlaraffenland für die Spieler oder für die Porno-Süchtigen oder die Schlagzahl-Erhöher, die in immer noch kürzerer Zeit immer noch mehr wollen. Man muss nicht alles mitmachen wollen. Ehrlich. Zumindest mir geht es so und für mich ist der Unterschied zwischen Sein und Simulation noch immer heilig.

Wenn man aber die Geschwindigkeit sieht, mit der wir neue Technologien auf den Markt schleudern, dann müssen wir dort, wo wir als Industrie am verletzlichsten sind, an der Schnittstelle zu unserem Nutzer, mit höherer, auch technischer Aufmerksamkeit wieder zurück in den Driver's Seat kommen. Und auch die Geschichten, in denen verhandelt wird, was kommt und Zukunft hat, müssen wir wieder bestimmen. Dafür müssen wir uns mit einem gesunden Gefühl fürs richtige Timing neu aufstellen. Für uns bedeutet es, dass das erste Schlüsselkonzept, welches wir uns ja als Ziel der ersten Übung gesetzt haben, die Sicherung des HMI und des Datenkanals zum Inhalt haben sollte.

Herr Kell malt auf eine große gelbe Haftnotiz die Aussage: **Trojanerabwehr an HMI und Datenkanal.** Herr Bremer und ich nicken und dann ist es einen Moment lang ruhig im Raum. Die Kaffeekanne zirpt plötzlich, wahrscheinlich wegen des Unterdrucks des sich abkühlenden Kaffees, und ich muss kurz lachen. Ein Signal, sage ich und Bremer, der ganz nahe an der Kanne sitzt, schenkt uns allen dreien nach. Gut, sage ich dann, ich frage mich aber, wie wir an die vielen Ideen kommen, die wir brauchen, um diese Front wirklich nachhaltig halten zu können. Da ist ja nicht nur Software im Spiel, sondern auch ganz viel Hardware. Wenn ich mir Hennrich als den ersten Empfänger unserer Arbeit vorstelle – der wird schon sehr viel besser verstehen wollen, welche Schlüsselkonzepte wir für diese Frage nach dem Quell aller Ideen parat haben. Schließlich wirft er dem Vertrieb vor, und zwar nicht zu Unrecht, wie ich meine, hinsichtlich der Erzeugung kreativer Ideen eher ein trockenes Flussbett als ein reißender Fluss zu sein.

Ein guter Einwurf, nickt Bremer, Herr Kell und ich haben auch hier schon vorgearbeitet. Wir glauben nämlich gar nicht so sehr an die großen Ideen. Und schon gar nicht daran, dass sich diese systematisch planen lassen. Was man aber gestalten kann, ist ein Innovationsprozess, der wesentlich besser in der Lage ist, Ideen voranzutreiben. Kell nimmt eine zweite Haftnotiz und schreibt darauf: **Evolution durch Value Centric Increments.** Ist erst mal provisorisch, bis wir das weiter diskutiert haben, sagt er und heftet den Zettel an die Wand.

Evolution durch Value Centric Increments

Lassen Sie uns in Gedanken kurz ins Silicon Valley zurückkreisen, sagt Bremer zu mir gewandt, und uns daran erinnern, was wir über die Fähigkeit zum Experimentieren gelernt haben. Und zwar durch Experimente, die *mit* dem Kunden getestet werden. Fortschritt geschieht dort in einem Labor von Tausenden kleinen, parallelen Experimenten und durch das Sammeln von Daten darüber, was wirkt und was nicht. Das ist natürlich kein richtungsloses Herumprobieren, sondern folgt einem eigentlich strukturierten Prozess und einer klaren Strategie.

Herr Mahlich, Sie haben sicher bereits viel von agilen Methoden und Scrum gehört und wir werden auch später noch darauf eingehen. Was als Konzept für uns an dieser Stelle von zentraler Bedeutung ist: auch die ganz großen Innovationshübe erst mal in viele kleine Pakete von überschaubaren Fortschrittsinkrementen zu zerlegen. Der große Innovationshub wird im agilen Management auch *Produktvision* genannt. Die Produktvision beschreibt im Grunde in einfachen Worten, warum ein Innovationsprogramm unternommen werden soll und was der angestrebte Zielzustand nach dem Programmende ist. Also die Essenz dessen, was gemacht werden soll. Man kann sie mit einem *Elevator Pitch* vergleichen, den ein Start-up mit einem Investor macht, um diesen von seiner Idee zu überzeugen. In den meisten Fällen richtet sich die Produktvision aber zuallererst an das Team, das die Vision umsetzen soll, denn hier gilt, was Steve Jobs sagte:

»Wenn Sie an etwas Aufregendem arbeiten, das Ihnen wirklich wichtig ist, müssen Sie nicht gedrängt werden. Die Vision zieht Sie«

Steve Jobs [168]

Dazu jedoch ein aus unserer Beratungserfahrung kommender, sehr kritischer Einwand: Die Produktvision immer wieder zu bearbeiten, zu klären, zu revidieren und neu auszusprechen ist eine wirkliche Führungsaufgabe. Sie beschäftigt sich zu zwei Teilen mit dem Nutzer und, auch das wird selten verstanden, nur zu einem Teil mit dem Produkt.

Leider liegt aber in sehr vielen und insbesondere den teuren und großen Programmen keine wirkliche Produktvision vor. Vielleicht ein Gebirge von Features, Funktionen und illustrierten User Storys mit rein taktischem Problembezug – die belastbare Produktvision aber fehlt überraschend oft. Manchmal bekommen wir dann Ausreden zu hören oder einen Verweis auf die Unsicherheit in der Vorhersagbarkeit von Märkten und Produkten. Und es stimmt, die Propheten irren sich öfter, als dass sie recht behalten. Die Kunst ist es dann, die Produktvision in eine Roadmap zu überführen, die dabei hilft, in kleinen Etappen zu irren. Das ist nämlich billiger. Wenn aber erst einmal eine gute Vision das Team anleitet – sagen wir, um eine mobile Entertainmentzelle zu bauen, die auch als Schaltzentrale für E-Commerce im Umfeld des Fahrzeuges und als mobiles Büro dienen kann – dann hat das Team schon mal einen sehr klaren Kanal, um daraus leistbare Teilaufgaben abzuleiten. Da lassen sich dann viele einzelne Wertinkremente beschreiben, die am Ende jeweils auch für sich genommen eine hohe Relevanz haben können. Zum Beispiel ein Kartendienst, der eine eigene Ebene für die Lokalisierung von Dienstleistungen als dynamische Points of Interest realisieren kann, ein Empfehlungsdienst, der die gerade erst begonnene Diät kennt und gewisse Fast-Food-Restaurants eben mal nicht mit anzeigt, ein hochauflösendes Display, das weit über das hinausgeht, was unser heutiges Head-up-Display kann, und so weiter und so weiter.

Wird dadurch die Vision umgesetzt? Vielleicht. Denn vielleicht lernt man ja auch auf den ersten Etappen viel dazu und muss die Vision anpassen, muss revidieren, und plötzlich erscheint eine ganz andere Vision sinnvoller. Das ist nicht schlimm – im Gegenteil! Wichtig ist es eine Vision zu haben und diese dann regelmäßig auf den Prüfstand zu stellen. Es ist schlicht sinnvoll, eine Vision zu verändern, wenn die Datenlage nach der Umsetzung zeigt, dass ein stures Weiterverfolgen eben nicht sinnvoll ist.

Kell, der seinem Chef zuletzt sehr aufmerksam gelauscht hat, nutzt die Gelegenheit, sich einzubringen. Es kann sogar Google passieren, wirft der junge Berater ein, dass sie aus Versehen einen Big Bang bringen, der nicht genug getestet wurde und dessen Vision weder von den eigenen Leuten noch von den Nutzern verstanden wird. Da habe ich ein schönes Beispiel: Vielleicht erinnern Sie sich noch an den gewagten Vorstoß mit der futuristischen Datenbrille Google Glass, Herr Mahlich, die so um 2013 mit Kamera, Internet-Anschluss und einem kleinen Screen vor dem rechten Auge ein Hit werden sollte. Das wurde sie aber nie! Über Nacht schlug die Technikeuphorie in offene Ablehnung um, weil die Menschen, die vor der Brillenkamera lebten, die brutale Missachtung ihrer Persönlichkeitsrechte durch die Träger der Digitaldatenbrille nicht hinnehmen wollten. Die Opponenten fanden es ganz und gar nicht witzig, dass sie ungefragt fotografiert wurden und der Videostream dann direkt von der Kamera in die Rechenzentren von Google geleitet wurde. Die für kurze Zeit bewunderten *Explorer,* so nannte man die Pioniere, deren Nasenrücken die neue Errungenschaft zierte, waren schnell als *Glassholes* verschrien und wurden in der Folge von vielen Veranstaltungen ausgeschlossen. Es gab eine wahre Explosion von Problemen, ob vor dem Bankautomaten, in Kinos, in Restaurants oder in Stripclubs. Das Produkt wurde ein riesiger Flop. Letztendlich hatte seine Produktvision jedes Minimum an sozialer Empathie vermissen lassen, die einzelnen Wert-Inkremente waren eben nicht getestet worden.

Aber Google lernt aus so was. Das ist die andere Seite der Medaille. Vor einem Jahr kam die zweite Auflage der Brille auf den Markt[169], nachdem man sich mehrere Jahre lang eine Pause zum Nachdenken verordnet hatte. Die neue Brille kommt ohne Streaming in die Google Cloud aus und versucht ihr Glück als Enterprise Edition mit einer riesigen Anzahl von sehr genau zugeschnittenen Einsatzfällen – also dem, was wir heute unter Value Increments beschreiben wollen. Besonders im Bereich der Geschäftsanwendungen und in der Medizin klappt eine gewisse Verbreitung des Datenbrillenkonzepts dann eben doch.

Das ist eine gute Geschichte, lobe ich anerkennend. Ich habe das Google-Glass-Drama zwar in den Medien verfolgt, in diesem Zusammenhang wäre es mir aber nicht eingefallen. Zurück zum Kernthema der Arbeit in Inkrementen, sage ich freundlich zu den beiden Beratern. Ich kenne das aufschlussreiche Buch *Die Scrum Revolution*[170], in dem Jeff Sutherland die Vorteile und Ansätze von agilem Management und Scrum-Methode beschreibt. Ich selbst habe agiles Management bereits in zahlreichen Projekten als Methodenrahmen und mehr noch als Geisteshaltung schätzen gelernt. Denn es respektiert durchaus Prozesse, Werkzeuge und Hilfsmittel, schreibt allerdings der sozialen Dimension der Arbeit und vor allem der Zusammenarbeit zwischen allen Beteiligten einen höheren Wert zu als den rein technischen Aspekten. Die Notwendigkeit von agilem Vorgehen brauchen wir nicht mehr zu diskutieren – auch wenn sich manche Post-it-Clowns hier noch immer gerne aufklärerisch betätigen. Kell sieht mich irritiert und etwas eingeschnappt an und ich füge schnell hinzu: Nein, das war keinesfalls auf Sie bezogen, ganz ehrlich, ich schätze die Art unseres Austausches hier sehr. Auch den Punkt *Evolution durch Value Centric Increments* lassen wir so stehen, das ist ein gutes Schlüsselkonzept für die Verbesserung der Lernzyklen.

Was ich darüber hinaus aber suche, ist eine Antwort auf die Frage, wie wir den Umbau unserer rigiden Prozesse hin zu einer agileren Form der Zusammenarbeit hinbekommen. Das hat mich auch früher schon beschäftigt. In meinem Hefter für Konzepte habe ich mir eine sehr schöne Seite abgelegt, die ich Ihnen dazu gerne zeigen möchte. Ich greife in meine Tasche und hole einen alten Hefter hervor, der einen dicken Stapel loser Blätter zusammenhält. Sehen Sie, sage ich, das ist eine Sammlung von Prinzipien, die ein kluger Berater[171] mir mal gegeben hat, um bei der Einführung von agilem Management in meiner alten Umgebung in der IT zu helfen. Lassen Sie uns mal einen Blick darauf werfen:

ZEHN PRINZIPIEN DER ERFOLGREICHEN ETABLIERUNG VON AGILEM MANAGEMENT

1. Prinzip: Lerne zu laufen, bevor du anfängst zu rennen.

Agilität erfordert, Disziplin und echten Nutzen zu liefern. Das entsteht aus dem Team heraus, anstatt von außen aufgestülpt zu sein. Egal wie ambitioniert das Management sein mag, agile Methoden wollen gelernt werden, bevor sie wirkungsvoll skalieren können. Das braucht Geduld und Lernwillen (vor allem im Management).

2. Prinzip: Agil lebt in unterschiedlichen Formen.

Es gibt nicht den einen Weg Zwar basieren alle agilen Methoden auf einer bestimmten Philosophie, müssen jedoch auf die Art des zu lösenden Problems und die Erfahrungen des Teams angepasst werden. Start-ups ohne Erfahrung heben fokussiert auf ihr größtes Problem ab, während erfahrene Unternehmen mit skalierbaren Frameworks ganze Programme agil fahren können. Auch für diese Skalierungen gilt es, erst Schritt für Schritt zu lernen und Sicherheit zu gewinnen.

3. Prinzip: Agil ist kein beliebiger Baukasten.

Die einzelnen Komponenten von »agil« wurzeln im *Lean Management* und sind für den Erfolg als Gesamtheit kritisch. Wenn man es aber als Baukasten versteht, aus dem man nur auf einzelne, ausgewählte Aspekte abzielt, wie getaktete Sprintintervalle, und andere Themen wie den Abbau »technischer Schulden« (siehe Prinzip 7) führt das nicht zum Erfolg. Ein weiteres Indiz für die beliebige Gestaltung von »agil« liegt darin, die empfohlene Teamgröße (7 +/- 2 Entwickler) nicht einzuhalten.

4. Prinzip: Agil umfasst alle Fachbereiche und die IT. Die Führungskräfte aller Abteilungen müssen »agil« als gemeinsame Entwicklungschance begreifen und nicht als Methoden-To-Do nur einer Funktion. Ohne diese Zusammenarbeit, eine kontinuierliche Kommunikation und die gemeinsame Planung und Priorisierung der Aufgaben ist die Umsetzung der kurzen Sprints nicht möglich.

5. Prinzip: Agil ist kontinuierliches Lernen. Die Einführung und Praxis von agilen Methoden ist keine einmalige Anstrengung, sondern erfolgt »agil«. Erforderlich ist eine kontinuierliche Weiterentwicklung im gesamten Team, nicht nur für die Entwickler! Eine regelmäßige Analyse der *Lessons Learned* aus jedem Sprint führt zur Verbesserung der Arbeitspraktiken, Qualität und Kosteneffizienz.

6. Prinzip: Agil ist Teamsache. Kerneinheit ist das Team von 7 +/- 2. Dabei ist die physische Nähe (Co-Location) eine wichtige Regel. Eine Herausforderung für die Personalabteilung ist die feine Balance aus gezielter Rotation der Teammitglieder über die Teams hinweg für den erforderlichen Erfahrungsaustausch und der Vermeidung von Produktivitätseinbrüchen durch zu viel Fluktuation.

7. Prinzip: Agil erfordert technische Schulden aktiv zu dokumentieren, zu managen und zu eliminieren.
Jede komplexe Produktentwicklung erzeugt »technische Schulden« (bewusste oder versehentliche Fehlentscheidungen bei der Architektur oder den technischen Aspekten eines Produktes, die den späteren Entwicklungsprozess verlangsamen). Agiles Vorgehen dokumentiert diese »Schulden« nach jedem Sprint und beseitigt sie in der Folge. Das kostet durch *Refactoring* kurzfristig »umsetzbare Funktion«, sichert aber langfristig die Performance und Erweiterbarkeit des Gesamtsystems ab.

8. Prinzip: Die Zusammenarbeit mit Dritten/Lieferanten bedingt eine Reflexion der beteiligten Geschäftsmodelle.
Aus Kostengründen haben viele Organisationen spezialisierte Zulieferer, oft an Low-Cost-Standorten. Agil ist für die Versendung von Arbeit an verteilte Standorte aber nicht geeignet. Dann muss man entweder auf die Vorteile der agilen Methoden verzichten oder temporär mit einem erhöhten lokalen Staffing leben.

9. Prinzip: Agil fordert die Gesamtorganisation heraus.
Continuous Delivery ist ein Kernelement der agilen Entwicklung. Mit jedem Sprint wird kontinuierlich neue oder modifizierte Software zur Benutzung freigegeben und in vielen Fällen im Feld vor Kunden direkt live gesetzt. Das ist meist Neuland für die benachbarten Fachbereiche, Infrastruktur und Operations, den Kundendienst etc.

10. Prinzip: Andere Methoden bleiben sinnvoll.
Unternehmen haben unterschiedliche Probleme zu lösen, für die sich nicht immer agile Methoden eignen. Die Nutzung der traditionellen, iterativen oder modifizierten Wasserfall-modelle ist oft weiterhin sehr sinnvoll. Agilität ist nicht immer und überall »besser« – bei manchen Problemen bietet sie aber die schnellere und bessere Lösung.

Das sind sehr gute Erkenntnisse und in den zehn Prinzipien konkret auf den Punkt gebracht! Bremer schaut von seinem Notizblock auf und wirft mir einen anerkennenden Blick zu. Ich erkenne da vieles wieder, was uns in Beratungsprojekten entgegenschlägt. Besonders die prominente Stellung des »Ein-Team-Gedankens« ist ein leidiges Thema, das trotz enormer Mühen einfach nicht in den Griff zu bekommen ist. Nur als Anspielung auch auf die Teams der AutoInc. möchte ich kurz erwähnen, dass die beinahe religiös zelebrierte Unterscheidung in Front-Ends, also allem was der Kunde sieht, und Back-Ends, also dem Fahrzeug und was im Hintergrund passiert, auch etwas Komisches an sich hat. Das erinnert mich an »die Volks-front von Judäa und die judäische Volksfront« aus dem Filmklassiker *Das Leben des Brian*. Bei so viel Bemühen um eine deutliche Abgrenzung voneinander fällt es schwer, sich vorzu-stellen, dass da am Ende eine gemeinsame End-to-End-User-Story rauskommen könnte.

Für welches Thema auch immer! Ganz zu schweigen von einem übergreifenden Ansatz, einem Software-Werkzeugkasten für alle Entwickler, egal welcher Herkunft, der den Arbeitsmodus hin zu einem wirklichen *Continuous Delivery* harmonisieren würde. Abteilungen sind halt weiterhin Abteile, ohne Nutzer.

Aber weiter in unserem Workshop, holt sich Bremer selbst wieder auf das Hauptgleis der Veranstaltung zurück. Nach-dem wir als erstes Prinzip heute schon festgelegt haben, dass wir zuerst das HMI als die Schnittstelle zum Kunden und Quelle von Daten schützen müssen, und als zweites Prinzip, dass wir unsere Produkte in Value Centric Increments in Zukunft stärker mit agilen Methoden bauen wollen, nähern wir uns jetzt dem dritten Prinzip. Mir ist nämlich bei Ihrer Auflistung der »Zehn Prinzipien der erfolgreichen Etablie-rung von agilem Management« ein Aspekt aufgefallen, der insbesondere im 10. Prinzip zu stecken scheint und der eine geniale Überleitung zu unserem nächsten Thema bildet. Das Prinzip »Andere Methoden bleiben sinnvoll« beschreibt aus meiner Sicht eine sehr reife Großzügigkeit in der Wahl der Arbeitsmethoden, weil es eben in Wirklichkeit sehr unter-schiedliche Probleme gibt, die gelöst werden müssen. Das ist nicht nur eine weise Beobachtung, sondern auch eine wichtige Nahtstelle zwischen uns und zum Beispiel dem Bereich von Herrn Hennrich, in dessen Verantwortung digitale Geschwin-digkeit und Maschinenbauprozesse miteinander versöhnt werden wollen. Diesmal nimmt Bremer eine gelbe Haftnotiz und schreibt darauf in großen Buchstaben: *Pace Layered Ar-chitectures*. Damit, er klebt den Zettel direkt unter die beiden, die bereits an der Wand hängen, sollten wir nun weitermachen.

Teilen und Herrschen durch Pace Layered Architectures

Ja, sage ich, jetzt ist ein guter Zeitpunkt für dieses Thema. Und wir haben noch einen zweiten Absprungpunkt, den wir nicht vergessen sollten: Im Gespräch mit Hennrich kamen wir auf das »Ende der Hellfire Missile«, und das passt in diesem Zusammenhang auch gut. Wir suchen demnach ein Arbeitsprinzip, das beschreibt, wie wir einerseits den Ausstoß an Produkten aus den Fabriken und andererseits sehr rasche Feedbackzyklen aus der digitalen Interaktion unter einen Hut bekommen können.

Sehen Sie, Herr Mahlich, ergreift nun wieder Kell das Wort, die heutigen Methoden der Entwicklung, Produktion und des Vertriebs beruhen im Kern auf einer sehr hohen Spezialisierung der einzelnen Fachbereiche. Das ist oft sinnvoll, weil da wirklich sehr komplexe Abläufe von Spezialisten betreut werden müssen. Das bringt aber auch eine beinahe hermetische Abriegelung einzelner Prozessabschnitte mit sich, weil die Spezialistenbereiche sich als kleine Machtrefugien der Manager, die sie verwalten, gnadenlos einigeln. Das ist nicht immer nur schlecht und kann helfen Kosten zu sparen, wenn sich in der Umwelt wenig ändert. Es ist aber schlecht für Innovation. Besonders für agile Innovation, wo Zusammenarbeit so wichtig ist. Schauen wir uns aber einfach mal an, wie wir die Verzahnung unterschiedlicher Geschwindigkeiten heute lösen – also den Bau des Fahrzeuges, die Integration der Elektronik in alle Domänen wie Antrieb, Infotainment etc. und natürlich die Integration der Software, also des Codes, der auf den Steuergeräten läuft. Im Grunde dominiert heute der klassische Maschinenbau den Takt. Bildlich gesprochen bestimmt dabei das langsamste Kamel die Geschwindigkeit der gesamten Karawane.

Das ist so, weil wir die im Prozess angelegte Abfolge – Systemanforderungen spezifizieren, dann in Subsysteme und Komponenten zerlegen, um dann die einzelnen Komponenten nach Realisierung von der Detailebene wieder schrittweise in größere Einheiten zu aggregieren – bisher nicht wirklich substanziell parallelisieren konnten. Da folgt eben immer noch ein Schritt auf den anderen, und weil das oft sicherheitsrelevante Schritte sind, ist es auch ganz angenehm zu wissen, dass die Autoindustrie da sehr sorgsam vorgeht, meint Kell. Natürlich haben sich riesige Planungsstäbe bereits intensiv damit auseinandergesetzt, die Abfolge dieses Prozesses zeitlich soweit irgend möglich noch weiter zu verdichten. Für die Aufgaben innerhalb dieses Prozesses wurden unter dem Begriff *Simultaneous Engineering (SE)* crossfunktionale Teams als zentrale Leistungsträger etabliert. Damit konnten viele Aufgaben, die früher nacheinander gemacht wurden, wenigstens schneller abgestimmt werden. Das hat die Durchlaufzeiten für den Prozess beschleunigt, auch wenn zwischen der Idee für ein Produkt und dem Anlauf in der Fabrik noch immer etwa dreieinhalb Jahre liegen. Ehrlicherweise sind durch SE die Fachrichtungen zwar enger zusammengerückt, dennoch bleibt die Interaktion oft bruchstückhaft und oft erlebt man dort einen Stellvertreterkampf der Abteilungen, aus denen die Teammitglieder in die SE-Teams entsandt werden. Rückkopplungen, zumal vom wirklichen Kunden, kommen wenn überhaupt sehr spät und meist stark gefiltert an.

Dieser Ablauf von der Spezifikation zur Realisierung ist übrigens im bekannten V-Modell beschrieben, das auch unserem PEP (Produktentstehungsprozess) zugrunde liegt[172]. Während er spricht, zieht er ein Papier aus seinem Unterlagenstapel und legt es unter die Aufsicht-Kamera auf dem Nebentisch. Er schaltet den großen Bildschirm neben dem Besprechungstisch ein und schon sehen wir metergroß das folgende Bild:

Das V-Modell
für mechatronische Systeme

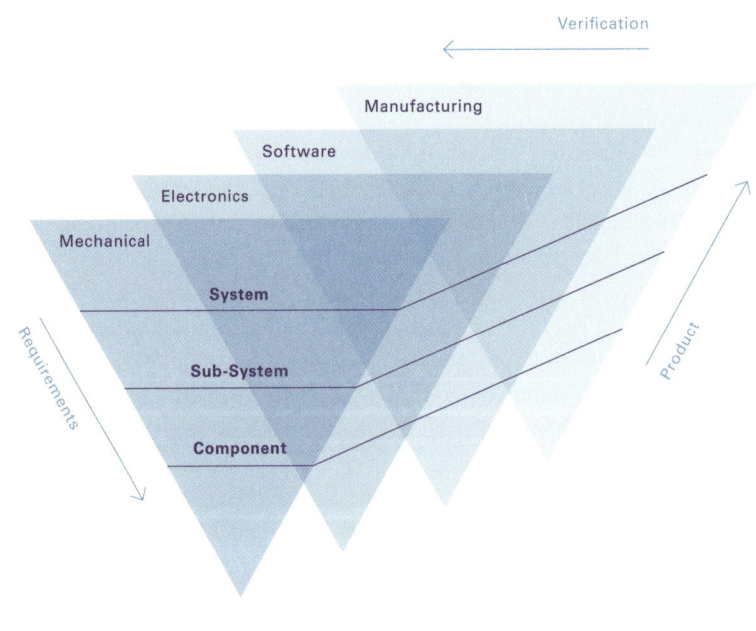

ABBILDUNG 11
Das V-Modell für mechatronische Systeme

Der PEP der AutoInc. – also ihr Produktentstehungsprozess – ist die disziplinierende Basislinie, die besagt, wer was wann tun muss, damit Sie zu einem bestimmten Zeitpunkt ein funktionierendes physisches Produkt ausliefern können. Tatsächlich sind die erforderlichen Schrittfolgen im PEP ja wirklich meist alles andere als agil, besonders auf der physischen Produktseite. Da müssen die Beschaffer rechtzeitig die Teile bestellen und die Produktion die Fabriken vorbereiten, und dann kann man nicht sagen, wir lösen das in einem Sprint.

Genau, bestätige ich, das lösen wir nicht in einem Sprint. Aber in der Geschwindigkeit des Maschinenbaus zu bleiben, macht uns zu langsam. Stimmt deswegen das V-Modell nicht mehr oder steht dieses Prozessmodell im Widerspruch zu den vielen schönen agilen Ansätzen? Im Gegenteil! Ich glaube, dass das Modell absolut weiter Bestand hat, für den Maschinenbauteil unserer Prozesse zumindest. Gleichzeitig müssen wir aber die viel höhere Taktrate, die in der Softwareentwicklung möglich ist, endlich auch abrufen. Ich glaube, dass wir dazu die Welt des Maschinenbaus und die Welt der Software entkoppeln müssen. Das ist es ja auch, was Herr Bremer hier an die Wand gehängt hat: Wir brauchen in der Prozessgestaltung in Zukunft *Pace Layered Architectures.*

Was meine ich damit? Ich blicke die beiden Berater an, um mich ihrer Aufmerksamkeit zu vergewissern, bevor ich fortfahre: Eine ganze Reihe von Dingen. Blenden wir mal die Ebene des Maschinenbaus aus, in der Werkzeuge gebaut werden müssen, um später das Blechkleid zu pressen, oder in der rechtzeitig die Airbags, Dachfenster, Stoßfänger und Kabelbäume bestellt werden müssen, damit wir am Tag des Produktionsstarts was zusammenbauen können. Bei diesen Fachfragen müssen wir mit ausreichendem zeitlichen Vorlauf wissen und ganz genau festlegen, was zu welchem Zeitpunkt gebraucht wird und wie das »just in time« später in die Produktionsanlage kommt.

Das ist bei der Software anders. Die kann man sehr einfach anpassen und deswegen auch umfassend und sogar noch recht kurz vor dem Produktionsablauf verändern. Wie uns Tesla gezeigt hat, kann man die Software sogar dann noch weitreichend aktualisieren, wenn das Auto schon verkauft und längst im Einsatz beim Kunden ist. Dann wird einfach ein Update *over the air*, also über Funkverbindung, nachgereicht. Ein neues Feature für das Infotainmentsystem für einen neuen Streamingdienst? Kein Problem. Kurz ein Update an die Bordelektronik von Tesla gesendet, schon steht ein virtueller Bedienknopf mehr zur Verfügung und spielt die Songs Ihrer Wahl. Das geht bei Computern doch schon lange! Nur beim Auto muss man noch immer in die Werkstatt fahren, um die Programmierung anzupassen.

Was wir für die Umstellung brauchen, ist eine entsprechende Systemarchitektur, in der die Fähigkeit zur Aktualisierung angelegt ist. Leider haben wir bislang die Architektur unserer Produkte von Generation zu Generation immer nur minimal verändert und eher graduell fortgeschrieben. Wie ich in einer Reihe von Gesprächen erfahren konnte, wurde die rasant komplexer werdende heutige Elektronik lediglich – unter steigendem Kraftaufwand – mittels Erweiterungen der alten Architektur drangefummelt, statt etwas Grundlegendes zu ändern. Glauben Sie mir, fahre ich fort, das wird Hennrich nicht mal in Abrede stellen, denn das war durchaus sein Auftrag zur Kostenvermeidung. Aber dieser Weg führt uns nicht mehr weiter. Wenn Sie mich fragen, besteht unser Befreiungsschlag aus den folgenden drei Dingen:

» **Erstens:** Die Prozesse und damit **die Geschwindigkeit von Hardware und Software müssen wir so entkoppeln** wie das in der PC-Industrie schon längst der Fall ist. Ich sehe zwar weiterhin eine wichtige Rolle für die Hardware, wenn es um Batterien, um besonders hohe Rechenleistung oder um Sensorik geht. Aber das sind eingeschränkte Felder. Die Hardware muss, davon bin ich absolut überzeugt, einen Teil ihrer Dominanz abgeben. Die Angst vor dem Bedeutungsverlust der Hardware erinnert mich aber leider deutlich an das Schlussgefecht vieler PC-Hersteller in den Achtzigerjahren, von denen heute nur mehr Computermuseen berichten. Ha, sage ich laut, erinnern Sie sich noch an die großen Schiffe von damals, wie Cray, Compaq, Olivetti oder RCA? Die wurden alle wegen ihres Könnens in der Hardware für unsinkbar gehalten. Das sollte uns eine Warnung sein.

» **Zweitens:** Wir brauchen eine völlig neue Software-Referenzarchitektur[173], die in den Fragestellungen weit über das hinausgeht, was wir in unseren heutigen Elektronik-Architekturen beantworten können. Vor allem die Standardisierung des Zusammenspiels der Software im Auto mit der Software, die das Auto aus der Cloud unterstützt, muss dabei sauber beschrieben sein. Zudem brauchen wir im selben Atemzug neue Sicherheits- und Zugriffskonzepte, eine Referenz für die Datenarchitektur, Regeln für die Schwarmdaten, die aggregiert aus dem Fließverkehr gesammelt werden, Antworten auf die Fragen des Zusammenspiels mit dem Internet der Dinge. Leider haben wir da viele Spezialisten nicht mehr im eigenen Haus, das sagt auch Hennrich ganz klar, sondern bei den Zulieferern. Aber es ist überlebenswichtig, uns da zu verstärken.

» **Drittens:** Wie müssen einen **Integrationsprozess für Software im Fahrzeug** inklusive der Softwarewerkzeuge so vorantreiben, dass wir die Software, die wir für die Fahrzeuge vorbereiten, laufend integrieren und testen können. Ohne diesen Schritt bleibt das alles Flickwerk, weil wir immer viel zu lange warten müssen, bevor wir Dinge ausprobieren können. Wenn die Hardware noch nicht fertig ist, dann müssen wir die halt simulieren. Nur so können wir agil werden und auf der Softwareebene endlich die Beschleunigung hinbekommen, die wir brauchen.

Das sind sehr technische Aspekte, meine Herren, und das ist sicher noch intensiv mit den Kollegen aus der Technischen Entwicklung zu diskutieren. Aber ich will mir nicht ausreden lassen, mit Impulsen in dieses Gespräch reingehen zu dürfen. Nur weil wir nicht seit dreißig Jahren in den Tiefen der Entwicklung unterwegs sind, bedeutet das ja nicht, dass wir keine fundierte Meinung haben. Ganz im Gegenteil! Ich glaube, dass wir uns gegenseitig immens dabei helfen können, etwas von unserer Betriebsblindheit abzulegen. Denn blinde Flecken gibt es im Entwicklungsprozess heute genauso wie bei uns im Vertrieb hinsichtlich der Nutzer.

Das Konzept der Pace Layered Architectures stammt übrigens tatsächlich aus der Architektur- und Baubranche[174]. Die Kollegen von Gartner Inc. haben es in die IT übernommen, da hier wie dort die unterschiedlichen Strukturen eines einmal errichteten Gebäudes in sehr verschiedenen »Schichten« weiterentwickelt werden können. Sehen Sie, sage ich und ziehe ein anderes Blatt aus meinem Hefter, das möchte ich Ihnen hiermit zeigen[175]:

Pace Layered Architecture

ABBILDUNG 12
Pace Layered Architecture

In der unteren Schicht liegen die langsam veränderlichen Prozesse. Das wäre bei uns die Schicht, in der wir das V-Modell als *Systems of Record* verankern könnten. Also den Maschinenbau, die Werkstattsysteme, sicherheitsrelevante Freigaben. Davon entkoppelt entwickeln wir unsere *Systems of Differentiation* – genauso wie Apple seine unterschiedlichen iOS-Varianten entkoppelt vom Hardware-Layer liefert. Ich stelle mir da eine Art Betriebssystemschicht für unsere Autos vor. Also ein elektronisches System inklusive Vernetzung, Gateways, Sicherheit, Speicher und auch mit den wichtigsten Fahrfunktionen und so weiter. Und darüber, wieder entkoppelt, laufen die *Systems of Innovation,* zum Beispiel die Applikationen des Infotainment, die Parkassistenten und das Zeug, welches wir im Laufe eines Fahrzeuglebens durchaus mit großer Inszenierung aktualisieren wollen. Das bedeutet, dass wir in Zukunft unsere Produkte in unterschiedlichen Ebenen entwickeln müssen und dass das einzelne Fahrzeug als Projekt an Bedeutung verliert. Ich bin da schon sehr auf die Diskussion mit Hennrich gespannt.

Dann, unterbricht mich Bremer, müssen wir an dieser Stelle aber eine Pause machen, denn wenn wir das jetzt als »fertiges Konzept« für Hennrich entwickeln, bekommen wir an der »Ich-erklär-dir-mal-deine-Welt-Schnittstelle« ein Problem. Wir sollten deswegen klugerweise die Diskussion für heute abbinden und uns mit einem Vitamin-Kick durch den Obstsalat belohnen, der dank Herrn Kells Einsatz auf uns wartet. Ich bin zufrieden mit dem, was wir heute geschafft haben. Herr Kell baut uns sicher gerne im Anschluss ein paar übersichtliche Folien daraus, mit denen wir Hennrich gut abholen können. Kell nickt zustimmend. Ich glaube einfach, dass wir ab jetzt Hennrich für die weitere Diskussion wirklich ganz eng im Boot haben sollten. Was meinen Sie, Herr Mahlich? Bremer schaut auffordernd in meine Richtung. Stimmt, sage ich, und muss blitzartig an die letzte Vorstandssitzung denken. Puh, ich habe meine Lektion zum Thema »Leute ins Boot holen« gelernt, denke ich mir, und schaufle mir etwas von dem gesunden Zeug auf meinen Pappteller. Und den ungesunden Müll hier, ich deute auf die vielen Styroporbecher, Plastiklöffel und Pappteller, die sich neben den Kaffeekannen stapeln, müssen wir übrigens auch angehen. Das ist nicht nur nicht zeitgemäß, das muss ja wirklich nicht sein.

Präskriptiv: Innovation @ Digital Speed

Mittwoch. Die Zeit, so kommt es mir vor, vergeht in meinem noch immer neuen Job unendlich schnell. Bis um 21:30 Uhr saß ich gestern mit Hennrich in der Runde der Regionen-Chefs. Unser erklärtes Ziel war es, mit viel Aufwand, Animation und Ambition unsere Produktpipeline für die kommenden zwei Jahre vorzustellen und dabei diese wichtigen Partner auf unsere Produkte einzuschwören. Drei Stunden länger als geplant dauerte das, Kell und Bremer hatten sich in dieser Zeit wartend vor dem Raum die Beine in den Bauch gestanden.

Die Regionen-Fürsten sind aber eben durchaus sehr einflussreich und vertreten eine starke eigene Meinung. Auch ich als Vertriebsvorstand muss sie überzeugen und kann nur wenig per Anweisung durchdrücken. Was für eine schräge Herausforderung, denke ich. Wie ich erwartet hatte, war es für Hennrich und mich, gelinde gesagt, ein Uphill-Battle. Wie gut, dass mein Team mich darauf vorbereitet hatte, dass jegliche angekündigte Innovation den Chefs nicht reichen würde. Dass wir bei jeder neuen Funktion zu hören bekämen, dass es das hier oder da schon längst gebe. Alleinstellung? Fehlanzeige. Dass wir aus der Sicht der Kollegen schon längst autonom parken, fahren und, zumindest als Ankündigung, auch längst schon fliegende Robo-Lufttaxis anbieten müssten. Gut, ich bin etwas frustriert, merke ich. Worauf ich jedoch wirklich nicht vorbereitet war, das sind die äußerst aggressiven Forderungen aus den wichtigen Regionen USA und China: Gebt uns doch ein Fahrzeug ohne Software, wir werden das dann lokal fertigstellen. Schließlich gibt es vor Ort zahlreiche Dienstleister, die versprechen, so was zu können. Und die das auch auf Messen zeigen. Wenigstens als Prototyp.

Hennrich war dabei sehr unter Druck geraten, er konnte seine eigentlich sehr validen Argumente gegen die vielen Untergriffe nicht sauber rüberbringen. Ich stand ihm bei und fühlte den natürlicher gewordenen Schulterschluss mit ihm. Allein, es half wenig. Als Vertreter der Zentrale wirkten wir wie lahme Enten, die sich alibimäßig hinter rechtlichen Vorschriften, Komplexitätskosten und viel zu langen Entwicklungszeiten versteckten.

Ich bin froh, dass die Runde sich nun aufgelöst hat und ich im kleinen Kreis an unseren Strategiefragen weiterarbeiten kann. Hennrich wirkt auch angespannt und mit den beiden Beratern im Raum wollen wir erst mal unsere Eindrücke mit den Regionen-Chefs ventilieren.

Nach einem kurzen Händeschütteln ergreift Hennrich das Wort: Ich weiß nicht, was die Kollegen sich einbilden. Wir beschäftigen hier Tausende Mitarbeiter damit, unsere nun mal wirklich komplexen Produkte zu bauen. Es gehört schon eine ganze Portion Frechheit dazu, sich einfach hinzustellen und alles, was wir in der Zentrale machen, als grundsätzlich träge und am Ziel vorbei zu brandmarken. Ich meine, ich verstehe schon, dass die sich da durchaus ihre Sorgen machen, wie wir auf dem Markt gegen Tesla und Konsorten auf Dauer bestehen. Wir brauchen aber konstruktive Vorschläge und nicht nur diese stumpfen Totschlagargumente. Also, meine Herren, wie packen wir den Rest des Abends an? Hennrich blickt fragend in die Runde. Heute konnten wir die Kollegen noch abwimmeln. Aber wir werden intensiv darüber nachdenken müssen, wie wir gemeinsam als Vertrieb und Technische Entwicklung unseren Regionen auf Dauer bessere Prozesse bieten können. Und das, sagt Hennrich nun in meine Richtung, war ja das Ziel.

Ich berichte ihm knapp von unserem Workshop am Samstag. Kell zeigt dazu einige Folien zum Stand der Schlüsselkonzepte unter dem Titel *Operieren in Lernzyklen.* Das erste Thema: Der Schutz von HMI und Datenkanal vor den trojanischen Pferden der Plattformen und die damit verbundene Notwendigkeit, diese selber zu kontrollieren. Hier nickt Hennrich zustimmend und sagt: Leider scheint es so, dass unsere Kollegen aus den Regionen das Spiel mit ihren lokalen Plattformgiganten als wichtiger einschätzen als die Sicherung der langfristigen Unabhängigkeit unserer Produkte, das konnten wir gerade live erleben. Ich weiß auch nicht, ob man das mit der Datenhoheit immer so schwarz-weiß zeichnen kann, wie Sie das postulieren, Herr Mahlich, aber dem Schutz unserer Interessen in HMI und Datenkanal eine zentrale Rolle zuzuweisen finde ich gut. Also weiter im Text, sagt Hennrich und deutet uns an, etwas aufs Gas zu steigen.

Dann schildere ich unsere Gedanken zum agilen Vorgehen unter der Überschrift *Produkt-Evolution durch Value Centric Increments.* Auch hier ernten wir Hennrichs Zustimmung, der ergänzt: Eine agile Entwicklung in kleinen Schritten und eine enge Zusammenarbeit im Team gehen Hand in Hand, das haben Sie dabei auch berücksichtigt? Kell und Bremer bestätigen das freundlich und repetieren die »Zehn Prinzipien der erfolgreichen Etablierung von agilem Management«, worin sich Hennrich zufrieden wiederfindet. Egal ob agil oder klassisch, sagt er, ich bin Anhänger des Prozessmanagements und einer guten Strukturierung des Innovationsprozesses. Das zwingt die erforderliche Disziplin in die Tätigkeit der Innovatoren, ohne die wir kein Produkt auf die Straße bringen könnten. Prozessdisziplin und agil im selben Atemzug zu nennen, mag überraschen, meine Herren, wenn man die modernen Wundermittel wie Scrum und Agilisierung nur oberflächlich kennt. Es ist jedoch eine von vielen Cowboys und Cowgirls nur zu gerne ignorierte Wahrheit, fährt Hennrich fort, dass agile Methoden alles andere als disziplinbefreit sind. Das Gegenteil ist der Fall. Bei der Forderung nach auch in der Agilität geordneten Prozessen weiß ich mich übrigens in so anerkannter Gesellschaft wie in der von Steve Jobs oder von Jeff Bezos, die auch daran glauben oder, im Falle von Jobs, geglaubt haben, dass ein gutes Maß an Disziplin die Kreativität nicht dämpft, sondern sie erst zur Wirkung bringt.

Schließlich berichte ich noch über das Konzept der *Pace Layered Architectures,* mit dessen Hilfe wir Hardware und Software getrennt vorantreiben wollen. In diesem Konzept werden die zu lösenden Probleme erst einmal in unterschiedlichen Prozessgeschwindigkeiten entkoppelt, sage ich, dann aber über klare Synchronisationspunkte wieder miteinander verknüpft. Puh, unterbreche ich mich selbst, das habe ich zu kompliziert ausgedrückt. Es funktioniert so ähnlich wie bei den PCs, erkläre ich weiter, unten und eher langsam verläuft die Evolution der Hardware, darüber die Weiterentwicklung des Betriebssystems in unterschiedlichen Generationen und ganz oben die Apps und alles, was sich sehr rasch verändert. Jede Ebene entwickelt sich damit als eigenständige Schicht, als »Pace Layer«. Das ist vielleicht auch ein guter Ansatz, die Regionen wieder an Bord zu bekommen, ergänze ich, weil sie sich dann in der obersten Schicht mit ihren lokalen Applikationen in einem klareren Modell einbringen könnten. Auch hier hört Hennrich konzentriert zu, nickt kurz und meint: Ich kenne das Konzept von unserer IT, und ja, unsere Architekten haben so was in der Art schon mehrfach durchgespielt. Aber, und ich meine dieses »Aber« als Hinweis auf weiteren Klärungsbedarf und nicht als Ablehnung, das stellt komplett auf den Kopf, wie wir heute funktionieren.

Mir war aber ehrlich gesagt für heute erst mal wichtig, von Ihnen kein »Agilität ist der neue Zaubertrank« zu hören. Das haben Sie beim vorherigen Punkt jedoch sehr gut vermieden, fügt Hennrich an. Vor allem da ich weiß, dass Sie von außen kommen und unsere Prozesse erst näher kennenlernen müssen, will ich nicht schulmeistern, aber genauso wenig undifferenziert geschulmeistert werden. Glauben Sie mir, wenn man die gesamte Organisation in einem naiven Agil-Aktionismus auf agile Methoden drehen würde, obwohl die heute nicht im Geringsten gewohnt ist, so zu arbeiten, würde man die ohnehin nicht überragende Produktivität einiger Bereiche damit vollends töten. Insgesamt aber, fügt er wohlwollend hinzu, gefällt mir Ihre Zusammenfassung ganz gut.

Nun, Kollegen, fährt Hennrich fort, ich verstehe, dass Sie mit den Schlüsselkonzepten für die Veränderungen der Prozesse erst mal beschreiben wollen, was sich verändert. Um daraus dann abzuleiten, was getan werden muss. So weit, so gut. Ich muss aber auch sagen, dass die von Ihnen in Ihrer übergeordneten Mindmap vorgeschlagene Trennung von Ablauforganisation, also den Prozessen, und Aufbauorganisation, also wie wir die Organisation aufstellen, für mich nicht ganz so logisch ist, wie Sie das darstellen. Das ist aus meiner Sicht ein künstlicher Schnitt.

Es gibt aber zwei Gründe, das dennoch mal so abzufahren: Erstens fällt mir auch keine bessere Vorgehensweise ein, die Konzepte diskutierbar zu machen, ohne in wochenlange, detaillierte Analysen von Schwachstellen einzutauchen. Und zweitens bin ich heute schon etwas müde. Also rein ins Vergnügen. Gern, stimmt Bremer gelassen zu, dann wollen wir beginnen. Er reicht einen Stapel großformatiger Haftnotizen herum und erklärt: Zunächst wollen wir mal eine Runde individuell darüber nachdenken, welche Umsetzungsempfehlungen im Bereich der Prozesse zu unseren drei Schlüsselkonzepten passen.

Knapp eine Stunde später haben wir einen Satz von priorisierten Notizen an der Wand, die beschreiben, was wir an unseren Prozessen verändern müssen:
» Daten wie Kapital behandeln und besser managen
» die Fähigkeit zum Experiment und Design Thinking verbessern
» unsere Innovationskultur nach innen und außen öffnen
» unsere Services wie Legobausteine wiederverwendbar und kombinierbar machen
» eine Verbesserung der Technologiebeobachtung etablieren
» durch ein flexibleres Kennzahlensystem die Steuerungsfähigkeit verbessern

Als dann die Uhr langsam Richtung Mitternacht zeigt, zieht Hennrich eine der rosafarbenen Haftnotizen aus dem Stapel und sagt: Stopplicht. Das war ein harter Tag und mir reicht es für heute. Wenn Sie wollen, und bitte verstehen Sie das als freundliches Angebot und nicht als Nötigung, dann würde ich mich gerne am kommenden Samstag einklinken, so Sie wieder eine Ihrer Wochenendschichten planen. Das war zwar bis jetzt noch nicht geplant, erwidere ich, aber es ist dennoch eine sehr gute Idee, damit wir Fortschritte machen können. Auch Bremer und Kell nicken. Gut, sage ich, dann am Samstag. Wir treffen uns im Schulungszentrum des Vertriebs und, Herr Hennrich, Kaffee kommt von uns und die Brötchen gehen auf Sie.

Hoarding Data Capital (⌐ Banking on our USPs)

Mit dem Gefühl eines »Und-täglich-grüßt-das-Murmeltier«-Moments betrete ich das samstäglich verwaiste Schulungszentrum und freue mich zu entdecken, dass meinem Wunsch nach normalem Geschirr nachgekommen wurde. Im Seminarraum steht ein kleiner Geschirrwagen mit Kaffee, Tee und, schon ausgepackt, den Brötchen und Croissants, die Hennrich mitgebracht hat. Ein kurzer Blick auf die Uhr verrät mir, dass ich pünktlich bin, aber Hennrich, Kell und Bremer finde ich schon tief in ein Gespräch eingetaucht an einem der Stehtische, die Tassen in der Hand. Ich geselle mich grüßend hinzu und verstehe nach kurzem Lauschen, dass das Datenthema die drei bereits völlig gefangen hält. Kell, der beflissene Spezialist in digitaltechnischen Fragen, nimmt soeben auseinander, welche Strategie die großen Plattformen als Nächstes verfolgen werden, da sie nun über all die Daten verfügen.

Kell führt an, was wir schon mehrfach miteinander diskutiert haben: den Zusammenhang von Daten und künstlicher Intelligenz. Bisher, erklärt der junge Berater, haben wir nur auf die Seite des maschinellen Lernens geschaut, da dies gut in unsere Industrie passt. Daneben aber hat sich auch ein anderer Zweig der Data Science sehr gut entwickelt, und das ist die Verdichtung von Daten zu »Wissensgraphen«. Darunter verstehen wir netzwerkartige Datenstrukturen, fährt er fort, die nicht nur die Daten abspeichern, sondern auch den Kontext dieser Daten abbilden können. Der Kontext von Croissant ist zum Beispiel Backen, Mehl und Butter, der Bäcker, der übliche Preis, die Kalorien, die drin sind und so weiter. Wir verstehen die Entität »Croissant« also relativ zu anderen Entitäten als Netzwerk von Beziehungen.

> Besonders Google hat seit 2012 die Macht dieser Graphen erkannt und mit großem Aufwand deren Entwicklung hin zu einer riesigen Wissensdatenbank vorangetrieben, in der diese Graphen gespeichert sind[176]. Was bedeutet das? Kell blickt fragend in die Runde und fährt gleich darauf fort: Nehmen wir an, Sie suchen ein neues Handy für Ihre Kinder und haben schon von dem neuen chinesischen Anbieter Xiaomi gehört, der eben dabei ist, ganz Asien aufzurollen. Dann hätte ein Sucheintrag nach Xiaomi früher bei Google eine Liste von Webseiten hervorgebracht, die entweder Xiaomi gehören oder auf denen über Xiaomi gesprochen wird. Nun stellt Google aber noch mehr zur Verfügung: nämlich einen Auszug aus der graphenbasierten Google-Wissensdatenbank zu dem Unternehmen Xiaomi. Sie kennen das vielleicht von der Infobox, einer Art Faktenauszug im Wikipedia-Stil, die Sie manchmal gleich neben den Suchergebnissen auf der rechten Seite finden. Etwa 70 Milliarden[177] solcher Fakten hatte Google gegen Ende 2016 bereits gesammelt – wie viele es heute sind, kann keiner sagen – und setzt damit Dinge, Fakten und Themen zueinander in Beziehung. Das ist der Einstieg in genau das, was wir schon als Kontext bezeichnet haben. Die Weiterentwicklung: Die Infos werden von Google auch dann angezeigt, wenn gar nicht gesucht wird und Google nur annimmt, dass der Inhalt in den Kontext passen könnte, als laufender Feed. Das Flackern des Fernsehers verwandelt sich damit in das ganz persönliche Flackern von sehr genau zugeschnittenen Inhalten. Praktisch, oder? Kell lässt die Kunstpause bei uns wirken.

> Übrigens arbeiten viele Unternehmen heute mit solchen Graphen und man kann solche Graphensysteme auch ganz gut von weiteren Anbietern beziehen, fährt er fort. Wichtig ist es zu verstehen, dass die Daten an sich eben schon lange nicht mehr reichen. Erst die Verbindung der Daten zum Kontext und die Nutzung mit allen Arten intelligenter Algorithmen machen den Unterschied. Der Kontext zu unserem Beispiel Xiaomi wäre: Wo kann ich es kaufen, was kann denn das Produkt, das am besten zu mir passt, was sagen die anderen Nutzer dazu und was sind die Alternativen?

Na, da sind Sie aber schon sehr tief abgetaucht, meine Herren, mache ich mich nun etwas deutlicher in der Runde bemerkbar. Zum nächsten Workshop werde ich dann mal etwas früher kommen, das sind ja Schweizer Verhältnisse hier, scherze ich. Stimmt, Bremer lächelt entschuldigend. Wir waren uns heute Morgen sehr schnell einig, dass die bereits besprochene Forderung nach einer **Datenstrategie** für die Auto-Inc. nur der Anfang ist. Sie erinnern sich sicherlich an die Eckpunkte aus unserem ersten Meeting mit Herrn Hennrich: AutoInc.-weit **die Datenquellen erfassen und beschreiben, Zugriffssystematik regeln, klar definieren, wie die Daten abgelegt werden, und festlegen, wie das Wachstum des Datenschatzes weiter vorangetrieben wird.** Der letzte Punkt war dann die Steilvorlage für meinen Kollegen Kell, etwas dazu zu sagen, wie das Valley **den Kontext über Wissensgraphen erobern will.**

Und, ergänzt Hennrich, er hat uns den Hinweis gegeben, dass wir mit unseren Fahrer- und Fahrtdaten wahrscheinlich selber über ein Graphensystem nachdenken müssen, in dem sich dann ein eigener Feed von mobilitätsrelevanten Infos erzeugen ließe, wenn ich das richtig abrunden darf, nicht wahr, meine Herren? Kell nickt zustimmend und fügt hinzu: Genau. Und meiner Ansicht nach sogar nicht nur das. Sie verfügen im Grunde über eine kritische Menge an Informationen, aus denen sich eine **ertragreiche Quelle von Alleinstellungsmerkmalen** machen lässt. Und zwar an beiden Enden des Prozesses: **Der Input-Seite über die vielen Sensoren und vor allem aus den Daten aus dem Fahrzeug-Umfeld und auf der Output-Seite über die Displays, die Lautsprecher und alle anderen Kanäle, die das Fahrzeug zu bieten hat.** Zusammengenommen ist das das

Data Capital, welches es auf der Reise in die Zeit der »Augmented Reality« mit der Hilfe von intelligenten Algorithmen und vielleicht auch von intelligenten Strategien zu bewirtschaften gilt. Na, damit die Strategien intelligent werden, haben wir ja die Berater an Bord, nicht wahr, feixt Hennrich, und mir wird klar, dass wir uns in der Zusammenarbeit ganz gut gefunden haben.

Bei der Frage der Alleinstellung sollten wir aber nicht zu naiv sein, holt uns Hennrich wieder in die Sachdiskussion zurück. Denn genauso wie wir in der Autoindustrie vielleicht glauben, die physische Hardware zu kontrollieren, und uns nun in die Software begeben, ist die Welt der Softwarehersteller schon längst genauso dabei, die Grenzen der ureigenen Domänen zu überwinden und sich auch dem Thema der Hardware anzunehmen. Bleiben wir beim Beispiel Google – wobei wir eigentlich *Alphabet* sagen sollten, um korrekt zu sein. Da hat sich in den letzten Jahren gezeigt, dass es eine neue Art von dunkler Materie gibt, die man zwar nicht sehen kann, deren Gravitationswellen das Internet aber vielleicht in seiner Struktur noch mal gänzlich neu ordnen werden. Damit meine ich die Art von Matrixprozessor-Chips, die sich hinter allen möglichen Arten von Maschinenlernen oder Expertensystemen, Graphensystemen und dergleichen mehr verbergen. Die funktionieren nämlich mit komplett anderen Befehlssätzen als die bisherigen Mikroprozessoren.

Auch hier hat Google zur großen Überraschung der Technikzunft in rascher Abfolge nun schon die dritte Generation eigener Chips aus dem Labor in die hauseigenen Rechenzentren und in die Google Cloud gezaubert. Die geheimnisvollen Chips, von denen ich hier spreche, werden Tensor-Prozessor genannt – abgekürzt TPU für *Tensor Processing Unit*[178] – und sie sind wie gesagt besonders auf die Verarbeitung von Mustern in neuronalen Netzen und die Google-Programmiersprache TensorFlow abgestimmt.

Zum Vergleich: Die Google-TPU der dritten Generation wird in sogenannten *Packs* verbaut, die aus 1024 verbundenen TPUs und zusätzlichen 256 CPUs bestehen. Das sind massive Rechencluster, die im Betrieb laufend mit Wasser gekühlt werden müssen, weil sie so viel Hitze abgeben. Die Packs stellen eine sehr mächtige Architektur dar, die man natürlich nur in großen Rechenzentren einsetzen kann, die dort aber pro Einheit eine Rechenleistung von knapp über 100 PetaFLOPS liefern kann. Sie erinnern sich an die Mittelschule? FLOPS ist eine Maßzahl für die Geschwindigkeit von Computern. Und PetaFLOPS, nur als Hinweis, ist eine Zahl mit fünfzehn Nullen. Das liegt in der Größenordnung von »sehr viel«, dabei deutet Hennrich mit beiden Händen einen großen Haufen an. Ein guter Pentium Prozessor der vierten Generation, führt Hennrich sachkundig weiter aus, wie Sie ihn vielleicht noch aus einem leistungsfähigen Tischgerät von vor einigen Jahren kennen, liefert dagegen eine geradezu lächerliche Rechenleistung von etwas unter 10 GigaFLOPS. Würde man die Rechenleistung eines TPU-Packs also aus Pentiums bauen, bräuchte man unglaubliche 10 Millionen Geräte. Der Hunger nach Rechenleistung hat die Googlianer bei der Erforschung der künstlichen Intelligenz also ganz offensichtlich in völlig neue Dimensionen von Rechnerarchitekturen getrieben.

Neue Software und Hardware auf einer integrierten Plattform zu entwickeln, durchbricht meiner Meinung nach die seit Microsoft gelebte Basislogik des Valley: hier die Hardware-Hersteller, dort die Anbieter von Software. Aus meiner Sicht dürften deswegen auf den Fluren von Intel und Co. die Alarmglocken ganz schön klingeln bei so einer Ansage. Denn wer heute TPUs baut, könnte morgen alle möglichen anderen Spiele mit allen denkbaren Bausteinen von Computern treiben. Vielleicht erhält da die prognostische Position von Andy Grove, dem legendären ehemaligen CEO von Intel, mit dem Wettbewerbsmotto *Only the Paranoid Survive*[179] eine ganz neue Bedeutung.

DIE TPU – TENSOR PROCESSING UNIT VON GOOGLE.

Um diese Chips zu erklären, müssen wir technisch etwas ausholen: Google hat in den letzten Jahren mit TensorFlow eine eigene Open-Source- (also lizenzgebührenfreie) Softwareplattform für Algorithmen der künstlichen Intelligenz geschaffen. Der Open-Source-Ansatz spart Entwicklungskosten, weil viele Programmierer freiwillig zur Weiterentwicklung beitragen, und setzt einen Standard bei allen Beteiligten durch, auf dem weitere Programme aufsetzen können. Eine Praxis, die sich für Google auch beim Betriebssystem Android bewährt hat (immerhin dominiert Google 2018 den Markt für mobile Betriebssysteme mit einem Marktanteil von rund 85 Prozent beinahe unaufholbar). Damit TensorFlow perfekt genutzt werden kann, hat Google spezielle Prozessoren entworfen (TPU genannt, für Tensor Processing Unit), im Kern ein Spezialrechner für Matrixoperationen. Die Leistung dieser AI-Chips ist damit speziell auf die Erfordernisse der Mustererkennung in großen Datenmengen abgestimmt und beschleunigt zum Beispiel die Erkennung von Gesichtern auf Fotos oder von Sprache in den Android-Telefonen, die Bewertung von Ergebnissen zu Suchanfragen oder die Übersetzung und Klassifizierung von Text. Übrigens wird der Service nicht verschlossen gehalten, sondern auch per Cloudservices aus den Rechenzentren von Google am freien Markt angeboten. Man braucht nur seine Daten dorthin hochzuladen …

Kleine Anmerkung: Der Datenhunger der Kollegen aus dem Silicon Valley scheint unendlich zu sein. Folgerichtig kommt das Pixel-Telefon von Google auch mit der Garantie, ein Leben lang nie wieder »out of memory« zu sein, weil das Telefon die Bilder und Videos des Fotografen alle superschnell in der Cloud von Google »sichern« will.

Schauen Sie, sagt Hennrich, die neu entflammte Hardware-Diskussion zu AI-Chips setzt viele Industrien unter Druck, auch die unsrige, weil es die Logik des alleine fahrenden Inselrechners infrage stellt. Das geschieht, weil immer mehr Rechenleistung und immer mehr vernetzte Daten nicht im Auto zum Einsatz kommen, sondern durch sich rasch verbessernde Funkanbindungen per Cloud bereitgestellt werden können. Da fragt man sich als Autobauer folgerichtig, wie viel Prozessorleistung wir wofür im Auto künftig bereithalten müssen, wie wir selber in einer Cloud Daten- und Rechenkapazitäten schaffen und wie lange das, was wir aktuell einbauen, technisch noch aktuell sein wird.

Dazu ein Rechenbeispiel aus meinem Alltag, fährt Hennrich fort: Zwischen der Entscheidung für ein Chip-Design für ein neues Auto am Anfang der Produktentstehung und der Volumenproduktion, also nicht nur dem Start der Fertigung, sondern dem Moment, ab dem die Fabrik dann richtig brummt, vergehen gut und gerne zwischen drei und fünf Jahre. Das sind für Menschen aus der IT-Branche ganze Zeitalter. Gordon Moore, übrigens Vorstandskollege des gerade erwähnten Andy Grove bei Intel, hat Mitte der sechziger Jahre zur Beschreibung der Entwicklungsdynamik vor allem der Computer-Hardware eine Gesetzmäßigkeit postuliert, der zufolge sich die Rechenleistung von Chips bei gleichbleibendem Preis ca. alle 18 Monate verdoppelt. Das Gesetz gilt noch immer und bedeutet für uns, dass man für das Geld bei der Produktentscheidung für einen aktuellen Bordcomputer aus heutiger Sicht etwa fünf Jahre später eine neue Generation mit der zehnfachen Leistung bekommt. Ist der Wagen dann noch mal fünf Jahre in der Produktion, bekommt man für das Geld von heute dann die hundertfache Leistung.

Wenn sich in dieser Zeit aber nicht nur eine Steigerung der Rechenleistung, sondern auch qualitative Entwicklungen ergeben (ein AI-Chip leistet eine andere Art von Arbeit, ich weiß das aber heute noch nicht und kann das, was ich nicht kenne, auch nicht fünf Jahre vorher bestellen), versteht man das Dilemma, vor dem die Autoindustrie in ihren klassischen Produktkonzepten steht. Was ein Auto ist und was es macht, definiert sich in dem Zeitraum zwischen der Produktentscheidung und der Produktion in der Fabrik völlig neu. Das sich rasch entwickelnde Thema des Selbstfahrens ist dann nicht mal meine größte Sorge, fügt Hennrich mit verkniffener Miene hinzu. Mit viel Mühe und Geld bekommen wir das schon hin. Was mich vielmehr umtreibt ist die Frage, wie wir es schaffen, die dann möglich gewordenen Geschäftsmodelle für den Fahrer, oder soll ich sagen, für den »Gefahrenen«,

zu gestalten. Das kann die Abteilung für die Technik nicht leisten. Wir werden schon alle Hände voll zu tun haben, die Head-up-Displays zu vollwertigen Laserhologrammen weiterzuentwickeln, die analogen Anzeigen verschwinden zu lassen und stimmungsabhängig neu zu bespielen, Kameras über Fahrzeuge und Welten hinweg zu vernetzen oder Navigation zum Erlebnis zu machen.

Aber darüber hinaus die Kraft und Fantasie zu entwickeln, um in adaptiven Ökosystemen Geld zu verdienen? Na, ich jedenfalls habe keine Ahnung, wie das wirklich gehen soll. Ehrlich. Nehmen wir Waymo als die vielleicht im Moment größte Gefahr für unser Geschäftsmodell, sagt Hennrich. Die von Alphabet aus dem Google-Imperium ausgegründete Tochter für das Geschäft mit dem autonomen Fahren experimentiert bereits seit Jahren sehr intensiv mit zahlreichen Geschäftsmodellen, jedes extrem interessant. Darunter ist auch ein Dienst, der Kunden eines Geschäfts kostenfrei per Robotaxi zum Shopping fährt[180]. Der Shop zahlt zahlt für den Transport, bekommt den Umsatz an der Kasse, Waymo davon die Fahrt als Kickback, so die Idee. Das ist Werbung mal ganz brutal   und erinnert mich an den Begriff »shanghaien«, eine Reminiszenz an die Einschiffung vorwiegend junger Matrosen, die unter Alkohol und Gewalt zur jahrelangen Arbeit auf Schiffen verschleppt wurden. Ist das zeitgemäß? Vielleicht. Aber selbst dieses Modell des Roboshopping erlaubt keine stabilen Prognosen. Die Dynamik ist einfach gnadenlos. Vielleicht wollen die Menschen gar nicht mehr gefahren werden, sondern kaufen in virtuellen Shops? Ich weiß es nicht, Hennrich zuckt mit den Schultern.

»By 2020, 100 million consumers will shop in augmented reality.«

Quelle: Top Strategic Predictions for 2017 and Beyond:
Surviving the Storm Winds of Digital Disruption, Gartner[181]

Oder Uber, fährt Hennrich fort. Der aggressive Start-up sieht sein Taxidienst-Geschäftsmodell durch autonome Shuttles gefährdet und macht alle paar Monate quasi auf dem Absatz kehrt, indem er Strategie und Partnerschaften auswechselt. Sollen wir also als Lieferanten auf das Management der Nutzer verzichten und einfach autonome Shuttles für Uber bauen? Das scheint Toyota vorzuhaben. Oder sollen wir lieber an Waymo liefern, damit die das Google-System einbauen? Durch die Digitalisierung ändert sich der Angriffsvektor der Angreifer schlicht so rasch, dass ich vielen Fachkollegen den Angriffsvektor nicht mal stabil beschreiben kann, meine Herren.

Ich gebe Ihnen dazu mal ein Bild, fährt Hennrich fort, und zwar mit der Kamera als Metapher. Eine Kamera war einmal ein eigenständiges Gerät, das ist gar nicht so lange her. Dann verschwand die Kamera im Handy. Schwupps war sie weg, und mit ihr zahlreiche ehemals unsinkbare Unternehmen. Es blieben nur mehr die Daten, viele Daten. In drei Jahren wird nach meiner Prognose aber auch die Handy-Kamera im Prinzip bedeutungslos sein, wenn die gemachten Bilder nicht durch raffinierte Algorithmen in einem persönlichen Ablageort nach allen denkbaren Sortierungen automatisch geordnet sind. Denn die viel zu vielen Bilder sind längst zur Halde angewachsen. Wertlos geworden ohne die beschreibenden Zusatzinformationen zu Zeitpunkt und Position der Aufnahme, zu den Namen der darauf abgebildeten Menschen und eine sehr genaue, automatisch generierte Beschreibung des Hintergrundes. Mehr? Bitte gerne: Daten zu der emotionalen Stimmung auf dem Foto, vielleicht die

Möglichkeit, in der Tiefe des Bildes auch später noch Details zu fokussieren, und gerne auch ein Bezug zu den vorher und nachher gemachten Bildern. Die Frage lautet dann: Wie bitte, Ihre Kamera macht nur Bilder und erkennt gar nicht, was darauf zu sehen ist? Was entsteht, ist ein erweiterter »Erfahrungsstream«, und das knüpft schön an die Experience Economy an, von der Sie, Herr Mahlich, ausführlich gesprochen hatten.

Hennrichs emotionaler, etwas monologartiger Ausbruch offenbart seinen Frust und seine Ungeduld und lässt eine etwas verlegene Pause entstehen. Bremer zeigt schließlich auf die zweite gelbe Haftnotiz an der Wand und sagt: Das ist doch die perfekte Vorlage zum nächsten Handlungsfeld. Denn wie, sagt man, isst man einen Elefanten? In Scheiben. Nach diesem Motto sollten wir hier in kleinen Schritten weitermachen.

Design Thinking (¬ Creating Experimentation Capability)

Bremer holt die Haftnotiz von der Wand und hält den Zettel etwas gedankenverloren in seinen Fingern. Wissen Sie, sagt er, natürlich ist der **Ansatz des Design Thinking** richtig. Anders werden wir das *Data Capital* schon alleine wegen der Geschwindigkeitsfrage nicht in den Griff bekommen. Auch das, was wir in unserem Brainstorming zur Vorbereitung des heutigen Workshops darunter noch verstanden haben, nämlich den **Aufbau eines Teams, ausgestattet mit Kompetenz und dem Freiraum zum Design Thinking, also zum breiten Experimentieren,** passt für mich. Nur so können wir näher und besser mit den Nutzern interagieren und die für das Digitalzeitalter erforderliche Reaktionsfreude und Kreativität aufbringen. Ich frage mich aber, ob das Denken des Design Thinking alleine schon ausreicht, spricht Bremer weiter. Sicherlich, die Idee, in einem möglichst interdisziplinären Team und in einem kreativitätsförderlichen Umfeld gemeinsame Fragestellungen zu entwickeln, dabei auf die Bedürfnisse von konkret personifizierten Menschen einzugehen und dann iterativ Konzepte zur Beantwortung dieser Fragen zu entwerfen, ist schon ein riesiger Schritt. Damit entfernt man sich von der langsamen und sequenziellen Arbeit der klassischen, industriellen Innovationsprozesse.

Kann man aber auch eine Industrie so re-designen wie ein Produkt? Ich glaube nicht, dass das so einfach funktioniert. Für mich ist die Art, wie wir über unsere Industrie denken, ein zu großes Hemmnis, um etwas anderes zu machen, als was wir schon immer gemacht haben. Anders formuliert: Design Thinking, und die Puristen des Design Thinking werden mir das nicht verzeihen, fokussiert aus meiner Sicht für sich alleine zu sehr darauf, wie die Probleme zu lösen sind. Ich meine aber, wir müssen mindestens so intensiv darüber nachdenken, welche Probleme wir uns denn für den Lösungsprozess aussuchen. Dann erst wird ein Schuh draus.

»We don't see things as they are, we see things as we are.«

Anaïs Nin

Unsicher blicke ich zu Hennrich hinüber, der meinen Blick erwidert. Wir scheinen uns beide im Moment mit dem Geisteszustand des werten Herrn Bremer zu beschäftigen, als dieser fortfährt: Ein Beispiel. Herr Mahlich, vielleicht erinnern Sie sich, wir sprachen darüber am Strand von Tel Aviv: Wenn ich japanische Automanager frage, was die Autoindustrie im Grunde ist, dann schildern die mir sehr ausführlich deren Fabriken, deren nahtlose Supply Chain, sprechen von Effizienz und Qualität. Aus der Sicht der Japaner ist die Industrie ein Prozess mit einer Fabrik in der Mitte. Wenn ich dieselbe Frage einem deutschen Automanager stelle, dann beschreibt er mir zuallererst, wie er ein performantes Produkt entwirft, mit noch besserer Funktion, Leistung, Form, Anmutung. Das beste Auto, das je gebaut wurde. Er schwärmt von der Weiterentwicklung zu einer Silhouette, die, wenn sie im Rückspiegel erscheint, die vorausfahrenden Fahrzeuge demütig einscheren lässt. Er denkt unsere Industrie als Produktentstehung mit einem Auto in der Mitte. Und die digitale Branche? Die denkt eben in digitalen Services.

Das ist eine recht grundlegende Unterscheidung, erklärt Bremer weiter, weil sie den Bezugsrahmen verschiebt, in dem wir das Design Thinking als Kombination von Verstehen, Beobachten, Verfeinern und Lernen anwenden. Wir müssen deswegen meiner Meinung nach zuerst darüber nachdenken, was wir denn »sein« wollen, bevor wir es im erweiterten Gestaltungssinn von Design Thinking de-»signen«. Ich merke an der Stille im Raum, dass Bremer nun wieder meine wie auch Hennrichs ungeteilte Aufmerksamkeit hat. Der Berater fährt fort: Ich will bewusst erst die philosophische Frage der Beziehung zwischen dem Nutzer und dem Produkt stellen, und dann erst dieses Ergebnis zum Arbeitsfeld für ein weiteres Design Thinking machen.

Lassen Sie mich als Referenz folgende Analogie heranziehen, sagt er: In den Neunzigerjahren hat unsere Industrie auf die Herausforderung durch die schlanke Produktion der Japaner eben nicht mit einem »Noch-leaner-als-die-Japaner-produzieren-Können« geantwortet, sondern es war erst einmal ein massiver Perspektivwechsel erforderlich. Wir reagierten mit einer Steigerung der Emotion und des Status und des Prestiges unserer Produkte. Daraus entstand das neue Premium, ein ganzes Marktsegment, das es vorher noch nicht gab. Eine überlegene »Er-Fahrung«. Und bei digital? Eine Antwort in noch mehr Sensoren, Daten und künstlicher Intelligenz finden?

Vielleicht ja, aber das ist der zweite Schritt. **Erst brauchen wir den produktphilosophischen Dachgedanken als Richtungsweiser für das Design Thinking.** In unserem Falle eine Idee für die Beziehung zwischen dem Nutzer und den Dingen, die er nutzt. Ein Dachgedanke, ein Motto, eine Tagline, sagt Bremer, wodurch das Intelligente, das mehrdeutig Mitbewegende, das Identitätsstiftende und das Emotionale als Icon der wachsenden Vernetzung zwischen Nutzer und Ding umschrieben werden können. Wir brauchen einen Rahmen für die digitale Experience.

Schauen Sie, das neue Premium unterstrich damals den persönlichen Status der Autokäufer. *Du kaufst, also bist du.* Heute geht es um eine besondere, digital unterstützte Beziehung zu den Dingen. *Du nutzt, also kannst du.* Ich weiß, dass man den Millennials zuschreibt, führt Bremer aus, gar keine Beziehung mehr zu Autos haben zu wollen, ja, auf das Auto völlig zu verzichten, wann immer das möglich ist. Vergessen Sie mal den oberlehrerhaften Impuls im Kopf, der Ihnen einflüstern will: Du sollst vielleicht auch wirklich keine Beziehung zu Dingen haben und schon gar nicht zu Autos oder Mobilitätsdiensten. Wir sehen jedoch an den PS-Zahlen und den Ausstattungen der Fahrzeuge heute, wie sehr die Menschen an Dingen hängen und was sie wirklich zu opfern bereit sind.

Wenn wir Vergleichbares auch von der digitalen Erfahrung erwarten, dann muss das
digitale Angebot eines sein, das Spaß macht und das die sozialen Komponenten von Status,
von Nachhaltigkeit und Bewusstsein, von Entwicklung und auch von Freiheit unterstützt.

Die Fragen stellen wir uns aber offensichtlich wenig, wenn wir unsere heutigen Angebote testen. Wirklich, alles was wir da bisher auf den Markt gebracht haben, ist, Herr Hennrich, sehen Sie mir das nach, aus meiner Sicht ausgesprochen langweilig. Ich wünsche mir mehr so etwas wie eine AI-first-Strategie der AutoInc., in der jeder Touchpoint brutal aufgerüstet wird, mich wirklich erkennt, mit mir spricht und mich wirklich gut unterhält. Sie werden sehen, die Millennials sind dann die ersten, die wie wild darauf abfahren. Und noch etwas, neben dem Oberlehrer im Kopf, der ihnen gerade einflüstert, dass man keine Beziehungen zu Dingen haben soll, auch noch der Hinweis: nicht alles, was im Internet angeboten wird, ist Freibier. Man kann sehr gute Geschäftsmodelle bauen, über die sich Software und Hardware rechnet, aber eben anders als bisher. Dass so was funktioniert, hat uns vor einem Jahrzehnt das Genie Steve Jobs beigebracht, indem er die sinnliche Erfahrung des sanften Schiebens und Wischens mit dem Finger auf der Glaskachel zu den Handbewegungen einer Generation werden ließ.

Sinnliche Objektbeziehungen sind natürlich durchaus nicht neu, fährt Bremer fort. Wussten Sie, dass es zum Beispiel im Mittelalter den Kult gab, Schwertern einen Namen zu geben? Damit erlangte das metallische Ding eine Identität, die dem Besitzer als große Würde weitergegeben oder die über Generationen vererbt werden konnte. Die Fertigung eines solchen Schwerts war ein Schaffensakt, dem ein geheimnisvoller Zauber innewohnte. Wenn die Dinge intelligenter werden, dann sollten wir uns nicht scheuen, diese auch emotional aufzuladen. Nicht als infantile Fantasie oder als objektophile Maschinenromantik, sondern als attraktive Erlebnisdimension. Die Geister, die wir nun in die Dinge stecken, können aus meiner Sicht nämlich durchaus die Wirkung verstärken, die das Design an der Oberfläche bereits geschaffen hat. Der gute Geist unseres Mobilitätspartners als persönlicher, emotionaler Schutzengel und Begleiter? Ja, meine ich fest, sagt Bremer. Das gelingt natürlich nicht über Nacht und heute haben wir das Gefühl, dass wir dem Silicon Valley und den chinesischen Internetriesen da uneinholbar unterlegen sind. Ich bin aber Optimist und glaube daran, dass man mit einem guten Konzept, klugem Partnering und unternehmerischer Energie durchaus einen eigenen Weg finden kann.

Der zweite Dachgedanke, den ich mir überlegt habe, betrifft weniger die Beziehung zwischen dem Auto und dem Nutzer als vielmehr die Einbettung von beiden in den urbanen Kontext. Das Mobilitätssystem einer Stadt gibt einen ebensolchen Referenzrahmen, innerhalb dessen man dann mit der Hilfe des Design Thinking konkrete Problemlösungen erarbeiten kann. Auch dieser Dachgedanke verschiebt das Problemlösen in einen anderen Kontext, mit anderen Personas, schreibt andere Geschichten. Und vielleicht fallen uns noch weitere solcher Gedanken ein, die unser Ökosystem neu definieren und damit im Grunde dazu beitragen können, uns als Industrie neu zu erfinden.

Sehr interessante Ausführung, Herr Bremer, sage ich und nicke ihm anerkennend zu. Ich glaube gut zu verstehen, was Sie mit einem neuen Dachgedanken als Bezugssystem für das Design Thinking meinen. Es ist sicher sehr verlockend, da auch gleich in der Tiefe weiter dran zu arbeiten, doch wollen wir uns erst wieder auf die Frage der prozessualen Weiterentwicklung der AutoInc. fokussieren. Deswegen würde ich gerne fragen, was wir an dieser Stelle, außer diese Dachgedanken einzufordern, noch als Handlungsempfehlung Richtung Design Thinking herausarbeiten wollen. Dabei denke ich vor allem an unsere tolle Reise ins Silicon Valley und Ihre Ausführungen zum »Experimentieren«, den zehntausenden Facebooks und Amazons zur selben Zeit, in denen in zahlreichen parallelen Tests die Verbesserung des Angebotes vorangetrieben wird.

Na, erwidert Bremer, für diese Experimente muss eben der richtige Rahmen geschaffen werden. Das sind vor allem kleine, interdisziplinär besetzte und möglichst autonom arbeitende Innovationszellen. Dafür braucht man entsprechende Kapazitäten und auch Kompetenzen. Die Schaffung solcher Zellen ist damit natürlich auch eine Ressourcenfrage. Nur Achtung, wir werden das später im Rahmen der Organisationsfragen noch intensiv diskutieren, diese Zellen können nicht in derselben Logik wie die klassische Organisation funktionieren. Denn die Experimentierzelle ist per definitionem eine Überschusskapazität und kann damit nicht dem Diktum von Business Cases oder klassischen Effizienzkriterien folgen.

Man kann eigentlich nur sagen, dass ohne diese Ressourcen eine Neuerfindung des heutigen Geschäfts nicht möglich ist. Das bedeutet natürlich im Umkehrschluss noch nicht, dass die Schaffung der Innovationszellen schon einen kreativen Quell von Ideen und Innovationen mit sich bringt. Das Gute ist, spricht Bremer weiter, und da leite ich auf den nächsten Punkt über: Man muss ja gar nicht alle diese Zellen im eigenen Haus haben.

Open Innovation (¬ Celebrate »Not Invented Here«)

Auf dieses Thema bin ich sehr neugierig, beginnt Hennrich, denn die Frage, wie ich den Tausenden Ingenieuren der AutoInc. rüberbringen könnte, etwas offener gegenüber den Impulsen von außen zu sein, treibt mich bereits seit ich meinen Job angetreten habe zum Wahnsinn. Dieser Wahnsinn hat übrigens zwei Dimensionen, schildert Hennrich weiter: Einerseits ist das »Not-Invented-Here« so stark, dass ich es nicht verhindern kann, dass wir heute selbst bei den Unfallwarndreiecken über ein Dutzend Varianten im Angebot haben, weil immer wieder irgendein Vogel die Idee und Begründung findet, das jetzt zum x-ten Mal neu machen zu müssen. Es ist, als müsste man innerhalb von Fahrzeugprojekten per Default alles neu machen und eher erklären, warum man ein Teil aus einem alten Projekt wiederverwenden sollte. Und anderseits finde ich dann oft weder die Kapazitäten und noch viel weniger den Enthusiasmus, um sich mal mit einem Impuls von außen zu beschäftigen. Bei graduellen Weiterentwicklungen geht das ja noch, führt Hennrich aus, weil da die Zulieferer mit Druck und einem breiten Netzwerk in meiner Organisation dafür sorgen, dass wir neue Anforderungen und auch die Technik weiter voranbringen. Aber wirkliche Neuerungen? Meine Herren, ich will Ihnen gar nicht erst von unserer Debatte über Hybridantriebe berichten, oder von der Frage nach der Entwicklung neuer Sensoren, sonst würden Sie wirklich vom Glauben abfallen. Also, Herr Bremer, ich bin gespannt!

Nach den Worten des Technikchefs tritt eine kurze erwartungsvolle Stille ein, während Bremer die Haftnotiz des vorangegangenen Themas an die Wand zurückhängt. Tja, das ist so eine Sache mit den Wundern und den Wunderheilern, erwidert der Berater dann gelassen. Zwar hat die Beraterzunft erfolgreiche Geisterbeschwörer und Okkultisten zu bieten, nur haben Herr Kell und ich gerade die schwarze Katze nicht dabei. Aber Spaß beiseite, die Frage der *offenen Innovation* ist sicherlich eine der schwierigsten überhaupt, weil ihr im Grunde der Gedanke innewohnt, dass Innovation weniger einem großen, einzelnen »Heureka« als vielmehr Tausenden Einflüssen, Gesprächen, Anstößen, Kombinationen und vor allem guter Umsetzung folgt. Vielleicht ist die Idee der »Open Innovation« selber so eine Innovation, die eher als Summe von Anstößen erfolgreich ist und weniger als genialer Geistesblitz. Der Grundgedanke wurde von Henry Chesbrough[182] in seinem gleichnamigen Buch *Open Innovation* in die öffentliche Diskussion gebracht. Darin stellt er systematisch eine Anzahl von Wegen vor, wie man die Bewirtschaftung des sogenannten Innovationstrichters verbessern kann. Der Innovationstrichter ist der weithin akzeptierte gedankliche Prozess, in dem Innovation von der losen Idee zum marktfähigen Angebot verdichtet wird. Open Innovation will die starren Grenzen dieses Trichters überwinden. Die wesentlichen Konzepte und Richtungen von Open Innovation dürften heute Management-Gemeingut sein. Erstens: von außen nach innen in jeder Stufe der Innovation nach Ideen zu scouten, die besser sind als das, was man selber im Haus hat. Der Ansatz zielt dabei nicht darauf ab, Innovation in ein Outsourcing nach draußen zu delegieren, sondern Impulse ins System hereinzuholen. Insbesondere die Einbeziehung von späteren Nutzern in die Entstehung von Produkten dient diesem Ziel. Methodisch gesprochen liefert das Open-Innovation-Konzept eine ergänzende Problemorientierung, die das mensch- und teamorientierte Design Thinking von vorhin sehr gut verstärken kann. Schwieriger ist meiner Erfahrung nach die zweite Richtung von Open Innovation, also die Richtung von innen nach außen. Das bedeutet nämlich, Ideen aus dem eigenen Haus ins Ökosystem abzugeben. Damit tun sich Unternehmen schwer, sagt Bremer, denn wer verkauft schon gern seine Babys an ganz fremde Eltern. Hier sagt die Open Innovation Community aber: Vergiss den Wert der losen Idee und suche Partner, um schnell an Skalierung, Kostenvorteile, Nutzer und Umsetzung zu gelangen. Denn nur das zählt am Ende.

Hennrich kreuzt seine Arme, man sieht förmlich, wie er mit dem Thema ringt. Es ist ja nicht so, sagt er, dass das ganz neu für uns wäre. Unser Vorstandsvorsitzender würde sogar gerne so weit gehen, unser gesamtes Infotainment- und Multimediasystem der nächsten Generation an einige Mitbewerber zu lizenzieren. Ein Betriebssystem für alle Autobauer, von mir aus als Open Source. Das wäre dann der ultimative Open Innovation Kick, sagt er, und zu einem gewissen Grad kann ich das strategische Motiv ja auch verstehen. Es ist aber ein Irrglaube, dass die Abgabe von Innovation »einfach so« funktionieren würde, ohne noch zusätzlich massiv Ressourcen dahinterzusetzen, die der aufnehmenden Organisation das abgegebene Zeug auch erklären. Schenken wäre in diesem Fall sehr, sehr teuer. Zudem habe ich eine beachtliche Anzahl von Leuten in meiner Organisation, die per Stellenbeschreibung den Auftrag haben, unsere Ideen und Patente andernorts zu vermarkten. Das war aber vom Erfolg her bislang nicht wirklich ein Brüller. Wenn ich vorhin etwas herausfordernd klang, dann weil diese Frage uns nun wirklich seit Jahren intensiv beschäftigt. Ich würde gerne unsere Prozesse und Werkzeuge weit öffnen, bis hin zur Verwendung von Open Source Software, da ich auch nicht daran glaube, dass wir weiterhin jede Schraube neu erfinden müssen. Wir kriegen da aber aus meiner Sicht vor allem unsere Ingenieur-Kultur nicht gedreht. Es wird eben nicht, wie Sie das so schön in die Klammer neben der Überschrift geschrieben haben, gefeiert, wenn etwas von draußen kommt. Sondern geschossen.

Bremer räuspert sich kurz und erwidert: Wir wissen durchaus, wie schwierig das in einer Kultur zu bearbeiten ist. Auch als Berater wird man manchmal zu Klienten geholt, um mit dem frischen Blick von außen Ideen zu entwickeln, die dann genau deswegen nicht umgesetzt werden, weil sie »not-invented-here« sind. Aus unserer Sicht ist es sehr schwer, hier mit einer Negativliste von Verhaltensweisen weiterzukommen. Was dagegen hilft, ist eine Liste von Dingen, die man positiv machen kann. Da ist erst mal die Vorbildrolle als Vorstand, die sich daran orientiert, was der eben genannte Steve Jobs tat, indem er, auch eine Anleihe von außen, Pablo Picassos berühmtes Zitat annahm: »Schlechte Künstler kopieren, großartige Künstler stehlen.«

Stehlen ist dabei vielleicht das falsche Wort. Ein Haubenkoch stiehlt ja auch nicht die Zutaten, ist aber genial in der Art und Weise, wie er sie kombiniert. In diesem Sinne nutzte Jobs gnadenlos[183] aus, was sich seiner Vision unterordnen ließ. Das revolutionäre *Graphical User Interface* mit Maus und grafischer Oberfläche: Mitnehmen! Auch wenn das Palo Alto Forschungszentrum (PARC) von Xerox der eigentliche Erfinder war. Das Smartphone mit Touchscreen? Übernehmen. Gesehen vorher bei Palms T5, damals als Pocket PC mit einem weniger coolen Namen. Portable MP3 Player wie der phänomenal erfolgreiche iPod? Da waren gleich mehrere Vorbilder unterwegs. Siri? Gekauft von einem Softwareunternehmen. Und so weiter. Jobs[184] gab immer zu, schamlos gewesen zu sein und großartige Ideen zu stehlen. Aber das Produktdesign von Jobs brachte dennoch weltverändernde kommerzielle Eleganz hervor. Und das geniale Apple Marketing brachte die Produkte an den Mann und die Frau. Der Prüfstein ist dabei, ob man sich als verantwortlicher Manager hinstellt und sagt: Lernt Leute, lernt. Tom Peters, sicherlich einer der einflussreichsten Management-Vordenker unserer Zeit, formuliert das so:

»Swipe from the best, then adapt.«

Tom Peters [185]

Auf Organisationsebene bedeutet dies, den Transfer von Wissen, Ideen und Menschen zwischen innen und außen radikal zu institutionalisieren, führt Bremer weiter aus. Knowledge Fairs, Patentmarktplätze, Management-Rotationen zwischen Zulieferern, Partnern, Universitäten und den eigenen Kunden. Hackathons[186], um gemeinsam mit jungen Leuten mal an den schwierigen Fragen die Klauen zu wetzen und rauszufinden, wo die Talente sind und wie sie arbeiten. Gemeinsame Discovery Workshops, Storytelling Events, Unternehmerreisen und so weiter. Das Ding mit der Open Innovation ist die Öffnung. Das hat natürlich mit der Organisation zu tun, und das wollen wir uns noch etwas aufheben, sagt Bremer, aber vor allem geht es darum, sich selbst zu öffnen. Es stimmt: Man muss gar nicht alles selber erfinden, siehe Apple, aber *finden* muss man es schon. Und das kommt vom Suchen.

Suchen kann man natürlich im Technologiebereich. Wir meinen aber, dass das Suchfeld »Nutzer« den noch größeren Effekt haben kann. Kluge Unternehmen beliefern deswegen ihre Kunden so früh wie möglich mit ihren Leistungen, um zu sehen, wie sie reagieren und um dann aus dem Feedback zu lernen. In der Softwarebranche sind frühe Beta- sowie Pre-Release-Versionen sowieso schon seit langem üblich. Sie kennen sicher den Ausdruck »Bananaware«, also für Software, die beim Kunden reift. Tatsächlich veröffentlichen die Softwarehersteller diese Produkte zu Testzwecken, weil sie hoffen, dass die ersten Nutzer dann rechtzeitig Probleme, Fehler oder Unstimmigkeiten entdecken. Auch das Release, also die zumindest vorläufig fertige und offiziell veröffentliche Version, wird kontinuierlich mithilfe von Updates verbessert. Denken Sie nur an das Vorgehen von Tesla, da wird auch etwa einmal im Monat ein Update nachgeschoben. Die Frage bei jedem Schritt: Ist die gelieferte Innovation tatsächlich wertvoll? Entspricht sie den Vorstellungen und Erwartungen der Nutzer?

Besonders die Start-ups sind quasi von Natur aus darauf angewiesen, so wenig Zeit und Geld wie irgend möglich zu verschwenden und Erfolge zu erzielen, schaltet sich nun Kell ins Gespräch ein, der bislang heute recht still gewesen war. Häufig scheitern sie daran, zu viel Zeit und Geld in eine gute Idee, aber ein falsches Produkt zu stecken – weil sie nicht wissen, ob das, was sie tun, tatsächlich bei den Nutzern ankommt. Viel zielführender ist es, echte Funktionen an echten Nutzern zu testen, das Feedback zu messen, Lob und Anregungen sofort in die Entwicklung zurückfließen zu lassen – und zwar sowohl bei den Produkten als auch beim Geschäftsmodell. Auch das ist Open Innovation.

Ich blicke auf die Uhr und stelle fest, dass der Vormittag schon viel weiter fortgeschritten ist, als ich gedacht hatte. Meine Herren, wir haben bereits drei der sechs Überschriften für heute durchgesprochen. In Summe können wir aus den Diskussionen bereits viele Aspekte auf die Liste der konkreten Empfehlungen packen. Lassen Sie uns bitte eine kurze Pause machen, bevor wir in das Thema der »Microservices« einsteigen. Mir geht noch der Vergleich durch den Kopf, in dem Sie, Herr Bremer, Steve Jobs als Haubenkoch bezeichnet haben, der für das geniale Produkt die besten Zutaten sucht. An der Stelle sollten wir in fünfzehn Minuten weitermachen.

Universe of (Micro-)Services (¬ Modular Recombination)

Es werden schließlich dreißig Minuten. Irgendwie haben wir alle nach einem Blick auf unsere Voice- und E-Mails begonnen, noch die eine oder andere Kleinigkeit zu regeln, um uns einen kleinen Rest Wochenende ohne weitere Aufgaben zu sichern. Dennoch scheint die Laune in der Gruppe gut und der Schwung für die drei restlichen Karten ausreichend zu sein.

Herr Kell, beginne ich das Meeting weiter voranzutreiben, vielleicht möchten Sie zum Einstieg das Thema Microservices noch einmal kurz umreißen. Ich denke, wir haben davon alle schon gehört, aber ich würde gerne mit einer inhaltlichen Klärung einsteigen. Gerne, nimmt Kell den Gesprächsfaden auf und beginnt: Lassen Sie mich die Microservices kurz etwas beschreiben, ich verspreche Ihnen auch, dass es keine dröge Informatikvorlesung wird. Im Grunde haben wir es bei dem etwas gehypten Begriff »Microservices« mit einem neuen Bauverfahren für komplexe, große Programme zu tun. Es ist eine Art technischer Architektur, und das Geheimnis sind unabhängige Module, die untereinander über sprachunabhängige Schnittstellen kommunizieren können. Sprachunabhängig bedeutet: die einzelnen Module können jeweils mit unterschiedlichen Programmiersprachen programmiert sein, was viele Glaubensstreitigkeiten in der Programmiererzunft von vornherein aushebelt.

Die Gesamtarchitektur eines großen IT-Systems bauen wir dabei nicht mehr wie früher als Kathedrale nach einem monolithischen Gesamtbauplan, sondern modular aus einzelnen, sehr kleinen Blöcken. Natürlich haben wir auch schon früher das Prinzip der Modulbildung begriffen. Aber in der Welt der Microservices können die einzelnen Module unabhängig voneinander, wie man heute auf IT-Sprech sagt, deployed, also ausgeliefert, aktiviert und betrieben werden. Jedes dieser Module ist jeweils für nur ganz wenige oder bestens sogar nur für eine Aufgabe gebaut. Dadurch entsteht eine Welt von kleinen, sehr flexiblen Service-Bausteinen, die recht frei und vor allem schnell zu Prozessen zusammengeschoben werden können, vergleichbar mit Legoblöcken, ohne dass man sich in der Tiefe um jedes Detail kümmern muss.

Diese Unabhängigkeit der Module bedeutet: Es ist möglich und sogar das Ziel, dass ein kleines Team sich komplett, also ohne riesige Koordination mit anderen Modulen oder Managern oder Architekten, oder wer immer da koordinierend rumwerken möchte, um genau diesen einen Baustein kümmert. Und zwar permanent, also auch kein Weitergeben an irgendeinen IT-Betrieb.

Damit weiß man auch immer ganz genau, wer für das Modul verantwortlich ist, vom Design über die Funktion bis hin zur Verfügbarkeit, und das macht die ganze Komplexität großer Projekte im Ganzen sehr viel besser handhabbar.

Ein zweiter wichtiger Aspekt dieser modernen Architektur ist die Standardisierung der Art, wie die Module miteinander kommunizieren: Nämlich über APIs. APIs, mit englischem Langnamen *Advanced Programming Interfaces,* sind auch kein ganz neues Konzept, erklärt Kell weiter. Für die Kollegen mit IT-Wissen kommt das vielleicht wie ein Aufguss alter Ideen daher. Ohne zu tief in die Technik einzusteigen, sind APIs simpel gesprochen Schnittstellen, durch die man Funktionen einer Partei durch eine andere Partei aufrufen kann. Funktionen meint hier Programme oder Dienste oder Datenbereitstellungen. Wenn Sie sich zum Beispiel bei einer Website mit Ihrem Facebook-Account anmelden können, erklärt Kell, dann nutzt diese Website die Authentifizierungs-API von Facebook.

Damit diese Kommunikation in einer geordneten Form geschieht – und man sich als die Partei, die einen Service anfragt, nicht um das Innenleben des Partners zu kümmern braucht, von dem man was wissen will – wird bei APIs viel Wert auf die Dokumentation und Kapselung des aufgerufenen Serviceangebotes gelegt. Wenn dies gut gelingt, dann kann der anfragende Partner sich, die entsprechenden Rechte vorausgesetzt, wie bereits geschildert selber bedienen und auch komplexe Abfragen schnell und mit geringem Koordinationsaufwand aus Microservice-Legosteinen zusammenbauen. Ich merke, wie ich plötzlich abdrifte, obwohl ich mir vorgenommen hatte, besonders bei den technischen Fragen präsent zu sein, schließlich will ich da möglichst viel Wissen aufsaugen. Microservices und APIs, erinnere ich mich an eine Diskussion mit Kell, die wir im Anschluss an unsere letzte Samstagsession hatten, sind eine extrem wichtige Zutat für die »Secret Sauce« und den Erfolg von Amazon, und im Besonderen für dessen neue Erfolgssparte »Amazon Web Services«.

Jeff Bezos, so hatte Kell erzählt, schrieb bereits 2002 vor, dass alle internen Entwicklungsteams ihre Daten und Funktionen so gestalten müssen, dass diese über Web-Service-Schnittstellen (also Internet APIs) in einer Art virtuellem internen »IT-Marktplatz« verfügbar sind, und zwar für alle Daten und alle Funktionen. Und dass es außerhalb dieser APIs keine technische Kommunikation zwischen Programmteilen mehr geben würde.

»KICK-START« FÜR AMAZONS INTERNE API ECONOMY

Etwa 2002 hatte Jeff Bezos erkannt, dass die klassische Art der Softwareentwicklung viele Ressourcen zur Abstimmung und Wartung endloser Abhängigkeiten zwischen den Programmteilen erforderlich machte. Die Abfrage von Zulieferungen und Daten einer Einheit, ob nun Berichte und Analysen, das Erstellen neuer Apps bis hin zum Erstellen und Ändern von Prozessen war zu langsam geworden.

Bezos Einsicht war es, ein Self-Service-System für alle Nachfrager zu bauen, welches den Zugriff auf die »Service-Kapseln« ermöglichte, ohne dabei die IT zu unterbrechen. Dieser Self-Service-Zugriff (per API) auf Daten und Ressourcen (Microservices) ermöglicht es den Entwicklern in der Folge, Projekte viel schneller abzuschließen, die betriebliche Effizienz zu steigern und Kundenerfahrungen deutlich zu verbessern, während sich die IT auf größere, strategischere Initiativen konzentrieren kann. Bezos, der sich nicht als Glaubenskrieger für dieses Vorgehen engagieren wollte, wählte einen nicht gerade »basisdemokratischen« Ansatz, um das Konzept durchzusetzen.

Dazu ein Auszug aus dem Original-Memo von Jeff Bezos an sein Team 2002:
» All teams will henceforth expose their data and functionality through
    service interfaces.
» Teams must communicate with each other through these interfaces.
» There will be no other form of interprocess communication allowed:
    no direct linking, no direct reads of another team's data store, no shared-
    memory model, no back-doors whatsoever. The only communication allowed
    is via service interface calls over the network.
» It doesn't matter what technology they use. HTTP, Corba, Pubsub,
    custom protocols – doesn't matter.
» All service interfaces, without exception, must be designed from the ground
    up to be externalizable. That is to say, the team must plan and design to be
    able to expose the interface to developers in the outside world. No exceptions.
» Anyone who doesn't do this will be fired.
» Thank you; have a nice day! Jeff

Alle Services als kleine Dienste-Kapseln im eigenen Unternehmen: der Personalbericht, die Logistikanfrage, die Rechnung, die gestellt werden soll. Ist das wirklich neu, frage ich mich. In der Internet- und Start-up-Welt vielleicht nicht. Bei einem klassischen Unternehmen wie der AutoInc. gibt aber es sicher Millionen Hindernisse, die so eine interne Self-Service-Architektur vereiteln würden. Mit den funktionalen Monolithen der Fachbereiche sind nämlich auch die Grenzen der Abteilungen und der Datensilos fest hochgemauert. Man denke sich nur: Wenn zum Beispiel eine Personalabteilung von der Finanzabteilung eine Info braucht, wird diese im System per API automatisch zur Verfügung gestellt. Ausschließlich. Punkt. Kein Rumfragen oder Verhandeln. Wenn es geschäftsnotwendig ist, ist es automatisch verfügbar für alle, die es brauchen. Was für eine andere Welt wäre das.

Eine weitere wichtige Zutat in Bezug auf »Neuheit« ist sicher auch der Umstand, dass viele der in der Denkweise von Amazon geschaffenen Microservices in einem vollständig neuen Paradigma von IT entstehen, sinniere ich weiter. Das ist vielleicht, was Kell gemeint hat, als er davon sprach, dass die neuen IT-Verfahren die Betriebsidee von geschlossenen Rechenzentren und von monolithischen Großsystemen auflösen werden. Die Microservices laufen dann, wie ich mich an seine Ausführungen erinnere, in frei gestaltbaren »Wolken« aus Servern. Und fertig ist die sogenannte Cloud-Architektur. Gar nicht so schwierig zu verstehen, zumindest auf dieser Ebene. Die Schwierigkeit wird aber sein, das im Unternehmen an alle Kollegen so zu vermitteln, dass es eine Selbstverständlichkeit wird. Etwas verlegen wende ich mich der Diskussion wieder zu, doch niemand scheint meine kurze Abwesenheit bemerkt zu haben.

APIs bedienen also das Ziel der Integration von Prozessen über Abteilungs- oder Unternehmensgrenzen hinweg, erklärt Kell in diesem Moment, und zwar ohne beim Nachbarn rumprogrammieren zu müssen. Vereinfacht gesprochen sind sie so was wie ein Standardbriefschlitz für viele Dienste. Das können sehr einfache Dienste sein wie einen »Logistikauftrag anfordern«, aber auch komplexere Dienste wie »machen Sie mir ein Finanzierungsangebot«. Die einzelnen Rechner, die alle diese Dienste an der Basis wirklich ausführen, kümmern den Programmierer gar nicht mehr. Per Mausklick kann er die nachgefragte Rechenleistung von Mini auf Maxi skalieren und man bezahlt, zumindest dem Gedanken nach, auch nur die Rechenleistung, die man braucht. Solche cloudbasierten APIs sind nicht nur das Geheimnis von PayPal, Amazon oder eBay, sie treiben durch ihre Leistungskraft und die Standardisierung auch die digitale Revolution der Finanzbranche oder der Reisebranche und vieler anderer Branchen an, wo verteilte Partner eine gemeinsam zu gestaltende Leistung anbieten wollen.

Bremer scheint den Technik-Overflow bei uns beiden Vorständen zu bemerken und wirft ein: Ich möchte Ihnen mal ein anschauliches Beispiel geben. Am besten greife ich auf eines zurück, das Sie auch gut kennen, meine Herren, und zwar Google Maps. Entsprechend der Experimentierfreude und dem Diktum, erst mal Daten zu sammeln und dann zu schauen, was geht, wurde das Projekt vom Mutterhaus ab 2005 durchaus unterstützt, erzählt Bremer. Doch man sah Google Maps lange Zeit nicht als wirkliches Asset für den Google Konzern. Es war eine von vielen zugekauften Datenspielereien, in diesem Falle von zwei dänischen Programmierern und lange Zeit ohne funktionierendes Geschäftsmodell. Das änderte sich schlagartig, als das API, mit dem Google Maps ausgestattet war, von findigen Immobilienmaklern dazu verwendet wurde, deren Immobilienbestände auf der Website der Makler in der Google-Landkarte anzuzeigen. Das war die zündende Idee. Quasi über Nacht hob die Popularität für diese und zahlreiche andere Verwendungen des Kartendienstes ab. Ein Ergebnis, das keine zentrale Einheit hätte planen können. Mittlerweile gibt es, wie Sie vielleicht wissen, eine riesige Familie von Diensten rund um Google Maps, die auf den Geodaten des Kartendienstes aufbauen, wie »Maps« für Landkarten, »Routes«, um von A nach B zu navigieren, oder »Places«, um sein Angebot an einem Platz auf der Landkarte verorten zu können. Kostenlos? Mitnichten, denn das Geschäft mit den Geodaten ist schon lange ein guter Umsatztreiber geworden.

Für diese Geschäfte gibt es sogar einen tollen Begriff, die *API Economy.* 2017 hat Forbes sogar das »Jahr der API Economy« ausgerufen, um zu unterstreichen, für wie wichtig das Journal die Möglichkeit zur Rekombination aller möglichen Geschäftsmodelle durch klug verlinkte API hält. Ist unsere Industrie mit ihren zugegebenermaßen oft sehr alten IT-Systemen damit chancenlos? Natürlich nicht! Auch hier gilt noch immer, holt Bremer schwungvoll aus, was Bezos sagt: *It is still day one!*

Na ja, Herr Bremer, vielleicht haben Sie ja recht mit dem »Day One«, sagt Hennrich und beugt sich zu den Keksen vor, aber für die Frage der Selbstbestimmung ist es in vielen Themen an diesem Tag eins schon mindestens fünf vor zwölf. Und damit meine ich leider zwölf Uhr Mitternacht.

Wir haben als Industrie viel zu lange geschlafen und bis heute keine Disziplin beim Sammeln von Daten und keine gute Fähigkeit zur Zusammenarbeit mit Partnern auf Augenhöhe.

Aber gut, fügt Hennrich beschwichtigend hinzu, überlegen wir einfach mal als konstruktives Gedankenexperiment, wie wir als AutoInc. das eben gehörte Modell der Zerlegung unseres komplexen, monolithischen Angebotes in kleine Microservices anwenden könnten. Was wir dann brauchen, ist eine ganze Sammlung von APIs, welche wir vor unsere AutoInc. setzen. Quasi eine Schnittstelle, über die wir wichtige Leistungen unserer Firma auch anderen zur Verfügung stellen können. Unser Vertrieb, unser Engineering, unsere Module, unsere Fabriken, unsere Forschung als offene Community, die ihre Leistungen an Partner, vielleicht sogar an Mitbewerber weiterreicht.

Während ich Hennrich lausche, stelle ich erleichtert fest, dass die große intellektuelle Neugier und Offenheit meines Kollegen ihn in einer ausgesprochen konstruktiven Weise diskutieren lassen und ihn die paar kritischen Momente nicht aus der Bahn werfen konnten. Ich finde seine Denkgeschwindigkeit mittlerweile ehrlich beeindruckend und freue mich, dass wir uns in diesem Kreis zusammengefunden haben. Gerade als mein Gedankenfluss mich erneut davontragen will, ruft Hennrich aus: Das müssen ja nicht nur IT-Services sein! Mir fällt eine Menge dazu ein, und nicht nur so Sachen, wie mal ein Aggregat an einen Mitbewerber verkaufen. Die Unterhaltung scheint in Hennrich ja viele Kräfte freizusetzen, denke ich vergnügt, während der Kollege seinen Gedanken laut weiterspinnt: Wenn wir mal ein fantasievolles Wimmelbild für unseren Vorstand malen, dann sieht das vielleicht so aus: Ein vernetztes Fahrzeug fährt autonom durch die Stadt und versteigert die Mitfahrt unter allen fahrwilligen Kunden. Dabei entscheidet es sich für die beste Tour, was das Fahrzeug mit seinem Back-End aus Tausenden Parametern berechnet: der Parkraumverfügbarkeit, dem Ladezustand, der Zielrichtung, dem Verkehr und den möglichen Einnahmen. Das Rating des Nutzers, der mitfahren möchte, ist natürlich auch unter den Faktoren. Unterwegs nimmt das Auto noch ein paar Pakete mit, speist zahlreiche Daten in das städtische Verkehrsleitsystem, kauft sich den günstigsten Strom und bietet dem Kunden auf der Fahrt das optimale Entertainmentprogramm. Ein Kaffee im Drive-in ist auch dabei und die Buchung eines E-Scooters[187] für die letzte Meile, in die man mit dem Fahrzeug nicht einfahren kann. So ein Fahrzeug ist dann kein übler Kostenfaktor mehr, und auch nicht nur ein Knotenpunkt im Internet, sondern eine eigene Firma mit automatischer Buchhaltung und einer eigenen Steuernummer. Jede Transaktion wird automatisch verbucht. Wartung und Strom, Reinigung und Parkplatz, Finanzierung und Zahlungsabwicklung – alles zusammengehalten von einem Ökosystem von Services, die in der Cloud wohnen und über APIs miteinander kommunizieren und sich stetig weiterentwickeln. Eigentlich geil, oder?

Während ich über Hennrichs Gedankenflug sinniere, wird mir klar, dass wir bisher viel zu wenig über solche Fantasien gesprochen haben. Wir müssten das viel intensiver und viel öfter machen, wenn wir als Teilnehmer in einem digitalen Ökosystem erfolgreich sein wollen. Vielleicht machen unsere Kollegen aus der Zukunftsforschung das ja sogar und wir hören denen nicht zu, denke ich laut weiter. Aus meiner Sicht jedenfalls beschäftigen wir uns zu sehr mit dem taktischen Horizont von bis zu fünf Jahren, und nicht mit dem von zehn. Und das gilt nicht nur für unser Angebot, sondern auch für unsere internen Leistungen. Ich muss nur in die IT meines Bereiches blicken: Alles dort wird mit Pflastern provisorisch am Leben gehalten, keine langfristigen Investitionen in Sicht. Dabei sprießen heute überall neue, oft AI-basierte Dienste wie die Pilze aus dem Boden: sende Sprachaufzeichnung, erhalte Text. Aber auch: sende Bilder und erhalte Diagnose. Mir fällt ein Kollege aus Dr. Bremers Team ein, der sich mit einer API selbstständig gemacht hat, die juristische Texte aus Microsoft Word heraus automatisch überprüft. Per Plug-in.

*Er sagt, dass über neunzig Prozent der juristischen Arbeit in Firmen
aus dem Prüfen von Standardtexten besteht. Das kann, davon ist
er überzeugt, eine künstliche Intelligenz schneller, besser und
um den Faktor Zehn preiswerter.*

Als Unternehmen müssen wir rasch dafür sorgen, dass unsere internen Services und unsere eigenen Dienstleistungen und Produkte per API aufgerufen werden können und wir dann auch Bestandteil der API Economy werden. Stimmt, sagt Hennrich, wir beschäftigen uns vielleicht wirklich zu wenig mit Technik. Ich meine, es ist schon eigenartig, dass ich das sage, denn zur Erinnerung, ich bin Vorstand für Technik und Entwicklung, meine Herren. Dabei grinst Hennrich breit. Aber mal ehrlich, wir betreiben ja eine ganze Reihe von Labors, Kooperationen mit Universitäten, arbeiten mit ähnlich teuren Beratern, das Zwinkern in Richtung Bremer und Kell kann er sich nicht verkneifen, an Studien und Szenarien.

Was machen wir denn falsch, und bitte, ich möchte das grundehrlich und selbstkritisch zwischen uns hier diskutieren, denn das ist ein Thema der Nachfrage, also des Vertriebs, und des Angebotes, also der Technik, gleichermaßen. Scouten wir nicht gut genug nach neuen Impulsen? Natürlich, wir haben prozessual schon über die Frage der Open Innovation gesprochen, da waren gute Impulse dabei. Aber warum laufen die Meilensteine in den Innovationsroadmaps immer wieder weit in die Ferne? Gemessen an dem, was am Ende in den Produkten an Innovation ankommt, können wir es nicht richtig machen.

Tech Trendsurfing (¬ Working the Labs)

Wir betreten jetzt ein etwas vermintes Gelände, meine Herren, nimmt Bremer den Gesprächsfaden auf, denn das mit der Innovationssuche ist so eine Sache. Lassen Sie mich gleich mal auf einen Punkt eingehen, der mir ganz besonders auf der Seele brennt: nämlich die Einrichtung der vielen Start-up-Labore, Inkubatoren, Acceleratoren und so weiter, die typischerweise von den Mutterorganisationen leider überhaupt nicht verstanden werden.

Geht man einen Schritt zurück und schaut mit etwas Distanz darauf, was die meisten Firmen da geschaffen haben, dann wirkt das oft wie ein uniformer Indoor-Streichelzoo für Manager, in dem lustige Hipster, schrullige Programmierer mit neun Monaten Silicon-Valley-Erfahrung, leidenschaftlich verwirrte Klebezettelfetischisten und natürlich der obligatorische Kicker zu bestaunen sind. Eine etwas ranzige Fabrik, aber schön schick im Zentrum einer Stadt, alles darin aus Paletten gebaut, vom Designer. So konsequent inszeniert, als folgte man dem universellen Lonely Planet Guide für »So-macht-man-Start-up-Places-für-urbane-Kreativlinge«. Das ist wirklich: nicht cool. Und: nicht hilfreich. Ich weiß, dass die AutoInc. wie alle ihre Wettbewerber auch so was hat, und bitte um Nachsicht für die Überzeichnung. Aber lassen Sie uns doch mal mit klarem Blick auf ein paar Erfahrungen schauen.

Hennrich, der bei Bremers Worten lauthals aufgelacht hat, bemerkt feixend: Den Handkantenschlag haben Sie doch vorher geübt, Herr Bremer. Jetzt werden wir wohl gleich mit
dem Weihwasser des klassischen Beraters ex-hipsterifiziert. Offenbar hat sich der ironische,
nahezu bissige Unterton von Bremer in unserem kleinen Kreis gut bei Hennrich verfangen
und – Gott sei Dank – zu Humor und nicht zu Widerstand geführt. Dennoch will ich Bremer
darauf hinweisen, sich etwas moderater zu verhalten. Der scheint wieder einmal meine Gedanken zu lesen und fährt in einem weniger vorwitzigen Ton fort.

» **Erstens,** sagt Bremer: **Problems first.**
Gute Innovationslabore haben immer
einen konkreten Problemrahmen und
strategische Ziele. Damit meine ich
so etwas wie einen »Dachgedanken«:
einen Auftrag, eine Mission, einen Pro-
blembereich, für den Lösungen gefunden werden müssen. Nicht Technologien, die zu Lösungen werden, die
dann im Mutterhaus auf die Suche
nach passenden Problemen gehen.
Oder – was genauso wenig nachhaltig
wirkt – ein modisches Unternehmens-
theaterstück für die schnelle PR-Ak-
tion, mit der lediglich dem Ego einiger
Topmanager gehuldigt wird, die nun
auch mal so was Cooles brauchen,
wie all die Mitbewerber schon haben.

» **Zweitens: Open.** Gute Labore sind offen. Damit meine ich
nicht offen im Sinne von »da kann jeder rein«. Sondern
Forschungsnetzwerke oder Projektkooperationen, die intensiv betreut werden. Dazu gehören auch zahlreiche Beziehungen zu Universitäten, Thinktanks, Zulieferern, internationalen Partnern. Denn wenn eine Zelle nur alleine vor
sich hinwerkelt, geht das unserer Erfahrung nach meistens
schief. Erinnern Sie sich nur an die Offenheit des Silicon
Valleys, Herr Mahlich. Das Verhalten, welches wir dort beobachten konnten, das meine ich mit offenen Netzwerken.
Dazu gehören Zusammenarbeiten mit Start-ups, betreute
Doktorarbeiten, lokale TedTalks und so weiter. Bei diesem
Punkt gibt es auch prominente Ausnahmen, das gebe ich
gerne zu, ergänzt Bremer. Dazu würde ich Amazon und
auch Apple zählen, deren Forschungseinrichtungen eher
wie die abgeschirmten, militärischen Geheimlabore in der
Zeit des Kalten Krieges betrieben werden. Es sind aber eben
nur Ausnahmen. Historisch haben die eher isolierten R&D
Labs wie die Beispiele von Xerox PARC im Silicon Valley,
das Technical Center von General Motors oder die Bell Labs
nicht gut funktioniert. Da sind zwar viele Ideen und Patente
rausgekommen, aber der hermetische Abschluss hatte zur
Folge, dass sich am Ende auch die Mutterorganisationen
ausgeschlossen fühlten und die Ideen nicht dorthin zurück-
fanden. Aus meiner Sicht, sagt Bremer, siegt immer die
Offenheit, und das schon auch, personaltechnisch auf die
inhaltlich Besten der Besten zu fokussieren.

» **Drittens: Wertschöpfungspartner mit dem Mutterhaus.** Gute Labore sind sehr kooperativ, aber auch kritisch und bewahren sich eine wissenschaftlich anmutende Disziplin bei der Suche nach Tiefgang. Statt Blendwerk und Rechthaberei liegt der Fokus auf der Frage: Wie helfen wir dem Mutterschiff durch Fakten, Einsichten, Bewertungen, Ideen, Daten? Wissen Sie, fügt Bremer hinzu, manchmal sind auch große Unternehmen in den Echokammern schöner Technikmärchen gefangen, die sich sogar zu gefährlichen Technikblasen aufblähen können. Dann ist das Labor ein perfekter Platz für kritische Impulse und Feedback. Das ist besonders der Fall, führt Bremer weiter aus, wenn diese Technologieblasen von marketingstarken Lieferanten gegen die Technologen und mit einer sehr eigensüchtigen Agenda angeschoben werden. Die sind nämlich erfahrungsgemäß sehr geschickt darin, mit cleverem Key-Accounting dem Management Sand in die Augen zu streuen. Dann gibt es plötzlich die eine Marketingplattform, ohne deren Lizenzen nicht mal der Pförtner mehr seinen Dienst machen kann. Oder das Projektmanagementtool, ohne das kein Projekt mehr laufen würde. In solchen Fällen können Labore einen Prüfcharakter haben, der sehr ernüchternd und auch integrierend wirkt. Diese Kanarienvogelfunktion ist etwas, was man den Mitarbeitern der Mutterorganisation gut erklären kann. Das nimmt auch etwas vom neiderregenden Nimbus des selbsternannten Visionär-Daseins ohne jede Umsetzungsverantwortung, welcher unbehandelt zu enormen Abstoßungen führen kann.

» **Viertens: Kommunikation.** Aus unserer Sicht sind gute Labore in erster Linie Kommunikationsveranstaltungen, erklärt Bremer weiter. Es wird sehr viel Zeit für die Analyse und kritische Befassung mit Märkten verwendet, nicht nur für Technik. Denn das ist die Grundlage für gute Roadmaps und das richtige Timing für Innovationen. Die dafür notwendige Diversität wird durch Managementrotationen aus der gesamten Breite der Mutterorganisation geschöpft. Das soll Einsichten und Sparring für Innovationen auch an den Rändern des Sichtfeldes abholen und andererseits alle diese Ränder mit auf die Reise nehmen.

Sie sehen, meine Herren, ich habe unter dem Titel *Tech Trendsurfing* auf die Rolle von Laboren als integraler Part der Mutterorganisation abgezielt. Die Revolution findet dort nicht statt. Und wir schaffen mit ihnen auch nicht die Forschung ab. Unternehmertum, da sind wir uns sicher einig, wird von Unternehmern gemacht, nicht von schicken, darstellungsorientierten Hipstern. Sehr wohl werden dort aber innovative Technologien vor dem Hintergrund eines strategischen Auftrages erprobt, der offene Austausch mit externen Partnern unterstützt und die Mitarbeiter zur intensiven Kooperation über die traditionellen Grenzen hinweg angeleitet. Indem wir neue Technologien oder Arbeitsweisen einsatzfest und für Fachbereiche verdaubar machen, Piloten unterstützen, Vergleiche durchführen, helfen wir genau dort, wo die heutigen Organisationen durch den Kostendruck etwas zu schlank geworden sind, und begleiten die technologische Anpassung. Was wir nicht machen, ist halsbrecherische Disruption gegen das Mutterschiff. Oder beliebiges Rumprobieren mit irgendeiner gerade coolen, super-fancy Blockchainhypervisorservicesonstnochwastechnik. Oder verlieren sich im Klein-Klein des Methodischen, ohne Produkt und Skalierungspotenzial. Das sind einfach andere Ziele, fügt Bremer nach einer kurzen Pause hinzu. Disruption braucht Unternehmer, und diese brauchen organisatorisch andere Rahmenbedingungen wie Ventures und dergleichen. Das Orga-Thema wollen wir uns aber wie vereinbart für später aufheben.

Natürlich ist das schwarz-weiß gemalt, sagt Bremer, und in einer reinen Dienstleistungsfunktion werden die Labore auch nicht glücklich. Ich sehe das aber als das notwendige Standbein, auf dem die Akzeptanz in der ganzen Organisation fußt. Wie sehr dann das Spielbein einer weiter am Horizont gelegenen Tiefenbefassung mit einzelnen Feldern wie dem 3D-Druck, der künstlichen Intelligenz, der Robotik in der Produktion, Cybersecurity und dergleichen mehr ausgestaltet werden kann, hängt sehr davon ab, wie viel Nachhaltigkeit man mit den Stakeholdern im Management hinbekommt.

Na, Herr Bremer, da haben Sie den Handkantenschlag von vorhin am Ende doch nicht nur rhetorisch ausgeführt. Mit dem, was Sie da sagen, stellen Sie grundsätzlich infrage, was wir heute an Laborstrukturen aufgebaut haben, ergreift Hennrich nun wieder das Wort. Vielleicht haben Sie sogar recht damit, deswegen danke ich Ihnen für Ihre Ausführung! Ich bin mir sicher, dass wir da weiter diskutieren müssen. Vor allem, weil Ihr Hinweis nicht von der Hand zu weisen ist, dass wir im Moment nicht fokussiert dastehen. Mir war schon seit Monaten etwas unwohl damit, doch wir haben das laufen lassen mit der Begründung, die bewahren uns davor, dass uns einige der wichtigen Kerntechnologien davonlaufen. Bei genauer Betrachtung ist das aber nur ein Vorwand und keine Mission. Was ich dem Labor jedoch schon attestieren möchte, ist die Rückstrahlung auf die bestehende Organisation. Die hat sich nämlich durch die Ankündigungen rund um unser Labor und die vielen Besuche dort schon sehr eifersüchtig angestrengt, die eigenen Aktivitäten neu zu sortieren und in ein besseres Licht zu rücken. Hennrich zwinkert kurz in unsere Richtung, fährt dann aber sachlich fort: Besonders die Forschung hat einen ganz schönen Sprung gemacht und sich thematisch und auch personell neu orientiert. Das war gut. Mit dem Zukunftslabor haben wir auch endlich einen zentralen Ansprechpartner für die Start-ups, die mit uns kooperieren möchten. Da ist zwar noch nicht viel bei rausgekommen, aber nun haben wir wenigstens eine klare Route in die Organisation hinein.

Das führt mich zum letzten Thema für heute, bevor wir uns auf ein anderes Mal vertagen, und das passt genau zu der Frage des »Nicht-viel-Rausbekommens«, ergänzt Hennrich. Ich akzeptiere im Grunde schon was Sie sagen, dass wir in den Laboren wahrscheinlich nicht die unternehmerischen Impulse für das nächste Google erzeugen. Wohl aber können wir damit viele und weitreichende technische Impulse und auch wichtige kulturelle Änderungen initiieren. Wie aber können wir denn diese Einheiten dann führen, die wir ja unter dem Diktum einer klareren Richtung sicher neu justieren müssen? Welche Kriterien setzen wir an, wenn wir die weiter beurteilen oder nutzen wollen?

Sehen Sie, Herr Bremer, ich nehme Ihnen sogar schon etwas von der Moderation vorweg, meint Hennrich, aber ich muss auf die Uhr schauen. Mein Sohn tritt heute Nachmittag mit seiner Fußballmannschaft zu einem wichtigen Spiel an und ich habe ihm hoch und heilig versprochen, dabei zu sein. Glauben Sie mir, die Diskussion ist interessant, aber das will ich dafür nicht opfern.

Schon zuvor war mir seine offene Argumentation sehr angenehm aufgefallen. Auch wenn Hennrich an vielen Stellen unserer Diskussion das gute Recht gehabt hätte, mit dem Finger in unsere Richtung zu zeigen, hat er dies nicht getan. Dieser kleine und sehr offene Ausflug ins Private überzeugt mich nun völlig davon, dass Hennrich sein Herz am rechten Fleck hat. Ich werfe deswegen nur knapp ein: Klar, dann aufs Gas gestiegen, Kollegen.

OKR vs. KPI (↝ Bridging Horizons)

Gut, sagt Bremer, unser letztes Thema für heute. Dafür haben wir die Karte *OKR versus KPI* mit dem Untertitel *Bridging Horizons*. Ich vermute mal, dass der schöne Untertitel von Herrn Kell stammt, deswegen überlasse ich ihm gleich mal das Wort mit der Bitte, eine Zusammenfassung unserer Vorbereitung wiederzugeben.

Kell nestelt wieder etwas unbeholfen mit seinen großen Händen, bevor er zu sprechen beginnt. Nun, sagt er, wir haben ja zuletzt viel über Agilität gesprochen und darüber, dass wir schnellere Feedbacks brauchen. Und in diesem Zusammenhang ist das vergleichsweise junge Konzept der OKRs, sprich der *Objectives and Key Results,* nun in aller Munde als die neue Führungswunderwaffe für agile Teams. Der schöne Begriff ist eingängig, stark in Mode und lässt große Dinge erahnen, schließlich steuern auch die Googles, Twitters und LinkedIns mit dieser Methode.

Die Geschichte von OKR führt auf den schon mehrfach erwähnten Andy Grove[188] von Intel zurück, der sich Ende der siebziger Jahre mit MbO, dem *Management by Objectives,* abmühte. Ihm war aufgestoßen, dass die Vereinbarung von Jahreszielen auf der Basis eines großen Tableaus von korrespondierenden Indikatoren bei Intel nicht funktionierte, weil das Umfeld schlicht zu dynamisch und das Wachstum und der Innovationsdruck zu groß waren. In Kurzform: In einer dynamischen Umgebung brauchen wir eine agile Zielvereinbarung und auch Messkriterien, die nicht erst darauf warten, was irgendwann einmal herauskommt, sondern schon vorher messen, ob man sich in die richtige Richtung bewegt. Das erkannte Grove und er fokussierte auf ein sehr viel kleineres Set von einigen an die Mission angelehnten »Key Objectives« als den Kernzielen, die zu erreichen waren.

Diese überprüfte er zusammen mit den Managern einmal pro Quartal und kommunizierte die Ziele und den Status auch allen Mitarbeitern insgesamt. Die wesentlichen Fragen im Vereinbarungsgespräch sind: Wo will ich in diesem Quartal hin (die Objectives oder Zielvorgaben) und wie merke ich, dass ich näher an das Ziel gelange (die messbaren Key Results[189]). Grove hat diese Methode übrigens in einem extrem unruhigen Fahrwasser eingesetzt, den sogenannten »Microprocessor Wars«, und Intel ist unter seiner Führung extrem erfolgreich aus dieser Zeit hervorgegangen.

Die Objectives sollten laut Grove eine Aussage zu einem wichtigen qualitativen Ziel darstellen, welches das Unternehmen in eine gewünschte Richtung (in die der Langzeitvision) treibt. Ein Objective sollte demnach inspirierend, im Quartal machbar, qualitativ und vom Team kontrollierbar sowie mehrwertstiftend für das Unternehmen sein. Die Key Results, oder Ergebnisse, sollten messbar sein und das richtige Verhalten fördern, mit dem man den Objectives näher kommen würde. Key Results sollten eher als nach vorne gerichtet verstanden werden, und pro Objective sind ein bis vier Key Results meist völlig ausreichend. Um die Key Results zu erreichen, werden im Bereich der Aufgabensteuerung einzelne Initiativen umgesetzt, mit denen die Key Results bestmöglich erreicht werden können. Die Initiativen setzen dabei stark auf die Selbststeuerung der Teams.

Objectives und Key Results liefern somit ein agiles Framework für einen strukturierten Zielvereinbarungsprozess, erklärt Kell weiter, in dem die Mitarbeiter und das Managment Initiativen zur Ziellerreichung vereinbaren können. Prioritäten lassen sich so viel besser setzen. Unserer Erfahrung nach klärt die Kaskade *Objectives – Key Results – Initiativen* die Erwartungen an die Aufgaben der Mitarbeiter in einem sehr transparenten Prozess und macht viel von dem diffusen Transformationsdruck beherrschbar.

Wenn Sie sich nun vorstellen, Sie investieren in einen Start-up, welcher noch gar keine Prozesse etabliert hat und sich erst in einem Markt behaupten muss, dann sind solche OKR genau das Mittel der Wahl, so Kell, Fortschritte sinnvoll messbar zu machen. Dann kann man sehr dosiert einen Kanon von Zielen vorgeben, die pro Quartal zu erreichen sind, und von den jeweils erreichten Key Results auch klar abhängig machen, ob es weiter Geld für die Fortführung gibt. So werden die wenigen Ressourcen eines Start-ups auf die wirklich wichtigen Ziele ausgerichtet und systematisch Abbruchbedingungen etabliert. Das erklärt, warum in der Start-up-Branche und in Innovationsfeldern generell das OKR-Thema so wichtig ist[190].

Wir schließen mit den OKR allerdings auch eine wichtige Lücke in den traditionellen Unternehmen, fügt Kell hinzu. Diese Lücke besteht oft im Repertoire der Entscheidungsstützungssysteme in den KPI, den *Key Performance Indikatoren*. Sehen Sie, es ist richtig und eine Binsenweisheit, fährt Kell fort, dass ein Unternehmen von alten Hasen oft nur anhand weniger Kennzahlen daraufhin beurteilt werden kann, ob der Laden läuft. Diese passen meist auf einen Bierdeckel und sind gut auf einzelne Bereiche oder Teams runterzubrechen. Aber KPI beschreiben einen anderen Horizont. KPI messen nämlich Systeme, die es bereits gibt, unterstreicht Kell. So wie OKRs dabei helfen, Probleme zu lösen und Neuland zu erkunden, sind KPIs die Basis für Performance und Verbesserung des bereits laufenden Grundsystems.

Genau das ist wichtig, wirft Bremer ein, dass wir als Management in einem Veränderungsprozess auf beide Schaugläser ein Auge haben müssen. Einerseits die Bestandsprozesse mit KPIs führen und andererseits die Digitalisierung agil mit OKRs voranzutreiben. Dabei wollen wir natürlich nicht die Illusion nähren, dass man eine Organisation mit einem Spreadsheet und etwas PowerPoint lenken könnte.

Gut, stelle ich fest, ich muss sagen, dass der heutige Vormittag sehr intensiv war. Lassen Sie uns hier einen Strich machen, meine Herren. Auch bei Ihnen, Herr Hennrich, möchte ich mich für die interessante und offene Diskussion wirklich sehr bedanken. Ich hoffe natürlich, dass Ihr Sohn und seine Mannschaft heute Nachmittag gewinnen werden.

Zwei Aspekte möchte ich aber noch hervorheben damit wir mit dem richtigen Anspruch an die weitere Arbeit herangehen.

» **Erstens:** Wie kann ich das Hauptthema in einer kurzen Geschichte so verpacken, dass dies besser nachvollziehbar ist? Ich meine, dass uns das genauso gelingen sollte, wie das auch für die Frage des *Digital User Value* machbar war. Vielleicht können wir uns dazu am Dienstag sehr früh am Morgen noch mal treffen? Kell und Bremer nicken und machen sich Notizen.

» **Und zweitens,** ergänze ich, was bedeutet das für unsere Organisation? Ich weiß, das ist der nächste Ast auf unserer Mindmap. Aber ich bin schon sehr gespannt und hoffe, Sie haben bereits Ideen, wie wir da rangehen werden?

Der Elevator Pitch

Bremer und Kell stehen bereits im Flur, als ich am Dienstag um 7:30 Uhr in meinem Büro ankomme, und blicken mir etwas verlegen und neugierig entgegen. Stimmt, denke ich mir, ich habe die beiden nicht wirklich gut genug aufgeklärt, was ich eigentlich haben will. Sicher wundern sie sich über die frühen 30 Minuten, für die ich sie zum Gespräch geladen habe. Auch die Verabschiedung war am Samstag etwas kurz geraten, denke ich still vor mich hin, da dann doch alle sehr schnell ins Restwochenende aufbrechen wollten. Da um diese Zeit mein Büro noch nicht besetzt ist, biete ich den beiden an, sich mit mir zusammen einen Kaffee von der Espressomaschine im Vorraum zu nehmen, greife mir einen Stapel Unterlagen, der für mich vorbereitet auf dem Tisch meiner Assistentin liegt, und lade die beiden zu mir ins Büro ein.

Also, meine Herren, ich möchte erst mal unterstreichen, beginne ich das Gespräch möglichst versöhnlich, dass wir aus meiner Sicht am Samstag durchaus große Fortschritte gemacht haben. Ich habe in Summe sehr viel mitgenommen und das war sicherlich auch für Hennrich so der Fall. Was wir allerdings gemeinsam verbessern müssen, ist die Genauigkeit und die Zuverlässigkeit der Zusammenfassung dessen, was wir dabei herausfinden. Ich weiß, ergänze ich, dass der Samstag zu wenig Zeit geboten hat, das an jeder Stelle sauber zu machen. Erlauben Sie mir aber die Bemerkung, dass am Ende der Erkenntnisgewinn nett ist – ich dies aber nur nutzen kann, wenn ich es auch für weitere Gespräche transportfertig bekomme.

Gut, dass Sie das so offen ansprechen, Herr Mahlich, antwortet Bremer, denn wir hatten auch das Gefühl, dass Sie am Ende nicht zu einhundert Prozent zufrieden waren. Jetzt wissen wir wenigstens, woran wir sind. Dann können wir damit arbeiten und, kleine Anmerkung, in unserer Branche gibt es sogar einen Begriff für diesen Zustand des folgenlosen »Ich-nehm-das-dann-mal-mit«. Wir nennen es »Management by UPS«, wenn Manager untereinander dicke Informationspakete austauschen, wobei die einen nur Infos abwerfen und die anderen das Paket dann »mal mitnehmen«, ohne konkrete Handlungen zu vereinbaren. Wir vereinbaren also gerne mit Ihnen, dass wir in Zukunft die Zwischenergebnisse noch besser verdichten und reproduzierbar machen.

Lassen Sie mich einfach mal versuchen, die bisherigen Erkenntnisse als Elevator Pitch zusammenzufassen, die wir bisher unter der Überschrift *Operieren in Innovations-Lernzyklen* erarbeitet haben, fährt Bremer fort.

Zwischenergebnisse verdichten
1. Wie kann das zentrale Narrativ der Geschichte knapp und leicht nachvollziehbar erzählt werden? ¬ Schlüsselkonzepte herausarbeiten.
2. Was bedeuten diese Einsichten für unsere Organisation? ¬ Handlungsempfehlungen formulieren.

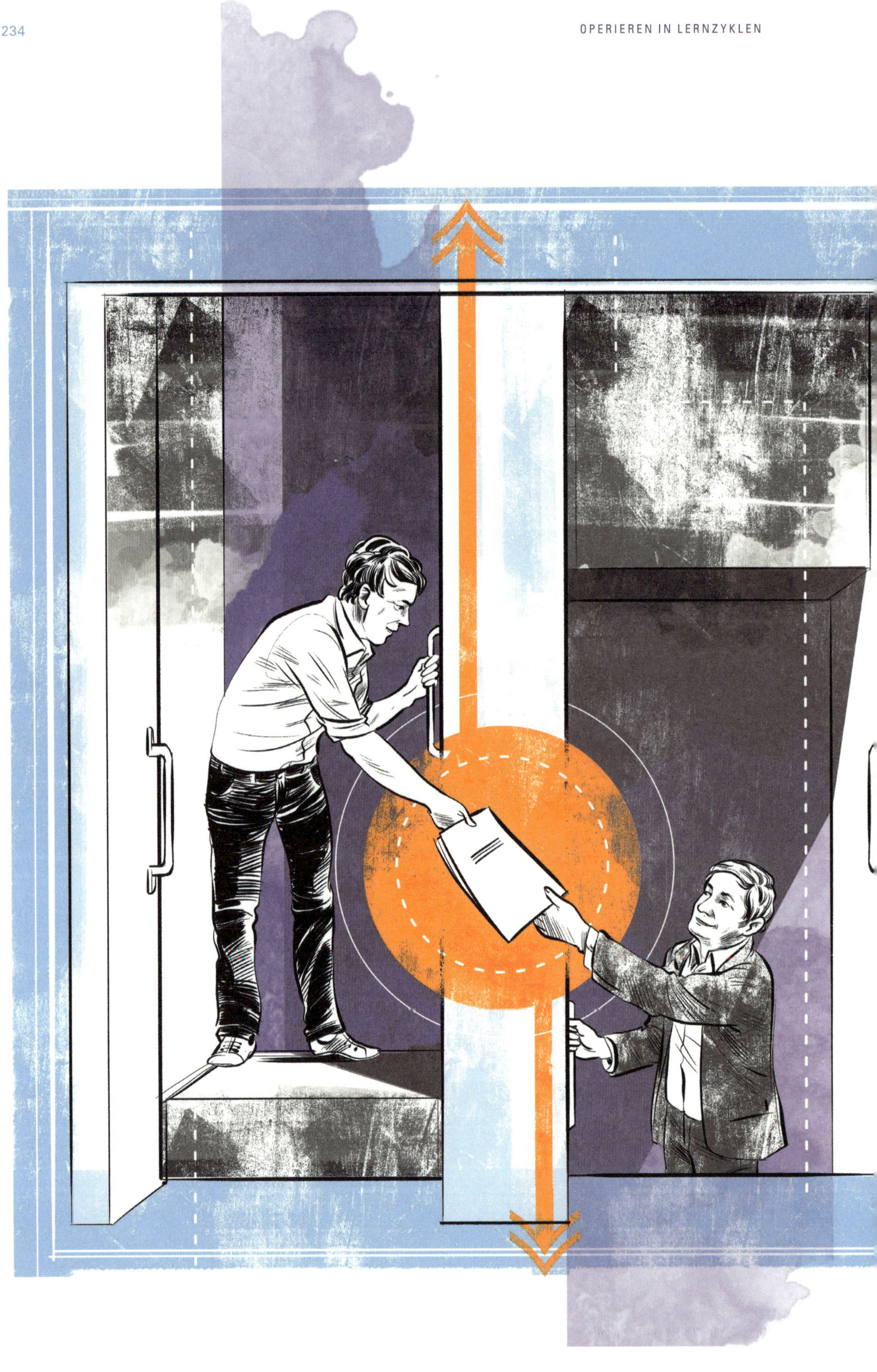

Ausgangspunkt sind die drei zentralen Schlüsselkonzepte, die zusammenfassen, was sich beim »Innovieren« durch die Digitalisierung in unserer Industrie verändert.

» Das erste ist die **zentrale Bedeutung von HMI und Datenkanal.** Nur wer die Schnittstelle zum Kunden und die Daten, die an dieser Schnittstelle entstehen, sichert, wird in Zukunft überhaupt mitspielen können.

» Das zweite ist die Einsicht, Verbesserungen nicht mehr in zeitlich weit auseinanderliegenden Schüben zu liefern, sondern in vielen kleinen Inkrementen. Wir nennen es *Evolution in Value Centric Increments.* Das will Feedback des Nutzers früh in die Entwicklung einbringen und Sackgassen vermeiden.

» Das dritte dient als Grundlage für eine schnellere Lieferung, bessere Entwicklungswerkzeuge und die Standardisierung in unserem Innovationsprozess durch die Trennung der Entwicklung von Hardware und Software. Wir nennen das *Pace Layered Architecture.*

Auf der Basis dieser Schlüsselkonzepte haben wir dann einige Handlungsempfehlungen erarbeitet und in logische Felder gruppiert:

» **Hoarding Data Capital (¬ Banking on our USPs).** Das meint alles, was dazu beiträgt, die Daten aus dem Nutzerkanal und allen Sensoren des Autos über eine geeignete Strategie abzusichern und für den Nutzer wertvoll zu machen.

» **Design Thinking (¬ Creating Experimentation Capability).** Also Maßnahmen, die dazu dienen, eine eigene Kompetenz und auch Ressource zu schaffen, um mehr und bessere Experimente mit den Daten und an der Nutzerschnittstelle durchzuführen.

» **Open Innovation (¬ Celebrating not invented here).** Das umschreibt Maßnahmen zur Öffnung unseres Innovationsprozesses für Impulse von außen und auch den Transfer unserer Ideen nach außen.

» Unter **Tech Trendsurfing (¬ Working the Labs)** verstehen wir die enge Einbindung der Labore in die Mutterorganisation. Zusätzlich zur Unterstützung bei der Produktinnovation soll auch die Rolle der Labore bei Prozessinnovation und als Kommunikator bei der digitalen Transformation gestärkt werden.

» Schließlich hatten wir unter der Überschrift **OKR vs. KPI (¬ Bridging Horizons)** mit den Objectives und Key Results eine Steuerungsmethode gefunden, mit der sich Innovationsprojekte in Zukunft besser steuern lassen.

Na gut, sage ich nachdenklich. So hört sich das schlüssig an, aber nach letztem Samstag hätte ich das nicht annähernd so dicht und logisch darlegen können. Ich verstehe aber nach Ihrer Ausführung, Herr Bremer, dass das schon möglich ist, und bitte Sie, das in ein oder zwei gute Schaubilder für mich zu packen. Ich habe mich übrigens mit Herrn Hennrich darauf verständigt, ihn auch bei unserem nächsten Hauptthema wieder einzubinden. Nur, bitte verstehen Sie, wollte ich die Grundlagenarbeit erst mal wieder in unserem kleinen Kreis machen. Ich möchte die Frage der Organisation ganz besonders vorsichtig behandeln und sicher sein, dass nicht irgendwelche Halbsätze oder unausgegorenen Rückfragen eine Eigendynamik als Zitate in der AutoInc. entwickeln können. Lassen Sie uns doch gleich mal in den Kalender blicken, wann denn das gut zusammenpassen könnte – und dafür wieder einen Nachmittag einplanen.

**Mahlich begibt sich
an den Startpunkt**

Meetup im Valley

Immigration von Talenten

Hightech-Forschung

Experimentieren

No Non-Compete

Venture-Kapital-Ökosystem

Optimismus und
»Pay-it-forward«

Ein Anruf ändert alles:
Call to Action

Ein Pakt für gemein-
sames Lernen

**China oder doch Israel
– Reisefieber**

Beijing Motor STAU

China Forward

Ein Plan für China

Shalom Tel Aviv

Die japanische Disruption
der Disruptoren

**Die vier Domänen
der Digital Value Economy**

Domäne: »Creating Digital User Value
– Wie aus Produkten digitale
Erfahrungen werden«.

Domäne: »Operieren in Lernzyklen
– Wie aus linearen Prozessen
agile Zyklen werden«.

Domäne: »Design der bimodalen
Organisation – Wie Skalierung
und Innovation versöhnt werden«.

Domäne: »Evolution der Führung
– Wie postheroische Führung
gelingen kann«

C¯reating Digital User Value

Freigang im Kopf

Narrativ: Das Habitat
des digitalen Nutzers

Mobile Menschen:
mehr, älter und reicher

Ungebremste
Urbanisierung

Der Kunde ist always on

Umkehrung
des Wissens-Transfers

Vom Einkaufen
zum Erlebnis-Shoppen

Aufmerksamkeit – das kostbarste Gut

Alles Realtime – das Leben
in Red-Queen-Momenten

Virtuelle Gemeinschaften
und »digitale Staaten«

Die Produktion des digitalen ICH

Deskriptiv:
Creating Digital User Value

Ökonomie der Digital Experiences

Konvergenz – The Secret Sauce

Ökosystem schlägt
Brand Management

Präskriptiv: »Experience goes digital«

Communi-Care (¬ Feedbackschleifen)

Perfect Access (¬ Omnichannel
und De-Frustration)

My Value (¬ Personalisierung,
Status, Selbstausdruck)

User Contribution
(¬ Co-Creation)

Communitys (¬ Social)

Collaboration
(¬ Open Ecosystem)

Die Elefantenrunde
und der Digital User Value

DˉESIGN
BIMODALER
ORGANISATIONEN

Design bimodaler Organisationen

WORUM GEHT ES?

Mahlich, Bremer, Kell und Hennrich widmen sich der Ebene der Organisation. Sie beleuchten die unterschiedlichen Bereiche von Skalierung und Erkundung, die Merkmale einer offenen Organisation, den Einfluss von Unternehmenskultur und agilen Arbeitsweisen.

ESSENZ: INNOVATIONSFÄHIGE ORGANISATIONEN AUFBAUEN.

DESKRIPTIV: Schlüsselkonzepte
- » **Agil sein** statt agil machen
- » **Standbein und Spielbein** kombinieren
- » **Innovationskultur** proaktiv fördern

PRÄSKRIPTIV: Handlungsempfehlungen
- » **Purpose definieren** – Standbein stärken, das Warum kommt vor dem Was und dem Wie.
- » **Experimentierzellen einbauen** – zeitlich begrenzte und klar umrissene Initiativen (Spielbeine).
- » **Netzwerke aufbauen** – mehr Wertwachstum, Resilienz, Einfluss und Vielfalt durch Netzwerke.
- » **DevOps** – eine IT der vielen Geschwindigkeiten berücksichtigen.
- » **Controlling neu verorten** – Prozessautomatisierung, kürzere Planungssprints und Steuerung des Portfolios.
- » **Employee Experience steigern** – Top-Talente gewinnen.

Lesedauer: ca. 160 Minuten (220 Worte/Minute)

Narrativ: Wale und Schwärme

Ich habe mich mit Bremer für den frühen Nachmittag am Bahnhof verabredet, gemeinsam wollen wir zu einem großen Händlerkongress der AutoInc. fahren. Den Auftritt haben meine Kollegen in den letzten Wochen gut vorbereitet. Eigentlich ist es ein Event meines regionalen Statthalters, dennoch erwarten die zahlreich anwesenden Händler auch mein Kommen. Es handelt sich um stolze Unternehmer, die nicht selten bereits seit Generationen mit der AutoInc. zusammenarbeiten. Auf dem Kongress wird man uns sicher auch wieder einige schwierige Fragen im Zusammenhang mit der Digitalisierung stellen: Werden wir in Zukunft unsere Produkte an den Händlern vorbei über das Internet vertreiben? Wie soll die Rolle eines Händlers aussehen, wenn man die Informationen und Leistungen zu Produkten, zur Finanzierung, sogar zur Rücknahme von Gebrauchtwagen und dergleichen mehr in diversen Portalen immer transparenter geliefert bekommt? Wenn schließlich diese Vergleichsleistung von einer künstlichen Intelligenz erbracht wird, die sehr viel mehr Informationen verwerten kann, als wir dem Händler mitgeben können? Schon heute begegnen wir manchmal Kunden, die mit einem Detailwissen zu ihrem Wunschprodukt im Autohaus aufschlagen, das jenes der Verkäufer übersteigt – einfach weil wir das Vertriebspersonal bei der Flut an Neuerungen und Varianten gar nicht so schnell trainieren können, wie sich die Dinge verändern.

Unsere Aufstellung wird sich ändern müssen, sage ich zu Bremer, während wir uns auf den anstehenden Kongress einstimmen. Apropos Veränderung in der Aufstellung, füge ich hinzu, das ist eine gute Gelegenheit, noch mal ganz entspannt und tiefgreifend die Frage nach der richtigen Organisation im digitalen Zeitalter neu zu stellen.

Organisieren macht uns erfolgreich

Nunja, antwortet Bremer und setzt sein Dozentengesicht auf, Organisation bzw. Organisieren ist ja schon ein sehr alter Begriff. Er kommt vom griechischen Wort *órganon*, zu Deutsch »Werkzeug«, lässt sich aber auch mit »Bewerkstelligung« übersetzen. Wir haben mittlerweile unser Zugabteil erreicht und setzen uns einander gegenüber auf die für uns reservierten Plätze, während Bremer unbeirrt fortfährt: Tatsächlich hat die Weiterentwicklung der Kunst des Organisierens die Menschheit in den letzten paar tausend Jahren weit vorangebracht. Einerseits wurden ehemals durchgängige Arbeitszusammenhänge in immer feinere Spezialisierungen aufgeteilt und andererseits wurden diese Ablaufbruchstücke durch Koordination, man sagt heute Management, effizient zusammengebunden. In Summe stieg die Produktivität dadurch enorm an, und immer mehr Menschen konnten immer besser versorgt werden. Das brachte sie in die angenehme Lage, sich neben der Arterhaltung den höheren Dingen zu widmen, kreativ zu sein und sich weiterzuentwickeln. Und das wiederum erklärt den weiten Weg von den Stämmen in der Savanne über die Pyramiden Ägyptens, die Kathedralen des Mittelalters bis in die Industrie- und nun in die moderne Dienstleistungsgesellschaft.

Warum dieser Exkurs, fragt Bremer rhetorisch und blickt mich prüfend von der Seite an. Weil die Geschichten um die evolutionäre Entwicklung dessen, was Organisation ist, das Management und die geneigten Berater auf die Idee brachten, Organisationen wären am Ende frei formbar wie Modelliermasse im Designcenter. Es entstand der Gedanke, die Struktur solle einer Strategie[191] folgen, mehr noch, müsse dieser sogar folgen wie ein Hund seinem Herrn. Nach dem Motto: Wir denken uns eine schöne Welteroberungsstrategie aus und dann sollten sich die Soldaten nur brav in Reih und Glied stellen und endlich unten tun, was man oben sagt.

Das ist natürlich eine Schnapsidee. Der von mir sehr geschätzte kanadische Wirtschaftsprofessor Henry Mintzberg[192] hat das klug relativiert, indem er erklärte, dass die Beziehung von Strategie und Struktur reziprok sei. In seiner Interpretation folgt »die Struktur der Strategie genauso wie der linke Fuß dem rechten Fuß«. Also neue Strategie wegen neuer Marktchance führt zu neuer Aufstellung führt zu neuen Chancen und so weiter. Durch die Dynamik der letzten Jahre hat sich aus dem Links-rechts allerdings ein veritabler Tango entwickelt. In manchen Unternehmen rattern die Takte geänderter Strategien und Organisationsformen so rasch, dass manchmal die nächste Welle startet, noch bevor die vorauslaufende abgeschlossen ist. Der Zyklus von technologiebedingten Struktur- und Strategieanpassungen gerät aus dem Takt. Ich nenne das Innovationsflimmern, angelehnt an den bildhaften Ausdruck »Herzflimmern«. Dann zuckt das Innovationsherz wie bei einem Herzinfarkt nur noch hilflos und kann die Innovationsschübe nicht mehr sauber durch den Organisationskörper pumpen.

Es kann natürlich durchaus gute Gründe geben, eine Organisation anzupassen, meint Bremer, und das kann auch mehrfach erforderlich sein. Schließlich ist jede Organisation einem Reifungsprozess unterworfen. Außerdem haben sowohl die Anzahl der Angriffspunkte als auch die Gleichzeitigkeit der Veränderungen in der Umwelt zugenommen.

Um Einschränkungen und Potenziale gezielt zu adressieren, wird die Anpassung der Organisation alleine umweltbedingt zu einer Daueraufgabe der Führung.

Die Anpassung betrifft aber Menschen, das wird beim Kästchen-Schieben im Organigramm oft vergessen. Die nehmen diese Veränderungen als Stress und Krise wahr, weil das Management oft versäumt, den Zusammenhang zwischen der Herausforderung und der angepassten Organisation sauber zu kommunizieren. Na ja, ergänze ich, oder weil es diesen Zusammenhang manchmal auch tatsächlich nicht gibt. So ist zumindest meine eigene Wahrnehmung. Das Organigramm stellt halt auch – und gar nicht zuletzt – eine Art Zwischenstands-Anzeiger für den Machtkampf in den Organisationen

dar. In diesen Organisationen gibt es einen recht archaischen Wettbewerb um Wichtigkeit, gemessen an den Köpfen unter einem Manager. Du scorst dabei nach der Anzahl der Köpfe, die unter dir hängen, und nach der Anzahl von Köpfen, die dich in der Hierarchie nach oben noch vom Vorstand trennen. Die Mitarbeiter sind da leider oft Mittel. Und nicht Mittelpunkt in der Auseinandersetzung. Wenn wir diese harte Wahrheit verschweigen, übersehen wir einen der wichtigsten Gründe, warum die Mitarbeiter bei dem Thema Organisation und Reorganisation nur frustriert mit den Schultern zucken. Glauben Sie mir, Herr Bremer, das ist ein Zusammenhang, den wir ganz objektiv betrachtet nicht aus den Köpfen bekommen werden.

Stimmt leider, nickt Bremer, und nach Aussagen der Kollegen von McKinsey ist lediglich etwa ein Viertel[193] der Reorganisationen erfolgreich beim Erreichen der ursprünglichen Ziele. Dafür gibt es natürlich tausende Gründe, spricht Bremer weiter, und diese sind in Bezug auf das Führungskönnen oft handwerklicher Natur. Im Kontext der Digitalisierung ist aber regelmäßig das Kernproblem die zu enge Diskussion darüber, wo im Organigramm die Aufgabe »hängen« soll, statt welcher Natur die Aufgabe inhaltlich ist und wie sie gelöst werden kann. Mit Verlaub, Herr Mahlich, der von Ihnen eben geäußerte Aspekt des Machtkampfes ist ein statisches Symptom in einer reifen Organisation. Ich will nicht sagen, dass das nicht auch in Start-ups vorkommt, aber diese Problemstellung dominiert doch eher dort, wo sich eine Organisation als nach innen gerichteter Dschungel versteht, in dem sich der mächtigste Affe durchsetzen wird. Leider ist das nicht ganz untypisch.

Darunter leiden nun vor allem diejenigen Einheiten, die sich auftragsgemäß oder gar selbstvergessen und aus eigenem Antrieb mit der Gewinnung von wirklich neuem Land beschäftigen. Damit meine ich nicht die Labore, über die wir mit Hennrich gesprochen haben, die als Vorhut oder forschende Dienstleister für die Mutterorganisation funktionieren, sondern wirtschaftlich selbstständig gedachte Ausgründungen und disruptiv orientierte Einheiten. Die haben nämlich noch gar kein Territorium. Kaum macht die kleine Einheit aber ein paar erste Schritte in Richtung Freiheit und selbstgesteuerter Innovation, schon sucht meiner Erfahrrung nach die traditionelle Organisation wie besessen nach Gründen, um sich wie ein Racheengel darüber herzumachen. Dann werden sie in einer gnadenlosen »Heimführung« eingenordet.

Die Frage ist dann immer: Unter welchem Vorstand oder unter welchem Leiter soll denn die neue Einheit hängen? Dürfen die selber einkaufen? Bekommen die eine eigene IT? Eine eigene Rechtsabteilung? Selten oder nie wird hingegen gefragt: Was können wir als Organisation denn dafür tun, um bei dem neuen Produkt oder dem geplanten Wachstum zu helfen? Wen kennen wir oder mit welchen Partnern, Spezialisten, Lieferanten arbeiten wir, die auch dort gut ins Netzwerk passen würden?

Gedanklich dürfen Unternehmen unterschiedlichen Alters und unterschiedlicher Zielsetzungen eben nicht über denselben Kamm geschoren werden, sonst vernichtet man realen Wert, statt welchen zu schaffen. Für die Frage, wie organisieren wir unsere Unternehmen für eine bessere Innovationsfähigkeit, ist das ein sehr wichtiger Aspekt, fährt der Berater weiter fort. Ich glaube es ist erhellend, sich deswegen erst einmal zu fragen, wie es denn überhaupt zu diesen unterschiedlichen Typen von Organisation kommt. Dazu habe ich was vorbereitet, sagt Bremer und schiebt mir ein Blatt mit einer typischen Beraterkurve über den Tisch zu

Das Wachstumsmodell von Greiner

Sehen Sie, Herr Mahlich, jedes Unternehmen schreibt seine eigene Geschichte. Es formt seine eigenen Prozesse, seine Kultur, Regeln und Tabus. Ganz am Anfang dominiert meist das kreative Chaos, denn für viele der alltäglichen Fragen gibt es noch kein überliefertes »So-geht-das-bei-uns«. Das ändert sich mit Erfolg und Reife, und dabei durchläuft die Organisation immer wieder Wachstumsschübe, die bei ganz typischen Punkten zu stocken scheinen.

Diese Krisenmomente oder Bruchstellen im Wachstum wurden vor fast fünfzig Jahren von Larry E. Greiner[194], einem mittlerweile emeritierten Professor für Management- und Organisationstheorie an der University of Southern California, bereits recht gut beschrieben.

Die sechs Phasen des Wachstums

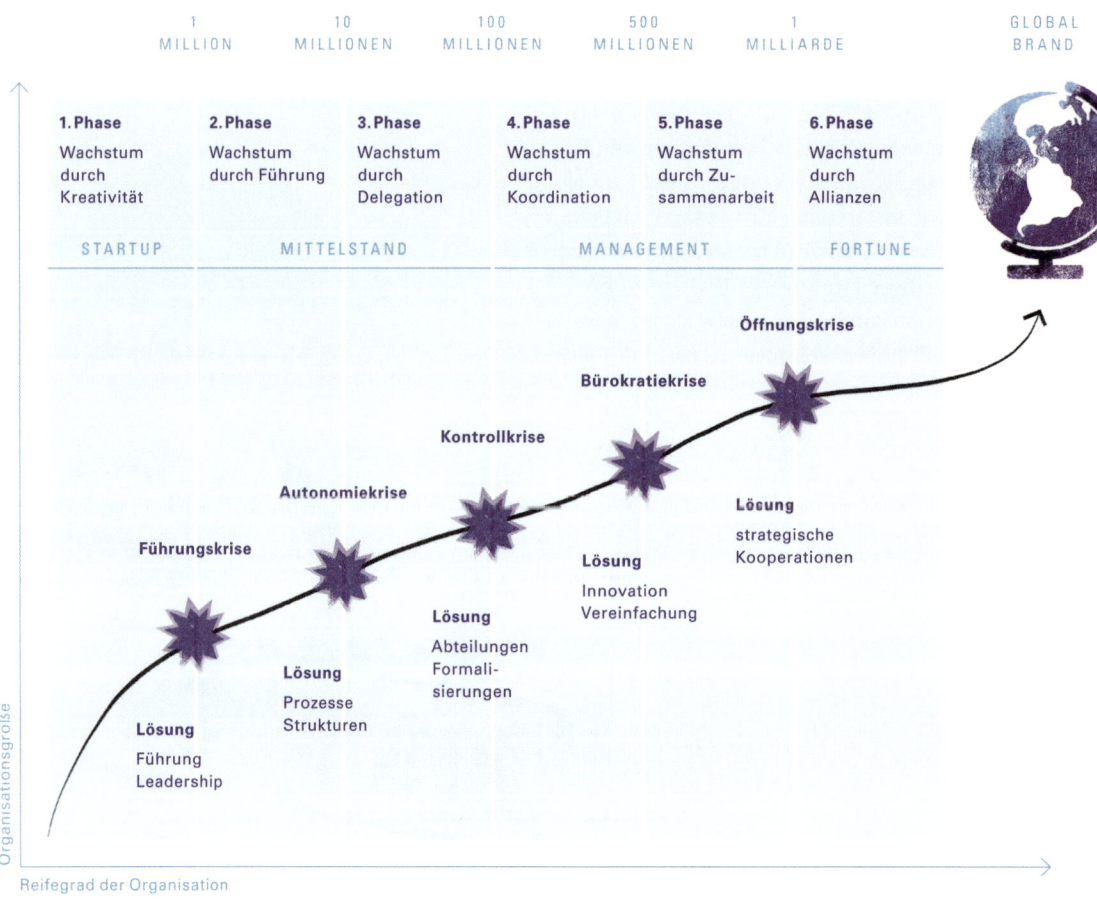

ABBILDUNG 13
Wachstum entlang der Greiner-Kurve

Ich schätze dieses Modell besonders in der Zusammenarbeit mit mittelgroßen Organisationen, weil es für das Management ungeheuer plausibel und erklärungsstark ist, fügt Bremer an. Für unsere heutige Diskussion brauchen wir es jedoch, um die unterschiedlichen Arten von Problemen zu verstehen, die Organisationen unterschiedlicher Größenordnung im Laufe ihrer Reifung haben.

Was mir bei Greiner so gefällt, sagt Bremer, ist sein völliger Verzicht auf eine zeitliche Festschreibung. Manchmal verharren Organisationen nämlich sehr lange auf einer Stufe, ohne ihre Wachstumskrise bearbeiten zu können. Und wenn sie die Lösung zur Überwindung finden, so bilden sie damit automatisch die Grundlagen für die Krise in der nächsten Stufe.

Auf einem zweiten Blatt reicht er mir eine Tabelle[195], auf der die einzelnen Entwicklungsstufen mit den durch sie hervorgerufenen Krisen beschrieben sind (Wachstumsphasen und Krisen nach Greiner).

PHASE EINS: WACHSTUM DURCH KREATIVITÄT

Die Gründer führen technisch oder unternehmerisch orientiert. Die Aufmerksamkeit gilt neuen Produkten oder Dienstleistungen sowie Kunden und Märkten. Die Informationswege sind informell. Kontroll- oder Qualitätssysteme gibt es noch nicht, hierfür wird das Feedback von Kunden herangezogen.

KRISE DURCH FÜHRUNGSSTIL

Erfolgreiches Wachstum fordert mehr Produktionskapazitäten, neue Kommunikationswege und die Modernisierung des Finanzwesens. Der Gründer muss sich von den operativen (kreativen) Aufgaben verabschieden und sich mit Führung und Management beschäftigen. Alternative: Einstellung eines professionellen Managers.

PHASE ZWEI: WACHSTUM DURCH FÜHRUNG

Das Unternehmen wächst unter dem neuen Management. Neue Strukturen, Abrechnungssysteme und Finanzpläne werden eingeführt. Die hierarchische Aufteilung des Unternehmens formalisiert die Kommunikation. Das Management und die ihm direkt unterstellten Mitarbeiter übernehmen die Führung.

KRISE DURCH FEHLENDE AUTONOMIE

Das Wachstum konzentriert die Entscheidungen bei den »professionellen Entscheidern«. Im Gegenzug wächst das Autonomiebestreben der Mitarbeiter. Besonders die mittlere Hierarchieebene strebt nach mehr Eigeninitiative und Entscheidungsfreiheiten. Verstärktes Delegieren wird gefordert.

PHASE DREI: WACHSTUM DURCH DELEGATION

Die Autonomie wird durch divisionale Organisationsstrukturen und Profitcenter gefördert. Die mittlere Führungsebene bekommt mehr Verantwortung, Aufgaben und Kompetenzen. Die daraus resultierende Motivation der Mitarbeiter bringt erneutes Wachstum für das Unternehmen.

KRISE DURCH FEHLENDE KONTROLLE

Die Führungsspitze schafft es nicht, die Kontrolle zu behalten. Die Koordination der Betriebsabläufe bzw. des Betriebsgeschehens wie Absatz-, Personal- und Finanzplanung wird wichtiger. Die Krise kann durch den Einsatz spezieller Koordinationsmethoden überwunden werden.

PHASE VIER:
WACHSTUM DURCH KOORDINATION

Das Management führt zur besseren Koordination formale Systeme ein. Es entstehen Produktgruppen sowie Planungs- und Kontrollsysteme. Stäbe werden initialisiert. Die Renditen der Produktgruppen entscheiden über die Mittelzuweisungen, die wiederum von den Stäben kontrolliert werden. Zur Identifikation mit dem Unternehmen werden Gewinnverteilungssysteme eingeführt.

KRISE DURCH ZUNEHMENDE
BÜROKRATIE

Das Wachstum wird immer komplexer. Formale Strukturen und Vorschriften führen zu einer Krise in dieser Phase. Zwischen dem Stab und den Linienmanagern brechen Konflikte aus, da das bürokratische Formularwesen kaum noch Spielräume für Individualität und neue Ideen zulässt.

PHASE SECHS:
WACHSTUM DURCH ALLIANZEN

Effizient arbeitende, unabhängige Unternehmen formen Allianzen, um Marktanteile kooperativ zu sichern und die Schwelle für neue Markteintritte zu erhöhen (bis hin zu ganzen »Ökosystemen«).

PHASE FÜNF:
WACHSTUM
DURCH ZUSAMMENARBEIT

Das Management überwindet die Krise durch spezielle Teams (Joint Task Forces). Die Experten der Stäbe werden in interdisziplinären Teams zusammengefasst und erhalten eine beratende Rolle. Die Organisation gleicht eher einer Matrixorganisation. Strukturen und Prozesse werden vereinfacht und flexibler gestaltet. Kommunikation, Experimentierfreudigkeit und der daraus resultierende Freiraum für neue Ideen werden wieder bewusst gefördert.

KRISE DURCH
PSYCHOLOGISCHE
SÄTTIGUNG

In dieser fünften Krise geht Greiner davon aus, dass die Revolution auf der psychologischen Sättigung der Mitglieder beruht. Die emotional anspruchsvolle und physische Teamarbeit sowie der starke Druck, immer weitere neue Ideen zu produzieren, lösen weitere Krisen aus. Die Erneuerung wird an den Rändern und Schnittstellen der bisherigen Produkte und Dienstleistungen gesucht.

Am Ende stehen stark gewachsene Riesen, die sich wegen Bewegungsschwierigkeiten und der erlangten Trägheit durch Kooperationen und Allianzen anschlussfähig an den Markt halten. Sehen Sie, Herr Mahlich, die AutoInc. wäre mit ihrem aktuellen Bestreben nach einer Ausweitung der Zusammenarbeit klar in Phase sechs der Greiner-Kurve anzusiedeln. Zusammenarbeit aber bedeutet offene Kooperation und nicht Dominanz. Dazu später mehr.

Wie wir von Greiner lernen können, tickt jedes Unternehmen alleine schon aufgrund seiner Entwicklungsstufe anders. Besonders im frühen Verlauf der Unternehmensentwicklung wird dies leider oft übersehen. Natürlich ist das nur ein Modell, einen so schönen linearen Verlauf von Phase zu Phase wird es in der Praxis nicht geben. Wenn Sie mit erfolgreichen Unternehmern sprechen, werden diese aber die Abhängigkeiten und Krisen in den einzelnen Phasen klar bestätigen. Das beeinflusst intensiv die Entscheidungen rund um die Weiterentwicklung der Firma, führt Bremer weiter aus. Die Kurve erklärt aus meiner Sicht auch viele Aspekte in der Dynamik junger Start-ups, die sehr schnell wachsen. Auch die müssen durch die einzelnen Phasen durch. In der Skalierung wächst zum Beispiel der Arbeitsaufwand oft exponentiell an und die Lösungen der Vergangenheit versagen mit dem neuen Geschäftsvolumen.

Alle Teams stecken über beide Ohren in Arbeit, das Onboarding neuer Kollegen kostet Zeit
und Energie bei den ohnehin überforderten Managern, es passieren Fehler auf allen Ebenen.
Das Chaos, das dann entsteht, kann sehr kontraproduktiv wirken und sich auch auf Kunden
und Kooperationen auswirken. Greiners Modell kann deshalb helfen, die Probleme zu
antizipieren und Lösungen rechtzeitig vorzubereiten, damit die »Krisen« zu »Wende-
punkten« im Wachstum werden.

Die Greiner-Kurve hat aber auch deutliche Mängel. Wie zum Beispiel entstehen Durchbrüche
auf Innovationsebene? Das wird nicht erklärt. Die Bewältigung des Wachstums in Ehren, da
erläutert das Modell viel, es schweigt aber zur Disruption durch Konkurrenten und zu den
Krisen, die durch neue Technologien oder aggressive Mitbewerber aus dem Markt heraus
entstehen. Das nehmen wir später wieder auf, denn das ist natürlich essenziell für unsere
Diskussion. Darüber hinaus fehlen in dem Modell Hinweise zur inneren Verkrustung durch
den Erfolg von Unternehmen, erklärt Bremer weiter. Das ist ein Manko, besonders im Licht
der Digitalisierung.

Stimmt, werfe ich ein, in einem Ihrer Newsletter habe ich schon mal zu diesen »Verkrustungen durch Erfolg« gelesen. Ich glaube, ich habe erst in den letzten Monaten ein Bewusstsein
dafür entwickelt, wie gefährlich die wirklich werden können. Das ist besonders frappierend,
wenn ich den Vergleich mit meiner Herkunftsbranche ziehe. Nur als bestätigende Referenz –
wir hatten damals in der Telekommunikationsbranche die Zeichen der Zeit viel zu spät wahrgenommen, im Sinne von »für wahr« genommen, und die Geschwindigkeit der Veränderung
lange kleingeredet. Als Folge mussten wir seit der Jahrtausendwende dann im gesamten
Sektor mit der Abrissbirne daran arbeiten, die Verkrustungen und gewachsenen Strukturen
einzureißen, um nur irgendwie marktfähig zu bleiben. Der Branchenriese Deutsche Telekom
zum Beispiel hatte 2017 etwa 100.000 Mitarbeiter, zehn Jahre zuvor waren es noch 150.000.
Und das auch nach einem gewaltigen Rutsch nach unten kurz nach der Jahrtausendwende[196].

Dass solche Entwicklungen wirklich möglich sind, ist hier bei der AutoInc. noch nicht angekommen.
Meinem Gefühl nach ist dies auch kaum ansprechbar, teile ich Bremer meine Befürchtung mit. Schon
alleine über solch ein mögliches Szenario zu reden, wird als extreme Panikmache verstanden. Bildhaft
gesprochen sieht man schon bei der Formulierung von Hypothesen zu solchen Entwicklungen, wie das
Gegenüber sich gedanklich auf die Suche nach dem Holz für den Scheiterhaufen macht, auf dem man
mit all seinen Befürchtungen gleich mitverbrannt werden soll.

Ich verstehe genau, was Sie meinen, erwidert Bremer. Zu einem gewissen Grad überrascht mich das
auch nicht, denn in so einer Situation steht ein Unternehmen ja wirklich vor einem existenziellen Tabu.
Schließlich hatte es vor der Verkrustung ein riesiges Wachstum und eine bedeutende Größe erreicht
und alle Stakeholder wären davon gleichermaßen brutal betroffen. Verleugnung ist da eine normale
Reaktion. Wenn Sie den Newsletter gelesen haben, dann erinnern Sie sich vielleicht an die Argumen-
tationskette: Hält der Erfolg noch an, ruft dies schleichend viele Akteure auf den Plan, die sich daran
beteiligt wissen wollen. Arbeitnehmer bauen ihre Rechte aus, genau wie viele andere Stakeholder.
Ein daraus resultierendes »inneres Wachstum« führt zur »Institutionalisierung« von Aktivitäten,
die im Hause zur Normalität werden.

Am Anfang wehrt sich das Management noch dagegen, aber das partizipative »miteinander Entscheiden« führt oft zu komplexen Ausgleichen, die auch eine komfortable Finanzposition schnell aushöhlen können. Schließlich ist ja genug für alle da, rechnet man anfangs die Situation nach allen Regeln der Kunst im linearen »Weiter so« schön. Unternehmerische, innovative Momente oder alternative Ansätze werden im Co-Management des »Wir-entscheiden-alles-gemeinsam« als Hochrisiko identifiziert und entweder offen abgelehnt oder hintenherum sabotiert. Die Investition in das bestehende, meist ausgereizte Unternehmensfeld aber wird intensiviert. Die Kruste schließt sich, Abweichler verlassen das Schiff und die innen gut vernetzten Verwalter bekommen das Sagen.

Auf Probleme im Markt wird mit Preisdumping reagiert, erst taktisch, dann in aller Breite, schließlich ist die Auslastung der Produktion zu sichern. Die korrespondierenden Kostensenkungen in den Produkten führen zu einer arrogant verleugneten Erosion der Qualität und Kundenzufriedenheit. Längst sind gute Nachwuchskräfte abgewandert und das verbliebene Managementmaterial, verzeihen Sie das harte Wort, ist von mittlerer Güte, weil zu lange im eigenen Saft und in der Gefügigmachung gegart. Und schon beginnt eine Abfahrt, die kaum mehr zu stoppen ist. Das bringt uns zu der Frage zurück: Wie müssen wir uns organisieren, damit wir einerseits Größe erreichen und erhalten können und andererseits Innovation hinbekommen? Genau, dann mal raus aus der Geschichtsforschung und rein in das aktuelle Innovationsproblem, sage ich mit einem Augenzwinkern.

Organisation der Innovation: Erkundung vs. Skalierung

Herr Mahlich, setzt Bremer mit ernsthafter Miene wieder ein und ich merke, er ist wegen meines letzten Satzes ein wenig pikiert, wir haben gemeinsam ein grundlagenorientiertes Arbeiten vereinbart. Dann bitte auch zulassen, dass wir es so machen. Gut, gut, sage ich versöhnlich, denn ich wollte ihn nicht kränken. Eigentlich hat er ja recht, ich lerne viel in den Dialogen, doch Geduld war noch nie meine Stärke. Also bitte ich ihn freundlich fortzufahren.

Lassen Sie uns mit Blick auf die Frage der »Organisation von Innovation« erst eine Unterscheidung herausarbeiten, die gerne unterschätzt wird, steigt Bremer wieder in den Inhalt ein. Und zwar die Unterscheidung zwischen »Erkundung« und »Skalierung«[197]. Das ist zwar auf den ersten Blick arg vereinfachend, aber hilfreich, denn diese Begriffe bezeichnen zwei sehr unterschiedliche, organisatorische Zielsetzungen und damit korrespondierende Dispositionen im Verhalten von Organisationen[198]. Innovatoren durchleuchten im Modus der »Erkundung« ähnlich wie Forscherteams die Welt nach interessanten, neuen Nischen. Nichts ist vorgegeben, alles Chance, alles offen. Man setzt auf neue Zusammenhänge, neue Märkte, neue Methoden und innovative Technologien. Das ist mit Variation, Improvisation, Experiment, mit Flexibilität, aber auch mit Leidenschaft, Risikobereitschaft und manchmal gnadenloser Selbstausbeutung verbunden. Unternehmer suchen in der »Erkundung« ihr »Glück« und die Bestätigung ihrer Ideen. Radikale oder »disruptive« Innovationen sind aus meiner Sicht überhaupt nur in diesem Modus möglich. Die meisten Gründungen und Start-ups arbeiten nach diesem Prinzip. Funktioniert eine These, was zum Beispiel durch den Nachweis eines arbeitsfähigen und akzeptierten MVP, also Minimal Viable Products, demonstriert werden kann, wird weiter entwickelt und mit diversen Finanzierungsrunden ein Wachstum angekurbelt.

Die Ergebnisse dieser Art erkundender Aktivität sind natürlich wenig prognostizierbar oder, im mechanistischen Sinne, steuerbar, erklärt mir Bremer, der nun wieder ganz gelassen wirkt. Das ist ein großer Unterschied zu den Ergebnissen der klassischen Produktentwicklung, wo man ja ein bereits bekanntes Produkt sehr prognostizierbar um zehn Prozent besser, billiger oder mit zusätzlichen Funktionen ausstatten will. Dort denkt man in der Kaskade: Zielsetzung, addiere Leute und Geld, definiere Prozesse und Meilensteine, steuere durch sauberes Controlling und Anlaufmanagement. Fertig ist die Innovation. Über die Innovation im Modus der Skalierung sprechen wir später noch mal.

Nun stellt sich die Frage, wie man die »Erkundung« aus der Sicht der klassischen Manager besser steuern kann. Wenn man nur, so die Überlegung, statistisch ausreichend viele Ideen in den Prozess der offenen Erkundung einspeist, die falschen Fährten schnell aussortiert, um dann die guten mit Geld skalieren zu können, sinkt durch eine große Zahl an Experimenten das Risiko, gar nichts herauszubekommen – ein Risiko, das bekanntlich kein Manager gerne eingeht. Man braucht dann nur ein Vorgehen, die Experimente quasi im industriellen Maßstab durchführen zu können. Da kommt man dann schnell auf den Wunsch nach einem »schnellen Ideen-Brüter«. Zumindest, wenn man wie eingangs formuliert daran glaubt, am Anfang des Prozesses ganz viele gute Ideen einspeisen zu können, aus denen man dann die besten heraussieben kann. Hier aber liegt die Krux! Bremer stützt sich mit dem Ellbogen auf den Tisch in der Mitte unseres Abteils und beugt sich zu mir vor. Denn die Ideenquelle sprudelt in den meisten Unternehmen in viel schwächerer Qualität, als wir es wahrhaben möchten.

Stimmt auch meiner Beobachtung nach, sage ich, wir hatten schon in meiner alten Firma Welle um Welle von Ideenwettbewerben, internem Vorschlagswesen und so weiter am Start. Was da aber am Ende an Innovation rauskam, war eigentlich den Aufwand nicht wert. Ähnliche Erfahrungen haben mir auch viele Kollegen aus anderen Unternehmen geschildert. Wir alle hatten uns zur Unterstützung die einschlägigen Berater engagiert, Kreativitätsmethoden und Design Thinking trainieren lassen und Workshop über Workshop gemacht. Viele Ideen und Spinnereien? Definitiv ja. Aber wenigstens ein wirklich ehrgeiziger und nach Machbarkeit riechender Mini-Moonshot[199] wie bei Google? Fehlanzeige. Das hat sich auch dann nicht gebessert, als wir schon mit Coaching den Druck zurückgenommen und viel Zeit für Kreativität investiert haben.

Ein gutes Stichwort, nimmt Bremer den Faden wieder auf. Schauen wir in diesem Zusammenhang mal auf Googles »20-Prozent-Regel«[200], also den Ansatz, dass Mitarbeiter zwanzig Prozent ihrer Arbeitszeit für ein Projekt ihrer eigenen Wahl verwenden dürfen. Das will den Modus der Erkundung und den der Skalierung innerhalb der bestehenden Struktur unter einem Dach zusammenbringen. Ich sage aber gleich vorweg, dass ich keinen einzigen Fall kenne, in dem ein Transfer des kolportierten Google-Modells in eine bereits bestehende hierarchische Struktur hinein gelungen wäre. Das ist aus meiner Sicht auch logisch, erklärt Bremer weiter, weil die Mehrzahl der Führungskräfte in einem solchen Unternehmen plötzlich zwei Führungsweisen in einer Art Multitasking quasi abwechselnd gewährleisten müssten. Von Montag bis Donnerstag geht es um Effizienz, Skalierung, Kostensenkung und Optimierung. Da ist eine sehr starke Koordination erforderlich und angemessen. Am Freitag dann aber »freies Erfinden«. Da wird dann bitte kreativ gesponnen und nicht mehr von oben dreingeredet.

Ich sage nicht, dass das theoretisch nicht denkbar wäre, führt Bremer aus, sehr viele Bücher schreiben sich diese Vorstellung schön[201]. Ich kann mir aber in unserer Industrie in der praktischen Umsetzung schlicht nicht vorstellen, wie man den damit verbundenen Reifegrad der Führung oder die dafür erforderliche Vertrauens- und Feedbackkultur herstellen könnte, nachdem wir zuvor die Führungskräfte über Dekaden völlig anders sozialisiert haben. Innerhalb gewachsener Strukturen ein solches Führungs- und Arbeitsmodus-Multitasking umsetzen zu wollen, belebt meiner Meinung nach nur das Geschäft von einigen sehr dubiosen Marktbegleitern unserer Branche.

Daran ändert für mich auch die vergleichbare 15-Prozent-Regel des US-Mischkonzerns und Post-it-Erfinders 3M nicht viel[202]. Die wird wie das Google-Modell oft hochgehalten, weil das Unternehmen für seine Produktingenieure bereits vor 80 Jahren die »Freiheit, mit 15 Prozent der Zeit ein eigenes Thema zu beforschen«, etabliert hatte. 3M kann deswegen auf zahlreiche erfolgreiche Produkte verweisen, auch dort dürfen die Ingenieure Zeit für ihr Lieblingsprojekt einsetzen, wenn auch nicht so spektakulär diskutiert wie bei Google. Was bei 3M in über 80 Jahren zur etablierten Erfindungskultur geworden ist, kann jedoch meiner Meinung nach nicht so ohne Weiteres nachgeahmt werden.

Für Unternehmen, die innovativer werden wollen, ist und bleibt es aus meiner Sicht widersprüchlich, den Modus der Skalierung mit seinen Anforderungen an bedingungslose Effizienz und den Modus der Erkundung, also der radikalen Neuerung in einer bestehenden Struktur, quasi parallel zu fahren[203].

Etwas mehr Erfolg verspricht das Vorgehen, die Ideen vor allem der kreativen Ideengeber in eine separierte Innovationszelle, Inkubator genannt, herauszunehmen, fügt Bremer nach kurzer Pause hinzu. Dorthin können Mitarbeiter und Manager gleichermaßen auf Teilzeitbasis oder für eine gewisse Zeit abgeordnet werden und in einer eigens dafür geschaffenen Infrastruktur experimentieren. Zudem erleichtert so eine Struktur die Hereinnahme von externen Ideen, dann Accelerator genannt, und die gezieltere Bearbeitung des Ideen-Backlogs, ohne den Betriebsablauf zu stören.

Heute haben viele Unternehmen so einen Ideen-Brüter etabliert, um die Innovation als statistisches Experiment der »Innovation mit der Schrotflinte« voranzutreiben. Meistens bleiben die Corporate Incubators recht nahe an der Branche des Mutterkonzerns und mischen die Ideengeber aus dem eigenen Haus mit Skalierungserfahrungen befreundeter Kapitalgeber und damit verbundenen erfolgreichen Unternehmern. In Realität behält sich der Mutterkonzern meist die Rechte und die Verfügung über das Personal, bis der Start-up in einem Spin-out eine neue Eigentümerstruktur erhält, berichtet Bremer. Manchmal bekommt der Gründer ein paar Prozent am Equity, wenn es zu einer legalen Gründung kommt, nicht selten aber erhält er nur eine kleine Abfindung. Sie können sich vorstellen, dass diese oft als unfair verstandene Praxis nicht zu positiv aufgeladenen Referenzbeispielen führt, auch wenn natürlich die Mutterorganisation über die Gründungszeit die finanziellen Risiken getragen hat. Das Vorgehen bremst aber den unternehmerischen Impuls und koppelt die Politik und Interessen des Mutterhauses in den Prozess. Über den Gründer, seine Idee und seine Freiheitsgrade wird klar aus der interessengeleiteten Hierarchie heraus verfügt. Zudem gehört leider auch die Bewertungshoheit bezüglich des Innovationsgrades der diversen Ideen zu diesen internen Interessen.

Ein dramatisches Beispiel dafür ist die Erfindung des Kodak-Ingenieurs Steven J. Sasson, der bereits 1975 die erste Digitalkamera erfunden hatte[204], erzählt Bremer. Weil man das Risiko einer Kannibalisierung des klassischen Lichtbildfilms nicht eingehen wollte, lehnte das Management von Kodak die Finanzierung und Weiterentwicklung eines bereits funktionierenden Prototyps aber ab. Das Ergebnis ist Industrie- oder besser gesagt Insolvenzgeschichte, denn das Unternehmen schlitterte bekanntermaßen wegen des Versäumnisses, ein eigenes Digitalangebot entwickelt zu haben, 2012 in die Insolvenz. Daran änderte auch die vor der Insolvenz sehr hohe Qualität der Lichtbildfilme nichts, denn die wollte bekanntlich keiner mehr kaufen.

> Wir Berater sind immer wieder erstaunt, mit welch schnoddriger Ignoranz man mit den wenigen Ideengebern und Gründern verfährt, ganz so als wären es Leibeigene, führt Bremer weiter aus. Das ist ein Fehler, mit dem wir uns noch befassen werden. Unserer Beobachtung nach sind genau deswegen die wirklich unabhängigen Freidenker in den Inkubatoren meist nicht anzufinden. Und schon gar nicht für die zweite oder dritte Gründung, die ein Unternehmer manchmal braucht, bis er sein Handwerk beherrscht. Meiner Einschätzung nach wird ein typischer Unternehmer mit seinem Bestreben nach Unabhängigkeit und Selbstverwirklichung trotz Infrastruktur und finanzieller Verlockungen sehr genau abwägen, wie viel Zeit er in der »künstlichen« Wachstumsumgebung verbringen möchte. Der Grund, warum es dennoch einige machen, liegt aus meiner Sicht eher in dem in Europa unterentwickelten Wagniskapitalmarkt und nicht in der Attraktivität der Corporates.

> Es gibt neben dem Fehlen der Unternehmer noch ein anderes Manko, welches gerne übersehen wird, erklärt Bremer weiter. Und das sind die Folgen eines Scheiterns für die Manager und Mitarbeiter eines inkubierten, aber implodierten Start-ups. Zwar wird auch in den Inkubatoren der Corporates wie bei den Vorbildern Facebook, Google und Apple der Aussage nach das Scheitern mit diesen Gründungs-Veranstaltungen in Kauf genommen, doch sieht trotz aller Beteuerungen die Realität der »beinahe erfolgreichen Gründer« meist düster aus, sagt Bremer. Die konzernnahen und dennoch gescheiterten Quasi-Unternehmer stürmen eben nicht die Karriereleiter hoch, sondern verlassen das Unternehmen nach den Fehlschlägen meist rasch. Die ohnehin oft traumatisierende Erfahrung einer gescheiterten Idee im Genick, finden sie keine Unternehmer-Peergruppe, mit der sie sich zu dieser Erfahrung austauschen könnten. Dazu tun die ätzenden Kollegen an der Seite und das Fehlen einer schützenden Hand des oberen Managements das ihrige. Trotz und wegen ihrer Erfahrung fristen sie bis zum Ausscheiden nur mehr als abschreckendes Beispiel und Reibeblock für die eifersüchtigen, aber risikoaversen Kollegen aus dem Karrieristen-Lager ihr Dasein. Will man sich von dieser ernüchternden Realität ein Bild machen, muss man nur eine der jüngst in Mode geratenen Fuck-up Nights[205] besuchen, fügt Bremer hinzu, in denen die gescheiterten Quasi-Unternehmer von ihren Fehlschlägen erzählen, sich gegenseitig stärken und aus den Fehlern lernen wollen. Nicht wenige berichten dort, man habe das Scheitern strukturell bewusst herbeigeführt.

Mein Kollege Kell bezeichnet wegen dieser Schwierigkeiten im Zusammenspiel zwischen Innovationszelle und Mutterorganisation die »Corporate Inkubatoren« auch gerne als »Intubatoren«. Damit beschreibt er die seiner Meinung nach erzwungene Ideen-Beatmung der inkorporiert Scheintoten, denen das Management dort manchmal recht verzweifelt ein letztes Innovationslüftchen zuführen will. Das ist natürlich ein krasses Bild, aber es stimmt mit jüngeren Studien überein, denen zufolge sich nun nach der mancherorts wieder abebbenden Digitalparty in vielen Führungsetagen eine gewisse Inkubator-Accelerator-Ernüchterung breitmacht. Hierin liegt aber das Risiko, das Kind mit dem Bade auszuschütten. Denn was man an der Ideenfront ansonsten machen könnte, ist oft genauso wenig bekannt wie die eigentlichen Gründe für die Probleme mit den Innovationszellen.

Das finde ich tatsächlich sehr interessant, sage ich und schreibe mir den Begriff »Intubator« in den Notizblock. Schließlich haben wir auch bei der AutoInc. in mehreren Regionen einen internationalen Corporate Accelerator etabliert, den wir sogar sehr großzügig mit Kapitalmitteln und Personal ausgestattet haben. Ich habe mich auch schon gefragt, ob das alles ganz richtig ist, und deswegen würde mich durchaus interessieren, an welchen Faktoren man den Erfolg eines solchen Unterfangens festmachen kann.

Bremer nickt. Lassen Sie mich dazu mal meine Punkte möglichst geordnet zusammenfassen. Den ersten hatten wir jetzt schon: **Fehlendes Vorhandensein oder fehlende Förderung von unternehmerischen Talenten und Freiheiten.**

Ein anderes Issue ist oft, dass **der Inkubator/Accelerator als ein isoliertes Seitenprojekt und nicht als Bestandteil der übergreifenden Innovationsstrategie aufgesetzt wird.** Diese Innovationsstrategie klärt die Mission und die Rolle des Inkubators. Ohne das versteht niemand die Zusammenhänge, und statt offenem Austausch gibt es nur Abgrenzung. Als Konsequenz verhungert sowohl der Transfer des Wissens aus dem Mutterhaus in die eine Richtung, als auch der Rücktransfer von Ideen, Modellen oder Arbeitsweisen aus dem Inkubator in die Mutterorganisation. Noch ein Problem, meint Bremer weiter: Die Inkubatoren und Acceleratoren sind oft zu produktlastig unterwegs. Damit kommt die Entwicklung von interessanten Prozessen oder Geschäftsmodellen für den Nutzer oft zu kurz.

Mein letzter Punkt in dieser Aufzählung hängt mit all diesen Punkten zusammen, sagt Bremer, und das ist **der natürliche Hang der Organisation im Modus der Skalierung, über die Organisation der Erkundung dominieren zu wollen.** Das Management der Mutterorganisation verfügt dabei über die Innovationszelle und deren Mitarbeiter wie über eine kleine interne Abteilung. Das ist in meinem Verständnis der Hauptgrund, warum die Bemühungen der Corporate Incubators am Ende stecken bleiben. Dabei fährt unser Zug bezeichnenderweise mit einem ratternden Geräusch in einen Tunnel ein. Warum das so ist, setzt Bremer nach, sollten wir uns jetzt anschauen.

Die Skalierung will dominieren

Nun, wie bereits gesagt, ist beinahe jedes Unternehmen am Anfang im Modus der Erkundung unterwegs. Vom Gründer angetrieben wird fieberhaft nach einer Nische gesucht, die das Überleben ermöglicht, erklärt Bremer. Hat das Unternehmen aber einmal seine Nische gefunden, holt man Manager ins Haus, die das Unternehmen »besser ausrichten« und die dafür sorgen, dass die Dinge »richtig gemacht« werden. Daran ist nichts verwerflich, denn das Unternehmen verfügt ja erst einmal über ein erfolgreiches Leistungsangebot. Aktivitäten, die von der Ausbeutung dieser Position ablenken, würden den Ertrag erst einmal schwächen und die aktuelle Position in Gefahr bringen. Während man also mit dem eigenen Wachstum beschäftigt ist, steht für die Suche nach dem »Next Big Thing« folgerichtig weder Zeit noch Geld zur Verfügung.

Der Fokus auf Skalierung bringt aber immer mehr externe Experten und mit ihnen die industrielle Arbeitsorganisation in Stellung, die Abläufe werden von diesen quasi atomar in Spezialisierungen »zerlegt«. Das Erreichen von Ergebnissen aber wird dadurch zunehmend als bürokratisch gesteuerte Koordination wiederholbarer, prognosesicherer, graduell weiter optimierbarer Prozesse verstanden. Dazu liefert das moderne Prozess- und Qualitätsmanagement am Ende die ultimativen Werkzeuge, sagt Bremer, und es entsteht ein monolithisches »So-läuft-es-bei-uns-und-nicht-anders«. Wir erinnern uns in diesem Zusammenhang an die Greiner-Kurve. Das Management ist nun an der Spitze der Pyramide und nicht mehr am Herzen der Kunden angesiedelt. Es lebt in der Gewissheit, dass ihm die Welt und wie sie zu verstehen und zu organisieren ist, prinzipiell bekannt ist. Forschung ist ab dann Ausrichtung auf dieses bekannte Ziel, die Entwicklung der Organisation meint dann Synchronisation der geteilten Aufgaben und Schnittstellen, die Entwicklung des Personals ist Einpassung in die Prozesse und Führung ist Macht über die einzelnen Funktionen. Oben die Wissenden, unten die Wertschöpfung, spricht Bremer weiter. Mit dem Wachstum der Erträge obsiegt nun die operative Exzellenz komplett über die unternehmerische Kreativität, die mit ihrer explorativ-erkundenden Haltung und mit ihrer Neugier, Improvisation und Infragestellung überall an Boden verliert.

Zwar steigen durch die verbesserte Ausbeutung der Nische die finanziellen Möglichkeiten rapide an, doch fühlt sich nun genau deswegen das Management unantastbar. Die Organisation wird bei Überraschungen zunehmend langsamer und selbstgefälliger. Ursache: Die funktionalen Experten, die das Unternehmen fokussieren, stellen gezielt die letzten Störungen ab, so Bremer weiter. Diese Störungen sind aber manchmal auch Wünsche von Kunden in besonderen Nischen oder Quellen für Innovation, doch werden diese in der intensiven Monokultur der nunmehr etablierten Prozesse quasi mit der chemischen Keule weggespritzt. Leider kommt spätestens dann der Zeitpunkt, zu dem viele der initial wichtigen Mit-Forscher aus der frühen Zeit der Erkundung das Schiff verlassen haben. Wettbewerber finden plötzlich diese auf den ersten Blick weniger profitablen Lücken und Spielräume, die es eigentlich nicht geben dürfte. Jetzt wäre es wichtig, mit Energie und Kreativität gegenzusteuern. Das können die funktionalen Herrscher aber nicht zulassen, sie wollen am Ende die Kontrolle über die bestehenden Prozesse behalten.

Die Annahme, dass in der Fortschreibung der Kontrolle dessen, was die Assets, also die Produkte, Kunden, Prozesse und Erfolgsfaktoren von gestern waren, auch der Schlüssel für die Zukunft liegt, birgt demnach eine riesige Gefahr. Ist dies unausweichlich? Ich glaube nicht, fügt Bremer hinzu. Es gibt aus meiner Sicht einige Muster, die man gut diskutieren kann und die eine aufmerksame Unternehmensführung in Angriff nehmen sollte, noch lange bevor wirklich ein fieser Eisberg den Horizont verstellt. Dazu gehört die bewusste Konstruktion eines »Sowohl-als-auch« von Skalierung und Erkundung in gekoppelten, aber soweit möglich eigenständigen Einheiten.

Damit diese zwei Pole dauerhaft stehen können, muss das Management, das die Klammer und den übergreifenden Innovationsprozess darüber hinweg bildet, sehr behutsam die Kulturen, die Kommunikation und Prozesse dazwischen im Auge haben. Was das bedeutet? Es bedeutet für das Management vor allem, sich selber im Auge zu behalten, weil dieser Ritt auf der Rasierklinge, die diese Welten trennt, sehr anspruchsvoll ist. Das wollen wir unter der Überschrift »postheroische Führung« aber später diskutieren.

Sie zeichnen da ja insgesamt ein für die klassischen Organisationen sehr pessimistisches Bild, zumindest was die Fähigkeit zur Innovation anbelangt, reflektiere ich das eben Gehörte. Der amerikanische Management-Autor Clayton Christensen nennt die von Ihnen beschriebene Erfolgsfalle des »Im-aktuellen-Modell-Feststeckens« das »Innovator's Dilemma«. So hat er auch sein bekanntestes Buch genannt: *The Innovator's Dilemma: When New Technologies Cause Great Firms to Fail*[206]. Das meint: Unternehmen werden von den Mustern und Managern, mit denen sie bisher erfolgreich waren, im stetigen »Weiter-wie-gehabt«, was Sie, Herr Bremer, Skalierung nennen, gefangen genommen. Man macht zwar alles »richtig«, verliert aber dennoch gegen überraschende Angreifer.

Diese Angreifer hatten sich, wie Sie auch vorher herausgearbeitet haben, außerhalb der Aufmerksamkeit des Unternehmens in einer Nische etabliert, die dem traditionellen Unternehmen abwegig, zu klein, zu exotisch, zu wenig ertragreich erschien. Der kleine Angreifer muss dafür gar kein Technologieführer sein, aber er ist sehr lernfähig und kann genau in diesem Segment in rascher Folge immer mehr Wert liefern und verbessert sein Angebot mit hoher Geschwindigkeit. Die Kunden lassen sich begeistern und damit schwenkt er mit seiner neuartigen Leistung auf einen Pfad des exponentiellen Wachstums ein. Wenn das klassische Unternehmen dann den Schuss hört, ist es schon zu spät.

Herr Bremer, fahre ich fort, ich verstehe Ihre Herleitung, mit der Sie beschreiben, warum die Skalierung systematisch dominieren will. Ich verstehe Ihre Argumentation so, dass Inkubatoren und Acceleratoren also eher Bestandteil des Scoutings im Rahmen des konventionellen Innovationsprozesses zur kontinuierlichen Verbesserung des traditionellen Angebotes sind. Also muss man dieser Argumentation nach die auf Disruption fokussierten, eher radikalen Innovationseinheiten möglichst weit aus der Mutterorganisation nach draußen verlagern, oder? Auch wenn ich der Logik erst mal folge – was kaufen wir damit für Nachteile? Verlagern wir damit die Chancen nicht zu sehr in die Hoffnungen von abenteuerlichen Start-up-Fantasien und verlieren wir nicht gleichzeitig die Kraft der vielen Hände, Augen und Hirne in der Mutterorganisation? Und bei allem Freiheitsdrang, ein bisschen Kontrolle schadet aus meiner Sicht auch nicht, schließlich ist es das Geld der Mutterorganisation, das da für Hitze sorgt. Ich schaue Bremer auffordernd an.

DAS NOKIA-RIFF

2007, also vor zwölf Jahren und und in dem Jahr, in dem der Produktlaunch des iPhones von Apple für die meisten Beobachter nur eine Randnotiz war, stand Nokia wie kaum ein anderes Unternehmen für Wettbewerbskraft, Innovation und Modernität. Das Unternehmen, welches 1865 als Papierhersteller begann und zwischenzeitlich Gummistiefel und Reifen verkaufte, war im Laufe von nur zwei Jahrzehnten der Big Player im Mobiltelefonmarkt geworden. Längst hatte Nokia den US-Rivalen Motorola als größten Hersteller von Mobiltelefonen hinter sich gelassen. Beinahe jedes zweite Handy, das in diesem Jahr verkauft wurde, stammte aus der Produktion der Finnen. Die Ausgaben für Forschung und Entwicklung überstiegen den für die Wettbewerber als uneinholbar geltenden Betrag von 5,5 Milliarden Euro[207] pro Jahr, die Märkte wuchsen rasant und die Zukunft schien sicher. In nur vier Jahren implodierte aber Nokias Marktanteil auf unter 8 Prozent, das Unternehmen schrieb Verluste und musste sich am Ende in die rettenden Hände von Microsoft begeben. Gerettet und mehrfach gewendet, scheint eine Dekade später der unaufhaltsame Klingelton des Riesen jäh verhallt zu sein.

Was war geschehen? Die akademische Zunft hat diese Frage zu einem beliebten Forschungsthema gemacht und die Erklärungen sind vielfältig und erleuchtend zugleich: Ein überdehnter und selbstgerechter Verwaltungsapparat, der zu träge war, um auf die veränderten Kundenerwartungen zu reagieren. Ein erfolgsverwöhntes Management, das arrogant geworden war und auf den Rezepten und Pfründen von gestern ruhte und es nicht verstand, eine Nische zwischen den Mühlsteinen von Googles Android und Apples iOS zu behaupten. Ein gewachsenes Anspruchsdenken des Mittelbaus, das im »Weiter so« die notwendigen Entscheidungen und Anpassungen verhinderte. Eine lahm gewordene Innovationsmaschine, die den erfinderischen Stillstand administrierte und trotz hoher Einsätze zu langsam und am Markt vorbei arbeitete. Ein dramatisches Unterschätzen der Wendigkeit neuer Wettbewerber, die sich unkonventionell und hungrig über den Markt hermachten, den Nokia nicht zu halten vermochte. Der als unsinkbar geltende Tanker war auf diese Weise innerhalb von nur wenigen Jahren auf Grund gelaufen.

Fuß in der Tür: Corporate Venture Capital

Bremer nickt während meiner Ausführungen zustimmend und meint dann: Stimmt, wir haben ja bereits festgehalten, dass die unterschiedlichen Ziele der »erkundenden« und der »skalierenden« Organisationen nur schwer unter einen Hut, oder eben ein Unternehmensdach, zu bekommen sind. Auch wenn es schmerzt: Das bisschen Kontrolle und das bisschen Mitwirkung der Mutterorganisation lassen sich meiner Meinung nach eben nicht in reduzierter Dosis beibehalten. Der Mutterkonzern tendiert zu oft und zu stark dazu, die Tochter durch gut gemeinte Kontrolle zu erdrücken. Herr Mahlich, ich sehe aber, dass Sie nicht weiter in »das, was nicht funktioniert« abtauchen möchten, sondern Wege suchen, auf denen man zum Gelingen kommt.

Dazu gilt es, den Innovationsprozess selbst zu innovieren. Zu diesem Zweck mixen wir einfach mal alle Zutaten, von denen wir ahnen, dass wir sie brauchen: Das ist erstens ein Unternehmer, der im Zentrum einer innovativen Idee steht und, wichtig, ein Team hat, mit dem die Umsetzung gelingen kann. Dieser Unternehmer fokussiert ein Problem und eine Lösung, bis er und das Team zur Expansion früher oder später große Mengen an Wagniskapital brauchen, um aus der Nische ins Wachstum schalten zu können. Hier kann ein Corporate Venture Capital Fund (CVC) des traditionellen Unternehmens ein wichtiger Baustein sein, der dann nach Möglichkeit nicht nur Geld, sondern »Smart Money«, also Geld mit Wissen und Kontext anbietet. Das Vehikel eines »Corporate Venture Capital Funds«, mit dem bereits etablierte Unternehmen strukturiert in unternehmerische Wagnisse investieren und dann den neuen Unternehmen mit Rat, Tat und Geld zur Seite stehen können, ist beileibe keine neue Idee, aber eben sehr wirkungsvoll, erklärt Bremer. Der Einsatz von CVC hat eine ganze Reihe von Vorteilen, fügt er hinzu. Die möchte ich Ihnen gern mal etwas genauer beschreiben. Erstens paaren CVCs die finanziellen und die strategischen Interessen der Mutter in einem Effort. Das gilt natürlich nur, wenn das Mutterhaus im Hintergrund eine solche Strategie formuliert hat und es mit seinen Beteiligungen nicht nur eine Me-Too-Modewelle reitet. Ich persönlich halte von einer gehörigen Prise CVCs im Innovationsmix von Unternehmen sehr viel, meint Bremer, besonders wenn man es schafft, die jungen Unternehmen so lange wie möglich vor der Absorption durch die gierige Mutter zu schützen. Die Mutter, grinst Bremer, darf die Kinder also erst fressen, wenn da genug Fleisch dran ist. Dann aber kann eine kluge Mergers-and-Acquisitions-Politik genau den Zufluss an Innovation erzeugen, den die Mutter so dringend braucht.

STRATEGISCHE INTERESSEN VS. FINANZIELLE ANREIZE

Beispiel: In-Q-Tel, ein Corporate Investmentfonds der besonderen Art mit Sitz in Arlington, Virginia[208]. Dieser Fonds wird von der US-Regierung und speziell aus dem Haushalt der CIA gespeist. Erklärtes Firmenziel: Neue und relevante Technologien frühzeitig erkennen und sie für die nationale Sicherheit der USA nutzbar machen.

Zu den strategischen Beteiligungen[209] von In-Q-Tel gehören oder gehörten Firmen wie Facebook, Google oder das Cloud-Unternehmen HyTrust oder Palantir Technologies. Selbst in so weit in die Zukunft gerichtete Themen wie Quanten-Computing hat sich In-Q-Tel durch ein Investment in das erste private Quantencomputerunternehmen D:Wave eingekauft. Im November 2018 gab In-Q-Tel bekannt, nun auch Büros in London und Sydney für die globale Suche nach Innovationen zu eröffnen.

Der CVC muss sich im Grunde nur ein gutes Portfolio von Start-ups aufbauen und mit ausreichend Expertise beobachten, wie diese mit ihren eigenen Energien, Zeit und Kapital einen Markt testen, erklärt Bremer. Wenn die Geschäftsmodelle und Produkte funktionieren, kann der CVC sich den Sieger aussuchen und gezielt nachkaufen, denn besonders die Sieger brauchen für das Wachstum viel Geld. Diese Sieger sind zwar dann sicherlich teuer, das stimmt schon, meint Bremer, aber eben Sieger. Übrigens verfahren auch die durchaus erfolgreichen Unternehmen wie Google, Microsoft, Salesforce oder Cisco seit Jahrzehnten genau nach diesem Muster.

Zweitens kann festgehalten werden, dass es starke Indizien dafür gibt, dass Corporate Venture Funds als Investoren viel erfolgreicher sind als die rein privaten Wagniskapitalgeber. So hat Josh Learner, ein Professor für Investment Banking an der Harvard Business School im Jahr 2013 im Harvard Business Review ausführlich nachgewiesen[210], dass der risikoadjustierte monatliche Ertrag der CVCs dramatisch über dem der rein privaten Risikokapitalgeber liegt. Ein anderes Indiz für den Erfolg der Corporate Investment Funds ist der Umstand, dass über 60 Prozent der Start-up-Einhörner aus dem »The Billion Dollar Club«[211] des Wall Street Journals mindestens einen CVC als Wagniskapitalgeber haben[212].

Drittens kann ein CVC ein gutes Mittel sein, um die Schmerzen der Integration von Innovationen durch einen gestuften M&A-Prozess etwas abzufedern. Es ist ja mittlerweile kein Geheimnis mehr, dass die Mehrzahl der M&A-Transaktionen wegen der oft erheblichen Schwierigkeiten bei der Integration der unterschiedlichen Kulturen schieflaufen[213]. Der CVC kann aber über lange Zeit eine gute Brücke bauen, wie das zum Beispiel der in der Branche wohlbekannte Ansatz von BMWs i-Ventures seit Jahren macht[214]. So kann das Start-up weiter wachsen und in Ruhe Deals sowohl mit dem Mutterhaus als auch mit anderen Stakeholdern gestalten und dabei vor allem die ursprüngliche Mission weiter verfolgen. In den erfolgreichen Fällen bleibt das Gründerteam selbst nach der Akquise an Bord und treibt die Innovation weiter voran. Das ist ein starker Kontrast zu der bei uns oft ausgeübten Praxis des »Köpfens«, führt Bremer aus, bei der das Übernahmetarget im M&A-Prozess durch einen drastischen Austausch des Managements »eingeordnet« werden soll.

Wie ich schon gesagt hatte, ist das Vehikel eines Corporate Investment Funds natürlich heute kein Geheimnis mehr und in den letzten Jahren gab es eine beachtliche Explosion an solchen Vehikeln. Sogar die Sesamstraße[215] oder die Rockband Linkin Park haben einen CVC. Da entsteht schnell die Idee, dass das jeder kann. Ich vermute, sagt Bremer, dass es in den kommenden Jahren auch wieder zu einer gewissen Abkühlung kommen wird, wie das bei jedem Hype der Fall ist. Ein CVC muss am Ende einige handwerklich bedingte Hürden nehmen, um dauerhaft erfolgreich zu sein. Diese sind in erster Linie in der Zusammensetzung des CVC-Teams zu suchen, denn dieses muss genauso erstklassig sein, wie man sie in der Welt der privaten Investmentfunds finden kann. Davon sind die CVCs aber in den meisten Fällen noch ein Stück entfernt.

Interessanter Gedanke, sage ich, da noch mal vergleichend mit den privaten CVCs in unsere Struktur und vor allem in die Teams zu blicken, wenn dieses Team eine so wichtige Rolle spielen soll. Dann füge ich nachdenklich hinzu: Kein Wunder, dass Sie die Anforderungen an das CVC-Team so hervorheben. Denn die müssen den Instinkt für die neuen Themen haben, das Netzwerk in die Mutterorganisation, ein Geflecht an Unterstützern im Venture-Ökosystem und so weiter. Dabei sitzen sie auf einem Portfolio von Beteiligungen, das oft auf Hoffnung baut und sicherlich eher einem Sack voller Katzen als einem strukturierten Team gleicht. Diese Leute zu finden ist bestimmt nicht ganz leicht, da muss das Mutterhaus wohl überaus flexibel und offen sein, um sie halten zu können.

Es sind ganz besondere Netzwerker, mit einem sehr, sehr hellen Verstand und großer Offenheit, bestätigt Bremer. Das bringt mich auch schon zum letzten Punkt unserer Reise, spricht der Berater weiter, den sollten wir noch schaffen, bevor unser Zug in dreißig Minuten hält. Grundvoraussetzung für jede Befruchtung zwischen Skalierung und Erkundung ist nämlich eine Art von Organisation, die sich gezielt darin übt, sich stärker auf Impulse von außen einzulassen. Da wir nun wissen, dass die Skalierung viele dieser Störungen systematisch unterdrücken will und Innovationen oft nicht mehr innerhalb der beobachtbaren Grenzen unserer Organisation und Branchenzuschnitte geschehen, müssen wir diese Grenzen gezielt bearbeiten. Das, Herr Mahlich, ist jedoch beileibe keine einfache Übung.

Innovation braucht eine »offene Organisation«

Das bedeutet nämlich, führt Bremer weiter aus, die Haut der Organisation zu bearbeiten und das zu gestalten, was wir »offene Organisation« nennen. Dazu werde ich – aber ich verspreche, nur für ein paar Minuten – zur Anregung nochmals einen Exkurs in die neuere Geschichte wagen und Sie auf eine kleine Gedankenreise mitnehmen.

Zum Einstieg lassen Sie uns ins Jahr 1995 zurückreisen. In Europa wird diese Jahreszahl für immer an das Gedenken an Srebrenica geknüpft sein. Es war aber auch das Jahr, in dem O. J. Simpson von dem Vorwurf freigesprochen wurde, seine Frau Nicole Simpson und Ronald Goldman ermordet zu haben. Der Sänger Seal trällerte »Kiss from a rose« und Pixars Toy Story revolutionierte nachhaltig, was man bis dahin unter Animationsfilm verstanden hatte. Es war das Jahr, in dem der englische Broker Nick Leeson 1,4 Milliarden Dollar an der Tokioter Börse verspekulierte und damit die altehrwürdige Barings Bank kollabieren ließ. Und, nicht zuletzt, war es das Jahr, in dem Microsoft Windows 95 auf den Markt brachte.

Das bringt uns zu den zentralen Darstellern unserer kleinen Zeitreise: Bill Gates und sein Unternehmen Microsoft. Gates, damals gerade 40 Jahre alt und im selben Jahr auch zum ersten Mal reichster Mensch auf dem Globus geworden, hatte Microsoft zu dem gemacht, was der Wählton in der Telefonie ist, zum De-facto-Standard. In einem strategisch weitsichtig geführten Kampf erweiterte Gates die ehemals dünne Schicht des Betriebssystems »DOS« sukzessive um nützliche Funktionen und schuf vielfach Standards, die er über extrem rasche Vermarktung in die Breite drückte. Im Hinblick auf unsere Innovationsfrage ist es bemerkenswert, dass weder damals noch heute jemand argumentieren würde, dass es der Innovationsgrad oder die Qualität der Produkte gewesen seien, die Microsoft beim Wachstum halfen. Vielmehr zog das Unternehmen so früh wie möglich auch mit einem schwachen Produkt, aber intensivem Marketing aggressiv ins Feld, um erst mal einen Fuß in die Tür dessen zu bekommen, was man als »natürliche Erweiterung der Microsoft-Familie« beanspruchte. Über Bündelungen mit anderen Produkten und vor allem dem Betriebssystem selber konnte man besser als die Mitbewerber Volumen und Marktanteile sichern und damit Standards durchsetzen.

Die Weitsicht galt aber nicht nur den Wachstumsfeldern. Auch im Kerngeschäft agierte Microsoft strategisch klar. Als das Unternehmen Anfang der Neunzigerjahre erkannte, dass IBM mit seinem OS/2 ein überlegenes Produkt auf den Markt für Betriebssysteme bringen würde, handelte Gates entschlossen und lancierte im Zuge der Einführung von Windows 95 die größte und teuerste Medienkampagne in der Computer-geschichte. Die Ernte war gigantisch und der Marktanteil des Betriebssystems lag, zumindest was Desktops anbelangt, über Jahrzehnte hinweg bei mehr als 90 Prozent. OS/2 wurde zum Ladenhüter. Die Dominanz von Microsoft war gesichert. Gates wollte Microsoft zum exklusiven, digitalen Schrankenwärter machen, über den der Wissensarbeiter der Jahrtausendwende nicht nur zu seinen Programmen, sondern auch zu den Daten und Diensten kommen sollte. Ob Betriebs-system, Office-Familie, Datenbanken oder Zugang ins Inter-net, alles sollte in einer Microsoft-Hand zusammenspielen, und es war natürlich klar, dass es sich für Microsoft am Ende lohnen würde, wenn diese Schranke gehalten werden konnte.

Entsprechend hart kämpften Gates und das Management von Microsoft gegen jede Art von Alternative in den Programmbau-steinen und für die Verteidigung dieses Programm-Verbundes. Die extrem wettbewerbsorientierte Aggressivität von Microsoft und der Hang zur totalen Dominanz sollten später zum Kern-problem in den juristischen Auseinandersetzungen rund um die Ausnutzung der Monopolstellung von Microsoft werden[216].

Was aber manchmal übersehen wird, ist die beachtliche Führungsleistung von Gates, der trotz des atemberaubenden Erfolges von Microsoft die alles überragende Gefahr aus dem Internet sicherlich spät, aber gerade noch rechtzeitig erkann-te. Denn das Internet stellte das desktopzentrierte Arbeiten per se infrage und setzte vielmehr auf dezentrale Architek-turen, auf eine Zusammenarbeit von Menschen in Teams, ge-teilte Dokumente und Online-Vernetzung von allem. Darauf war Microsoft nicht gut genug vorbereitet. Gates bemerkte, dass ihm schon bald dasselbe bevorstehen könnte, was er selbst dem klassischen Lexikonformat der *Encyclopaedia Britannica* zugefügt hatte: Obsolet zu werden durch einen besseren Dienst. In einer Online-Welt würde es vielleicht bald nicht mehr nur für die DVD-basierte Encarta keinen Platz mehr geben.

Zurück also zur konkreten Situation, in der sich Microsoft und seine Herausforderer befanden. Das System Linux mit seinem universitären Erbe und seiner raschen Verbreitung war für Microsoft sicherlich ein Ärgernis. Für Gates war aber ganz besonders der Start-up Netscape Communications zu einem schmerzhaften Dorn im Auge geworden. Der Net-scape-Browser war für seine Endanwender gratis, sehr stabil, und das Unternehmen war extrem innovativ.

Es erfand JavaScript und SSL, ein Ver-fahren zur Verschlüsselung des Daten-verkehrs zwischen dem Internet und dem Rechner des Anwenders, und hatte in nur wenigen Monaten einen Marktanteil von über 90 Prozent der Internetnutzer er-obert[217]. Netscape versprach, dass das Web für alle Anwender gleich aussehen solle, egal welches Betriebssystem unter dem Browser laufen würde, und dass man künftig Dateien sehr einfach am Server bearbeiten könne. Die mächtigen Server sollten die eigentliche Arbeit erledigen. Server, für die Lizenzen von Netscape zu bezahlen waren und auf denen schon damals zu einem erheblichen Teil das lizenzfreie Betriebssystem Linux Ver-breitung fand. Damit war Netscape, zumindest aus Sicht vieler Beobachter, nur einen Schritt davon entfernt, die Windows-Bastion zu einer sehr kleinen System- und Anzeigeschicht zu degrade-ren. Microsoft als Unterwäsche für den Browser, der alles wirklich Wichtige erle-digte? Das war schwer zu akzeptieren.

Für Microsoft jedenfalls stand damals schlichtweg »alles« auf dem Spiel. Ent-sprechend eindringlich hatte Kapitän Gates sein »Brace, Brace, Brace« als Ein-schlagwarnung aus dem Cockpit der Microsoft-Maschine an die Mannschaft durchgerufen. Er blies zum Angriff »mit allen Mitteln«: Microsoft investierte in die schnelle Verbesserung des Micro-soft Internet Explorers und zwang seine Distributoren dazu, diesen auf den Win-dows-Rechnern als vorinstallierten Browser mit dem System auszuliefern. Das führte dazu, dass die Nutzer nicht mehr zu Netscape zurückkehrten. Nur drei Jahre dauerte dieser Kampf, und Netscape war aus der Liste der digitalen Hoffnungsträger gelöscht.

Herr Mahlich, nur zur Einordnung, wir bewegen uns hier in einer Zeit, als der Internetzugang noch in Stunden bezahlt wurde und »online sein« in erster Linie etwas für obskure Akademiker und die E-Mail-Kommunikation großer Konzerne war. Die neuen Browser im Internet boten aber immer mehr Informationen und Funktionen an, die wild an dem nagten, was sich Microsoft als seine eigenen Wachstumsfelder vorgenommen hatte. In vielerlei Hinsicht steht die Autoindustrie meiner Meinung nach übrigens vor vergleichbaren Herausforderungen, sagt Bremer. Zwar funktionieren die einzelnen Komponenten auch da noch nicht durchgehend, aber das System könnte auch hier sehr schnell kippen, fügt Bremer hinzu und zieht seine Augenbrauen hoch.

Es gibt aber noch einen anderen Grund für meinen Exkurs in die Technik, klärt mich der Berater weiter auf. Dieser liegt in den neuen Kräften der Open-Source-Bewegung, die damals mit dem Untergang von Netscape deutlich gestärkt wurden. Jetzt muss man wissen, dass in der Hacker-Bewegung schon seit den Achtzigerjahren eine Diskussion lief, in der man den Kräften der Software eine derart hohe Relevanz beimaß, dass ein Ausschluss von Teilen der Menschheit von dem Genuss der Früchte, die uns die Software bietet, als sittenwidrig betrachtet wurde. Und diese Menschen nur auszuschließen, weil sie die Lizenzen nicht bezahlen konnten, machte es nicht weniger sittenwidrig. Das zweite wichtige Argument dieser Gemeinschaft war, dass Verkäufern von Lizenzen ein Ausmaß von Kontrolle über die Nutzung der Software zugestanden wurde, mit dem man sich nicht anfreunden wollte. Man unterstellte, nicht ganz unbegründet, dass durch das Zurückhalten des Source Code durch die Softwaregiganten anderen Entwicklern ganz viel an möglicher Innovation und Fehlerkorrektur verunmöglicht würde. Die Softwarehersteller hingegen beharrten darauf, dass die Herstellung von immer komplexerer Software sehr teuer und nur durch die strukturierte Vermarktung der dabei geschaffenen Intellectual Property refinanzierbar sei. Rein rechtlich waren die Softwarekonzerne im Vorteil, erstens wegen der Gesetzespraxis und zweitens weil sie genug Ressourcen hatten, um ihre Interessen durchzusetzen. Für viele Mitglieder der Software-Community war die radikale Forderung nach einer freien Software am Ende ein geschäftlich für ihre Industrie zu unfreundlicher Schritt. Die Idee, ein System zu schaffen, in dem die Entwickler jedoch gemeinsam an dem Source Code weiter arbeiten könnten, war sehr verlockend. Man suchte Orientierung, und da lieferte die US-Hacker-Legende Eric S. Raymond mit dem Essay »Die Kathedrale und der Basar«[218] genau den Gedankenwurf, mit dem die bisherige, als monolithisch und von Raymond mit dem Begriff »Kathedrale« umschriebene Entwicklungsmethode der moderneren, inzwischen durchaus verbreiteten Entwicklungsmethode des »Basars« gegenübergestellt wurde. Das Papier wurde übrigens erstmals auf einem Linux-Kongress am 22. Mai 1997 in Würzburg öffentlich vorgetragen, ergänzt Bremer. Offensichtlich will er seine Erzählung durch einen Bezug zu unserem Land bekräftigen.

Basierend auf den Erfahrungen in der Mitwirkung bei Linux hat Raymond vor allem die Frage nach der Steigerung der Softwarequalität ins Zentrum seines Essays gerückt. Bremer zieht jetzt ein schlankes braunes Büchlein aus der Tasche, in dem er einige Stellen markiert und offensichtlich handschriftlich Übersetzungen hinzugefügt hat. Er blättert kurz, findet die gesuchte Stelle und zitiert: Nach Auffassung der Kathedralenerbauer sind Programmierfehler und Entwicklungsprobleme knifflige, tiefgehende und heimtückische Erscheinungen. Es dauert Monate der Analyse und Tests, um Vertrauen in die Fehlerfreiheit des Codes zu schaffen. Daher die großen Zeiträume zwischen den Freigaben und die enttäuschten Gesichter, wenn ein lang erwartetes Release nicht fehlerfrei ist. Auf dem Basar hingegen, so Raymond in seinem Essay, funktioniert das ganz anders. Hier geht man davon aus, dass Fehler triviale Phänomene sind, wenn nur der Code tausenden begeisterten Mit-Entwicklern ausgeliefert wird, die nach jedem neuen Release darauf herumtrampeln.

Wenn wir daran denken, dass in einem digital aufgerüsteten Fahrzeug über einhundert Millionen Zeilen Code stecken, dann sehen Sie schon, dass in dieser Sichtweise auch Lösungen für einige der Fragen unserer Industrie liegen, fügt Bremer hinzu. Aber das soll jetzt nicht unser Thema sein. Was auf Raymonds Essay folgte, war eine Reihe von wichtigen Ereignissen, die uns durchaus interessieren sollten. Erstens wurde dieser Essay zu einem wichtigen Grundstein der Open-Source-Bewegung. Vor nunmehr über 20 Jahren, am 3. Februar 1998, traf sich Raymond mit anderen Open-Source-Aktivisten in Palo Alto, um die *Open Source Initiative* (OSI[219]) als gemeinnützige Organisation zu gründen. Die vereinbarten Grundprinzipien lauten: Der Quellcode von Software darf kein Betriebsgeheimnis sein, sondern wird allen Interessierten offen dargelegt, und andere dürfen den Code verbessern und ergänzen, müssen ihn aber wieder für die Community bereitstellen[220]. Und jetzt schließt sich der Bogen, sagt Bremer, denn auch die Kollegen von Netscape fanden den Open-Source-Gedanken spannend und hatten deswegen, wissend, dass sich Netscape als Firma gegen Microsoft nicht behaupten konnte, den Quellcode von Netscape unter dem Namen »Mozilla« als Open-Source-Projekt freigegeben. Nach einem etwas schleppenden Start formierte sich dann eine Entwickler-Community, wie sie sich keine Firma hätte leisten können, und schuf gemeinsam eine Codebasis, die als Internetbrowser sicherer und stabiler als viele Vergleichsprodukte läuft. Der heute sehr erfolgreiche Browser Firefox basiert darauf.

Und jetzt möchte ich Ihnen erklären, was das alles mit der Organisationsfrage zu tun hat, kommt Bremer zum Punkt. Spannenderweise hatte sich in der Zusammenarbeit in den Open-Source-Projekten nämlich eine Reihe von Phänomenen gezeigt, die die kooperativen Prozesse zwar prinzipiell chaotischer, aber gleichzeitig viel partizipativer und nach Meinung vieler Beobachter und Teilnehmer auch innovativer ablaufen ließen. Diese Erfahrungen aus der Open-Source-Bewegung und das damit verbundene Denken boten die Leitplanken für einen neuen, eben »offenen« Typus von Organisation: Die »Open Organization«, die konzeptionell bewusst sehr konsequent an die »Open Innovation« von Chesbrough anknüpft.

Die »offene Organisation« hilft dabei, ein für das Überleben in dynamischen Märkten gesteigertes Flexibilitätsniveau zu erreichen, indem sie den Innovationsprozess für alle Stakeholder (vor- und nachgelagert, aber auch hierarchieübergreifend) öffnet. Das beginnt bei der frühen Einbeziehung von Kunden, läuft über die Lieferanten und Mitbewerber bis zur Aktivierung der »Crowd«.

Die »offene Organisation« setzt damit dort an, wo man sich den Auswirkungen der neuen sozialen Arbeitstechniken stellen muss, führt Bremer weiter aus. Sie fragt dabei nach den Implikationen für die soziale Organisation der Arbeit. Denn wir können nicht allen Ernstes glauben, im Wissenszeitalter mit den Arbeitsformen der industriellen Revolution bestehen zu können. Eine ganze Reihe von Denkern, Beratern und Soziologen beschäftigt sich mit dieser Frage, ich finde aber die Ausführungen der Open Source Community selbst recht treffend, um zu beschreiben, was eine »offene Organisation« eigentlich ausmacht.

Den Argumenten von Opensource.com folgend, kann man anhand dieser Grundmerkmale feststellen, ob eine »offene Organisation« besonders stark ausgeprägt ist. Bremer drückt den Umschlag seines braunen Büchleins über *The Cathedral And The Bazar* flach und zeigt mir eine seiner Mindmaps mit einer Liste von Begriffen, die er handschriftlich notiert hat:

ABBILDUNG 14
Die Merkmale einer offenen Organisation

Natürlich klingen diese Begriffe für sich allein erst mal banal, und wahrscheinlich findet man gewisse Ausprägungen dieser Merkmale in jeder Organisation, spricht Bremer genau das aus, was mir eben durch den Kopf geht. Wirklich offene Organisationen, fährt er fort, verkörpern sie jedoch alle zugleich und kombinieren sie auf besonders produktive Weise. Ich will deswegen die Begriffe etwas präzisieren.

Transparenz: Offene Organisationen machen Daten und Materialien sowohl internen als auch externen Partnern leicht zugänglich, soweit dies rechtlich eben möglich ist, erklärt Bremer. Jeder Projektbeteiligte hat standardmäßig Zugriff auf alle relevanten Informationen. Das Diktum der Informationsgerechtigkeit gewährt dabei jedem das gleiche Recht auf Zugang zu Informationen. Wohlgemerkt: innen und außen. Diese Offenheit führt die Zusammenarbeit dann auf ein anderes Niveau und weit weg von dem heute üblichen »Master-Slave-Denken«. Statt zu fragen, wer steuert hier wen, bekommt die Frage nach dem Wohin plötzlich Oberwasser. Ungleichheiten sind so zu gestalten, dass vernünftigerweise erwartet werden kann, dass sie einen Vorteil für alle darstellen und mit Positionen und Ämtern verbunden sind, die dem Prinzip nach jedem offenstehen. Auch Entscheidungen sollen in der offenen Organisation insofern transparent sein, als dass jeder Betroffene über sie informiert ist und auch die Prozesse und Argumente, die zu ihnen geführt haben, nachvollziehen kann. Das kommt meines Wissens einem Quantensprung gleich, denn in einigen der Großprojekte, die ich kenne, ist das nicht der Fall. Und dieses Problem betrifft nicht nur den Bau von Flughäfen, feixt Bremer.

Transparenz in der Arbeitsgestaltung bedeutet auch, dass jeder den Fortschritt während der gesamten Entwicklung eines Projekts nachverfolgen kann. Und es bedeutet, dass alle Arbeitsziele öffentlich einsehbar sind und die Personen, die an den Projekten arbeiten, klar auf ihre Rollen und Verantwortlichkeiten hinweisen. Und schließlich, das Element des inneren Status: Weil die Menschen gerne und stolz über ihre Arbeit berichten, laden sie zur Teilnahme an Projekten oder Lessons Learned ein und reagieren positiv auf Anfragen nach weiteren Informationen. Die Führungskräfte ermutigen dazu, gleichermaßen von Misserfolgen und Erfolgen zu berichten. Sie sehen selbst, da kriegt der banal klingende Begriff der Transparenz ganz schön Konturen.

Inklusion: Unterschiedliche Sichtweisen sind nicht nur willkommen, fährt Bremer in seinen Erklärungen fort, sondern es werden gezielt technische Kanäle und gesellschaftliche Normen zur Förderung der Teilnahme etabliert und als selbstverständlich erachtet. Die Regeln und Protokolle für die Partizipation funktionieren nach klaren und gemeinsamen Standards. Die Mitglieder der »offenen Organisation« fühlen sich verpflichtet, Meinungen zu Themen zu äußern, die für ihre Arbeit relevant sind oder für die sie leidenschaftlich eintreten. Es braucht auch nicht erst die Erlaubnis jedes einzelnen Stakeholders, damit Interessierte oder Neuankömmlinge sich einbringen dürfen. Die Organisation erhält Feedback über mehrere Kanäle, und die Führungskräfte reagieren regelmäßig auf Feedback, das sie erhalten.

Anpassungsfähigkeit: Organisatorische Richtlinien, aber auch technische Maßnahmen stellen sicher, dass sowohl positive als auch negative Rückkopplungsschleifen die organisatorische Arbeitsweise beeinflussen. Das nimmt den Menschen das Gefühl von Ohnmacht und Ausgeliefertsein, sagt Bremer, denn die Mitglieder der Organisation können die Bedingungen, unter denen sie arbeiten, selbst kontrollieren. Dadurch sind diese Organisationen grundsätzlich auf kontinuierliches Engagement und Lernen ausgerichtet. Die Feedbackmechanismen stehen dabei sowohl den Mitgliedern innerhalb der Organisation als auch den externen Mitgliedern zur Verfügung und ermutigen Gleichgestellte, sich gegenseitig zu unterstützen, ohne dass es einer Aufsicht bedarf. Die Führungskräfte haben Interesse daran, dass Feedbacks die Arbeitsweise der Mitarbeiter in der Organisation wirklich beeinflussen. Die Organisation belohnt sowohl Individuen als auch das Team, in den meisten Fällen sogar eher das Team, fügt Bremer hinzu.

Zusammenarbeit: In einer offenen Organisation arbeiten mehrere Parteien zusammen. Das klingt erst mal trivial, sagt Bremer, betrifft aber konkret den Umstand, dass eine grundsätzlich kooperative Grundhaltung in der offenen Organisation die Akteure auch bei unterschiedlichen Meinungen dazu bringt, das Engagement und die Partizipation sehr hochzuhalten. Verschiedene Meinungen geben der Arbeit der Gruppe sogar erst einen Sinn, ergänzt er. Die Mitarbeiter sind nämlich überzeugt, dass das Aushandeln vieler unterschiedlicher Sichtweisen die Qualität des Arbeitsprozesses und der Ergebnisse eindeutig steigert. Diese Art der gemeinsamen Arbeit bringt bessere, effektivere und nachhaltigere Ergebnisse hervor und die Mitglieder einer offenen Organisation bemühen sich folgerichtig aktiv darum, andere mit deren Input einzubinden. Die Verhandlungen gehen sogar über die Festlegung des besten Weges zum Ziel hinaus, weil sie auch die Hinterfragung des Zieles selber beinhalten. In dieser kontinuierlichen Reflexion der Ziele bringen die unterschiedlichen Stakeholder ihre Bedürfnisse ein und dies kann, wenn erfolgreich, die Kooperation und Koordination in der Organisation weiter ganz deutlich steigern. Sie sehen an diesem Punkt die Wechselwirkung mit den anderen Merkmalen der offenen Organisation, merkt Bremer an, denn eine Zusammenarbeit im beschriebenen Sinne verstärkt sich durch ein hohes Niveau von Transparenz, Inklusion, Anpassungsfähigkeit und Gemeinschaft weiter.

Gemeinschaft: Die Teilnahme an der offenen Organisation stützt sich zentral auf ein Set von gemeinsamen Werten und Zielen. Eigentlich sind diese Werte die wirklichen Grenzlinien der offenen Organisation, erklärt Bremer, denn sie beschreiben besser als irgendwelche anderen Firmen- oder Landesgrenzen das Innen und das Außen der Community. Denken Sie dabei an so diffus abgrenzbare Organisationen wie die Open-Source-Bewegung, die Linux hervorgebracht hat, oder an die Wiki-Welt von Wikipedia. Da sind die Grundwerte sehr klar und stehen beschreibend für die Mitwirkenden der Gemeinschaft. Sie machen aus einer Community sogar so etwas wie eine Bewegung, ohne dass es formaler Grenzen bedarf. Diese Werte sind natürlich kein statisches Korsett und werden in der Zusammenarbeit immer weiterentwickelt. Die Führungskräfte agieren in diesem Zusammenhang vor allem als Mentoren der Geführten und demonstrieren eine starke Rechenschaftspflicht gegenüber der Gruppe, indem sie gemeinsame Werte und Prinzipien modellieren und einhalten. In der Community entwickelt sich so eine gemeinsame Sprache. Um die Arbeit der Gruppe als Umsetzung der gemeinsamen Werte voranzubringen, tradieren die Mitglieder die Meme[221] der Organisation sehr behutsam.

So weit die Theorie zur »offenen Organisation«, sagt Bremer. Ja, es gibt auf den ersten Blick auch eine Gegenwelt, wie die eher abgeschotteten Organisationen von Apple, Tesla oder auch, zumindest früher, die von Microsoft. Aber das hält dem zweiten Blick nicht stand, erläutert er weiter, denn auch dort nomadisieren die Talente in großer Zahl zwischen den Firmen – »on and off the job«. So sorgen sie dann für den notwendigen Ideenstoffwechsel. Erinnern Sie sich an Ihre Erlebnisse im Silicon Valley, Herr Mahlich? Wie sich in dem Tal, nur eine Autostunde südlich von San Francisco, jeden Tag gleich mehrere Möglichkeiten finden lassen, um sich mit Gleichgesinnten über Firmen- und Branchengrenzen hinweg zu den vielfältigsten Technologie- oder Geschäftsthemen zu treffen und einen tiefen fachlichen Austausch voranzutreiben.

Herr Bremer, erwidere ich, klar erinnere ich mich und blicke dabei nachdenklich auf die Mindmap zur offenen Organisation. Gute Aspekte, denke ich laut weiter, aber sind das jetzt wirklich alle erforderlichen Zutaten für moderne Organisationen? Ist das schon die ganze Magie? Wahrscheinlich nicht, oder? Ich kann trotzdem instinktiv verstehen, warum die Öffnung, die

Sie einfordern, nicht so einfach zu bewerkstelligen ist. Schließlich stellen Sie nichts weniger als die Grundfesten unserer Organisationen und die klare Abgrenzung des »Wir« von »den anderen« infrage. Diese Grenze ist meiner Erfahrung nach ein solide gebauter Zaun um »unser« Wissen und »unsere Ideen« und »unsere Leute«. Genau daran rütteln Sie aber mit ihrer offenen Organisation, sage ich und ergänze schmunzelnd: Damit werden Sie zum Verdachtsfall für die Inquisition und den Scheiterhaufen, Herr Bremer. Von wegen offene Vertrauenskultur – in den Corporates wird man Ihnen im Indizienprozess diesen Kontrollverlust als Häresie wegen Beihilfe zum Diebstahl von Intellectual Property, einem unterstellten Verrat von Dienstgeheimnissen, oder zumindest die kolportierte Weitergabe von Kundendaten gnadenlos zum Vorwurf machen. Die offene Organisation zu denken ist für die meisten heutigen Organisationen ein Kuhn'scher Moment im klassischen Sinne, ein wirklicher Paradigmenwechsel[222], bei dem kein Denkstein auf dem anderen bleiben kann, führe ich weiter aus. Da ist viel Arbeit und Lernen erforderlich, denn die Konsequenzen der offenen Organisation werden aus meiner Sicht die Verhaltens- und Denkweisen vielleicht mittelfristig einmal genauso stark beeinflussen, wie es einst der Taylorismus gemacht hat.

Verstehen Sie meine spaßhafte Warnung vor dem Scheiterhaufen bitte nicht als Prophezeiung eines gewissen Unterganges. Ich meine sie vielmehr als Mahnung für die Gestalter, also für uns als Manager und für Sie als Berater, bei der Öffnung der Organisationen sehr achtsam vorzugehen. Naivität hilft niemandem und würde letztendlich nur die Widerstandskräfte gegen die Öffnung anfeuern.

Ich meine aber auch, dass dieser Umbau ohnehin schon Fahrt aufgenommen hat, weil in der Digitalisierung der Zusammenhang zwischen geänderten Kommunikationsstrukturen und verändernden Organisationsformen nicht zu leugnen ist. Niemand kann heute mehr in den Command-and-Control-Prozessen der industriellen Organisation weitermachen, da würden sich die »Digital Natives« nur lustig drüber machen.

Einen spannenden Nebengedanken möchte ich gerne anfügen, spreche ich weiter, denn ich glaube, dass die genannten Merkmale der »offenen Organisation« auch solide Eckpunkte für ein, nennen wir es »Betriebssystem der Wissensarbeit« darstellen.

Ich repetiere dazu einfach das Kochrezept, das Sie gerade angeboten haben: Ich biete durch transparente Informationen, Entscheidungsprozesse und Arbeitsmethoden eine Basis für die Zusammenarbeit der Wissensarbeiter; sorge dabei für viele unterschiedliche Feedbackschleifen und eine breite Inklusion möglichst zahlreicher und unterschiedlicher Wissensquellen und Wissensträger; entwickle dann die Arbeitsweisen und Denkmuster kontinuierlich weiter, was mit Anpassungsfähigkeit gemeint ist, und schaue, dass die Mitarbeiter sich mit ihren Meinungen partizipativ einbringen. Das ist dann wiederum die Basis für eine echte Gemeinschaft. Und schwupps, schon wird die Organisation zur Bewegung. Eine Frage an den Berater, schließe ich ab und schaue dabei Bremer aufmerksam an: Gibt es so was schon in der Wirklichkeit?

Im Prinzip ja, nickt Bremer, das gibt es schon in der Praxis und auch als spannenden Text, um sich in die Umsetzung der offenen Organisation einzulesen. In diesem Zusammenhang möchte ich Ihnen gerne das aufschlussreiche Buch von Jim Whitehurst empfehlen, dem CEO des börsennotierten Open-Source-Unternehmens Red Hat. Das Buch trägt den Titel *The Open Organization: Igniting Passion and Performance*[223]. Darin werden viele der eben diskutierten Themen aufgegriffen. Whitehurst bietet zwar keine konsistente Organisationstheorie an, hat aber die Entwicklung seines Denkens über seine Karrierestationen vom Management einer klassischen Organisation hin zur Leitungsfunktion bei Red Hat, einer offenen Organisation und einem, vielleicht sogar dem Open-Source-Unternehmen schlechthin, sehr nachvollziehbar beschrieben. Als Management-Praktiker nimmt man ihm diese erstaunliche Lernreise in die neue Wiki-Welt ab, denn immerhin war er vor seiner Funktion bei Red Hat ein sehr klassischer Chief Operating Officer bei Delta Airlines.

Besonders gefällt mir bei ihm die zentrale Bedeutung, die er dem Engagement der Mitarbeiter attestiert, fügt Bremer hinzu. Hier verbirgt sich ein Energiereservoir, das aus seiner Sicht in klassischen Organisationen verkümmert, was er auch durch einen Verweis auf entsprechende Studien belegt. Seiner Meinung und Erfahrung nach konkurrieren die Mitarbeiter in den Unternehmen gar nicht so sehr darum, um jeden Preis in der Organisationspyramide aufzusteigen. Vielmehr wollen sie einen inhaltlich-thematischen Unterschied in »ihren Themen« machen und damit Geltung im sozialen System gewinnen. Um ihrem Thema und sich selber eine gewisse Bedeutung und Nachdruck zu verleihen, schließen sie sich gerne und weitestgehend selbstgesteuert zu Communitys zusammen. Diese Communitys sind bei Whitehurst folgerichtig die zentralen Bausteine der Organisation, erklärt Bremer.

Die Kontrolle der Arbeit und des Verhaltens wird im Denken von Whitehurst allein über Transparenz und Peer-Feedback erzeugt. Da die Communitys sich zur Problemlösung der besten Köpfe bedienen und auch extern Beiträge leisten wollen, werden die organisationalen Grenzen automatisch durchlässiger. Der Austausch floriert, und die Mitarbeiter beginnen immer stärker wie Unternehmer zu denken und sich auch so zu messen. Damit korrespondierende Entscheidungen wollen die Communitys (örtlich wie zeitlich) so nah wie möglich am Geschehen treffen. Die dabei eingegangenen Verpflichtungen fußen auf Freiwilligkeit, berichtet Bremer, der merklich von den Thesen Whitehursts angetan ist. Die Notwendigkeit von komplexen Entscheidungsketten wird dadurch schlichtweg überflüssig und die Diskussion des »Was« der Aufgaben weicht zunehmend der zentralen Frage des »Warum?«.

Im Kontrast zu anderen Organisationstheorie-Gurus überlässt Whitehurst der Führung damit eine zentral wichtige Rolle, erklärt Bremer, allerdings nicht im hierarchischen Sinne einer Command-and-Control-Instanz, sondern als Initiator und Hüter der Mission des Unternehmens[224]. Er sieht die Führung der offenen Organisation in der Pflicht, die zentrale Mission des Unternehmens immer wieder klarzustellen und Menschen anzuziehen, die diese Mission mittragen. Das können allerdings durchaus auch Kunden sein oder Lieferanten, denn es ist ja eine, wie das Wort schon sagt, offene Community. Diese offene, lernende Community ist in der Essenz im Grunde das umgesetzte Modell der offenen Organisation, führt Bremer seine Gedanken zu Ende.

OPEN SOURCE TRIFFT OPEN ORGANIZATION

Im November 2018 kündet IBM die größte Übernahme seiner Geschichte an[225]: Big Blue will im einhundertsiebten Jahr seines Bestehens alle Aktien von Red Hat, einem Linux-Spezialisten und Lieferanten wichtiger Komponenten für das schnell wachsende Cloud-Geschäft, übernehmen. Der Kaufpreis von 34 Milliarden Dollar für diese Transaktion ist durchaus beeindruckend. Zwar hat Red Hat bewiesen, dass man auch mit Open Source gut verdienen kann und im vorausgegangenen Jahr bei einem Wachstum von 21 Prozent immerhin Erlöse in der Höhe von 2,9 Milliarden Dollar (damit ein Umsatzmultiple von über zehn) und einen Gewinn von 259 Millionen Dollar zu verzeichnen, doch birgt der aus Sicht vieler Marktteilnehmer kostspielige Deal trotz der strategischen Bedeutung sicherlich enorme Risiken.

Das größte Risiko: Dass es trotz aller Beteuerungen nicht gelingt, Red Hat als eigene Einheit aufrechtzuerhalten. Bisher war bei Übernahmen durch durch IBM nämlich zu beobachten, dass die gekauften Unternehmen hart an die internen Abläufe von IBM angepasst wurden. Dieses Blue-Washing sollte am Ende eine einheitliche Konzernstruktur und Governance gewährleisten. Es bedeutete bisher aber meistens auch, dass die Kundennähe und die speziellen Eigenheiten der gekauften Unternehmen sehr rasch verloren gingen. Das Asset, das IBM jedoch in diesem Fall kauft, besteht nicht in Lizenzen oder Rechten von Red Hat, da diese durch Open Source ja weitgehend frei verfügbar sind, sondern in den vielen und leider sehr flüchtigen Technologen selbst und deren Vorgehensweisen. Es besteht aus den Menschen, die sich auch weiterhin in das dann gemeinsame Unternehmen einbringen sollen.

Es wird daher spannend sein, zu sehen, wie es Jim Whitehurst, der als CEO von Red Hat und Erfinder der »Open Organization« an Bord bleiben soll, damit im neuen IBM-Umfeld ergehen wird.

Langsam rollt unser Zug in den Zielbahnhof Frankfurt. Vertieft in unser intensives Gespräch werden wir von der plötzlichen Ankunft überrascht und packen schnell unsere Papiere und Taschen zusammen. Herr Bremer, sage ich, während wir uns in die Schlange der aussteigenden Menschen schieben, das war ein spannender Dialog heute. Merci für die strukturierte Vorbereitung. Ich glaube, wir sollten mit genau diesem Elan weitermachen und dazu auch Herrn Hennrich wieder an Bord holen. Wir wollten ihn ja, das haben wir zumindest versprochen, eng einbinden in die »deskriptive Beschreibung« davon, wie Innovation organisiert werden soll. Im Stillen denke ich etwas sorgenvoll an die immer dichter werdende Terminlage in meinem Kalender. Vielleicht war mein Ehrgeiz zu groß, als ich zusammen mit Hennrich unserem Vorstandsvorsitzenden versprach, unser Denken so früh wie möglich im Vorstand zu präsentieren.

Wenn ich unser Vorgehen richtig verstehe, fahre ich laut fort, dann brauchen wir wieder einige zentrale »deskriptive Faktoren«, mit denen wir die wichtigsten Trends beschreiben, damit wir danach passgenau die »präskriptiven Handreichungen« erarbeiten können, nicht wahr? Genau so ist es, lächelt Bremer mich ermunternd an. Zum Abschied verspricht er mir, in den nächsten Tagen einen Vorschlag für unser gemeinsames Vorgehen auszuarbeiten und die Termine dafür zu koordinieren.

Deskriptiv: Was sind hybride Organisationen?

Ein dunkler Herbststurm treibt Regenschwaden vor sich her. Schwer prasselt das Wasser an die großen Fenster meines Büros. Obwohl ich den Lautsprecher ganz aufgedreht habe, sind die Kollegen in der Telefonkonferenz kaum zu verstehen. Ein Zeichen, denke ich, denn wir verstehen uns tatsächlich nicht. Axel Mauritius, unser Leiter für das Aftersales-Geschäft, hat eine Initiative losgetreten, die seinen Bereich deutlich für das digitale Zeitalter aufrüsten soll. In dieser Konferenz will er sich nun mit mir und einigen weiteren Bereichsleitern zu seinen Ideen abstimmen. Zwischen dem, was er sagt, und dem, was ich denke, stimmt aber einfach gar nichts, geht es mir durch den Kopf. Aus der Abstimmung ist in kurzer Zeit eine veritable Verstimmung geworden. Die Vorlage ist aus meiner Sicht ein wenig durchdachtes Desaster und ich merke, dass auch bei den anderen Kollegen die Stimmung kippt. Darunter sind Hennrich, unser Kollege von der IT und vier der Regionenchefs. Sein Bereich, schnarrt die Stimme des Aftersales-Leiters nun aus dem Lautsprecher, sei nun mal für alles verantwortlich, was nach dem Sales mit dem Kunden passiere. Deswegen gebe es diesen Namen und diesen Bereich ja überhaupt, so sein Argument.

Wenn nun nach dem Verkauf des Autos weitere Funktionen per Online-Update in das Fahrzeug geliefert werden sollen, dann müsse er sich darum kümmern, ganz logisch. Und da dies neu ist und er dafür heute keine Leute hat, brauche er zusätzliche Stellen, genauso wie für die spätere Online-Betreuung, wenn mal was nicht klappt, und für die Social-Media-Seite, und, und, und – und damit in Zukunft eine viel größere Mannschaft. Es werde ja auch nichts von den bestehenden Aufgaben wegfallen, wirft er noch ein. Aus Hunderterblöcken von neuen Stellen hat er einen Antrag gebastelt, den er als seine neue Ziel-Aufbauorganisation vorstellt. Der gesamte Vorschlag fühlt sich sehr falsch an, denke ich mir. Beinahe wie ein gut verkleideter Staatsstreich, mit dem der Kollege Mauritius bis weit in die Entwicklungsbereiche und die IT unseres Unternehmens hinein nach Macht greift und dies mit dem Mantel der »digitalen Kundenbetreuung« kaschieren will. Sollten wir das zulassen? Ist es mein Manager-Ego, das sich querstellt? Müssen wir dem so zustimmen, weil auf intellektueller Ebene ja auch vieles stimmt von dem, was er sagt? Schweigend höre ich dem Gespräch zu, ohne mich weiter einzubringen. Der Aftersales-Leiter hat auch bei den anderen Kollegen fühlbar keine Begeisterung erzeugt. Ich kann auf Zeit spielen und mir ist klar, dass die gesamte anstehende Diskussion um die Organisationsfrage nun hier einen Prüfstein gefunden hat. Aber wie finden wir eine passende Antwort auf die schwierigen Fragen in diesem Bereich? Ich habe schon eine Grundidee, denke ich, zur weiteren Ausarbeitung ist aber sicher etwas Hilfe sinnvoll, und daher wähle ich die Nummer von Bremer. Nach kurzem Austausch verabrede mich mit ihm zur weiteren Diskussion zum Abendessen. Dann rufe ich Hennrich an, und auch er sagt mir spontan zu. Gut, denke ich, Zeit den Organisations-Stier bei den Hörnern zu packen.

Um Punkt acht Uhr schlagen wir im Torro auf, dem besten Steakrestaurant der Stadt. Hennrich wirft lässig sein Jackett über die Lehne und seufzt tief: Alles nicht so einfach, Kollegen. Auch wenn man den Supertanker wirklich von Herzen drehen will, kommt erst mal nur weißer Schaum unten aus dem Ruderbereich, und gar nix passiert. Ist ja nicht nur das Digitalisierungsthema, beklagt sich Hennrich weiter, ich habe nebenbei auch noch die Antriebsfrage mit dem gesamten CO_2-Thema zu bearbeiten. Das ist ähnlich verzwickt: Die Kunden wollen und kaufen Dynamik und Komfort, aber bitte zu geringen Kosten und schön ohne CO_2. Weil ich aber das CO_2 nicht einfach wegzaubern kann, macht mich das am Ende nicht nur in den Augen meiner Kinder zum Auto-Klima-Voldemort. Wieder seufzt Hennrich vernehmlich und fügt hinzu: Wegen dem CO_2 heute Abend also mal ein Vorschlag. Wir bestellen nur die halbe Portion Fleisch und dafür das doppelte Gemüse. Kollegen, das spart 500 Gramm Fleisch und damit auch das entsprechende Treibhausgas. Ist übrigens beinahe so viel wie 100 Kilometer nicht mit dem Auto gefahren[226], setzt er nach. Gerne stimmen wir zu und kompensieren die fleischlichen Ersparnisse unserer Bestellung mit einer guten Flasche spanischem Rotwein, um dem Abend den Hauch von Verzicht zu nehmen.

Ich habe Bremer erst auf der Fahrt zum Restaurant darüber informiert, dass wir zu dritt sein würden, und ihm kurz von dem Call und den negativen Gefühlen berichtet, die der Austausch mit dem Kollegen Mauritius aus dem Aftersales bei mir ausgelöst hat. Instinktiv ahne ich, dass auch Hennrich ähnlich über unsere Telefonkonferenz denkt, und beginne deswegen recht offen die Ereignisse für mich zusammenzufassen. Ich berichte kurz von den vielen Problemen und auch den Chancen im Bereich Aftersales, davon, dass wir dort eine der wichtigsten Säulen für unseren heutigen Ertrag haben, was diesen Bereich äußerst selbstbewusst macht. Ich erzähle aber auch, dass die Zusammenarbeit mit den Kollegen aus dem direkt benachbarten Fahrzeug-Neuwagen-Vertrieb oft nur durch viel Aufwand, Geld und Personal aufrechtzuerhalten ist. Ich berichte, dass jedes einzelne kleine Projekt der letzten Jahre dort automatisch zu sehr hohen Personalforderungen geführt hat, dass viele Projekte seit Jahren nicht enden wollen und im Projektstatus festhängen und eben keinen Übergang in den Betrieb in der Linienorganisation finden. Unser Loyalitätsprogramm, unsere digitale Serviceannahme, der Werkstattfinder nur als Beispiele genannt. Und dann schildere ich, wie sehr wir bei vielen Projekten unter den alten Prozessen und IT-Systemen leiden, die ein schnelles Ausprobieren von Ideen beinahe unmöglich machen.

Mir liegt es fern zu jammern, sage ich dann, sondern ich möchte offen darüber nachdenken, wie wir uns aus diesem organisatorischen Bleigürtel freikämpfen können. Das Problem ist, dass ich seit Monaten in den Projekten meist nach präzisen Nadelstichen und kleinen Anpassungen frage, aber immer nur Hammerschläge in der Form von Megaprojekten oder massiv überteuerte Change Requests angeboten bekomme. Und ich vermute inzwischen, dass wir im Werkzeugkasten unseres Organisationsdenkens eben nur den Hammer des »Mehr-Geld-und-mehr-Leute« und nicht das Skalpell des »Klüger-Arbeitens« liegen haben, schließe ich.

Da kann ich mindestens zwei Dutzend ähnliche Probleme alleine im letzten Quartal dazulegen, nimmt Hennrich den Faden auf. Es gibt sicher Dinge, wo wir in der Digitalisierungsfrage zu wenig Kompetenz und Kapazität haben. Geschenkt, da müssen wir gezielt neue Kollegen einstellen. Warum aber an jeder Ecke im Haus selbst die kleinsten neuen Initiativen immer gleich eine zweistellige Anzahl von Mitarbeitern erfordern, erschließt sich auch mir nicht. Ich brauche ja nicht immer alles komplett neu zu erfinden, das ist ja genau meine Rede, sagt Hennrich. Deshalb Schluss mit den Monsterprojekten! Aus meiner Sicht haben wir genau deswegen über die gesamte Organisation hinweg bereits Millionen dafür ausgegeben, die Prinzipien von Scrum zu schulen, Scrum-Master zu beschäftigen und vom alten Wasserfallmodell des Projektmanagements in ein moderneres, agiles Arbeiten zu gelangen. Unser Erfolg ist bei nüchterner Betrachtung aber bisher, na ja, eher überschaubar.

Manche Anlaufschwierigkeit kann ich ja verstehen, Schulungen, die Leute müssen sich erst in den neuen Rollen finden und so weiter, andere wiederum nicht. Wenn man böse sein möchte, dann haben wir den Stillstand in den Meetings gegen das Rumstehen im Kreis getauscht und viele sicherlich grobe Planverfehlungen gegen eine gefühlt ausufernde Planlosigkeit. Ich klinge da jetzt viel negativer, als ich eigentlich bin. Ein guter Berater würde jetzt vielleicht eine Marktchance erkennen, gibt Hennrich Bremer einen auffordernden Wink, während zwei Kellner emsig unsere Hauptgänge servieren.

Agile Organisation: Machen oder Sein?

Wir stoßen kurz auf das wirklich gut aussehende Essen an und während Bremer sein Fleischstück nachdenklich zu sezieren beginnt, nimmt er den Ball von Hennrich auf. Wissen Sie, sagt er, »agil« ist ein elementar wichtiges Konzept zum Beherrschen von Komplexität und zur Steigerung der Reaktionsfähigkeit in dynamischen Märkten. Es ist aber keine Leistungsdroge, die man den Mitarbeitern aufspielen kann wie ein neues Windows-System. Nicht dass Sie das so beabsichtigt hätten, aber wenn man, ob nun bewusst oder unbewusst, nur oberflächliche Rituale nachmacht, kommen eben meist auch nur oberflächliche Ergebnisse dabei heraus.

Die Mitarbeiter erinnern sich in diesem Zusammenhang dann ganz automatisch an frühere Veränderungen, wie zum Beispiel an die Kaizen-Rituale und die Lean-Manöver vor einem oder zwei Jahrzehnten, als es darum ging, »Verschwendung« zu minimieren. Damals wurde »Lean« erst euphorisch gehyped, aber kaum verstanden, und dann als reine Technik halbherzig umgesetzt. So lieferte die Lean-Welle nicht, was sie versprochen hatte. Statt kontinuierlicher Prozessarbeit von allen gab es leider nur von oben verordnete Hau-ruck-Sparprogramme, und viele Organisationen verloren deswegen sogar ihre ehemalige Anpassungsfähigkeit.

Wir müssen deswegen gut aufpassen, dass wir »agil« nicht zum nächsten traurigen Eintrag auf dem Friedhof der verbrannten Wörter machen. Lassen Sie uns also erst mal tief in uns selber hineinhorchen, was für ein Problem wir damit lösen wollen! Was motiviert uns denn wirklich, agil werden zu wollen, fragt Bremer. Schließlich, fährt er fort, ist es ein riesiger Aufwand, es stellt unsere fein austarierten Machtbalancen infrage und nimmt uns viel von der beruhigenden Sicherheit, die von langfristigen und detaillierten Plänen ausgehen kann. Bitte glauben Sie mir, dass es leider auch viele falsche Ursachen für »agil« geben kann. Ist es zum Beispiel ein Ablasshandel für Konflikte und Grabenkämpfe, die wir zwischen den Bereichen haben und deren Eskalationen uns ermüden? Ist es ein nagender Mangel an Fachkräften, wo wir eine Pseudo-Kompensation durch eine bequeme Lastverschiebung in das Team hineindrücken wollen, oder ein frustriertes Einschreiten wegen der vielen zeitraubenden und für den Fortschritt als störend empfundenen Abstimmungsrunden? Lassen wir es zu, dass uns ehrgeizige Mittelbau-Manager in ein Modewort hüllen, um ganz oben Aufmerksamkeit zu erreichen, ohne dass sich unten Grundsätzliches tut? Oder am Ende gar eine giftige Mischung aus vielem davon?

Sehen Sie, fährt Bremer fort, das muss man hinterfragen. Organisationen haben nämlich ein feines Gespür dafür, wenn Motivationen und Maßnahmen nicht zusammenpassen, und reagieren bei Widersprüchen mit Passivität statt mit Lernen. Dabei haben Lean und Agilität ja genau dieses gemeinsame Ziel: Mitarbeiter und Führungskräfte dazu zu bringen, sich selbst und ihr Handeln regelmäßig zu hinterfragen, zu reflektieren und weiterzuentwickeln!

MANIFEST FÜR AGILE SOFTWAREENTWICKLUNG

Im Jahr 2001 erlangt der Begriff »Agilität« mit der Definition des »Agile Manifesto« seine Bedeutung in unserem heutigen Verständnis. Zur Formulierung dieses Papiers traf sich eine Gruppe von 17 Personen in einem Skilager in Utah (darunter einige methodenerfahrene Vertreter aus dem Scrum-Lager) und beschrieben, wie sie sich die Entwicklung von Software vorstellen[227].

Ihr Credo lautet: Wir (die Unterzeichner des Manifesto) erschließen bessere Wege, Software zu entwickeln, indem wir es selbst tun und anderen dabei helfen. Durch diese Tätigkeit haben wir diese Werte zu schätzen gelernt:

» **Individuen und Interaktionen** mehr als Prozesse und Werkzeuge
» **Funktionierende Software** mehr als umfassende Dokumentation
» **Zusammenarbeit mit dem Kunden** mehr als Vertragsverhandlung
» **Reagieren auf Veränderung** mehr als das Befolgen eines Plans

Das heißt, obwohl wir die Werte auf der rechten Seite wichtig finden, schätzen wir die Werte auf der linken Seite höher ein.

Das Agile Manifest wurde mit zwölf Prinzipien versehen, die bis heute eine grundlegende Bedeutung für das agile Projektmanagement haben und die Kerngedanken moderner Softwareentwicklung auf einen gemeinsamen Nenner bringen.

Agilität im Projektmanagement fordert und fördert diesen Prinzipien entsprechend die individuellen Skills der Mitarbeiter, indem sie ihnen Verantwortung überträgt und kreative Gestaltungsmöglichkeiten einräumt.

DIE 12 PRINZIPIEN HINTER DEM AGILEN MANIFEST

Erstens
Unsere höchste Priorität ist es, den Kunden durch frühe und kontinuierliche Auslieferung wertvoller Software zufriedenzustellen.

Zweitens
Heiße Anforderungsänderungen sind selbst spät in der Entwicklung willkommen.

Drittens
Agile Prozesse nutzen Veränderungen zum Wettbewerbsvorteil des Kunden.

Viertens
Liefere funktionierende Software regelmäßig innerhalb weniger Wochen oder Monate und bevorzuge dabei die kürzere Zeitspanne.

Fünftens
Fachexperten und Entwickler müssen während des Projektes täglich zusammenarbeiten.

Sechstens
Errichte Projekte rund um motivierte Individuen. Gib ihnen das Umfeld und die Unterstützung, die sie benötigen, und vertraue darauf, dass sie die Aufgabe erledigen.

Wenn die Kernthemen wirklich die vorhin beschriebene Frage der Beherrschung von Komplexität und die Steigerung der Reaktionsfähigkeit vor Kunde sind, dann ist das Motiv stimmig und dann macht »agil« für alle Mitarbeiter »Sinn«. Es ist zwar auch dann immer noch aufreibend, bedeutet aber am Ende nicht »agil zu machen«, sondern mit allen Fasern als Organisation agil sein zu wollen. Das ist ein großer Unterschied, betont Bremer, denn dann ist der Weg zur Agilität selbst ein agiler Lernprozess und nicht der stumpfe Erwerb von Tools und Techniken. Die dann erreichbare Flexibilität ist keine Ad-hoc-okratie, in der sich das Management immer alle Optionen offenhält, sondern eine Beschleunigung der Anpassung an den Markt.

Im Erfolgsfall ermächtigen die Mitarbeiter sich selbst in ihrer Entwicklung zu einem Mehr an Eigenverantwortung, Initiative und unternehmerischem Denken und Handeln. Ja, das hat den Nachteil, dass plötzlich dann die Führungskräfte nicht mehr das alleinige Sagen haben und mit den gewachsenen Hierarchien auch die damit verbundenen Privilegien und Machtsymbole ihre Gültigkeit verlieren. Menschen und deren Zusammenarbeit werden dem agilen Manifest entsprechend wichtiger als Prozesse, Werkzeuge oder Strukturen. Natürlich schürt das Widerstand. Aber, wie im echten Leben, zwinkert Bremer, gibt es ohne Reibung keine Fortbewegung.

Agil geht, wie mittlerweile allgemein bekannt ist, weit über Software hinaus. Bremer räuspert sich, legt das Besteck zur Seite und lehnt sich entspannt zurück. Es kann sehr breit eingesetzt werden. Man muss nur wollen. Der Anschaulichkeit zuliebe will ich gerne mit Ihnen gemeinsam das Thema Softwareentwicklung im Automobilbau mal genauer betrachten. Da haben wir nämlich mit einigen Mythen zu kämpfen, denen zufolge agil fast überall gehen möge, nicht aber in sicherheitskritischen oder zulassungskritischen Prozessen, wie sie dort üblich sind.

Hennrich nickt kurz und wirft ein: Die Diskussion kommt mir sehr bekannt vor. Viele unserer Zulieferer arbeiten schon längst mit agilen Methoden, während es bei uns im Haus in einigen Bereichen noch als Blasphemie gilt.

Siebtens
Die effizienteste und effektivste Methode, Informationen an und innerhalb eines Entwicklungsteams zu übermitteln, ist im Gespräch von Angesicht zu Angesicht.

Achtens
Funktionierende Software ist das wichtigste Fortschrittsmaß.

Neuntens
Agile Prozesse fördern nachhaltige Entwicklung. Die Auftraggeber, Entwickler und Benutzer sollten ein gleichmäßiges Tempo auf unbegrenzte Zeit halten können.

Zehntens
Ständiges Augenmerk auf technische Exzellenz und gutes Design fördert Agilität.

Elftens
Einfachheit – die Kunst, die Menge nicht getaner Arbeit zu maximieren – ist essenziell.

Zwölftens
Die besten Architekturen, Anforderungen und Entwürfe entstehen durch selbstorganisierte Teams. In regelmäßigen Abständen reflektiert das Team, wie es effektiver werden kann, und passt sein Verhalten entsprechend an.

Eben, meint Bremer, und wie Sie wissen, folgen alle zusammen dabei dem bekannten V-Modell als dem vorherrschenden Entwicklungsparadigma. Bei genauer Betrachtung kann das V-Modell durchaus als iterativ ausgeführtes Wasserfallmodell verstanden werden, also die klassische Hölle aus »erst alles spezifizieren«, »dann abarbeiten« und »am Ende zusammentesten«. Ist das aber wirklich so? Ich meine nicht, denn selbst wenn es diesen sehr linearen »Mutterprozess des Fahrzeugbaus« gibt, besteht aus meiner Sicht kein einziger prozessualer Grund, die Entwicklung deswegen nicht in agilen Sprints abzuarbeiten. Natürlich wollen die Hersteller sehr genau spezifizierte Anforderungen durch die Lieferanten umgesetzt haben und erlauben den Teams wenig Spielraum für flexible Exploration. Damit schmälern sie die Bedeutung von raschem Kundenfeedback und machen eine der Stärken agiler Methoden vermeintlich unwichtig. Das ist aber kein Hindernis, um agil zu arbeiten, es gibt dadurch nur weniger Vorteile, dies zu tun.

Was Sie sagen, Herr Bremer, ist nachvollziehbar, erwidert nun Hennrich, aber ich meine auch, dass man Agilität nicht um ihrer selbst willen anbeten sollte. Große Projekte sind sehr komplex und ziehen sich, wie Sie wissen, über viele beteiligte Firmen hinweg. Der Umbau braucht also Zeit. Vielleicht sogar auch eine ganze Managergeneration lang, auch wenn ich das nicht hoffe. Fakt ist, dass ich schließlich nicht einfach alles stoppen, umbauen und wieder neu starten kann. Wir müssen wohl oder übel den Tanker umbauen, während wir in voller Fahrt sind. Natürlich bin ich auch dafür, weiter auf dem Gaspedal zu stehen, und wir tun da auch viel. Bis das wirkt, möchte ich aber eine zusätzliche Organisationsform haben, in der man möglichst pragmatisch die richtigen Spezialisten mal für ein paar Monate zusammenbringen kann, eben raus aus den Linien, damit die gemeinsam wie ein halbexterner Start-up mal ein Problem lösen. Und das bitte auch ohne die schweren Füße eines komplex aufzusetzenden Projektes, führt Hennrich weiter aus, wo man im Vorhinein immer schon erwartet, dass es einen klar benannten Projektleiter gibt, ein brav geordnetes Budget und wo möglichst schon alles wie im Wasserfallmodell für das Projekt vordefiniert ist. Ich weiß ja in den meisten – und vor allem in den interessanteren – Fällen eben wirklich nicht, was rauskommen kann. Das genau will ich ja herausfinden.

Wissen Sie, führt Hennrich aus, es ist ja nicht nur die enorm wachsende Nachfrage nach einer anderen Art, manche Dinge anzugehen. Wie Sie bei dem Thema Agilität eben angedeutet haben, sind es am Ende auch die Mitarbeiter selber, besonders die talentierteren, die nicht mehr bei einem »Weiter so« im klassischen Getriebe der Organisation mitmachen wollen. Da gibt es einen hohen Wunsch nach Autonomie, die eingesetzt werden will, um wirklich Probleme zu lösen. Das sind Menschen, die auch mir als Vorstand gegenüber sehr frei äußern, dass unsere Entscheidungsstrukturen eben oft nicht entscheiden. Sie identifizieren nüchtern und nicht ganz zu Unrecht viel von unserem Aufwand in den internen politischen Prozessen als »Fake Work«. Sie kommen zu mir und sagen, ich will das jetzt einfach machen, sagt Hennrich. Und natürlich weiß ich, dass sie in ganz vielen Fällen recht haben. Und obwohl ich das weiß, ist die Unterstützung dieser Leute ein extremer Kampf, weil wir nicht darauf ausgelegt sind, die offene Zusammenarbeit über interne Abteilungsgrenzen hinweg durch eine Infrastruktur, etwas Budget oder eine wie immer geartete Unterstützung und Goodwill der Organisation spontan zu ermöglichen. Selbst wenn paradoxerweise alle zustimmen, dass es richtig wäre.

Um das Gejammer in unserem Kreis zu beenden, ergreife ich das Wort: Stimmt, trotzdem würde unser Vorstandsvorsitzender uns, wenn er uns jetzt hören könnte, fragen, was wir nun tun wollen. Sie erinnern sich, er will Gestalter und keine Bewohner im Management. Bremer und Hennrich nicken zustimmend. Plötzlich wirken sie ein bisschen wie Schuljungen, die bei einer kurzen Abwesenheit ertappt wurden. Unseren Kollegen aus dem Aftersales einfach zu ignorieren, ist nun mal keine Option, setze ich nach. Denn er hat ja zweifelsohne einen guten Punkt, was die inhaltliche Notwendigkeit betrifft, auch wenn wir seine Personalbedarfe nicht teilen.

Wie können wir ihm also helfen, in der bestehenden Aftersales-Organisation erst einmal intensiv die alten Projekte auf Effizienz zu prüfen und andererseits im selben Atemzug mit großer Energie einen ganzen Strauß von neuen Themen in einem wie immer gearteten agilen Modus anzugehen, ohne dabei die Organisation mit hunderten neuen Leuten zu überdehnen? Wir müssen da wirklich kreativ sein, stelle ich fest. Mehr Leute einbauen ist keine Lösung, und was aus meiner Sicht ebenso nicht helfen würde, ist ein paralleles System für die Erneuerer neben die heutige Organisation zu stellen. Ein weiterer Silo neben die Silos — das erzeugt nur Chaos und Ablenkung, weil sich die Notwendigkeit für ein innovatives Herangehen ja quer durch die heutigen Prozesse zieht und die alte Welt dabei weiter bestehen bleiben muss. Kollegen, fahre ich fort, wir müssen einen Weg finden, der unsere Mitarbeiter aus ihren organisatorischen Inseln holt und der die Arbeit insgesamt viel produktiver macht. Gerne agil oder was immer das Motto ist. Als Manager wird uns sowieso nichts anderes übrigbleiben, als einzusehen, dass wir dafür nicht den Druck erhöhen, sondern im besten Sinne der Agilität die Freiheiten ausbauen müssen. Ich bin davon überzeugt, führe ich meine Gedanken weiter aus, dass diese Befreiung für unser Überleben sogar notwendig ist, weil nämlich nach meiner Beobachtung die meisten unserer Entscheidungsgipfel wie eben von Herrn Hennrich beschrieben tatsächlich wenig mit den Problemen unserer Kunden zu tun haben. Bei der Anzahl, Geschwindigkeit und Komplexität von Fragen im Zusammenhang mit der Digitalisierung ist es auch wirklich völlig sinnlos, wenn unsere Mitarbeiter weiter heilsuchend den Kopf nach dem Management recken, weil wir – das sollten wir uns eingestehen – in den meisten Fällen überhaupt nicht helfen können.

Standbein und Spielbein kombinieren

Hennrich nickt zustimmend und meint: Genau, das ist auch mein Punkt. Ich beschreibe Ihnen da gerne mal ein Bild, das ich vor Augen habe:

Für mich steht die zukünftige Organisation auf zwei Beinen[228], die aber für die Fortbewegung gut miteinander arbeiten müssen. Da ist erstens das Standbein, in dem wir unsere wichtigsten unternehmensinternen End-to-End-Prozesse ansiedeln sollten. Dieses Standbein liefert die Verlässlichkeit unseres heutigen Tagesgeschäfts, der Beschaffungsprozesse, der Logistik, der Produktion über alle unsere Werke hinweg, des Qualitätswesens und so weiter. Sie sehen, ich gestehe recht offen, dass ich im Grundsatz ein Anhänger der Prozessorientierung und des Geschäftsprozessmanagements (BPM[229]) bin, meint Hennrich, und ich stelle damit bewusst unser gewohntes, funktionsorientiertes Organigramm infrage. In dem, was ich das organisatorische Standbein nenne, sortiere ich die einzelnen End-to-End-Prozessverantwortlichkeiten aus der Sicht eines heutigen Kunden, beginnend bei einem einzelnen Kundenbedürfnis bis zur Erfüllung dieses Bedürfnisses. Damit stelle ich sie im Grunde quer zum heutigen Zuschnitt. Und da steckt die eigentliche Musik drin, in dem an sich nicht ganz neuen Konzept der Prozessdenke, das seit Hammer und Champy[230] und ihrem Buch *Business Reengineering* bereits eine ganze Anzahl von Neuaufgüssen erfahren hat:

Ein kundenfokussiertes Handeln als Hauptzielsetzung, alles andere folgt mit darauf ausgerichteten Prozessen. Erst dann fragt die Organisation bei der Leistungsgestaltung plötzlich wieder: Welche Leistungen und Produkte bieten wir sinnvollerweise überhaupt an? Wofür davon bezahlt der Kunde?

Ohne Kundennutzenbezug erscheint, wie wir heute sehen, jede interne und noch so barocke Selbstbeschäftigung erst mal legitim und muss vom Management hart abgewehrt werden. Die kundenzentrierte Prozessorientierung stellt viele Koordinierungsnotwendigkeiten aber infrage und führt unweigerlich zu einer Abflachung der Hierarchie. Sie ermöglicht uns auch praktischerweise, für die Prozesse und die Prozessperformance klare Verantwortungen zu benennen. Folgerichtig bekommt das, was ich das organisatorische Standbein mit seiner klaren Prozessorientierung nenne, nun einen klaren Auftrag mit: Und das ist eine radikale Automatisierung.

Lassen Sie mich das an einem realen Beispiel festmachen. Betrachten wir dafür gerne nochmals unseren AutoInc.-Produktentstehungsprozess, über den wir eben schon gesprochen haben. Dieser Prozess liefert bekanntermaßen die Basis dafür, dass wir heute unsere neuen Produkte mit hoher Verlässlichkeit umsetzen können. Wenn man aber genauer hinschaut, heißt der Ablauf zwar »Prozess«, ist aber in Wirklichkeit alles andere als ein durchgängiger »Flow« von Aktivitäten. Ich stimme Ihnen da in Ihren Überlegungen zu, Herr Bremer, nicht ein Team kümmert sich darum, und schon gar nicht in agiler Weise, sondern ein verwirrender Zusammenhang von unendlich vielen Arbeitsinseln. Das »Wir« jeder Abteilung ist dann wichtiger als das »Es« des kundenorientierten Ergebnisses. Die Arbeit hüpft in diesem Sinne von Bereich zu Bereich und ist zumindest gefühlt ein über dutzende Silos laufender Verhandlungsmarathon bezüglich Ressourcen, Daten, Einfluss und Befindlichkeiten. Aus der Innensicht stellt man sich bisweilen erstaunt die Frage, wie um Gottes Willen aus diesem Chaos am Ende immer wieder ein fahrbereites Fahrzeug herauskommen kann.

Ich prangere dabei nicht an, dass auch in der Prozessorganisation ein komplexer Austausch mit Vertrieb, Produktion oder unserem Kollegen aus dem Aftersales bleiben wird. Das ist klar. Ich prangere aber an, dass wir wegen der fehlenden

Prozessorientierung keine ausreichenden Investitionen in die innere Durchgängigkeit unserer Kernprozesse gemacht haben. Eine durchgehende Datendrehscheibe für die Produktentstehung von der Idee bis zum Anlauf in der Fabrik? Fehlanzeige. Eine integrierte Kette von digitalen Werkzeugen zur Erstellung von Software im Fahrzeug? Reine Fantasie. Tausende Medienbrüche zwischen den internen Abteilungen und auch den Lieferanten? Normaler Alltag.

Deswegen der vorhin beschriebene Effizienz-Auftrag an die Standbeinorganisation: Solide machen, Durchgängigkeit, Transparenz und Integration herstellen. Schluss mit »deine Daten, meine Daten«, Linieninteressen, Brüchen und internen Störgeräuschen. Die dadurch mögliche Senkung der Prozesskosten ist übrigens nur ein Effekt. Viel wichtiger ist mir die Steigerung der Prozessgeschwindigkeit und der Qualität der Ergebnisse vor dem Kunden, sagt Hennrich. Wir werden an der einen oder anderen Stelle vielleicht sogar unsere heute aus meiner Sicht zu feingranular gestaltete Arbeitsteilung wieder zurücknehmen, meint er, weil zum Beispiel in Bezug auf Wartbarkeit und Robustheit die heute extrem atomisierten und global verteilten Lieferzentren der IT dann nicht mehr aufrechterhalten werden können. Die Automatisierung und Entfeinerung trifft nicht nur die IT, sondern auch alle anderen Unterstützungsbereiche wie den Personalbereich, die Buchhaltung, die Beschaffung oder die Logistik und am Ende vielleicht sogar die Produktion, meint Hennrich. Statt siebzehn verteilter Stufen von Blechlieferanten gibt es dann halt vielleicht nur mehr eine 3D-Bauteildruckerei für ganz viele Teilevarianten direkt am Band.

Aus dem zunehmend effizienter gestalteten Standbein heraus werden natürlich viele Ressourcen freigesetzt. Diese kommen vor allem aus dem Mittelbau, den wir konsequenterweise viel flacher gestalten können. Und das ist gut so, denn nun komme ich zum anderen Teil meiner Überlegung, zum Spielbein.

Mit dem organisatorischen Spielbein meine ich einen Pool von Ressourcen, die in einem agilen Sprintmodus gezielt die zukünftige Leistungserbringung im Fokus haben. Diese Themen nenne ich die Spielbein-Initiativen und sie sind auch längs der Prozesse orientiert. Das Spielbein darf ganz bewusst spielen, sagt Hennrich, denn hier sollen neue Produkte, neue Vertriebswege, neu gedachte Kombinationen und Geschäftsmodelle ausprobiert werden. Spielen soll hier nicht falsch verstanden werden, fügt Hennrich an. Spielen ist nämlich ein sehr ernsthaftes Geschäft, das weiß man spätestens, wenn man Kinder oder Erwachsene beobachtet, die sich selbst tief und leidenschaftlich in einem Spiel vergessen haben. Es ist Erfragung, Erkundung und Entdeckung in ihrer reinsten Form.

Und genau das sollen diese Ressourcen des Spielbeins machen: Agil vorrücken, Terrain testen, Software oder minimal lebensfähige Produkte bauen, neue Brücken schlagen. Feedback suchen. Einen Spielbeinmanager bitte ich: Liefere mir Ideen für dramatische Verbesserungen, die den Spielbeinbereich rechtfertigen und vielleicht das Standbein optimieren. Das ist die Welt, in der es noch keine Wiederholungen gibt, wohl aber Iterationen und Annäherungen. Damit sorgt das Spielbein mit der dort gewünschten Neugier auch für die offenen Poren, durch die jene Impulse ausgetauscht werden können, von denen Sie, Herr Mahlich, in unserem Telefonat als Forderung nach einer »offenen Organisation« gesprochen haben.

Bei der Auswahl der Mitarbeiter für diesen Pool ist es mir wichtig, dass das dann gute oder sogar die besten Leute sind, die Vollzeit und konzentriert den Spielbein-Initiativen nachgehen können, so Hennrich, und die eben nicht dauernd wieder in die Linie und in die dort priorisierten Aufgaben zurückgezogen werden. Eine gewisse Rollenflexibilität darf dabei gerne vorhanden sein, denn die Arbeitsfelder werden zwischen den einzelnen Initiativen wechseln. Zudem sollten sie immer nur in Sprints, dafür aber konzentriert an diesen Initiativen arbeiten, weil wir sonst weiterhin unsere Talente in parallel laufenden Projekten verbrennen und dennoch keine Ernte einfahren können.

Ich glaube, dass wir sowohl bei Dienstleistern in der IT, bei Beratungen als auch in der Digitalbranche Beispiele oder zumindest Anregungen für solche flexiblen Zellorganisationen suchen können, meint Hennrich weiter, und dabei muss es gar nicht so extrem werden wie das Spotify-Modell, das ja bekanntermaßen beinahe völlig ohne Manager auskommt.

ARBEITEN OHNE MANAGER
— DAS SPOTIFY-MODELL

Spotify, der bekannteste Streamingdienst für Musik mit Hauptsitz in Luxemburg (gegründet 2006 von Daniel Ek und Martin Lorentzon in Stockholm, Schweden), wird heute von beinahe 90 Millionen zahlenden Nutzern weltweit genutzt und beschäftigte Ende 2018 weltweit ca. 2.900 Mitarbeiter. Obwohl das operative Ergebnis seit Jahren negativ war, wurde das Musikunternehmen bei seinem Börsendebüt im April 2018 mit erstaunlichen 24,1 Milliarden Dollar bewertet, was aber verglichen mit den beinahe 150 Milliarden Dollar von Netflix beinahe moderat erscheint.

Sowohl Netflix als auch insbesondere Spotify gelten als Revolutionäre in Bezug auf die Gestaltung einer agilen und besonders skalierungsfähigen Organisation[231].

Die Spotify-Organisation

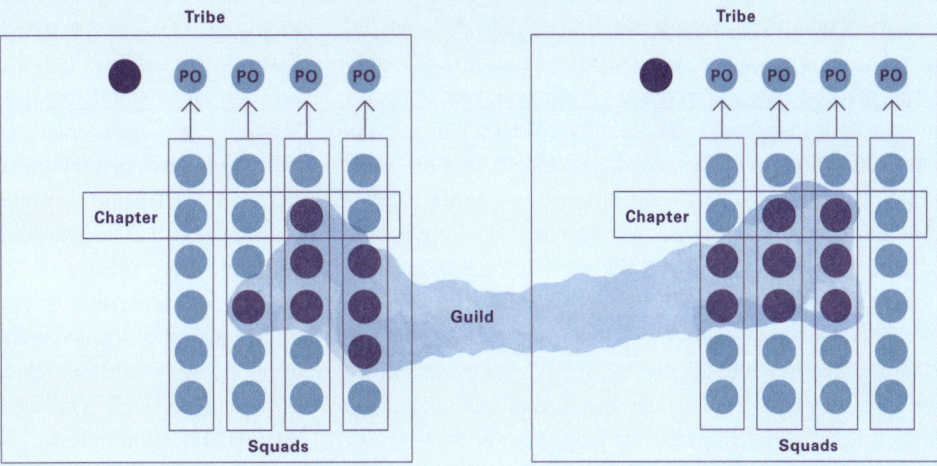

ABBILDUNG 15
Die Spotify-Organisation

» **Squad:** Grundbaustein für die Lieferung von Ergebnissen ist bei Spotify ein agiles, crossfunktionales Lieferteam von 6 bis 12 Leuten, Squad genannt. Ihrer Mission folgend betreuen die Squads ein Thema komplett, also von der Planung bis in den Betrieb (wie ein Mini-Start-up). Der Product Owner gibt in der Squad die Themen inhaltlich als Prioritäten vor, ein »Agile Coach«, kümmert sich um die Einhaltung der Regeln (muss nicht zur Squad gehören, aber für die Squad verfügbar sein).

» **Tribes:** Tribes entstehen, wenn die Organisation wächst und es deswegen erforderlich macht, mehrere Squads mit ähnlich gelagerten Problemen zu gruppieren. Die Größe des Tribes darf dabei die Zahl von 100 Mitgliedern nicht übersteigen, sonst wird der Tribe wieder gespalten, um die Komplexität der Kommunikation zu begrenzen. Ein Beispiel für einen Tribe im Falle von Spotify: Mobile Applikationen.

Durch die Autonomie der Squads findet wenig Wissens- und Erfahrungsaustausch zwischen den Experten einer Domäne in den verschiedenen Squads statt, wie es in einem klassischen Unternehmen automatisch der Fall wäre. Um das auszugleichen, gibt es bei Spotify Chapter und Guilds.

» **Chapter:** Chapter beschreiben ein Treffen von verwandten Rollen, z. B. Testern, und bilden eine fachliche Klammer um spezielle Kompetenzen. Damit gelingt der Austausch von Wissen und Best Practices in einer Local Community besser, auch wenn die Mitglieder lange in der Squad verbleiben. Je Chapter gibt es einen Lead, der sich eher als fachliche Führung denn als disziplinarischer Chef versteht.

» **Guild:** Eine Guild ist eine Interessengemeinschaft zum Wissensaustausch, die über die Tribes hinausgeht. Jede Guild hat einen Koordinator, der sich um die Organisation des Austauschs und der Zusammenarbeit in einer Guild kümmert.

Auch einige Zulieferer der Autoindustrie haben diese Form von agilen Lieferzellen schon im Einsatz, sagt Hennrich. Es gibt sie in der Produktentwicklung, aber auch als digitales Spielbein zu einzelnen Schwerpunkten wie der digitalen Produktion oder sogar als Zusammenfassung des digitalen Zukunftsgeschäfts ganzer Software-Bereiche. Ich denke da nur an Aptiv, den Spin-off von Delphi, oder auch an Continental, den Elektronikkonzern aus Hannover. Beide haben ihr Standbein, in diesem Fall das klassische Geschäft mit mechanischen Komponenten, und das Spielbein, hier die Softwarebausteine für das Auto der Zukunft, sogar als eigenständige Firmenteile getrennt aufgestellt. Delphi/Aptiv hat diese Bündelung sogar bis hin zum getrennten Börsengang der Einheiten durchgezogen. Dem Vernehmen nach entwickeln die »Spielbein«-Zellen einen hohen Grad an Autonomie, Selbstorganisation und nachweisbarer Leistungsentfaltung. Eine jeweils eigene Firma für das Standbein und das Spielbein ist natürlich eine extreme Bündelung, führt er weiter aus.

Man kann diese Ressourcen meiner Meinung nach aber auch gut innerhalb der Organisation als flexibel einsetzbare Kompetenzzentren zum Beispiel nach Technologien zusammenfassen, oder als flexible Projektpools über die Prozessorganisation und die Fachbereiche hinweg. In jedem Fall ernten wir damit eine wichtige flexible Waffengattung, um uns im Hyperwettbewerb der Digitalisierung als Autobauer gegen die Plattformriesen zu behaupten. Da die Effizienzmaßnahmen und das wettbewerblich erforderliche, harte Kaizen im »prozessorientierten Standbein« Ressourcen freisetzen, wären wir verrückt, diese nicht in einem flexiblen Pool aufzufangen, wo er sich noch dazu als naheliegendes Auffangbecken anbietet. Sicherlich müssen wir darauf achten, dass wir diesen Pool attraktiv gestalten und ausreichend in die fachliche und persönliche Weiterentwicklung dieser Mitarbeiter investieren, damit der Pool nicht zu einer Bad Bank verkommt. Aber es gibt ja erfolgreiche Muster, wie man das machen kann. Vielleicht, Hennrich blickt zu Bremer hinüber, kann man für die Organisation der Pools auch aus den Erfahrungen von Beratungen und ähnlichen Dienstleistern lernen, da die ja ihre Mitarbeiter auch sehr flexibel in die jeweiligen Projekte senden. Und heute gehen die Berater ja auch immer stärker in die Teams des Kunden hinein, statt wie früher nur vom Elfenbeinturm aus die Welt zu betrachten. Auch für die Karrierefragen im Standbein könnte es da Muster geben, erläutert Hennrich seinen Gedanken weiter. Denn die Mitarbeiter in den Pools wollen Neuland gestalten, sich persönlich weiterentwickeln und entsprechende Berufsbilder und Karrierepfade durchlaufen.

Bremer nimmt nun den Ball auf und ergänzt: Stimmt, das ist kein Hexenwerk, aber es ist ein hoher Aufwand. Den Effekt werden Sie erst nach Jahren sehen. Die Beratungen setzen bei der Weiterentwicklung der persönlichen Fähigkeiten und Karrieren ihrer Mitarbeiter zumeist auf eine intensive Mischung aus einem Präsenztraining mit vielen einzelnen fachlichen Modulen als Basisprogramm für das beraterische Handwerkszeug, ausreichend »Mentoring und Training-on-the-Job« und neuerdings durchaus auch auf Online-Kurse und Micro-Degrees[232], wie sie mittlerweile von vielen MBA-artigen Quellen zu beziehen sind. Zum Thema Qualifizierung ist heute aber auch in den meisten klassischen Konzernen bereits eine sehr gute und oft vergleichbare Infrastruktur für die Potenzialträger zu finden. Daran wird es nicht scheitern, man muss nur die Breite über die gesamte Mannschaft im Spielbein absichern, um insgesamt die Beitragsfähigkeit zu verbessern.

Herr Hennrich, fährt Bremer fort, alles, was Sie über die beiden Organisationsbeine gesagt haben, ist für mich sehr schlüssig. Das klingt nach einem plausiblen, intellektuellen Lufthaken, an dem man die Organisation der Zukunft orientieren kann. Ein sprechender Begriff für die beschriebene Kombination von einem prozessorientierten Standbein zur Refokussierung des »Heute« und einem flexiblen Pool von Sprintressourcen für die Iteration des »Morgen« wäre, wenn Sie dem zustimmen, der einer »hybriden Organisation«. Aber etwas anderes spukt mir seit einer Stunde immer intensiver im Kopf herum, spricht Bremer weiter. Ich möchte nämlich bei all dem Gestaltungsoptimismus darauf hinweisen, dass die Arbeit im Spielbein sich für die Menschen, die das nicht gewohnt sind, durchaus intensiv und manchmal sehr fremd anfühlen dürfte. Diese neuen Methoden, die ich sehr begrüße, bitte verstehen Sie mich da nicht falsch, fühlen sich für die Wissensarbeiter von heute in vielen Fällen so befremdlich an wie einst zu Beginn der Industrialisierung die neuen Förderbänder für die Fabrikarbeiter.

Es ist schlichtweg so, dass agiles Arbeiten in Sprints die Wissensarbeit zwar zielgerichteter, zugleich aber alle Aktivitäten auch transparenter, schneller und dichter macht. All die Akademiker, IT-Ingenieure und Entwickler werden sehr stark mit diesem Übergang zu kämpfen haben, wenn sie plötzlich in 4-Wochen-Sprints sehr konkrete Produktinkremente abliefern müssen und dabei die Arbeit eben nicht auf eine lange Lieferkette verteilen können. Wie eine Fabrikpfeife gibt dann der Burndown des Backlogs[233] den Takt vor. Dies nur als Einschub und andere Perspektive, merkt Bremer an, wobei ich auch davon ausgehe, dass uns nichts anderes übrigbleibt, als mutig an die Gestaltung von Standbein und Spielbein ranzugehen. Eine agile Wissensfabrik ist eben keine romantische Institution der Selbstentfaltung, sondern ein Ort, an dem inhaltlich sehr dicht und deutlich politikfreier als heute gearbeitet wird. Das empfinden viele sehr fachlich orientierte Kollegen sicherlich als Wohltat, aber es gibt auch andere Wahrnehmungen und Zuschreibungen. Es muss hier am Tisch und dann in der Umsetzung nur genügend Achtsamkeit bestehen, damit sich durch einen zu optimistischen Gestaltungsimpuls und den Widerstand der bestehenden Kultur am Ende keine schlimme Verwerfung formt.

Das schwierige Paar: Innovation und Kultur

Einen Moment lang halten Hennrich und auch ich die Luft an, dabei kreisen wir in Gedanken merklich um Bremers Metapher der Wissensfabrik. Hennrich löst die Situation schließlich, indem er antwortet: Tatsächlich habe ich auch noch keine belastbaren Antworten zu der Gestaltung dieser Schnittstelle zwischen Standbein und Spielbein. Dem müssen wir uns als Führung aber stellen, erklärt er etwas defensiv und ergänzt, eigentlich der Auftrag zu einer kulturellen Transformation, oder?

Bremer setzt zur Antwort an, dehnt dann aber die Pause deutlich aus, während unser Tisch abgeräumt wird. Nachdenklich nimmt er dann sein Weinglas in die Hand und setzt an: Bevor wir uns um das Thema Kultur kümmern, will ich erst weiter über den übertriebenen und leider oft unbegründeten Veränderungsoptimismus sprechen, der im Grunde die große Mehrheit der Manager blendet, wenn wir über sehr komplexe Veränderungen sprechen.

Ich meine damit jenen Optimismus, mit dem wir eine prinzipielle Veränderung eines Verhaltens intellektuell schon sehen und nur deswegen, weil wir sie denken können, auch in einem relativ kurzen Zeitraum für umsetzbar halten. Nehmen wir als Beispiel unseren persönlichen Zielzustand in Bezug auf das Idealgewicht und unsere körperliche Fitness. Dies lässt sich mit einem guten und einfachen Zielbild beschreiben. In unserem Kopf und sogar auf dem Papier können wir darlegen, wie wir da theoretisch hinkommen, führt er weiter aus. Wenn wir aber nicht unsere täglichen Gewohnheiten verändern, also die Eigenführung so einsetzen, dass wir im Normalfall anders handeln und nicht nur im markierten Einzelfall, dann werden einzelne Interventionen wie Laufcrashes einmal im Monat, harte Diätphasen und die

Überweisungen für Mitgliedschaften in Fitnessstudios nichts in Richtung Zielzustand verändern, sondern nur Frust bewirken. In der Anerkennung der Schwierigkeit der Selbstführung liegt also der Schlüssel zur Überwindung einer Art von blauäugigem Optimismus, die ich im Grunde für sehr schädlich halte. Der neue Zielzustand alleine ohne grundlegende Verankerung in der aktuellen Situation und einen entsprechenden Ansatz zur Veränderung der Selbststeuerung bewirkt gar nichts. Bremer schweigt kurz, fährt dann aber fort: Um das noch klarer zu illustrieren, möchte ich Ihnen gerne noch eine andere Geschichte mitgeben, die Jim Collins in seinem Buch *Der Weg zu den Besten* beschreibt[234].

Die Erzählung handelt von Admiral James Stockdale, der sieben Jahre in vietnamesischer Kriegsgefangenschaft verbrachte, wo er regelmäßig gefoltert und geschlagen wurde. In seinem Buch fragt Jim Collins nun den Admiral, wie er es geschafft habe, unter solchen Umständen zu überleben. Darauf antwortet der: »Ich habe nie den Glauben an ein gutes Ende verloren. Ich war fest davon überzeugt, rauszukommen und am Ende sogar als ›Sieger‹ dazustehen. Ich wusste, dass die Erfahrung zum Schlüsselerlebnis in meinem Leben werden würde.« Interessanterweise fragt Collins ihn dann auch, wer nicht überlebt habe. Darauf der General: »Das ist einfach: Die Optimisten. Das waren diejenigen, die gesagt haben: ›Bis Weihnachten sind wir wieder zuhause‹. Und als Weihnachten vorbei war, hofften sie auf Ostern und dann wieder auf Thanksgiving. Und schließlich war schon wieder Weihnachten. Sie starben an einem gebrochenen Herzen.«

Was ich damit beschreiben will, ist die aus meiner Sicht unbedingt erforderliche Mischung aus a) dem Glauben an das Überleben und b) der harten Disziplin, den Fakten des aktuellen Zustandes ehrlich in die Augen zu blicken, wie schwierig sie auch immer sein mögen, fasst Bremer zusammen.

Und um das in unsere Diskussion einzuordnen, möchte ich das eben Gesagte jetzt mit der Kulturfrage in Verbindung bringen. Zunächst ist der Begriff der Kultur ja leider etwas schwammig. Lassen Sie uns der Einfachheit halber »Unternehmenskultur« hier mal beschreiben als die »Art und Weise, wie die Dinge bei uns im Unternehmen gemacht werden«. Also jenes explizite Verhalten, das Mitarbeiter als »normal im Unternehmen« deklarieren würden, sowie auch jene Wertvorstellungen, die als leitend für die Entscheidungen im Unternehmen gelten.

Die Unternehmenskultur zeigt sich zudem in den erzählten Geschichten und der durch Tradierung entstehenden Identität einer Gruppe. Bremer wirkt tief in seine Gedanken versunken. Im Bann seiner Erzählungen winken wir den Ober weiter, der sich freundlich mit der Dessertkarte an den Tisch bemüht. Jetzt haben wir noch eine weitere etwas schwierige Entzauberung vor uns, sagt der Berater dann mit einem vieldeutigen Lächeln. Nach der Enttarnung des blauäugigen, aber gefährlichen Optimismus-Pilzes ist das der unglückliche Kontext rund um den geheimnisvollen »Kulturbegriff«, dabei malt er mit den Fingern zwei Gänsefüßchen in die Luft. Da sind nämlich meiner Beobachtung nach viele Manager besoffen von den amerikanischen MBA-Kursen und beim Ausspruch des Wortes »Kultur« folgt im Pawlow'schen Reflex dem »Kultur«-Glocken-Bing das Sabbern mit dem Peter Drucker zugeschriebenen Sinnspruch: *»Culture eats Strategy for Breakfast«.*

Ganz so als würde da ein mächtiges und wildes Kultur-Tier in den Kellern der Unternehmen lauern, lacht Bremer über sein eigenes Sprachbild, dem wir erst durch besänftigende Opferhandlungen huldigen müssen, bevor wir etwas Strategie machen dürfen. Ich mag Bremers Erzählungen und frage mich trotzdem, ob eine weitere Flasche Wein unserer Runde gut tun wird.

Was meine ich damit, fragt Bremer, spricht aber im selben Atemzug schon weiter: Ich meine, dass Kultur im Grunde das gefrorene »Gestern« ist. Kultur ist ein Output, ein Ergebnis von Handeln, kein Input vor dem Handeln. Kultur kommt nur dann als Input rein, wenn es Käse werden soll, und wird meiner Beobachtung nach vor allem von den Beharrern hochgezogen, um eben nicht handeln zu müssen. Diese Unkultur der Kulturhuldigung ist Prokrastination auf höchstem Niveau und deswegen aus meiner Sicht gefährlich. Es gebiert Selbstbeschäftigung, und nein, auch dieser Pawlow'sche Reflex ist nicht richtig, man muss eben nicht alle mit auf die Reise nehmen. Meine Herren, wir sind hier im Management für das Überleben im Wettbewerb verantwortlich und nicht irgendwelche Themen-Paketboten, die in einem »Ich-nehm-das-mal-mit« zum Lastesel mutieren, wenn sie kulturerstarrte Langsamläufer sehen. Das ist nicht unsozial und nicht unsolidarisch, bitte nicht verwechseln. Was aber einen Unterschied macht, ist eine möglichst große Klarheit der Mission und des »Wie weiter« und nicht die Verklärung dessen, wie wir es früher gemacht haben, redet sich Bremer weiter in Rage. Und da ist der Ansatz einer hybriden Organisation ein guter Beitrag, weil er die Aktion in klare Richtungen lenkt.

Einen kleinen Nebengedanken möchte ich zur Kulturfrage in einer hybriden Organisation noch nachschieben, fährt Bremer fort. Kultur wird nämlich gerne als etwas »Monolithisches« verstanden. In Wahrheit haben wir es jedoch eher mit einer größeren Anzahl von Subkulturen[235] zu tun. Diese Subkulturen erzeugen in ihrem Zusammenwirken eine Balance aus innerer Stabilität auf der einen Seite, also einem orientierungsfördernden Rahmen für deren Mitglieder, und auf der anderen Seite einer ausreichenden »Unterschiedlichkeit«. Diese Pluralität der Subkulturen dient als Lieferant für ausreichend Komplexität zur Bearbeitung der Umweltimpulse. Ohne ausreichend Meinungsvielfalt von innen wäre das System nicht anpassungsfähig, und genau das geht in einer Monokultur eben nicht. Das ist ein Hinweis, den ich leider nicht weiter vertiefen kann, meine Herren, der aber zum Beispiel für die Bewältigung von Fusionen elementar ist und auf den Sie durch die klare Unterteilung von Standbein und Spielbein auch einzahlen.

Zurück aber zu unserer Kulturdiskussion und der wichtigen Frage, wie Kultur die Innovation beeinflussen kann. Kultur ist wie gesagt meiner Meinung nach eine Folge des Führungshandelns, wiederholt Bremer, und natürlich beeinflusst eine schlechte Kultur die Leistung eines Unternehmens. Die Kollegen von McKinsey sprechen in einem Artikel »Culture for a digital age«[236] sogar von einer klar nachweisbaren Korrelation zwischen den kulturellen Hürden bei der Digitalisierung und dem Firmenergebnis. In ihrer Studie heben sie besonders das Fehlen einer Innovationskultur als nachteilig hervor, gefolgt von den Effekten zu enger Silostrukturen oder einer zu geringen Risikobereitschaft. Das, was sie in der Studie als Konklusion für das Management hervorheben, trifft auch genau meine Einschätzung: »Führungskräfte, die auf organisatorische Kulturen warten, um sich organisch zu verändern, bewegen sich zu langsam, wenn die digitale Durchdringung wächst, die Grenzen zwischen den Sektoren verschwimmen und die Wettbewerbsintensität zunimmt. Stattdessen sind Führende gefordert, Kultur proaktiv mitzugestalten«. Also nicht warten auf die Kultur, fasst Bremer zusammen, sondern handeln und dabei die Kultur berücksichtigen.

Spannende Gedanken, erwidert Hennrich. Lassen Sie mich da kurz mal einen Strich unter Ihre Punkte machen und das alles in meinen Worten zusammenfassen. Ich versuche dabei in Ihren lebendigen Sprachbildern zu bleiben, nickt er dem Berater gutgelaunt zu. In Summe sagen Sie uns hier ganz deutlich, dass Kultur für Sie ein zu positiv belegter Begriff ist, und ich höre da so was wie einen Aufruf zum Bildersturm gegen das heutige Bild der Unternehmenskultur heraus. Die Schlussfolgerungen sind für mich erstens: Runter mit dem Götzenbild eines, wie Sie es nennen, »blauäugigen Veränderungsoptimismus«, damit man nicht im Frust der nur kleinschrittig erreichbaren Veränderungserfolge versinkt.

Zweitens: Im Duett von Kultur einerseits und Strategie und Führung andererseits, sagen Sie, dass es ein deutliches Primat der Strategie und Führung gibt. Auch das finde ich interessant und habe ich so noch nicht in Beziehung gesetzt. Und drittens meinen Sie: Es gibt nicht die eine Kultur, sondern sogar viele Kulturen, die in einem Unternehmen irgendwie zusammenwirken sollen. Habe ich das gut zusammengefasst? Hennrich blickt Bremer fragend an und erinnert dabei eher an einen Studenten in einem Proseminar und weniger an den Entwicklungschef eines internationalen Autobauers. Gut, denke ich, dass Hennrich die Größe hat, sich so entspannt auf dieses intellektuelle Miteinander einzulassen.

Ja, sogar wirklich sehr gut, erwidert Bremer. Das trifft sehr genau, was ich sagen wollte, insbesondere in Hinblick auf die Frage, welche Kultur überhaupt Innovation hervorbringen kann. Wie Sie zusammengefasst haben, braucht eine Innovationskultur nicht nur die abstrakte Fantasie, wie es morgen anders sein könnte, sondern auch die Energie für konkrete Handlungen zwischen erkannten Problemen und realen Lösungen. Nur diese Handlungen zählen auf Dauer im heutigen Wettbewerb und haben dann in Rückwirkung eine formende Kraft auf die Kultur.

Ein Festkleben in den Best Practices ist eben ein Festkleben in Past Practices. Und richtig, fügt Bremer hinzu, Innovationskultur hat mit einer Pluralität von Meinungen zu tun. Mit Menschen, die einander ganz unbequeme Fragen stellen zu dem, was ist, und die heute Bestehendes kritisch neu denken.

ALIBABA GROUP HOLDING LTD — HYDRA MIT TAUSENDEN KÖPFEN

Die chinesische Business-to-Business-Plattform Alibaba wurde 1999 in Hangzhou von dem charismatischen ehemaligen Englischlehrer Jack Ma und weiteren 17 Personen gegründet. Angeführt von Masayoshi Sons Softbank erhielt Alibaba von einer Investorengruppe bereits im Jahr 2000 zwanzig Millionen USD Risikokapital.

Heute gehören unter der Klammer des »E-Commerce« unzählige Aktivitäten zum Reich des chinesischen Internetriesen (etwa 58 Prozent des gesamten Onlinehandels in China liefen 2018 über Unternehmen der Alibaba Gruppe). Dazu zählen E-Commerce, Logistik, Finanzdienstleistungen, Zahldienste, Messaging, Business-Software, Unterhaltung und weitere. Beispiele sind:

» **Alibaba.com:** Urzelle des Unternehmens. Eine Business-to-Business-Handels-
  plattform, auf der Händler ihre Produkte einstellen und bewerben können.
» **AliExpress:** Business-to-Customer-Handelsplattform. Sie ist auf inter-
  nationale Kunden ausgerichtet und am ehesten mit eBay zu vergleichen.
» **Taobao:** Wörtlich: Schatz ausgraben. Ein Onlineshop und Auktionshaus mit einer halben Milliarde
  Nutzer, davon über zehn Prozent täglich wiederkehrend. Ursprünglich als »Low-cost-Alternative«
  zu eBay gestartet, heute eine der umsatzstärksten Sites weltweit. Der von Taobao erfundene
  »Singles Day« erbrachte in 2018 an einem Tag einen Umsatz von über 30 Milliarden Dollar.
» **Ant Financial:** Finanzdienstleistungen. Dazu gehören zum Beispiel Alipay (Online-Bezahlsystem),
  aber auch Sesame Credit (Credit-Rating) und ZOLOZ (ein global agierendes biometriebasiertes
  ID-Verifikationsprogramm)
» **AliYun (auch Alibaba-Cloud):** Ein Webservice für Cloud Computing
  und Data Management, vergleichbar mit Amazons Cloud-Produkten.
» **1688.com:** Eine auf den lokalen chinesischen Markt spezialisierte Variante von Alibaba.com.
» **Tmall.com:** Wörtlich: Himmelskatze. Online-Kaufhaus
  und »Brand-Retailer« für die wachsende Mittelklasse Chinas.
» **amap.com:** Ein chinesischer Online-Kartendienst (entstanden nach dem Zukauf von AutoNavi).
» **Alibaba Pictures Group:** Filmproduzent (entstanden nach dem Zukauf von 60 Prozent von ChinaVision
  Media, beteiligt zum Beispiel an Filmen wie Star Trek – Beyond und Mission: Impossible – Fallout).

Im Grunde ist der Konzern also eher ein Konglomerat und wird auch als Portfolio von einzelnen Initiativen geführt[237]. Jack Ma, ein Anhänger von Jack Welch und dessen Strategie bei GE (General Electric), hält zwar eine zentrale Strategie, zentral vorgegebene Unternehmenswerte und die Kooperation untereinander für wichtig, gewichtet aber für die einzelnen Portfoliounternehmen viel höher, im Wettbewerb zu gewinnen (auch gegeneinander). Die Position dabei: Synergie ist keine Strategie. Jede Alibaba-Tochter hat folgerichtig eine eigene Bilanz, eigene Boards, Technologieteams und Plattformen.

Jack Ma ist die zentrale Figur und hat (sehr chinesisch) massiven Einfluss auf alle Entscheidungen. Ein zentrales »Führungsteam« von 120 Top-Execs formt darunter das Komitee der Alibaba-Group-Organisation. Dieses trifft sich jährlich zu einer Strategiekonferenz, in der die langfristigen Zielsetzungen, aber auch Verschiebungen in der Gruppe beschlossen werden. Neben den vielen Tochtergesellschaften engagiert sich die Alibaba Group auch intensiv als Wagniskapitalgeber und Investor bei anderen Internetfirmen (Beispiele: Sina Weibo, eine chinesische Microblogging Website ähnlich wie Twitter Inc., Youku Tudou, die chinesische Form von YouTube, aber auch Snapchat und Lyft zählen zum Investitionsportfolio.

Obwohl es spät geworden ist, herrscht noch reger Betrieb im Restaurant. Den angebotenen Espresso lehnen wir zu so später Stunde dankend ab, und für einige Momente hängen wir drei unseren eigenen Gedanken nach. Dann ergreife ich das Wort: Und was machen wir nun mit dem Kollegen aus dem Aftersales-Bereich? Der braucht ja eine konkrete Antwort auf die Fragen, die er aufgeworfen hat. Ich meine, wir haben sicherlich schon viele Aspekte besprochen, die wir da einbringen wollen: Offene Organisation. Agilisierung. Erst Strategie und dann Kulturarbeit. Gut. Aber ganz konkret? Was sind denn nun die Zutaten und die Schritte? Ich blicke erst Bremer und dann Hennrich an. Ach, sage ich daraufhin mehr zu mir selbst, den Ball brauche ich erst gar nicht an Herrn Bremer spielen, oder? Bevor Bremer antworten kann, führe ich meinen Gedanken aus: Wie schon beim Digital User Value und den Lernzyklen folgt jetzt die Arbeit am präskriptiven Teil zur Frage der Organisation? Liege ich da richtig?

Sie sagen es, nimmt Bremer meine Einlassung dankbar auf, und für einen Moment vermute ich, dass es ihn vielleicht auf dem falschen Fuß erwischt hätte, hätte ich seine Antwort abgewartet. Mein Vorschlag ist also, spricht er weiter, zusammen mit Herrn Kell noch einen unserer kleinen Workshops vorzubereiten, in dem wir uns dann gemeinsam konkret fragen, wie wir eine Organisation aus Standbein und Spielbein, also eine hybride Organisation, zum Laufen bringen. Herr Mahlich, Sie erinnern sich vielleicht an die Mindmap, die wir schon im Silicon Valley zu Beginn unserer Reise verfasst hatten. Da werden wir drauf aufsetzen und genau diese Aspekte adressieren, die sehr konkret mit den realen Lebensfragen in der Organisation von Spielbein und Standbein zu tun haben. Das waren die Fragen: Woran richten wir die einzelnen Bereiche aus? Welche Formen der Innovationsorganisation benötigen wir? Brauchen wir separate Infrastrukturen für das Standbein und das Spielbein oder gar unterschiedliche Planungsprozesse? Woher bekommen wir die Leute dafür?

Die Leitfragen, die Sie gerade aufgezählt haben, sage ich, bevor wir gehen, sind doch ein guter Faden. Hennrich und auch ich nehmen damit den Vorschlag gerne an und beschließen, es für heute gut sein zu lassen. Draußen hat es zu regnen aufgehört und noch immer tauchen dichte Wolken den Himmel in tiefes Schwarz. Die Absätze unserer Schuhe klacken einen gemeinsamen Rhythmus auf den nassen Asphalt, der sich sodann auf dem Parkplatz verläuft. Ich bin ungeduldig, merke ich. Aber nicht unzufrieden.

Präskriptiv:
Hybride Organisationen bauen

Ich fahre also zu einem unserer Treffen, das wir aus Mangel an terminlichen Alternativen schon wieder auf einen Samstag gelegt haben. Während ich in die Katakomben der riesigen Tiefgarage unter Bremers Bürogebäude abtauche, spüre ich, wie die vielen Reisen und verkürzten Wochenenden ihren Tribut fordern. Auch heute hat mein Morgensport wieder nur wenige Sit-ups lang gedauert und mein Frühstück bestand aus zwei Tassen schwarzem Kaffee und etwas Toastbrot, während ich die Wochenendpost durchgeblättert und schon einige Themen auf die Mailbox meines Assistenten gesprochen habe. Ich merke, ich bin müde und vielleicht sogar etwas schlecht gelaunt. Während mich der Lift nach oben fährt, schüttle ich meinen Körper einmal intensiv durch, ein Ritual, bei dem ich jedes Mal hoffe, nicht heimlich gefilmt zu werden und auf YouTube zu landen. Das wäre, muss ich nun doch über mich selber grinsen, vielleicht ein eher unrühmliches Ende meiner Laufbahn. Geschüttelt und nicht gerührt, denke ich etwas mechanisch und realisiere dabei, welches Ausmaß die Überdehnung meiner Kräfte nun schon hat.

Kell und Bremer stehen in einem riesigen Meetingraum, in den mich die Empfangsdame führt. Auf ein kurzes »Guten Morgen« hin höre ich Hennrich hinter mir in den Raum treten, er hält ein großes Glas mit einer matschig-grünen Flüssigkeit in der Hand. Frisch gepresste Gemüse- und Fruchtsäfte, Kollege Mahlich, damit der Tag mit Schwung beginnen kann. Kommen Sie mit, sagt er, in der Küche nebenan steht alles bereit. Ich glaub, Sie brauchen das auch.

Gerne folge ich ihm, und nach wenigen Minuten stehen wir alle mit großen Gläsern voller gesundem Zeug im Meetingraum, die schlechte Laune von eben scheint tatsächlich verflogen zu sein.

Also, meine Herren, setze ich an, wie haben Sie das Thema Organisation nun für uns organisiert? Das wird eine kleine Reise, lächelt Bremer gut gelaunt in die Runde und deutet auf sechs großformatige Pinnwände mit riesigen Bögen braunem Papier, auf denen bunte Mindmaps prangen, deren Äste aber noch nicht gefüllt sind. Das ist unsere heutige Arbeit, stellt er zufrieden fest, und wir werden versuchen, das alles heute im Stehen zu bewältigen. Wenn alles klappt, könnten wir bis zum Mittag damit fertig sein. Einverstanden, sage ich und marschiere los zu der Wand, auf der ganz rechts eine große »1« zu lesen ist.

Bremer baut sich vor der ersten Pinnwand auf und beginnt ganz unvermittelt: Ein Gedankenexperiment zum Einstieg. Nehmen Sie mal in Gedanken einen Klebezettel, ganz hypothetisch, und schreiben Sie Ihre jeweiligen Ziele, Wünsche und Sehnsüchte auf, die Sie in Bezug auf die AutoInc. haben. Herr Kell wird das für den Kollegen aus dem Aftersales machen. Nehmen Sie sich Zeit, denken Sie ruhig nach und schmücken Sie das gerne aus. Dann werden wir uns die Haftnotizen anschauen und vielleicht sogar einen emotionalen Moment erleben, wenn jeder ganz frei und ehrlich seine ambitionierten Hoffnungen für die AutoInc. einbringt.

Was wir dabei aber vielleicht übersehen und warum wir diese Wand an die erste Stelle gestellt haben, ist der Umstand, dass nun genau darin das größte Hindernis liegt, damit Organisationen ihre Ziele erreichen: Die Projektion der persönlichen Ziele in das Unternehmen hinein. Die mehr oder weniger guten Absichten und Hoffnungen eines jeden machen die Firma nämlich zum Zerrbild der einzelnen Vorstellungen, statt ausgehend von einem gemeinsamen Bild die Kräfte zu bündeln für das, warum es die Organisation gibt. Das ist ein bisschen wie in der Erziehung: Wenn die Eltern es nicht schaffen, dem Kind ein eigenes Wesen und eine eigene Bestimmung zu erlauben, zerbricht es am Ende an den Projektionen der Eltern, es wird unglücklich und depressiv oder die Beziehung endet in massiven Konflikten. Nun, der Ausweg ist auf den ersten Blick recht banal, dabei zeigt Bremer auf die Mitte der Wand: Wir müssen als Erstes den Zweck der Organisation festlegen, alles andere folgt dann beinahe automatisch.

Definiere den Purpose (¬ Der Zweck bestimmt die Mittel)

Wir starten mit dem zentralen »Why«, setzt er fort, und dabei kommen wir nicht um den Engländer Simon Sinek und sein Buch *Start with Why*[238] herum. Ich muss da mit einer kleinen Beichte beginnen, denn als ich das erste Mal mit Simon Sinek in Berührung kam, suchte ich tagelang nach der Ursache für ein, na ja, ablehnendes oder zumindest irritierendes Gefühl. Heute ist mir klar, dass es lediglich die für meinen Geschmack gehörige Dosis an Selbstvermarktung und exzessiv inszeniertem Gurutum des ehemaligen Werbefachmannes ist, was mich abgetörnt hat. Seine Kernbotschaft aber finde ich durchaus brauchbar. Diese Botschaft war ursprünglich Inhalt eines TED-Talks[239] unter dem Titel *How Great Leaders Inspire Action*[240], ein achtzehneinhalbminütiger Vortrag, der zu einem der meistgesehenen Business-Videos aller Zeiten wurde. Zum anderen glaube ich, dass sich vor dem *Why* die Frage nach

den Menschen stellt, die ich erst an Bord haben muss, um überhaupt was bewegen zu können. Das *Why* oder das *Who* ist eine Henne-Ei-Frage, darauf kommen wir später bei der Allianz für Talente noch mal zu sprechen. Für den Moment fangen wir der Einfachheit halber erst mal beim *Why* an.

Im Zentrum seiner Ausführungen fragt Sinek also nach dem »Why«, dem »Warum« einer Organisation oder eines Angebotes, erklärt Bremer. Sag, warum du etwas tust, sprich von dem Auftrag, den du dahinter verspürst, dann erreichst du die Menschen, die so ticken wie du: *»If you talk about what you believe you attract people who believe in what you believe«,* so Sinek im Original.

Dieser Auftrag ist »der Purpose« oder Zweck und liefert aufsetzend auf dem »Why« eine Zauberformel für einen wirklich effektiven Elevator Pitch: Bring deinen Beitrag, deine »Contribution« in einer aktiven Formulierung auf den Punkt. Dann beschreibe, was die Welt und deine Kunden davon haben, was der Impact dieses Tuns ist. Damit weiche ich nicht nur rhetorisch davon ab, zuerst zu erzählen, was ich mache, denn das machen ja viele und vielleicht im Konkurrenzkampf vergleichbare Anbieter. Stattdessen beginne ich also mit dem Warum und damit auf der Ebene der Motive, erläutert Bremer. Das ist ein anderer Ansatz, denn hier bin ich dann nicht mehr kopierbar, hier geht es tatsächlich um meine ureigene Story. Damit schiebt Sinek den Purpose in die Mitte, den Zweck, der die Mittel zwar nicht heiligt, aber bestimmt, und der für alle gut verständlich als Erklärung für das Handeln über einer Organisation stehen sollte.

Für die unterschiedlichen Menschen mit ihren Talenten, Erfahrungen und Absichten wirkt dieser Purpose wie ein Magnetfeld, er richtet die Menschen unter einer gemeinsamen Geschichte aus. Wenn das »Warum« klar ist, dann treten andere Motive automatisch zurück: Gehalt, Karriere, Status, Sicherheit, persönliche Entwicklung und Selbstverwirklichung finden ihren Bezugspunkt. Das ist eine probate Stütze, nicht nur wenn die Missions- und Visionsdeklarationen zu abstrakt sind.

Die Fragefolge nach dem Warum, dem Wie und dem Was hat Sinek in einer sehr anschaulichen Grafik durch drei konzentrische Kreise als Theorie des »goldenen Kreises« visualisiert.

Simon Sineks goldener Kreis

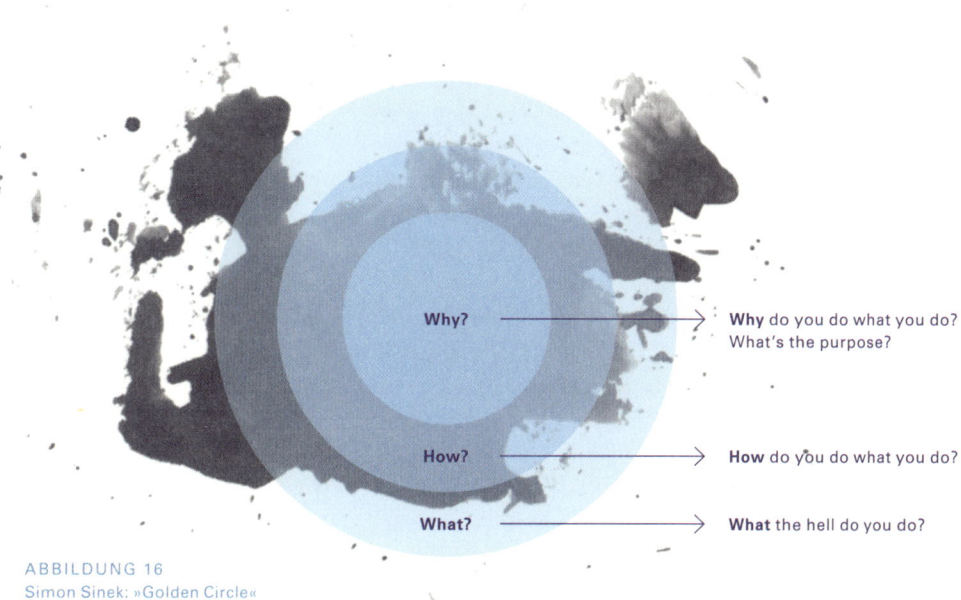

Why? ⟶ **Why** do you do what you do?
What's the purpose?

How? ⟶ **How** do you do what you do?

What? ⟶ **What** the hell do you do?

ABBILDUNG 16
Simon Sinek: »Golden Circle«

Die bestechende Schlichtheit des Modells überzeugt wirklich, das muss man schon zugeben, sagt Bremer. Es wird von innen nach außen gelesen und fragt:

» Im Zentrum das »Why«. Das »Warum« hinter einer Organisation. Also was ist der Antrieb und die grundsätzliche Motivation dahinter?

» Das »How«. Das »Wie« beschreibt besondere Werte oder USPs, also wie wir uns von anderen unterscheiden, was uns besonders macht, und wo ein Wettbewerbsvorteil liegt.

» Das »What«. Das »Was« ist am einfachsten, aber emotional am wenigsten ansprechend. Hier werden Fakten kommuniziert und beschrieben, was die Organisation macht, also die Produkte und die Services.

Wir haben den goldenen Kreis sehr bewusst in der Liste unserer präskriptiven Empfehlungen an den Anfang gestellt, da er auch anleitend für viele weitere Aspekte sein dürfte, erklärt Bremer weiter. Wie wir sehen werden, hat das auch auf die operative Gestaltung unseres Duos von Standbein und Spielbein eine Auswirkung. Hier zeigt Kell auf eine Tabelle an der Seite, in der Vorschläge für »Purpose«-Statements für das Standbein und das Spielbein notiert sind. Wie Sie sehen, kann man die Frage nach dem »Purpose« für die beiden Säulen durchaus unterschiedlich beantworten. Es ist jetzt nicht die Zeit, das im Detail durchzugehen, sagt er, aber man kann damit viel von der Verwirrung lösen, die die beiden Systeme »unter einen Hut zwingt«, statt erst ihren Zweck zu klären und sie danach zu synchronisieren.

Kell, der sich bisher eher im Hintergrund gehalten hat, ergänzt nun: Die Definition dieses »Warum« ist meiner Erfahrung nach weit mehr als ein Motivationstool oder ein nettes Brainstorming. Ein klar verstandener Zweck wirkt nämlich sowohl für die einzelnen Menschen als auch für das gesamte Unternehmen als starke Richtschnur für Entscheidungen – was gilt es zu tun oder zu lassen, um den »Purpose« zu erfüllen?

So schafft man eine Basis für wirklich nachhaltige Erfolgs-geschichten, und besonders einzigartige Unternehmen ver-schreiben sich einem großen, manchmal sogar ehrenvol-len Sinn. Denken Sie nur an SpaceX mit der Mission, in den nächsten zwanzig, dreißig Jahren die Besiedlung des Mars voranzutreiben. Oder Starbuck's, die ihre Cafés neben dem Arbeitsplatz und dem Zuhause zum »Third Place«[241] in unse-rem Leben machen wollen. Oder Lego, die dafür arbeiten, dass das gute Spielen auf der Welt triumphiert[242]. Man kann natürlich unterschiedlicher Meinung darüber sein, ob dies alles wirklich zur Verbesserung der Welt führt. Es erschafft aber für die Mitarbeiter einen anderen Sinn, an diesem ge-meinsamen Purpose zu arbeiten, als einfach nur Geld zu verdienen. Damit man diese Wirkung erzeugt, sollte man sich unbedingt ausreichend Zeit und Muße für die Definition des Purpose nehmen, meint Kell, na ja, auf jeden Fall etwas mehr als der manchmal gewählte Zeitraum zwischen der letzten Kaffeepause und dem Übergang zur After-Work-Party beim All-Staff-Meeting.

Herr Hennrich und ich verstehen gut, dass wir jetzt nicht die Zeit haben, in die konkrete Ausarbeitung eines goldenen Kreises für unsere AutoInc. oder die einzelnen Bereiche ein-zutauchen. Das ist weder vor der After-Work-Party noch am Samstagmorgen eine gute Beschäftigung, sage ich laut. Wir bestätigen deswegen erst mal, das Konzept verstanden zu ha-ben. Hennrich berichtet dann, dass er schon vom goldenen Kreis gehört habe, bisher aber keine Zeit dafür in seinem Führungsteam aufbringen wollte. Sein Grund, so Hennrich, sei, dass er bisher niemanden gefunden habe, der ihm den Unterschied zwischen Mission, Vision und Purpose[243] aus-reichend sinnvoll erklären konnte. Ja, meint er weiter, das klingt natürlich schon alles wertvoll. Und ich mache da auch mit, denn man muss da gutmütig und zuversichtlich bleiben, weil es halt immer auch die Beispiele von den Firmen gibt, in denen das wirklich einen riesigen Unterschied macht. Nach zwanzig Jahren im Management bekommt man bei manchen dieser PowerPoint-Deklarationen aber auch Pickel im Gesicht, fügt er trocken hinzu. Und wie sich das am Ende auf die Organisation auswirken soll, ist mir noch weniger einleuchtend.

Dann, entgegnet Kell, ist es an der Zeit, dass wir genau das noch mal gemeinsam untersuchen. Hennrich stimmt mit einer Körperhaltung zu, die ich nicht unbedingt als enthusiastisch beschreiben würde. Die beiden Berater aber haben ihren Punkt gemacht und wir wandern weiter zur zweiten Pinnwand.

Hybride organisieren
(¬ Experimentelle Lebensformen)

Dort erwartet uns das Bild eines hand-gezeichneten Tausendfüßlers in der Mitte einer Mindmap, der in einigen seiner vielen Hände lustig aussehende Werkzeuge trägt.

Das war das Ergebnis unserer Reflexion zu Ihrer These, man müsste ein Stand-bein und ein Spielbein kombinieren, um den Fortschritt in dem schwierigen Gelände abzusichern, beginnt Bremer. Es ist aber trotz intensiver Diskussion ein recht schiefes Bild geblieben, weil uns einfach nichts Besseres dazu ein-fiel. Was wir eigentlich damit aussagen wollten, ist, dass wir nicht nur ein Spiel-bein, sondern sogar viele Spielbeine brauchen, und dass die alle möglichst parallel betrieben werden sollten. Und zwar weil wir nicht alle Spiele gewin-nen werden, oder gar gewinnen wollen. Für uns sind die einzelnen Spielbeine vor allem Experimente, sich mit einem kleinen Team mal explorativ in Neu-land hineinzuwagen, erklärt er weiter, zumindest habe ich Sie so interpretiert, Herr Hennrich.

Hennrich nickt zustimmend und meint: Genau das. Eine Anzahl von flexibel arbeitenden Teams, die sich für eine gewisse Dauer aus Mitarbeitern unter-schiedlicher Fachbereiche zusammen-setzen und dabei nicht weiter von den Interessen dieser Fachbereiche fern-gesteuert sind. Natürlich brauchen wir dann auch eine Spielbank, die unsere Registrierkasse für diese Experimente führt, einen Satz Schiedsrichter, die mal abpfeifen, wenn das Spiel verloren ist, und Trainer, die sich darum kümmern, dass die Teams in ihrer Liga richtig per-formen. Na ja, Fußball ist jetzt auch keine wirklich bessere Analogie, überlegt er laut, weil die da alle dasselbe Spiel spielen, und genau das will ich ja nicht. Es geht mir eigentlich vor allem um die organisatorische Fähigkeit, systematisch experimentieren zu können, ohne dauernd wieder zurück in die Starre der heutigen Welt zu verfallen. Ebenso sollte es selbstverständlich sein, dass Verpflichtungen in den Experimentierfeldern nur für Mitarbeiter gelten, die das freiwillig wollen. Wir bauen da im Innovationslabor der AutoInc. ja keine Einhegung für lebensmüde Hamster, ergänzt Hennrich. Und ja, das hat auch alles seine Schattenseiten, ich weiß, weil ich damit vielleicht die knappen Ressourcen, die schon heute kaum die Projekte und unsere aktuellen Themen bedienen können, zusätzlich schröpfe.

> *Aber wenn morgen was anderes, also mehr Innovationsleistung,*
> *rauskommen soll, müssen wir heute anfangen etwas anders zu machen.*
> *Und an dieser Experimentierfähigkeit mangelt es aus meiner Sicht am meisten.*

Da stelle ich mir auch selber kein gutes Zeugnis aus, immerhin vertrete ich ja den Bereich Forschung und Entwicklung.

Eigentlich müsste der Instrumentenkasten sogar noch umfangreicher sein, gebe ich zu bedenken. Wenn wir das angehen, dann sollten wir insgesamt auf die Experimentierfreude bei der Entwicklung der Zukunft schauen: Forschung, Entwicklung, digitale Labore, M&A, Venture-Beteiligungen und so weiter. Damit will ich keine Kampagne anstoßen, um alles wieder zentraler zu steuern, im Gegenteil! Das soll spielerischer werden und auch Platz für persönliche Leidenschaften einräumen. Aber es wäre ein guter Schritt, zu jeder Instrumentengattung einmal klar und sauber den Purpose festzulegen, so wie bei der Übung mit dem goldenen Kreis eben, erkläre ich weiter. Und dabei können wir auch gleich schauen, was wir für Unterstützung organisieren müssen. Schließlich ahnen wir alle hier, dass die AutoInc. nicht überschwappt vor unternehmerischem Talent.

Ein Mehr an unternehmerischen Impulsen und Verständnis ist neben der Innovationsleistung vielleicht der zweite Aspekt, der aus diesem Gewächshaus für unsere Experimente kommen sollte. Und drittens, werfe ich ein, wäre mir eine gewisse Systematik schon sympathisch. Experimente leben ja auch in der modernen Wissenschaft von klaren Abläufen aus These generieren, Experiment ausdenken und durchführen und vor allem Daten sammeln und auswerten. Ach ja, und dabei sollte auch klar werden, wann das Experiment zu Ende ist. Das wäre auch eine Komponente der Systematik, die viel bringen könnte. Hennrich nickt bei meinen Worten zustimmend.

Bremer hat, während wir sprachen, auf der Pinnwand mit einem dicken Marker die folgenden Stichworte mitgeschrieben: freigestellter Pool von Ressourcen aus unterschiedlichen Fachbereichen, Registrierkasse und Infrastruktur, Schiedsrichter und Regeln, Freiwilligkeit der Teilnahme, potenzielle Erweiterung auf alle Zukunftsbereiche, klarer Purpose pro Experimentierzelle, unternehmerische Orientierung, methodische Absicherung der Experimente. Fügen Sie der Liste bitte noch hinzu, dass wir auch sowas wie einen Leitgedanken für unsere Experimente brauchen, einen Purpose, im Sinne von Sinek, ergänzt Hennrich, worauf Bremer auch das Wort »Purpose« in die Liste aufnimmt.

Gut, meint Bremer, das wäre doch schon mal eine gute Ausgangsbasis, oder? Na ja, nicht ganz, das Gewächshaus selber und sein Management fehlen noch, sagt Hennrich, also die organisatorische Heimat von alldem. Ich will jetzt nicht noch eine weitere Struktur hochziehen und zu agil und offen und weißgottwas noch eine Initiative oben drauflegen. Aber die Mitarbeiter und wir selber wollen schon verstehen, wer das am Ende wenigstens als Mentor alles verantwortet. Und, gleich dazu erklärt, das war kein automatisches »Hand-hoch« von meiner Seite.

Ah, verstehe, erwidert Bremer. So was wie einen digitalen Yoda aus Star Wars für Luke Skywalker, damit das böse analoge Imperium besiegt werden kann. Tja, meint er weiter etwas feixend: Einen Mentor du suchst, aber einen CDO du finden wirst. Das ist nämlich genau der Platz, wo meiner Meinung nach ein Chief Digital Officer (CDO) eine Rolle spielen kann, wenn man die Rolle überhaupt haben will. Sie merken schon, dass ich das vorsichtig formuliere. Denn die Funktion eines CDO wird sich, wie ich das sehe, auf Dauer im Organigramm nicht halten[244]. Die digitale Transformation ist meiner Auffassung nach viel zu wichtig, als dass sie in eine Sonderrolle hinein verpackt werden sollte, auch wenn diese Rolle so toll klingt wie die eines CDO. In Wirklichkeit ist es eine Kernaufgabe jedes einzelnen Bereiches.

Am Ende wurde aber auch Rom nicht an einem Tag erbaut, und bis sich die gesamte Geschäftsführung »digital kompetent« aufgestellt hat, kann durch einen CDO ein temporärer Kristallisationskeim geschaffen werden, der bis auf Weiteres die Digitalisierungsfrage übernimmt. Dieser digitale Herkules kann dann wenigstens einige wichtige Entscheidungen vorantreiben, die bisher quer zur Organisation an Widerständen gescheitert waren, bemerkt Bremer weiter. Ganz persönlich glaube ich aber, dass wir auf Dauer keine digitalen Alibi-Funktionen brauchen, sondern vielmehr nerdige CEOs, die »digital« selber mit jeder Faser drauf haben.

Ich teile Ihre Skepsis wegen des CDO, sagt Hennrich, aber gleichzeitig auch all die Argumente dafür, dass wir im Moment so jemanden brauchen. Unser Vorstandsvorsitzender ist sicher ein sehr ausgeschlafener Visionär, der das große Ganze schon ganz gut im Blick hat. Aber schon auf unserer Ebene ist das eine Rolle, die wirklich hilft, unseren Tanker manövrierfähig zu machen und das Spielbein zu führen. Bitte also den CDO auf die Liste mit den Stichwörtern setzen, erklärt Hennrich weiter, wegnehmen können wir den ja später immer noch, wenn uns was anderes einfällt.

Mach ich gerne, sagt Bremer, aber lassen Sie mich noch eine Anmerkung einbringen, die nicht unmittelbar mit den organisatorischen Experimenten zu tun hat, die aber auch in unserer Vorbereitung an dieser Stelle ein Thema war. Dabei deutet er auf einen Ast der Mindmap auf der Pinnwand, über dem ein kleines Bild klebt. Es zeigt die Titanic, jedoch mit einem dicken roten Kreuz durchgestrichen.

Auch wir haben nämlich in denselben Begriffen über die Tricks gesprochen, die es geben könnte, um einen riesigen »Supertanker« wie die AutoInc. wieder wendig zu machen und in ein agiles Schnellboot zu verwandeln, erklärt Bremer. Das geht aber nicht. Weder kann der Tanker das Schnellboot absorbieren, noch imitieren oder sich als Schnellboot anmalen. Und dann haben wir uns weiter gefragt, ob es denn nur Nachteile hat, ein großes Schiff zu sein. Und das hat es wirklich nicht. Das Gute an den Supertankern ist zum Beispiel, dass sie ordentlich Masse haben und eben nicht über Nacht stehen bleiben. Den Schwung kann man nutzen, denn ein großer Tanker kann sich viel mehr und bessere Experimente leisten als ein Schnellboot, das nur für ein Experiment Sprit im Tank hat.

Knüpfe Netzwerke
(↝ Schnittstellen zu Nahtstellen)

Wir sind aber schon so von den vermeintlich wendigen Start-up-Organisationsideen infiltriert, dass wir diese Stärken nicht mehr sehen, und das ist ein strategischer Fehler. Die vielen Experimente müssen eben so gehalten sein, dass sie irgendwann beim Transfer aus dem Gewächshaus ins Freiland die Skalierung über den aktuell bestehenden Größenvorteil mitnehmen. Also den physischen Vertriebskanal nutzen, die tausenden Werkstätten, die jahrzehntelang gewachsene Brand und die mit uns verbundenen Zulieferer. Wir müssen verstehen, dass ein dickes Schiff zwar gerne mal den Gedanken an die sinkende Titanic nahelegt, wir aber in Strategiefragen klug beraten sind, uns von der allgemeinen Lust am Untergang zu lösen. Das sage ich durchaus auch in die Richtung von uns Beratern, er sieht Kell an, weil auch wir viel zu oft nur oberflächlich auf die Nachteile starren und keine Augen für die Vorteile von Größe haben.

Wenn wir schon bei den Dingen sind, die wir nicht machen sollen, legt Bremer nach, dann gibt es auch Bereiche, in denen wir ganz bewusst keine Experimente zulassen sollten. Das sind die Fragestellungen, in denen es auf Sicherheit ankommt. Sie würden sich sicher nicht wohlfühlen, wenn im Flugzeug über dem Atlantik die Durchsage käme: Werte Passagiere, nun führen wir gemeinsam einige Experimente durch, die bisher noch keiner gemacht hat, oder? Es gibt aber noch weitere Situationen, in denen sich Experimente verbieten. Wenn Sie eine schwere Krise durchmachen, in der Sie mit dem Überleben kämpfen zum Beispiel. Das wäre so, als lägen Sie mit Herzinfarkt am OP-Tisch und einer der Assistenzärzte würde beginnen, ihnen neben der Herzoperation noch einen eingewachsenen Zehennagel zu entfernen. Das waren jetzt extreme Beispiele, meint Bremer, aber es macht schon Sinn, sich zu fragen, wo die Grenzen der Empfehlungen liegen, die wir da zusammenschreiben.

In Summe, unterstreicht Bremer, haben wir aber, glaube ich, das Thema »experimentelle Lebensformen« ganz gut umrissen. Wir können also gerne zum nächsten Punkt weiterziehen. Fast, sage ich. Erst würde ich gern in einer kleinen Pause noch mal von dem Spinatzeug trinken. Hennrich hebt den Daumen, um seine Zustimmung zu signalisieren, und mit Genugtuung stelle ich fest, dass wir mit zwei der sechs Pinnwände schon ein Drittel unseres heutigen Programms geschafft haben.

Die Pause dauert letztlich über zwanzig Minuten, denn Hennrich hat, wie wir mitbekommen, einen Anruf seiner Tochter entgegengenommen. Da es Samstag ist, halten wir uns mit mahnenden Blicken zurück, auch Vorstände sind Menschen, denke ich und freue mich im selben Moment auf den Nachmittag und etwas private Zeit. Aber als ich auf die nächste Pinnwand blicke, trübt sich die Vorfreude etwas. Denn diese ist schon etwas angefüllt und ein riesiges Mindmap-Spinnengewebe deckt beinahe die gesamte Papierfläche mit unzähligen Begriffen ab.

Nachdem Hennrich seine Tochter mit einem langen »Dschü-hüss« verabschiedet hat, nimmt Bremer wieder den Faden auf. Fassen wir als Einordnung kurz zusammen, beginnt er, wo wir gerade stehen: Als Erstes hatten wir davon gesprochen, den »Purpose einer Organisation« zu definieren, denn das stellt vor allem die Prozessorganisation, also unser Standbein, auf ein stabiles Fundament. Wir haben dann im übertragenen Sinne ein Treibhaus für experimentelle Lebensformen beschrieben, das die Spielbeine als zeitlich befristete und klare Experimente ausrichtet, die wiederum von einem Pool aus flexiblen Ressourcen in einem konzentrierten Sprintmodus abgearbeitet werden.

In den vier Stationen, die noch vor uns liegen, wollen wir vor allem die Unterwäsche der Organisation ein wenig in Richtung Digitalisierung sortieren. Die Empfehlungen treffen also vor allem die internen Bereiche. Die Frage der Einbindung einer offenen Organisation in die erweiterten Netzwerke bis hin zum Ökosystem wird stark beeinflussen, wie aus unserer Sicht eine zukünftige Beschaffung arbeiten soll. Das ist die nächste Station, an der wir gerade angekommen sind. Später, also in der darauffolgenden Station, werfen wir noch einen intensiven Blick in die IT, die sich durch das DevOps-Paradigma in ihrer Art der Zusammenarbeit stark verändern wird. Dann werden wir das Controlling mit einem »relativen Zeitbegriff«, nennen wir es eine »Quantenmechanik der Digitalisierung«, challengen. Und zum Schluss besuchen wir noch das HR-Ressort, dessen Verwaltung wir neue Geschwindigkeiten und wegen der Talent Pools ein Ende der Gleichmacherei verkünden dürfen. Soweit ein Überblick über die vier großen Themen vor uns und den restlichen Vormittag, führt Bremer aus.

Bevor wir aber nun mit der Beschaffung beginnen, habe ich Herrn Kell gebeten, uns noch etwas genauer in die Netzwerktheorie einzuführen. Wir können das zwar heute nur streifen, aber für ein besseres Verständnis der Digitalisierung halte ich diesen Exkurs für eine wertvolle Zeitinvestition.

Bei diesem Stichwort tritt Bremer etwas zur Seite und Kell stellt sich direkt an die Pinnwand. Wieder fallen mir seine großen Hände auf, die einen guten Teil der Mindmap überdecken, auf die er jetzt zeigt und an deren Wurzel »Netzwerke und die Wachstumsgesetze der digitalen Ära« geschrieben steht.

Netzwerke und die Wachstumsgesetze der digitalen Ära

So gut es geht, werde ich die folgenden Themen praktisch beleuchten, beginnt Kell, ich kann aber eine gewisse akademische Herkunft dieser Gedanken nicht verleugnen. Damit wir gleich einen Fahrplan durch die Netzwerk-Denke[245] haben, also mal vorweg die Überschriften auf der ersten Ebene der Reihe nach:

» Netzwerk-Topologie. Das meint: digitale Netzwerke haben eine organische Textur und sind inhomogen.

» Die kleine Welt der Netzwerke. In der virtuellen Welt ist die Nähe zwischen zwei Punkten sehr viel kleiner, als wir denken.

» Exponentielles Wertwachstum. Der Wert des Netzes steigt etwa mit dem Quadrat der Teilnehmer.

» Die Macht der Superhubs. Es gibt sehr verbindungsreiche Knoten, die dazu tendieren, im Lauf der Zeit überproportional reicher zu werden.

» Netzwerk-Darwinismus. Pro Nutzengattung setzt sich nach einer gewissen Zeit (nur) ein Superhub durch.

» Das Gewicht des »Long Tails«. Pro Nutzengattung wächst die Liste der angebotenen Artikel gegen unendlich.

» Resilienz des Netzwerks. Ein Netzwerk ist widerstandsfähig gegen Fehler, aber sehr anfällig für gezielte Attacken.

Beginnen wir also mit dem ersten Punkt, der **Netzwerk-Topologie**, sagt Kell. Die wichtige Konklusion: Denken Sie digitale Netzwerke nicht als triviale Gitter, sondern als organische, inhomogene Texturen.

Betrachten wir dazu einfach mal das Paradebeispiel biologischer Netzwerke, das hochentwickelte menschliche Gehirn, führt er weiter aus. Dort zeigt sich ein faszinierendes Bild: ein Netzwerk aus ca. 100 Milliarden Nervenzellen, die miteinander durch etwa 100 Billionen Synapsen verbunden sind. Wenn wir aber genau schauen, dann ist die Anzahl der Synapsen pro Nervenzelle extrem unterschiedlich verteilt und kann von nur einer bis hin zu mehreren hunderttausend reichen. Es existieren also sowohl sehr einsame Zellen, wie auch das, was wir »Superhubs« nennen, also Zellen, die mit ganz vielen anderen Zellen verbunden sind. Das gesamte System steht natürlich niemals still. Neue Zellen und Verbindungen entstehen, alte sterben ab, eine Inventur scheint unmöglich. Lerneffekte und Vergessen wirken parallel; Erfahrungen, die täglich trainiert werden, verbessern die zugehörigen Fähigkeiten des Gehirns, während Erinnerungen an Informationen, die nicht benötigt werden, schwinden.

Was bedeutet das für uns und die Netzwerktheorie? Anders als früher angenommen, sind Netzwerke selbst eben nicht zufällig, sie nutzen allerdings den Zufall bei ihrer Ausbreitung. Sie bestehen aus sehr unterschiedlichen Knoten und erst durch das scheinbar unkoordinierte Wachstum und die Ausbreitung in mehrere Richtungen kommt es zur Bildung einer übergeordneten, sehr funktionalen Struktur.

SCHLEIM ALS LEHRMEISTER ZU FRAGEN DER NETZWERKTHEORIE[246]

Wie sich bei Experimenten im Jahr 2010 zeigte, können auch sehr einfache, gehirnlose, einzellige Schleimpilze als äußerst talentierte Lehrmeister in Sachen »Netzwerke bauen« angesehen werden, denn ihr Verhalten bei Nahrungssuche und Ausbreitung ist äußerst effizient und entspricht einem Niveau, wie es ansonsten nur von Ingenieurleistungen bekannt ist, denen im Vorfeld lange Planungsphasen vorausgehen.

In einem Laborversuch ordneten japanische und englische Forscher auf einer Oberfläche Nahrungsportionen so an, dass sie einer kartografischen Darstellung der Städte rund um Tokio entsprachen, und setzten dann Sporen des Pilzes »Physarum polycephalum« zu. Diese breiteten sich zunächst gleichartig in alle Richtungen um jede Nahrungsquelle aus und erforschten quasi das umliegende Gebiet. Nach einigen Stunden jedoch veränderte sich das Muster und die Verbindungen zwischen den Nahrungsquellen wurden gestärkt, während die Zellpopulation in den dazwischenliegenden Bereichen abnahm. Damit wurden quasi Verbindungstunnels geschaffen, die dem Netzwerk einen schnellen Transport der Nährstoffe zwischen den »Inseln« ermöglichten. Zur Überraschung der Wissenschaftler stellte sich heraus, dass die Struktur des Pilzmusters dann jener des japanischen Schienennetzes sehr nahekam.

Von der Auswertung des Experiments erhoffen sich die Forscher weitere Hinweise für die Optimierung künstlicher Netzwerke, zu deren Einsatzgebieten etwa die Schaffung eines redundanten und widerstandsfähigen Frühwarnsystems für Feuer- oder Flutkatastrophen zählt.

Die kleine Welt der Netzwerke[247]: Dass die Welt zusammenrückt und Distanzen zwischen Menschen leichter überbrückt werden als in der Vergangenheit, beginnt Kell mit dem zweiten Punkt, ist keine neue Erfahrung. Schon immer bemühten sich Menschen, große Entfernungen durch geeignete Mittel zu überwinden – ob aus Eroberungslust, Forscherdrang oder auf der Suche nach neuen Handelspartnern.

Wie klein die Distanz zwischen uns jedoch tatsächlich geworden ist, und wie sehr sie mit jeder bahnbrechenden Technologie weiter schrumpft, ist vielen Menschen noch immer nicht bewusst, erklärt er weiter. Um das Ausmaß dieser »Annäherung« zu erkunden, unternahm der US-amerikanische Psychologe Stanley Milgram[248], der insbesondere durch das nach ihm benannte schockierende Experiment zur Wirkung von Autorität bekannt wurde, schon im Jahr 1967, also lange vor dem Internet, einen Versuch zur Messung der Vernetzung amerikanischer Bürger. Er belegte, dass über einige wenige Stationen persönlicher Bekanntschaft praktisch jeder Bürger mit jedem vernetzt war. Milgram kam auf die Zahl von durchschnittlich knapp sechs Menschen, mit denen sich zwischen allen Menschen untereinander eine Kette bilden lässt.

Lange gab es Streit um diese Theorie und die Zahl, fügt Kell hinzu. Doch 2008 haben zwei Microsoft-Wissenschaftler[249] die These des Kleine-Welt-Phänomens anhand eines Netzwerkes von Instant-Messenger-Nutzern empirisch bestätigen können. Die »Kleine Welt«, in der jeder mit jedem über kurze Distanzen verbunden ist, hat viele Konsequenzen. Beispielsweise führt der Duden seit 2010 den Begriff »Shitstorm«, ein Phänomen, das ohne die »Kleine Welt« eher nicht denkbar wäre. Mit modernen Big-Data-Analysen lässt sich die Netzwerkforschung in wissenschaftlicher wie auch ökonomischer Hinsicht auf eine neue Ebene heben: Heute können die Analysten, die Statistiker, Psychologen und Sozialforscher von Universitäten und Unternehmen einen direkten Überblick über die Aktionen und Verbindungen der Nutzer erstellen oder neue Trends identifizieren. Ich weiß, dass diese Analysen bei vielen Menschen einen intensiven Abwehrreflex auslösen, und will nicht in die Frage der Datenstrategie zurück, das haben wir schon an anderer Stelle besprochen. Einen gedanklichen Link zur wachsenden Bedeutung des Influencer-Marketings und des immer feiner justierbaren »Micro-Influencer-Marketings« will ich aber schon noch erwähnen, schließt Kell diesen Punkt ab.

Bremer rückt einen der Tische heran, auf den wir uns nun zu dritt lässig draufsetzen. Obwohl Hennrich und auch ich selbst Kells Einlassungen sehr konzentriert folgen, war der Ehrgeiz, das Ganze stehend zu machen, wohl doch zu groß. Vor allem jetzt, wo wir wieder intensiver in die Theorie abtauchen.

Exponentielles Wertwachstum: Erst mal zum Wachstum an sich, beginnt Kell wieder. Die bekannteste und aussagekräftigste Wachstumsregel im digitalen Bereich ist *Moore's Law*[250] aus dem Jahr 1965, und die spricht für sich selbst. Die zweite wichtige Regel, auf die sich einen Blick zu werfen lohnt, nennt sich *Metcalfe's Law*. Sie wird dem Ingenieur und Miterfinder des Ethernet-Standards Robert Metcalfe[251] zugeschrieben und besagt, dass der Nutzen eines Kommunikationsnetzwerks mit der Anzahl der Teilnehmer etwa quadratisch anwächst, während die Kosten für die Teilnahme nur linear steigen.

Ich weiß, sagt Kell scherzhaft, dass man mit jeder weiteren mathematischen Gleichung in einem Vortrag etwa die Hälfte des jeweils noch verbliebenen Publikums verliert. Ich hoffe, Sie bleiben dennoch bei mir, fügt er hinzu und schlägt vor: Verdeutlichen wir das mal mit der Verbreitung der »E-Mail«. Die Kosten für die Teilnahme bestehen heute nur in der Anschaffung eines internetfähigen Geräts und den Providergebühren, beides vernachlässigbare Posten. Durch die Teilnahme ergibt sich aber die Möglichkeit, mit allen ebenfalls über E-Mail erreichbaren Personen zu kommunizieren. Gleichzeitig steigt durch meine Teilnahme auch der Nutzen für alle anderen Personen an. Der Wert eines Netzwerks bemisst sich also nach der Anzahl möglicher Verbindungen: Ein Kommunikationsnetzwerk mit nur zwei Teilnehmern hätte ein extrem schlechtes Kosten-Nutzen-Verhältnis, da zwei Zugänge geschaffen werden müssen, während nur eine Verbindung möglich ist. Bei drei Teilnehmern existieren bereits drei mögliche Verbindungen und ein Netzwerk von der Größe des Internet verfügt über eine astronomisch hohe Anzahl von Möglichkeiten. Der Nutzen wächst also wirklich schneller als die Kosten.

Die dritte Regel, die es in diesem Kontext zu betrachten gilt, will die Überlegungen Metcalfes sogar noch überbieten. Das *Reedsche Gesetz*, benannt nach David P. Reed, besagt, dass jeder Teilnehmer nicht nur die Option zur Kommunikation mit jedem anderen hat, sondern dass er sich auch mit anderen Teilnehmern zu einer Gruppe formieren kann, der ebenfalls alle Vorteile der Vernetzung – inklusive des Dialogs mit anderen Gruppen oder Individuen – zur Verfügung stehen. Damit steigt der Wert eines Netzwerks noch einmal rapide an.

Wie immer wir die Zuwächse auch bemessen – ich denke, wir verstehen auch ohne die Formeln recht gut, dass wir unser lineares Denken hier nicht gebrauchen können. Leider ist es aber so, dass nicht alle Knoten im Netz gleichmäßig von diesem Nutzenzuwachs profitieren, beleuchtet Kell. Wie im echten Leben sind eben einige gleicher als die Gleichen. Und von denen sprechen wir jetzt.

Die Macht der Superhubs: In der digitalen Welt gibt es nun einige Knoten, die einen gewissen funktionalen Vorteil bieten oder zumindest gegenüber den anderen Knoten plausibel behaupten, diesen bieten zu können. Das muss nicht viel sein, aber es reicht aus, damit alle anderen Knoten darauf abfahren, sich mit diesem einen Knoten zu verbinden[252]. Diese Knoten, wir nennen sie »Superhubs«, tendieren im Laufe der Zeit eindeutig dazu, überproportional reicher an Verbindungen zu werden. Auch das kann man begründen, legt Kell dar. Nehmen wir an, dass ein Knoten sich zu einem Thema mit einem anderen Knoten verbinden will. Nehmen wir weiter an, dass er dafür zwei ansonsten gleichwertige Knoten zur Auswahl hat, bei denen aber einer mehr Verbindungen ins Netzwerk hat als der andere. Dann wird der erste Knoten die Verbindung tendenziell lieber mit dem netzwerkmäßig höherwertigen Knoten eingehen. Und schwupps wächst die Macht des Superhubs schon wieder weiter an.

In einem wachsenden Netzwerk führt diese selbstverstärkende Attraktivität dann zu einem Effekt, den wir uns nun weiter anschauen wollen. Kell deutet auf den nächsten Punkt seiner Mindmap.

Netzwerk-Darwinismus[253]: In der Netzwerkökonomie existieren leider keine Silbermedaillen. Nein, die besonders erfolgreichen Knotenpunkte vereinnahmen das gesamte Feld ihres speziellen Funktionsbereichs für sich allein. Wir nennen das auch »Winner-takes-it-all«-Ergebnisse, erklärt Kell.

Der Wettbewerb findet in Netzwerken eben nicht mehr unter ähnlichen Anbietern statt, die über geografisch-lokale Vor- oder Nachteile verfügen, sondern er orientiert sich viel stärker an einer funktionalen Ausdifferenzierung. Hierbei können auch kleinste Vorteile langfristig gigantische Unterschiede im Wachstum der Nutzerzahlen nach sich ziehen. So viel zum Thema Nutzerzentrierung, meint Kell, aber weiter im Text: Zu den Gewinnern gehören also folgerichtig jene Unternehmen, denen es am besten gelingt, ein spezielles Feld funktional abzudecken. Amazon hat sich, wie wir wissen, eine nahezu monopolartige Stellung bei der Lieferung von Gütern verschafft.

Facebook ist mit ca. 2,2 Milliarden Nutzern das soziale Netzwerk schlechthin, eBay deckt den Markt für den privaten Weiterverkauf von Produkten ab und Uber sichert sich derzeit den Löwenanteil am neu entstehenden Markt für private Beförderungsdienstleistungen.

Die daraus entstehenden enormen Monopolgewinne werden dann oft zur Akquise weiterer Unternehmen genutzt, sodass weitere Branchen erobert werden können. Das Ergebnis? Na, während die Nutzer zum Beispiel 85 Prozent ihrer Zeit am Smartphone in Apps verwenden, fokussiert sich bei genauer Betrachtung diese Zeit auf nur etwa 5 Apps[254]. Schade um die Millionen Apps, die sich eine Silbermedaille wünschen würden, fügt Kell hinzu.

Jetzt kommen wir zu einem weiteren Punkt, von dem Sie sicher schon einmal gehört haben: **Dem »Long-Tail«-Effekt.** Die Theorie des »Long Tail« wurde von dem Journalisten, ehemaligen Chefredakteur der Zeitschrift Wired und heutigen Unternehmer Chris Anderson in seinem gleichnamigen Buch[255] populär gemacht.

Seine zentrale These lautet, dass in Zeiten weit verbreiteter virtueller Güter die klassische, betriebswirtschaftliche ABC-Analyse an Bedeutung verliert. Was bedeutet das? Kell zieht fragend die Augenbrauen hoch und schaut uns an. Nun, in früheren Zeiten wurde mit relativ wenigen Produkten (den sogenannten »A-Produkten«) ein Großteil des Umsatzes erwirtschaftet, während B-Produkte nur mittelmäßig und C-Produkte nur zu einem sehr geringen Maß zum Unternehmensgewinn beitrugen. Da jedoch alle Produktgruppen ähnlichen Aufwand in Form von Kapital-, Verwaltungs- oder Lagerkosten verursachten, wäre es die passende Strategie, die C-Produkte auszulisten und über externe Lieferanten zu beziehen. Allerdings entfallen bei virtuellen Gütern diese Zusatzkosten wie die der Lagerung oder Lieferung. Aus diesem Grund gehen Unternehmen dazu über, diese Güterart also dennoch im Sortiment zu behalten, weil das nichts kostet. Gleichzeitig kommt es zu einer starken Diversifizierung des Angebots, weil die Produkte individueller auf Kundenwünsche eingehen.

Weil die Auswahl so groß ist und die Regalfläche im virtuellen Showroom nichts kostet, steigen die Umsätze außerhalb der Säulen der A- oder B-Produkte. Die Gewinne werden verstärkt durch eine große Anzahl an C-Produkten, die einen langen Schwanz in der Statistik bilden, erwirtschaftet. Deswegen der »Long Tail«.

Andersons »Long Tail«

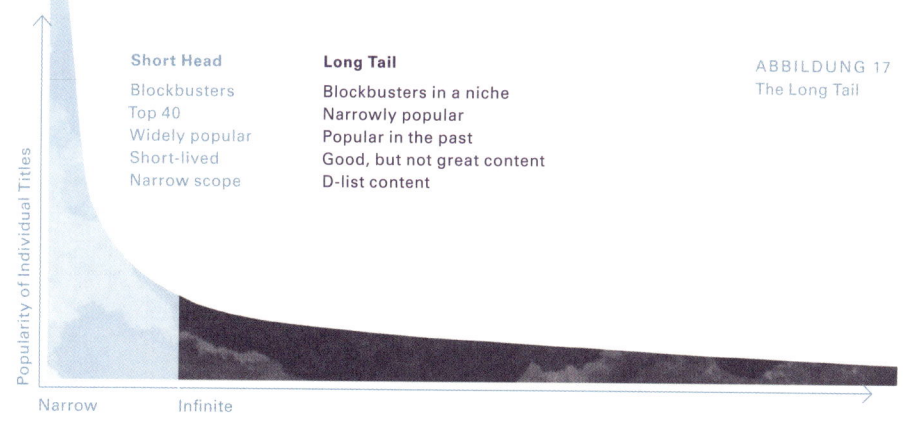

Short Head
Blockbusters
Top 40
Widely popular
Short-lived
Narrow scope

Long Tail
Blockbusters in a niche
Narrowly popular
Popular in the past
Good, but not great content
D-list content

Popularity of Individual Titles

Narrow   Infinite

Nun ist es Hennrich, der die Augenbrauen hochzieht, und Kell ergänzt eifrig: Ja, ich weiß, nur ein Teil der Thesen zum Long Tail ist eindeutig belegbar. Zumindest stimmt die Feststellung, dass mehr Nischenprodukte angeboten werden. Ob das nun tatsächlich den hohen Anteil an den Umsätzen erreicht, den Anderson hier unterstellt – da ist man heute eher anderer Meinung. Es gibt uns aber den nötigen Schwung für meinen letzten Punkt: Das Thema der Resilienz.

*Die **Resilienz des Netzwerks** bezieht sich auf eine wichtige Eigenschaft von Netzwerken, führt Kell aus, und zwar dass diese sehr widerstandsfähig gegen Fehler sind, aber sehr anfällig für gezielte Attacken.*

Was bedeutet das? Nun, kurz gesagt, kann ein digitales Netzwerk sehr gut damit umgehen, wenn eine Anzahl von Knoten zufällig ausfällt. Genau für diese Robustheit wurde es ja von der DARPA[256] entwickelt, eben um Nachrichtenpakete auch dann noch zustellen zu können, wenn eine Anzahl von Knoten nicht mehr verfügbar ist. Gleichzeitig kann ein Hacker, der seine Ziele bewusst auswählt, bereits durch einen Angriff auf einige wenige Knoten eine hohe Zerstörungskraft für die Funktionsfähigkeit des gesamten Netzwerks bewirken.

Nun, meine Herren, wenn es dann zum Thema Netzwerk keine Fragen mehr gibt, gebe ich gerne zurück an Herrn Bremer, der schon ungeduldig darauf wartet, mit Ihnen darüber zu sprechen, was das nun alles mit der Beschaffung zu tun hat.

Bremer räuspert sich kurz und sagt: Die Netzwerkgesetze, über die wir gerade sprachen, gelten für digitale Netzwerke, aber auch für die Unternehmen in der digitalen Wirtschaft selber, und jetzt verbinden wir das mal mit dem, was wir über die offene Organisation gesagt haben. Dabei zeigt er auf einen Ast in der Mindmap, auf dem die Eigenschaften der »offenen Organisation« aufgezählt sind: Transparenz, Inklusion, Anpassungsfähigkeit, Zusammenarbeit und Gemeinschaft.

Was da als Bild vor unserem inneren Auge entsteht, mag noch nicht ganz scharf sein, sagt Bremer dann, aber es ist auf jeden Fall meilenweit von dem entfernt, wie die Autokonzerne die heutige Lieferkette nutzen. Und da müssen wir jetzt ran. Und die Beschaffung – besonders von Innovation – ist genau die Funktion, die wir uns anschauen müssen.

Moment, meine Herren, mischt sich Hennrich ein, wenn wir an der Schraube drehen wollen, sollten wir sehr vorsichtig sein! Es gibt viele gute Beispiele, wo diese »Öffnung«, er unterstreicht das Wort mit einer Handbewegung, auch gar nicht funktioniert. Nur mal als Exkurs, Herr Bremer, die japanischen OEMs mit ihren Keiretsus[257] und die koreanischen Hersteller mit ihren Chaebols[258] sind mit einigen ihrer Zulieferer weit mehr als nur verbunden und an einigen sogar über Kapitalverflechtungen beteiligt. Die arbeiten seit Generationen mit offenen Büchern, abgestimmter Planung und sogar wechselseitig getauschtem Führungspersonal. Trotz all der Offenheit, die da herrscht, gibt es aber deswegen nicht das, was ich eine Innovationsschwemme nennen würde, oder?

Eigentlich ist das ein gutes Argument in meine Richtung, erwidert Bremer. Ja, die arbeiten eng verschränkt – aber eben beinahe ausschließlich in dem, was wir das Standbein nennen. Der Vorteil dieser langfristig gesicherten Liefervereinbarungen zwischen dem OEM und dem Zulieferer ist, dass man für Themen, in denen sich im Zeitverlauf nicht viel verändert, also zum Beispiel bei Standardkomponenten, sehr hohe Investitionen in die Automatisierung begründen kann. Der Auftrag ist ja sicher und der Nachfolgeauftrag auch. Das drückt die Kosten für die Komponenten im japanisch-koreanischen System, erklärt Bremer. Es senkt aber auch die Flexibilität, mal was Neues zu machen, wenn die Innovation dennoch kommt, weil zu viel Geld in den alten Anlagen steckt. Die Folge: Kostenführerschaft als klare Wettbewerbsstrategie.

Anders bei uns: Da ist das Standbein hart dem Wettbewerb unterworfen. Jeder Zulieferer eines Komponentenfelds kämpft mit harten Bandagen um jeden einzelnen Auftrag zu jedem einzelnen Fahrzeugprojekt. Es gibt da keine Seilschaften oder Langfristigkeiten. Mehrere Lieferanten halten dann gezwungenermaßen im Wettbewerb natürlich auch die Kapazitäten vor, um im Auftragsfall liefern zu können. Das sind im Vergleich zu dem asiatischen System weniger die unflexiblen Anlagen als vielmehr Arbeitskräfte, schildert er weiter. Aber die wachsen ja nicht über Nacht auf den Bäumen. Diese relativ höheren Kapazitäts- und Arbeitskosten sind sicher ein Nachteil unseres Systems. Damit die nicht zu hoch werden, versuchen wir sie durch Verlagerungen in Billiglohnländer aufzufangen. Das geht sicherlich bis zu einem gewissen Grad, dann aber schlägt die Logistik zurück und die Pendelei von Lastwagen wird teurer als die Vorteile der geringen Lohnkosten. Am Ende sind diese Kosten aber bei allen Lieferanten recht ausgelutscht und die Anlagen können wie gesagt, wegen der Risiken, den Folgeauftrag dennoch nicht zu bekommen, nicht noch höher automatisiert werden. Der Ausweg: Innovation.

Deswegen sind die Zulieferer unseres Systems auch im Standbein deutlich mehr auf Innovation als auf Anlageninvestition ausgerichtet und sollten zum Beispiel den extrem schwierigen Umstieg auf die Elektrifizierung des Antriebsstranges auch besser überstehen als deren japanisch-koreanische Mitbewerber. Anpassung und Innovation sind schlicht in die DNA unserer Zulieferer geschrieben. Ich würde also sagen, dass wir im Standbein ganz gute Karten haben, meint Bremer. Das Problem ist aber nun, dass die Beschaffung dazu tendiert, das erfolgreiche Muster aus dem Standbein auch in das Spielbein übertragen zu wollen. Und das ist das giftige Problem.

Ahh, entspannt sich Hennrich, jetzt bin ich an Bord. So gesehen kann ich das nur bestätigen: Jeder Kooperationsauftrag in einem meiner Entwicklungsbereiche mit irgendeinem Softwarepartner, selbst wenn der strategisch sauber gesetzt ist, wird von der Beschaffung automatisch als Auktion gefahren, als würden wir eine Tonne Schrauben bestellen. Ich verbringe mindestens einen Tag pro Woche mit solchen Eskalationen, in denen ich mit der Beschaffung darum ringe, Vorleistungen, IP oder schlicht die Kenntnis unserer Systeme als wichtige Faktoren in der Beschaffung von Dienstleistungen zu berücksichtigen, statt nur allein den Preis anzubeten.

Eben, entgegnet Bremer, ich glaube, man muss die Innovationssystematik von Spielbein und Standbein sauber voneinander trennen. Und dann individuell beurteilen, in welchem Modell der Zusammenarbeit man sich befindet, und vor allem gemeinsam mit dem Fachbereich klarstellen, mit welchem Verständnis man dann am besten die richtige Leistung beschafft. Ein »One-size-fits-all«, und daran angelehnt »the cheaper price is always right«, wie man es heute meist antrifft, ist vor allem bei strategischen Kooperationen im Ökosystem oder bei zentralen Dienstleistungen wie zum Beispiel im Engineering oft nicht der Ansatz, der wirklich hilft. Viele Beschaffer reagieren sehr empfindlich, wenn man sie darauf anspricht, denn sie sind es gewohnt, den ganzen Tag lang widerspruchsfrei recht zu haben, sagt Bremer, das weiß ich aus Erfahrung. Meist verweisen sie dann auf diverse Feigenblattinitiativen zur Kür des innovativsten Lieferanten, die vielen strategischen Partnerschaften ohne Tiefgang oder dergleichen. Die tun aber meist gar nichts zur Sache. Mal ein paar Feedbackschleifen in den Prozess bringen, das würde vielleicht schon eher helfen, sagt Bremer.

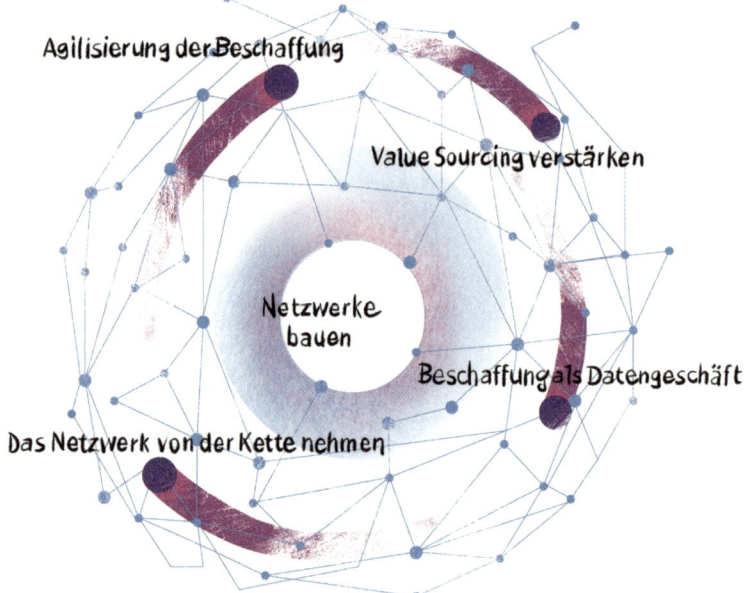

Kollegen, ergreife ich das Wort und merke, wie mich die lange Konzeptdiskussion etwas ungeduldig gemacht hat, lasst uns doch jetzt auf die weiteren Äste der Mindmap schauen und das Beschaffungsthema da ins Ziel fliegen. Ich will die schöne Diskussion ja nicht brutal abwürgen, aber da steht schon eine recht vernünftige Aufzählung von Punkten an der Wand, die man der Beschaffung ganz konkret an die Hand geben könnte, habe ich recht? Herr Mahlich, erwidert darauf Hennrich etwas pikiert, gerne rücken wir gemeinsam weiter vor im Spiel, aber glauben Sie mir, das Beschaffungsthema ist ein echter Pain Point und Sie werden es selber noch zur Genüge erleben.

Bremer überspielt die kurze Anspannung, indem er gelassen fortfährt: Tatsächlich haben wir unter dem Titel »Netzwerke bauen« eine ganze Reihe von Handlungsempfehlungen vor allem für die Beschaffung vorbereitet. Gehen wir das einfach mal der Reihe nach durch, er weist auf den letzten Teil der Mindmap an der Pinnwand, und sehen uns die einzelnen Punkte mit den Stichworten darunter an.

Erstens steht da: **Agilisierung der Beschaffung**. Auch die Beschaffung selbst braucht aus unserer Sicht dringend ein Spielbein, das sich mit Blick auf die Digitalisierung stark um die eigene inhaltliche und prozessuale Weiterentwicklung kümmert. Das bedeutet, mehr fachliches Verständnis über das zu internalisieren, was inhaltlich beschafft werden soll, und in Bezug auf Kooperationen und Partnerschaften mehr Flexibilität und auch unterschiedliche Geschwindigkeitsklassen oder Dringlichkeiten in den Prozess einzubauen. Das ist eine große Herausforderung auch für die Art der Leute, die in der Beschaffung eingesetzt werden, meint Bremer, denn da werden Soft Skills, Geschäftssinn und Lernwille sicher noch mehr auszuprägen sein als bisher.

Zudem braucht es unserer Beobachtung nach eine Taskforce gegen die ausufernde Bürokratisierung, damit die gestiegenen Anforderungen aus Compliance und Rechtssicherheit die Beschaffung nicht zur ungewollten Burg der Verhinderung machen. Den Punkt, merke ich, unterschreiben wir alle sofort.

Als zweites steht **Value Sourcing verstärken** auf der Liste. Das ist ein sehr mächtiges Thema, führt Bremer aus, weil es auch die Incentivierung der Beschaffung beinhaltet und im Grunde eine sehr weitgehende methodische Weiterentwicklung meint, bei der Prozesse dann so gefahren werden können, dass Ergebnisse darin wichtiger als Ersparnisse werden. Das können viele Beschaffungsmodelle sein, die zwar zugegeben heute theoretisch auch schon angeboten werden, die aber wegen der angesprochenen Incentivierung für Ersparnisse eigentlich immer gegen die Partner ausgehen. Hier nicht zu besseren Kompromissen fähig zu sein, bedeutet leider, mit wichtigen Partnern des Digitalgeschäftes, die eine eigene Stärke verspüren, nicht kooperationsfähig zu sein. Als Beispiel nenne ich da Risk-Reward-Modelle, die eben so gestaltet werden müssen, dass am Ende auch beide Seiten eine Chance auf einen Reward haben.

Das Thema wirkt hier viel niedlicher, als es in Wirklichkeit ist, reflektiert Hennrich. Im Rennen um die kommenden Generationen von selbstfahrenden Fahrzeugen werden wir nicht umhinkommen, da massiv nachzulegen, weil es einfach sehr viele sehr starke Player gibt, die sich auf »wir sind oben und bestimmen« und »ihr seid unten und führt aus« nicht einlassen, aber für den Erfolg und vor allem für die Zeitleisten erfolgskritisch sind. Ja, sagt Hennrich, den Punkt kauf ich auch direkt. Ich würde sogar noch was drauflegen, meint er weiter. Ich will die Beschaffung ja gar nicht nur am Ende der Kette haben, wenn es schon zu spät ist. Ich brauche die Kollegen noch viel stärker als heute dabei, mit uns die neuen Partner auszusuchen oder als Lieferant für Software überhaupt erst für uns zu entwickeln. Da jaulen sicher viele meiner Abteilungen auf, weil die das natürlich mit den Anbietern, die sie immer schon hatten, gerne selbst im stillen Kämmerchen weiter ausbauen würden. Aber das reicht nicht, wir müssen ein besseres Value Sourcing auch dort hinbekommen, wo wir die ganz neuen Themen an Land ziehen. Bremer ergänzt den Punkt um »Innovation Scouting« als Stichwort auf der Liste und geht zum nächsten Thema weiter.

Beschaffung als Daten-Geschäft betrifft vor allem die Prozesse der Beschaffung selber, erklärt er nun. Schließlich muss auch der Bereich selbst bei der digitalen Frage und der Überführung der Beschaffung »in die Cloud« in Bezug auf die eigenen Werkzeuge nachrüsten. Also Verbesserungen zum Beispiel für das Risikomanagement, das Wissensmanagement oder in der Datenanalytik und natürlich ganz besonders bei den entsprechenden Kapazitäten zur Nutzung dieser Werkzeuge.

Ein Stichwort steht aber hier, das ich genauer erklären muss: »Von der Dokumenten-Pipeline« zur »Datenplattform«. Diesen Punkt haben Kell und ich in der Vorbereitung so verstanden, dass die Beschaffung bisher Wächter an der Oberfläche eines sehr linearen Flusses von Dokumenten war – von der Informationseinholung über den »Request for Proposal«, das Angebot und das Verhandlungsergebnis bis zu Auftrag und Rechnung. Das reicht aber in Zukunft nicht mehr aus, glauben wir, denn auch die digitalen Beziehungen werden viel tiefer »unter die Haut« aller Unternehmen gehen. Natürlich gibt es schon heute technische Mittel, um den Lieferanten Daten bereitzustellen oder diese abzurufen. In Zukunft wird dieses Geschäft aber viel komplexer werden, weil sich das dann tief in ein Ökosystem hinein erstreckt. Dann müssen Echtzeit-Feeds, Diagnosen, Auswertungen, Updates und dergleichen mehr orchestriert werden. Und das in zahlreichen und unterschiedlichen Rechtsräumen, technischen Infrastrukturen und Lieferbeziehungen.

Das ist eine Zukunft, die nur noch mit dem klassischen »Einkauf« von heute zu tun haben wird, meine Herren. Sowohl Hennrich als auch ich sehen wohl in diesem Moment vor unserem geistigen Auge ganze Großraumbüros voller Rechtsanwälte, Sicherheitsspezialisten und ITler, die sich in diesen Prozess zusätzlich einmischen. Es entsteht eine kurze Pause, dann sagt Bremer: Wir werden auf die IT-Frage noch mal auf der nächsten Pinnwand zurückkommen. Dann geht es schon weiter zum nächsten Thema.

Ich denke, beginnt Bremer, auch der letzte Punkt dürfte Ihre Zustimmung finden: **Das Netzwerk von der Kette nehmen.** Wir haben ja schon bei der Diskussion um die Netzwerktheorie vorhin viel über die Superhubs und deren Wert innerhalb von Communitys gesprochen. In diesem Punkt geht es darum, die Beschaffung selbst, soweit es in unserem Rechtsraum geht, zur marktfähigen Leistung und zur Plattform im Netzwerk zu machen und so dafür zu sorgen, dass die AutoInc. selber zum Marktplatz werden kann. Es gibt unendlich viele Ideen, wie man das weiterspinnen kann. Als Plattform für die Nutzer von Fahrzeugen, als Rohstoffbörse, wie das die Chinesen derzeit über einen staatlich koordinierten Zugriff auf die Rohstoffe für Batterien machen. Es ist keineswegs so, dass wir nur ein einzelnes Glied bespielen müssen. Das auszugestalten finden wir eine interessante Option, um die Kreativität des Spielbeins der Beschaffung zu testen: Mal ein Gewerk per Crowdsourcing vergeben. Oder dafür Geld verlangen, dass geliefert werden darf. Oder, oder, oder …

Ob zufrieden oder erleichtert, sowohl Hennrich als auch ich nicken anerkennend.
Guter Job, Sie beide, sage ich. Das war wirklich anregend.

IT in DevOps (¬ IT der vielen Geschwindigkeiten)

Es ist nicht sehr verlockend, den Tisch, auf dem wir uns niedergelassen haben, wieder zu verlassen, das scheint auch Kell aufzufallen. Kurzerhand zieht er die nächste Pinnwand in unsere Richtung. Dafür haben wir ja in der Vorbereitung etwas Flexibilität eingebaut, meint er schelmisch und blickt daraufhin in zwei dankbare Gesichter. Bremer, nun halb von der neuen Wand verborgen, schreibt noch ein paar Gedanken zum Netzwerk oder zum Einkauf auf ein Blatt, so genau sieht man es nicht, pinnt dieses auf die vorherige Wand und kommt wieder ganz zum Vorschein.

So, sagt er, und nun also die IT. Eigentlich ja das Herzensthema von Herrn Kell, aber lassen Sie mich einleitend ein paar Worte über die bisweilen bedauernswerte Fraktion der Programmierer sagen, bevor wir dann tiefer in die neueren Organisationskonzepte einsteigen. Es gibt nämlich keine Geschäftsfunktion, an der in den letzten zwanzig Jahren organisatorisch so extrem herumgedoktert wurde wie an der IT. Sicher, das Umfeld dazu war auch entsprechend herausfordernd, und die Anforderungswellen kamen nicht mehr nur nacheinander, sondern türmten sich hoch aufeinander. Denken wir zurück, was da alles in sehr schneller Abfolge geschehen ist: Kaum von den grünen Monitoren aus den Kellern der EDV der Achtzigerjahre befreit, musste von den Japanern angetrieben die Prozesswelt robuster gemacht und die Qualität gesteigert werden. TQM[259] war das Modewort der Zeit und die IT ein wichtiger Schlüssel dabei. Dann hinein in die unglaubliche Rationalisierung, sprich Business Process Reengineering, mit all den ERPs[260] und der Beschleunigung der Neunzigerjahre, mit immer schnellerer Time-to-Market und dem Aufkommen des E-Commerce. Wieder war die IT die Waffe der Wahl, schildert Bremer. Seit den 2000ern gilt: Echtzeit und Globalisierung total, Services zu den Produkten verkaufen und Komplexität beherrschen. Es hieß: Voll rein in die IT und »egal was, wir kaufen jedes IT-Gadget der Welt«. Aber dann, gleich nach dem Platzen der Dotcom-Blase der 2000er, plötzlich die Carr-Debatte[261] mit der Aussage: IT ist kein Differenzierungsfaktor mehr, sondern lediglich ein ganz normales Cost-Center. Ein Schlachtfest für die Controller und die Fachbereiche, die einen Blitzableiter für die neue Sparsamkeit gut gebrauchen konnten. Also raus mit den Kosten, radikales Outsourcing und Outtasking, die totale Vollbremsung in der IT. In vielen Organisationen bedeutete das einen abrupten Strömungsabriss in der IT, mit einem daraus folgenden Investitionsrückstau und mit Frostschäden, die bis heute anhalten.

Erst seit die Wirkung der Digitalisierung auch für die traditionelle Industrie besser verstanden wird, so Bremer weiter, gibt man wieder Gas. Gefühlt aber eben vor allem mit den Diensten an der Oberfläche. Schöne Labore, bisschen Social Media und Data Analytics, mal ein Hackathon für die Vorstände oder ein paar zaghafte Apps hier und da. Die Fachbereiche blicken derweil gelangweilt von der eigenen Truppe zu den sexy und selbstsicher auftretenden Shooting-Stars der digitalen der Plattform-Welt. Dort ist alles schön in die Cloud verpackt und pay-by-the-drink. Alles easy. Warum sich die IT-Kollegen aber auch so anstellen, selbst bei der kleinsten Projektanfrage. Dabei ignoriert man zu gerne, was die vorhin beschriebene Herkunft mit der IT gemacht hat: eine Sammlung von Relikten, die sich tatsächlich nicht mehr ohne Weiteres aufräumen lässt.

Das müssen wir uns unbedingt vor Augen halten, wenn wir weiter über die IT sprechen, damit wir nicht naiv argumentieren. Anders als bei anderen Funktionen ist der gerne als Legacy bezeichnete Rucksack an früheren Investitionen nämlich tatsächlich lebenswichtig und eben nicht nur ein altes Geschwür, das wir so ganz einfach in einen Cloud-Nebel packen könnten. Fakt ist, beschreibt Bremer: In beinahe allen, nein, in allen großen Konzernen läuft ein Großteil der Prozesse auf alten Plattformen, die noch aus einer Zeit stammen, als man Cobol programmiert hat und in der der Mainframe die coole Plattform war, und nicht das ewiggestrige Relikt. Das ungeliebte Geheimnis ist: Aus Kostengründen ist diese Struktur auch bis heute einfach kaum zu schlagen, egal welchen Cloud-Zauber wir da anwenden. Das ist auch der Grund, weswegen es keine Business Cases gibt, die das Aufräumen dieser alten Welt mit einem

positiven Return schönrechnen könnten. Es trotz des fehlenden Business Cases nicht zu tun, bedeutet aber, keine Zukunft zu haben.

Dieses Feststecken in den alten Systemen war nicht ohne Auswirkungen auf die Organisation, und umgekehrt, berichtet Bremer weiter. Die erste Reaktion der IT-Strategen war: Man erzeugt einen Bereich für den Betrieb der Systeme, der sich darum kümmert, dass alles stabil und sauber läuft, und trennt diesen von der Einheit, die neue Projekte macht. Mit der Hoffnung: Man kann mehr Projekte machen und durch Druck die Kosten des Betriebes senken.

So weit so gut, fährt er fort, bis dann die neuen Projekte »in den Betrieb übergeben werden« sollten. Denn dann muss man natürlich doch wieder an zahlreichen Stellen an die alten Systeme ran, mit Daten und Schnittstellen und allen erdenklichen Problemen, deren Komplexität und Kosten natürlich kein Projekt vorher berücksichtigt hatte. Wäre ja auch nicht schön gewesen für den Business Case, bemerkt Kell an dieser Stelle. Genau, sagt Bremer. Vieles davon hatte man ja vorher auf kurzem Dienstweg »aus Eh-da-Mitteln« geklärt, und nun brauchte es plötzlich Anträge, Pläne und Budgets für die alten Kisten. Ergebnis: Ein glühender Keil zwischen den IT-Fraktionen, der bis heute nachwirkt. Einerseits deswegen die Reaktion, den Betrieb immer tiefer in eine outgesourcte Zulieferlandschaft hineinzuschieben, um die Kosten der naturgemäß immer wieder auftretenden Erweiterungsanforderungen und Updates und so weiter zu kompensieren. Andererseits eine emotionale Verbrüderung der IT-Projektmitarbeiter mit den Fachbereichen, nach dem Motto, »wir von der guten Projekt-IT würden ja gerne, aber die, die Betriebs-IT, kann ja nicht«.

Das hatte Folgen. Der Keil wurde so immer tiefer in die Organisation getrieben und in den Rechenzentren wuchs gleichzeitig das Flickwerk von wild zusammengebauten Technologien, weil kein Projekt mehr eine Ende-zu-Ende-Verantwortung für eine gesamte Technologielandschaft aus Projekt und Betrieb übernehmen mochte oder konnte. Viele Rechenzentren sehen deswegen bei ehrlicher Betrachtung heute aus wie Museen mit zahlreichen

Exponaten aus den verschiedensten Generationen von: »Man dachte damals, dass es eine gute Idee sei, dann war es eine Sackgasse, aber ein Rückbau wäre viel zu teuer«.

Genau das ist die Situation heute, ergreift Kell nun das Wort, ein bunter Zoo von vielen alten Systemen, die man mit immer neuen Bandagen weiter am Leben hält. Durch die Etablierung von »serviceorientierten Architekturen«, das ist so was wie die Kapselung von Diensten und deren Verfügbarmachung über Schnittstellen für andere Organisationseinheiten, und die massive Standardisierung der IT-Services[262] konnte man zu einem gewissen Grad Abhilfe schaffen. Aber eines der Hauptprobleme der klassischen IT wurde damit nicht beseitigt: Sie war im Vergleich zu der Geschwindigkeit der sich ändernden Anforderungen aus dem Business noch immer zu langsam.

Das brachte dann die großen Strategiehäuser auf die Idee, die IT in zwei organisatorisch getrennte Einheiten mit unterschiedlicher Geschwindigkeit zu teilen. Gartner empfahl diese Teilung der IT 2014 unter dem Begriff »Bimodale IT«[263] und beschrieb das konsequenterweise als Split in einen »stabilen Modus 1« mit dem Großteil der alten Systeme, deren zuverlässiger Betrieb und stetige Weiterentwicklung dort im Fokus stand, und einen »experimentellen Modus 2«, der für freie Entwicklung, Agilität und radikale Innovation stand. Bei McKinsey nannte man es kurz darauf die »Two-Speed-IT«[264] mit ähnlichen Gedanken.

Sie sehen hier ganz absichtlich, zumindest wollten Kollege Bremer und ich das hervorheben, eine Ähnlichkeit mit unserem »Standbein« und unserem »Spielbein«, wobei die beiden IT-Beine eben nicht lose gekoppelt, sondern in dem Falle sogar organisatorisch wirklich hart getrennt gedacht waren.

Also erfolgte wieder ein Schnitt durch die ohnehin bereits schmerzhaft zerrissene IT-Organisation. Hier die Jungs aus dem Betriebskeller, die nun per definitionem die Langsamen waren und die aus Erfahrung teuer und wenig flexibel agierten, und da die coolen Start-up Guys, die selbst die hippen Sprachen coden konnten, nach San Francisco flogen und alles über Nacht aus dem Hut zauberten, was das digitale Herz sich wünschte.

Das hat sogar eine Zeit lang geholfen, fügt Kell hinzu, weil die IT-Chefs gar nicht anders konnten, wollten sie ihre eigene Stellung halten. Die Marketingabteilungen und andere Bereiche begannen wie wild neue Dienste aus der Cloud zu beziehen, und da musste man mit einer »schnellen Truppe« agieren, um nicht noch mehr Terrain an externe Anbieter zu verlieren.

Das eine Problem aber ist dabei, dass eine IT der zwei unterschiedlichen Geschwindigkeiten auf Dauer die IT zerreißt. Das andere Problem, das dabei übersehen wurde, ist das Faktum, dass die Geschwindigkeit des Standbeins heute eben auch nicht mehr in dem »So-langsam-wie-früher« verweilen kann. Beide müssen radikal schneller werden.

Ich nehme schon mal vorweg, wendet Bremer ein, dass wir aus der Erfahrung mit der »bimodalen IT« lernen sollten, dass wir bei der Gestaltung von Standbein und Spielbein sehr viel Augenmerk auf deren Zusammenwirken legen müssen – und sie keinesfalls in Konkurrenz zueinander setzen dürfen. Es muss schon im »Purpose« verankert sein, dass erst im Spielbein was probiert oder verbessert wird, was dann in das Standbein industrialisiert werden soll. Vielleicht muss es auch ausgegründet werden. Aber die Grundthese ist die der Zusammenarbeit, damit nicht zwei konfligierende Kanäle entstehen. Genau, spricht Kell weiter, sonst rummst es, wie ich leider in eigenen Kundensituationen selber erfahren durfte. Ich war zugegebenermaßen früher nämlich durchaus auch ein Verfechter der IT der zwei Geschwindigkeiten. Heute bin ich mir da nicht mehr so sicher, oder wenn, dann würde ich das höchstens als Zwischenschritt zu einer durchgehenden Beschleunigung der gesamten IT verstehen. Langsam und schnell sind einfach nicht die passenden Begriffe, und hart auf Gegensatz und Unterschiede angelegte Kulturen oder Vorgehensweisen vergrößern auf Dauer das Problem, statt auf die Lösung zu fokussieren.

Die Erfahrung zeigt, so Kell weiter, dass immer dort, wo die alte Welt und die neue Welt konkurrierend um Aufmerksamkeit und Ressourcen aufeinandertreffen, die Reibung extrem kontraproduktiv wird. Und die langsameren Test- und Release-Zyklen der Altwelt werden dann zum Aufmarschgebiet der beiden Antagonisten. Ist das unheilbar so? Ich denke es geht auch anders, erklärt Kell, auch wenn es viel Aufwand bedeutet. Es muss dann auch das Standbein dieselben Prozesse lernen und schon hat man die Geschwindigkeitsthemen ein Stück vom Hals und auch die unbegründete Ungerechtigkeit, die modernen Werkzeuge nur auf einer Seite einzusetzen.

Gott sei Dank ist die IT aber selber so innovativ, dass wir da schon gut sehen können, in welche Richtung der Zug unterwegs ist, berichtet Kell nun. Auf jeden Fall werden wir auf der Wegstrecke unsere alten Bekannten wiederfinden können: das agile Vorgehen, für die Architektur einige der Zutaten aus dem Fach der bereits angesprochenen Microservices und APIs und als Betriebsumgebung die Cloud. Wir werden auch Verfahren dabei nutzen, die wir der Erfahrung bei der Programmierung der großen Plattformen abkupfern können, in denen große Systeme laufend aktualisiert werden und in denen die Lieferung einer neuen Variante des Systems mit einer geänderten Komponente in Minuten statt wie früher in Wochen erfolgen kann.

Organisatorisch heißt dieses neue Wundermittel DevOps[265], ein Kunstwort aus den beiden Begriffen: Development (also Entwicklung) und Operations (also dem klassischen Betrieb der Systeme), die ja wie vorhin beschrieben in den letzten zwanzig Jahren durchaus auseinandergelaufen sind. Das Ziel der Entwickler ist es ja, die bestehenden IT-Systeme möglichst schnell und unkompliziert verändern zu können, damit den Kunden zügig neue Funktionen zur Verfügung gestellt werden können. Traditionell wird das System für dieses Update kurz angehalten. Die Betriebler hingegen wollen die Systeme immer möglichst stabil halten, damit die Funktionen immer nutzbar bleiben, schildert Kell weiter.

Da kommen solche Unterbrechungen eher unpassend daher, und das ist nach modernem Verständnis auch berechtigt, denn die IT-Systeme müssen einfach stabil laufen und verfügbar sein. Und genau da, fährt Kell fort, liefert DevOps nun eine Reihe von operativen Betriebspraktiken, die es der IT erlaubt, schneller Anwendungen für Unternehmen zu bauen, zu testen und in eine Produktionsumgebung zu bringen. Sogar bis hin zu einem Continuous Delivery, in dem einzelne Komponenten hochautomatisiert in ein lauffähiges System integriert werden können.

Damit das klappt, werden die für eine Funktion verantwortlichen Softwareentwickler und die Betriebler in gemeinsame, eigenverantwortliche Teams zusammengefasst. Die Leute zusammenzusetzen reicht natürlich nicht, lacht Kell, zusätzlich kommen sehr viele moderne Praktiken der Automatisierung der Integration und des Testing zum Einsatz. DevOps ist mehr als nur Teamzusammenführung oder Werkzeug oder Prozess. Es ist deutlich vielschichtiger und umfasst neben der Philosophie und dem kulturellen Wandel auch konkrete Maßnahmen zur Qualitätssicherung. Zudem bietet sich mit DevOps die Verwendung einer ganzen Anzahl von Werkzeugen an, die diese operativen Praktiken unterstützen. Die Kombination dieser Methoden führt zu den agilen Prinzipien: Flow, Feedback sowie Experimentieren & Lernen. Die sind für den Erfolg ebenso entscheidend, wie eigenverantwortlich arbeitende Teams und eine Kultur des Vertrauens. Bei drastisch gekürzten Entwicklungs- und Auslieferungszeiten kann so eine Software höherer Qualität geliefert werden. Die Werkzeuge entwickeln sich hier übrigens rasend schnell, ergänzt er, denn es gibt heute sogar schon DevOps Kits für den Mainframe-Bereich. Also durchaus Hoffnung auch für die graue Welt, mit modernen Mitteln noch die nächsten Jahre überdauern zu können.

Puh, eine neue Wunderwaffe also, feixt Kell wieder. Na, ich halte dieses Konzept zwar für wirklich vielversprechend, aber für Euphorie ist es wie gesagt zu früh. Die Umsetzung in Inseln mag gelingen, flächige Erfahrungen eines Umbaus einer gesamten, großen Konzern-IT gibt es nach meiner Kenntnis aber noch nicht. Am Ende müssen wir den Weg über die Kluft zwischen den beiden Klippen Entwicklung und Betrieb besser gangbar machen. Brücken bauen mit DevOps? Vielleicht. Vielleicht gilt da aber auch der Spruch: »We don't need to build more bridges (between disciplines), we need to lower the sea of ignorance«[266]. Denn es geht doch am Ende um die Perspektive des Gesamtgeschäfts und nicht dauerhaft um die Rivalität zwischen der Volksfront von Judäa und der judäischen Volksfront[267].

Hennrich ist sehr ruhig geworden. Man sieht ihm förmlich an, wie das eben Gehörte in ihm arbeitet. Dann sagt er: Ich habe DevOps auch in meinem Bereich schon bei der Erstellung wichtiger Komponenten für die Infotainment-Umfänge angetroffen, aber das, was mich umtreibt, ist tatsächlich die Erfahrung von langsamer und schneller IT, auf die Sie hingewiesen haben. Dennoch sehe ich keine Alternativen zu dem Vorgehen, überall solche Pools von Ressourcen zu schaffen, um uns freizuspielen. Aber mir wird klar, wie viel wir noch darüber nachdenken müssen, um das für das Standbein und das Spielbein gleichermaßen zu einem Erfolg machen zu können.

Ich glaube, dass die Softwareentwicklung sowieso eine ideale Keimzelle für die Agilisierung der AutoInc. insgesamt ist und wir auch heute schon für die Produktentwicklung von der IT und von DevOps einiges lernen können. Ich fände es auch wirklich sehr attraktiv, wenn wir, so wie Tesla es auch macht, unsere neuen Funktionen nicht immer nur zu den Einsatzpunkten neuer Fahrzeuge, sondern für alle im Feld befindlichen Autos als Update bringen könnten[268]. Und wenn die Funktionen erst von der Software definiert werden und die Fahrzeuge alle per 5G erreichbar sind, führt da sowieso kein Weg mehr dran vorbei.

Wir sollten da mal versuchsweise einige der Softwarekomponenten für unser Fahrzeug-Back-End mit einem DevOps-Team aus einem Mix von unseren Leuten zusammen mit einem der Lieferanten angehen. Dann würden wir die Arbeitsweise unseres Teams daran weiterentwickeln, also Entwickler und IT besser zusammenspannen, weil die dort ohnehin intensiv aufeinandertreffen. Wir würden aber auch die Beschaffung und die Controller damit ganz schön herausfordern, grinst er über seine Idee, denn die wären ja auch mit in der agilen Zelle statt nur am Rand.

Bremer erwidert: Das kann ich mir gut vorstellen, die Herausforderung, meine ich. Die restlichen Punkte auf der Mindmap, fährt er fort, die wir unter der Überschrift »IT DevOps« aufgeführt haben, will ich nur kurz anreißen: »Energie auf die Unterstützung der Customer Experience«, »die IT macht sich selbst zum Servicecenter«, »baue mit (Open Source) an einem offenen Ökosystem«, »etabliere eine World Class Security Capability« und »Beiträge zur Datenstrategie«. Das, meine Herren, sind nur Überschriften und Links zu anderen Themen, die wir in den meisten Fällen schon gestreift haben. Die wollen wir hier zwar auch verankern, besprechen müssen wir das aber jetzt nicht weiter.

Wir können also wieder eine Wand weiter vorrücken, wenn Sie möchten. Gerne, sage ich und auch Hennrich scheint einverstanden. Bremer schnappt sich die nächste Wand, wie es vorher Kell gemacht hat, und schiebt sie vor die beiden anderen, die bereits vor uns stehen. Die zwei Unterstützungsbereiche Einkauf und IT sind ja noch sehr nahe an Ihrem Kerngeschäft orientiert, beginnt er. Jetzt also zu den etwas weiter entfernten Partnern Controlling und Personalwesen. Wir beginnen mit dem Controlling. Natürlich ist es nicht unsere Absicht, Ihnen Vorlesungen in Betriebswirtschaftslehre zu halten, fügt er hinzu, sondern wir wollen herausarbeiten, was im Zeitalter der Digitalisierung das Controlling und der Personalbereich zusätzlich für Sie leisten müssen, damit die Transformation gelingen kann.

Stopp dem Plan-Wahn (¬ Relativiere den Takt)

Wie Sie sehen, gibt es auf der Mindmap zwei dominante Äste, hebt Bremer hervor und streckt dabei seine Arme auf Schulterhöhe aus, so als wollte er die eben angesprochenen Äste in einer Art Situationstheater für uns darstellen. Der eine beschreibt die Digitalisierung des Controllings, also alle neuen Verfahren, mit denen die Arbeit der Kollegen von der Ärmelschonerbrigade verbessert werden soll, und der andere das Controlling der Digitalisierung, also der Projekte und der Fortschritte und der Investitionen, die damit verbunden sind.

Erst mal zur Digitalisierung des Controllings. Dabei muss ich spontan an einen guten Freund denken, merkt Bremer an, der selbst Karriere im Controlling eines großen Konzerns gemacht hat. Der erzählte mir mal, dass im Controlling das zentrale Wort ja der »Troll« sei, der da drinsteckt. Hennrich und ich können ein Schmunzeln nicht unterdrücken. Aus dem Blick, den wir uns zuwerfen, schließe ich, dass wir gerade beide den Leiter unseres Konzern-Controllings vor Augen haben. Und dieser Troll, fährt Bremer nahtlos fort, steckt in unserem Fall eben vor allem in den vielen Daten, die es nun plötzlich überall gibt und auf die sich das Controlling stürzen kann. Vernetzte Maschinen, Daten aus der Zulieferkette, aus den Projekten, den Märkten, da finden die Kollegen auch ohne die Hilfe der IT unendlich viele Quellen.

Leider ist da viel an Belanglosigkeit möglich. Wichtiger als das Datenwuseln ist es aber, die Maschine in die richtige Richtung zu steuern. Und sei es nur dadurch, dass sie uns hilft, die Anspannung im Spielbein hochzuhalten und den Transfer von Kapazitäten in das Spielbein abzusichern.

Apropos Effizienzmaßnahmen: Viele der einfacheren Tätigkeiten des Controllings erledigen ja heute schon ausgelagerte Shared Service Centers. Darüber hinaus können aber geschätzt bis zu weitere zwei Drittel der heutigen Controller-Arbeit allein durch Automatisierung eingespart werden. Wir wollen die Controller aber gar nicht wegrationalisieren, keine Angst, sondern sie, statt diese Zunft weiter im Maschinenbauch ihre Zeit verschwenden zu lassen, dringend in die höherwertige Rolle des mitgestaltenden Geschäftspartners befördern. Sie dafür frei zu bekommen, bedeutet für das Controlling tatsächlich zuerst einmal eine deutliche Prozessautomatisierung bei Planung, Reporting, KPIs, Datentransparenz und den dazugehörigen Prozessen. Für unsere eigene Tagesarbeit heißt das, dass wir uns natürlich auch auf mehr Self-Service-Angebote für die Manager einstellen müssen. Das ist aber keine Zumutung, weil die tatsächlich selber lesen können, bemerkt Bremer frotzelnd. Die größere Automatisierung beendet nun mit einer einheitlichen Zahlenbasis die altbekannte »deine oder meine Zahlen Debatte«. Bisher konnten sich viele Manager vor dem Managen drücken und stattdessen im Sandkasten mit Förmchen aus unterschiedlichen Zahlen werfen. Fordern Sie deswegen vom Controlling eine wirklich gute Visualisierung und moderne Reporting Tools auf Höhe der Zeit. Seien Sie da mit gutem Gewissen sehr pushy, meine Herren, führt Bremer aus. Verlangen Sie digitale Boardrooms, relevante Echtzeit-Informationen aus den Märkten, alles per App und am Mobiltelefon, und fragen Sie nach, was Data Analytics oder vielleicht sogar ein Projekt mit künstlicher Intelligenz zusätzlich liefern können. Damit stärken Sie das digitale Nervensystem Ihres Unternehmens und leben mit einem sehr großen Hebel vor, wie Sie sich die Arbeitsweise in Ihrem Haus wünschen.

Und dann gibt es eben auch den Controller, der sich dem Controlling der Digitalisierung widmet, fährt Bremer fort. Achtung, meine Herren, der kann von zentraler Wichtigkeit sein, sowohl für Sie selber als auch für alles, was wir bis jetzt gesagt haben.

Die Digitalisierung braucht sicher viel Gestaltung und Vision und Kreativität, klar, und dennoch eben auch eine logische Zahlenwelt und nicht nur die bunten Charts alleine. Hundert Prozent Vorhersagbarkeit bedeuten zwar null Prozent Innovation, meint er weiter, aber das bedeutet im Umkehrschluss nicht, dass wir ohne die Zahlenmenschen weit kommen würden. Sie brauchen sie als Partner, die dabei helfen, neue Geschäftsmodelle zu entwerfen, Datengeschäfte zu entwickeln, Startups und Ventures zu bewerten oder mit einem feinen Gespür für die Themen, nach denen der Finanzmarkt und die internationale Investoren-Community fragt. Sie brauchen die Controller für die Steuerung des Portfolios, da im agilen Modus die Anzahl und Varianz der Versuche, in allen Richtungen Dinge auszuprobieren, dramatisch zunehmen. Nicht als Gegengewicht, sondern als Alter Ego auf Ihrer Seite. Neunzig Projekte in dreißig Minuten täglich in der Frührunde durchsprechen? Das geht, wie mir ein Kollege von seinen Erfahrungen bei einem skandinavischen Klienten berichtet hat[269].

Jetzt wird es aber sehr sportlich, wirft Hennrich ein, das wären dann, wenn ich richtig gerechnet habe, 20 Sekunden pro Projekt[270]. So einen Zeitraffer würde ich natürlich schon gerne auch bei mir in der Technischen Entwicklung einführen, fügt er etwas skeptisch hinzu, nur dann wird wahrscheinlich gar nichts mehr sauber analysiert oder entschieden. Achtung, Herr Hennrich, entgegnet Bremer, das geschieht alles im Rahmen eines sehr gut strukturierten Stand-ups, und es melden sich strikt nur diejenigen Projekte, die Hilfe oder Entscheidungen brauchen. Es sind wahrscheinlich achtzig Projekte in der ganzen halben Stunde völlig ruhig. Es brauchen sich nicht einmal

alle Projekte physisch hinbegeben, denn das Meeting wird für alle auch
per Video übertragen, was bei verteilten Teams ohnehin gar nicht anders ginge. Es ist aber das Herz des agilen Arbeitens, eben keine Selbstdarstellung von einzelnen Personen zuzulassen, sondern die aktuellen
Inhalte und Bedarfe des Teams ins Zentrum zu stellen. Und das gilt
selbst bei sehr großen Programmen.

Dazu gibt es übrigens eine ganze Bandbreite von Möglichkeiten der Or-
chestrierung und Steuerung agiler Programme. Bremer zeigt auf eine
Zeile der Mindmap, auf der steht: Controlling als Methodenhüter und
Rolle in der Steuerung des Portfolios.

> Diese Methodensets kennt man unter »SAFe«[271], das Scaled Agile Framework for Enterprises,
> das ist die von unserem Haus präferierte Methodik, und »LeSS«[272], das ist die zweite bekann-
> te Methode dazu. Sie wundern sich vielleicht, dass wir diese Methodenfragen im Zusammen-
> hang mit dem Controlling bringen, weil man schnell die Idee bekommt, dass da der Wasser-
> fall-Bock zum Gärtner im agilen Garten gemacht werden könnte. Das Risiko gibt es sicher, aber
> die typischen Persönlichkeitsstrukturen der Controller wirken eben auch sehr disziplinierend
> und orientierend. Deswegen sind wir der Meinung, dass es eine gute Rolle für die Controller
> ist, die Verfahren intensiv zu erlernen und dann sogar die Methodenhoheit für die Steuerung
> großer agiler Programme zu übernehmen. Zumindest bis sich die Organisation selbst in ein
> Stadium entwickelt, in dem aus der Arbeitsstruktur etwas noch Stabileres entsteht.

> Ich sehe da schon ein paar gute Leute in meinem Controlling, die auch neugierig und in-
> tellektuell für solche Abenteuer offen sind, sage ich daraufhin, vor allem in den Regionen,
> aber vielleicht nehmen wir das später bei der Personalthematik wieder auf. Ich denke,
> dass wir da etwa die Hälfte der Köpfe sehr intensiv rebooten müssen, damit so was fliegen
> kann. Jetzt aber bin ich neugierig auf die **Relativitätstheorie des absoluten Controllings**,
> den letzten Punkt auf Ihrem Plan. Ich hoffe sehr, Herr Bremer, Sie können halten, was mir
> das zu versprechen scheint: Nämlich dass wir in relativ kurzer Zeit unendlich mehr Budget
> vom Controlling bekommen werden, nicht wahr?, zwinkere ich ihm zu.

> Das ist eigentlich wirklich aus einem Witz zwischen mir und Kell entstanden, schmunzelt
> Bremer und klopft dabei Kell freundlich auf die Schulter. Erst mal zum »absoluten Control-
> ling«: Da waren wir sehr von der Frage getrieben, warum sich das Controlling nicht schon
> früher viel stärker von den Takten der Buchhaltung getrennt hat. Leider ist nämlich der
> Takt der Finanz mit ihren gesetzlich vorgegebenen Berichten und Jahresscheiben für die
> Geschwindigkeit der digitalen Wirtschaft viel zu langsam und kann die Entwicklung dort
> nicht abbilden. Ja, der Takt der Finanz verhindert sogar, dass verschiedene Aspekte über-
> haupt erfasst werden können.

DAS »ABTASTTHEOREM VON NYQUIST« TRIFFT DIE PLANER

Das Abtasttheorem von Nyquist (dieses wird in neuerer Literatur auch WKS-Abtasttheorem, für Whittaker, Kotelnikow und Shannon, genannt) stammt aus der Signaltheorie und der Nachrichtentechnik und spielt eine wichtige Rolle, wenn man analoge Signale erfassen, speichern und wiedergeben will (man spricht von Analog-Digital-Wandlung).

Es besagt, dass man ein analoges Signal nur dann ausreichend genau aus dem digitalen Signal zurückgewinnen kann, wenn die Abtastung vorher mit (mindestens) der doppelten Frequenz des Analogsignales erfolgt. In klarer Sprache: Damit zum Beispiel der höchste, für das menschliche Ohr hörbare Ton wiedergegeben werden kann (das sind beim normalen Menschen etwa 20 kHz), muss die Abtastung mit mindestens 40 kHz erfolgen.

In unserem Kontext bedeutet das: Wenn die Referenzmenge an Wissen, Hypothesen und Daten sich schneller ändert (der analoge Teil der Welt), dann sind jene Systeme im Vorteil, die öfter als andere diesen Fundus »abtasten« können. Im Unternehmenskontext heißt das, öfter Referenzmessungen (Soll mit Ist vergleichen) und entsprechende Anpassungen der Planungen und Handlungen durchführen. Wenn das Lernen als Anpassung bei den Unternehmen (via Planungen) aber an den stetigen Takt der klassischen, jährlichen Prozesse mit den entsprechenden Jahresziel-, Budget- und Planungsschritten gebunden bleibt, während die Welt sich beschleunigt, entgehen dem Unternehmen mit zunehmender Wahrscheinlichkeit wesentlich schnellere Informationen.

Ein Beispiel: Die drei »übersehenen« Signale in der Automobilindustrie, auf die sehr spät reagiert wurde, waren a) die Elektrifizierung (siehe Tesla), b) Sharing (siehe Uber) und c) autonomes Fahren (siehe Waymo). Auch diese sind unserer Meinung nach Ergebnis einer solchen Abtastblindheit, weil die Veränderungen so schnell ablaufen, dass die klassischen Unternehmen für diese relativ blind sind. Damit wird ein zentraler Vorteil der Corporates, nämlich über mehrere Jahre hinweg verlässlich für größere Aufgaben planen und Ressourcen zur Verfügung stellen zu können, zum Handicap, weil die Welt, auf die sich die Ausgangsplanung bezieht, »unter der Planung« wegläuft.

Nun haben wir uns als Nächstes angeschaut, was man denn tun kann, um die Taktzahl des Controllings zu erhöhen.

Eine Idee wäre, führt Bremer aus, den manchmal Monate dauernden Prozess der Planung zu beschleunigen. Und tatsächlich ist das eine unbedingt erforderliche Basisarbeit – siehe Automatisierung vorhin – damit die Organisation eben nicht noch mehr Zeit im Jahr in Planungen sitzt. Aber ein »schnelleres Planen« hilft nur unzureichend, erklärt er weiter. Das wäre, um mit der Metapher der Automatisierer zu sprechen, durch die Beschleunigung der Planungsprozesse nur ein »Mehr-an-Mistplänen-pro-Zeit«. Wir brauchen aus unserer Sicht vor allem ein »Öfter-die-Umwelt-Abasten«, müssen also die Abtastfrequenz für die Umgebung, das Ergebnis vor Kunde, den Markt, die reale Wirtschaft erhöhen. Sprich: Die Wirklichkeit muss von den Entscheidern vor allem in den von der Digitalisierung betroffenen Bereichen häufiger und näher erfasst und mit den unternehmerischen Visionen und Strategien verglichen werden.

Das meint also unsere Relativitätstheorie: Je schneller die Umgebungsgeschwindigkeit in einem Bereich ist, desto kürzer sollen die Planungssprints dauern und desto öfter sollen sie wiederholt werden. Konkret: Controlling soll nicht nur helfen, die Jahresscheibe in die lang-fristige Planung einzupassen, sondern auch die OKR (Objectives und Key Results) für die Quartale so zu wählen, dass die Jahresziele erreicht werden können.

Hennrich überlegt und blickt in meine Richtung. Mag sehr viel Wahrheit drin sein, Herr Bremer. Ich teile zwar nicht Ihre Ansicht, dass die Planungsgeschwindigkeit schuld daran war, dass wir viele Dinge nicht haben kommen sehen. Da gab es schon sehr mächtige blinde Flecken in unserem Management, man wollte das jahrelang nicht wirklich sehen. Aber schneller zu steuern hilft uns sicherlich, unterjährig mal aufzuhören, die Hunde immer wieder den falschen Baum hochzujagen und stur Dinge nachzubauen, die es schon längst am Markt gibt. Ich denke da nur an die vielen Versuche, das Thema Parken zu erobern, Herr Mahlich, da haben wir nicht geglänzt. Die Ursachen für diese Versäumnisse können dann durchaus was mit Problemen in der Planung zu tun haben, sinniert Hennrich weiter. Vor lauter gewünsch-ter Vorhersagbarkeit stopfen unsere beiden Bereiche nämlich oft Dinge in das Portfolio, die es an anderer Stelle schon gibt. Unsere Lösungen reifen dann in Summe zu langsam, weil die Ressourcen dort, wo wir einen Unterschied machen könnten, fehlen. Und das Steuerungs-thema methodisch beim Controlling aufzuhängen, könnte auch ein guter Schachzug sein. Ich will da aber erst mal drüber schlafen, bevor ich das vollständig kaufe.

Also weiter zu den Kollegen von der Personalfraktion, oder, Herr Mahlich? Gerne, sage ich. Und zum Endspurt sollten wir mal wieder auf den Beinen sein, schließlich wollten uns die Kollegen Bremer und Kell damit ja heute besonders herausfordern.

Allianz für Talente (¬ Steigere die Employee Experience)

Auf der letzten Wand steht die Überschrift: Allianz für Talente – steigere die Employee Experience. Schauen Sie, setzt Bremer an, Herr Kell konnte mich fünf Pinnwände lang davon abhalten, einen Sinnspruch auf die Tafeln zu schreiben, weil er das, sagen wir es im Originalton, für banal hält. Nicht aber auf dieser Wand, da habe ich mich durchgesetzt. Dabei zeigt er auf einen Spruch, der mit schöner Handschrift geschrieben im rechten Eck der Tafel steht: »The War for Talents is over. The Nerds have won«.[273]

Damit will ich mit dem »Selbst-Wert der Nerds« beginnen und einige bittere Wahrheiten beleuchten, die wir anerkennen sollten, auch wenn ich an der einen oder anderen Stelle aus Darstellungsgründen zum Mittel der Karikatur greifen werde. Schlicht weil sie die Wirklichkeit genau jener Talente betreffen, die wir in allen Unternehmen so dringend brauchen. Und auch, weil diese Leute gerade im Begriff sind, sich tatsächlich als Vorreiter einer separaten Kaste von der loyalen, klassischen, angestellten Mitarbeit in Unternehmen abzusetzen.

Aber eins nach dem anderen, meint er und fährt fort: Was haben denn die »Digerati« eigentlich als Kern-Motiv? Es ist natürlich schlicht ein unumstößlicher Fakt, führt Bremer aus, dass die CEOs der fünf wertvollsten Unternehmen unserer Zeit eben Elektrotechniker oder Informatiker sind. Die ganze neue digitale Welt wird in den Augen dieser Tech-Giganten und ihres Hofstaates eben nicht mehr gebaut, sondern programmiert. Und jetzt kommt eine meiner Meinung nach wichtige Aussage: Ich kenne trotz mehrerer Hundert Digitalprojekte unseres Hauses auch zusammen mit vielen Start-ups kein einziges digitales Talent, sagt Bremer, das selbst ernsthaft davon träumt, der nächste Zuckerberg, der neue Gates oder der Nachfolger von Bezos zu werden. Wirklich nicht. Die Idee der Weltherrschaft ist nicht in deren DNA, und das ist für die Integration der oft als soziale Sonderlinge wahrgenommenen Typen sehr wichtig. Ja, sie kombinieren hervorragende technische Fähigkeiten und unternehmerischen Drive, und das durchaus in eigener Sache. Was diese Menschen ausmacht ist ja wirklich deren Hingabe, sich mit Spezialwissen vollzusaugen und voll und ganz in eine Materie einzutauchen. Das macht ja das Nerdige an ihnen eigentlich aus und kaschiert die oft vorzufindenden Defizite bei den sozialen Fähigkeiten.

Sie sind aber nicht gegen irgendwelche anderen oder auf deren Unterdrückung aus, sondern spielen für sich und die Sache, der sie sich widmen. Und sie glauben natürlich nicht mehr naiv an den Tausch von Lebenszeit gegen Karriere und Sicherheit, dazu hätten sie die Erfahrungen der Zeit nach der Finanzkrise gar nicht gebraucht.

Was sie zutiefst wissen und optimieren, ist ihr eigenes Portfolio an Fähigkeiten. Das bestimmt am Ende ihren Marktwert und die möglichen Einsätze. Und das ist auch das Einzige, was ihnen Sicherheit gibt. Auch wenn das Thema persönliche Sicherheit nicht wirklich überragend interessiert, so liefert es immerhin immer wieder den Kick durch den Einsatz in genau dem Fachgebiet, für das die einzelnen Talente brennen. Aber Loyalität? Fehlanzeige. Für die digitalen Talente wird auf der Suche nach immer neuen, wertvollen und wertsteigernden »Engagement Experiences« die Arbeit sogar im genialen Umfeld bei Google, Facebook, Amazon und dergleichen mehr zum Durchlauferhitzer. Das wäre angesichts des Erfolgs und der Reputation der Technologiegiganten nicht zu erwarten, aber auch die Mehrheit der Digitalriesen leidet massiv unter der hohen Fluktuation der Talente. Laut Studien liegt die durchschnittliche Betriebszugehörigkeit bei Amazon bei lediglich einem Jahr[274], und Google ist mit einer durchschnittlichen Betriebszugehörigkeit von 1,1 Jahren auch nur geringfügig besser, sagt Bremer. Apple kommt in Sachen durchschnittliche Betriebszugehörigkeit mit nur zwei Jahren immerhin schon auf die Topposition unter den Top-Techunternehmen.

Das Leben der digitalen Talente gestaltet sich demnach als eine Art von aneinandergereihten Sprints, beschreibt Bremer, und nach jedem Projekt gibt es, wie in der agilen Arbeit, die Sprint-Retrospektive mit den Fragen: Was habe ich gelernt? Ist das, wo ich mich gerade rumtreibe, auch im nächsten Sprint noch immer ein anregendes Lernumfeld? Habe ich genug Freiheiten oder verdiene ich nur Geld, um dann an anderer Stelle frei zu sein? Übrigens ein sicheres Abbruchkriterium, schildert er weiter, wenn das so ist. Denn dann greifen die Talente gnadenlos in das Getriebe. Sie wissen zu gut, dass das Hamsterrad nur von innen wie eine Karriereleiter aussieht. Wenn sie nichts mehr dazulernen können, dann gehen sie einfach. Brutal, oder? Bremer lässt kurz seine Ausführungen nachwirken und ergänzt: Ich meine für uns.

Der LinkedIn-Gründer Reid Hoffman[275] sagt, dass die digitalen Talente ihr Leben im »permanenten Beta«[276] als dem tatsächlichen Normalzustand verbringen. Bewusst, wie er meint. Welch ideale Voraussetzung für das lebenslange Lernen, schwärmt Bremer. Das bedeutet aber auch, dass die Digerati natürlich sehr bewusst diejenigen Umgebungen für sich suchen, die voll mit Leuten sind, die genau dasselbe wollen: Lernen und Weiterentwicklung. Deswegen sammeln sie sich aktiv in einem Netzwerk, in dem sie maximal gefordert werden, mit den Besten der Besten zusammenarbeiten können und permanent gutes, relevantes, herausforderndes und ermutigendes Feedback bekommen. Leider ist aber unser klassisches Management überhaupt nicht dazu in der Lage, diese Kollegen mit dieser Art von Feedback zu versorgen.

Die digitale Kaste sucht nämlich eher inhaltliche Orientierung und eben nicht nachgereichte Erziehung. Sie schätzen Coaching und nicht Manipulation. Vor allem wollen sie die wertvollste Ressource, die sie haben, nämlich ihre Lebenszeit, maximal sinnvoll eingesetzt wissen. Das macht sie wählerisch und selbstbewusst. Deswegen fordern sie faire Wertschätzung, nicht eine stumpfe Bewertung über den einen Kamm. Sie wissen in den meisten Fällen selber sehr gut, was sie können, meint Bremer, und es gibt da Messungen[277], die uns hellhörig machen sollten. Wenn es tatsächlich so ist, dass ein exzellenter Programmierer oder Data Scientist oder Produkt Owner oder Experience Designer und so weiter die Produktivität von zwanzig bis sogar hundert normalen Kollegen hat, dann müssen wir sehr darauf achten, dass wir ein Umfeld schaffen, wo die Exzellenten[278] unbedingt hinwollen. Das ist übrigens nicht unmöglich, führt er aus.

In diesem Zusammenhang erinnere ich mich an eine Diskussion mit dem Leiter eines Security-Start-ups in Israel, berichtet Bremer, der uns sehr stolz von seinem Team und den einschlägigen zivilen und militärischen Erfahrungen seiner Leute berichtete. Ich habe dann gefragt, was er denn macht, um die bei sich halten zu können. Schließlich gab es sogar im selben Gebäude zwei weitere Start-ups, die in ein vergleichbares Sicherheitssegment wollen. Ohne viel nachzudenken hatte ich als Antworten Geld, Aktien, Massagen am Arbeitsplatz, Motivationsseminare oder sonst etwas in dieser Art erwartet. Er antwortete darauf nur kurz: Ich lasse sie genau das machen, was sie zu den besten Hackern der Welt macht. Die besten Autos mit den besten Werkzeugen im besten Team der Welt hacken. So oft und so lange und so viel sie wollen. Deswegen sind die ja bei uns mit all ihrem Potenzial.

So einfach, meint Bremer, und so schwierig. Die Top-Leute kann man also nicht wirklich kaufen, man muss ihnen Top-Umgebungen und Top-Projekte geben, sonst kommen die nicht. Sie sammeln coole Employee Experiences und nicht mühsame Karriere-Bausteinchen. Das mal als Einstieg zur Einordnung der Digital Talents, reibt sich Bremer die Hände und wippt etwas auf den Füßen vor und zurück, damit nicht die Idee entsteht, dass wir solche wichtigen Themen alleine über unsere Personalabteilung fahren könnten. Das wäre nämlich weit gefehlt, wie eben angedeutet.

Dennoch gibt es wichtige Impulse, die wir in einer Zeit der Digitalisierung ganz eng und zusammen mit HR auf die Reihe bekommen müssen. Das Recruiting zum Beispiel. Etwa zwei Millionen[279] Bewerbungen erhält Google jedes Jahr, und es nimmt sich dann die Freiheit, daraus die nach allen Regeln besten Köpfe zu filtern. Das folgt dem Prinzip, das schon Jim Collins in *Good to Great*[280] erklärt hat: »A great vision without great people is irrelevant«. Das Problem aber ist, dass die »Great Achievers« sich nicht automatisch und schon gar nicht in ausreichender Zahl und Qualität in der als etwas angegraut verrufenen Autoindustrie bewerben, fügt Bremer hinzu, ganz im Gegenteil.

Was dazu fehlt, ist meist gute Kommunikation. Aber nicht nur durch das Personalmarketing, dessen Nachrichten kommen meiner Meinung nach ohnehin bei den wirklich guten Kandidaten nicht an, führt er weiter aus, sondern vor allem durch die Führungskräfte selber, durch Sie. Bremer blickt uns direkt an.

Sie müssen den Einstellungsprozess zu einer der wichtigsten Aufgaben überhaupt machen. Das wirkt und spricht sich zwischen den wirklich guten Kandidaten rum. Da kann man die guten Leute auch von Angesicht zu Angesicht fragen: Wen kennen Sie denn sonst noch? Es lebe das reale Networking, schmunzelt er.

Die erste klare Nachricht, die damit verbunden ist, meint er dann: Das bedeutet einen Aufwand von etwa 4 bis 8 Stunden pro Woche für alle Topmanager, die mit der Digitalisierung zu tun haben. Das Ziel ist dabei, möglichst viele Leute zu finden, die deutlich besser sind als Sie selbst. Die Rolle der HR-Funktion besteht darin, diesen teuren Prozess nach allen Regeln der Kunst so effizient, reibungsfrei und vor allem effektiv zu gestalten, wie es nur irgend geht. Und es wird Reibung geben, sagt Bremer, denn nichts davon wird einfach in Ihr Schema passen. Weder bei der Gehaltsfrage, den Incentives, dem Ablauf und so weiter, glauben Sie mir. Das Motto an die HR-Kollegen: Vergiss die klassische Personalverwaltung, das ist Commodity, genauso wie die klassische Buchhaltung. Das macht bald der Roboter.

Sie brauchen aber eng an Ihrer Seite einen HR-Mitgestalter und einen Hüter der Haut der Organisation, der zwischen innen und außen ein wichtiger Vermittler ist. Dazu gehört auch, eine Open-Talent-Strategie zu definieren, die den unternehmensübergreifenden Austausch von Know-how und spezifischen Experten nach klaren Regeln und vor allem in höchstmöglicher Geschwindigkeit orchestriert. Der unkomplizierte Zugang zu einer Community von externen Talenten, die gezielt in die Projektpools des Spielbeins einbezogen werden, ist oft erfolgskritisch. Auch mal ein Start-up kaufen vielleicht, um an die Talente zu kommen. Ein Joint Venture mit einem großen Headhunter schließen, oder einem kleinen. Aber ein Bewerbungsprozess als hoheitlicher Akt mit einer fünf Monate dauernden Bürokratie, kaum Interaktion oder qualifiziertem Feedback – dass ich nicht lache.

Die Personalabteilung wird dabei aus allen Mustern ausbrechen müssen, die sie sich bisher gestrickt hat, denn als Anschub für Ihr Spielbein brauchen Sie meiner Meinung nach genau solche Top-Zellen mit den Top-Performern von innen und außen für die Top-Projekte, die Sie ganz nach vorne stellen können. Aber seien Sie zuversichtlich, denn einmal freigelassen, werden diese Top-Performer dann meiner Meinung nach sogar nachweislich[281] die Leistung eines gesamten Unternehmens steigern können.

Es gibt noch eine zweite Seite des organisatorischen Personalstoffwechsels, die ich erwähnen möchte. Sie hat mit dem Schutz der Performer insgesamt zu tun und sich in den letzten Jahren wegen harter Positionierungen der Arbeitnehmervertretung sehr schwierig gestaltet. Das ist das Aussortieren toxischer Kollegen. Bitte mal den Ethik-Reflex des »es gibt keine toxischen Menschen« stecken lassen, schiebt Bremer schnell nach. Ja, es sind nicht die Menschen, die toxisch sind, aber das Verhalten mancher Kollegen kann dem Unternehmen durch die schlechte Stimmung wirklich schaden, und wenn sich das ansammelt, kann es Milliardenschäden[282] nach sich ziehen.

Top-Performer bleiben nicht in einer Umgebung, wo andere ihre Aufgaben nicht vollständig oder gewissenhaft erledigen, wo sie stehlen, ihre Kollegen einschüchtern und beleidigen oder ähnlich unangenehme Dinge tun. Seien Sie streng mit Ihren Kollegen aus der Personalfunktion und verlangen Sie da entsprechende Klarheit auch in dieser Zusammenarbeit. Lassen Sie nicht zu, dass die faulen Äpfel endlos durch das Unternehmen geschoben werden, auch wenn sicherlich zweite Chancen oft eine richtige Wahl sind.

Auch hier kann Google ein gutes Vorbild sein, weil deren Personalabteilung sich ganz besonders um die äußeren fünf Prozent der Performanceverteilung in der Gaußschen Normalverteilung der Leistungen kümmert. Die Top fünf Prozent sollen gezielt belohnt, weiterentwickelt und umsorgt werden. Es sind diejenigen, die die Zukunft des Unternehmens absichern. Und die untersten fünf Prozent brauchen diese Betreuung, weil sich dort eine Verbesserung auf wenigstens ein durchschnittliches Niveau wirklich auszahlt. Oder weil sich dann eine Trennung anbahnt, die das soziale Kollektiv vor einer negativen Leistungsbilanz schützen soll.

Mannomann, Herr Bremer, jetzt gehen Sie aber ans Eingemachte, entfährt es mir. Die Interaktion mit den Arbeitnehmervertretern sieht in der Realität der Autoindustrie, zumindest meiner jungen Erfahrung nach, nicht so aus, wie Sie sich das vorstellen. Die Kollegen hören leider in den Medien andauernd und ganz selektiv von den tausenden Arbeitsstellen, die wir durch Digitalisierung und künstliche Intelligenz verlieren könnten. Und sie werden auch von vielen Mitarbeitern am Band und in den Büros darauf angesprochen, weil dort genauso Ängste vor dem Verlust von Jobs herrschen, auch wenn wir rauf und runter erklären, dass wir im Fall der Fälle an anderer Stelle ja wieder viele neue Positionen schaffen.

Die Idee, den Kollegen von der Arbeitnehmerseite nun beizubringen, dass wir ganz gezielt, um die Highflyer aus dem Digitalgeschäft bei uns zu halten, die unteren Non-Performer vor die Türe setzen sollen, klingt leider nicht besonders opportun in unserer Gesamtlage. Schließlich fahren wir schon mehrere betriebliche Sparprogramme. Ich für meine Seite habe sogar einen Ansprechpartner, der schon seit zwanzig Jahren im Betrieb ist und der mir eigentlich auch immer gut geholfen hat, mich in dem neuen Umfeld zurechtzufinden. Ich kann mit dem auch einzelne Fälle – zugegeben mit viel Geld im Paket – durchsanktionieren. Eine Aktion gegen Non-Performer aber kann ich mir rechtlich sauber und ohne wirtschaftliche Kollateralschäden derzeit nicht vorstellen, Herr Bremer.

> Da bin ich vielleicht schon etwas länger im Skat, Herr Mahlich, sagt Hennrich nachdenklich. Als Mischung von Outplacement, Abfindungspaketen und Auflösungsangeboten kann man das zumindest im Bereich des Managements auch heute schon ganz gut machen. Deswegen finde ich die letzte Einlassung von Herrn Bremer gar nicht abwegig. Denken Sie nur an unseren Kollegen aus dem Aftersales und den Umstand, dass seine Sekretärinnen ihm tatsächlich täglich zweimal alle Mails ausdrucken und sie ihm dann kommentiert vorlegen und auch seine handschriftlichen Anmerkungen wieder schön sauber abtippen. Glauben Sie, das werden wir ohne Personalmaßnahme sortiert bekommen? Herr Mahlich, ich verstehe Ihren Einwand hinsichtlich der Mitbestimmung der Kollegen. Da wollen wir auch absichtlich vorsichtig sein. Aber wenn ich etwas mitgenommen habe heute, dann dass es Zeit ist, den Stier beim Thema Digitalisierung in der Organisationsfrage auf breiter Front bei den Hörnern zu nehmen, um nicht von seinen Hörnern aufgespießt zu werden. Dazu gehört vielleicht auch eine Besinnung auf die handwerkliche Management-Weisheit des »Hire the best, train the rest, get rid of the pest«.

> Ein anderes Thema hab ich auch noch, das mich beschäftigt, führt Hennrich weiter aus. Das ist die zentrale Volte des Vormittags, mit der Sie das »Who« so ganz nebenbei in der letzten Session doch noch neben oder sogar vor das »Why« gestellt haben, Herr Bremer. Ich glaube, dass das etwas ist, mit dem wir uns noch mal in der großen Schlusssequenz, die Sie zum Thema Führung angekündigt haben, intensiv beschäftigen müssen.

↗

Hire the Best
Neben den technologischen Herausforderungen findet der Wandel vor allem auch auf Ebene der Organisations- und Führungskultur statt. Hier muss es darum gehen, das eigene Unternehmen zu dem attraktiven Ort zu machen, wo die Top-Performer hinwollen.

Ich habe das heute sehr genossen, Herr Bremer, gebe nun auch ich mein Feedback. Ich erkenne nun sehr deutlich, dass wir vielleicht stärker auf eine Frage der Führung und daraus hervorgehend, wie Sie gut erklärt haben, der Kultur zulaufen als auf eine technologische Challenge. Viele Impulse haben gut erfasst, was zur Gestaltung der Organisation zu tun ist. Wie wir schlanker werden können, unternehmerischer und attraktiver. Da fasse ich auch Ihren Impuls von eben noch mal auf, Herr Hennrich: Den Stier bei den Hörnern packen, damit wir die AutoInc. gezielt zu einem Platz machen, wo die Top-Leute hinwollen, um Top-Dinge zu machen.

Gut, meint Bremer, ich danke Ihnen. Statt jetzt wie bei vielen Veranstaltungen alles noch mal durchzukauen, oder eifrig schon den nächsten großen Block vorwegzunehmen, sollten wir uns jetzt vertagen. Wenn ich das richtig gehört habe, wartet Herr Hennrichs Tochter schon sehnsüchtig auf den Papa, der heute mal zum Mittagessen zuhause sein möchte, und auch uns anderen wird es guttun, für heute den Stecker zu ziehen. Genau so ist es, schüttelt Hennrich kurz unsere Hände und läuft mit großen Schritten voraus. Ich gehe etwas langsamer hinterher, den Kopf voll mit einer langen Liste von Dingen, die ich mir als To-dos schon für den Montag notiert habe. Auch ein persönliches Treffen mit dem Leiter des Aftersales steht auf dieser Liste. Eben – den Stier bei den Hörnern packen, denke ich, als ich mich in der Tiefgarage in meinen Wagen fallen lasse.

Als ich wegfahre, drehen sich meine Gedanken um die Frage, wie eine Reorganisation ablaufen könnte, die es uns ermöglicht, uns ernsthaft den digitalen Plattformen zu stellen. Ein weiter Weg zum Google-Niveau, sinniere ich, und wieder spüre ich das Gewicht des Steins vor mir. Als könnte sie meine Gedanken lesen, begrüßt mich meine Partnerin Clara zuhause mit einem humorvollen »na, mein Sisyphos« und damit gleite ich versöhnlich ins Wochenende.

**Mahlich begibt sich
an den Startpunkt**

Meetup im Valley

Immigration von Talenten

Hightech-Forschung

Experimentieren

No Non-Compete

Venture-Kapital-Ökosystem

Optimismus und
»Pay-it-forward«

Ein Anruf ändert alles:
Call to Action

Ein Pakt für gemein-
sames Lernen

**China oder doch Israel
– Reisefieber**

Beijing Motor STAU

China Forward

Ein Plan für China

Shalom Tel Aviv

Die japanische Disruption
der Disruptoren

**Die vier Domänen
der Digital Value Economy**

Domäne: »Creating Digital User Value
– Wie aus Produkten digitale
Erfahrungen werden«.

Domäne: »Operieren in Lernzyklen
– Wie aus linearen Prozessen
agile Zyklen werden«.

Domäne: »Design der bimodalen
Organisation – Wie Skalierung
und Innovation versöhnt werden«.

Domäne: »Evolution der Führung
– Wie postheroische Führung
gelingen kann«

C˜reating Digital User Value

Freigang im Kopf

Narrativ: Das Habitat
des digitalen Nutzers

Mobile Menschen:
mehr, älter und reicher

Ungebremste
Urbanisierung

Der Kunde ist always on

Umkehrung
des Wissens-Transfers

Vom Einkaufen
zum Erlebnis-Shoppen

Aufmerksamkeit – das kostbarste Gut

Alles Realtime – das Leben
in Red-Queen-Momenten

Virtuelle Gemeinschaften
und »digitale Staaten«

Die Produktion des digitalen ICH

Deskriptiv:
Creating Digital User Value

Ökonomie der Digital Experiences

Konvergenz – The Secret Sauce

Ökosystem schlägt
Brand Management

Präskriptiv: »Experience goes digital«

Communi-Care (¬ Feedbackschleifen)

Perfect Access (¬ Omnichannel
und De-Frustration)

My Value (¬ Personalisierung,
Status, Selbstausdruck)

User Contribution
(¬ Co-Creation)

Communitys (¬ Social)

Collaboration
(¬ Open Ecosystem)

Die Elefantenrunde
und der Digital User Value

E⁻VOLVING LEADERSHIP

Evolving Leadership

WORUM GEHT ES?

Mahlich treibt die Frage um, wie Führung in Organisationen mit ihren komplexen Anforderungen künftig gelingen kann. Zusammen mit Bremer versucht er sich an einem Kriterienkatalog über gute Führung.

ESSENZ: FÜHRUNG UND HALTUNG IM POSTHEROISCHEN MODUS.

DESKRIPTIV: Schlüsselkonzepte
» **Selbstführung** – Selbstbewusstsein, Selbstfürsorge, Selbstverantwortung und Konstitution stärken
» **New Team Work** – vom Know-how-Worker zum Know-why-Worker mit Passion und Gestaltungswillen
» **Selbstbeobachtungsfähigkeit** – Achtsamkeit in der Führung zum Finden »neuer Zukünfte«

PRÄSKRIPTIV: Handlungsempfehlungen
» **Leadership Kompendium** – Kriterien für gute Führung verbindlich und überprüfbar kommunizieren.
» **Feedback-Routinen** – Mit Feedback Stärken stärken.
» **Entwicklungs-Officer** – Die eigene und die Mitarbeiterentwicklung zur Chefsache machen.
» **Wagniskompetenz** – Chancen durch ein Portfolio an Wagnissen systematisch und nachhaltig vergrößern.
» **Storytelling** – Mit guten Erzählungen Brücken bauen
» **Ökosystem** – Die eigene Performance durch Partnernetzwerke potenzieren

Lesedauer: ca. 165 Minuten (220 Worte/Minute)

Narrativ: Das F-Wort »Führung«

Ein entspannter Sonntag. Endlich. Die letzten Monate sind wie im Flug vergangen und heute habe ich mir einen Tag intensiver Ruhe vorgenommen. Also Laptop zur Seite und Handy aus. Außerdem: Unser Jahrestag. Nach einer halben Stunde am Stepper lege ich Clara und mir eine schöne alte CD ein, dazu ein Gläschen Sekt aus dem Kühlschrank und ein paar frische Erdbeeren. Kurz durchzuckt mich der Gedanke an die Jahreszeit, zu der wir uns das gönnen, aber ich verdränge das schlechte Gewissen schnell wieder. Es gibt frische Brötchen, Semmeln würde Bremer mit leicht österreichischem Dialekt sagen, und die müssen wie die Österreicher meinen tatsächlich auch »resch« sein und auch wie Semmeln riechen, nicht wie feuchte Sägemehlpappen. Dann verscheuche ich auch das Bild des Beraters aus meinem Kopf. Tief brummend reibt die Kaffeemaschine eine Portion Bohnen und erfüllt fauchend den Raum mit dem Duft von frischem Kaffee. Die Welt dreht sich heute ohne mich weiter, verspreche ich uns beiden, und freue mich über die Sonne, die uns durch das offene Terrassenfenster begrüßt. Wegen der lauten Musik hören wir das Klingeln erst nicht. Als es schließlich immer aufdringlicher wird, schaue ich schulterzuckend und grinsend zu Clara hin und frage im Scherz: Na, wer von uns beiden muss denn jetzt wieder mal nur kurz die Welt retten?

Keine drei Minuten später ist mir das Lachen vergangen. Ein Bote der AutoInc. übergibt mir einen Umschlag mit einer persönlichen Nachricht. Darin steht nur: Aufsichtsrat erbittet dringend um Teilnahme an einer Telefonkonferenz heute um 11:45 Uhr. Vorstandsvorsitzender legt sein Amt aus persönlichen Gründen umgehend nieder. Abstimmung der Kommunikation gegenüber den Aktionären ist heute erforderlich. Bis dahin strikte Vertraulichkeit geboten. Darunter die Namen des Vorstandsvorsitzenden, des Vorsitzenden des Aufsichtsrates und einiger seiner Kollegen.

Mir ist sofort klar, dass die geplante Verschnaufpause heute wieder nicht stattfinden wird. Alles andere aber, so scheint mir, ist plötzlich gar nicht mehr klar. Persönliche Gründe? Ich weiß, dass einer seiner Söhne schwer erkrankt ist, das war mal im Kollegium angedeutet worden.

Eine andere Ursache? Streit mit dem Aufsichtsrat? Das kann ich mir nur schwer vorstellen. Alles Spekulation, denke ich und kann doch das Karussell in meinem Kopf nicht stoppen. Dieser Mann ist nicht nur für mich ein Symbolträger für die Öffnung der Firma – hin zu einer digitalen und damit einer moderneren und wettbewerbsfähigeren Version ihrer selbst. Wir brauchen ihn. Ich brauche ihn. Zurück in der Küche sinke ich schwer in den Stuhl am Frühstückstisch und fühle eine unglaubliche Last auf mir, den plötzlichen Verlust eines Verbündeten, der zwar seine Distanz hielt, aber berechenbar schien.

Die bleierne Schwere hat binnen Minuten meinen ganzen Körper erfasst. »Bist du okay?« Clara blickt mich besorgt an und ich antworte ihr, dass ich nicht darüber sprechen dürfe. Noch nicht. Sie ist selbst Juristin und erfolgreiche Wirtschaftsanwältin und versteht, ohne weiter zu bohren. Immerhin. Schweigend verharre ich auf meinem Platz und frage mich, was wohl als Nächstes kommt. Mein eigener Exit aus der AutoInc.? Ich habe nie weiter über meine Exit-Strategie nachgedacht, obwohl Bremer mir das manches Mal nahegelegt hat. Ich hatte es mir vor einiger Zeit vorgenommen, dann war es doch liegengeblieben. Hargrove denke ich wieder, Phase vier, die Notiz liegt sicher noch in meinen Unterlagen. Die Entscheidung zwischen Anpassung oder rausgehen, geht es mir durch den Kopf. Meine Hände zittern und der kalt gewordene Kaffee schmeckt plötzlich bitter. Es ist einsam an der Spitze, sagt Clara leise, als hätte sie meine Gedanken erraten, dann stellt sie ein Glas kaltes Wasser vor mich auf den Tisch. Ich trinke gierig, zutiefst beunruhigt über mich selbst und meine Reaktion. Ich taumle. Zwischen meinem inneren Zwang zur gnadenlosen Selbstdisziplin, mit dem ich die Situation professionell handhaben will, einer tiefschwarzen, schweren Untergangsfantasie, dem kurzen Aufflackern eines Allmachtsgedankens, vielleicht sogar der nächste Vorsitzende zu werden, und einem jaulenden Zweifel aus Selbstmitleid und Verzweiflung. Dann hole ich mein Smartphone und starre darauf, sieben quälende Minuten, bis es endlich 11:45 Uhr ist.

Die Telefonkonferenz verläuft kurz und nüchtern. Als Ursache für die plötzliche Wendung nennt der Vorstandsvorsitzende den verschlechterten Gesundheitszustand seines Sohnes. Wie ich vermutet hatte. Schon in zwölf Wochen will er sich ins Privatleben verabschieden. Die Zeit drängt. Der Prozess für die Suche nach der Nachfolge starte aber nicht bei null, berichtet der Vorsitzende weiter, es gebe bereits seit Monaten Gespräche mit einigen interessanten internen und auch externen Kandidaten. Das werde auch der Aufsichtsrat heute in einer Pressemeldung bekanntgeben. Unser kommunikativer Schulterschluss solle dabei helfen, Spekulationen einzudämmen.

Dann folgt eine Bemerkung, die mich aufhorchen lässt: Der Aufsichtsrat wolle einen Kriterienkatalog für gute Führung erarbeiten, um den Gestaltungsauftrag des neuen Vorsitzenden gegenüber seinem Team genauer zu beschreiben. Als Richtschnur. Und als Entscheidungshilfe. Gespräche mit allen Mitgliedern des Vorstandes dazu würden folgen. Man habe bereits sehr erfolgreich auf den Pygmalion-Effekt gesetzt und suche nun einen neuen Trainer für das Team, der die begonnene Aufholjagd bei den neuen Produkten, in der Nachhaltigkeitsfrage und bei der digitalen Transformation vorantreiben könne. Es ginge, so der Aufsichtsratsvorsitzende, um die Bewahrung der Kreativkraft und den Kampf gegen die Beharrung. Aufmerksam höre ich zu. Pygmalion-Effekt kritzle ich mit einem Stift auf den Block, Kriterienkatalog für gute Führung und Kampf gegen die Beharrung.

Kaum ist das Gespräch beendet, zücke ich mein Handy, um den Pygmalion-Effekt[283] nachzuschlagen. Den Begriff habe ich schon mal gehört, aber so richtig klar ist mir die Bedeutung nicht. Also schnell eine Google-Recherche, schließlich will ich mir nicht die Blöße geben,

Was Führung macht

irgendjemand fragen zu müssen. Schnell verstehe ich den Effekt als eine Art »selbsterfüllende Prophezeiung«, bei der durch die positiven Erwartungen anderer, also zum Beispiel von Lehrern, Eltern oder Vorgesetzten, die Leistungen von Schülern, Kindern oder Mitarbeitern positiv beeinflusst werden. Man wird also so, fasse ich für mich zusammen, wie man gesehen wird. Das erinnert mich stark an die bekannte Idee des »Stärken Stärkens«[284], also mehr von dem machen, worin man gut ist, und Feedback auf das lenken, wo Menschen sich als stark bewiesen haben. Was ja auch bessere Ergebnisse bringt, als immer nur an den Schwächen rumzunörgeln, denke ich mir.

Es ist zwar Sonntag, dennoch wähle ich die Nummer von Bremer. Wenn er keine Zeit hat, kann er mich ja wegdrücken, beruhige ich mich. Ich ahne aber zugleich, dass er genau das nicht tun würde, und hoffe nun, mit ihm selbst, statt nur mit seiner Mobilbox sprechen zu können. Tatsächlich nimmt er den Anruf an. Nachdem ich ihm den Sachverhalt um unseren Vorstand grob geschildert habe, verspricht er mir, morgen früh für zwei Stunden zu mir zu kommen. Ist eigentlich auch genau der richtige Zeitpunkt, fügt er hinzu, das Thema Führung intensiv anzupacken. Hatten wir ohnehin so besprochen, und so werden wir es halt mit gutem Anlass etwas nach vorne ziehen. Den Rest des Nachmittages verbringen wir zusammen beim Squash und dabei muss ich mich von Clara wegen meiner bedauernswerten Form etwas aufziehen lassen. Etwas neidvoll muss ich bestätigen, dass sie es trotz ihres auch hohen Pensums doch schafft, das mit dem Sport besser hinzubekommen als ich.

Gut gelaunt streckt mir Bremer seine Hand entgegen und setzt sich schwungvoll an den Besuchertisch in meinem Büro. Fast ein bisschen zu viel Elan, denn aus seiner hingeworfenen Tasche kullern einige bunte Stifte, ein Brillenetui und ein Packen Papiere, die er geistesabwesend wieder einsortiert, während er zu sprechen beginnt.

Wir wollen heute mal einen Blick unter die Motorhaube dessen werfen, wo Führung[285] draufsteht, setzt er an. Wenn man im Internet nach dem Thema Führung schaut, dann erinnert das irgendwie an die Briefkästen vieler Wohnanlagen, die von den Werbetätern in morgendlichen Papierattacken bis zum Platzen mit Werbung, Prospekten, Wochenzeitungen und anderem Müll zugestopft werden. Fast meint man, das Wissen zur Führung müsste eine Nachfrage haben wie Katzenfutter oder Sodawasser, so viel wird da geworben. Geben Sie zum Beispiel »Definition Führung« in die Suchzeile bei Google ein, dann finden Sie elf Millionen Einträge als Antwort. Und das alleine in der deutschen Sprache. Das meiste davon ist natürlich Schrott und hilft uns gar nicht weiter, fügt er hinzu. Um gezielter zu suchen, wollen wir deshalb erst einmal darüber nachdenken, was denn das Führungshandwerk eigentlich produziert, also auf die Ergebnisse von Führung schauen. Auch da bietet der große Zoo der Führungsforschung viele Gattungen und Gehege an, erklärt Bremer weiter, in denen man sich den Artefakten, die von der Führung erzeugt werden, nähern kann.

Um besser zu verstehen, welche Art von Dienstleistung eine Organisation von ihrer Führung erwartet, blenden wir mal die führende Person selbst für eine Sekunde aus. Das mit der besonderen Fähigkeit des Führenden knöpfen wir uns im zweiten Schritt noch mal vor, fügt er an. Vereinfacht gesagt – Achtung, jetzt kommt ein schöner Merksatz zum Mitschreiben – ist Führung eine in der Organisation ausdifferenzierte Funktion, die sich auf die laufende Herstellung von künftiger Überlebensfähigkeit spezialisiert hat[286]. Bremer hält mir einen Stapel ausgedruckter Folien hin. Auf dem ersten Blatt prangt der eben gesagte Satz.

Vereinfacht ausgedrückt ist also der Ergebnistyp von Führung, dafür zu sorgen, dass es das Unternehmen auch morgen noch gibt. Führung sollten wir uns im Grunde eher als eine Eigenschaft der Organisation vorstellen, fährt der Berater fort, und nicht als eine von der Organisation losgelöste, gesonderte Veranstaltung. Dann kann Führung zum Organ der Organisation werden, das dazu da ist, die Zukunft zu finden – siehe Spielbein – und, na ja, wie ein Lebewesen energetisch umzusetzen. Energetisch umsetzen meint, und das geht nur in der Gegenwart, dass bei der Verwertung von Chancen mehr Energie freigesetzt als verbraucht wird. Das nächste Blatt von Bremers Stapel zeigt mal wieder eine von Bremers Mindmaps. In deren Mitte zu lesen ist der Begriff »Zukunft finden«. Das, erklärt Bremer, meint zum Beispiel Strategieentwicklung oder auch über Anpassungen zu entscheiden, etwa mehr in Markt A und weniger in Markt B, sowie strategisch kohärent zu handeln, etwa Investitionen in Anlagen, Produkte, Menschen und die Ressourcen sinnvoll so zu planen, dass daraus ein möglichst hoher Mehrwert entsteht. Das ist nun nicht überraschend, aber von sich aus macht die Organisation erst mal nichts anderes als genau das, was sie gewohnt ist. Schließlich kommt ja jede Organisation aus ihrer individuellen Geschichte und will sich auch weiter so verhalten, wie sie das in der Vergangenheit erfolgreich gelernt hat. Nämlich immer mehr so wie gestern zu machen. Ändert sich die Umgebung, weiß die Organisation erst mal nicht sehr viel davon. Führung zeigt aber, und das legitimiert sie im Grunde als solche, das »Morgen« als Risiken und als Chancen auf. Dann sorgt sie intern für den Konsens, dass das, was getan werden muss, auch getan wird, auch wenn es vielleicht schwierig ist und oft nur mit Zeitverzug wirkt.

Es ist nun dieser Kommunikationsprozess über die Zukunft, oder sogar über die unterschiedlichen möglichen Zukünfte, der die Führung wirksam macht, und bei weitem nicht so sehr der Führende selber. Das ist zwar erst einmal ein eher ungewöhnlicher Gedanke, aber auch ein sehr befreiender, dabei öffnet Bremer seine Handflächen, denn dann kann man Führung als einen Zukunfts-Kommunikations-Muskel der Organisation sehen, der systematisch ausdifferenziert und trainiert werden will, und viel weniger als eine von außen gekaufte, mythische Fähigkeit von einzelnen Menschen.

Na, Herr Bremer, sage ich daraufhin scherzend, ich will auch was von dem Zeug, das Sie sich letzte Nacht reingezogen haben. Das klingt, ehrlicherweise, zwar intellektuell anspruchsvoll, aber auch, na ja, ganz schön abgehoben. Ich stelle mir gerade vor, wie ich meinen Kollegen in irgendeinem Abteilungsmeeting erzähle, dass wir jetzt als Führung das Organ sind, das die Zukunft verdaut. Da wird es sicher keine fünf Minuten dauern, bis mir der erste Spaßvogel zuruft, dass er schon gut riechen kann, was da hinten bei der Energieumsetzung rauskommt. Ich meine, das Thema Führung ist doch wirklich schon seit den antiken Griechen etwas anders besetzt. Zumindest landläufig. Und es muss ja auch im aktuellen Kontext »kommunizierbar« sein, was wir uns da so ausdenken. Als profaneren Zugang möchte ich den Vorschlag machen, dass es bei Führung um die möglichst effektive und zielorientierte Beeinflussung anderer Menschen geht. Ich will ja gar nicht das etwas ausgelutschte Charisma-Thema strapazieren, aber so ganz ohne Akteure lässt sich das Schauspiel der Führung aus meiner Sicht eben nicht aufführen.

Mein Einwand scheint Bremers Laune nicht im Geringsten zu trüben. Sehr gut, meint er, ein energiereiches Streitgespräch ist doch genau die Anregung, aus der etwas Tolles entstehen kann. Natürlich gibt es Theorien zur Führung nicht losgelöst von der Zeit, in der sie stattfindet. Noch bis in die 1950er-Jahre konzentrierte sich die Führungsforschung tatsächlich fast ausschließlich auf die sogenannten »Great Men«[287], also auf die erfolgreichen Führungspersonen, nach denen ganze Epochen benannt waren. Alexander der Große, Napoleon, das Wilhelminische Zeitalter, nur als Beispiele, sind tatsächlich Ausdruck des Denkens, dass »große Führer geboren werden und nicht gemacht«. Dass die »Great Men« natürlich auch Frauen sein können, wissen wir übrigens nicht erst seit Maggy Thatcher[288], bemerkt Bremer, von ihr stammt aber der passende Ausspruch: »Es stört mich nicht, was meine Minister sagen, solange sie tun, was ich ihnen sage.«

WAS HABEN DER VATIKAN, SAUDI-ARABIEN UND CHINA GEMEIN?

Auch heute noch gibt es in einigen Ländern »Herrscher auf Lebenszeit«. Die Vorteile und Nachteile eines solchen »Great-Man«-Führungsmodells wurden aus der Innensicht vielfach in der Literatur bearbeitet[289]. Was aber bisher weniger beleuchtet wurde, ist die hohe Verletzlichkeit zentralisierter Systeme bei dynamischen Angriffen von außen. Dabei ist es aus meiner Sicht nicht entscheidend (zumindest für die politische Lebensfähigkeit des angegriffenen Systems), ob das durch militärische Mittel (auch der Spionage) oder durch neue Technologien über Marktmechanismen geschieht. Die Immobilisierung der Spitze ist in dynamischen Umgebungen auf jeden Fall auf Dauer ein gewaltiges Risiko.

Ori Brafman und Rod A. Beckström[290] beschreiben in ihrem Buch *Der Seestern und die Spinne* sehr anschaulich, wie die Armee der Spanier in zwei Staatsstreichen die beiden zentralisierten Indianerreiche der Azteken und der Inka eroberten. Es reichte, den König zu töten und relativ kurz die Hauptstadt zu belagern, schon brach der Widerstand völlig zusammen. Die dezentral organisierten Apachen im Norden hingegen leisteten über zweihundert Jahre hinweg erbitterten Widerstand und gewannen sogar noch an Terrain hinzu. Wie die beiden Autoren beschreiben ist im Falle eines Angriffes die sinnvolle Reaktion einer dezentralen Organisation, noch dezentralisierter und offener zu werden.

Die Führungspersönlichkeiten wurden dabei meist als herausragende und sogar einzigartige Menschen verstanden, die durch Glück oder Fügung mit besonderen Qualitäten oder Charaktereigenschaften zur Welt gekommen waren. Diese Gaben »prädestinierten« sie auf natürliche Weise zur Führung von anderen – sowohl im übertragenen als auch im realen Sinne. Nun mag es in Gesellschaften, die nur wenige Gebildete und auch nur wenige Entscheidungssituationen hervorbringen, so sein, dass die Geführten dieses Spiel mitmachen. In unserer heutigen Wissensgesellschaft ist die Idee eines angeborenen Führertums aber Gott sei Dank nicht mehr hoffähig. Dennoch wirken Ausläufer der Great-Men-Theorie auch noch in unsere Führungsgegenwart nach, schildert Bremer, sei es über das von Ihnen bereits angesprochene Charisma-Thema oder über die Idee des »emotional beeinflussenden Transformers«, der mit Visionen inspirieren will. Oder sei es auch nur über die überzeichneten Selbstbilder und die vielen narzisstischen Störungen, die den heutigen Inhabern der Plätze auf der Führungsetage zugeschrieben werden.

Na danke, erwidere ich. Herr Bremer, ich verstehe Ihren Anspruch, die übernatürlichen Kräfte möglichst aus der Geburtsurkunde zu streichen. Da will, glaube ich, auch niemand wieder hin, zumindest liegt mir das fern. Aber ein erfolgreiches Management wird meiner Meinung nach so ganz ohne einen Satz Fähigkeiten eben auch nicht gelingen, und auch nicht der Kommunikationsprozess, den Sie vorhin hervorgehoben haben, oder?

Deswegen haben die späteren Führungsforscher auch erst mal versucht, die »besondere Gabe«, die speziellen Charaktereigenschaften und die Fähigkeiten von erfolgreichen Führungspersönlichkeiten im Sinne des wissenschaftlichen Zeitgeistes wenn nicht zu erklären, dann doch wenigstens messbar zu machen. Ganz munter benchmarkte man dann bei den Führern der Zeit so unterschiedliche Aspekte wie Intelligenz, Aufmerksamkeit, Ausdauer, Selbstvertrauen oder auch Initiative[291].

Die Führungsforschung mühte sich intensiv, so etwas wie einen Kanon der persönlichen Eigenschaften zu erstellen, die, wenn vorhanden, den Erfolg der Führer mit hoher Prognosekraft vorhersagen sollten. Hat aber nicht geklappt, Bremer macht eine wegwerfende Handbewegung, denn die vielen schönen Eigenschaftslisten ließen sich eben nicht auf einen konsistenten Katalog verdichten.

Nicht zuletzt weil eben die Geführten selber in den unterschiedlichen Situationen einen wesentlichen Teil des Spiels bestimmen. Immerhin erkannte man durchaus, dass die Gaben oder die Skills und die Situationen, in der sie zum Einsatz kommen, schon zusammenpassen sollten. Irgendwie kam man aber trotz intensiver Bemühungen nicht wirklich weiter. Na ja, fügt Bremer gelassen hinzu, Sackgasse hin oder her, das mit den besonderen Fähigkeiten der Führenden hat den Protagonisten der Erforschung guter Führung jedenfalls keine Ruhe gelassen. Als Nächstes versuchte man im Bereich der »Führungsskills« einen Katalog von »erlernbaren« Kompetenzen zu beschreiben. Quasi ein Curriculum mit Lernempfehlungen für die Führungselite, mit vielen technischen, sozialen und konzeptionellen Vertiefungen[292].

Aber auch da blieb man im Grunde in der Untersuchung immer eng an der Führungsperson und deren Attributen und musste erkennen, dass die Attributliste nie abgeschlossen und die empirische Verifikation der Prognose von Führungserfolg nie gelungen war. Einmal wirkt ein Set von Skills positiv, und dann dasselbe Set in einer anderen Situation eben überhaupt nicht.

Was im Grunde weiterhin völlig unterbelichtet blieb, war die wechselseitige und komplexe Beziehung zwischen den Führenden und den Geführten in der jeweiligen Führungssituation. Folgerichtig entstand die nächste Idee, schildert Bremer mit offensichtlich großer Hingabe: Die Führungskraft könne je nach Kontext ihr Verhalten oder ihren Führungsstil wählen. Kontexterkennung und Variabilität als Fähigkeit, wenn Sie so wollen, Herr Mahlich.

Dazu würde die Führungslehre nun den Managern einen Verhaltens-Werkzeugkasten bereitlegen, erklärt Bremer weiter, über den sich die Mitarbeiter besser »fassen« und die Ziele besser erreichen ließen. Wahlweise soll der Führende entweder mehr in einem aufgabenorientierten Modus, also durch Strukturen, Rollen oder die inhaltliche Unterstützung des Teams bei der Aufgabe, oder alternativ mehr im beziehungsorientierten Modus, als Befriediger von persönlichen Bedürfnissen nach Anerkennung, der Moderation bei Konflikten etc. über die Beziehung auf den Geführten einwirken[293].

Dieses Denken macht den Führer aber zum berechnenden Manipulator. Das daraus folgende Drama läuft dann in vielen Fällen nach dem Schema ab: Ein großer Auftrag wird von außen an den heldenhaften Führer übertragen, und sei es nur der Auftrag, den Shareholder Value zu optimieren. Diesem Auftrag als persönlicher, übergroßer Mission will der Held unbedingt gerecht werden, koste es, was es wolle. Also drängt der Führende die Geführten in eine maximale Mitwirkung hinein, bleibt aber selbst mit sich und seiner Mission in einer Außenperspektive, in der die Mitarbeiter Mittel sind, die entweder funktionieren oder eben nicht.

Genau hier liegt jedoch eine der wichtigsten Ursachen für die Krise in unserem Führungsdenken und in dem der herkömmlichen Führung zugrundeliegenden Denkmodell: Der Held ist der heutigen Komplexität nämlich gar nicht gewachsen und kann seine patriarchalisch-hierarchische Position im Spiel auch nicht wirklich dauerhaft aufrechterhalten. Er soll zwar Klarheit schaffen, erklärt Bremer weiter, kann dies aber nicht durch sich allein. Denn zu den allermeisten Fachfragen gibt es in seinem Team viel versiertere Menschen. Jedes Mal aber, wenn der Chef »sich dominant durchsetzt«, hebt er vom Wirksamkeitskonto der Führungsfunktion ein bisschen Glaubwürdigkeit ab, denn die Mitarbeiter registrieren frustriert die Abweisung des Selber-Denkens und wandern in die innere Resignation. Die Heldenfigur wird dadurch zunehmend tragisch, weil als Rache für den Frust durch die Zurückweisung die Hoffnung auf den Fall der Figur in der Mitte zunimmt. Die Projektion unserer kindlichen Wünsche auf den heldenhaften Superstar entmündigt nun einerseits die Mitwirkenden, führt Bremer aus. Und andererseits reduziert sie die Auswahl der möglichen Reaktionsmuster der gesamten Organisation allein auf das, was der Führende durchsetzen will. Der vermeintliche Geschwindigkeitsgewinn und die klare Ausrichtung an dem verordneten Ziel werden durch autoritäres Entscheiden[294] zum Pyrrhussieg[295]. Konsequenz: Die Autorität der Führungsperson wird von den Mitdenkern zunehmend infrage gestellt. Gleichzeitig entbrennen interne Machtkämpfe um die Gunst des durchsetzungsstarken Chefs, die Silos bunkern sich ein und zelebrieren bürokratische Absicherung. Die Führung aber erkennt dies nun als Widerstand und Anlass zur Verstärkung der autoritären Muster. Also: Mehr Mikromanagement, noch härtere Ansagen, klare Kanten und die Suche nach Typen, die das auch in der zweiten Reihe können, sind die Folge, schildert Bremer das Führungsdilemma und fügt dann ruhig hinzu: Ein einziger Teufelskreis beginnt.

Ich weiß, erwidere ich etwas ungeduldig. Diese Muster sind gefährlich. Aber manchmal muss man den Stier doch auch bei den Hörnern nehmen und als Führungsperson die Entscheidung fällen. Und die wahren Entscheidungen sind eben nicht trivial, sonst könnte man da ja auch einen blechernen Roboter hinstellen, der die Entscheidung ausrechnet, oder? Und dann gibt es eben immer auch die Leute, die anders entschieden hätten. Das machen Sie sich jetzt als außenstehender Berater zu leicht, entfährt es mir, den Helden so zu verteufeln, von dem Sie gleichzeitig – sonst würden wir nicht überleben – eine entschiedene Führung erwarten. Gerade jetzt, wo wir die Nachfolge für unseren scheidenden Vorstandsvorsitzenden besprechen, der doch auch charismatisch auftritt, gerade wo die Umwelt sich so verändert, brauchen wir doch auch einen Charakter, dem die Leute als Person glauben können. Da kann ich doch nicht mit einem »Alle-basteln-basisdemokratisch-an-der-Entscheidung-mit-Stil« daherkommen.

Oha, sagt Bremer, da ist er wieder, der Ruf nach dem Helden. Ja, das klingt zwar plausibel und gut, weil sehr bekannt, aber mehr auch nicht, nimmt er den Ball auf. Die Helden gehen in dieser Logik zwar mit leuchtendem Beispiel, das heißt mit Siegeswillen und Opferbereitschaft, voraus und bekommen Anerkennung dafür, dass sie eine klare Orientierung bieten. Die autoritäre Führung[296] ist aber zu simpel strukturiert und durch die genannten Nachteile für moderne Organisationen schlicht zu teuer erkauft.

Deswegen sprechen wir an dieser Stelle auch von postheroischer Führung[297], ergänzt Bremer. Damit bietet sich eine zusätzliche Denkweise an, die den Handlungsspielraum von Führung stark erweitert. Das ist aber kein Werkzeugkasten, den man sich beim Baumarkt für gute Führung abholt, da möchte ich Sie warnen, fügt er an. Es geht vielmehr um eine Änderung des Denkmodells in Bezug auf Führung. Folgende Geschichte dazu vorweg: Sie stammt vom österreichisch-amerikanischen Kommunikationspsychologen Paul Watzlawick. Der meint, dass wer einen Hammer hat[298], bei uns wäre das die »Problemlösung durch den Helden, der am Ende entscheiden muss«, immer nach Nägeln suchen würde, also die »Situation der heroischen Führung«. Wo gar keine Nägel existieren, also wo es nichts autoritär zu entscheiden gibt, findet in den Augen des Hammerbesitzers auch keine Führung statt. Dass man vielleicht auch eine Schraube in die Wand drehen könnte, bleibt unbemerkt. Kleben wäre auch denkbar, ergänzt Bremer, oder, oder, oder. Und schon hat man das Repertoire an potenziellen Handlungsoptionen um mehrere hundert Prozent erhöht, grinst er schelmisch, und könnte zudem das erweiterte praktische Handwerkswissen auch in zahlreiche andere Betätigungsfelder, Probleme oder Problemlösungshilfen einbringen. Und damit zurück zur postheroischen Führung, spricht Bremer weiter.

Aus meiner Sicht sollte nämlich der Prozess des »unternehmerischen Kollektivwirkens bei der Suche nach Zukunft« die eigentliche Heldenrolle einnehmen. Dieser gelingt umso besser, je größer die innere Vernetzung und die Qualität der Kommunikation der einzelnen Mitspieler ist.

Dann verliert dabei die Führungsperson selber jedoch aus meiner Sicht den Platz in der ersten Reihe und der Scope dessen, was die Führung ist, verändert sich stark. Die Führungsperson braucht man zwar auch weiterhin, um klug die Positionen auszuhandeln, Aktivitäten zu unterstützen und Umgebungen zu schaffen, in denen sich die Wissensarbeiter mit ihren Expertisen und ihrer Kreativität selbstständig und erfolgreich entfalten können. Diese Sicht nimmt auch keineswegs den Umstand weg, ab und zu mal durchgreifen zu müssen, sagt er. Sie bietet aber mit dem Blick auf das Wirksamkeitskonto des Führenden eine viel integrativere und vor allem dienende Orientierung des Führungshandelns, als das in der tradierten Form des Führungsverständnisses bisher der Fall war.

Der Held ist aber in diesem Denkmodell weniger einsam, tragisch, überzeichnet und kann sich vielmehr dienend um die Verbesserung des Zukunftsorgans kümmern, statt sich selber zum Problem zu machen. Wir kommen später wieder darauf zurück, wie der postheroische Führer wirkt, beruhigt mich Bremer dann, als er bemerkt, dass ich bereits Signale der hohen Speicherauslastung sende. Sehen Sie, Herr Mahlich, hier habe ich mal einige anleitende Punkte zusammengefasst, die uns helfen können, unseren Blick für gutes Führungsverhalten im postheroischen Sinne zu schärfen.

Dazu borgen wir uns ganz dreist die acht Regeln, die der alte Haudegen und Hero von General Electric, der Neutronen-Jack Welch[299] für gute Führung aufgestellt hat. Diese acht Regeln beleuchten wir im Sinne des genannten »unternehmerischen Kollektivwirkens bei der Suche nach Zukunft« mit dem vorhin Gesagten neu. Dabei blättert er wieder eine Folie weiter.

1. GUTE FÜHRUNG VERSUCHT, DAS TEAM STETS ZU VERBESSERN.

Das Team mit den besten Spielern gewinnt, steht in Bremers Liste direkt unter der Überschrift des ersten Punktes. Das Team an die erste Stelle bei den Management-Regeln zu schieben, hat mehr als nur Symbolcharakter, erklärt Bremer dazu, auch und besonders bei Welch. Teamentwicklung hat also oberste Priorität, um gewinnen zu können. Die Anregung von Welch, dazu vor allem die Methoden der Personalentwicklung zu nutzen, teile ich genauso wie sein Credo, das Team mit ausreichend Energie und positiver Rückkopplung zu versorgen, um so die Grundlage für Innovationen zu stärken. Welch sagt, zitiert nun Bremer direkt, »Leader versuchen unermüdlich, ihr Team zu verbessern, indem sie jedes Treffen als Möglichkeit ansehen, zu evaluieren, zu coachen und Selbstvertrauen aufzubauen«. Selbstvertrauen aufbauen, fügt Bremer an, bedeutet übrigens auch, so weit es geht Selbststeuerung zuzulassen. Das, so Bremer weiter, geht aber anders als das oft übliche Mikromanagement.

2. GUTE FÜHRUNG TRIFFT AUCH UNPOPULÄRE ENTSCHEIDUNGEN.

Effektive Manager lernen kontinuierlich dazu, wann das Team entscheiden soll und es dann besser ist, sich als Manager zurückzuhalten, aber auch wann es an der Zeit ist, eine klare Entscheidung zu treffen. Denken Sie dabei an Ihr Wirksamkeitskonto, sagt Bremer, und entscheiden Sie klar, wo es das Unternehmen braucht, und wo eben nicht. Und wo sich nur ihr alter Heldenreflex eine Machtdemonstration wünscht. Dann sollten Sie aber auch die Entscheidung nicht endlos nach hinten verschieben und ewig auf etwas herumkauen. Zaudern oder betteln Sie nicht, zitiert Bremer den amerikanischen Management-Guru weiter, seien Sie mutig. Dazu passt auch Welchs hammerharte Ansage: »Unternehmen sind erfolgreich, wenn ihre Manager klar und sinnvoll zwischen den Top-Performern und Low-Performern trennen, sowohl was Geschäfte als auch was Personen betrifft; wenn sie also die Starken pflegen und die Schwachen aussondern. Übrigens wird ein Weltklasse-Team, wie es im Punkt eins der Liste beschrieben ist, wissen, dass eine Kette nur so stark ist wie ihr schwächstes Glied. Um noch besser performen zu können, wird es beizeiten von Ihnen verlangen, die Schwachen auszusortieren oder andernfalls schlicht nicht bei Ihnen bleiben wollen.

3. GUTE FÜHRUNGS-KRÄFTE WISSEN: VERTRAUEN IST DAS A UND O.

Auch da wollen wir den guten Welch ein wenig neu interpretieren, beginnt Bremer wieder mit seinen Erläuterungen, weil Welch in diesem Punkt selber kein gutes Vorbild ist und sich vom Team aus zu sehr nach außen stellt. Außerdem riecht der Typus von Vertrauen, den er beschreibt, für meinen Geschmack zu stark nach einem Geschenk aus einem sehr patriarchalischem Habitus heraus. Vertrauen ist für mich keine hierarchisch bestimmte Gunst von oben, auch wenn die Vorgesetzten natürlich Vertrauen zu den Mitarbeitern und umgekehrt entwickeln müssen. Vertrauen hat in unserem Sinne mehr mit dem Zutrauen in die Handlungsfähigkeit und auch in die bereits erwähnte Selbststeuerung des Teams zu tun. Vertrauen zu schaffen ist aus meiner Sicht natürlich auch eine persönliche Übung in maximaler Integrität, also das zu tun, was man sagt, sowie darin, für eine maximale Transparenz und Offenheit zu sorgen. Nicht zuletzt beschreibt es das ehrliche Bestreben, immer das Wohl der Mitarbeiter im Auge zu behalten. Denn ein Mangel an Offenheit und Ehrlichkeit führt zu Ängsten und auch dazu, dass gute Ideen und ein schnelles Handeln verhindert werden oder dass effektive Mitarbeiter nicht alles geben können.

4. GUTE FÜHRUNGS-KRÄFTE STRAHLEN OPTIMISMUS AUS.

Die Führungskraft, sagt Welch, soll teils Coach, teils Cheerleader sein, und das müsse tief aus der Persönlichkeit des Führenden kommen, denn: »Wenn ein Job dich nicht auf die eine oder andere Weise begeistert, dann mache etwas anderes.« Das Arbeitsleben ist ohnehin hart, meint er, umso wichtiger sei es, dass eine Führungskraft Enthusiasmus versprühe, denn »unglückliche Stämme können nur schwer gewinnen«. Ganz egal ob andere Wettbewerber oder eine schlechte Konjunktur Druck erzeugen – solche Dinge dürfen einen Leader nicht herunterziehen, sondern müssen diesen ermutigen, an etwas Gutes zu glauben. Hier sehe ich übrigens eine der zentralen Baustellen unserer Vorstandskreise in der Autoindustrie, fügt Bremer hinzu, denn da herrscht meiner Erfahrung nach emotional fast durchgehend Trauerbeflaggung statt optimistische Teamstimmung. Das ist schade, schiebt er hinterher, besonders für eine Branche, in der man so viel mit Emotion und Begeisterung erleben kann.

5. TOP-FÜHRUNGSKRÄFTE VERMITTELN IHRE VISION SO, DASS IHR JEDER FOLGEN KANN.

Auch diesen Satz muss man etwas anpassen, fährt der Berater in seiner Liste fort, denn er beschreibt einen Führenden, der die Vision hat und die anderen damit geschickt von oben »infizieren« soll. Wie in der Kommunikation auch, wird der »virale Effekt« aber vor allem durch die Community getragen. Im postheroischen Denken wird die Vision deswegen vom Unternehmen heraus für sich selber gemacht statt von oben aufgesetzt. Und ein evolutionärer Austausch mit realen Kunden und Kooperationspartnern ersetzt die abstrakte, militärisch geprägte, strategische »Welt-Eroberungsmission«. Unserem Verständnis nach ist das Vermitteln der Vision also ein bidirektionaler Kommunikationsprozess und keine »Einweg-Nachricht«. Eine einmal beschlossene Vision aber so zu kommunizieren, dass sie das gesamte Unternehmen mitzureißen vermag, bleibt dennoch ein wichtiger Punkt. Dieser wird zudem stark an der tatsächlich gelebten Implementierung festgemacht. Feedbackprozesse geben dann Aufschluss, ob das Team das Leitbild versteht und sieht, wohin man will, und ob das reale Verhalten so ist, wie die Werte es – auch von den Führungskräften – erwarten lassen.

6. FÜHRUNG FRAGT NACH.
DAS PRINZIP SESAMSTRASSE.

Diesen Punkt finde ich sympathisch, weil er so entwaffnend ist, grinst Bremer. Führende müssen sich nach Welch damit wohlfühlen, sehr, sehr oft wie die dümmste Person im Raum auszusehen. Jedes Gespräch über eine Entscheidung, einen Vorschlag oder ein Stück Marktinformation muss von den Führenden gefüllt werden mit Fragen direkt aus der Sesamstraße. Sie erinnern sich doch, oder? Bremer beginnt etwas albern zu brummeln: Der, die, das. Wer, wie, was. Wieso, weshalb, warum? Wer nicht fragt, bleibt dumm. Es ist wie im echten Leben, sagt er weiter: Wer fragt, der führt. Fragen Sie also: Was wenn? Warum nicht? Und: Wie kann es sein? Fragen Sie offen und neugierig im »Wir« und nicht im »Sie« und stellen Sie diese Fragen als gemeinsame Herausforderungen, sodass Sie Ihrem Gesprächspartner helfen können, sich weiterzuentwickeln und ihn nicht frustrieren oder von oben herab behandeln. Als Führungskraft viele Fragen zu stellen, ermutigt übrigens auch die gesamte Organisation mehr zu hinterfragen und Fragezeichen eben nicht als Schwächen zu verstehen.

7. GUTE FÜHRUNGSKRÄFTE EXPERIMENTIEREN.

Wer nicht wagt, der nicht gewinnt! Bremer sieht mich gut gelaunt an und fügt dann erklärend hinzu: Laut Welch gehen »Gewinner-Firmen« öfter Risiken ein und lernen somit dazu. Aber machen Sie diese Experimente nicht halbherzig! Spielen, nur um nicht zu verlieren, darf nämlich niemals eine Option für Sie sein. Ein bisschen vom »sportlichen Gewinnenwollen« gehört schon dazu. Damit das wirklich funktioniert und kein Lippenbekenntnis bleibt, rät Welch: Gehen Sie als Führungskraft mit gutem Beispiel voran und experimentieren Sie. Und erzählen Sie auch, wenn etwas schiefgegangen ist, machen Sie deutlich, was Sie daraus gelernt haben. Reden Sie von Ihren eigenen Fehlern am besten so locker und humorvoll, wie es nur geht, empfiehlt uns der Amerikaner Welch, und ich gebe ihm da von Herzen recht, fügt Bremer hinzu. Sie erinnern sich: Experimente beinhalten naturgemäß die Möglichkeit, dass sie nicht funktionieren. Und damit weiter angstfrei möglichst viele Experimente gemacht werden, wollen gute Führungskräfte den Leuten das Gefühl geben, dass Fehler einen selbst eben nicht gleich den Kopf kosten werden.

8. FÜHRUNGSKRÄFTE FEIERN ERFOLGE GEBÜHREND IM TEAM.

Viele Manager feiern einfach nicht genug. Das glaubt zumindest Welch, und auch ich kann das bestätigen, sagt Bremer, ob heroisch oder postheroisch. Sein letzter Rat in der Liste von Empfehlungen ist, auch aus kleinen Siegen große zu machen. Wenn Sie feiern, sagt er, dann fühlen sich Menschen wie Sieger, und warum soll man Erfolgsmomente verstreichen lassen, ohne sich, um in der Sprache des Sports zu bleiben, nach dem Punkt, den das Team gemacht hat, nicht wenigstens einmal richtig abzuklatschen?

Die Arbeit ist ein zu großer Teil unseres Lebens, als dass wir Erfolgsmomente einfach links liegen lassen dürften. Kosten Sie diese Augenblicke aus und genießen Sie sie ordentlich. Und zwar gemeinsam mit all jenen, die zu dem Erfolg beigetragen haben. Denn wenn Sie es nicht tun, wer dann? Mehr feiern, Herr Mahlich, das ist eine Management-Regel, zu der man kaum Nein sagen kann, oder? Mein lieber Lerngenosse Bremer, unterbreche ich ihn, denn meine Assistentin schiebt gerade ihren Kopf durch die Tür, um mich auf die nächsten Termine hinzuweisen. Die vielen Themen von heute muss ich erst noch mal Revue passieren lassen, fahre ich fort. Ich möchte nicht sagen, dass ich da wirklich schon in allen Punkten einverstanden bin. Aber lassen Sie uns doch am Abend noch etwas feiern, damit wir einen der Punkte von Welch auch gleich in die Tat umsetzen. Schäfer, unser neuer Designer, wird nämlich heute eine große Sause geben und seine Vision einer digitalen Haut vorstellen.

Wir können bei dieser Gelegenheit auch ein Wort mit Hennrich wechseln und uns vielleicht zum aktuellen Stand der Gespräche des Aufsichtsrates schlaumachen. Wenn Sie es einrichten können, dann würde ich Sie gern heute Abend von hier mitnehmen, Herr Bremer. Sagen wir um 18 Uhr? Ich weiß, das ist sehr kurzfristig, aber ich würde mich freuen, wenn wir das so machen könnten. Übrigens habe ich heute noch einen Termin mit Herrn Mauritius aus dem Aftersales-Bereich. Eventuell könnten wir uns auf der Fahrt auch dazu noch mal austauschen. Bremer blickt kurz in seinen Kalender und ich merke, dass die spontane Verschiebung seines Programms nicht ganz einfach, aber irgendwie möglich sein sollte.

Die Gefahr durch die Bewahrer

Es ist 18:10 Uhr und ich sitze in der Dunkelheit meines Wagens, die Zeitschaltung hat die Lichter in der Tiefgarage bereits wieder gelöscht. Die Spannungen im Metall lassen die sich abkühlenden Bremsen laut klicken und die Welt ist weit weg, gedämpft und von draußen dringt der fahle Geruch der Garage etwas modrig herein und legt sich über den schönen Lederduft im Innenraum. Kann es wirklich sein, frage ich mich, dass Mauritius, einer der verdientesten Mitarbeiter unseres Hauses, ein früherer Innovator und genialer Architekt eines Geschäftsmodells, mit dem wir wirklich viel Geld verdienen, einfach keinen Bock mehr hat? Wir haben uns über zwei Stunden lang ausgesprochen, über ihn, seine Projekte, seine Rolle, auch über die vielen Anforderungen, die den Aftersales-Bereich in Zukunft treffen werden, und die wir anpacken müssen.

Trotzdem fühlt es sich nun an wie in einer Erzählung von Kafka, wo mit jeder neuen Wendung die groteske Verfahrenheit wächst und das Unheil bleiern seinen Lauf nimmt. Es kommt mir vor, als habe er sich darauf eingerichtet, einfach nichts mehr zu verändern. Bewahrung als bewusste Strategie. Ist er zu alt? Ich habe bisher nie auf das Alter eines Mitarbeiters geschaut und auch jetzt denke ich: Nein, das ist keine Altersfrage. Dann erinnere ich mich an das Bonmot von dem Flugzeug-Mechaniker, der sagt: Beurteilen Sie einen Motor nicht nach den geflogenen Stunden, sondern nach seiner aktuellen Fähigkeit zur Leistungsentfaltung. Während unseres gesamten Gespräches hatte er mir gleichzeitig das Gefühl gegeben, irgendwie unantastbar zu sein. Seine Zahlen seien phänomenal, hatte er gesagt und sie hochgehalten wie ein Priester seine Monstranz. Kurz führte er mich sogar in sein benachbartes Projektbüro, sein Lagezentrum, wie er es nennt, wo die Wand voller Indikatoren hängt und alles schön nach oben zeigt, die Ampeln grün. Für jede Region, für jedes Segment seines Geschäftes, zeigte er mir ausführlich, gebe es einen geordneten Plan. Er werde dann halt, erklärte er achselzuckend, noch eine Wand für digitale Initiativen hinzufügen. Wenn ihr – er sagte wirklich »ihr« und meinte den Vetrieb, zu dem er selbst gehört – wenn ihr ihm dann aufzeigen könntet, wie sich das insgesamt rechne. Gute Business Cases, das wollte er mir klarmachen, habe er immer umgesetzt. Darauf könne ich mich verlassen.

Mein Instinkt warnt mich, dass die schönen Berichte nur Feigenblätter sind, dass sich unter den ambitionierten Programmen ein schwerfälliger Dienst nach Vorschrift versteckt. Ist es so? Kann ich das beweisen? Muss ich das beweisen? Und jetzt? Was würde eine postheroische Führungskraft tun?

Bremer fällt mir ein und ich merke, dass ich mich verspätet habe. Ich sollte seit zehn Minuten oben in meinem Büro sein und ihn zur Veranstaltung abholen. Also los, gebe ich mir selbst das Kommando zum Aufbruch und greife nach einem Packen Unterlagen auf dem Rücksitz, den mir Mauritius mitgegeben hat, als wären es Hausaufgaben für einen Studenten. Auf dem Weg zurück zum Auto schildere ich Bremer in wenigen Sätzen mein Erleben und meine Gedanken zu dem Kollegen. Es gibt keine Krise in dem Bereich, stelle ich laut fest. Zumindest nicht im Moment. Das ist ein Leiter für den Bereich Aftersales, wie Sie ihn wahrscheinlich gar nicht besser finden können. Er hat das Geschäft im Griff. Na ja, wahrscheinlich nicht schlechter als viele andere Aftersales-Leiter unserer Industrie eben auch. Wann immer man ihn aber mit den Fragen der Digitalisierung konfrontiert, gibt es ein sehr eingeübtes »Ja, und ...«, das eigentlich ein »Ja, aber ...« ist. Seine Position lautet zusammengefasst:

Beschreibe mir konkret, was ich tun soll und wie es sich für meinen Bonustopf rechnet. Und dann erklärt er dennoch im selben Atemzug, was noch rauszuholen sei, wenn wir nur weiter das ausbauen, was wir schon begonnen haben, also was er schon die ganze Zeit macht. Herr Bremer, ich kann ihm nicht nachweisen, dass wir uns die Zukunft verbauen, nur weil wir das Standbein ganz ordentlich gestalten, während das Spielbein bloß lose baumelt, statt mal wirklich experimentell was zu wagen. Ist er schon ein Bremsklotz, nur weil er nicht antreibt? Ist er einfach nicht sonderlich kreativ oder steckt er im selbstgebauten Bürokratiegefängnis fest? Bewahrt er die Ruhe oder spekuliert er darauf, bis zu seiner Pension noch mal ordentlich die Taschen zu füllen und dabei möglichst träge jede Aufregung zu vermeiden?

Bremer hört aufmerksam zu und sagt erst mal gar nichts, während ich einige Unterlagen durchblättere und noch schnell ein paar Unterschriften auf die von meinem Sekretariat bereitgelegten Papiere setze. Er lässt mich einfach reden, merkt, dass ich nicht ganz bei der Sache bin. Schließlich fragt er mich: Herr Mahlich, würden Sie den Leiter des Aftersales-Bereichs durch einen teuren Headhunter von einem anderen Team abwerben lassen? Ich denke nicht, antworte ich. Aber er ist nun mal in dieser Position, mit allen Vor- und Nachteilen.

> Nun, erwidert Bremer, was ich hier wahrnehme ist der Versuch, die emotionale Notwendigkeit, die Sie sehen, im Bereich Aftersales mehr für die Digitalisierung zu tun, als sie in ein rationales Korsett zu drücken. Das wird aber so nichts werden. Das Gespräch, wie Sie es mir geschildert haben, ist vielleicht ohnehin zu sehr auf der rationalen Ebene geblieben. Meiner Meinung nach sprechen Sie beide eine Sprache miteinander, in der die eigentliche Frage nicht gestellt werden kann: nämlich die nach seiner Offenheit, weiterhin zu experimentieren, und seiner Lust, selbst weiter etwas dazuzulernen. Ich verstehe Ihre Sichtweise: All die schönen Best Practices, die er Ihnen gezeigt hat, beeindrucken erst mal. Sie werden aber, wenn nicht hinterfragt, und das fühlen Sie aus meiner Sicht sehr richtig, schnell zu Past Practices. Die sind zwar durch den Herdentrieb der Experten sicherlich dann noch für eine Zeit erklärbar, dadurch aber umso gefährlicher. Das Risiko, das Ihnen Ihr Instinkt aufzeigt, ist die potenzielle Gefangenschaft im bereits besprochenen Innovator's Dilemma, das Clayton Christensen[300] beschrieben hat.

Die Frage geht deswegen im Kern an die Persönlichkeit Ihres Aftersales-Leiters: Was ist dein Lernprogramm, mein Freund Mauritius? Seien Sie bei diesem Dialog aber auch fair und vorsichtig, denn die großen Organisationen lieben Stabilität, und er liefert sie. Auch ein Maß an Berechenbarkeit ist wertvoll – in den Abteilungen, den Beziehungen, den Zuständigkeiten und den Zielvereinbarungen, den Plänen und den Abläufen.

Sie und ich wissen: Berechenbarkeit ist auf Dauer eine Fata Morgana im Geschäft. In Beziehungen ist sie aber wertvoll. Und vielleicht gibt es Felder, in denen er auf seine Art neugierig ist. Vielleicht könnte der Fokus der Vereinbarung eher sein, die Flexibilität zu erhöhen und die Bürokratie zu bekämpfen. Wenn er den Titel der Digitalisierung nicht mag, dann schreiben Sie eben einen anderen auf den Auftrag, der aber demselben Ziel dienen kann. Herr Mahlich, die Verhandlung der geforderten »Extrameile« braucht aus meiner Sicht etwas Gespür für seine bisherige Sozialisierung. Vielleicht folgt sie der schlichten Erkenntnis, dass bisher kaum jemand seinen Job bloß wegen einer verpassten Chance verloren hat – oder weil er tut, was alle tun. Wohl aber steigt aus Sicht vieler Karrieristen der persönliche Gefahrenlevel, wenn in einer vermeintlichen Chance viel Geld versenkt wird, ohne dass daraus ein Erfolg entstehen konnte. Da meiden Entscheider aus Sorge um die eigene Laufbahn, und sei es die

Restlaufbahn, dann lieber die großen Sprünge. Zudem sind Führungskräfte über jahrelange Auswahlprozesse darauf konditioniert, Konsens zu produzieren, politische Prozesse zu moderieren und alle Störungen vom Unternehmen abzuwenden. Statt in der radikalen Neuerfindung enden diese Übungen deswegen zumeist lediglich in oberflächlichem Nachahmen von etablierten Mitbewerbern (zum Beispiel durch Benchmarking) oder inkrementeller und möglichst risikoarmer Weiterentwicklung des Status quo.

DIE KANONEN DES MARINEOFFIZIERS SIMS[301]

Wir schreiben das Jahr 1898. Der Hauptdarsteller unserer kleinen Geschichte ist der Marineoffizier Leutnant Sims. Er ist das, was man ein »helles Köpfchen« nennt, und verrichtet zu dieser Zeit seinen Dienst auf dem modernen US-Schlachtschiff Kentucky in der südchinesischen See. Die amerikanische Marine hat soeben maßgeblich dazu beigetragen, den Spanisch-Amerikanischen Krieg zu gewinnen, und gilt als »die beste ihrer Zeit«. Und das trotz des Umstandes, dass die Trefferquote der Schiffskanonen bei genauer Betrachtung zwar besser ist als die der meisten anderen Marinen, jedoch von 1.000 abgefeuerten Schüssen nur 13 ihr Ziel erreichen. Denn es ist äußerst mühsam, die auf dem schaukelnden Schiff festgeschraubte Kanone auszurichten.

Zu jener Zeit dient bei der befreundeten britischen Marine der innovative Admiral Percy Scott, der beobachtet hat, wie ein Kanonenführer die Schaukelbewegung des Schiffs klug für die Zielführung ausnutzte und auf diese Weise viel öfter als seine Kollegen ins Ziel traf. Scott, handwerklich geschickt und bereits Erfinder einer neuen Signallampentechnologie, montiert die Kanone auf eine bewegliche Hebebühne, addiert ein Teleskop zur Zieljustierung und steigert damit die Trefferquote seiner Schiffskanonen um den Faktor 30. Nun trifft beinahe jeder zweite Schuss. Wahrlich ein Vorteil. Das erkennt auch unser Herr Sims und will die Neuerung der amerikanischen Marine empfehlen. Mit Unterstützung von Scott baut Sims seine eigenen Kanonen auf das System des Engländers um und sammelt umfangreiche Daten zur verbesserten Treffsicherheit sowohl seines Schiffs, der H. M. S. Scylla, als auch dem des britischen Kollegen Scott, der H. M. S. Terrible. In dreizehn Berichten schildert Sims dem US-Navigationsamt sowie dem Bureau of Ordnance – so etwas wie die Forschungsabteilung der U.S. Navy – die bahnbrechenden Ergebnisse und regt an, dies standardmäßig auf allen Schiffen der amerikanischen Seemacht einzusetzen. Aber nichts geschieht. Keine Reaktion. Sims wird daraufhin wütend, sammelt wild weiter Daten und vergrößert den Empfängerkreis, dem er seine Studien sendet. Auch verschärft er die Dringlichkeit seines Tonfalls, mit dem er für den Einsatz der Erfindung plädiert. Nun erfolgen Reaktionen. Die neue Kanonentechnik wird verglichen und für nicht relevant erklärt, der entscheidende Test dafür findet bezeichnenderweise auf dem Festland statt. Die Treffsicherheit der US-Seestreitkräfte wird quasi per Dekret zur besten der Welt erklärt und der arme Sims am Ende im Streit entlassen.

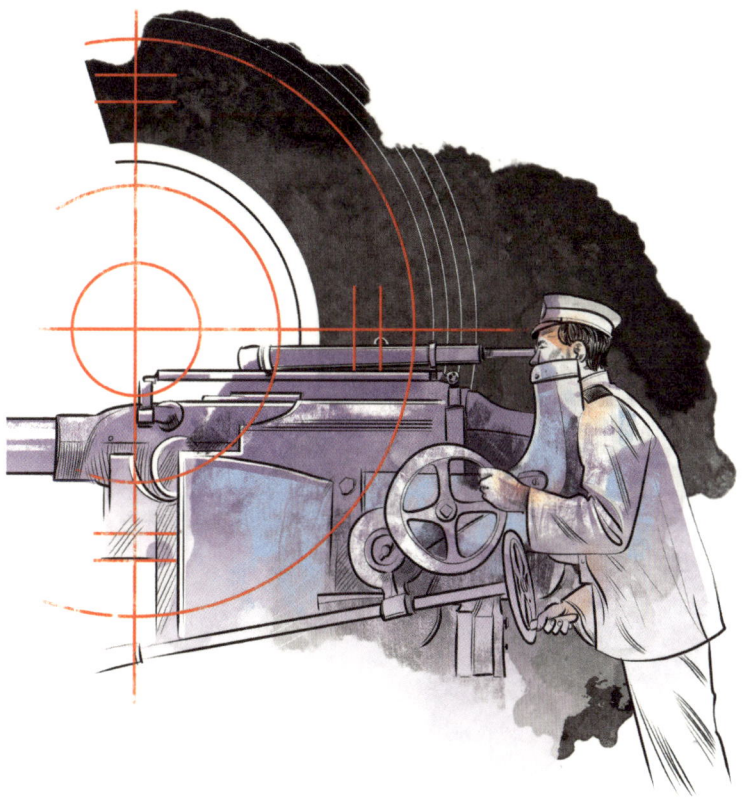

Sehen Sie, meint Bremer, ich verstehe Ihr Dilemma mehr, als Sie denken. Denn viele meiner Gesprächspartner erklären mir im Beratungsalltag unter vier Augen, das Digitale »sei eigentlich etwas für die nächste Generation« und man werde vorerst auch »konventionell« noch viele Pfeile im Köcher haben.

Es sind durchaus nicht immer nur die Älteren, die das aussitzen wollen, sondern auch viele Fachexperten oder gewisse Typen von Aufsteigern, die nur um die Ecke nach der nächsten Beförderung schielen. Oder nach dem nächsten Headhunter. Die erklären mir dann, genau wie Sie es beschrieben haben, gerne und ausführlich, dass es in der Wertschöpfungskette noch viele Möglichkeiten gebe, bestehende Informationen besser nutzbar zu machen. Diese graduellen Verbesserungen würden auch noch für lange Zeit genug Beschäftigung und gute Ergebnisse erzeugen. In vielen Fällen stimmt das ja sogar auch. Die dann folgenden Aktionen sind aber doch vor allem Showeffekte und stehen aus meiner Sicht in der Tradition von Ablasshandlungen, weil die Führungsprotagonisten aus sehr persönlichen Gründen keine Risiken eingehen wollen. Manche der Nein-Bürokraten bekämpfen die Neuerungen nicht einmal irgendeiner Sache wegen, sondern ihrer eigenen Unsicherheit oder schlimmer, ihrer Bequemlichkeit wegen.

Was hilft? Selbst unbequem sein, sagt Bremer, Fragen stellen. Haltung zeigen, nach dem Motto: Wir werden das jetzt einfach nicht bremsen, sondern machen. Und es kann sein, dass einer dafür aus dem Weg gehen muss. Bei allem Postheroismus im Management, Herr Mahlich, das System Unternehmen in seiner Komplexität und Ganzheitlichkeit zu sehen, bedeutet nicht, ab sofort nur mehr das Schaf und nicht mehr den Wolf zu machen. Die Frage dabei ist aber immer, und glauben Sie mir, das spüren die Menschen sehr genau: Geht es dabei um Sie selbst oder um die Zukunft des Systems, dem Sie dienen?

Die Neu-Entdeckung der Führung

Wir sind nun endlich wieder in der Garage zurück und können losfahren. Bremer faltet eine Autozeitung, die auf meinem Beifahrersitz liegt. Auf der Titelseite prangt das Konterfei des französisch-japanischen Auto-Chefs Carlos Ghosn, der seit einigen Monaten auf seinen spektakulären Steuerprozess in Japan wartet. Hmm, seufzt Bremer, schon interessant wie die Presse die ehemaligen Götter ins Feuer wirft. Denken Sie nur an die anderen Titanen der Industrie, die es vor kurzer Zeit schwer erwischt hat, etwa Winterkorn von Volkswagen oder Stadler von Audi. Dann schweigt er eine Weile, bevor er wie beiläufig hinzufügt: Übrigens, wussten Sie, dass Hyänen ihre Beute bei lebendigem Leib fressen?

Mein lieber Bremer, Sie sind ja heute wirklich eine Frohnatur! Bremer verzieht keine Miene und ich fahre in sachlicherem Ton fort: Aber Sie treffen auch einen Punkt, meine ich. Was wir da sehen, hat vielleicht schon was von einem Königsmord. Bloß hält in diesen Fällen nicht ein Nachfolger den blutigen Dolch in der Hand, sondern das System selbst, das sich eines ehemals übermächtigen Halbgotts entledigt. Vor diesem Hintergrund erscheint mir die postheroische Wende wie eine positive Lösung für ein Problem, welches für die Führenden und die Geführten gleichermaßen relevant ist. Eine solche »postheroische Aufklärung«, dabei zeichne ich Gänsefüßchen in die Luft, um den Begriff hervorzuheben, hilft vielleicht, in Zukunft öfter den Wechsel der Führungsperson hinzubekommen, ohne das damit verbundene metaphorische Blutvergießen.

Und jetzt knüpfen wir an die Diskussion von heute Morgen an, fahre ich eifrig fort. Bisher war es ja gängige Management-Theorie, dass Veränderung in Organisationen eben genau aus dem Handeln des heldenhaften Anführers resultiert, den Sie soeben vom Thron gestoßen haben. In der heute gültigen Lehre organisieren diese Helden eine Koalition von Interessen und bündeln so eine gemeinsame institutionelle Macht, mit deren Hilfe sie die einzelnen Spieler in einer Organisation von der Sinnhaftigkeit der Mitwirkung überzeugen. Die Mittel dazu sind: eine kräftige Vision zu entwerfen, wo man hin will, und dies durch die Vorbildrolle des Chefs zu untermauern. In der Literatur wird dies auch die transformative Komponente der Führung genannt, wenn ich mich nicht irre, Herr Bremer. Wo das nicht ausreichend wirkt, gibt es auch noch die transaktionale Komponente, über die eine zentrale Führungsperson für kongruentes Verhalten belohnen oder bestrafen kann. Und da glaube ich langsam zu verstehen, führe ich aus, was Sie in Bezug auf das »außen Stehen« des heroischen Führers bereits herausgearbeitet haben. Die Geführten kommen in diesem Denken nämlich tatsächlich nur als Manövriermasse vor. Als Kommandokaskade, der durch geschickte Kommunikation die Plattform angezündet werden soll. Deswegen reden wir ja auch von der »Burning Platform«[302], deren Widerstand in der Komfortzone bezeichnenderweise gebrochen werden soll.

Transformative Führung
Die Führungsfigur vertritt und kommuniziert eine starke Vision gegenüber Team und Außenwelt und fungiert als Vorbild für die Mitarbeiter. Die Unternehmenswerte spiegeln sich im Führungsverhalten wider.

Transaktionale Führung
Die Führungsfigur belohnt oder bestraft (nicht-)kongruentes Verhalten der Mitarbeiter von einer außenstehenden Position aus.

Ich vermute, dass Sie deswegen den Entscheidungsprozess bezüglich unseres Kollegen aus dem Aftersales bisher auch eher defensiv begleitet haben, oder? Bremer nickt kurz und erwidert: Denken Sie an das Wirksamkeitskonto, Herr Mahlich, bevor Sie final entscheiden und vielleicht das Kind mit dem Bade ausschütten. Als Beobachter würde ich vermuten, dass es für ein finales Urteil zu früh wäre. Nicht aber für eine Testaufgabe, mit deren Ergebnis die Beharrer und die Gestalter auseinanderzuhalten sind. Eine Weile sitzen wir schweigend nebeneinander, während wir über die Autobahn in Richtung unseres Designzentrums fahren.

Übrigens, schweife ich etwas ab, alles total spannende Metaphern in unserer Diskussion heute rund um die Frage der richtigen Führung. Wie direkt aus dem Mittelalter, schmunzle ich, all die Königsmorde, die Scheiterhaufen für die Ketzer, die Kreuzzüge, nicht wahr? Stimmt, wirklich sehr martialisch, lacht Bremer, aber es wäre doch sehr traurig, wenn man als Kommunikatoren, die wir nun mal sind, keine Lust und keinen Spaß an Sprachbildern hätten.

Tatsächlich gilt es aus meiner Sicht das Thema Führung neu zu entdecken, spricht der Berater weiter, und ich kann nur sagen, dass das meiner Meinung nach ein Kontinent ist, der noch arg im Dunkeln liegt, obwohl so viel darüber geschrieben und nachgedacht wird. Leider aber findet viel davon im tradierten Dogma statt, in dem Zuckerbrot und Peitsche eine so starke Rolle spielen, dass wir uns kaum davon trennen können. Dabei wissen wir aus der Motivationstheorie, welch dämpfende Effekte es hat, wenn wir ein Klima der Kontrolle und der selektiven Belohnung als Rahmen für Kreativität und

Gestaltung setzen. Führung muss also so wirken, dass sie die Selbstführung der Mitglieder verstärkt und die persönlichen Eigenschaften und Besonderheiten der Beteiligten in den Führungsprozess integriert. Das ist gar nicht so esoterisch, wie es klingt, nur ungewohnt, führt er aus.

In diesem Zusammenhang liefert uns der amerikanische Beraterkollege Carsten Tams eine gute Metapher[303]. Haben Sie den Hollywoodstreifen Ocean's Eleven gesehen, Herr Mahlich? Um den Tresorraum zu knacken, braucht es in dieser Story ein Team von wirklichen Weltklasse-Spezialisten. Da ist sicher als Erstes der Mastermind zu nennen, ein Vordenker und die Spinne im Netz. Aber Sie brauchen genauso den geschwätzigen Sprechkünstler, einen wendigen Schlangenmenschen, einen sicheren Hacker, einen Fluchtfahrer und eine Anzahl weiterer Spezialisten, wobei jeder von ihnen ein Meister seines Fachs sein muss. Wie im echten Leben hängt auch im Filmplot der Erfolg davon ab, dass alle im richtigen Moment aufstehen und einwandfrei funktionieren. Richtig, schildert Bremer angeregt, es wird spannend unterwegs, gefährlich und eng. Und manchmal wird der Mastermind auch »Chef« genannt, aber allen ist klar, dass er bei den meisten Aufgaben eben nicht der Beste ist, um diese zu erledigen. In diesen Situationen tritt der Chef zurück und beobachtet, er schafft einen Raum, assistiert oder ermöglicht schlicht, dass die anderen Protagonisten tun, was sie am besten können.

Sehen Sie, meint der Berater dann, die Wissensarbeiter von heute wollen eigentlich genauso funktionieren wie das Team von Ocean's Eleven. Führung ist hier ein dynamischer Prozess, fügt Bremer hinzu, und eben keine Rolle, die exklusiv ein einzelner Mensch spielt, der alles »unter Kontrolle« hat. Die Kontrolle ist trotz des genialen Plans per se nicht möglich, das Unterfangen hochriskant und erst der Perspektivwechsel hin zur kollektiven Performance zeigt, wie die Übung der Führung gelingen kann. Die gesamte Story kann aus vielen Perspektiven erzählt werden und ist doch Bestandteil einer gesamtheitlichen Choreografie, nicht aber einer einzelnen Person zuzuschreiben.

Das Paradoxe: Obwohl die Führung als Handwerk meiner Meinung nach wegen der in den klassischen Mustern nicht beherrschbaren Komplexität selbst so sehr in der Orientierungskrise steckt, kommt es mehr denn je auf sie an, um unsere Unternehmen durch den digitalen Wandel in die Zukunft zu führen. Denken Sie nur daran, schildert Bremer, was wir schon für einen gigantischen Unterschied bei den Fähigkeiten der Programmierer von Google entdeckt haben. Die coden auch nicht alleine, das wäre ein Trugschluss bei der Menge von Programmierzeilen und Werkzeugen, die sie kombinieren und optimieren müssen, und der heute erforderlichen Einbindung in ein agiles Team. Es kommt auf das umsichtige Zusammenwirken der besten Spieler an. Im Führungskönnen gilt dieser Unterschied noch viel mehr, weil Sie die Wirkung über ein sehr viel größeres Team von Teams potenzieren können: Die exzellenten Führungspersonen outperformen die nur guten dann um Größenordnungen.

> Im Grunde sind es die Teams und nicht die einzelnen Personen, die die Performance liefern. Wenn diese Teams es geschafft haben, sich aus einer beliebigen Gruppe zur zielgerichteten Einheit mit klaren Funktionen und einem gemeinsamen Ziel zu formen, dann ist Organisation eben nicht gleich Hierarchie und Führung ist nicht Kontrolle. So zu denken ändert meiner Meinung nach, wie wir die beiden Seiten der Medaille, nämlich Organisation und Führung, verstehen sollten, und auch, wie wir vielleicht in Zukunft darüber sprechen werden, erklärt Bremer. Vielleicht weniger romantisch, aber sicher reifer, weil wir dann nicht mehr den Führern und den Ver-Führungen[304] ausgesetzt sind, die uns von Enron über die Finanzkrise oder die großen Datenmissbrauchsskandale her gegenüber narzisstischen Selbstdarsteller-Sirenen zunehmend skeptischer werden lassen. Betreten schweigen wir einige Sekunden, während ich den Wagen in die aufkommende Dunkelheit steuere, und hängen ganz offensichtlich beide gedanklich in einigen der großen Unternehmensskandale der letzten Jahre mit der Frage fest, wie sehr Hierarchie und totale Kontrolle durch einen Führer zu diesen beigetragen haben.

Nach über zwanzig Jahren der Beratungsarbeit, nimmt Bremer den Faden wieder auf, glaube ich, dass die Führungsarbeit heute insgesamt derart weitgehenden und schnellen Veränderungen unterliegt, dass viele Manager ihren Beruf praktisch neu entdecken müssen. Das ist genauso »erschütternd« wie das die Autorin Rosabeth Moss Kanter, eine Wirtschaftswissenschaftlerin der Harvard Business School, in ihrem Buch *Bis zum Horizont und weiter*[305] beschreibt. Sie sagt, dass die Führungskräfte bei diesem Wandel kaum etwas Vergleichbares finden, an das sie sich halten können. Sie erleben gegenwärtig, wie die Hierarchie verschwindet und die klaren Unterscheidungen von Titeln, Aufgaben, Abteilungen und sogar den Unternehmen verschwimmen. Der Wandel dauert, sagt sie, weil die Führungskräfte vor außergewöhnlich komplexen und voneinander abhängigen Fragen stehen, während sie sehen, wie die traditionellen Quellen der Macht versiegen und die alten Anreize ihren Zauber verlieren.

Das so zu sehen, denke ich laut nach, erklärt dann auch die auf den ersten Blick überraschende Frage unseres Aufsichtsrates, im Zuge der Neuberufung eines neuen Vorstandsvorsitzenden über einen Kriterienkatalog für gute Führung nachzudenken. Führung neu denken ist aber keine einfache Sache für die aktuell Führenden, oder? Fragend blicke ich den Berater neben mir an. Um das mit Ihrer Lust am Sprachbild zusammenzufassen, meine ich: Den Königsmord an der klassischen Führung zu verüben ist keine Alternative, ihn zu unterlassen aber auch nicht.

Kaum habe ich den Satz beendet, rollen wir schon auf das Gelände des Designzentrums und stürzen uns in die aufregend inszenierte Veranstaltung. Herr Bremer, rufe ich noch, als wir uns kurz darauf an der Bar wiedertreffen, das Feiern nicht vergessen! Das hat mir mal ein ganz cooler Berater als wichtiges Merkmal guter Führung wärmstens ans Herz gelegt.

Deskriptiv: Führung im postheroischen Modus

Die Musik ist plötzlich gedämpft, als die Schiebetür sich surrend schließt. Der neue Chefdesigner, Hennrich, Bremer und ich setzen uns gemütlich und mit einem Glas Caipirinha in der Hand in das Konzeptfahrzeug eines in Zukunft irgendwann einmal autonom fahrenden Shuttles, das, innen wie ein Wohnzimmer möbliert, eben genau dazu einlädt, sich darin zurückzuziehen. Zufrieden? Fragend blickt Schäfer in die Runde, der uns zuvor auf einem intensiven Rundgang durch sein Gebäude an einigen der faszinierenden Exponate vorbei geführt hat. Sehr zufrieden, nicke ich und blicke zu Hennrich hinüber, der mir nachdenklich gegenübersitzt. Vielleicht sogar begeistert, sage ich. Wenn wir nur einen kleinen Teil dieser Ideen zu vernünftigen Kosten in unsere Serien-Fahrzeuge bekommen, dann haben wir wirklich was zu zeigen.

Mit Ihnen ja, bemerkt Hennrich und stockt dann etwas. Ich glaube, wir alle haben eben eine wichtige Lektion von Ihnen erhalten, bei unserem Rundgang, fügt er erklärend hinzu. Warum denn das? Die Frage des Designchefs klingt etwas unsicher und sowohl Bremer als auch ich spitzen die Ohren. Nun, weil wir im Grunde eine Exkursion durch ein Erlebnislabor[306] gemacht haben, das den Menschen im Zentrum hat. Und das unterscheidet sich stark von dem, was wir früher Designcenter nannten, erwidert Hennrich. Weil es zu jedem Exponat eine Persona gibt, die das Exponat einmal benutzen will. Und weil dazu immer ein Satz von Thesen verbunden ist, mit der das Ziel der Arbeit verknüpft und die Ergebnisqualität gemessen werden kann. Weil wir eine Fülle und eine Dichte von Daten gesehen haben, wie ich das im Design nicht für möglich gehalten hätte. Weil Sie Ihren Laden in wenigen Monaten komplett umgedreht haben, Herr Schäfer. Die neue Tonalität ist mir schon in Ihrem Einführungsvortrag aufgefallen, sagt Hennrich, wo Sie uns das Foto von James Dyson[307] gezeigt haben, der erst nach über 5.000 Prototypen zu einem brauchbaren Design für seinen neuartigen Staubsauger gelangt ist.

Das zeigt mir die neue Kultur des aufs Extreme gesteigerten Experimentierens, die jetzt hier herrscht. Das klassische Design und die Aufgaben des Digital User Experience Design so eng zusammenzuführen, das haben Sie, zumindest beurteilt nach dem, was ich heute wahrnehmen konnte, wirklich gut hinbekommen. Das Sinneslabor zum Beispiel, in dem Sie Sprachbefehle und Sinneseindrücke in Beinahe-Echtbedingungen auswerten wollen – großartige Idee. Ich halte es für absolut richtig beim Design der Fahrererfahrung mit den Sinnen anzufangen. Ich mag auch die, na, sagen wir mal »pragmatische« Herangehensweise, einfach mal in einer simplen Sitzkiste ein wirklich radikal reduziertes Innendesign und eine so maximal »Apple-artige« User Experience zu zeigen, wie wir es eben im Rundgang erlebt haben. Chapeau! Dabei so lässig aufzuzeigen, wie die Anzeigefarben sich je nach Dringlichkeit der Nachricht und dem Fahrmodus selbst anpassen können oder wie die Funktionen, die zur Verfügung stehen, sich mit einer Wischbewegung vereinfachen lassen. Wirklich, das sind genau die Elemente, die wir auf dem Weg zu einer Ästhetik der eleganten Einfachheit brauchen.

Im Grunde geht es mir aber gar nicht um die konkreten Inhalte von heute. Es geht mir darum, wie das Team bei Ihnen zusammenwirkt. Dass es in jeder Station jemanden gibt, der für sein Thema mehr als nur brennt, und dennoch immer das Gefühl bestehen bleibt, dass es darüber noch eine durchgängige, größere Geschichte gibt. Eine Art von Harmonie oder Resonanz, die sich von der Linienführung in der Außenhaut über die stilvolle Lichtsprache, vom Mehrebenen-Head-up-Display bis zur Materialwahl, von der komfortablen Einstiegssituation bis zum intelligenten Panoramadach durchzieht. Überall eine Handschrift und viele tiefe Gedanken, die passend sind.

Wissen Sie, fährt Hennrich fort, dabei frage ich mich etwas belustigt, ob das heute vielleicht schon sein zweiter oder dritter Caipirinha sein könnte, wir haben ja schon wiederholt und intensiv über den Untergang von Nokia gesprochen. Die kannten seinerzeit wirklich alle Facetten des Mobilfunkmarktes, all die neuesten Trends und die heißesten Technologien. Sie haben das aber verdammt noch mal nicht in ein durchgängiges Produkt und dann auf den Markt bekommen. War immer nur ein Produkt geblieben und nie eine durchgängige Experience geworden. Dann kam die Computerbranche und hat denen einfach über Nacht den Markt weggenommen.

Was wir meiner Meinung nach brauchen, ist noch viel mehr von dieser Art Teamwork, die ich da heute in Ihrem Bereich gesehen habe, Herr Schäfer. Dabei klopft er dem Designer freundlich und fast etwas väterlich aufs Knie. Sie haben den Laden toll aufgestellt. Bremer und ich sind noch in die unerwartete Lobrede von Hennrich vertieft, bemerken aber sicherlich beide, dass Hennrichs Beobachtungsgabe da einige sehr wichtige Momente des heutigen Tages richtig entschlüsselt hat. Der Designchef ist durch die überraschende Laudatio sichtlich in Verlegenheit geraten, er entschließt sich dann aber offenbar dazu, das Kompliment zwar anzunehmen, es aber auch zu relativieren. Eigentlich, sagt er, haben wir uns gar nicht so extrem viel darüber unterhalten, wie wir das Team neu aufstellen wollen. Was wir aber als Design-Führungsteam schon gemacht haben: Wir haben uns schlicht sehr viel Zeit für uns selber genommen. Die Zeit haben wir gebraucht, um uns damit auseinanderzusetzen, welche Zukunft wir gemeinsam erschaffen wollen. Uns ging es dabei um die inhaltliche Storyline, nicht unbedingt um das Thema Führung oder Organisation. Wissen Sie, nach der Jahrtausendwende gab es etwa zehn Jahre, die als die Dekade des Designs in die Autogeschichte eingingen. Autos durften, nein, sie sollten polarisieren. Aus den Kisten der 80er wurden Stilikonen, deren Silhouette prägend sein sollte. Fast alle Fahrzeugbauer konnten ja zur Jahrtausendwende etwa gleich gut Autos bauen, die im Grunde auch alle von etwa gleich hoher Qualität waren. Selbst die Japaner verloren viel von dem ehemals einzigartigen Kostenvorteil, weil abgesehen von gewissen strukturellen Faktorkosten die Kostenunterschiede abnahmen, nutzten doch am Ende alle dieselben Systeme, Roboter und Verfahren. Aber die Designanmutung half, die Spreu vom Weizen zu trennen. Designer waren plötzlich unglaublich gefragt und sorgten für Wettbewerbsvorteile. Aber das alles ist fast schon wieder über zehn Jahre her, heute drängen gesetzliche Vorschriften und die Ergebnisse aus dem Windkanal alle Fahrzeuge in sehr ähnliche Außenformen, Designer haben heute alle Hersteller auf einem sehr vergleichbaren hohen Niveau und durch die Digitalisierung hat sich seither auch im Design viel getan, was uns als Gestalter insgesamt verunsichert hat.

Wir wollen in unserem Berufsstand aber nicht nur als Licht-
maler über ein paar sexy Scheinwerfer auf die Verhübschung
der Welt oder den Steuerungsprozess einer Ideen-Ernte aus
der Crowd reduziert werden. Unser Anliegen ist es, eine Haltung zu entwickeln, mit der wir auch in Zeiten des 3D-Drucks
und der künstlichen Intelligenz Beiträge und Statements zu
der Art bringen können, wie wir einmal leben werden. Die
Mensch-Maschine-Schnittstelle ist da nur eine Metapher für
eine Wirklichkeit, die sich paradox verändert. Damit müssen
wir uns beschäftigen – deswegen unser Wortspiel vorhin
im Vortrag: »Das Auto als nachhaltiges Reiseziel – auch im
Mobility-Zeitalter«.

Dieses »Mehr-und-weniger-zugleich« fordert das Design
heraus. Und das Design muss dabei Geburtshelfer bleiben,
für das Neue, das dabei herauskommt, erklärt der Designer
mit großer Hingabe. Außerdem haben wir in der jüngeren
Vergangenheit auch viele neue Kollegen aus der Digitalzunft
hinzubekommen, die unsere Welt sowieso mit völlig anderen
Augen sehen.

Genau das meine ich, sagt Hennrich zufrieden, das habe ich
wahrgenommen. Sich mit sich und seinem Team und seiner
Rolle in der Welt zu beschäftigen, das ist doch genau das, was
Sie ganz offensichtlich gemacht haben – und was wir jetzt
als Ergebnis sehen. Sie führen, weil Sie die Frage nach dem
Purpose Ihres Bereiches gestellt haben, vielleicht gar nicht so
explizit, wie das ein Herr Bremer als Frage stellen würde, dabei schaut er den Berater sehr direkt an, im Ergebnis aber gibt
es nun aus dem Design einen Diskussionsbeitrag dazu, was
wir in Summe sein könnten, wohin und wie wir gemeinsam
steuern könnten. Und das passt irgendwie sehr gut zu dem,
was wir von unserem Aufsichtsrat als Hausaufgabe mitbekommen haben, nicht wahr, Herr Mahlich? Da haben Sie einen
guten Punkt, Herr Hennrich, bestätige ich, und beginne mich
irgendwie wohl zu fühlen in unserem kleinen Zukunftsmobil.

Als wir die Schiebetür wieder öffnen, blitzt die Kamera eines unserer Veranstaltungsfotografen kurz mehrfach auf. Dieses Foto, sage ich zum Fotografen, würde ich gerne morgen schon haben, dabei stecke ich ihm meine Visitenkarte zu. Vielleicht eine Ressource für die kommenden Wochen, denke ich. Herr Mahlich, höre ich Hennrich sagen, wir sehen uns dann am Samstag, oder? Wegen dem Führungsthema meine ich? Klar, sage ich und beinahe hätte ich abgeklatscht, wenn es nicht doch zu peinlich gewesen wäre. Bremer nickt kurz kräftig. Dann mache ich etwas, was ich zuerst nicht auf dem Radar von Optionen hatte. Ich mische mich unter eine Gruppe begeistert tanzender junger Kollegen und zeige für eine halbe Stunde, was noch so in meinen Knochen steckt.

»Sich-selber-besser«-Führung

Bremer hatte vorgeschlagen, uns heute einmal nicht im Büro zu treffen. Wochenende, schob er erklärend nach, wenigstens etwas davon. Stattdessen sollten wir uns in der Oldtimer-werkstatt eines Freundes von Bremer einfinden, nur wenige Kilometer vom Hauptquartier der AutoInc. entfernt. Jeans hatte er empfohlen, Kleidung zum Wechseln auch. Es riecht nach Benzin und Metall, nach Schweißdraht und Farbe, als ich die Halle betrete, vor der schon die Wagen von Hennrich und Bremer geparkt sind. Die Tür und ein großes Rolltor stehen weit geöffnet, Sonnenlicht fällt ins Innere des Gebäudes, weit hinten höre ich das Gemurmel von Männerstimmen. In einem heillosen Durcheinander stapeln sich unzählige Kisten mit allen möglichen Teilen eines alten Fahrzeuges rund um eine große Metallplatte, die Bodenplatte eines VW Käfers, um genau zu sein, wie ich nur an den Kotflügeln erkenne. Hennrich steht in fachkundiger Haltung daneben, in der Hand hält er ein Stück Blech, das er mit der Blechschere in eine ausgeschliffene Roststelle einpasst. Na, Herr Mahlich, begrüßt er mich scherzend, wird auch Zeit, dass Sie als alter Mobilfunker Ihre Hände mal richtig ans Metall bekommen. Guten Morgen, die Herren, so heißt das bei uns, antworte ich etwas knurrend und gieße mir eine Tasse Kaffee aus einer Kanne ein, die in einer kleinen Kaffeemaschine neben einem freigestellten Motorblock steht. Ich wusste gar nicht, bemerke ich im Scherz, dass unser kluger Beratungsschamane mit einem Schweißgerät umgehen kann. Na ja, lacht Bremer, das mit dem Können würde ich relativieren, aber immerhin werden die Löcher, die ich dabei ins Blech brenne, immer kleiner.

Dann berichtet Bremer kurz von einem Fundstück in der Garage seiner alten Tante, wir kramen in den Kisten nach einer neuen Abdeckung für die Ventile, staunen über ein lustiges Hebelwerk, das vor dem Rostfraß mal eine Sitzkonsole gewesen sein soll.

Schließlich führt uns Bremer in einen kleinen Nebenraum, in dem dann doch ein Whiteboard bereitsteht, auf dem, jetzt muss ich tatsächlich lachen, bereits eine große Mindmap aufgemalt ist. In der Mitte stehen neben dem Begriff »Führung im postheroischen Modus« die drei Äste: Sich selbst besser führen, New Team Work und Selbstbeobachtungsfähigkeit optimieren. Das, meine Herren, beginnt Bremer, ist mein Vorschlag für unser heutiges Arbeitsprogramm. Und wenn Sie Lust haben, dann werden wir dazwischen tatsächlich einige der Bleche, die Sie gerade gesehen haben, gemeinsam in die Bodenplatte einschweißen. Zum Schluss würde ich Ihnen dann noch ein paar fertige Oldtimer-Exemplare zeigen, mit denen wir dann hinter der Halle ein paar Runden fahren können. Cool, oder? Der Kaffee tut seine Wirkung und so antworte auch ich: Cool. Hennrich wischt seine schwarz gewordenen Finger in einem Lappen ab, der nicht danach aussieht, als könnte er noch mehr Schmutz oder Öl aufnehmen, und sagt: Für mich sowieso.

Bremer freut sich offenbar, dass seine ungewöhnliche Arbeitsumgebung unsere Zustimmung findet und beginnt mit seinen Ausführungen. Starten wir also mit dem sperrigen Begriff der Selbstführung[308], setzt er an. Nun, Selbstführung als Beitrag zur Führung ist in etwa so wie der Beitrag der Breite eines Feldes zu dessen Fläche, möchte ich einen Spruch[309] von Rolf Wunderer, dem emeritierten Professor für Führung und Personalmanagement an der Uni St. Gallen abwandeln. Ich bin der festen Überzeugung, so Bremer, dass Führung tatsächlich heute nur dann effektiv gelingen kann, wenn auch Selbstführung gelingt. Erst zusammen spannen Sie die Fläche auf, über die »Zukunft« des Führenden und der geführten Organisation gelingen kann. Und das ist ja der Auftrag an die Führung, erklärt Bremer.

Damit wir aber nicht in ein abstraktes Herumschwurbeln kommen, mache ich mein Verständnis des Begriffs Selbstführung sehr nahe an dem von Peter Senge fest, der in seinem Buch *Die Fünfte Disziplin*[310] alles Lernen einer Organisation beim Lernen eines einzelnen Menschen und seinem Streben nach Personal Mastery beginnen lässt. Diese Personal Mastery im Sinne Senges ist genau die hier von mir beschriebene Disziplin der Selbstführung und der Persönlichkeitsentwicklung. Der Grundgedanke: Die eigenen, individuellen Fähigkeiten sind durch Selbstschulung und Selbstführung erweiterbar und unterliegen dabei stets für sich und in der Wirkung auf und mit der Organisation einer kontinuierlichen Reflexion. Das ist aus meiner Perspektive ein sehr hilfreiches Verständnis, um sein eigenes Leben als kreativ-schöpferisches Werk zu verstehen, in dem man kontinuierlich die Fähigkeit, Ergebnisse zu erzielen, die man wahrhaft anstrebt, erweitert[311]. Meine Herren, Sie sehen, sagt er, dass ich da auf die Zunahme der Handlungsfähigkeit und noch mehr auf die der Wirksamkeit in Richtung dessen fokussiere, was man wahrhaft anstrebt. Die lernende Organisation braucht also erst mal die lernenden Mitarbeiter, die sich selbst so beeinflussen, dass ihre Leistung und ihre Zufriedenheit zunehmen. Dieser Hang zur Selbstverbesserung ist natürlich nicht von sich aus in jeder genetischen oder familiären Basis angelegt, und auch nicht an jede Schultafel geschrieben, spricht Bremer weiter, sie kann aber erlernt und auch gelehrt werden, womit wir dann bei der Entwicklung einer effektiven Führungskraft angelangt wären.

Bevor ich nun mit Ihnen weiter besprechen möchte, was eine gelingende Selbstführung im Detail ausmacht, würde ich gerne über die Risiken einer fehlgeschlagenen Selbststeuerung sprechen. Dabei setzt er sich lässig auf einen Stapel aus Rädern, die sich in dem kleinen Nebenraum übereinander türmen, und auch Hennrich und ich machen es uns auf zwei sehr wackeligen Klappstühlen, na ja, gemütlich, auch wenn das nicht ganz der richtige Ausdruck sein dürfte.

In einer missglückten Selbststeuerung liegen nämlich aus meiner Sicht durchaus substanzielle Gefahren, so Bremer, und zwar sowohl für die Führungskräfte als auch für die geführten Organisationen. Eine dieser Gefahren ist der unter tausend Namen auftretende sogenannte Burnout[312] *von Menschen, der zwar von vielen Forscherkanzeln gerne von oben herab kleingeschrieben wird, aber dennoch so unendlich viel praktische Relevanz hat.*

Wenn die Selbststeuerung nämlich nicht gelingt, erklärt Bremer, dann begibt man sich genau dorthin, wo die Vorhölle der Überforderung schon mal die Temperatur hochsetzt und die Seele dann nur mehr wenige Funken und etwas Zeit braucht, bis sie Feuer fängt. Ein persönliches Ziel, das man sich einredet, aber welches tief drinnen nicht wirklich gewollt ist, oder das man am Ende gar nicht kennt, ein hohes Commitment und Begeisterung für eine mühsame Sache, bei der sogar Sisyphos mal eine Pause einlegen würde, und bei der man seine Kräfte aufzehrt, ohne es zu spüren. Ein Festsitzen in energetisch intensiven Situationen, über die man keine Kontrolle hat und in denen man Angst verspürt, vor der Zukunft, vor anderen Menschen, oder einfach nur davor, etwas falsch zu machen, oder in denen man alleine gelassen wird. Das alles sind Stressoren, denen eine gesunde Selbststeuerung entgegenwirkt.

Unter Druck und Belastung kommt es ohne gute Selbststeuerung zu keiner effektiven Wirksamkeit und ohne Wirksamkeit folgen die klassischen Überforderungsstörungen, Depressionen und Burnout. Gerade die Führungskräfte stehen nun mal unter enormem Termin- und Leistungsdruck, und das oft noch begleitet von der permanenten Angst, falsche Entscheidungen zu treffen. Eingekeilt zwischen dem Geschwindigkeitsrausch und einer weiteren Beschleunigungserwartung nimmt dann die Wahrscheinlichkeit zu, am Ende als emotionaler Geisterfahrer auf der eigenen Autobahn gegen sich selbst zu rasen. Deswegen ist das Thema der Selbstführung und der Ausbau der mentalen und emotionalen Stärke umso wichtiger, je größer die Verantwortung und der gefühlte Druck werden. Auch wenn das dann nicht gleich der Burnout ist, scheitern Führungskräfte häufig an sich selber, stellt Bremer fest, weil sie statisch und eiskalt nach oben wollen, ohne tiefer zu verstehen warum. Meine Herren, das sehen Sie doch sicherlich auch in Ihrem Alltag, oder?

> Klar, bestätigt Hennrich prompt. Das ist ja wirklich nicht das erste Mal, dass wir hier über die unterschiedlichen Aspekte und Bedingungen von Führung und über die Risiken einer individuellen Überforderung sprechen, Herr Bremer. Manchmal riecht man das schon Monate vor dem großen Knall. Dann kann man immerhin noch versuchen, die Kollegen schonend zur Seite zu nehmen und sie vorsichtig auf eine Ausfahrt zu lotsen[313]. Im Zusammenhang mit der Digitalisierung und dem Umbau in Richtung agiler Arbeitsweisen zeigen sich aber einige ganz besondere Fettnäpfchen für die Führungskräfte, und das betrifft den Nachwuchs und die erfahrenen Kollegen gleichermaßen, unterstreicht mein Kollege. Agile Teams zu führen bedeutet für das Management zum Beispiel, die Serie von Experimenten und Sprints, die gemacht werden, in der Umgebungsorganisation so zu zeigen, dass auch die alte Welt versteht, was da geschieht. Also manchmal eben auch im klassischen Sinne Pläne zu machen.

Bei agilem Vorgehen weiß ich als Manager aber nicht immer genau, wie weit ich mit einem Thema in einer festgelegten Zeitspanne komme, und ob ein frühes Feedback, das ist ja das Herz der Agilität, nicht vielleicht zu einem »nicht planbaren« Zeitpunkt bereits einen völlig anderen Weg empfiehlt. Das ist zwar inhaltlich gut so, aber politisch muss man dann eben als Führungskraft auch das Stehvermögen haben, diese Abweichungen vom Plan gegen die klassischen Management-Sichtweisen zu verteidigen. Dort sind Pläne heilig. Wenn man dann aber zur Schonung und wegen des Lernunwillens der Vertreter der alten Schule den vermeintlich einfacheren Weg wählt und immer noch weitere Versionen der Pseudo-Projektpläne drüberstülpt, mit zunehmend surrealen Meilensteinen und Zielen, geraten die Kollegen unter Druck. Dabei ist es normal, dass agile Pläne oft schon nach wenigen Monaten komplette Makulatur sind. Und das ist nur ein Beispiel für die Verwerfungen, die aus der Konfrontation der alten mit der neuen Welt resultieren, die auf die Führung einwirken. Ganz abgesehen von der ohnehin zunehmenden Verdichtung der Arbeitslast durch die digitalen Werkzeuge.

> *Sich da selbst besser führen zu lernen, das auch immer weiter zu optimieren und an die erste Stelle zu setzen, ist für mich vollkommen nachvollziehbar in Ihrer kleinen Liste.*

So, erwidert Bremer, dann packen wir doch erst mal genau dieses großgeschriebene »Selbst« bei den Hörnern, wenn wir es denn wie angekündigt in Zukunft besser führen wollen. Leider muss ich aber mit dem »Selbst«[314] auch gleich eine gewisse Desillusionierung kredenzen, denn der Begriff des Selbst steht auf einer sehr schiefen Ebene, fügt er hinzu. Wann immer man den Begriff nämlich fassen möchte, beginnt er zu rutschen und sich als sehr schwierig zu erweisen. Der chilenische Biologe Humberto Maturana[315] zum Beispiel konstruiert, um über das Selbst aus einer kognitionsbiologischen Perspektive zu sprechen, einen Beobachter, der über das Selbst spricht, der allerdings gleichzeitig auch das Selbst sein kann. Er beschreibt damit biologisch ein kognitiv erkennendes Wesen, dessen im Erkenntnisvorgang erzeugtes Wissen durch Kommunikation geteilt werden kann. Das war Anfang der Achtzigerjahre ein wichtiger Moment, in der Folge haben sich zahlreiche weitere moderne Denker auf die Suche nach dem Selbst begeben. Dabei sind sie auf viele spannende Folgefragen gestoßen. So meinte zum Beispiel der prominente Hirnforscher Wolf Singer[316], dass bei der Erforschung des Gehirns ein kognitives System sich selbst im Spiegel betrachte. Es verschmelzen dabei Erklärendes und das zu Erklärende, so Singer, und er stellt dann die Frage, inwieweit wir überhaupt in der Lage sind, das, was uns ausmacht, zu erkennen.

> Das Selbst ist eben nicht ein »anderer«, der wie ein Homunkulus[317] im Kopf sitzt und an dessen Kinoleinwand die Fäden unserer Sinnes- und Erinnerungsnerven enden. Wir begreifen es als Muster in einem Fluss von Erfahrungen, in dem die Momente der Selbstwahrnehmung als Episoden gespeichert und bei jedem Aufruf überformt werden. Wir können, um den guten alten Heraklit[318] im genannten Überformungsprozess anzurufen, nicht nur nicht zweimal in denselben Fluss steigen, wir wären auch nicht zweimal dasselbe Selbst dabei.

Es ist mir wichtig, erklärt Bremer, diese Unterscheidung zu machen und das auch in dieser geerdeten Umgebung hier zu tun, weil wir uns sehr oft in einem extrem oberflächlichen Bild von uns in der Welt bewegen, was mit Blick auf ein Führungshandeln sehr schädlich sein kann. Wir Menschen sind psychophysische Einheiten, aus einem erfahrenden, wahrnehmenden Körper, das spüren wir etwa gerade hier in dieser besonderen Umgebung körperlich sehr explizit, und einer erlebenden Psyche. In diesem Sinne wollen wir unser Selbst und unsere individuelle Entität nicht nur als abstrakte Figur, sondern durchaus als einen Zusammenhang über einen Fluss von Erfahrungen begreifen, der uns erlaubt, für uns und andere eine Verantwortung zu übernehmen. Aus diesem Fluss von Erfahrungen gibt es übrigens keinen Ausweg, auch nicht in Bezug auf das Führungswirken, außer dem einen letzten, den wir alle einmal gehen müssen, zwinkert der Berater uns zu. Wohl aber gibt es viele Gestaltungsmöglichkeiten der Erfahrungen aus der bewussten Wahrnehmung heraus. Und zwar sehr viel mehr, als uns klar ist. Die Gestaltungsmöglichkeiten sind alle in uns, fügt er hinzu. Und, die gute Nachricht, diese Potenziale für das Selbst und unsere Wahrnehmung können systematisch aktiviert und gesteigert werden. Die Kybernetiker würden sagen: Durch Steigerung der Komplexität unserer internen Muster und Möglichkeiten steigern wir die Möglichkeiten unserer Wirksamkeit in der Welt. Münchhausens Zopf, Bremer grinst nun keck, wurzelt in seinem eigenen Kopf.

> Beim Thema Selbstführung[319] würde uns eine Portion von dem guttun, was die alten Weisheitslehren uns unter »gesteigerter Achtsamkeit« nahebringen. Für heute habe ich unter der Überschrift des »Sich selbst besser Führen« folgende vier Themen[320] mitgebracht. Mit diesen Worten klebt der Berater vier beschriftete Haftnotizen an die Mindmap auf der Tafel.

Darauf stehen die Begriffe[321]:

» **Erstens:** Sich kognitiv (er-)kennen: mehr Selbstbewusstsein
» **Zweitens:** Sich emotional achten: mehr Gefühl und Selbstfürsorge
» **Drittens:** Das eigene Leben aktiv gestalten: klare Selbstverantwortung
» **Viertens:** Seine Konstitution erhalten: körperliche Nachhaltigkeit

» **Erstens: Sich kognitiv (er-)kennen: mehr Selbstbewusstsein**

Bremer zeigt auf den ersten Punkt. Üblicherweise wird darunter eine Fähigkeit zur selbstbewussten Fixierung von Zielen verstanden, sagt er. Das möchte ich abschwächen, denn ich glaube, dass dadurch eine unangebrachte Einengung und manchmal sogar eine Überanstrengung oder Stress die Folge sein können, weswegen ich eher eine Wirksamkeitsfixierung als Leitgedanken zum Thema mache.

Bin ich also erstens fähig, klare Ziele zu artikulieren, diese situationsrichtig und strategisch zu verfolgen, und zweitens vor allem meine eigene Wirksamkeit auf diese Ziele hin realistisch einzuschätzen und zu verbessern?

Was sind meine grundlegenden Denkmuster, und bin ich vielleicht gar in der Echokammer eines eingleisigen Denkens gefangen? Glaube ich an mich und meine Möglichkeiten oder bin ich durch Selbstaufgabe schon nicht mehr in der Lage, den großen Plattformen die Stirn zu bieten, beziehungsweise mich gedanklich auf deren Augenhöhe zu begeben? Nehme ich mich, meine Beziehung zu meiner Umwelt und meine Ressourcenlage wahr und gestalte diese so, dass sie möglichst nachhaltig und wirksam zur Verfügung stehen? Und auch die Frage gehört dazu, ob ich inmitten von tausenden Ablenkungen und Versuchungen für »meine Sache« mobilisiert bleibe.

» **Zweitens: Sich emotional achten: mehr Gefühl und Selbstfürsorge**

Gemeint ist die Fähigkeit, seine eigenen Emotionen zu erfassen und zu steuern. Wir sind eben keinesfalls Opfer der Umstände, sondern haben tatsächlich die Wahl, wie wir mit den meisten Situationen emotional umgehen.

Das beginnt als »Achtsamkeit« zunächst mit der wertfreien Beschreibung eines momentanen Gefühls, eines Bedürfnisses, einer Stimmung, führt Bremer aus. Gerade die Digitalisierung ruft aufgrund der vielen Gleichzeitigkeiten oft spontan Gefühle der Überforderung hervor, aber auch Ängste und Hoffnungen. Selbstfürsorge ist dann der fürsorgliche, liebevolle Umgang mit sich selbst und seinen Gefühlen und sorgt für angemessenes Handeln, wobei das vorrangige Kriterium die Frage ist, was Ihnen selbst in diesem Moment helfen könnte oder was Sie im Moment brauchen. Buddha sagt: Unsere Verabredung mit dem Leben findet im gegenwärtigen Augenblick statt. Der Treffpunkt ist genau da, wo wir uns gerade befinden. Achtsamkeit beamt Sie aus dem Abwesenheitsuniversum ins klare Jetzt. Bremer schaut uns aufmerksam an.

Das Ziel ist es, zu lernen, seine Gefühle aus einer konkreten Situation und Präsenz heraus gezielter zu steuern und dauerhaft und bewusst möglichst positiv zu halten, was die Lebenszufriedenheit und Gelassenheit steigert. Man kann sich aktiv so zu sich stellen, erklärt Bremer, dass die Geführten, voran die anspruchsvollen Wissensarbeiter, in der Kommunikation mit dem Chef emotional »Energie bekommen« und nicht »Energie abgeben« müssen.

» **Drittens: Das eigene Leben aktiv gestalten – klare Selbstverantwortung**

Das ist nach der Selbstfürsorge, bei der Sie wählen lernen, wie Sie fühlen, die Frage nach der Verantwortung für Ihr Handeln und nach dem Gestaltungsimpuls. Es bedeutet als Führender sein Leben selbst in der Hand zu haben. Der Berater hebt seine Hand in die Luft und zählt auf: Wie soll die Umwelt gestaltet sein, in der ich wirken kann? Welches Verhalten ist an welcher Stelle wirksam? Welche Gewohnheiten? Welche Haltungen? Welche Stärken bringe ich zum Einsatz? (Sie erinnern sich: Stärken stärken!) Was wollen Sie lernen, besonders hinsichtlich digitaler Kompetenzen, um nicht am Ende als Karikatur am gedachten schwarzen Brett der Mitarbeiter in der Kategorie analoger Fossilien zu landen? Natürlich im Rahmen der Werte, die uns antreiben, aber auch mit dem Anspruch, der uns als Führende ausmacht.

» **Viertens: Seine Konstitution erhalten: körperliche Nachhaltigkeit**
Noch während Bremer auf die Haftnotiz zeigt, ziehe ich instinktiv etwas den Bauch ein, hat sich doch an der einen oder anderen Stelle in den vergangenen Monaten das eine oder andere Speckröllchen gesammelt. Das hier ist der Aspekt, der bei den meisten Führenden am wenigsten Beachtung findet, beginnt Bremer, weil es in unserer Kultur als verpönt gilt, über die Anforderungen unseres physischen Seins wirklich tiefgehend zu sprechen.

Besonders die Top-Führungskräfte scheinen bezogen auf die Grenzen ihrer körperlichen Leistungsfähigkeit nicht ansprechbar. Bewegungsarmut? Schlafmangel? Ungesunde Ernährung? Pausen zwischendurch, um einfach mal eine halbe Stunde abzuschalten? Alles Tabus, über die man nicht reden darf. Ja, die üblichen Feigenblätter sind schnell zur Hand: die medizinischen Check-ups, das Rückenseminar einmal im Jahr, ein Coach zum Thema Vitalitätsmanagement auf der Tagung der Führungskräfte. Selbstbesoffen schwelgt die Leistungselite im Gefühl, stets gefragt und gefordert zu sein, selbst im Feierabend und am Wochenende. Wie wir heute hier, fügt er durchaus ernst hinzu. Deswegen auch mein Versuch, das mit Spaß und Loslassen durch körperliches Zupacken anzufüllen, meine Herren.

Gut, dass Sie das ansprechen, wirft Hennrich ein, nicht das mit dem Zupacken, sondern das mit den körperlichen Bedürfnissen. Ich habe nämlich genau ein solches und würde dann noch mal bei Ihrer Kaffeemaschine einen Halt machen, oder? Ich meine nur als Hashtag: Wirsolltenmalpausemachenundso. Lachend stimme ich Hennrich zu und erwidere: Sehen Sie, wir haben die Nachricht verstanden. Führung braucht auch hier in unserem kleinen Team Selbstführung, Herr Bremer. Bremer stimmt zu, dass ein weiterer Input nun nichts bringen würde und begleitet uns zurück in die Halle.

Als wir wieder bei der Bodenplatte des Käfers ankommen, steht Kell zu unserer Überraschung schon in einem blauen Arbeitsanzug bereit und hält uns einige breite Lederschürzen entgegen. Die sind eigentlich aus einer Schmiede, sagt er nach einem kurzen Hallo, aber für heute geht das auch. Dann zeigt er auf einige kleine Elektro-Winkelschleifer, mit unterschiedlichen Drahtbürsten und Schleifscheiben darauf, und sagt: Erst die Flächen gut polieren, dann die schadhafte Stelle rund um den Rostfleck sauber ausschneiden und dann zeige ich Ihnen, wie wir ein Ersatzblech einsetzen. Da wir zu viert sind, sollte sich einfach jeder ein Eck aussuchen. Alles klar? Hennrich und ich stehen noch etwas perplex herum, doch Kell schiebt ganz cool seine Ohrenschützer hoch, die er vorher um den Hals getragen hatte, und stellt sich mit seinem Schleifer an eine der Ecken des Käferskeletts. Hennrich greift sich einen der anderen, entwirrt kurz die vielen Kabel, schnappt sich eine Schutzbrille und stellt sich unweit von Kell an die andere Seite. In Sekunden ist die Halle gefüllt mit dem Getöse zahlreicher kleiner Maschinen und der Abrieb unserer Arbeit wirbelt in alle Richtungen. Bremer steht dazu ganz besonders ungünstig und bekommt von Hennrich einen fürstlichen Sprühstrahl mitten ins Gesicht, worauf dieser kurz aufbrüllt und sich mit der Hand über das vom ölverklebten Staub geschwärzte Gesicht reibt. Ehrliche Arbeit ist doch eine Zierde, meint Hennrich lakonisch, was uns alle ausgelassen lachen lässt, und ehe wir's uns versehen, sind wir tief in unsere Arbeit versunken. Zwei Konzern-Vorstände und zwei schicke Berater bei der Samstagsarbeit mitten in Lärm, Gestank und Dreck. Das ist der äußerste Rand der Unwahrschein-lichkeit, denke ich, dann will ich aber auch Gas geben, denn meine polierte Fläche sieht nur nach der Hälfte dessen aus, was Hennrich, Bremer und Kell schon geschafft haben.

Nach etwa zwanzig Minuten winkt uns Kell, unsere Maschinen wieder abzustellen, und überrascht bemerken wir, dass keines unserer Gesichter mehr die Farbe hat, mit der wir die Arbeit aufgenommen hatten. Herumalbernd folgen wir Kell und Bremer in einen kleinen Waschraum und säubern unsere Gesichter mit Seife und Tüchern, bevor wir wieder in unseren Arbeitsraum gehen. In einem Topf hat dort jemand nach bayrischer Art Weißwürste bereitgestellt, Senf und Brötchen. Mit großer Lust greifen wir zu. So, Herr Bremer, meint Hennrich amüsiert, jetzt haben wir schon was gelernt, Sie sind der Tom Sawyer und wir sind die Jungs, die üppig dafür bezahlen, lustvoll Ihren Zaun zu streichen. Und, ent-gegnet der darauf, hat es etwa keinen Spaß gemacht? Doch, erwidert Hennrich, sogar viel mehr als Sie ahnen. Hat mich an die Arbeit in der Werkstatt meines Vaters erinnert. Zusammen mit meinem Bruder hatten wir immer große Projekte am Start. Kein Auto, wie hier, aber viele Erfindungen, wie das Kinder oder Jugendliche halt machen. Und wir waren ein gutes Team. Na, das ist doch das Stichwort für den Moment, lächelt Bremer. Denn um die Teams geht es in unserer nächsten Arbeitssession.

New Work und New Team Work

Bremer stellt seinen Teller zur Seite und taucht erneut in unsere Session ein. Um die Basket-ball-Legende Michael Jordan zu bemühen, zitiert er nun den amerikanischen Sportstar, »Talent gewinnt Spiele, aber Teamwork und Intelligenz gewinnen Meisterschaften«. Je mehr wir uns der digitalen Herausforderung stellen, desto mehr müssen wir den Fokus weg von der Führungsdenke einer amorphen, industriellen Organisation von hunderten oder tau-senden Menschen nehmen und uns hinwenden zu den Überlegungen, wie man eher kleine, konkrete Teams gut dazu befähigen kann, ihre Arbeit optimal zu machen. Deswegen habe ich zwei Themen vorbereitet, die wir aus meiner Sicht durchsprechen sollten, setzt Bremer nun fort. Diese sind erstens: Die meisten Regeln der klassischen Teambildung gelten bezüg-lich der Führung von Teams auch in der Digitalisierung weiter. Wir müssen sie einfach nur respektvoll beachten. Und zweitens: New Work ändert das, was wir in agilen Teams unter »Arbeit« verstehen, aber auch die Beeinflussungsmöglichkeiten und die Erwartung an den Teamleader doch sehr stark. Das Basis-Handwerkszeug dafür kann man lernen. Die digita-len High-Performance-Teams sind aber wie Top-Sportteams und machen den ultimativen Unterschied im Wettbewerb. Das an die Spitze zu treiben ist eine Kunstform, die man nicht so einfach hinbekommt. Aber eines nach dem anderen.

Lassen Sie uns bei den klassischen Regeln beginnen. Da wäre erst mal die Teamentwicklungs-kurve von Tuckman[322], die es auch in der agilen Welt gibt, beschreibt Bremer. Kein Team beginnt sofort zu arbeiten wie ein Bienenstock, jedes Team ist anders und braucht Zeit, bis es brummt. Der bekannte Zyklus läuft über die Findung, das »Forming«, mit dem ersten Beschnuppern und dem netten, aber unpersönlichen sich Orientieren, in das »Storming«, also die stürmische Konfliktphase, in der die Mitglieder ihr Revier abstecken. Darauf folgen das »Norming«, in dem die Regeln und Normen der Zusammenarbeit gemeinsam festgelegt werden, und dann erst die eigentliche Arbeitsphase, das »Performing«, wo sich dann die wirkliche Teamleistung entfalten kann. Auch in der digitalen Welt durchlaufen die Teams genau diese Entwicklung, erklärt Bremer, das braucht wie gesagt ausreichend Zeit und, vor allem in der zweiten, eher stürmischen Phase, manchmal auch Hilfe bei der Bewältigung der Konflikte. Dann wächst das Team. Aber was ist eine gute Größe für ein Team? Da können wir von der Digitalbranche durchaus etwas lernen, klärt uns Bremer auf, und das ist die »Two-Pizza-Regel«, die Jeff Bezos bei Amazon[323] propagiert hat.

Nachdem Bezos in den Gründungsjahren feststellen musste, dass die unternehmensinternen Meetings durch zu viele Teilnehmer aus den Fugen gerieten und wenig greifbare Resultate zeitigten, erließ er einfach eine Regel, dass zu einem Meeting nicht mehr Leute zugelassen werden sollten, als von zwei Pizzen satt werden können. Punkt. Jetzt nehmen wir mal an, sagt Bremer zwinkend, dass das amerikanische Pizzen waren, deren Größe die der europäischen um einen Faktor von mindestens zwei bis drei übertrifft. Dann sprechen wir dennoch von einem Limit von etwa acht bis zehn Personen[324] pro Meeting.

Und instinktiv macht so eine Grenze auch wirklich Sinn, spricht er weiter. Denken Sie mal an eine simple Abendveranstaltung mit 50 Leuten, an der Sie teilnehmen. Da gibt es dann sicherlich unendlich viel hohlen Smalltalk. Aber am Ende ist nichts erreicht, außer dass Sie sich mit jemand anderem für ein weiteres Meeting verabreden müssen, um wirklich sprechen zu können. Wenn das aber ein Abendessen mit sechs oder acht Personen ist, dann können Sie viel tiefere und sinnvollere Gespräche führen. Da kommt dann auch was raus, denn es kommt jeder zu Wort und keiner kann oder will sich in einer kleinen Gruppe bei Wortbeiträgen oder der Aufgabenverteilung »wegducken«. Alle Ideen können auf den Tisch und auch Ablehnungen oder Konflikte zur Idee können gleich besprochen werden. Es gibt also viele Vorteile bei kleineren Meetings, und die hat Bezos dann auch auf die Soll-Größe von Teams bei Amazon erweitert, weil dieselbe Logik angewendet werden kann. Um da redlich zu bleiben, fügt Bremer hinzu, sei aber gesagt, dass die Umsetzung dieser Begrenzung auch bei Amazon milder als die Ansage des Chefs ausfiel, aber schon das Prinzip und der Hinweis auf die aktive Begrenzung der Teilnehmer auf ein kann ein deutlicher Beitrag zur Leistungssteigerung sein.

Jetzt habe ich ein kleines Déjà-vu, sagt Hennrich. Denn die Anzahl der Teilnehmer ist seit einigen Jahren auch in den Vorständen und bei uns im Haus ein wichtiger werdendes Thema. Die Zahl ist nämlich enorm angewachsen[325], weil wir, digital hin oder her, plötzlich vielleicht sogar einen eigenen Vorstand für »Digital« benennen wollen, schon einen für Operations haben, dann noch seit drei Jahren einen für Compliance, einen für die IT und wer weiß, auf was wir uns da noch zubewegen. Da müssen wir aufpassen, dass wir ein arbeitsfähiges Team bleiben, wenn wir schon über funktionierende Führung sprechen. Den Punkt notiere ich mir schon mal für die Gespräche mit dem Aufsichtsrat, meine Herren, oder was denken Sie, Herr Mahlich?

Na ja, sage ich darauf, die Arbeitsfähigkeit wegen der Anzahl ist sicher ein relevanter Aspekt.

Aus meiner Beobachtung stellt sich für viele Teams aber noch viel wichtiger die Frage, an welchen Ergebnissen sich die Teams und ihre Mitglieder messen lassen wollen.

Vor allem bei einigen der eigentlich wichtigen Initiativen, die wir funktions-übergreifend aufgesetzt haben, fehlt ein Verständnis dafür, dass da überhaupt erst Ergebnisse rauskommen sollen und wer dafür am Ende verantwortlich ist. Vor lauter Abstimmeritis vergisst man zu definieren, wer denn das Ziel verfolgen und die Mittel wirklich in der Hand haben soll. Und wenn keiner für die Ergebnisse verantwortlich ist, dann fällt eben auch keiner eine Entscheidung oder löst irgendjemand ein Problem.

Bremer, der unseren Ergänzungen aufmerksam gelauscht hat, nickt zustimmend. Das alles, sagt er, sind Themen, die wir mit oder ohne Digitalisierung bearbeiten müssen. Es gibt aber auch Veränderungen, die sich sehr darauf auswirken, was Arbeit überhaupt ist und wie dann Teams funktionieren und geführt werden können. Vieles davon lässt sich mit dem Begriff New Work[326] zusammenbinden, führt er weiter aus, dem Ursprung nach ein durchaus philosophisch motivierter Ansatz, und ich will da nur ein paar Stichworte aufzählen, um das Feld und die Tragweite grob zu umreißen.

Bevor wir uns aber um die »Neue Arbeit« kümmern, will ich als Ausgangspunkt erst einmal nach der Wurzel des alten Begriffes von »Arbeit« suchen. Der deutsche Philosoph Manfred Riedel[327] führt dieses Wort auf das germanische »arba« zurück, was »Knecht« bedeutet, während neuere etymologische Wörterbücher das heute untergegangene germanische Verb »arbejo« als Urwort anführen, welches die Bedeutung »ich bin ein verwaistes und daher aus Not zu harter Arbeit gezwungenes Kind« haben soll. In beiden Fällen also historisch ein eindeutig negativ aufgeladener, mit »Mühsal und Plage« konnotierter Begriff, schildert Bremer, der für ein passives Erleiden und Erdulden einer beschwerlichen, unwürdigen Tätigkeit steht. Arbeit ist da Ausbeutung von Not, die nur von denjenigen verrichtet wird, die sich abmühen müssen, um irgendwie ihren Lebensunterhalt zu bestreiten[328]. Später rehabilitiert Luther das Wort »Arbeit« und löst es von seinem herabsetzenden Sinn, es bleibt aber bis heute ein gewisses und nicht nur sprachwissenschaftlich begründetes Geschmäckle daran kleben.

So, und da kommt nun eine sehr spannende und schillernde Persönlichkeit ins sprachliche Spiel, und zwar der österreichisch-amerikanische Philosoph und Anthropologe Frithjof Bergmann, referiert Bremer für meinen Geschmack nun etwas sehr ausführlich. Bergmann gilt heute gemeinhin als Begründer von »New Work«, was als Gegenmodell zum kapitalistisch geprägten Arbeitsmodell gedacht war. Der ehemalige Tellerwäscher, Preisboxer, Fließband- und Hafenarbeiter prägte den Begriff im Lichte der Erfahrungen, die er in den 1970er-Jahren bei General Motors in Flint, Michigan, gemacht hatte, als er sah, dass eine Automatisierungswelle bedeuten würde, dass mehr und mehr Arbeiter dort ihre Arbeit verlieren[329]. Als Verhandlungsführer für die Arbeiterschaft hatte er daraufhin dem Management vorgeschlagen, dass die Arbeiter nur die Hälfte der Arbeitszeit am Fließband arbeitend verbringen sollten, um in der anderen Hälfte herausfinden zu können, »was man wirklich, wirklich will«. Seine Idee war es weniger, die erforderlichen Entlassungen zu verhindern, als vielmehr vielen Arbeitern als Ausgleich und mit sehr viel Unterstützung dabei zu helfen, ihre wahre Berufung zu finden. Und die Unternehmen sollten dafür eben mehr als nur eine symbolische Unterstützung liefern.

Bremer bemerkt, dass sowohl Hennrich als auch ich eine etwas steife Körperhaltung eingenommen haben, und hebt beschwichtigend seine Hand: Geduld, meine Herren Vorstände, das ist kein Kurs in aufgewärmtem Marxismus durch das Hintertürchen, sondern verdient allen Ernstes eine kleine Minute der Achtsamkeit, glauben Sie mir.

Das, was Bergmann am Ende meint, fährt er fort, ist, dass man Arbeit eben nicht in dem obigen Sinne als Plage und Mühsal begreifen muss, sondern als Berufung verstehen kann, die jeder Mensch aber suchen muss. Dann kann man Arbeit aus der Sicht von Bergmann auch ganz anders erleben und empfinden als bisher. Nur muss man sich als Einzelner auf die Andersartigkeit dessen, was man seiner Berufung nach machen können soll, sehr intensiv vorbereiten. Diese Vorbereitung ist nach Bergmanns Auffassung ein sehr langsamer und iterativer Prozess, in dem Menschen sehr unterschiedliche Dinge für sich ausprobieren können sollen, ein Weg, der im Kern einen völlig neuen Ansatz für Schulen, Institutionen und Herangehensweisen braucht. Übrigens bleibt auch im Denken Bergmanns die Neigung von Unternehmen, Gewinn zu erzielen, nach wie vor die zentrale Aufgabe der Firmen, sofern die Mitarbeiter da gerne und bewusst selbst mitmachen wollen.

Seither hat aber der Mainstream aus Medien, Wissenschaft und Kultur die Ideen Bergmanns zunehmend für andere Zwecke gekapert, führt Bremer weiter aus, und das daraus gemacht, was Bergmann »Lohnarbeit im Minirock« nennt, also Arbeit, die lediglich etwas an der Oberfläche und nur mit geringfügig mehr Selbstbestimmung und viel Marketing aufgepeppt ist, ansonsten aber weiterhin eine sehr risikoreiche Tagelöhnerei bleibt. Vielleicht ist wirklich manches übertrieben bunt gezeichnet, und nicht überall wo New Work draufsteht, ist dann auch New Work drin, gibt Bremer zu bedenken. Der Trend weg von den Know-how-Workern hin zu den Know-why-Workern soll aber nicht unterschätzt werden, das läuft meiner Meinung nach stark entlang einer typischen Hype-Kurve und wir kommen da erst langsam aus der ersten Ernüchterungs-Delle raus. Besonders die Generation Y wie Ypsilon stellt die Warum-Fragen und wird damit zur »Generation Why«, ohne mich damit allerdings in den Generationenquatsch einreihen zu wollen, legt Bremer seine Sicht weiter dar. Das bedeutet, dass die Mitglieder der Teams, die wir führen werden, und insbesondere die sehr talentierten davon, viel unabhängiger von

Selbstbeobachtungsfähigkeit optimieren

Ort und Zeit und klassischen Managementrollen ihren Job machen werden – wenn sie erst verstehen, warum sie ihn machen sollten. Dann geschieht Arbeit in einem neuen Mix von virtuellem Platz, Homeoffices, Coworking Spaces und einem sehr überschaubaren Rest dessen, was früher der Corporate Space war. Das Angebot an die Mitarbeiter offeriert dann eher Experience-Tracks statt Karriereleitern, die sich keiner mehr hochbuckeln will. Damit fließen nun, denke ich, all unsere kleinen Diskussionsstränge über den Zweck, wie von Sinek übernommen, über die eben diskutierte Selbststeuerungsfähigkeit und über die offene Organisation und dergleichen in ein fruchtbares Delta, aus dem sich schon ableiten lässt, wie man Organisationen in der Zukunft denken und machen kann. Und genau das ist Führung.

Auf der ersten Zwiebelschale kennt man die Begriffe ja, schildere ich mein Empfinden, die Diskussion hier geht aber irgendwie tiefer, sodass ich schon meine, dass wir da an einige der Glaubenssätze rankommen, die uns heute limitieren und die auch unsere Potenziale bei der Digitalisierung limitieren. Damit wir das verdauen können, würde ich für heute vorschlagen noch den dritten Punkt auf der Tagesagenda zu reflektieren, da wir die Frage »was tun wir jetzt in puncto Führung« später in der präskriptiven Arbeitsphase wieder aufnehmen werden. Von Hennrichs Seite nehme ich deutlich Zustimmung wahr und ergänze: Außerdem haben Sie uns ja versprochen, das Wochenende noch mit einer kleinen Oldtimerrallye zu versüßen, nicht dass wir am Ende nur zum Schleifen hier sind. Beim Gedanken an unser kleines handwerkliches Abenteuer hellen sich die Gesichter aller Anwesenden merklich auf, und ohne Worte verstehen wir alle, dass das mit dem Schweißunterricht heute doch entfallen wird.

Als wir uns nach einer kleinen Pause zusammenfinden und die Mobiltelefone wieder auf »Aus« gestellt sind, richte ich mich etwas provozierend an den Berater: Herr Bremer, nachdem wir uns so intensiv mit der Selbstführung beschäftigt haben und damit, wie wichtig es ist, dass die Mitarbeiter rausfinden, »was sie wirklich, wirklich« tun wollen, wie sorgen wir denn nun dafür, dass aus der Organisation, die wir führen wollen, irgendwas rauskommt? Oder dass wir gemeinsam irgendwo hinkommen? Das ist doch auch Führung, füge ich skeptisch hinzu. Auch wenn ich die vielen soziologischen Aspekte von heute interessant finde und von unseren geistreichen Ausflügen immer etwas mitnehme, wäre jetzt mal ein handwerklicher Impuls hilfreich. Ich weiß, Sie verkaufen keine Checklisten und Handbücher, aber jetzt brauch ich irgendwie mal was, mit dem ich auch inhaltlich weiterkomme.

Na, da bin ich ja froh, erwidert Bremer humorvoll, dass wir mit dem nächsten Punkt zwar keine Checklisten oder »How-tos«, aber vielleicht einige Anregungen für die konkrete Ausgestaltung von Führung haben. Sie sehen hier, dass auf der Mindmap für heute noch ein letztes Zettelchen klebt, fährt Bremer fort, das Selbstbeobachtungsfähigkeit[330] heißt.

Nun, gleich vorweg noch eine kleine Anmerkung, Herr Mahlich, die aber ehrlich nichts mit Ihrem Hinweis zu tun hat, ich solle im Exkurs »endlich« konkreter werden. Diese Anmerkung hat hingegen einiges mit der typischen Persönlichkeit eines Führenden zu tun. Die Selbstbeobachtungsfähigkeit nämlich, so wie wir es hier verstehen wollen, schreibt der Führung die Aufgabe zu, der Organisation eine Fähigkeit zur Beobachtung »ihrer selbst« zu verleihen. Dazu ist es klarerweise eine Bedingung dafür, dass die Führung weiß, wo sie und die geführte Organisation gerade steht und wo sie hinsteuern will. Dem Erzeugen einer möglichst objektiven Beobachtungsaussage »über die Organisation« stehen die Führungskräfte aber gerne durch sich selber im Weg[331], führt Bremer aus, weil die Fähigkeit zum geduldigen Zuhören und zum emphatischen Wahrnehmen meist weniger aus-geprägt ist, als man denken mag. Das ist sicherlich durch die eigene Konditionierung der Chefs, den unzähmbaren Erfolgswillen und die Durchsetzungskraft bedingt. Es ist aber trotzdem äußerst proble-matisch, schildert Bremer weiter. Wenn man das überzeichnen will, dann sieht der Führende vor lauter Spiegelbild und manchmal auch vor Testosteron oft nicht mehr scharf genug, was beim Kunden, im Bauch der Organisation, in der Entwicklung oder in den Werken und Lagern so geschieht. Das passiert leider insbesondere dann, wenn die vorhin geforderte verbesserte Selbstführung nicht zur Erdung des Selbst und der gesunden Weiterentwicklung genutzt wird, sondern stattdessen, bitte sehen Sie mir den harten Ausdruck nach, zur selbstbesoffenen Selbstbefriedigung verkommt.

> Wir wollen aber über diesen Risikohinweis hinaus nicht weiter Zeit mit möglichen Dysfunk-tionen der Selbstentwicklung verlieren, sagt Bremer und wirkt, wie ich finde, doch wieder etwas professoral dabei. Wir werden stattdessen eher über die gesunde Ausprägung weiter nachdenken, denn um die geht es ja, fährt er fort. Wenn wir also in diesem Abschnitt über die Optimierung der Selbstbeobachtung sprechen, dann beschreiben wir damit die Anfor-derung an die Führungskräfte, dafür zu sorgen, dass es genügend Informationen über den Zustand der Organisation gibt sowie einen entsprechenden Konsens in der Führungsmann-schaft zu diesen Informationen. Damit soll sich also die Organisation die so gar nicht triviale Frage beantworten: Wo stehen wir, bezogen auf die Märkte oder auf die Ressourcen oder auf die Chancen – und die damit korrespondierenden Risikolagen, die man ja als Unternehmen auch unweigerlich eingehen muss.

> Natürlich denkt da jeder zuallererst an den Fachbereich Controlling, der ja dazu da ist, uns mit Kennzahlen und Indikatoren zu genau diesen Fragen zu versorgen, erklärt Bremer. Die Erfahrung ist aber eine andere, denn meist sind diese Zahlen lediglich ein Blick in den Rück-spiegel. Die Führung sollte jedoch, wie wir bereits an anderer Stelle gesagt haben, Zukunft produzieren. Bei der Produktion von Zukunft geht es nun aus Führungssicht um die Vorgabe und Solidarisierung von Zielen, Plänen, Prognosen und Strategien. Und dann wird die Selbst-beobachtung insgesamt schon viel komplizierter, weil sie dann, wenn man genau hinschaut, auch die Beobachtung der Prozesse mit einschließt, über die man zu Aussagen und zu Zielen für die Zukunft kommt, oder zu den Entscheidungen, zu den Maßnahmen, die die Dinge ver-ändern, und zu den Menschen, denen man diese Maßnahmen oder Entscheidungen anvertraut.

Wenn Führung dieses Beobachtungsfenster aufmacht, dann geschieht etwas ganz Besonde-res, erläutert Bremer weiter, denn dann beschäftigt sie sich mit dem Führungssystem insge-samt, dem Kollektiv, dem Kommunikationssystem, seinen Einschränkungen und, sofern das gelingt, auch mit den Glaubenssätzen und vielleicht sogar den eigenen Tabus. Dann beginnt sie zu hinterfragen, welche Alternativen es zu dem beobachteten Verhalten gibt und ob das System der Führung nicht auch insgesamt verbessert werden kann.

Meine Herren – Bremer überlegt kurz und fährt dann fort: Natürlich denken Sie jetzt, dass Sie ja genau das die ganze Zeit machen. Und es stimmt! Sie sprechen sicherlich mit vielen Menschen unterschiedlichster Herkunft und Zusammenhänge. Sie suchen gezielt die etwas andere Außenperspektive und Sichtweise. Dann treffen Sie sich lange mit Ihren Stäben und halten große Veranstaltungen dazu ab, mit Gastrednern und klugen Beratern. Das weiß ich, weil ich schließlich auch schon dabei war, scherzt Bremer selbstironisch. Die Optimierung der Selbstbeobachtung führt nun die Aufmerksamkeit genau an diese Grenze dessen und fragt: Ist das die Wirklichkeit oder nur eine Echokammer unserer Industrie[332]?

Kommt wirklich genug »andersartiger« Input bei uns als Führung an oder halten die Filter-funktionen der vorgelagerten Fachbereiche viel von dem zurück, was nicht gefällt oder was nicht »konsensfähig« ist? Schauen Sie, die Kollegen von Nokia zum Beispiel hatten um 2007 sicherlich all die technischen Informationen zur Verfügung, die man sich nur wünschen kann. Dennoch ist das, was die Führung daraus gemacht hat, also die Beobachtung des Wirkens des eigenen Tuns, ganz offensichtlich nicht gelungen. Die Selbstbeobachtung spie-gelte immer nur das Rauschen der Echokammer der Experten, die aber leider nur Experten für das Gestern waren. Eine Synthese zu einem gesamten Statusbild, welches im Vergleich zum Wettbewerb auch kritische Thesen zum eigenen Zustand zuließ, kam zu spät und man hatte sich selbst viel zu lange immer wieder nur bestätigt, dass der historisch erfolg-reiche Kurs auch für die Zukunft der richtige sei. Der Kanal war für kritische Anmerkun-gen schlicht taub geschaltet.

Kell, der bisher fast nur zugehört hat, meldet sich vorsichtig zu Wort: Selbst wenn Sie es als Manager wirklich von Herzen anders haben wollen, auch die von Ihnen anberaumten Sprechstunden für alle Mit-arbeiter und die zu den angebotenen Zeiten offen geglaubten Türen sind in Wahrheit nicht offen, son-dern mit sehr hohen Hürden versehen. Und diese Hürden werden höher, je höher Sie in der Hierarchie aufsteigen, meine Herren, mit der Konsequenz, dass über diese Schwelle meist nur gut sortierte und meist auch möglichst als »gut« verpackte Nachrichten weiterkommen. Es gibt zahlreiche Untersuchun-gen[333], die sich damit beschäftigen, warum so viele Mitarbeiter die Gelegenheit eben nicht wahrnehmen, frei mit dem Management zu sprechen, selbst wenn das sogar anonym möglich wäre. Und Hand aufs Herz, erinnern Sie sich nicht auch genau an diese Erfahrung, wenn Sie an Ihre Zeit im mittleren Ma-nagement zurückdenken? Dass eben sehr viel der Information auf der Reise nach oben gefiltert wird? Weil die Fakten, die an der Basis erhoben werden, im Kanal durch das Mittelmanagement gar nicht verstanden werden, oder weil bei anderen Gelegenheiten die Überbringer der schlechten Nachricht ans Kreuz geschlagen wurden und sich danach keiner mehr traute?

> *Ich erinnere mich konkret an ein Projekt in jüngerer Zeit, spricht Kell weiter,*
> *in dem der auftraggebende Projektleiter die Devise aussprach: In diesem Projekt*
> *gibt es nach oben hin grundsätzlich keine schlechten Nachrichten. Punkt. Hier wird*
> *alles positiv formuliert oder es findet nicht statt, wies er uns an und sagte zu unse-*
> *rem Projektteam: Wenn Sie das nicht können, suchen Sie sich ein anderes Projekt.*
> *Das meinte der völlig ernst, und natürlich war das Projekt am Ende ein kommuni-*
> *katives Desaster und hat das darüberliegende Management maximal verwirrt.*

Deswegen ist für die Selbstbeobachtung die feine Justierung der Empfangskanäle so wichtig, fügt Kell hinzu, und ein Ansatz sehr hilfreich, in dem »schlechte Nachrichten schnell reisen müssen«. Das hat zum Beispiel auch Bill Gates[334] zu einem wichtigen Prinzip seines Manage-mentsystems gemacht, damit sich das obere Management nicht daran gewöhnt, von unten her Honig ums Maul geschmiert zu bekommen, sondern sich der Notwendigkeit stellt, sich rasch und grundlegend mit neuen Wettbewerbern, anderen Kundenwünschen, schlechter Moral im Team oder dergleichen zu beschäftigen. Aus meiner Sicht ein wichtiger Baustein für die Erklärung der hohen Anpassungsfähigkeit des amerikanischen Softwarekonzerns, der ja nun schon mehrere Krisen immer wieder stärker verlassen hat, als er es zu deren Beginn war.

Natürlich wird kein Manager sagen, dass er aktiv Nachrichten zurückhalten würde, so Kell weiter, aber die Faktenlage ist meist eine andere. Zu viele Kontrollfreaks aus dem Mittelbau drehen nach wie vor durch, wenn eine Kommunikation zwischen den unteren Rängen und den oberen Rängen an ihnen vorbei stattfindet. Sie begreifen so einen Vorgang als grundlegende Bedrohung ihrer Autorität und reagieren mit brutaler Vergeltung nach unten. Ich sage nicht, dass man die dazwischenliegenden Schichten nicht informiert halten soll, aber, wir kommen ja noch zu den präskriptiven Prinzipien, ein Management, das auf klassischen Meldeketten statt auf Netzwerken besteht, ist in einem digitalen Zeitalter nicht zukunftsfähig.

Kells Anmerkungen treffen mich mehr, als ich im Moment zugeben will. Während ich auf die Rückflächen meiner Hände starre, bemerke ich, dass dort noch Reste unserer handwerklichen Aktivität zu sehen sind. Nachdenklich lasse ich zu, dass meine Gedanken mich in meine eigene Karriere-Laufbahn führen, in der ich auch oft sehr kontrollierend agiert habe. Keine sauberen Hände, geht es mir durch den Kopf. Natürlich weiß ich, dass Kell da einen wichtigen Punkt anspricht und dass auch ich gerne mal an dem einen oder anderen dominant auftretenden Mittelmanager vorbei mit den Leuten spreche, wohlwissend dass das Konflikte schüren wird, die wenig produktiv sind, statt offen das Kommunikationsproblem der »Linie versus Netzwerk« anzugehen. Wer mit wem sprechen darf oder soll, ist etwas, das wir uns anschauen sollten, sinniere ich weiter. Am Ende geht da vielleicht tatsächlich mehr Energie rein als in die Frage, worüber gesprochen werden sollte.

Auch Hennrich scheint etwas in Gedanken versunken, als Bremer sich anschickt fortzufahren. Die Optimierung der Selbstbeobachtung schaut also zum Beispiel danach, ob der Informationsfluss zwischen unten und oben in beide Richtungen gut genug gelingt und ob die Muster der Kommunikation auch zeitgemäß sind, führt der Berater aus. Das muss aber nicht die einzige Suchrichtung für die Verbesserung der Selbstbeobachtung sein, referiert er weiter, weil die Digitalisierung auch an der Haut der Organisation eine neue Durchlässigkeit erzeugt.

Früher saßen an den Schaltstellen zwischen dem Innen und dem Außen der Organisation sehr exponierte Mitarbeiter, des Einkaufs zum Beispiel, der Führung des Unternehmens oder der Strategiebereiche und dergleichen. Genauso wie die lineare Befehlskette in der Pyramide der Führung nicht mehr ausreicht, ist auch für diese Außenbeziehungen die klassische Exklusivität der Schaltstellen nunmehr ein Engpass, erläutert Bremer, der nicht mehr aufrechterhalten werden kann. Denken wir nur an das, was wir unter dem Stichwort »offene Organisation« besprochen haben. Diese Offenheit wäre in den klassischen Mustern schon alleine deswegen nicht lebensfähig, weil die Vernetzung über alle Ebenen hinweg so elementar geworden ist und niemand auf die Freigabe oder die politisch korrekte Anpassung der Nachricht in den dazwischenliegenden Schaltstellen warten kann. Auch da ist die Optimierung der Selbstbeobachtungsfähigkeit dann wichtiger als die konkrete Steuerung der einzelnen Nachrichten, legt Bremer dar.

Wir fragen uns also: Was soll die Führung nun tun? Die verblüffende Antwort auch hier: Sich erst mal mit sich selbst beschäftigen, schildert Bremer. Und zwar allen Ernstes, fügt er nach einer kurzen Pause hinzu. Die eigene Entwicklung ins Zentrum zu stellen, das meint: sein Wissen, sein Kennen, sein Können und sein Wirken zum Thema zu machen und zu fragen, wie man zur Verbesserung der Selbstbeobachtung und der Selbststeuerungsfähigkeit wirklich beitragen kann. Eine Verbesserung übrigens, die nicht dazu führt, dass dauernd und bei jeder Kleinigkeit hypernervös die Alarmsirenen schrillen. Weil man als Führung die Organisation eben auch beruhigt und in den eigenen Fähigkeiten zur Problemlösung bestärkt. Auch das ist eine Art der Optimierung der Selbstbeobachtung, und zwar eine, die in Würdigung der Inputs Ruhe ausstrahlen kann und dennoch dabei nicht blind wird für die Impulse von außen.

Hennrich und ich blicken uns mit einem Wink auf die Uhr kurz an und geben damit das Signal, den heutigen Termin langsam beschließen zu wollen. Sowohl Kell als auch Bremer haben den Hinweis verstanden und Bremer wirft seinen Notizblock mit Schwung auf seine weit geöffnete Tasche, die auf dem Reifenstapel liegt, an den er sich zwischendurch immer wieder kurz angelehnt hatte. Gut, sagt er, zumindest für heute. Wer von Ihnen will mit uns einen kleinen Ausflug zu den Schätzen des Hauses machen? Na endlich, antwortet Hennrich, ich dachte schon Sie fragen nie. Sollte der Opel Kapitän, den ich draußen gesehen habe, fahrbereit sein meine Herren, dann ist er jetzt reserviert. Wunderschönes Teil, Weißwandreifen, und die legendäre Sonnenblende außen, genial. Entspannt begibt sich die ganze Gruppe hinter die Garage und tatsächlich fahren wir dann eine Dreiviertelstunde mit einigen der alten Kisten, als wären wir noch einmal eine Bande Jungs mit ihren Spielzeugen.

Die Faszination fürs Automobil und das Gefühl für die Frei-heit noch einmal intensiv genossen, ganz analog, denke ich, und freue mich an dem Spaß, der kurz unsere Männerherzen aufleben lässt. Beim Abschied bedanken wir uns bei Bremer für den außergewöhnlichen Tag und ich staune nicht schlecht, als Hennrich plötzlich eine dunkle Flasche Whisky aus dem Kofferraum seines Fahrzeugs holt. Ist auch ein altes Schätzchen und als kleine Revanche gedacht für die vielen Extrameilen, die in Ihren Ausführungen stecken, sagt er zu Bremer und Kell gewandt. Ja, bekräftige ich, da schließe ich mich an und danke Ihnen herzlich für das Erlebnis heute.

Themen wie »Sich-selber-besser-Führung«, »New Work und New Team Work« und die »Verbesserung der Selbstbeobachtung« werden uns schon alleine wegen dieser Umgebung dauerhaft in Erinnerung bleiben, füge ich hinzu. Trotzdem muss ich auch weiterhin Druck machen, und in der kommenden Woche wäre es extrem hilfreich, wenn wir gemeinsam etwas zur Vorbereitung unserer Gespräche mit dem Aufsichtsrat zu Papier bekommen könnten. So wichtig es ist, zu verstehen, was sich ändert, so wichtig ist es für uns und die Kollegen herauszuarbeiten, was nun getan werden soll.

Präskriptiv: Führung und Haltung

Als ich am späten Nachmittag im Vorstandsgebäude die Treppe zu den Konferenzräumen hochgehe, in denen der Personalausschuss der AutoInc. tagt, spüre ich wieder diese altbekannte Anspannung im Bauch. Genau wie damals, als ich vor einer gefühlten Ewigkeit, vor meiner tatsächlichen Berufung, zu den Verhandlungen meines Vertrages hergekommen war. Es waren keine einfachen Gespräche gewesen, alle Vertreter des Ausschusses waren mindestens fünfzig, vielleicht sogar über fünfundfünfzig Jahre alt, erinnere ich mich, und die Fragen zeugten damals von einer radikalen Unkenntnis zu den Auswirkungen der Digitalisierung. Sie waren auch von einer sehr geringen Wertschätzung gegenüber den Leistungen der eigenen Technologen geprägt. Der IT-Chef, der alte Vertriebschef und der arme Hennrich hatten in den Gesprächen aufgrund dieses großen Unverständnisses hinsichtlich der Komplexität und Andersartigkeit der digitalen Welt ganz schön ihr Fett wegbekommen, sinniere ich weiter. Aber auch meine eigenen bisherigen Erfolge schienen für die Kollegen des Aufsichtsrates wenig nachvollziehbar zu sein. Vielleicht waren es nur mein fehlender Stallgeruch und meine offensichtliche Unerfahrenheit in der Branche oder auch die Tatsache, dass ich als Person völlig fremd und von außen gekommen war. Jedenfalls, so meine Erinnerung, wurden wir damals nur außergewöhnlich langsam warm miteinander. Bis heute denke ich, dass ich es vor allem unserem mächtigen Vorstandsvorsitzenden zu verdanken habe, dass die Entscheidung zu meinen Gunsten ausfiel. Wieder spüre ich eine innere Unruhe über den Verlust des Verbündeten.

Ein Statusgespräch soll es heute werden, zu dem stellvertretend für den Aufsichtsrat der Ausschuss für Personalangelegenheiten und der Vorsitzende des Aufsichtsrates gemeinsam eingeladen haben. Sehr informeller Natur, stand in der Einladung. Der Status wovon? Mir ist es nicht wirklich klar und ich habe mich nach der kurzfristigen Anfrage auch nicht weiter vorbereiten können. Zu sehr hat das Tagesgeschäft meine Zeit in Anspruch genommen. Ich bin einige Minuten zu früh und setze mich in einen der Ohrenstühle im Wartebereich, die wirken, als wären sie in den Siebzigerjahren geliefert und seither vergessen worden. Auf einem spinnenbeinigen Nierentisch liegen Broschüren der Arbeitnehmervertretung, und abwesend greife ich mir davon eine. Klar, denke ich mir, die Hälfte des Ausschusses ist mit Vertretern der Arbeitnehmerschaft besetzt. Dann will ich mal auf eine andere Qualität von Austausch hoffen, denke ich weiter, als er vielleicht zu der Zeit ablief, in der diese Möbel hier beschafft worden sind.

Nun öffnet sich die schwere Doppeltür, aus dem Inneren des Raumes hört man das gedämpfte Murmeln einiger geschäftiger Stimmen. Einer der Kollegen nickt mir kurz zu, als er aus dem Raum kommt, und streckt mir die Hand entgegen. Nachdem ich eingetreten bin, mache ich die Runde und begrüße das halbe Dutzend der Anwesenden der Reihe nach und bin durchaus etwas stolz, die Namen aller im Raum bereits behalten zu haben.

Herr Mahlich, eröffnet der Vorsitzende des Aufsichtsrates die Besprechung, diese Sitzung hier ist für Sie die erste dieser Art, deswegen gleich vorweg die Klarstellung, dass alles, was hier besprochen wird, einer ganz besonderen Verschwiegenheit unterliegen muss. Das hat nicht nur mit dem Abgang Ihres Kollegen und Vorsitzenden im Vorstand zu tun, sondern es ist ein wichtiges Prinzip unserer Arbeit hier. Sie verstehen sicherlich, dass wir hier die Fragen zum Personal des Vorstandes in einem ganz besonders geschützten Raum erörtern wollen, erklärt er mir.

Nachdem ich die geforderte Vertraulichkeit nochmals gesondert bestätige, führt er weiter aus: Wissen Sie, im Personalausschuss haben wir eine ganze Reihe von Aufgaben, zu denen wir uns regelmäßig treffen. Dazu gehören einerseits die Erarbeitung der Empfehlungen für die Besetzung von Positionen im Vorstand der AutoInc. mit allem, was eben dazugehört. In dieser Form hatten wir ja schon das Vergnügen, sonst wären Sie ja nicht hier.

Wir arbeiten darüber hinaus aber auch sehr intensiv an der Frage, was wir denn von unseren einmal bestellten oder den zu bestellenden Vorständen so alles haben wollen. Wir, dabei macht er eine ausladende Handbewegung, das meint die Vertreter der Aktionäre und sehr partnerschaftlich zugleich auch die Kollegen der Arbeitnehmerseite. Aber, pausiert er, bitte jetzt nicht an die Bedingungen für die Bonusvereinbarungen oder Gratifikationen denken und auch weniger an die Festlegung der Absatzziele oder der finanziellen Ergebnisziele, das ist ja bekanntermaßen eine Sache der strategischen Planung und eine andere Baustelle. Wir kümmern uns hier darum, wie das Management der AutoInc. die Gesellschaft führen soll und welche Indikatoren wir für die Beurteilung einer guten Leistung als Führungskraft insgesamt in Zukunft heranziehen wollen.

Nun glauben wir gemeinsam, dabei blickt er in die Runde, dass sich die Antwort auf die Frage, was denn eine gute Führung der AutoInc. ist, im Zeitverlauf intensiv geändert hat. Insoweit sind wir uns auch mit den Kollegen der Arbeitnehmerseite völlig einig.

Woran wir die Qualität der Führung in den kommenden Jahren aber konkret festmachen und welchen Kriterienkatalog für gute Führung wir aufstellen wollen, das ist hingegen noch nicht ganz klar. In unserem Kreis haben wir uns bereits intensiv dazu befasst, meint er weiter, es ist aber für Aussagen noch zu früh und im Moment wollen wir erst mal mit Ihnen in den Dialog treten und hören, was Sie dazu meinen. Und, pausiert er wieder kurz, wir sind auch neugierig auf Ihre Darstellung dessen, was Sie in der Lernreise, die Sie mit Ihrem Kollegen Hennrich begonnen haben, so alles erfahren konnten. Er hat uns heute Vormittag sehr ausführlich und durchaus begeistert davon berichtet, fügt er erklärend an, und nun hören wir Ihnen gerne zu.

Kurz fällt mir auf, dass es nur Männer sind, die mir gegenübersitzen, doch bevor ich weiter darüber nachdenken kann, richte ich mich in meinem Stuhl auf, blicke zu einer Flipchart, die an einer Seite des Konferenzraumes steht und erwidere knapp: Bitte, gerne, dann folgen Sie mir doch am besten einen Augenblick auf dieselbe Reise, die ich in den vergangenen Monaten gemacht habe. Als ich letztes Mal bei Ihnen hier gewesen bin, haben wir ja bereits intensiv darüber gesprochen, dass die Digitalisierung unsere Welt auf den Kopf stellen wird. Das ist heute, denke ich, keine große Nachricht mehr, aber es ist dennoch das zentrale WHY in der Mitte der Veränderungen, die sich um den Nutzer herum manifestieren. Noch während ich das sage, greife ich mir einen dicken Stift und male das Wort »Digitaler Nutzer« auf das Flipchart, für alle gut sichtbar in die Mitte eines Kreises.

Nun, fahre ich fort, erst mal habe ich mich intensiv damit befasst, wie sich dadurch das, was wir verkaufen, verändern muss. Das nenne ich »Creating Digital User Value«. Dabei schreibe ich die Worte in die linke obere Ecke und unterstreiche fett das C. Wir liefern dann eine digitale Kundenerfahrung, erkläre ich weiter, und das ist kein oberflächlicher Zusatz zum Produkt, sondern eine sehr wichtige, eigene Erfahrungsdimension. Da will ich aber jetzt erst einmal gar nicht hin, führe ich aus. Weil das aber inhaltlich etwas deutlich anderes ist, als was wir heute bereits liefern, und weil wir dabei kontinuierlich mit dem Nutzer in Kontakt bleiben, müssen wir unsere heutigen Prozesse und unsere Arbeitsweisen anpassen.

C—O—D—E in Aktion

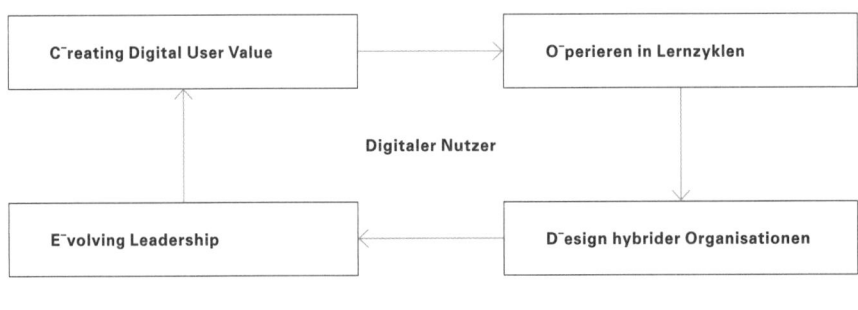

ABBILDUNG 18
C—O—D—E in Aktion

Das ist das, was ich »Operieren in Lernzyklen« nenne, erkläre ich laut und schreibe den Begriff in die Ecke oben rechts. Diesen Lernzyklus bekommen wir aber in der heutigen Organisation nicht ohne Weiteres abgebildet, denn die Organisation will ja gerade nicht gestört werden und stattdessen graduell den Output und die Qualität steigern.

Es ist meiner Meinung nach in der aktuellen starren und extrem arbeitsteiligen Struktur nicht möglich, gleichzeitig die bisherigen Skaleneffekte und Vorteile weiter abzusichern und andererseits die Innovationsfähigkeit durch mehr und bessere Experimente deutlich zu stärken. Deswegen müssen wir neben das Standbein ein eigenes Spielbein dazustellen. Ich beschreibe dies als »Design von hybriden Organisationen«. Wieder ergänze ich mein Bild entsprechend in der rechten unteren Ecke. Und das führt mich zu dem, was Sie eben angesprochen haben, nämlich wie wir die Führung weiterentwickeln, damit wir in dem neuen Kontext handlungsfähig bleiben. Das fasse ich unter dem Titel »Evolving Leadership« zusammen.

Was dabei rauskommt, ist der »C—O—D—E«, der aus meiner Sicht recht gut auf-schlüsseln kann, wie wir die Autoindustrie für die kommende Generation wieder neu erfinden könnten. Das Gute ist: Der Autoindustrie ist das in der Geschichte bekanntermaßen schon mehrfach gelungen, und wir können uns da einiger guter Bilder bedienen, sage ich zu den Kollegen gewandt. Die Schwierigkeit aber ist: Jetzt müssen wir es noch gemeinsam tun.

Meine Herren, lassen Sie mich bitte die historischen Bilder noch etwas intensiver bemühen, bevor ich konkreter auf das von Ihnen eben beschriebene Thema der Führung eingehen möchte. Es gab, wie Sie viel besser als ich wissen, nämlich schon eine Reihe früherer Inno-vationsschübe, bei denen Unternehmen sich durch eine gezielte Vorreiterposition auf lange Zeit an die Spitze der Industrie gesetzt haben.

Ich merke, wie mir die Kollegen sehr aufmerksam folgen und fühle mich trotz innerer Anspannung durchaus stolz und bestätigt dabei. Das Auto wurde in Deutschland erfunden, doziere ich, als hier noch Gründerzeit war. Erst Ford aber machte das Autogeschäft zur Industrie[335] und mit ihm kamen die Standardisierung und das Förderband. General Motors setzte sich mit Alfred Sloans Management-Prinzipien an die Spitze[336], dann kam Toyota mit Lean und Automatisierung[337] und die deutschen Premiummarken mit dem Premium-Modell. Das waren immer sehr weitreichende Brüche mit den jeweils vorherrschenden strategischen Mustern und Selbstverständlichkeiten, schildere ich. Und nun? Ich prognostiziere Ihnen, dass die nächste Revolution durch die Digitalisierung getrieben sein wird und nur ein ähnlicher strategischer Musterbruch wie eben beschrieben auf die Erfolgsspur führen kann. Ich nenne es Phasenwechsel im »Operating Model und in der Führung«.

Wenn wir einsehen, dass die Innovation im Auto durch Software und die Einbindung der Fahrzeuge ins digitale Ökosystem schon in wenigen Jahren strategisch ähnlich relevant sein könnten, wie es die Lean-Prinzipien von Toyota einmal für die Industrie und den Erfolg Toyotas waren, dann erst glaube ich, dass wir die

Paradigmenwechsel im Betriebsmodell und im Führungsansatz

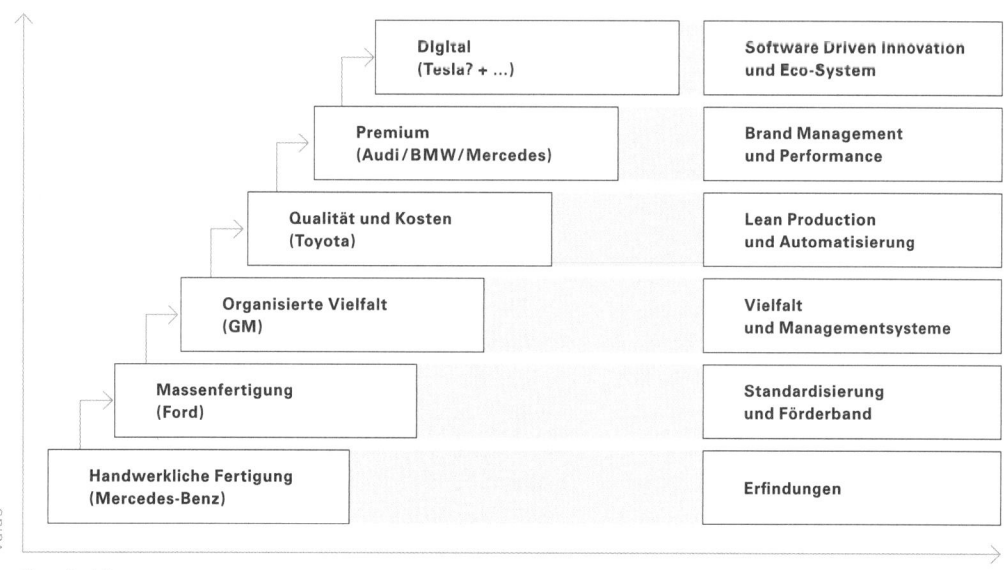

Dimension des anstehenden Phasenwechsels richtig erfasst haben. Interessante Metapher, bemerkt der Aufsichtsratsvorsitzende halb in meine Richtung, halb zu seinen Kollegen, diese stellt das Bild, das wir auch heute Vormittag schon diskutiert haben, noch einmal schärfer. Herr Mahlich, nur zu Ihrer Information, fügt er erläuternd hinzu, wir haben uns ja nicht nur mit Ihnen und mit Herrn Hennrich zu diesen Fragen ausgetauscht. Ich würde dazu natürlich gerne viel mehr erfahren, was wir aber leider jetzt vertagen müssen.

Wie Sie vorhin richtig gesagt haben, geht es heute um die Frage der Führung und das, was die Führungskräfte in Zukunft an Kriterien erfüllen müssen, um die AutoInc. erfolgreich durch die Herausforderung der Digitalisierung zu führen. Uns würde heute sehr interessieren, wie wir denn aus Ihrer und der Perspektive der AutoInc. die digitalen Geisteskinder für einen Phasenwechsel nach den Vorbildern eines Sloan, Ford oder Taiichi Ohno auswählen könnten.

Ich führe nun also sehr detailliert aus, was wir zusammen mit Hennrich und Bremer zu der Frage der »Sich-selber-besser-Führung«, zu New Work und New Team Work und zur Optimierung der Selbstbeobachtung als »postheroische Führung« erarbeitet haben. Unter dem Strich, erläutere ich, bedeutet das aus meiner Sicht, dass die Führenden gezielt an ihrer Haltung und den dahinterliegenden Glaubenssätzen arbeiten müssen. Nur so haben wir eine Chance, eine Führung in Richtung des eben beschriebenen Phasenwechsels hinzubekommen. Wenn wir als Führungsteam zum Beispiel weiter die Welt mit den Glaubenssätzen des Maschinenbaus wahrnehmen, werden wir in der digitalen Welt nicht erfolgreich sein. Das trifft alle Bereiche und Ressorts.

Auf unserer Reise in die Welt des postheroischen Führens haben wir uns zum Beispiel einige Dinge klargemacht, die vielleicht gar nicht so revolutionär klingen mögen, deren Umsetzung aber aus meiner Sicht viel bewirken könnte. Da ging es viel um die Weiterentwicklung der eigenen Person und die Selbstwahrnehmung. Sich selbst wahrzunehmen steigert aber auch die Möglichkeit, sich in die Perspektive eines anderen Menschen hineinzuversetzen. Das nicht zu können, ist eine Wurzel vieler zwischenmenschlicher Probleme[338], die uns an anderer Stelle unendlich Zeit und Energie rauben. Schlicht weil wir unsere Annahmen darüber nicht hinterfragen, was Mitarbeiter oder Kollegen wissen, glauben oder schätzen, und wir deren Verhalten auf der Grundlage unserer Glaubenssätze interpretieren. Das ist schon im Kontext der klassischen Zusammenarbeit nicht mehr zeitgemäß, wird aber in einer agilen Welt zum Hemmschuh.

Wir ticken da im Grunde ähnlich, kommentiert einer der Kollegen aus der Arbeitnehmervertretung. So wie wir es sehen, entsteht eigentlich nur aus dem »Wie« der Führung erst deren dauerhafte eigene Legitimation. Weder Machtdenken, Statussymbolik, ein überwissender Blick aus dem Elfenbeinturm oder irgendeine andere Form der Insignien kann Führung ähnlich legitimieren, wie deren glaubwürdiges und reflektiertes Handeln, das eine Organisation auf ein Überleben in der Zukunft ausrichtet. Die Führung wird also permanent von allen Beteiligten daraufhin geprüft, wie es ihr gelingt, das Miteinander so zu gestalten, dass die Organisation als Ganzes morgen noch existiert[339]. Gelingt dies nicht, so meint er weiter, verlieren die Geführten das Vertrauen und den Respekt. Wer auf den eigenen hierarchischen Unterschied statt auf die Erzeugung von Zukunft fokussiert, dem wandern die Geführten ab. Was, Herr Mahlich, wollen Sie denn nun machen, damit diese Mitarbeiter nicht abwandern? Was haben Sie denn nun vor, damit Sie glaubhaft Zukunft für und mit Ihren Kollegen erzeugen können? Da, meine Herren, erwidere ich, kann ich erst einen kurzen Ausblick geben, eine »Sneak Preview« sozusagen auf das kommende Arbeitsprogramm mit Herrn Hennrich.

Ich hatte geahnt, dass es gut sein würde, meine Notizen aus unserem Lernprogramm mit Bremer mitzunehmen, auch wenn ich im Vorfeld nicht sicher über den potenziellen Verlauf des Gespräches gewesen war. Also hole ich meine Mappe aus meiner Tasche und male, ganz im Stil unserer bisherigen Arbeit, eine Mindmap auf die Wand. Es sind sechs präskriptive Themen, erkläre ich laut, die konkret beschreiben sollen, wie aus unserer Sicht das Führungsmodell weiterentwickelt werden sollte.

Leadership Kompendium
(¬ Gute Führung beschreiben)

Feedback-Routinen überall
(¬ Lernchancen bieten)

**FÜHRUNG UND HALTUNG
IM POSTHEROISCHEN MODUS**

Wagnisse finanzieren
(¬ Im Irren besser werden)

Entwicklungs-Officer werden
(¬ Gardening Presence)

Storytelling baut Brücken
(¬ Sinn(e) anregen)

Denke Ökosystem
(¬ Netzwerkperformance steigern)

Die Details dazu aber zu beschreiben, da würde ich noch um ein paar Tage Geduld bitten, füge ich an, nachdem ich die Mindmap fertiggestellt habe.

Gut so, nickt der Vorsitzende des Ausschusses, wir suchen dazu einen Termin. Während ich meine Sachen wieder einpacke, nehme ich überraschend deutlich vor allem aufseiten der Arbeitnehmervertreter eine sehr zugewandte und positive Körperhaltung wahr. Kann es sein, huscht mir der Gedanke durch den Kopf, dass am Ende den Vertretern der »Gegenpartei« mehr an der Idee einer »Führung als Erzeugung von Zukunft« liegt als den Vertretern der Aktionäre? Diesen Gedanken lasse ich so stehen und wende mich mit einer freundlichen Verabschiedung zur Tür. In jedem Fall war es ein sehr angenehmes Meeting, auch wenn ich nicht alle Charaktere schon so gut kenne, dass ich sie so einfach lesen könnte. Bremer, denke ich, wir müssen weiter auf dem Gaspedal bleiben, denn unser kleiner Denkvorsprung ist nur hauchdünn.

Leadership Kompendium (- Gute Führung beschreiben)

Bremer und Kell haben einen großen Packen Papiere dabei, als sie am Tag nach der Zusammenkunft mit dem Personalausschuss zu mir ins Büro kommen. Fleißarbeit nach hinten, sagt Bremer erklärend, das sind alles Folien für den Fall, dass Sie mal Zwischenergebnisse unserer bisherigen Reise zeigen wollen[340]. Sind auch viele gut aufbereitete Mindmaps und Grafiken dabei, für den Fall der Fälle. Sehr gut, freue ich mich, das hätte ich gestern schon gut brauchen können. Nun aber zum präskriptiven Teil, damit unsere Aussagen zum Thema Führung noch mehr Geschwindigkeit aufnehmen. Ich habe gestern schon mal unsere Mindmap im Ausschuss gezeigt, ergänze ich. Aber der Text dazu fehlt noch und natürlich die Abstimmung mit Hennrich.

Passt gut, nickt Bremer, der offensichtlich auch keine Zeit verlieren will, wir waren auch da schon dran. Er greift in die Tasche und holt drei dünne Mäppchen hervor, in denen als erstes Blatt die gestern schon gezeichnete Mindmap zu sehen ist. Ich lächle kurz über die hohe Parallelität unseres Denkens und lasse den Berater anfangen.

Die Überschrift ist ja »Leadership Kompendium«, beginnt er seine Erläuterungen, und das fordert im Nachsatz, wir sollten »gute Führung« beschreiben. Und das ist schon der erste Haken an der Sache, weil wir paradoxerweise gar nicht so einfach beschreiben können, was gute und was schlechte Führung ist.

Wäre das möglich, so könnten wir meiner Meinung nach viel von der Arbeit der letzten Wochen über die zahlreichen Widersprüche und blinden Flecke getrost in den Kamin werfen, weil wir dann ja schon eine Lösung hätten. Dann bräuchte man ja nur das Rezept für die Vorgehensweise »gute Führung« anzuwenden und schon hätten alle Führenden das Patent zur Erzeugung von Zukunft in der Hand. Pleiten gäbe es nur mehr für die Idioten, die das Rezept nicht lesen können. In dem Rezept steht ja nun etwas drin wie: In dieser Situation ist es »gut«, dieses zu tun und jenes zu lassen[341], und das, was wir Haltung einer Führungsperson nennen, wäre dem Patentrezept folgend logischerweise nachrangig.

Wir kommen also mit der Frage nach der guten oder der schlechten Führung mit trivialen Antworten nicht weiter, denn ob das Führungshandeln richtig oder falsch war, kann man leider erst ex post sagen, wenn also schon erfolgreich Zukunft geschaffen wurde oder wir in Zukunft über das Unternehmen nur mehr aus geschichtlicher Perspektive sprechen. Was wir aber tun können, ist, bewusst auf die Haltung zu schauen, aus der heraus mit den Widersprüchen des Führungsalltages umgegangen wird. Dazu habe ich einige Leitfragen vorbereitet, die dabei helfen können, der Führung Indizien zu geben, was von ihr gewollt ist. Das ist vielleicht auch ein Ansatz, den wir hinsichtlich des Aufsichtsrates weiter verfolgen können, sagt Bremer direkt in meine Richtung. Na dann mal los, entgegne ich etwas ungeduldig, viel Zeit bleibt uns nicht.

> Bremer blättert auf die nächste Seite in dem Papierstapel und beginnt zu referieren: Um das Kompendium guter Führung als Entwicklungsauftrag umsetzbar zu machen, haben wir uns eine Reihe von Fragen ausgedacht, anhand derer man die Wirksamkeit von Führung beobachten kann. Diese Fragen sind nur Beispiele, weil sie für unterschiedliche Unternehmen jeweils anders ausfallen können. Wir haben mal die folgenden erfasst:

LEITFRAGE 1:
LEITET FÜHRUNG ZUR SELBSTFÜHRUNG AN?

Darunter verstehe ich die Frage, erklärt Bremer, wie sehr das Handeln der Führenden zur Mündigkeit der Geführten beiträgt. Also Fragen wie: Ist Mikromanagement an der Tagesordnung oder wird genug Entscheidung dorthin in die Organisation delegiert, wo die besten Menschen zur Beurteilung der Alternativen sitzen? Können die Mitarbeiter in möglichst vielen Situationen ihre eigenen Entscheidungsfähigkeiten erproben? Dazu gehört auch, Umfelder zu schaffen, in denen Fehlschläge und Fehlentscheidungen als Entwicklung offen anerkannt, analysiert und verdaut und eben nicht verschämt und verschwiegen werden[342]. Die Fähigkeit, Niederlagen zu meistern, ist in dem Repertoire einer gestärkten Führung zur Selbstführung eine wichtige Kategorie, fügt Bremer hinzu, selbst wenn das manchmal schmerzt.

Schmerzen auch mal zuzulassen, meint ja nicht, dem Top-Talent an jeder Ecke eine Todesfalle zu bauen, die nach dem Motto »nur die Harten kommen durch« auch nur die Harten überstehen können, oder? Niederlagen zu verarbeiten bedeutet, sich auf ein »Wiederaufstehen« im Leben vorzubereiten und die Selbstsicherheit anzutrainieren, genau das zu können. Wie wir an anderer Stelle schon besprochen haben, wählt Google unter den Bewerbern bevorzugt jene jungen Menschen aus, die schon in jungen Jahren einmal eine sehr schwierige Lebenssituation meistern mussten, weil diese Menschen später einmal auch im Berufsleben viel besser mit den unausweichlichen Krisen umgehen können.

Aus der Sicht der Führungsentwicklung können wir gezielt danach fragen, ob wir es schaffen, diese Selbststeuerung sukzessive auszubauen, ob wir den jungen Talenten Freiräume geben zu lernen und ob wir die Ressourcen in unserer Organisation schaffen, um Krisen meistern zu lernen.

LEITFRAGE 2: SORGT FÜHRUNG FÜR EIN »FLOW«-ENERGIENIVEAU?

Diese Frage ist eng mit der ersten Frage verbunden, führt nun zur Abwechslung der jüngere Kell aus, und sie geht vor allem in Richtung der Wahl des richtigen energetischen Anspannungslevels in der Organisation.

Wie bei uns einzelnen Menschen auch, kann es, davon sind wir überzeugt, ein Zuwenig an Anspannung geben, durch das sich eine Organisation langweilt und sich dann in Bürokratie und Machtkämpfen einrichtet, weil sie von der Umwelt vielleicht gar nichts mitbekommt. Das nennen wir dann ein Boreout[343]. Es gibt aber auch ein Zuviel an Herausforderung, was dann eher im Chaos und im Verlust des Fokus mündet, also im Burnout.

Für den persönlich optimalen Energiezustand hat der emeritierte Professor für Psychologie an der University of Chicago mit dem unglaublich komplizierten Namen Mihály Csíkszentmihályi den schönen Begriff des »Flows« erfunden[344], berichtet Kell und blättert in der Mappe auf ein Blatt mit einem Bild vom Buch des Wissenschaftlers weiter. Gute Führung sorgt nun aus unserer Sicht für einen solchen vergleichbaren »Flow« als den Grund-Energiezustand auch in der Organisation, fügt Kell an. In den meisten Fällen bedeutet das übrigens eine Selbstbegrenzung der Führung oder eine eher unaufgeregte Bescheidenheit, um eben nicht dauernd alles nur Mögliche zu hinterfragen, was übrigens im Widerspruch zu den heute verbreiteten, eher aktionistischen Managementlehren steht. Fragen ja und gern, ergänzt er. Neugier ist schließlich nach der Aussage vieler Führungsforscher eine der wichtigsten Eigenschaften guter Chefs. Aber die richtigen Fragen mit der richtigen Haltung – etwa Fragen mit dem Impetus, als Organisation etwas lernen zu wollen oder die Ziele hoch, aber nicht zu hoch zu setzen. Nicht aber, um sich als Führungsego zu produzieren und alle anderen wie eine Diva mit nie gelesenen Berichten und ritualisierter Geschäftigkeit beschäftigt zu halten.

LEITFRAGE 3: STABILISIERT UND GESTALTET FÜHRUNG DIE SPIELREGELN?

Das wiederum ist eng mit dem Wechsel zwischen dem Spielbein und dem Standbein verbunden, schaltet sich nun wieder Bremer ein. Der behutsame Wechsel zwischen dem, was man noch im Spielbein macht, der Beurteilung, was daraus und ob etwas daraus gemacht wird, wie stabil das Standbein stehen darf und wann es Zeit ist, das Spiel zu wechseln.

Trotzdem werden die Mitarbeiter zu der Frage, welche Regeln wir anpassen sollten und was schon längst überfällig ist, eine klare Meinung haben. Und diese Meinung ist ein guter Spiegel für die Haltung der Führung zur Sicherung von Zukunft. Übrigens würde ich zu diesem Wechselspiel auch die Schaffung von Freiräumen und zugleich stabilen Grenzen hinzurechnen, innerhalb derer sich die Mitarbeiter in jedem der Organisationsmodi möglichst frei bewegen können. Nach dem Motto: Hier verläuft der Zaun, ab dem die agile Selbststeuerung beendet wird und ab dem dann – aus welchen Gründen auch immer – das Modell der klaren Ansage wirkt.

LEITFRAGE 4: PRODUZIERT FÜHRUNG ENTSCHEIDUNGEN?

Und noch eine wichtige Indikation für gute Führung möchte ich bei aller Anleitung zu guter Selbstführung mitgeben: Das ist die Fähigkeit, gute Entscheidungen zu produzieren. »Gut«, führt Bremer aus, das hebt im Zusammenhang mit
Entscheidungen aus meiner Sicht hervor, auf die richtigen Fragen zu antworten
und sich nicht wie vorhin besprochen demotivierend im Mikromanagement der
falschen Fragen einzugraben. Es meint grobe Richtungen vorzugeben, nicht detaillierte Schritte. Also sich für Tests und Zwischenergebnisse zu verabreden,
sich für das »Empor-irren« zu entscheiden und dabei die Risiken zu kontrollieren, fügt er mit einem Augenzwinkern hinzu.

Bremer ist wieder in seinem Element, denke ich kurz, und richtig, er begeistert
sich in seinem Gedankenstrom weiter: Der Kybernetiker Heinz von Förster sagt ja,
nur prinzipiell unentscheidbare Situationen kann man überhaupt entscheiden[345].
Alle anderen sind bereits entschieden. Nehmen wir zum Beispiel mal an, jemand
erstellt eine Entscheidungsvorlage, in der gute Gründe für eine Entscheidung vorbereitet wurden. Dann, äußert er achselzuckend, ist ja mit der Unterlage auch die
Entscheidung bereits erstellt. Der ganze Rest ist ein teures Theater.

Es ist nur konsequent, so viele von diesen Entscheidungen so nah wie nur irgend
möglich an die Basis oder, noch richtiger, in die Nähe des Marktes zu bringen.
Das Entscheidungsritual des Managements bringt ja dabei wie besprochen in
den meisten Fällen keinen Mehrwert. Übrigens gibt es da in dem Thema auch
eine Lektion für Vorstände, bemerkt er etwas angriffslustig in meine Richtung:
Das ist das »Kill-the-HiPPO-Syndrom«, das vor allem in den auf den ersten
Blick etwas subjektiveren Fragen der User Experience auftaucht.

Es beschreibt die Situation, in der UX-Designer zum Chef kommen und diesen un-
vorsichtigerweise nach seiner Meinung fragen. Worauf der HiPPO, was als Akronym für »Highest Paid Person's Opinion« zu verstehen ist, mit seiner Meinung
»natürlich« nicht hinter dem Berg halten kann[346] und glaubt, da nach seinem Geschmack eingreifen zu können. Leider ist aber insbesondere das Thema User Experience keine Frage des Geschmacks, und nur ganz wenige Menschen verfügen
wirklich über eine so distinguierte ästhetische Begabung wie ein Steve Jobs.
Da sollte man sich dann eindeutig auf die Daten aus den Testserien mit realen
Kunden verlassen und als Laie, auch und besonders als gut bezahlter Vorstand
mit dennoch realer Fachlaienschaft, eben nicht mitentscheiden wollen.

DER ENTSCHEIDUNGSPROZESS VON JEFF BEZOS BEI AMAZON

Gestern ein Start-up und heute ein Gigant mit beinahe 650.000 Mitarbeitern. Bei diesem Wachstum geht natürlich das eine oder andere Stückchen Wendigkeit verloren, was selbst ein Jeff Bezos von Amazon nicht verhindern kann. Was er aber schon kann, und intensiv zu tun versucht, ist, sein Unternehmen mit einer Philosophie der »schnellen Entscheidungen« zu führen. Damit soll das Gefühl einer immerwährenden Dringlichkeit, das in einem Start-up ja typisch ist (weil dort Geld und Restlebenszeit ohne Zwischenerfolge arg begrenzt sind), auch in der Welt eines globalen Konzerns bestehen bleiben.

Damit die Entscheidungen auch wirklich schnell gefällt werden können, unterscheidet Bezos zwischen zwei Arten von Entscheidungssituationen. Da wäre erstens der Typ von Entscheidungen, die, wenn einmal gefällt, nicht rückgängig gemacht werden können. Im internen Sprachgebrauch nennt man das bei Amazon »One-Way Doors«, denn wenn man einmal durchgegangen ist, dann gibt es eben kein Zurück mehr. Deswegen müssen diese Entscheidungen auch methodisch, vorsichtig, langsam und mit großer Überlegung und Beratung getroffen werden. Bezos[347] weiß sehr genau, dass man, ist man erst einmal durch diese Tür gegangen und mag nicht, was man auf der anderen Seite sieht, nicht dorthin zurückkehren kann, wo man vorher war.

Es gibt aber auch den anderen Typ von Entscheidungen, die, wenn gefällt, sich als »Two-Way Doors« auch wieder revidieren lassen. Und das ist laut Bezos sogar die Mehrheit der Entscheidungen. Sein Mantra ist deswegen konsequenterweise: Wenn wir schnell dabei sind, unseren Kurs zu korrigieren, dann sind Fehler viel billiger, als wir glauben. Deswegen empfiehlt er seinen Managern: Fällen Sie die Entscheidungen des zweiten Typs schnell, auch wenn Sie nur gefühlte siebzig Prozent der Informationen haben, die Sie sich gewünscht hätten, um die Entscheidung besser begründen zu können. Mit dem Wachstum der Organisation scheint sich jedoch selbst bei so agilen Unternehmen wie Amazon eine Art von Risikobeschwörung herauszubilden, die aus jeder nur möglichen Entscheidung mit Vorliebe eine Frage des ersten Typs konstruieren will. Dann können sich die betroffenen Führungskader in endlosen Stuhlkreisen von diesem Risiko in Analysen frei-»warten«. Das Endergebnis ist Langsamkeit, unbedachte Risikoaversion oder das Versagen dabei, ausreichend zu experimentieren. Folglich leidet die Innovationskraft des Unternehmens, sagt Bezos in einem seiner berühmten Briefe an die Aktionäre.

Auch wenn der Wunsch verständlich ist, auf, na ja, sagen wir einen Informationsstand von neunzig Prozent zu warten, meint man bei Amazon, dass die Kosten des Verzuges insgesamt größer sind als die Kosten einer Korrektur bei einer unweigerlich geringfügig höheren Quote falscher Entscheidungen. Also mutig entscheiden, dafür werden die Führungskräfte bezahlt, und gut dokumentieren, damit man aus den Fehlern lernen kann. Zumal es ja sowieso reversible Entscheidungen sind. Besser manchmal falsch, sagt Amazon, als immer langsam.

Es sieht so aus, als würde man durch Delegation und noble Zurück-
haltung beim Entscheiden auch sehr viel erreichen. Und das stimmt
zu einem gewissen Grad auch, schildert Bremer weiter. Aber es trügt
zugleich, denn wenn es eine weitere wichtige Pflicht des Managements
gibt, dann ist es die, zu tausenden Dingen »Nein« zu sagen. Also dort
einzuschreiten, wo die Organisation ausfranst, nicht um Dinge zu probieren oder Neuland zu erkunden, sondern sich zu verzetteln beginnt.
Wenn plötzlich aus dem »Wir sind jetzt alle mal kreativ« der Kunde als
Ziel der Aktivitäten verschwindet und aus allen Ritzen der Organisation ein wilder Auswuchs in alle möglichen Themen passiert, die nicht
zu den Aufgaben der Firma gehören, die man sinnvoll bedienen sollte.
Es ist genau diese Art von täglichem Rückschnitt[348], die der eben
zitierte Steve Jobs meint, wenn er sagt:

*»And it (success) comes from saying no to 1,000 things to make sure
we don't get on the wrong track or try to do too much.«*[349]

Okay, Herr Bremer, antworte ich etwas nachdenklich auf das eben Gehörte, wir hatten uns als Überschrift für diesen Arbeitspunkt ja den Begriff »Leadership Kompendium« gewählt. Ich kann verstehen, dass wir nicht zu einer einfachen Checkliste gelangen werden, gegen die wir Führung als gut und nicht gut auslesen können. Den Ansatz mit den Leitfragen finde ich als ein erstes Näherungsvehikel charmant, aber mich bewegt da noch etwas anderes, viel Profaneres: Wir müssen das Führungsmodell vielleicht noch viel grundsätzlicher neu gestalten. Ich meine die Architektur unserer Führungskaskade überhaupt. Was an Führung brauchen wir denn grundsätzlich und wie viel davon in welchen Ebenen? Da habe ich noch das Thema der Geheimdienste in Israel in den Ohren, die erfolgreicher sind, weil es weniger Offiziere gibt. Ich glaube, es ist sehr lange her, dass sich jemand bei der AutoInc. darüber einmal wirklich ernsthaft Gedanken gemacht hat, und auch darüber, ob die Entwicklung der Führung noch dem entspricht, was wir als Problemlösungskapazität in Zukunft brauchen. Lassen Sie mich da einige Fragen mit auf die Liste setzen, sage ich und schreibe mit meinem Stift einige Punkte zu Bremers Liste hinzu:

» **Leitfrage 5:** Wie viel und welche Führung brauchen wir an welcher Stelle?

» **Leitfrage 6:** Wie viel mehr Nerds brauchen wir im Mix?
              Als Technologiekompetenz außerhalb vom Maschinenbau?

» **Leitfrage 7:** Wie global/weiblich/divers muss Führung sein?

» **Leitfrage 8:** Wie führt man Kreativität/Agilität?

» **Leitfrage 9:** Wie entwickeln wir »Führung« weiter?
              Gibt es auch ein Leben nach der Führung (Wege zurück)?

Und das ist nur, was mir da auf die Schnelle so alles durch den Kopf geht, bemerke ich. Wir haben stapelweise Kataloge von Vorschriften, wie wir Felgen behandeln und als gut befinden, oder Stoßfänger. Aber keinen Schimmer, was gute Führung bei uns ausmacht, zumindest über ein paar Plattitüden hinaus.

Das sehe ich alles durchaus kritisch für unseren Konzern, sinniere ich weiter, und natürlich wird es Leute aus dem HR-Bereich geben, die mir im Fall des Falles auch die üblichen Kataloge vorlegen, was wir nicht schon alles machen würden. Diese Feigenblätter gibt es in großen Firmen ja immer und fast für jede Situation. Wenn ich aber zwei Ebenen unter mir drei Leute fragen würde, was denn die Anforderungen an eine gute Führung sind, dann bekäme ich sechs Meinungen, schildere ich den beiden Beratern. Und am Ende würde man mir außer den individuellen Zielvereinbarungen und vielleicht noch den Nachfolgeplanungen wenig sagen können. Das weiß ich, auch wenn ich noch nicht so lange im Unternehmen bin. Und als wäre das nicht genug, ist alles zum Thema Führung auf eine Strategie aus dem Zeitalter des Maschinenbaus ausgelegt. Das haben wir aber nicht mehr, und schon unsere heutige Strategie ist in Bezug auf die kommenden Herausforderungen noch nicht dort, wo wir sein sollten. Wenn die Erfahrung, wie Konfuzius sagt, eine Laterne ist, die wir am Rücken tragen und die auch nur den Weg dort beleuchtet, dann tappen wir bei der Frage, was gute Führung für uns morgen sein soll, tatsächlich arg in der Dunkelheit.

Feedback-Routinen überall
(¬ Lernchancen bieten)

Wir schweigen für einen Moment. Es ist viel, denke ich, und der Bogen, den wir uns als Lernreise vorgenommen haben, ist sehr groß. Gut, sage ich, lassen Sie uns also gemeinsam festhalten: Unsere Anforderungen an gute Führung müssen neben unseren Leitfragen auch noch unsere Strategie unterstützen. Schließlich sollten sich diese Anforderungen jeweils anders darstellen, je nachdem ob wir mittelfristig Mergers vorhaben, einen Turnaround vor der Brust haben oder über eine technologische Neuerfindung dessen, was wir anbieten, nachdenken, oder? Und genau die Strategie sollten wir im Lichte der Digitalisierung als Bezugspunkt auch besser geschliffen bekommen, als wir das heute haben. Das ist schon wieder ein schönes Thema für den Personalausschuss des Aufsichtsrats und dann auch für den nächsten Vorstandsvorsitzenden, will ich meinen, dabei schaue ich meine beiden Berater direkt an. Ein Leadership Kompendium zu verfassen macht nun für mich nach der Diskussion aus vielerlei Sicht sehr viel Sinn, bemerke ich recht zufrieden, und ich freue mich schon darauf, dies alles in den nächsten Termin mit einzubringen.

Das ist aber bei weitem nicht das einzige Feedback aus unserem Gespräch von eben, füge ich hinzu und tippe auf das Blatt mit der heutigen Agenda, auf dem als zweiter Punkt zu lesen ist: »Feedback Routinen überall«.

Sehr gut, setzt Bremer an. Und bei dem Begriff Feedback-Routinen müssen wir vielleicht schon wieder einen kleinen Knick in der handelsüblichen Optik reparieren. Dieser liegt aus meiner Sicht nämlich darin, dass wir leider bei der ganzen Feedbäckerei, der wir in vielen Unternehmen in den letzten Jahren wie die Lemminge hinterherlaufen, einige wichtige Dinge durcheinander gebracht haben. Ich stimme bei der Einschätzung einiger Arten von Feedback in wichtigen Aspekten nämlich durchaus mit dem streitbaren Management-Vordenker Reinhard Sprenger überein, wenn er sinngemäß sagt, dass in den organisierten Feedbackrunden Mitarbeiter vor allem gleichgemacht werden[350], anstatt deren Individualität zu fördern, und dass man nur Monokulturen und Konformismus erntet, wenn man mit der Gießkanne Feedback sät.

Sehen Sie, meint Bremer, Feedbackverfahren gelten leider eben nicht der Spiegelung von individuellem Verhalten, sondern werden sehr oft und sehr stumpf dazu eingesetzt, um Entscheidungen zu möglichen Anpassungen von Entlohnung, Funktion oder Karrierechancen zu bestimmen. Das Vorgehen, die Methoden und die Absichten sind dabei aber durchaus nicht unumstritten, führt er weiter aus, und bei genauerer Betrachtung sieht man, dass Feedback, und besonders die Sorte von ritualisierten, periodenbezogenen »Personalfeedbackgesprächen«, wie Sprenger gut argumentiert, meistens viel mehr über den Feedbackgeber aussagen als über den Feedbacknehmer. Leider liegt das vor allem an den paradoxerweise selbst mit Feedback unterversorgten Personalbereichen[351], erläutert Bremer.

Das hohle Rohr funktioniert bekanntermaßen nach dem Motto: breit ansaugen, gezielt ausspucken und dazwischen frei von Wertbeitrag transportieren. Bitte sehen Sie mir den kleinen Hieb auf die Personalbereiche nach, fügt er an, aber da hat sich eine ganze Kaste in einer, wie ich oft wahrnehme, Unberührbarkeit immunisiert, und es ist aus meiner Sicht höchste Zeit, mal etwas auf den Busch zu klopfen. Schluss mit der Entwicklung nach dem Stil einer Management-Belehrungsdidaktik[352], wie das der Guru des Kompetenzmanagements, Prof. John Erpenbeck, beschreibt, in dem Führungskräfte nach dem Raster festgelegter Kursprogramme »in Serie geformt« und mit Feedback geschliffen werden.

Was die Unternehmen im Gegenzug für diese gelackten, aber oft zu flachen Feedbackrituale in der Konsequenz bekommen, ist dann logischerweise Anpassertum[353], Frust, Schein und Spielchen. Was sie jedoch nicht prognostizieren oder beeinflussen können, ist, ob sie dadurch eine insgesamt höhere Leistung aus der Organisation herausbekommen. In jedem Fall schwingt man nämlich gefährlich hart die Eisenkugel genau gegen die Köpfe, auf die es in einem Zeitalter kundenzentrierter Kreativität ankommt, erklärt er weiter.

Ist Feedback deswegen grundsätzlich des Teufels? Bei seiner rhetorischen Frage blickt Bremer kurz zu Kell und mir. Natürlich nicht, er hebt beide Hände bedeutungsvoll nach oben, denn jedes System braucht Feedback zur Selbstregulierung und zur Selbststeuerung, die wir ja verbessern wollen, indem es die Abläufe von Input und Output miteinander in Beziehung setzt. Wie jedes System, braucht auch das System der Führung eine Rückkopplung der Abweichungen von Sollwerten des Systems, um Korrekturen einleiten zu können.

Und, so sagt es auch Reinhard Sprenger klar, es ist mitnichten so, dass man auf Feedback in der Sache verzichten sollte. Aus der fachlichen Situation heraus gilt weiterhin: Feedback unbedingt ja. Ein Vorgesetzter sollte auch in jeder Situation zum Verhalten eines Mitarbeiters ein klares Feedback geben, wenn er danach gefragt wird.

Auch klar. Dann aber als direkte Beobachtung und Wahrnehmung von konkretem Verhalten und nicht als infantilisierendes Rasiermesser, bei dem gleichmacherisch alle Kanten der Menschen gekappt werden sollen. Was wir in unserem Feedbackgetümmel besonders beachten müssen, sind vor allem alle Arten von maschinellem Druckbetanken mit dem von oben nach unten geführten Taktstock im Sinne des »Und so sollt ihr sein«. Da geschieht das Unrecht, führt Bremer aus, bei dem der Zusammenhang zwischen Leistung und Rückmeldung dann im Kanal der Machtmaschine, der Presse der Gleichmacherei, in der egozentrischen Selbstüberhöhung von anderen Interessen als dem Rückfüttern eines Leistungsbildes korrumpiert wird.

Übrigens ist das bei der Bewertung von unten nach oben sogar noch viel schwieriger, fügt er hinzu, was besonders viele unserer eher basisdemokratisch geprägten Kollegen auch aus meiner Beraterzunft überhaupt nicht wahrhaben wollen. Trotz der Absicht, die Qualität der Führenden zu messen, liefern die Bottom-up-Feedbacks nämlich vor allem Aussagen zur Qualität der Beziehung zwischen dem Geführten und dem Führenden[354]. Wir messen dann also das Falsche und fördern dadurch in der Folge ein Verhalten des Kuschelns und des Mauschelns statt der inhaltlichen Klarheit. Und weil in den 360-Grad-Feedbacks der wichtigste Feedbackgeber »Kunde« am Ende nicht mal auftaucht, ist der Prozess für die wichtigste Feedback-Komponente sowieso blind, sagt Bremer. Deswegen liefern die klassischen Feedbackprozesse nicht nur auf der obersten Führungsebene maximal Indizien, und spiegeln oft nur rollenspezifische Erwartungen statt Aussagen zur tatsächlichen Leistung und zur Schaffung von Zukunft. Unabhängig davon ist ein Abgleich zwischen Selbst- und Fremdbild vor allem bei den vielen Pathologien in den Führungskadern nicht völlig sinnlos.

Die wirklichen Führer aber versorgen sich und ihre Geführten jedoch zuallererst mit Lernchancen und mit Signalen aus den Kategorien: Führung zur Selbstführung, saubere Auswertung von Experimenten, Ehrlichkeit zu Daten, Ressourcen und Kundenfeedback, Steigerung von Potenzialen und konkrete Erzeugung von Zukunft.

Erwachsene Führungskräfte setzen demnach eben nicht auf die Fortsetzung des bürokratischen Schulsystems der Abrichtung von Menschen, indem sie ihre Mitarbeiter ein machtkonservierendes Gleichmach-Progamm absolvieren lassen, sondern suchen Feedback, um sich stetig weiterzuentwickeln. Das ist »Zukunft suchen« in seiner Reinform. Und das ist etwas grundlegend anderes, bemerkt Bremer, nicht nur auf einer philosophischen Ebene. Wissen Sie, Herr Mahlich, da stecken für mich einige tiefe Wahrheiten drin, dabei blickt er etwas abwesend in die Ferne.

Es ist vielleicht so, wie der Meister des absurden Theaters Eugène Ionesco es uns vermitteln will: Wir glauben zwar, Erfahrungen zu machen, aber die Erfahrungen machen uns.

Und wir müssen zulassen und fördern, dass diese Erfahrungen uns auch tatsächlich formen und wir nicht im Wiederholen der alten Erfahrungen festhängen.

Vielleicht bin ich heute etwas in die philosophische Ecke abgedriftet. Bremer blickt wieder auf. Ich gebe auch gerne zu, spricht er weiter, dass ich mit meinen Gedanken und Emotionen weit abgeschweift bin. Aber ich glaube einfach, dass wir als Führungskräfte in unseren Unternehmen mit äußerstem Nachdruck alle nur erdenklichen Lernchancen suchen müssen.

Diese mehr als nur proaktive Lernhaltung brauchen wir aus meiner Sicht für die ganze, sehr lange Liste an Herausforderungen, bei denen wir aktuell vor »One-Way Doors« stehen. Sei es in ökologischer Hinsicht, oder in unserer Art zu wirtschaften und Handel zu betreiben, oder auch in technologischer Sicht. Dabei denke ich an einen Ausspruch von Tim Cook, dem Chef von Apple[355], sinniert Bremer. Während der World Internet Conference Anfang Dezember 2017 in Wuzhen erklärte der: Es ist viel gesagt worden über die möglichen Risiken von künstlicher Intelligenz, aber ich sorge mich nicht um Maschinen, die denken wie Menschen. Ich sorge mich um Menschen, die denken wie Maschinen.

Als Bremer seinen Exkurs beendet, bleibe ich für einen Moment reglos sitzen. Noch haben mich seine Worte nicht tief erfasst, und auch wenn ich ahne, dass sie mich noch beschäftigen werden, blicke ich jetzt nur stumm auf meine wenigen Notizen vor mir: Feedback als Stärkung der Andersartigkeit statt Gleichmacherei, HR zu mehr Mehrwert im Prozess »anstiften«, praktisches Feedback sofort geben, Feedback von außen so wichtig wie von innen, wir machen keine Erfahrungen, sondern die Erfahrungen machen uns.

Bremers Stimme klingt noch in mir nach und ich bemerke, dass die Stimmung im Raum plötzlich eine Beklommenheit und Schwere angenommen hat. Deswegen bin ich froh, als meine Assistentin kurz ihren Kopf zur Tür hereinsteckt und mich an einen Termin erinnert, der mich zwingt, das Gespräch mit Bremer für eine gute Stunde zu unterbrechen. Meine Herren, sage ich zu den beiden,

ich danke Ihnen so weit. Dabei komplimentiere ich die Berater wie vereinbart
in den Meetingraum neben meinem Büro. Während ich die Tür schließe,
ergänze ich etwas kraftlos: Wir machen dann in neunzig Minuten weiter.

CEO Chief Entwicklungs-Officer (¬ Gardening Presence)

Als ich nach dem Zwischentermin in den Meetingraum neben meinem Büro eintrete, steht Bremer vor
einer dort hängenden Collage von Bildern aus dem Film Matrix, der vor etwa zwanzig Jahren gedreht
wurde und mittlerweile zu den Klassikern des Science-Fiction-Genres gehört. Ein Bild zeigt die Hacke-
rin Trinity. In dieser Szene hält sie inne, um sich eine Anleitung ins Gehirn laden zu lassen, darüber wie
man einen Helikopter fliegt. Can you fly that thing, begrüße ich Bremer scherzend und bemühe mich,
wie der Held Neo in eben dieser Szene zu klingen.

Genau wie Trinity im Film antwortet Bremer mit einem passenden »Not yet« und lächelt mir kurz zu.
Es ist nicht ganz einfach zwischen all den unterschiedlichen Welten zu pendeln, sage ich versöhnlich
in seine Richtung, und er scheint zu verstehen, dass ich mit den Welten einerseits seine Gedankenwelt
und seine weiten Ausführungen und andererseits meine sehr reale Welt in meinem Verantwortungsbereich meine, und implizit vielleicht auch, dass ich trotz der spürbaren und manchmal sehr weiten
Umwege daran festhalten will, mich diesen Strapazen auszusetzen.

Ein Manual für einen Helikopter ist ja fast ein Kinderspiel im Vergleich zu dem, was wir für die AutoInc. erreichen wollen, bemerke ich dann, es wäre wirklich nicht schlecht, den vielen Mitarbeitern und den Führungskräften immer wieder mal per Update das eine oder andere Thema ins Gehirn einspielen zu können. Das stimmt, meint Bremer daraufhin, aber sind wir in unserer Wirklichkeit nicht vielleicht näher daran, als es uns bewusst ist? Und merken nur nicht, wie sehr sich unser Lernverhalten bereits verändert hat?

Ich hatte zum Beispiel unlängst meinen Neffen zu Besuch, erzählt Bremer, während wir über den Flur in mein Büro zurückgehen. Er ist fünfzehn und ein riesiger Fan von schnellfliegenden Drohnen, die er mit einer imposanten VR-Brille steuert. Natürlich wollte er mir stolz seine beste Drohne in Aktion zeigen, leider wählten wir dafür aber unser Wohnzimmer als Übungsgelände aus. Klatsch, und schon hängt das Ding im Lampenschirm und macht keinen Piep mehr. Also was macht der Junge? Schaut sich auf YouTube ein paar kurze Videos an, und schon nach einer halben Stunde sind die Ersatzteile bestellt und drei Tage darauf ist alles repariert. Und nicht unwichtig: inklusive unserer Wohnzimmerlampe.

Das, sagt Bremer dann, ist im Grunde nicht sehr weit von der Szene mit Trinity und Neo entfernt: Benötigt jemand spontan eine Fähigkeit, sei es das Erlernen einer Fremd- oder Programmiersprache, die Anwendung eines exotischen Backrezepts oder eines verwegenen Karateschlags, so kann er sich dank YouTube zumindest einige Grundkenntnisse darüber beschaffen. Das mit dem direkten Download ist also gar nicht so weit hergeholt, fügt er erklärend hinzu. Durch Google und Co fällt uns das Lernen und das Recherchieren heute viel leichter als in der Vergangenheit und besonders die jugendliche Neugier befragt heute lieber Google, als den Rat der Eltern einzuholen.

Nachdem wir uns wieder zu dritt am Besprechungstisch niedergelassen haben, holt Bremer seine Papiere heraus und verkündet: Nächste Überschrift – der CEO als Chief Entwicklungs-Officer. Das ist doch mal ein wirklich fetter präskriptiver Titel, wenn wir den Entwicklungsauftrag für den CEO so dominant positionieren, oder?

Und das meinen wir wirklich genau so, wie wir es geschrieben haben, fügt er an. Denn in einer digitalen Wissensgesellschaft mit der heutigen Veränderungsgeschwindigkeit ist die wichtigste Ressource eines jeden Unternehmens zur Schaffung von Zukunft tatsächlich die Weiterentwicklung der Fähigkeiten der Mitarbeiter. Und zwar vor allem der Führungskräfte.

Man könnte das Entwickeln von Mitarbeitern ja durchaus auch als eine der Kernaufgaben des HR-Chefs verstehen. Der ist natürlich davon auch betroffen und muss dabei mitmachen. Es sind aber drei wichtige Dinge, die der CEO selber anschieben muss, damit die Führung zur Selbstführung gelingen kann:

» **Erstens:** Die Führung hin zu mehr Agilität muss Chefsache werden. Das ist der erste Entwicklungsauftrag, dem sich der CEO in der digitalen Ära verschreiben muss.

» **Zweitens:** Der Erwerb von Kompetenzen in der Breite geschieht schon heute vor allem durch selbstverantwortete und selbstbasierte Aktualisierung. Das Lernen auf Vorrat ist Geschichte. Die Mannschaft auf die korrespondierenden, neuen Lernformen systematisch vorzubereiten, braucht eine Anleitung, für die unsere heutigen HR-Organisationen aus unserer Sicht alleine nicht stark genug sind.

» **Drittens:** Genies werden nicht geboren, sondern geformt. Für einen Erwerb von Kompetenzen in der Tiefe braucht es wie bei Weltklasse-Sportteams äußerste Konzentration und ein intensives Coaching durch sehr gute Trainer.

Aber eins nach dem anderen, schiebt er hinterher und schielt zur Kaffeekanne, die ich ihm gerne reiche.

Beginnen wir bei der Führung hin zu mehr Agilität, fährt Bremer nun fort, und malt wieder einmal eine Mindmap, mit dem genannten Thema in der Mitte. Das meint natürlich viel mehr, als nur agile Projekte zu machen, sonst hätten wir den Punkt hier ja gar nicht gebraucht. Im Grunde besagt es, dass die gesamte Organisation in ihrer Architektur agiler werden muss. Die Reaktionsfähigkeit insgesamt zu steigern, kann vor allem gelingen, indem man tendenziell aus einer heute kleinen Anzahl großer Einheiten in Zukunft eine große Anzahl kleinerer Einheiten entstehen lässt[356].

Das wird aller Wahrscheinlichkeit nach zu einem Portfolio von »lose gekoppelten« Aktivitäten führen, wir nennen sie Microbusinesses, die miteinander durchaus vernetzt sind und die auch alle an ein gemeinsames Business-Backbone angebunden sind. Die kleinen Einheiten sind in ihrer Ausgestaltung aber freier als in der bisherigen Art der Organisation, solange sie alle auf einen Gesamtpurpose der Organisation einzahlen.

Wir teilen das Gesamtschiff also in eine Flotte kleinerer Aktivitäten auf, wie es zum Beispiel auch Daimler mit seinem Portfolio im Mobilitätsbereich gemacht hat, bevor nun wiederum viele dieser Aktivitäten aus Wachstumsgründen mit denen des Wettbewerbers BMW zusammengelegt wurden. Sie erinnern sich: car2go, mytaxi, Flixbus, Blacklane, AutoGravit und so weiter.

Mit diesen thematischen Legobausteinen schafft die Führung eine Voraussetzung dafür, dass jedes Segment für sich besser ausgestaltet werden kann, aber auch dass weitere Partner möglichst einfach daran andocken können und ein Ökosystem an der Peripherie entsteht. Dafür steht im Zentrum ein Backbone aus Services zur Verfügung. Im Wesentlichen umfasst das die übergreifende strategische Steuerung bezüglich des Purposes sowie eine gemeinsame Versorgung und Steuerung von Kapital und gegebenenfalls auch von Management und Infrastruktur.

HAIER — DIE VIELEN HÄUTUNGEN DES WEISSE-WARE-DRACHENS

Die Strategie des ständigen Experimentierens vermutet man vor allem bei den digitalen Riesen, bei Netflix, Amazon oder Google. Doch hat sich unbemerkt von der bekannten Welt der westlichen Konzerne ein chinesischer Konzern in den letzten 35 Jahren von einer dumpfen und der Qualität der Ergebnisse nach wenig überzeugenden Fabrik für Kühlschränke (das Wort Haier trägt in sich noch die Erinnerung an den zweiten Namensteil des ehemaligen Kooperationspartners Liebherr) zum weltweiten Innovationsführer für Haushaltsgeräte entwickelt.

Dies ist im Grunde der gewaltigen Führungsleistung eines einzelnen Mannes zu verdanken, des legendären Haier CEOs Zhang Ruimin. Dabei ist es besonders auffällig, dass dieser sein Unternehmen erfolgreich durch eine ganze Zahl von Lernzyklen und strategischen Volten geführt und dabei von Runde zu Runde an Wendigkeit und Innovationsstärke gewonnen hat. Der klug geschriebene Blog von Corporate Rebels[357] listet fünf Zyklen von Anpassungen auf, die jeweils einen Zeitraum von sieben Jahren beansprucht haben:

» **1. Zyklus: Markenschaffung (1984 bis 1991).** Die Stadtverwaltung von Quingdao gibt die marode Fabrik für Kühlschränke nach mehreren Versuchen mit anderen Managern in die Hände des jungen Zhang Ruimin. Dieser erkennt, dass die miese Qualität der Produkte das Hauptproblem des Unternehmens ist (einer von etwa dreihundert anderen, meist auch schlecht laufenden Lizenzherstellern in China). Medienwirksam lässt er Mitarbeiter mit Hämmern 76 defekte Kühlschränke zertrümmern. Haier verschreibt sich von nun an konsequent den Lean-Prinzipien, legt Wert auf höchste Qualität und verbessert damit die Position der Marke. Während alle anderen Hersteller »billiger« werden wollen, wird Haier »wertiger« und findet so wieder auf die Erfolgsspur.

Um die erforderliche Ordnung in dieser Zeit hervorzubringen, ist das Führungsmodell eine klassische Pyramide.

» **2. Zyklus: Diversifizierung (1991 bis 1998).** Nun wendet Zhang sein Erfolgsmodell auch auf andere Unternehmen an, indem er sein Modell überträgt. Erst durch Kooperation, dann durch Akquise. In Windeseile finden sich neue Produkte im Portfolio, wie Waschmaschinen, Klimageräte, Gefriergeräte oder auch Fernseher. Die Marke Haier etabliert sich zunehmend auf dem Weltmarkt.

Als Führungsmodell wird die Pyramide zu starr und Haier errichtet eine Matrixorganisation von strategischen Geschäftseinheiten (auch SBUs = Strategic Business Units). Diese »Zellteilung« verbessert die Flexibilität und gibt aussichtsreichen Geschäftsbereichen mehr Autonomie.

» **3. Zyklus: Internationalisierung (1998 bis 2005).** Die großen internationalen Mitbewerber drängen mit Macht auf den chinesischen Absatzmarkt, doch Haier hält durch und traut sich unter eigener Marke weiter auf die Weltmarkt vor. Ehrgeizig zielt Zhang dabei nicht nach Afrika oder Lateinamerika, sondern direkt nach USA und Europa, und wettet damit in diesen harten Märkten auf die hohe Lernfähigkeit Haiers. Eine Strategie, die sich bezahlt macht, denn als glückliche Fügung fällt der Beitritt Chinas zur WTO in diese Periode. Der Sog in die Weltmärkte hat Haier nun erfasst, und Zhang nutzt die Gunst der Stunde, sich global zu positionieren.

Um die lokalen Kundenanforderungen schneller bedienen zu können, wird die Struktur weiter abgeflacht. Zhang verleiht den Satellitenfirmen ein neues Maß an Autonomie und treibt das SBU-Modell in kleinere Einheiten hinein. Die beabsichtigte »Null-Distanz zu Kunden« fördert die Selbstverwaltung der Mitarbeiter, und Zhang erkennt, dass selbst die SBUs oft zu starr sind. Er leitet nun den Marktdruck mit Kraft noch weiter nach innen in die Bereiche.

In der Folge lässt Zhang sogar die internen Projektteams zu selbstverwaltenden SBUs mit zugewiesenen Unternehmenszielen umbauen. Diese werden in der Folge zu den wichtigsten Treibern für Innovationen.

» **4. Zyklus: Etablieren einer globalen Marke (2005 bis 2012).** Das im Davoser World Economic Forum des Jahres 2000 prognostizierte Heraufziehen des Internet-Zeitalters[358] versteht Zhang instinktiv als nächste Chance und führt in Vorbereitung darauf die nächste Transformation an. Haier soll zur »globalen Marke« werden, dabei aber den Kunden und seine individuellen Anforderungen statt Qualität und Massenproduktion im Fokus haben. Neue, lokale Marken werden ins Portfolio genommen, die Fertigung geschieht »on demand« und das Management lernt, globale Ressourcen auf lokale Abläufe und Kulturen maßzuschneidern. Die größere Nähe zu den Kunden und Märkten führt zum Erwerb von etablierten Marken ehemaliger Marktbegleiter »weißer Ware«, wie dem japanischen Sanyo, des neuseeländischen Anbieters Fisher & Paykel und schließlich des amerikanischen GE Appliances.

Organisatorisch führt die Erfüllung personalisierter Kundenanforderungen zum Aufbrechen der letzten verbliebenen Silos, wie in der Fertigung, im Vertrieb, in der Produktion oder in der Forschung und Entwicklung. Es entstehen etwa 2.000 Zi Zhu Jing Yi's, das sind selbstverwaltete Teams als unabhängige Einheiten, die für ihren eigenen Gewinn und Verlust verantwortlich sind. Jeder Mitarbeiter kann vorschlagen, ein neues Produkt oder eine neue Dienstleistung zu entwickeln. Die Abstimmung durch Stakeholder (Mitarbeiter, Lieferanten und Kunden) entscheidet, welche Projekte zu echten Zi Zhu Jing Yi's werden. Wer im Abstimmungsprozess gewinnt, profiliert sich als Führer seiner Zelle und kann dann ein Team von Mitarbeitern aus dem gesamten Unternehmen einstellen.

» **5. Zyklus: Netzwerkstufe (2012 bis 2018).** Zhang setzt voll darauf, sein Unternehmen zur Plattform zu machen. In einem riesigen Reformprogramm bereitet er Haier darauf vor, ein plattformbasiertes und vernetztes Unternehmen zu werden und das ehedem intern ausgerichtete, geschlossene System in ein offenes zu verwandeln, das sich mit allen Arten von Ressourcen verbinden kann. Haier wird zum »plattformbasierten Unternehmen« mit »unternehmerischen Mitarbeitern« und »personalisierter Benutzererfahrung«.

Nun verliert die klassische Pyramide vollends ihre Funktion und das gesamte mittlere Management (mit immerhin etwa 10.000 Mitarbeitern) wird abgeschafft. Es entstehen etwa 200 kundenorientierte Kleinunternehmen mit mehr als 3.800 dazugehörenden Dienstleistungs- und Supportunternehmen. Der ganze Haier-Konzern wird quasi zu einem Bienenstock voller Start-ups. Haier nennt es das RenDanHeYi-Modell, in dem jedes Mikrounternehmen Entscheidungsbefugnis, Personalauswahl und Gewinnverteilung selbst verantwortet und in dem die administrative Verbindung durch einen marktgesteuerten Vertragsmechanismus ersetzt wird.

Und nun? Zhang bereitet sich und Haier bereits im nächsten Zyklus auf eine Welt der vernetzten Dinge, Sensoren und der künstlichen Intelligenz vor. Wieder ein Wandel von gigantischem Ausmaß hin zu einer Welt, in der der Nutzer nur mehr Dienste kauft und diese über den gesamten Lebenszyklus hinweg betreut wissen will.

Jedes Microbusiness, erläutert Bremer, braucht dazu natürlich ein lebensfähiges Geschäftsmodell mit einer klaren Mehrwertposition für seine spezifische Kombination von Kunden, Mitarbeitern, Partnern und anderen, vielleicht sogar öffentlichen Interessengruppen, wenn man da zum Beispiel an die Megacities der Zukunft als Partner denkt. Aufgabe der zentralen Steuerung ist es dann: Konsequent die Ressourcen dorthin verschieben, wo das größte und profitabelste Wachstum stattfinden kann. Dann wird der CEO als Entwickler plötzlich zum Gärtner im Ökosystem, das ist doch eine tolle Perspektive, oder?

Kurz frage ich mich, ob diese Diskussion nicht besser in jenem Abschnitt aufgehoben wäre, in dem wir das Design moderner Organisationsformen angesiedelt hatten. Schließlich scheinen die hier umrissenen strukturellen Antworten auf die Herausforderungen im Umfeld der Organisationen durchaus selbst eine Quelle für die Schaffung spezifischer Wettbewerbsvorteile zu sein. Die Organisationsarchitektur aber ist es nicht, worauf mich Bremer und Kell hinweisen wollen, grüble ich weiter, sondern die Lernarchitektur. Also die Frage, welches Konstrukt die dynamische Verlagerung der »Aufmerksamkeit der Organisation« chancengerecht verbessert. Und damit wird mir klarer, warum Bremer und Kell dieses Thema hier im Feld der Entwicklungsaufgaben des CEO eingeordnet haben.

> Dann überlege ich, wie unsere Microbusinesses bei der AutoInc. Bremers Ausführungen entsprechend aussehen würden. Wäre die Produktion eine eigene Gesellschaft? Oder die Logistik? Vielleicht auch die IT? Oder gar die Produktentwicklung? Verkaufen wir unsere Leistungen dann auch an Mitbewerber? Warum eigentlich nicht? Stimmen unsere Begründungen von heute, warum das angeblich nicht geht? Ich erinnere mich plötzlich an ein Gespräch mit Hennrich, in dem er etwas über lose gekoppelte Einheiten geäußert hatte und meinte, man solle die Erzeugung von Software für die Fahrzeuge als eigene Geschäftseinheit gestalten. Ein Joint Venture, in das auch einige der Kern-Zulieferer als Partner aufgehen könnten und das dann die Software im Auto auf Lizenzbasis zur Verfügung stellen und immer up to date halten würde. In meinem Notizblock krakle ich den Begriff »Microbusinesses« unter den Namen Hennrich, wo ich bereits eine Reihe anderer Themen gelistet habe, die ich gerne mit ihm diskutieren möchte.

> Nun zum zweiten Punkt, dem Erwerb von Kompetenzen in der Breite, holt mich Bremer aus meinen Gedanken. Ich sehe da im Grunde eine Entwicklung, erklärt der Berater, die dem Wandel von dem Besitz von Autos hin zur Nutzung von Mobilität irgendwie ähnlich ist. Auch beim Erwerb beruflicher Fähigkeiten geht es immer weniger darum, erst einen dicken Invest in einen Bildungsberg zu machen, bei dem man in epischer Tiefe einen kaum mehr zu bewältigenden Ballast von Wissen anschafft, den man dann nur zu ganz wenigen Zeitanteilen überhaupt braucht[359]. Stattdessen steigen der Bedarf und auch die Möglichkeiten, sich situativ immer mit genau den Inkrementen an Input zu versorgen, die das aktuelle Problem lösen, vor dem man gerade steht. Gerade weil Wissen so schnell altert, und auch weil es individuell und kontextgebunden ist, verliert die klassische Bildungs-Vermittlungsmaschine gegenüber den Selbstbedienungsoptionen des Internets zunehmend an Boden. Da kann ein proaktiver Umbau des betrieblichen Bildungswesens ein sehr wichtiger Pfeiler der erfolgreichen Führung in eine digitale Welt sein. Das stimmt umso mehr, wenn man genauer in die Zahlen schaut, denn nach wie vor sind digitale Angebote nur die Zugabe mit einem geringen Teil an Lernstunden. Der Hauptgang bleibt die physische Präsenzbespaßung in Seminaren und Kursen[360].

Wenn das stimmt, ergänzt Bremer, dann möchte man in die verstaubten Seminarräume der Fortbildungseinrichtungen rufen: »Nix wie raus aus den Talaren«, und rein in die MOOCs, die Massive Open Online Courses und in alle sonstigen Lern- und vor allem Arbeitsformen, in denen die Menschen mit digitalen Mitteln zusammen lernen und arbeiten können.

Ich weiß, Herr Bremer, wie sich das geändert hat, unterbreche ich seine Ausführungen, aber das ist nicht so umwerfend neu. In unserem Vertrieb hat man vor allem wegen der hohen Kosten der vielen Schulungen unserer weitverzweigten globalen Vertriebsmannschaft schon länger auf digitale Kanäle gesetzt und Händler, Verkäufer oder Servicemitarbeiter so trainiert. Bei den vielen neuen Produkten der letzten zehn Jahre wäre das gar nicht anders möglich gewesen, denn schließlich wollen die vielen neuen Eigenschaften der Produkte verstanden werden.

Der zweite Punkt hingegen, den Sie genannt haben, das mit dem Kompetenzerwerb in der Breite, trifft durchaus eine meiner eher neueren Beobachtungen. Da denke ich vor allem an die Übertragung von digitalen Arbeitsplattformen, die wir ursprünglich aus den IT-Projekten kennen, hinein in alle möglichen fachlichen Arbeitskontexte. Ob das Slack[361] ist, die Produkte von Atlassian[362] oder Microsoft Teams[363], breite ich nicht ohne Stolz meine Kenntnisse über die Alternativen der cloudbasierten Tools für die digitale Zusammenarbeit aus. Das steht alles für eine tiefgreifende Revolution von Werkzeugen und auch Arbeitsverfahren, fahre ich fort, die immer stärker unser gemeinsames Lernen und Entdecken im Team begleiten. Das alles macht die vielen Teams schneller, den Fortschritt robuster und in Summe die Arbeit professioneller. Und in diesem Kontext verstehe ich dann auch Ihren Aufruf, das Entwicklungsthema zur CEO-Führungsaufgabe zu machen, weil diese neuen Arbeitsweisen natürlich nicht durch den Personalbereich erwirkt werden können, schließe ich das Thema für mich ab.

Das ist gedanklich gerade eine ideale Brücke zu meinem dritten Punkt hier, sagt Bremer, denn richtig, Einzelne und Teams in einem breiten Lerneffort in deren Selbststeuerung mit digitalen Mitteln zu unterstützen, wird wichtiger. Aber die neuen Lerntheorien zeigen auch auf, dass man als Einzelner heute bessere Chancen als jemals in der Geschichte hat, sich in der Tiefe als Experte und weltweit anerkannte Spitzenkraft in einem Feld zu etablieren. Und genau dazu braucht man paradoxerweise wieder zwei Dinge: ein Team und Anleitung, oder besser gesagt, einen Coach von Weltklasse.

Damit wir das besser einordnen können, dabei zwinkert Bremer auffällig und etwas belustigt seinem Alter Ego Kell zu, ist es Zeit für eine Entzauberung all der Digital- und Führungsgenies – und auch der Idee, dass es zu Fachthemen so etwas wie angeborene Naturals gibt. Das stimmt nämlich weder bei Menschen noch, mit Blick nach Kalifornien, Israel oder Shenzen, bei Organisationen. Wirklicher Erfolg kommt, das zeigen die neuesten Forschungen ganz klar, vor allem aus Motivation und fokussiertem Training. Selbst die genetisch begünstigten sogenannten Genies kommen ohne diese Zutaten nicht weit.

Dazu ist es interessant zu erfahren, dass selbst bei dem angeblichen Wunderkind Mozart gerne übersehen wird, dass dessen Vater ein sogar für heutige Verhältnisse extrem fortschrittlicher Klavierlehrer war[364]. Er trat sehr für die musikalische Früherziehung ein und veröffentlichte just in dem Jahr, in dem auch sein Sohn Wolfgang Amadeus geboren wurde, ein Buch über die musikalische Erziehung von Kindern[365]. Angeborenes Talent? Wahrscheinlich. Mindestens genauso hoch schätze ich allerdings auch die Bedeutung einer gezielten, frühen und sehr bewussten Entwicklung dieses Talents ein. Ein spielerisch-ernstes Zusammenwirken von Lehrer und Schüler scheint meiner Meinung nach nicht nur bei Mozart einen Hinweis auf einen sehr irdischen Weg der Potenzialentfaltung zuzulassen. Wir erkennen das genauso bei vielen Top-Sportlern, bei Spitzenverkäufern oder auch Ärzten und Lehrern. Zentrales Element ist dabei das, was die Expertiseforschung »bewusstes Lernen« nennt. Der Psychologieprofessor und Lernforscher Karl Anders Ericsson[366] beschreibt die Grundzüge dieses bewussten Lernens als sehr disziplinierten und gut strukturierbaren Prozess, in dem die jeweiligen Leistungen von Experten analysiert und mit gezielten Übungen verbessert werden können. Wichtig ist dabei, immer wieder eine Reihe von kleinen Veränderungen und Anstrengungen außerhalb der Komfortzone vorzunehmen, eine hohe Aufmerksamkeit und klares Feedback zu den Bemühungen zu berücksichtigen und eine gezielte Weiterentwicklung der mentalen Repräsentationen zu gestalten. Letzteres meint, eine Art innere Landkarte des Fachgebietes zu schaffen, in dem man Großartiges erreichen will. In unserem Fall: Teams zu Höchstleistungen zu bringen und darin zu unterstützen, sich in Neuland zu wagen.

Aber – mit dem Hinweis auf Ericssons Erkenntnisse möchte ich jetzt nicht trivialisierend behaupten, dass sich die Führungsarbeit in ihrer komplexen Unvorhersagbarkeit genauso einfach üben ließe wie das Schachspiel oder die eloquente Einwandbehandlung bei Spitzenverkäufern[367], sagt Bremer in beschwörendem Ton. Aus eigenem Erleben und auch eigener Ernüchterung weiß ich leider nur zu genau, dass die Beschäftigung mit dem Thema Führung aus konzeptioneller Sicht viel mehr verlangt als lediglich die tausend Stunden Übung, die man für andere, engere Fähigkeiten braucht. Ich sage Ihnen sehr betroffen aus meiner persönlichen Erfahrung: All die vielen Moden, Instrumente und Theorien der Führung machen das Bild auch nach intensivster Beschäftigung nicht unbedingt klarer. Das ist aber vor allem ein Problem jener Zunft, die der Führung dienen will, und nicht eines der Führung selbst, erläutert Bremer. Und deswegen stimme ich dem St. Gallener Wirtschaftsprofessor und Berater Fredmund Malik zu und sage hier mit einem starken »trotzdem«, dass auch Management ein Handwerk ist, das man in der Tiefe durch Übung erlernen kann[368].

Über diesen Weg gelingt meiner Meinung nach auch eine wohltuende Synthese zur Frage nach einem Management in digitalen Zeiten, das die forsche Behauptung, einige coole Digitale à la Zuckerberg 2.0 im Vorstand würden etwas bewirken können, mit der Antithese versöhnt, dass ein Vorstand mit lediglich digitalen Immigrants keine Chance hätte. Am Ende, schildert Bremer, kommt es für wirkliche Spitzenleistung auch in der digitalen Welt auf eine Sequenz von wirklich tiefen Erfahrungen an, bevor etwas Großartiges entstehen kann. Genau in diesem Sinne zeigt übrigens der Rotterdamer Wirtschaftsprofessor Philip Hans Franses[369], dass bei der Analyse einer großen Auswahl von Komponisten, Nobelpreisträgern und Malern deren Durchschnittsalter im Punkt mit der höchsten Schaffenskraft das Alter von 42 Jahren ist.

Na, dann habe ich ja noch ein Jahr Luft nach oben, feixe ich. Aber mal die Altersfrage beiseite, hier berühren sich einige meiner Gedanken, überlege ich daraufhin laut, denn der CEO als Gärtner in einem Portfolio von vernetzten Unternehmen bietet eindeutig mehr Felder für den Nachwuchs, um das Führungshandwerk, wie Sie es unter Berufung auf Malik nennen, zu üben. Dann kann er sich in der Folge sehr genau anschauen, wer es auf welche Weise zu einem besonderen Wachstum bringt. Alleine das spricht schon dafür, unsere Struktur in Zukunft eher als ein wie immer geartetes Backbone und eine sehr viel granularere Aufstellung von einzelnen, auf unterschiedliche Kundengruppen ausgerichtete Einheiten zu denken. Der CEO als guter Coach wird dabei helfen, die Basis für die Entscheidungen im Portfolio zu festigen und die mentale Landkarte dessen, was und auch wie man etwas erreichen möchte, zu verbessern. Also sowas wie die Coaching-Funktion von Mozarts Vater, denke ich weiter laut nach.

Wenn das für alle in der Führungsmannschaft mit enger Abstimmung läuft, dann kann man vielleicht auch eines der schwierigsten Hindernisse in der Nachwuchsentwicklung angehen, welches wir meiner Meinung nach heute haben: nämlich keine Fehler machen zu dürfen, wenn man eine Top-Karriere anstrebt.

Vielleicht liegt da ein Stück weit »der Hund im Thema Führung« begraben, füge ich hinzu. Auch wenn wir qua Kompendium nun handwerklich wissen, was wir unter guter Führung verstehen und die Leitfragen dazu gestellt haben, wenn wir uns dann weiter auch noch so anstrengen, den Führungskräften gute Feedbackkanäle zu bauen und sie besser statt gleicher zu machen. Und selbst wenn unser CEO der fleißigste Gärtner im Garten der AutoInc. ist, dann ist die heutige Angst unserer Führungskräfte, Fehler zu machen, vielleicht unsere Achillesferse, oder?

Genau deswegen ja der nächste Abschnitt unserer Reise, nimmt Bremer beschwingt meinen Gedanken auf und blättert eine weitere seiner Mindmaps auf: Wagnisse finanzieren.

Wagnisse finanzieren (¬ Im Irren besser werden)

Über die Natur und die Risiken von Experimenten haben wir ja bereits mehrfach gesprochen, sagt er dann, in dieser Hinsicht möchte ich hier inhaltlich jetzt nichts weiter vertiefen. Auch das bewährte Mittel, sich als Unternehmen mit der Hilfe eines CVCs, eines Corporate Venture Funds, einen Nachbrenner für Innovationen zu organisieren, hatten wir vor einiger Zeit als Thema. Vor allem haben wir uns über die unterschiedlichen Formen des organisatorischen Engagements für Innovationen unterhalten.

Ich glaube aber, dass wir dies im Zusammenhang mit dem Thema Führung nochmal ganz gezielt neu anfassen müssen, meint Bremer daraufhin. Denn eine Führung, die in ungewissen Zeiten Zukunft produzieren will, kann der Frage nach einer Verbesserung der Wagniskompetenz nicht mehr aus dem Weg gehen.

Was meine ich mit Wagniskompetenz? Ohne abzuwarten, schiebt der Berater seine Antwort hinterher: Etwas, das trivial klingt, aber in der Praxis unendlich schwierig ist. Nämlich die Fähigkeit, ein Portfolio von Wagnissen nachhaltig so zu führen, dass die Chancen systematisch vergrößert und die Risiken minimiert werden. In einem CVC kann man das der Theorie nach natürlich besonders gut lernen, erläutert Bremer, wobei aber die eigentliche Führungsleistung eben nicht im theoretischen oder papierlastigen Controlling und Management des Portfolios besteht. Das sollen bitte Banker und Controller machen, und zwar möglichst professionell und unabhängig von den klassischen kaufmännischen Prozessen der Muttergesellschaft. Mir geht es hier vielmehr um die Erfahrung in der Mitwirkung bei der wirklichen Skalierung der einzelnen Wagnisse, erklärt er weiter. Das ist die eigentliche, wichtige Führungserfahrung, ohne die eine Führung, die unsere Autoindustrie in die Digitalisierung katapultieren möchte, nicht auskommen kann. Nur so entsteht meiner Einschätzung nach dieses vermutlich jahrzehntelang einzuübende Skillset, mit dem man der klugen Devise von Clayton Christensen gerecht werden kann, nämlich dass Disruption eher ein Prozess ist und kein Event[370].

Genauso wie sich gute Führung nicht als simpler Katalog von Erfolgskriterien darstellen lässt, beschreibt Bremer, gibt es auch keine zuverlässigen Handbücher für die Art und Weise, wie Unternehmen im digitalen Zeitalter schnell skaliert werden können. Und doch ist es wie die Führung im Sinne von Malik ein Handwerk, das professionell erlernt werden kann.

Dazu gibt es ein Interview im Harvard Business Manager vom Juni 2016, das meiner Ansicht nach zu wenig Beachtung gefunden hat. Mit diesen Worten händigt mir Bremer ein etwas abgegriffenes Exemplar der Zeitschrift aus, das mit Haftnotizen gespickt ist. Auf dem gelben Cover prangt der Titel der Ausgabe: »Shift Happens«. Bremer schlägt an einer der Haftnotizen das Interview mit der Silicon-Valley-Größe Reid Hoffman auf, in dem dieser nach den Erfolgsfaktoren der digitalen Wachstumsunternehmen gefragt wird[371].

Sein Tipp, sagt Bremer dann, lautet Blitzscaling. Damit beschreibt Reid Hoffman die Kunst, in kürzester Zeit ein Unternehmen aufzubauen, das einen großen, in der Regel weltweiten Markt bedient und dort zum ersten wirklich großen Anbieter werden will. Also Dominanz schaffen, und damit Relevanz, statt nur an der Oberfläche zu kratzen. Mit einem nur halb zugedrückten Auge vergleicht Hoffman damit sein Vorgehen mit einer militärischen Strategie des »Blitzkrieges« aus dem Zweiten Weltkrieg, führt der Berater aus. Wissen Sie, hier erklärt er recht offen die Analogie, dass vor der Idee des Blitzkriegs die Armeen im Denken der Generäle nur im engen Verbund mit ihren jeweiligen Versorgungslinien vorstoßen konnten. Das aber schränkte die Geschwindigkeit und Reichweite der Streitmächte ein. Das Konzept des Blitzkriegs löste den Kampfverband nun komplett von der hinteren Linie und erlaubte, dass dieser sich sehr schnell bewegen und den Gegner überraschen kann. Der Kommandeur an der vordersten Linie entscheidet in diesem Vorgehen weitgehend selbst über die einzelnen taktischen Handlungen und verantwortet damit vielleicht direkt entweder einen großen Sieg oder eine dramatische Niederlage. Wenig dazwischen. Was für eine Schule, Bremer schaut mich aufmerksam an.

> Für digitale Plattformen sieht auch Hoffman keine Alternative als, im übertragenen Sinne, die extrem rasche Eroberung, also »Blitzscaling«, weil ohne Geschwindigkeit der Eroberungszug in den Widerständen der Mitbewerber stecken bleibt. Und weil ohne Größe keine Gewinne möglich sind.

Nun, alle Skalierungen mögen unterschiedlich laufen, meint Bremer dann, aber in diesem Rennen um Größe haben klassische Unternehmen eine zentrale Schwäche gegenüber den erfahrenen klassischen Venture Funds: Sie verlieren häufig unterwegs die Nerven und treten zur falschen Zeit auf das Bremspedal, was nicht unverständlich ist. So viel gutes Geld in die Skalierung zu werfen, ist natürlich wirklich verrückt, sagt Bremer. Jeder, allen voran jene, die das schon mal durchgemacht haben, bestätigt gerne und ohne Einschränkung, dass das meiste von dem rausgeworfenen Geld Verschwendung ist und Irrtum. Aber wer hier bremst, der wird es nie schaffen. Diese Ruckelbremsungen sind übrigens genau der Grund, warum die Corporate Venture Capital Funds und insbesondere die geldgebende Einheit im Hintergrund von den anderen Kapitalmarktteilnehmern als Partner in Ventures manchmal skeptisch gesehen werden: Die Weltsicht der Corporates endet nämlich leider zu oft an der begrenzten Scheibe des »Corporate Universums«, aus dem sie kommen. Kaum mit einem Venture halb schwanger, kommt das Engagement, weil wertiger, zunehmend in das Bremswerk der Aufsicht im Mutterhaus. Und glauben Sie mir, wir haben das bei einigen unserer Mandate mitbekommen, schildert der Berater, das ist so, auch wenn bei jedem Engagement ein »Diesmal ist alles ganz anders, bestimmt« gesungen wird. Unserer Erfahrung nach ist diese Aussage lediglich wie die Beschwörung eines alkoholkranken Patienten zu verstehen, denn schon nach wenigen Quartalen greift irgendwer aus dem Mutterhaus aus irgendwelchen Gründen mit Sicherheit wieder zum selbstzerstörerischen Giftmittel der Kontrollspritze.

> Aber genug gejammert, erklärt Bremer weiter. Es geht im Grunde um eine möglichst schnelle Eroberung. Und egal ob das teure Akquisen von möglichen Wettbewerbern bedeutet, opulente Marketingkampagnen oder hunderte Leute, die man schnell zu viel an Bord hat – all das zählt nicht. Das Terrain muss so schnell wie möglich überrannt werden. Blitzeroberung halt. Bitte sehen Sie mir die martialische Analogie nach, meint der Berater etwas beschwichtigend, aber die Argumentation von Hoffman hat auch für uns wichtige Auswirkungen. Wagnisse finanzieren und im Irren besser werden bedeutet, genau dieses Spiel zu erlernen.

Vielleicht nicht mit Haut und Haar in der ersten Idee alles zu riskieren; aber in Allianzen, mit den richtigen Talenten und zur Entwicklung der richtigen, nochmals Verzeihung wegen der drastischen Sprache, »Cojones«[372]. Gelegenheiten dazu, sich in solche Abenteuer zu stürzen, haben wir ja schon zur Genüge vor den Lauf bekommen. Ob es das Entertainment ist, welches wir in die Fahrzeuge spielen, die Kommunikation von Punkt zu Punkt im fließenden Verkehr, mit dem wir vielleicht eine völlig neue Infrastruktur für die Kommunikation schaffen können, der E-Commerce in neuen Spielformen, und so weiter. Wie gesagt, wir brauchen dazu die Erfahrungen, wie man Plattformen baut, und etwas Mut für einen wirklich ernstzunehmenden Angriff in einer Welt der digital gestützten Mobilität.

Es ist gut für heute, merke ich. Ich habe etwas gelernt und werde auch aus dem heutigen Tag wieder viele Anregungen für den Aufsichtsrat ableiten können, denke ich mir. Geht es mir darum?, frage ich mich kurz. Ja und nein zugleich, denn natürlich will ich in der Diskussion etwas beizutragen haben. Wenn mir das in meiner Rolle nicht wichtig wäre, wäre das auch sehr eigenartig.

DAS MOBIVERSUM VON MASAYOSHI SON

In der Wagniskapitalbranche gibt es für den »Elephant in the Room«, also das Problem, das jeder kennt, aber über welches keiner sprechen will, einen klaren Namen: den des japanischen Megainvestors Masayoshi Son. Der umtriebige Japaner hat sich durch die schiere Größenordnung seines neuen Fonds und der Investitionen, die er stemmen kann, zum Disruptor der Venture-Capital-Branche aufgeschwungen und zwingt »klassische« Spieler in die Defensive, wie etwa die ehemals als nahezu unschlagbar geltenden Platzhirsche Sequoia Capital, Andreessen Horowitz, General Catalyst, Lightspeed Ventures, Battery Ventures oder Khosla Ventures. Obwohl deren Kritik an dem »Zuviel«[373] des Geldes, das in viele der Start-ups gespült wird, berechtigt sein mag, klingt deren Lamento ob des aggressiven Auftretens des Vision Funds von Masayoshi Son etwas beleidigt[374]. Dabei hätte es um ein Haar auch anders kommen können, denn der Aufstieg des japanischen Giganten geschah nicht ohne Rückschläge.

Masayoshi Son wurde 1957 in Japan als Sohn koreanischer Immigranten geboren und wuchs in sehr bescheidenen Verhältnissen auf. Schon früh von Neugier und Abenteuerlust getrieben wanderte er mit 16 Jahren, gegen den Willen seiner Eltern und Lehrer, in die USA aus, lernte Englisch und studierte an der University of California, Berkeley Wirtschaft. Nebenbei besuchte er Informatik-Vorlesungen, brachte sich Programmieren bei und entwickelte eine große Leidenschaft für Technologie, welche prägend für seinen weiteren Weg sein sollte. Son erfand und patentierte ein Taschen-Übersetzungsprogramm, das er an Sharp Technologies verkaufte, was ihm eine respektable erste Million einbrachte[375].

Damit kehrte er 23-jährig nach Japan zurück, um dort mit einem Kredit der Dai-Ichi Kangyo Bank das Unternehmen SoftBank zu gründen und erst einmal in den Handel mit Software einzusteigen. Dabei blieb es nicht. Schnell wuchs das Portfolio an Aktivitäten an, auch wenn einige der Verlagsprojekte nie profitabel sein sollten. Die ersten Jahre kann man rückblickend als Lehrjahre bezeichnen, und die ganze Zeit über hielt Son unbeirrbar an seinem Glauben an die innovative Kraft von Technologie und Software fest.

Das Portfolio wuchs an und Mitte der Neunzigerjahre konnte er SoftBank teilweise an die Börse bringen und dafür einen Erlös von beachtlichen 140 Millionen Dollar einstreichen[376]. Damit, und mit weiteren Krediten, setzte er nun seine aggressive Einkaufstour im Tech-Sektor beschleunigt fort. Er erwarb zwar auch Anteile am Speicherhersteller Kingston, fokussierte aber stark auf Unternehmen im noch jungen Internet. Mehrere hundert Millionen setzte er in Yahoo und Comdex. Zahlreiche weitere kleinere Beteiligungen folgten. Das Vermögen des Japaners wuchs rasant an, um bis zu zehn Milliarden – pro Woche, wie er später einmal in einem Interview nur halb im Scherz erzählte[377]. Und dann, als die Dotcom-Blase im Frühjahr 2000 platzte, war die Party plötzlich vorbei. SoftBank verfügte vor der Krise auf dem Höchststand über etwa 140 Milliarden Marktkapitalisierung und verlor in der Folge in nur einem Jahr 99 Prozent seines Wertes. Masayoshi Son, ehedem einer der reichsten Menschen auf dem Planeten, stand plötzlich mit einem Verlust von 70 Milliarden Dollar da. Das ist das größte Vermögen, welches jemals eine Person in der Geschichte verloren hatte. Neben seinen Anteilen an Yahoo half lediglich ein einziges kleines Investment dabei, ihn und seine legendäre Reputation zu retten. Und das war ein 20-Millionen-Anteil an dem Hongkonger Start-up Alibaba.

Bis dieser Schatz erkennbar werden sollte, ging aber noch einige Zeit ins Land. In der Zwischenzeit halfen die Banken dem Unternehmer mit hohen Krediten, was ihm erlaubte, bei nur 2 Milliarden Eigenkapital das zehnfach teurere Japan-Geschäft von Vodafone einzuheimsen. Über eine Bekanntschaft mit Steve Jobs schaffte er es zudem, für sich eine exklusive Vertriebspartnerschaft für das iPhone in Japan zu vereinbaren.

Es ging wieder bergauf und Son setzte zum Sprung in die USA an. Zunächst erwarb er Sprint Telekom, dann wollte er in einer langen Schlacht den amerikanischen T-Mobile-Ableger schlucken. Das jedoch vereitelten die Wettbewerbsbehörden. In der Zwischenzeit ging Alibaba an die Börse und Son verringerte seinen Anteil am chinesischen Handelsriesen[378], was ihn wieder zum reichsten Japaner machen sollte.

Damit war der Hunger Sons aber keinesfalls gestillt. Aufbauend auf der seit dem Bestehen von SoftBank beachtlichen internen Rendite von kolportiert durchschnittlich 44 Prozent pro Jahr, wollte er nun ganz groß hinaus und einen Fond auflegen, der alles Bisherige in den Schatten stellen und ein einzigartiges Volumen von 100 Milliarden Dollar haben sollte. Zum Vergleich: Das war in etwa die bis dato pro Jahr von allen Wagniskapitalgebern zusammengenommen[379] global investierte Summe. Das Ziel ist dabei, Märkte zu dominieren, statt nur mitzuinvestieren. Dazu sollen Investitionen in reife Technologiefirmen mit hohem Wachstumspotenzial erfolgen. Neben eigenem Geld (etwa 28 Milliarden Dollar) und industriellen Partnern wie Apple, Qualcomm, Foxconn und Sharp setzten vor allem die Staatsfonds von Saudi-Arabien und Abu Dhabi ihr Vertrauen in das neue Vehikel. In nur sieben Monaten konnten 93 Milliarden für diesen »Vision Fund« eingesammelt werden.

Im Zuge der Analysen für die Autoindustrie sollte dieser Gigant nicht aus den Augen gelassen werden, denn neben Robotics und I-o-T (die ja durchaus auch verwandt sind), hat SoftBank mit dem Vision Fund bereits in zahlreiche Ventures aus der Mobilitätsbranche investiert. Seit einigen Monaten scheint klar, dass die 100 Milliarden nur ein erster Schritt sind. Der Vision Fund II mit weiteren 100 Milliarden ist bereits in Vorbereitung.

SoftBank Vision Fund: Ventures im Mobility-Bereich

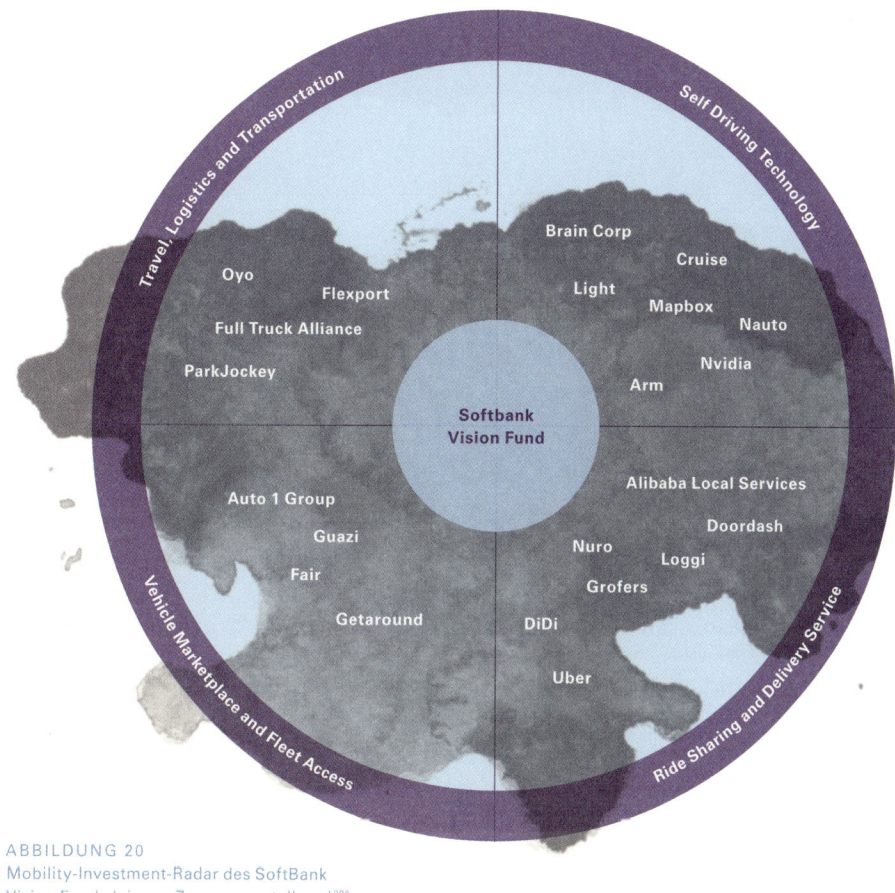

ABBILDUNG 20
Mobility-Investment-Radar des SoftBank
Vision Funds (eigene Zusammenstellung)[380]

Meine Assistentin steckt den Kopf durch die Tür und macht mich sehr deutlich auf einen Folgetermin aufmerksam, woraufhin ich die beiden Berater hinauskomplimentiere. Ich bitte sie noch darum, einen weiteren Termin zu vereinbaren, und sage dann meiner Assistentin, dass ich noch ein paar Minuten vor dem nächsten Meeting brauche, um mich zu sammeln.

Es tut gut, die Tür für einen Moment geschlossen zu wissen und alleine zu sein. Zunehmend merke ich, wie sich mein Bild dessen, was Führung auch in meinem Bereich bedeutet, verändert. Die Frage nach den »Cojones« im digitalen Vertrieb der Zukunft zu beantworten, fällt mir nämlich gar nicht so leicht. Wie, frage ich mich, werden wir Größe und Bedeutung erreichen, um den digitalen Kampf nicht von vornherein verloren geben zu müssen?

Wir werden mehr Geld in die Hand nehmen müssen, um uns in Partnerschaften einzukaufen, als wir es im Entferntesten bisher geplant haben, so viel ist mir klar. Und wir werden es freier und mit weniger Kontrollmöglichkeiten tun müssen, als uns lieb ist. Und schneller. Das Thema eines eigenen oder sogar mehrerer CVC-Ansätze muss also dringend auf die Agenda, beschließe ich meine feste Absicht. Ich erinnere mich dazu an ein Gespräch mit Bremer im Valley, in dem er warnend gesagt hatte, dass das Venture-Geschäft von einem extremen Hunger nach Erfolg lebe, und dass nur die B-Player dort bleiben würden, wo es eben auch nur die B-Preise zu gewinnen gibt. Wenn wir da reingehen, dann werden wir uns sehr genau anschauen müssen, wie wir A-Player bekommen können, und was das finanziell bedeutet. Oder wie wir das geführt bekommen. Eine Diskussion mit dem Aufsichtsrat, die auch nicht einfach werden dürfte, denke ich weiter. Das muss bei der Bewertung der Wagnisse aber mitbedacht werden, geht es mir durch den Kopf, sonst dürfen wir uns später nicht über magere Ergebnisse wundern[381].

> Ich realisiere aber auch, dass ich schon deutlich mehr in der Historie der Auto-Inc. gefangen bin, als mir lieb ist. Ich sehe die Welt schon mehr von »innen nach außen«, Abteilung für Abteilung, also von unserem Geschäft weg, statt wie unsere Kunden von »außen nach innen«. Ich stehe schon nach wenigen Monaten genauso gebunden in der aktuellen Landschaft und in einem großen Netz von Abhängig-keiten wie die Manager, die ich früher kritisiert habe. Neue Wege sind da gar nicht so einfach zu beschreiben, auch wenn zum Beispiel der amerikanische Newcomer Tesla mit einem Streich angekündigt hat, seine physischen Stores im Vertrieb zu schließen, und die Autos nur mehr über das Internet vertreiben zu wollen.

> Still blicke ich noch eine Weile aus dem Fenster und fühle mich etwas klein heute. Ich frage mich: Haben wir überhaupt eine Chance gegen die heraufziehende, be-sonders aggressive Art von C-Schlauch-Venture-Capital? Mir ist etwas mulmig zumute, wenn ich daran denke, dass immer, wenn in der Geschichte der Finanz-märkte ein zu hoher Gelddruck die Märkte aufgeblasen hatte, irgendwann der Markt geplatzt ist und dann die Realwirtschaft auf Jahre hin leiden musste. Ja, Wagnisse können natürlich schiefgehen, und die Geschichte der CVCs ist voller Beispiele für schiefgegangene Ventures. Mal hakt es an unklaren Zielsetzungen, ein anderes Mal gerät man wegen schlecht gestalteter Verträge mit den Partnern aneinander, die man auf dieser Reise braucht. Dann steht aber bei jeder Investition ein einzelnes Unternehmen dahinter, und nicht eine halbe Volkswirtschaft.

Storytelling baut Brücken (¬ Stand- und Spielbein takten)

Während ich den Rest der Woche mit meinem Team auf einer internationalen Automobilveranstaltung präsent sein muss, treffen sich Bremer und Kell auch ohne mich zweimal mit Hennrich, um ihm unsere Sicht und unsere Fortschritte bezüglich unserer »präskriptiven Empfehlungen zur Weiterentwicklung von Führung« näherzubringen. Es wundert mich, dass es, wie ich höre, in den meisten Punkten von Hennrich vor allem Zustimmung gibt, denn irgendwie habe ich mit einer intensiveren Diskussion gerechnet. Vielleicht, denke ich, habe ich das auch nur gehofft, denn die gesammelten Erkenntnisse lesen sich doch etwas generisch, oder zumindest theoretisch, sinniere ich weiter, ein paar handfeste Regeln wären mir jedenfalls lieber gewesen als unsere bisherigen Ergebnisse. Zwischendurch habe ich einige Male mit Hennrich zu anderen Fragen telefoniert. Zeit für unseren Dialog zum Thema Führung hat es kaum gegeben, ebensowenig für Absprachen zu den weiteren Terminen mit dem Aufsichtsrat oder einfach nur zur Diskussion der Gerüchte über die Neubesetzung des Vorstandsvorsitzes. Das Tagesgeschäft war dringlicher, und die breite öffentliche Diskussion über den Wechsel in die Elektrifizierung überstrahlte die Fragen nach der richtigen Strategie zur Digitalisierung.

Es soll also wieder mal ein Samstag sein, der uns zusammenführt, der Einfachheit halber in meinem Büro, so habe ich es mir gewünscht, und da kommen die drei auch schon zusammen durch mein Vorzimmer gestapft.

Hallo Herr Mahlich, Hennrich streckt mir die Hand entgegen, na, zurück von der Inquisition? Seine Anspielung gilt einigen Interviews und einer Podiumsdiskussion am Vortag. Dort habe ich die Weiterexistenz des Verbrennungsmotors im Mix der Antriebsformen noch über viele Jahre hinweg als sinnvoll verteidigt.

Oh ja, erwidere ich, ich habe den Scheiterhaufen förmlich gerochen, auf dem mich die Meute so gerne einäschern wollte. Ich sage Ihnen, angefeuert von all den selbsternannten Sehern war das der reinste Hexenprozess, und durch den Herdentrieb leider auch bei den angeblich neutralen Journalisten ein Aufruf, die Fackel zu werfen. Alle glauben sie fest daran, dass sie selbst das Klima durch geiferndes Nichtstun und hassvolle Anklage heilen können, wenn nur wir mit unserer Industrie erst brennen werden. Kein Zugang zu einer inhaltlichen Diskussion. Kein Verständnis,

dass auch wir die Themen Klima, Nachhaltigkeit und die Ressourcenfrage ernst nehmen, dass auch wir nicht stillstehen in der Zeit. Eine gute elektrische Reichweite braucht eben 500 Kilo Batterien und erfordert zugleich leichte Materialien, bei denen der Effekt der Gewichtseinsparung durch die Energie bei der Materialherstellung verbraucht wird. Das ist zwar Physik, aber bitte lieber nicht zu faktisch argumentieren. Herr Hennrich, ich weiß, die Technik ist Ihr Metier, aber ich fand da gestern auch als Vertriebler und Kommunikator keinen Weg, komplexe Fragen über der 140-Zeichen-Grenze zu kommunizieren. Dass die Rohstoffe für Batterien knapp und bald vollständig unter chinesischer Kontrolle sind? Irrelevant. Auch die Frage, ob das auf Dauer besser sein wird als unsere Erfahrung mit dem Mittleren Osten – uninteressant.

Ich merke, wie ich in einen Monolog gerate, der mich innerlich aufwühlt. Und doch will ich mir im Kreis der vertrauten Gesprächspartner etwas Luft verschaffen. Natürlich, wir fahren alle gerne elektrisch, die Dynamik macht auch wirklich Spaß. Aber wie kommen wir denn zu einer Infrastruktur in den Städten, mit der wir wirklich flächendeckend laden können? Und der Strom? Der kommt am Ende vielleicht doch nicht ohne Kraftwerke dahinter aus der Steckdose? Ja, und wenn schon ein Kraftstoff, dann ist Benzin natürlich viel besser als Diesel. Genau. Dass wir aber bei jedem Liter Benzin, den wir erzeugen, auch einen Liter Diesel bekommen, weil das in der Raffinerie gar nicht anders geht? Dass wir mit Diesel tatsächlich CO_2 sparen könnten? Oder dass die aktuelle Entwicklung der gesetzlichen Grenzwerte und Regelungen die Fahrzeuge für viele Menschen so teuer macht, dass die Mittelschicht in einigen Jahren sich ihre Vehikel nicht mehr leisten können wird, ohne vielleicht am Ende einen positiven Klimaeffekt zu erzeugen? Blasphemie! Die Erde, das steht fest, ist eine Scheibe. Seht her zum Beweis: Er hat Industrie gesagt, oder Grenzen der Physik, Kosten, oder Wirtschaftlichkeit. Also brennen soll er!

Die drei sehen mich etwas betroffen an. Diese Art der Begrüßung hat sie offensichtlich überrascht und den ausgelassenen Dialog, mit dem sie eingetreten waren, abrupt gestoppt. Schon gut, beschwichtige ich, Sie hatten nach der Inquisition gefragt, also habe ich kurz von dem peinlichen Verhör erzählt. Packen wir also die Folterinstrumente wieder in den Kasten der Glaubenskrieger zurück und widmen wir uns der Frage nach der richtigen Führung.

Nicht so schnell, fährt Bremer dazwischen. Denn das, was Sie da erzählen, bietet doch einen genialen Ansatzpunkt für den nächsten Ast auf unserer Mindmap: Storytelling baut Brücken. Wir erleben doch genau hier die Übermacht eines Narrativs, einer breit angelegten Weltdeutungs-Geschichte, die sich wie Mehltau über das Faktische legt und dieses deutet, es zum Gefühl macht, zum Feuerwerk in den Gehirnen, und nicht nur zum gespeicherten und mehr oder weniger abrufbaren Faktum. Fakten stehen für sich alleine, sie sind komplex und mühsam. Geschichten aber bauen Brücken, brauchen nur anzudeuten und nicht zu erklären, sind letztendlich stärker als das Faktische.

Es ist in Wahrheit das Problem des Faktischen, das nicht zu respektieren, erklärt Bremer weiter. Wir Menschen sind eben keine Computer, wir sind emotionale Wesen, und das Erzählen von Geschichten verbindet uns untereinander, es erklärt uns, wo wir herkommen und wo wir hingehen. Das ist älter und liegt in viel tieferen Schichten in uns als die Schrift und vielleicht sogar die Sprache selber. Es geht zurück auf die Feuerzeichen, auf die mundgesprühten Hände und andere Malereien in den Höhlen der Jäger und Sammler, auf die Steinkreise und die Opferrituale der hohen Priester.

Bremer ganz in seinem Element, denke ich, und wahrscheinlich hat er durchaus recht. Ich muss kurz an meinen eigenen sprachlichen Scheiterhaufen von vorhin denken und lasse deswegen nun auch Bremer seine Steinkreise bauen.

Sehen Sie, die Geschichtenerzähler haben seit jeher den Menschen damit gedient, Dingen und Erfahrungen Bedeutung zu verleihen, führt er weiter aus.

Geschichten ziehen uns hinein in eine andere Perspektive, nutzen alle Ebenen unseres Gehirns und führen zu einer Resonanz, zu der wir aus bloßen Sachberichten heraus nicht fähig sind.

Warum? Weil unsere Gehirne so verdrahtet sind und weil wir Ordnung finden in den Mustern, die Ursache und Wirkung zu einem Faden verbinden. Weil jede unserer Aktionen im Grunde in unserem Kopf eine Episode einer Geschichte darstellt, die wir uns laufend selbst erzählen[382], den ganzen Tag, egal ob wir einkaufen gehen, mit unserem Partner plaudern oder mit Kollegen etwas besprechen. Das läuft nicht nur in unserem Kopf, sondern ist auch in der Kommunikation zwischen den Menschen nicht anders, schildert Bremer weiter. Fünfundsechzig Prozent unserer zwischenmenschlichen Konversation, so sagt der Tech-Schreiberling Jeremy Hsu[383] im Scientific American, bestehen aus persönlichen Erlebnisberichten und Tratsch. Wir hängen im wahrsten Sinn an den Fäden unserer inneren und äußeren Erzählungen. Das bedeutet, dass die Sachberichte eigentlich nicht einmal ein Feigenblatt in der Welt der aufregenden Geschichten sein können.

Den gigantischen Bedeutungs-Wert von Geschichten kann man übrigens sogar real in Geld messen, zwinkert uns Bremer zu und sieht, dass dabei sowohl Hennrich als auch ich die Augenbrauen nach oben ziehen. Na ja, zumindest kann man sich dem über Umwege nähern, korrigiert er sich, und dazu muss ich Ihnen natürlich eine Geschichte erzählen. Er rückt seinen Stuhl etwas zurück und legt beide Hände flach auf seine Schenkel.

Im Jahr 2009 hatten die beiden amerikanischen Autoren Rob Walker und Joshua Glenn die folgende These aufgestellt[384]. Bremer zieht ein kreisrundes Bild aus der Tasche, offensichtlich aus einem Buch herauskopiert. Über dem englischen Originaltext klebt eine leuchtende Haftnotiz mit der Übersetzung: Geschichten sind ein solcher Treiber für einen emotionalen Mehrwert von Dingen, dass deren Effekt auf jedes beliebige Ding objektiv gemessen werden kann.

Phuh. Das ist ja erst mal eine eher kühne Behauptung, führt Bremer aus. Und noch kühner ist die Idee, das auch wirklich messbar machen zu wollen. Damit die beiden Autoren den Nachweis für die Gültigkeit ihrer These antreten konnten, erwarben sie zu Beginn ihres Experiments auf Flohmärkten einhundert verschiedene, meist extrem belanglose Gegenstände, wie zum Beispiel eine Holzflasche, eine Kuchengabel, ein Sparschwein aus Porzellan, eine Schachtel Geburtstagskuchenkerzen und so weiter. Der durchschnittliche Wert der gesammelten Gegenstände lag bei nur 1,25 Dollar, also alles Ramsch, den eigentlich keiner braucht. Dann baten sie aber einhundert Autoren, manche davon berühmt, andere absolute Anfänger, jeweils eine Geschichte zu einem der Objekte zu schreiben. Herausgekommen ist eine sehr illustre Sammlung skurriler, lustiger[385] und manchmal emotionaler kurzer Texte, die sie zusammen mit dem jeweiligen Objekt dann bei eBay zur Auktion einstellten. Die gewaltige Überraschung: Bei den Auktionen wurden aus den 125 Dollar Ausgaben durch den Mehrwert der Geschichten Einnahmen von über 8.000 Dollar. Welch unglaubliche Wertsteigerung durch bloßes Storytelling, ruft Bremer aus, als könnte er es selbst nicht glauben.

Und das ist auch für uns in der Unternehmenswelt sehr wichtig, weil auch Führung Geschichten erzählen muss, erklärt Bremer weiter, damit Bedeutung entsteht und wir die Mitarbeiter mit auf die Reise nehmen können.

Na, dann sollten wir doch alle unsere Mitarbeiter dazu anstiften, überall handgeschriebene Geschichten in die Handschuhfächer unserer neuen Autos zu packen, feixe ich, zugegeben, etwas unpassend. Und fahre fort: Herr Bremer, im Marketing ist Business Storytelling ja quasi fest etabliert. Schon lange packen wir dabei unsere Helden in kleine Geschichten und versuchen die Marken und die Produkte damit tief in der Erinnerung der Kunden zu verankern. Das kann manchmal beinahe übergriffig werden, führe ich aus, funktioniert aber, sehr zu meiner Überraschung, noch immer sehr gut. Denken Sie zum Beispiel nur an die neueren James-Bond-Filme[386], die sich selbst quasi nur mehr als Rahmen für ein breites Product Placement abspulen.

Ich wehre mich im Grunde ja gar nicht gegen die Einsicht, dass Führungsarbeit als Überzeugungsarbeit alles dafür tun muss, die Köpfe und die Herzen der Mitarbeiter gleichermaßen zu gewinnen. Dafür ist Storytelling sicherlich genauso geeignet wie in der Werbung, weil wir ja erklären müssen, wofür wir stehen, wer wir sind und wo wir hinwollen.

Bei all der Power des Storytellings und den respektablen 8.000 Dollar für Krimskrams möchte ich aber doch kritisch die in unserem Fall vielleicht etwas übertriebene Stellung des Geschichtenerzählens hinterfragen, setze ich nach. Schließlich berichten wir unsere Erkenntnisse an den Aufsichtsrat und reihen das auf einer Ebene mit dem dringenden Bedarf nach einer Strategie zur verbesserten Wagnisfinanzierung oder der Rolle des CEOs als Gärtner eines Portfolios von kleinen Geschäftseinheiten ein. Und am Ende steht in der Überschrift auch noch die Ergänzung: Standbein und Spielbein takten. Da fehlt mir jetzt etwas die Brücke, beende ich meinen kurzen Einwand.

Ich bin ehrlich etwas von Ihrem, na ja, sagen wir mal »zarten« Glauben an das Storytelling überrascht, Herr Mahlich, erwidert Bremer nach einer kleinen Pause, denn Sie sind doch eigentlich selbst ein Beispiel dafür, intensive Konflikte mithilfe von gutem Storytelling zu adressieren und daraus etwas zu weben, was dann den Zuhörern unter die Haut gehen kann. Und es sind ganz besonders die klassischen Konflikte, die genau das Basismaterial liefern, bei dem man, wenn überhaupt, nur mit gutem Storytelling weiterkommt. Zum Beispiel: Klima schützen bedeutet Elektroantrieb bringen, wo es möglich ist, und dennoch unter stetig verbesserten Bedingungen auch weiterhin die klassischen Antriebe vermarkten. Oder: Unsere Standorte und Marken schützen, bedeutet Standbein und Spielbein zugleich in eine Mission integrieren.

Natürlich gibt es dabei die unterschiedlichen Pole und Interessen und die korrespondierenden Konflikte. Die kann man auch nicht auflösen. Aber man kann durch eine gute Geschichte nachvollziehbar machen, welche Seite dem eigenen Helden nähersteht und wie der Kampf aussieht, der zu dieser Seite führt. Und auch, dass es nicht immer einfach ist. Wissen Sie, meine Herren, ich glaube zutiefst, dass die Menschen nicht dumm sind und wir einander nichts vorzumachen brauchen, schildert Bremer, weder in Führungssituationen noch im politischen Raum, noch in vertrieblichen Situationen. Ein Held darf auch einen komplizierten Kampf führen, nur darf er uns nicht für dumm verkaufen oder, auch problematisch, uns für zu dumm für seine Geschichte halten.

Handwerklich sieht das dann so aus, führt Bremer aus: Erst benennt der gute Storyteller den Purpose der Geschichte. Der Zuhörer will schließlich wissen, warum er dafür seine Zeit opfern soll. Und auch für den Storyteller ist es wichtig, sich darüber im Klaren zu sein: Wollen wir mit der Story überzeugen, aufrütteln oder etwas erklären? Warum wird die Geschichte gerade jetzt erzählt? Dann, als Zweites muss die Struktur möglichst so geordnet sein, wie uns Aristoteles beigebracht hat: Erst der Anfang, in dem der Held erscheint und seine Mission bekommt; dann die Mitte, mit all den Gegnern, den Widerständen, den Kämpfen; und schließlich das Ende, Auflösung und Heimkehr[387]. Beim Geschichtenerzählen machen wir so aus dem Chaos der menschlichen Existenz einen »gereihten« Sinn, wie auch unser Leben einen Anfang, eine Mitte und ein Ende hat.

Der Held ist übrigens die nächste wichtige Zutat im Storytelling, denn schließlich will das Publikum einen Träger der Geschichte, mit dem man sich identifizieren oder zumindest reiben kann. Muss nicht unbedingt eine Person sein, kann auch ein Team, ein Produkt oder etwas in der Art darstellen. Ein Beispiel gefällig?

Und schon erzählt Bremer weiter: Es war einmal eine Gruppe ehrgeiziger junger Gründer, die aufbrach, sich in der Welt der Start-ups zu beweisen. Gute Leute, verstehen sich toll, aber nach den ersten Fehlschlägen geht das Geld aus. Zur selben Zeit erhöht der Vermieter die Miete für das gemeinsame Apartment drastisch. In ihrer Not vermieten sie Zimmer aus diesem Apartment und erhalten für die erste Nacht 1.000 Dollar für drei Schlafplätze, weil zu dieser Zeit gerade eine Designkonferenz läuft. Fertig war die zündende Idee für Airbnb und der Plan, daraus ein globales Geschäft aufzubauen.

Müssen die Geschichten dabei möglichst kurz sein? Ich bin mir nicht sicher, führt er aus. Ja, es gibt sie, diese Kurzkünstler, die mit wenigen Worten ein ganzes Drama skizzieren können. Ernest Hemingway zum Beispiel hat angeblich mal eine Wette gewonnen, bei der er eine Geschichte in nur sechs Worten schreiben sollte. Dabei hält Bremer ein Blatt hoch, auf dem steht: *»For sale: baby shoes, never worn«*. Das geht wirklich unter die Haut, sagt Bremer. Aber gute Geschichten folgen nicht unbedingt dem analytischen oder kaufmännisch optimierten Prinzip, alles so radikal wegzustreichen, bis nichts mehr weggelassen werden kann. Geschichten dürfen durchaus Umwege machen, zumindest, wenn diese Umwege helfen, Emotion und Fakten miteinander gut in Schwingung zu bringen. Denken Sie an das Sprichwort: Menschen vergessen, was du gesagt hast; Menschen vergessen, was du getan hast; sie werden aber niemals vergessen, welches Gefühl du ihnen vermittelt hast.

> *Zentral brauchen die Storys einen Konflikt. Da denke ich an Ihre eingangs diskutierten Herausforderungen auf der Konferenz, Herr Mahlich. Das ist der eigentliche Kern der Geschichte. Der Held, der Konflikt und seine Überwindung[388].*

Vielleicht darf ich da einen kleinen Nachschlag ergänzen, kommt Kell seinem Chef zur Hilfe, denn wir unterscheiden natürlich zwischen einem zentralen Narrativ als wichtige Geschichte und Metapher für zum Beispiel ein bedeutendes Änderungsvorhaben und der beseelten Plauderei, der manche Manager nachhängen. Das sind zwei paar sehr unterschiedliche Schuhe. Eine zentrale Geschichte wird nach bestem Wissen und Gewissen sehr auf Wirkung optimiert, schildert Kell weiter, und immer wieder erzählt und poliert, damit auch rüberkommt, was rüberkommen soll. Es gibt eine ganze Industrie von Coaches, die dabei helfen, das Storytelling als wichtige Fähigkeit von Führungskräften zu verbessern. Storys sind eben mitnichten kleine Spontankunstwerke von Menschen, die sich selbst gerne reden hören. Und Geschichten zu erzählen hat auch nichts mit Content Marketing zu tun, in dem eine Marke sich durch einen passgenauen Inhalt für den Empfänger nützlich macht. Storytelling will nicht nützlich sein, sondern bewegen[389].

> Hennrich hat die ganze Zeit über sehr ruhig zugehört und schaut nun nachdenklich zu mir herüber. Dann räuspert er sich kurz und beginnt: Herr Mahlich, ich bin mir nicht so sicher, ob die Kollegen aus dem Aufsichtsrat das unterschätzen werden. Ich kenne die Kollegen ja schon einige Zeit länger als Sie und am Ende brauchen auch die eine Sache mehr als alles andere: eine Geschichte, die sie den Menschen, die sie vertreten, erzählen. Wir hatten ja schon mal den Soziologen Dirk Baecker beim Thema Führung erwähnt, und im Zusammenhang mit Storytelling trifft eine seiner Aussagen sehr gut, was wir gemeinsam als Aufgabe der Führung sehen sollten, nämlich starke Symbole zu setzen[390]. Und ein gutes Narrativ über unsere Heldenreise, unsere Widersprüche und unsere Hoffnungen liefert doch genau diese Symbole. Um noch ein weiteres Zitat, diesmal von Steve Jobs, zu bemühen, glaube ich auch, dass wir da in der zu erzählenden Geschichte weit weniger künstelnd oder übertrieben analytisch als vielmehr mutig herangehen sollten, zumal viele der Effekte vor uns wechselwirken und nichtlinearen Charakter haben werden. Jobs hat in diesem Zusammenhang einmal gesagt:

»You can't connect the dots looking forward; you can only connect them looking backward ...
Believing that the dots will connect down the road will give you the confidence to follow your heart.« [391]

Digitalisierung, Dekarbonisierung, Mobilität als Service, das bietet genug Raum für unsere eigene Geschichte, ohne dass wir uns zwingen lassen sollten, jeden Punkt im Vorhinein analytisch zu belegen.

Apropos Aufsichtsrat, fährt Hennrich fort und blickt auf sein Smartphone, da kam eben eine Einladung für kommenden Dienstag für uns beide über unsere Sekretariate. Ich denke, da werden wir Gelegenheit haben, das alles im Detail zu diskutieren. Und Sie werden sehen, dass wir da mit unserem Thema wirklich nicht als Geschichtenonkel dastehen, sondern einen relevanten Punkt treffen werden.

Dann, meine sehr geehrten Herren, fasst Bremer zusammen, wollen wir uns ebenso beherzt an den letzten Ast unserer großen Mindmap im In-Car-Nation C—O—D—E wagen: Führung und Haltung verbessern durch ein Denken und vor allem Agieren in Ökosystemen.

Denke Ökosystem (¬ Netzwerkperformance steigern)

Im Zusammenhang mit der Führung im digitalen Zeitalter hätte man eigentlich hier eher den Begriff Plattform statt Ökosystem oder Netzwerk erwarten können, beginnt Bremer, aber wir haben sehr bewusst den Begriff Ökosystem gewählt. Nicht, weil wir die Bedeutung von digitalen Plattformen nicht als sehr hoch einschätzen, das tun wir natürlich vor allem in den strategisch relevanteren Dimensionen des Begriffes Plattform[392] durchaus: Plattformen bleiben wettbewerblich extrem wichtig sowohl als Online-Matchmaker, über die alle möglichen Transaktionen zwischen einer nachfragenden und einer anbietenden Seite laufen, als auch im Sinne eines Technologie-Frameworks, welches vor allem auf der Anwendung eines gemeinsamen technologischen Rahmens fußt. Daneben bleibt der Gedanke einer Plattform auch als Investitionsplattform, denke Vision Fund, oder als Integrationsplattform wichtig. Beides ist aber, je nach Führungsmodell, vielleicht sogar noch näher an dem dran, was wir als Netzwerk und Ökosystem begreifen wollen.

> Ökosystem vs. Plattform
> Digitale Plattformen verfolgen letztendlich immer das Ziel, Dominanz zu erreichen und Wettbewerber zu verdrängen. Denn Relevanz erlangen sie nur über ein marktdominierendes Volumen an Nutzern bzw. Transaktionen. Ökosysteme dagegen lassen sich als eher offene und lose gekoppelte (Partner-) Netzwerke beschreiben, die auf der Kooperation sehr verschiedenartiger Mitspieler fußen.

Nun, das Ziel der Plattformen ist, wie wir diskutiert haben, Dominanz zu erreichen[393], erklärt Bremer. Dafür braucht es, dabei zählt er an den Fingern ab:

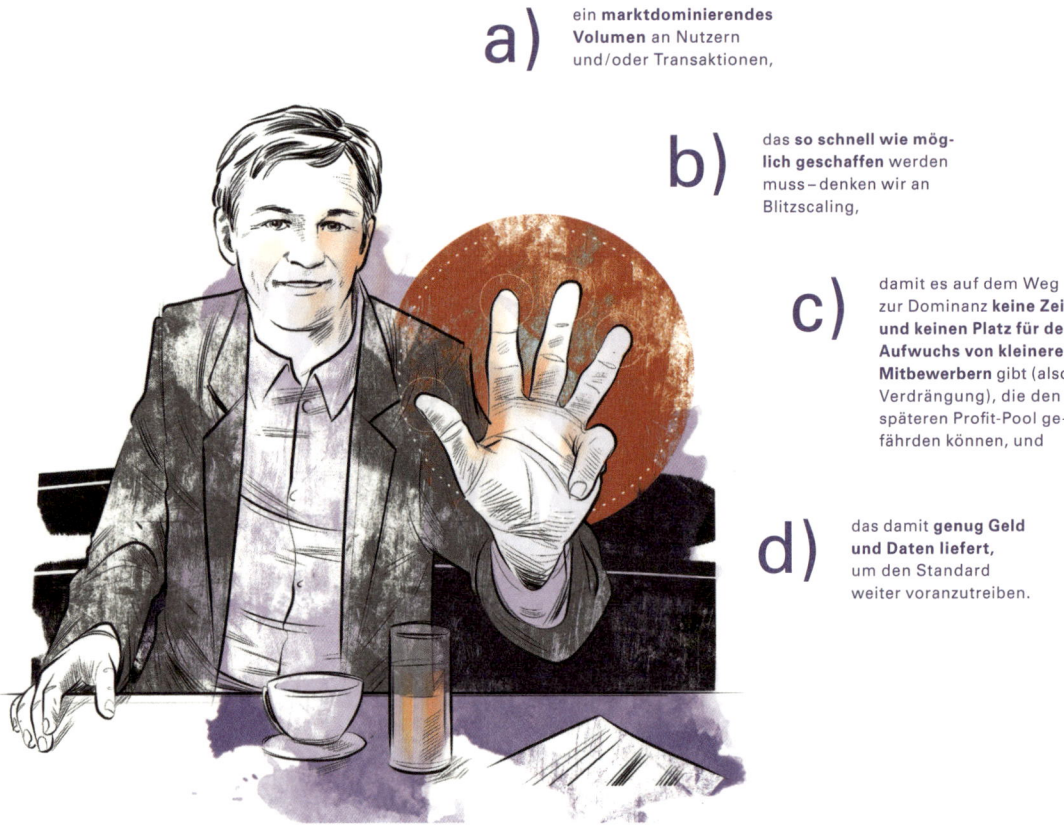

a) ein **marktdominierendes Volumen** an Nutzern und/oder Transaktionen,

b) das **so schnell wie möglich geschaffen** werden muss – denken wir an Blitzscaling,

c) damit es auf dem Weg zur Dominanz **keine Zeit und keinen Platz für den Aufwuchs von kleineren Mitbewerbern** gibt (also Verdrängung), die den späteren Profit-Pool gefährden können, und

d) das damit **genug Geld und Daten liefert,** um den Standard weiter voranzutreiben.

Unsere These aber ist eigentlich, dass Plattformen nur sehr rigide Sonderfälle von Netzwerken sind, die zudem neben all den sicherlich bestehenden kurzfristigen Vorteilen, sprich Convenience, für die Kunden auch noch eine Reihe von Nachteilen haben, die am Ende nicht nur die Wettbewerbshüter auf den Plan rufen werden. Wir glauben, der Beweis dafür wäre wissenschaftlich aber erst noch zu erbringen, dass über lange Zeit robust gebaute, etwas loser gekoppelte Netzwerke am Ende sogar deutlich stärker als die Plattformen sein können. Und auf jeden Fall stärker als die am Netzwerk beteiligten einzelnen Spieler.

Dazu adressieren wir mal die Führungsgebote analog zur Erreichung der Dominanz von Plattformen der Reihe nach und schauen dabei sehr genau auf die spezifischen Netzwerkthemen. Starten wir mal mit der Frage nach dem **a) Volumen.**

Worauf man bei der Volumenfrage beinahe reflexartig trifft, ist ein deutliches Jammern der Autobauer, dass die Stückzahlen im Vergleich zu den Konsumgüterherstellern ja viel geringer seien, führt Bremer weiter aus. Schaut man aber genauer hin, ist meiner Meinung nach die geringere Stückzahl nicht das eigentliche Problem unserer Autokonzerne. Im Grunde bauen wir knapp unter hundert Millionen[394] Autos pro Jahr und haben dazu etwa eine Milliarde Fahrzeuge als Bestand im Feld. Das Problem für die Schaffung von digital relevantem Volumen ist also nicht, dass wir keine Stückzahlen haben, erklärt Bremer, sondern dass wir es seit zwanzig Jahren nicht hinbekommen, die Volumina über die einzelnen Baureihen von Fahrzeugen hinweg und bis hinein in den Aftersales so zu bündeln, dass wir brauchbare Technologiestandards über Marken- oder gar Konzerngrenzen hinaus auf einer einheitlichen Basis durchsetzen könnten. Und keine Standards haben bedeutet keine Daten bekommen. Und keine Daten bedeutet keine Nährstoffe für ein Ökosystem. Übertragen wäre das beinahe so, als würden wir mit jeder Generation von neuen Computern die Computer-Architektur neu erfinden und das Windows neu schreiben müssen, meint Bremer. Macht natürlich keinen Sinn.

Im Autobau geht das wettbewerblich gut, solange im Grunde alle Autobauer ähnlich traditionell arbeiten und sich gegenseitig nicht wirklich wehtun. Aber morgen, im Zeitalter der Digitalisierung, ist der relevante Wettbewerber der Automarke A nicht mehr die andere Automarke B, merkt Bremer an. Die wirklichen Wettbewerber sitzen dann in Kalifornien und in China, und das Festhalten an unseren Inselkulturen in den einzelnen Entwicklungsabteilungen, anstatt die Firmen zu öffnen, ist der sichere Weg ins Abseits. Dabei schaut Bremer direkt zu Hennrich hinüber, in dessen Zuständigkeit ja die Entwicklung der AutoInc. liegt.

GSM ZÄHMT DAS TELEFONIE-BABYLON EUROPAS

Der europäische Kontinent mit seiner bunten Landschaft an Staaten und seinen vielen Grenzen hatte immer viel abzustimmen, damit das Zusammenleben zwischen den Nachbarn funktionieren kann. Das trifft so simple Fragen wie die nach der Seite, auf der wir fahren (nicht ganz einheitlich gelöst), den verwendeten Maßen und Gewichten (schon etwas besser) oder zum Beispiel der Schienenweite der Züge genauso wie die nach den technischen Standards der Post oder der Telekommunikation. Das Problem bei der Standardisierung: Oft gehen der Standardisierung viele Entwicklungen voraus, die zwar gerne ein neuer Standard wären, doch immer auch lokale Farben haben. Die wieder abzuschaffen ist dann meist schwierig.

Genauso war das auch bei der Entwicklung des Mobilfunks in Europa: Wie nicht anders zu erwarten, hatten sich in den 70er- und 80er-Jahren in allen wichtigen Ländern neue zellulare, auf analogem Funk als technischem Standard beruhende Dienste entwickelt. Das Problem: Die waren nicht kompatibel[395]. Weder konnte man im anderen Land damit telefonieren, noch erlaubten die kleinen Volumen der unterschiedlichen Standards genügend Kosteneffekte, um die Endgeräte erschwinglich zu machen. Der Betrieb wurde in der Konsequenz auf wenige Nutzer umgelegt und war für alle Beteiligten dauerhaft teuer, der Ausbau des Netzes blieb mangelhaft und die Gesprächsqualität, na ja, wer sich erinnert, eher was für humorvolle Menschen.

Nun kam die Sternstunde einiger Postminister, um das europäische Telefon-Babylon ein für alle Mal zu beenden[396]. Bei einem Treffen in Wien (das Bild der in Wien tagenden Postminister mag in den Vorstellungen der Leser auch einen

Schuss Humor provozieren) vereinbarten diese konsequenterweise, eine GSM-Arbeits-
gruppe mit der Entwicklung eines digitalen, globalen Mobilfunkstandards zu beauftragen.
Die damals eingesetzte Arbeitsgruppe spendete mit dem Akronym GSM (Groupe Spéciale
Mobile, die französische Position war hier mehr als nur namensbezeichnend) den Begriff,
der später als Global System for Mobile Communication bekannt wurde.

Erst wurden die grundlegenden Prinzipien definiert, später mit wachsenden Teilnehmer-
zahlen und Spezialisierungen immer ausgefeiltere, technische Spezifikationen vereinbart.
Das Standardisierungsvorhaben zog rasch immer mehr Netzbetreiber an, auch Nicht-Euro-
päer sprangen mit großem Elan auf den Zug auf. Das führte schließlich 1991 zur Veröffent-
lichung der gesammelten Vorschläge als »GSM Recommendations«. Bis dahin war der
Standardkatalog auf gigantische 130 einzelne Dokumente mit zusammen weit mehr als
5.000 Seiten angewachsen.

Ab 1991 wurden die ersten GSM-Netze aufgeschaltet, allerdings im allerersten Moment mit
nur schleppendem Erfolg. Es gab schlicht kaum Endgeräte (GSM wurde damals von lustigen
Zeitgenossen als »Gott sende uns Mobiltelefone« ausgeschrieben). Was dann folgte, waren
die Sternstunden von Nokia (der Standard nutzte viele Konzepte des skandinavischen NMT,
und Nokia war schnell mit einem guten Telefon in die Bresche gesprungen) oder des schwedischen Netzausrüsters Ericsson, denn durch die Vereinheitlichung konnten Geräte und
Ausrüstung auf einem Markt von 400 Millionen Einwohnern mit einheitlicher technischer
Ausstattung angeboten werden. Dann ging es Schlag auf Schlag. Die Netzwerkeffekte setzten
ein und im Herbst 1993 knackte man die erste Million Teilnehmer im neuen Standard. Im selben Jahr wurden die ersten Roaming-Abkommen geschlossen und erste nicht-europäische
Länder wie Australien oder Hongkong aktivierten die ersten GSM-Netze. (Die USA folgten
1995, mit deutlichem Verzug.)

Was war geschehen? Im Grunde hatte man durch GSM einen einheitlichen Markt und einen
Technologiesprung geschaffen, in dem man den amerikanischen Mitbewerbern (Motorola
galt als unschlagbar) um mindestens zwei Jahre vorausgesprungen war, und diesen Vorteil
konnte man auch lange halten (UMTS war eine Fortsetzung des Erfolges von GSM, der aber
seine Kraft in den irrsinnigen Summen, die für die Funklizenzen eingefordert wurden, auf
nationaler Ebene wieder verlor). Die Führung des Netzwerkes erfolgte durch ein gemeinsames Interessensprojekt, in dem die Vorteile aller wichtiger waren als der schnelle Profit
eines Einzelnen.

Und nun? Vielleicht lohnt es sich darüber nachzudenken, warum wir bei der Wahl der Provi-
der für 5G durchaus mit Sorge nach China schauen (die Diskussionen zum Einfluss auf und
durch Huawei sind noch nicht ausgestanden) und welches Muster von Zusammenarbeit wir
in Europa wiederbeleben müssen, damit die Brüsseler Zentrale nicht nur bei den Grenzwer-
ten für die Emissionen ehrgeizig wirkt.

Ähnliche Überlegungen dürften in einigen der Eigentümerunternehmen des digitalen
Kartenanbieters Nokia Here angestellt werden, wo die bisher erwarteten Vorteile der
gemeinsamen Steuerung (aus Sicht des Autors) noch nicht wirksam geworden sind.

Hennrich nickt nur kurz mit dem Kopf und bestätigt: Da ist nichts hinzuzufügen, Herr Bremer, außer vielleicht dass das von außen viel einfacher wirkt, als es von innen her umzusetzen ist. Schließlich kann ich schon aus Kosten- und Wettbewerbsgründen nicht einfach eine komplette Generation von schritt-weisen Weiterentwicklungen auslassen, um dann auf den großen Sprung zu setzen. Ich kann diesen Sprung aber auch nicht »nicht« wagen. Über die Strategie und den Weg dorthin kann man nun trefflich streiten, erklärt er. Als technologischer Solitär, als mehrstufige Evolution des gesamten Portfolios, als Joint Venture mit einem digitalen Partner. Es gibt aber übrigens nicht nur Beharrung, sondern auch einige Themen, wo wir die Modernisierung und die Standardisierung über viele Marken hinweg recht gut voranbringen. Denken Sie nur an den gemeinsamen Entwicklungsstandard für elektronische Sys-teme, AutoSAR[397] genannt, das geht durchaus in die richtige Richtung. Zugegeben, das könnte auch noch viel schneller laufen. Und das könnte man vielleicht auch von unserer Seite besser bedienen, auch da dürften Sie recht haben, Herr Bremer.

Schneller laufen, das ist ein guter Punkt und zielt gedanklich auf die **Frage b), nämlich wie wir schneller skalieren,** was wir uns gemeinsam als große Volumenvision ausgedacht haben, fährt Bremer fort. Auch wieder ein Punkt, der aus meiner Sicht eher durch kluge Partnerpolitik im Ökosystem und durch eine möglichst große Offenheit für die Koope-ration im Netzwerk befeuert werden kann.

Ein Denken in gemeinsamen Ökosystemen kann viel bewirken und die darunterliegende Netzwerkperformance mit einer Geschwindigkeit anwachsen lassen, sodass es für Neustarter, egal wie viel Venture-Kapital da fließen mag, schwierig wird. Aber man muss den Partnern, die man im Ökosystem haben will, als Basis für die Zusammenarbeit etwas Konkretes in die Hand geben. Was, zum Beispiel, könnten Retailer machen, wenn ihnen das Kartenwerk von Nokia Here signifikant besser als heute nutzen würde? Wie wird eine breite Basis von Funktionen der künstlichen Intelligenz Bestandteil von Here? Und was würden die gro-ßen Städte damit machen können? Was die Anbieter von Bahn und Bus? Das Transportgewerbe? Die Banken oder die öffentliche Verwaltung? Die Zulieferer, die auch ein wichtiges Netzwerk bilden? Und die Händler?

Ein Denken in solchen skalierenden, offenen Ökosystemen ist auch eine interessante Alter-native zur chinesischen Industrie- und Datenpolitik, ergänzt Kell, wenn wir uns darauf fokussieren, die rechtlichen Aspekte und die Datenschutzprobleme zu lösen, statt uns im »Geht nicht« einzugraben. Im Sinne des offenen Ökosystems sollte man nicht vergessen, dass es in Europa und weltweit Länder gibt, die auch als Player in einem solchen System relevante Partner wären.

Zu guter Letzt haben wir den Punkt **Geld verdienen, um den Standard weiter voranzutreiben,** hebt Bremer an. Führung im Netzwerk bedeutet, sich intensiv und konsequent um die immer nächste Revolution zu kümmern, und nicht im Klein-Klein kontinuierlicher Anpassungen steckenzubleiben. Es fragt nach den immer nächsten Stufen von zum Beispiel einer nachhaltigen Einbindung von Mobilität in das Internet der Dinge, nach Cybersicherheit in Europa, nach der Brücke in den Healthcare-Sektor. Nach Energieverbrauch über den aktuellen Kilometerverbrauch hinaus. Und ob wir die Fahrt über das Auto bemessen sollen oder die zurückgelegte Strecke, was Pools auch ökologisch besser dastehen ließe. Es fragt, ob wir Menschen noch an die Marken binden wollen, oder an das Ökosystem. Ob wir auf die Leasingrate schielen und den Restwert, oder ob wir an Abo-Modelle und Subscription Fees denken.

Das Thema Ökosystem führt uns jetzt wieder zurück an den Ausgangspunkt unserer langen Reise, sagt Bremer, und damit zu der Frage, wie man am Ende eine in allen Dimensionen überzeugende Customer Experience für einen Nutzer von Mobilität hinbekommen kann. Im Falle von Mobilität ist das auch die Frage, wie einfach es ist, einen Trip organisiert und durchgeführt zu bekommen. Oder, vielleicht genauso wichtig, den früher zeitaufwändigen physischen Trip vielleicht alternativ organisiert zu bekommen, weil eine künstliche Intelligenz dabei hilft, Geschäftstermine, Bewegung und Gesundheit so zu organisieren, dass wir viel mehr mit Alternativen zum Auto, zum Beispiel mit den Elektrorollern durch die Stadt unterwegs sind. Oder dadurch, dass wir den öffentlichen Verkehr viel klüger nutzen, uns in den großen Städten anders orientieren. Dabei geht es nicht um physische Produkte, sondern wie gesagt um die gesamte Erfahrung, und nur untergeordnet darum, wie die vielen Knöpfe, Eingaben und Abbrüche zu überwinden sind. Ist die geplante Reise noch immer ein Patchwork von einzelnen Abschnitten, oder verläuft sie durchgehend und ohne »Hassle«, wie das von den digitalen Aposteln so schön genannt wird. Erinnern Sie sich, fordert Bremer, aus der Kundenperspektive gilt: **Slow ist das neue Down.** Bezahlung, Versicherung, parken, laden, das sind noch die einfachen Dinge, weil vorstellbar. Auf der Route auch Zugriff auf meine E-Mails und meinen persönlichen digitalen Assistenten zu haben – ist das Mobilität? Löst das ein Problem? Natürlich, sagt Bremer und lehnt sich zurück.

Seine Worte klingen nun etwas nach Wiederholung, und wir sind merklich am Ende dieser gemeinsamen Reise angekommen. Er muss nicht noch mehr sagen, wir alle fühlen, dass wir viel erreicht haben. Bremer lächelt kurz und sagt dann: Eines habe ich mir aufgehoben, meine Herren, für diesen Moment. Er klappt seine Mappe auf und zeigt uns ein Bild des Literaturkritikers Marcel Reich-Ranicki. Darunter stehen die Worte Bertholt Brechts, die Reich-Ranicki immer am Ende seiner berühmten Literatursendung *Literarisches Quartett* zitierte:

Und so sehen wir betroffen / Den Vorhang zu und alle Fragen offen.

Jetzt, meine Herren, bleibt noch die Frage, was Sie daraus machen wollen, schmunzelt Bremer. Wir jedenfalls setzen das gerne mit Ihnen an anderer Stelle fort.

Wir verabreden uns auf ein Gespräch zu den Veränderungen in 12 Wochen, und während Bremer und Kell einpacken und sich aus diesem Projekt verabschieden, bleibt Hennrich noch eine Minute sitzen und verkündet, er habe da noch ein Thema: *»One more thing …«*

Als wir alleine sind, berichtet er mir, der Aufsichtsrat habe ihm die Position des Vorstandsvorsitzenden angeboten und ihm informell das Vertrauen ausgesprochen. Er werde das Angebot annehmen, sagt er, und, dabei sieht er mir fest in die Augen, er werde weiter intensiv mit mir rechnen. Ohne mich hätte er diese Challenge nicht annehmen wollen. Für die intensive Diskussion möchte er mir danken und die Gespräche bisher, da sei er sicher, wären erst der Anfang.

Also doch nicht alle Fragen offen, denke ich an Bremers Schluss eben. Ich schüttle kurz und fest Hennrichs Hand. Wirklich froh, sage ich nur kurz und bin plötzlich gerührt. Die Sache ist es wirklich wert, ergänze ich. Dann muss er schon los zu seinem Anschlusstermin. Auf dem Tisch bleibt ein großer Packen Papier mit vielen Bildern, Mindmaps, Gedanken. Unfinished Business, denke ich. Unfinished Business.

UND NUN?!
MORGEN ZUR ARBEIT GEHEN

Und nun?! Morgen zur Arbeit gehen ...

Nachwort des Autors

Ich beginne diesen Abschnitt mit zwei Mythen. Der erste Mythos ist die Mär von der Titanic. Da ruft einer irgendwo auf dem Schiff »digitaler Eisberg voraus« und alle, die in Hörweite sind, wiederholen den Ruf im Refrain auf dem gesamten Schiff. Wir werden sinken. Das ist gewiss. Es muss so sein, schließlich haben wir ein dickes Schiff und nicht diese wendigen und sexy-schlanken Speedboats der coolen Start-up-Plattform-Jungs. Statt beherzt in die Ruder zu greifen, passiert aber erst mal gar nichts. Dann ein Blick in die Mannschaft und die Frage: Was macht ihr denn? Wacht ihr denn nicht auf? Man merkt, dass eine ganze Zahl von Offizieren gewissenhaft über die schwergängige Bürokratie lamentiert. Darüber werden bei hohen Gehältern Berichte verfasst. Ein anderer Teil der Mannschaft hat sich unter Deck zurückgezogen und studiert etwas deprimiert und masochistisch bunte Bilder von Eisbergen, als sehnte er diese herbei. Ein anderer Teil verstopft die Gänge im Kampf um die besten Plätze in den Rettungsbooten. Die Angst vor dem Eisberg und das Gefühl, in der Titanic zu sitzen, erzeugt also an sich schon eine riesige Panikattacke.

Ist das berechtigt? Natürlich hat es in der Wirtschaftsgeschichte tatsächlich immer wieder große Umbrüche gegeben, davor wappnet das naive »Jetzt erst recht« natürlich nicht. Die Lektion: Die Zeit unschlagbarer Fortschritte der Eisenbahnen und Ölgiganten ging genauso vorbei wie die vieler anderer einstiger Shooting Stars. Selbst die Geschäfte und Kurse der einst als langweilig aber sicher geltenden Banken, oder die der als unsinkbar gehandelten Energieversorger, gingen jüngst in einem Meer aus roter Tinte unter. Es ist aber auch möglich, die Geschichte anders zu erzählen.

Damit jetzt die Überraschung – denn ich glaube fest, dass die spannendste Zeit der Automobilgeschichte erst noch kommt und in den nächsten zehn Jahren sein wird. Nein, da ist kein Eisberg am Horizont, und wir sind mit unserer Industrie kein antiquierter Dampfer oder die gute alte Titanic. Es ist auch keine Invasion einer natürlich überlegenen außerirdischen Spezies zu erwarten. Wir haben es lediglich mit harten Wettbewerbern zu tun und das bedeutet: Wettbewerb. Gefordert deswegen: Eine entsprechende Reaktion und Gegendruck durch klaren Mehrwert, Innovation, optimale Nutzung der Assets, die wir zur Verfügung haben, und viel mehr Nachhaltigkeit in den Produkten. Das ist nicht komfortabel und natürlich reagieren Menschen unter Druck unterschiedlich. Als Anekdote: Meine alte Tante hatte einmal während eines Brandes in ihrem Haus – und überzeugt zu retten, was zu retten ist – in Panik das Mehl und die Eier aus den Schränken gerissen und auf die Straße geworfen. Es wäre also irgendwie von Vorteil, sich strukturiert an die Verteidigung unserer Position zu machen.

Mein Buch soll dazu ein Beitrag sein und Geschichten liefern, die dabei helfen, diese Reaktion organisiert anzugehen. Ich bin fest überzeugt, dass es sich lohnt mit Leidenschaft dafür anzutreten, nicht für eine höhere Kaste zum Zulieferer von Blech zu mutieren. Wir kennen Beispiele, wo dieser Kampf nicht von Herzen geführt wurde, die verbliebene Industrie auf der englischen Insel spricht Bände darüber.

Die digitale Avantgarde ist nicht unschlagbar

Der zweite Mythos: Innovation können nur die digitalen Stars, mit tiefen Taschen und alles immer auf der grünen Wiese. Stimmt zum Teil, denn es ist sicher einfacher, radikal zu sein, ohne den Ballast der alten Welt. Aber dieses Denken ist auch gefährlich und verleitet dazu, arrogant und ignorant zu werden und Dinge zu übersehen, die man in unseren Industrien über Generationen hart gelernt hat. Vielleicht ist Tesla gerade an diesem Punkt.

Ich glaube, dass die Innovation in den Ritzen zwischen den Branchen blüht, dort, wo brachliegende Assets klug vermarktet werden können. Ich meine, dass wir kreativ etwas aus den weltweit geschätzt einigen hunderttausend Autohandelshäusern machen können, oder aus den Sensoren in den Geräten, die eine Information generieren, die es früher nicht gab. Da ist es nicht unerheblich, dass alleine die deutschen Autobauer und Zulieferer etwa 34 Milliarden Euro[398] pro Jahr in Forschung und Entwicklung investieren, und in Deutschland etwa 100.000 Menschen in der Forschung und Entwicklung beschäftigt sind.

Ja, wir haben es zugelassen, dass sich selbst auf den von uns »gut erforschten« Themengebieten Wettbewerber breitmachen – mit Elektrifizierung, Sharing und beim autonomen Fahren. Aber wir haben dort noch immer viel zu melden. Also raus aus den Laboren und in die Nähe der Nutzer. Es ist Revolution, und wir sollten keine Revolution ungenutzt lassen. Übrigens haben wir das vor einigen Jahren schon einmal geschafft: Auf die japanische Herausforderung der »schlanken Produktion« hin hat die Autoindustrie das Premiumsegment erfunden: technischer Mehrwert und gehobenes Kundenerlebnis zu einem akzeptablen Preis. Zur selben Zeit hat insbesondere der deutsche Mittelstand klug (und mit eng umrissenen Kompetenzprofilen) über sehr fokussierte und technisch unterlegte Nischenstrategien globalisiert, ohne sich durch die Jagd nach Größe unbeherrschbar zu machen.

NACHWORT DES AUTORS — DIE DIGITALE AVANTGARDE IST NICHT UNSCHLAGBAR
— ÜBER NEBENWIRKUNGEN UND RISIKEN INFORMIERT ...

419

Über Nebenwirkungen und Risiken informiert ...

Dies ist ein Buch über die Digitalisierung und nicht über die Zukunft des Verbrennungsmotors oder die ökologischen Auswirkungen der Elektrifizierung. Aber in diesen Zeiten
kann kein Buch über die Autoindustrie geschrieben werden, ohne einen Kommentar zum
Antriebsstrang zumindest zu versuchen.

Dazu meine persönliche Sicht vorweg: Leider gilt auch in der Antriebsfrage mindestens genauso wie in der Frage der Digitalisierung die Beschränkung auf die 140-Zeichen-Bandbreite
der Beiträge und der Antizipation vieler Diskutanten. Da dies nun aber auf beiden Seiten des
grünen Grabens der Fall ist, regiert Halbwissen die Welt. Selbst wenn man den Klimawandel
nicht leugnet (ich glaube, es ist mehr als dringend erforderlich, die Klimaziele zu erreichen),
sind die Wege, auf denen wir zu den in den kommenden Jahren beabsichtigten CO_2-Grenz-
werten pro Kilometer gekommen sind, nicht rational nachvollziehbar. Ein Schelm, wer denkt,
die chinesischen und die amerikanischen Mitspieler würden sich dabei die Hände reiben oder
hätten da gar mitgespielt. Aber Verschwörungstheorien bringen uns eben auch nicht weiter.

Heute ist der politisch nun zwangsweise alleinig erkorene Allheilbringer die batteriebe-
triebene Elektromobilität. Und diese ist in der geforderten Einführungsgeschwindigkeit
aus meiner Sicht ein »Kurzschluss«. Bitte nicht falsch verstehen, es gibt (zunehmend) sehr
viele sinnvolle Einsatzfelder für Elektromobilität. Aber nicht alles, was man elektrifizieren
kann, senkt dadurch schon das CO_2-Problem. Wir tasten uns da erst ran, von der sauberen
Stromerzeugung über den CO_2-Footprint des ganzen Fahrzeugbaus bis hin zum Recycling.
Über sehr viele Effekte haben wir nur unzulänglich Daten und wollen das dennoch global
skalieren. Das ist riskant. Auch ökologisch!

Fakt ist, dass die zunehmend restriktiven gesetzlichen Regelungen heute so gestaltet sind, dass
ab spätestens dem Jahr 2030 ohne Elektrifizierung keine Automobilindustrie mehr fortbeste-
hen kann. Diese Regelungen machen die Diskussion müßig, ob Hybride mit kleineren Aggre-
gaten als Range Extender, eine dramatisch größere Menge an auf Gas umgerüsteter Fahrzeuge,
CO_2-Kompensationsprojekte und dergleichen sinnvoller gewesen wären, als die Wüsten auf der
Suche nach Lithium umzugraben und durch die Abhängigkeit von Rohstoffen China in die Arme
zu laufen. Das Primat der Politik definiert den Weg und daran ist eben (Gott sei Dank) nicht
zu rütteln. Deswegen wird die Mobilität elektrischer und digitaler werden und der CO_2-Foot-
print sinken. Vielleicht nicht so schnell, wie es das Idealbild hergibt, aber immerhin.

Was also ist das Problem? Der von der Politik nun geforderte sehr radikale Umbau Richtung Elektromobilität macht die Transformation der Industrie sehr viel teurer, als es ein
auf längere Zeit angesetzter Prozess gewesen wäre, in dem die dennoch unausweichlich
zu fordernde CO_2-Kompensation durch zum Beispiel Aufforstung und dergleichen einen
vergleichbaren Effekt (und vielleicht auch noch eine gute Art von Entwicklungshilfe in einige Länder hinein) erreicht hätte. Das verschafft den Mitspielern, die nicht an Altlasten
hängen, nun große Vorteile, und das wird bei uns Arbeitsplätze kosten. Damit bin ich
kein Spielverderber, sondern nur klar.

Denn zur Klarkeit gehört neben diesen Konsequenzen auch ein wichtiger Aspekt der Digitalisierung: die Beschäftigung. Je nach Interessenlage wird die Digitalisierung als Chance gesehen oder als Drohkulisse, als Treiber von Fortschritt oder als Jobkiller. Schnelle Schlagzeilen tun das ihrige: Fünfzig Prozent der Jobs-wie-wir-sie-kennen werden verschwinden, die Hälfte der heutigen Unternehmen wird es in wenigen Jahren nicht mehr geben. Je nach Protagonist soll es Abgehängte geben (viele) und Menschen auf der Gewinnerseite (wenige). Das Bild, das hier skizziert wird, ist eine Art Klassenkampf 4.0 wegen einer vermeintlichen oder kommenden, auch globalen Ungleichverteilung. In großer Selbstgerechtigkeit rufen die Bewahrer ihre moralisierende Kapitalismuskritik aus – als ob dies die Digitalisierung aufhielte oder wir sie deshalb aufhalten sollten. Ja, die Digitalisierung trennt null und eins. Sie ist wie andere Fortschrittsmotoren auch eine legitime Wasserscheide, ein Treiber, der die Spreu vom Weizen trennt: Länder, Regionen innerhalb von Ländern, Unternehmen und auch einzelne Arbeitskräfte. Selbstverständlich muss alles fair, transparent und legal ablaufen, zumindest wenn man darüber schreibt, also in der Theorie. Insgesamt ist es ein (weiterer) Unterscheidungsfaktor, der dem Beherrschen von Technologien, Skills oder dem Vorhandensein von modernen Infrastrukturen nun einmal innewohnt. Es ist ein klarer Wettbewerbsfaktor, aber auch ein Antrieb und ein Wohlstands- und Fortschrittslieferant. Es ist klar: Wer sich nicht damit beschäftigt, hat schon verloren. Wir tun gut daran, uns damit zu beschäftigen. Mit den ethischen Fragen, ja natürlich, aber eben auch damit, das Keyboard in die Hand zu nehmen und was zu programmieren.

Dabei ist die technische Evolution, wie Matthias Horx[399] schreibt, immer ein Produkt von Versagen und Desaster. Flugzeuge sind heute so sicher, weil sie in ihrer Pionierzeit einen unglaublichen Blutzoll forderten. Ein anderes Beispiel: Alleine im Jahr 1970 kamen auf den westdeutschen Straßen 21.000 Menschen durch Autounfälle ums Leben. Im Jahr 2017 sind im gesamten Bundesgebiet 3.177 Verkehrstote zu beklagen, immerhin eine Verbesserung um den Faktor sieben. Im Jahr 2030 wird der Weltenergiebedarf laut Horx um 40 Prozent gestiegen sein. Dabei wird die Menschheit jedoch mit einem Viertel weniger Primärenergie als heute auskommen. Trotzdem wird sich der heutige Anteil von rund 18 Prozent Atomenergie kaum verändert haben. Ähnliches gilt für die Autoindustrie: In den kommenden 15 Jahren wird sich die Flotte an Automobilen etwa verdoppeln, auf beinahe 2 Milliarden Autos. Und diese werden eine gewaltig gesteigerte Kilometerleistung pro Jahr und Fahrzeug fahren. Bei weniger Stau, weniger Energieverbrauch und weniger Materialeinsatz.

Das alles ist ohne Digitalisierung nicht machbar. Und ohne unternehmerische und gesellschaftliche Gestaltung wird die Digitalisierung ein Albtraum. Die gute Nachricht ist: Das Internet ist nicht fertig, sondern es steckt noch immer in seinen Kinderschuhen. Es ist – mit dem Eingangszitat gesprochen – noch immer »Day one«, die Karten für die nächste Runde werden eben erst verteilt.

**Mahlich begibt sich
an den Startpunkt**

Meetup im Valley

Immigration von Talenten

Hightech-Forschung

Experimentieren

No Non-Compete

Venture-Kapital-Ökosystem

Optimismus und
»Pay-it-forward«

Ein Anruf ändert alles:
Call to Action

Ein Pakt für gemein-
sames Lernen

**China oder doch Israel
–Reisefieber**

Beijing Motor STAU

China Forward

Ein Plan für China

Shalom Tel Aviv

Die japanische Disruption
der Disruptoren

**Die vier Domänen
der Digital Value Economy**

Domäne: »Creating Digital User Value
–Wie aus Produkten digitale
Erfahrungen werden«.

Domäne: »Operieren in Lernzyklen
–Wie aus linearen Prozessen
agile Zyklen werden«.

Domäne: »Design der bimodalen
Organisation–Wie Skalierung
und Innovation versöhnt werden«.

Domäne: »Evolution der Führung
–Wie postheroische Führung
gelingen kann«

C⁻reating Digital User Value

Freigang im Kopf

Narrativ: Das Habitat
des digitalen Nutzers

Mobile Menschen:
mehr, älter und reicher

Ungebremste
Urbanisierung

Der Kunde ist always on

Umkehrung
des Wissens-Transfers

Vom Einkaufen
zum Erlebnis-Shoppen

Aufmerksamkeit–das kostbarste Gut

Alles Realtime–das Leben
in Red-Queen-Momenten

Virtuelle Gemeinschaften
und »digitale Staaten«

Die Produktion des digitalen ICH

Deskriptiv:
Creating Digital User Value

Ökonomie der Digital Experiences

Konvergenz–The Secret Sauce

Ökosystem schlägt
Brand Management

Präskriptiv: »Experience goes digital«

Communi-Care (¬ Feedbackschleifen)

Perfect Access (¬ Omnichannel
und De-Frustration)

My Value (¬ Personalisierung,
Status, Selbstausdruck)

User Contribution
(¬ Co-Creation)

Communitys (¬ Social)

Collaboration
(¬ Open Ecosystem)

Die Elefantenrunde
und der Digital User Value

C O D E

HIER GEHT
DIE REISE WEITER:

www.theincarnationcode.com

1 Das Statistische Bundesamt Deutschland weist für das Jahr 2017 die Zahl von 819.996 Beschäftigten in der Automobilindustrie aus. Siehe Original: destatis.de, März 2018, Darstellung der Entwicklung im Zeitverlauf auch bei Statista, abgerufen am 30.03.2019: https://de.statista.com/statistik/daten/studie/30703/umfrage/beschaeftigtenzahlin-der-automobilindustrie/

2 Über die Höhe dieser Zahl gibt es akademischen Streit, da sie als »Multiplikator« der direkt in der Autoindustrie beschäftigten Menschen angegeben wird. Nimmt man den Multiplikator des ZEW von 2,2, dann wären das 1,8 Millionen allein im indirekten Bereich beschäftigte Menschen. Als Konsequenz des jüngsten Diesel-Problems wurde die Autoindustrie von vielen Autoren (unterstützend) als »systemrelevant« dargestellt, von den Kritikern aber (kleinrechnend) die Zahl von 1,8 Millionen als übertrieben kritisiert. Ich halte eine Schätzung von mindestens 1,5 Millionen für angemessen.

3 Der VDA (Verband der Automobilindustrie) gibt für das Jahr 2017 einen Umsatz der Automobilindustrie von 422,8 Milliarden Euro an. Siehe: https://www.vda.de/de/services/zahlen-und-daten/zahlen-und-daten-uebersicht.html, abgerufen am 30.03.2019. Im Vergleich dazu bemisst das Statistische Bundesamt Deutschland das gesamtwirtschaftliche Bruttoinlandsprodukt Deutschlands im Jahr 2017 mit 3.386 Milliarden Euro.

4 Im Jahr 2017 addierte sich nach Statistik Austria das BIP Österreichs auf 369,9 Milliarden Euro. Siehe: https://de.statista.com/statistik/daten/studie/14390/umfrage/bruttoinlandsprodukt-in-oesterreich/, abgerufen am 30.03.2019

5 http://www.manager-magazin.de/unternehmen/autoindustrie/mobilitaet-im-wandel-das-auto-in-der-krise-a-1177023.html, abgerufen am 08.04.2019

6 https://www.welt.de/print/welt_kompakt/webwelt/article163092522/Wenn-das-Smartphone-wichtiger-ist-als-Sex.html, abgerufen am 08.04.2019

7 »Die Liebe zum Automobil« (Sachs, W., 1991)

8 Eine schöne Auflistung von fünfzig Dingen, die durch das Smartphone ersetzt wurden, findet sich unter: https://www.geckoandfly.com/13143/50-things-smartphone-replaced-will-replace-future/, abgerufen am 30.03.2019

9 Digital Value Economy als zentraler Begriff dieses Buches hier hervorgehoben und definiert als eine Wirtschaftsform, die aus der Nutzung der digitalen Vernetzung einen hohen Zuwachs an Wohlstand bewirken kann und die gleichzeitig damit den Einsatz von Primärenergie und anderen klassischen Faktoren für die Erzeugung dieses Wohlstandes (u. a. Kapital oder Arbeit) pro Einheit reduziert.

10 Siehe den viel zitierten Artikel »Why Software Is Eating The World« von Marc Andreessen in »The Wall Street Journal«, 20. August 2011

11 Anmerkung: Die Autoindustrie und IT-Branche sind gleichermaßen noch immer sehr männlich dominierte Branchen. Das merkt man auch in der erzählten Geschichte, die sich an realen Charakteren orientiert. Ich möchte aber explizit darauf hinweisen, dass ich auf meinen Reisen auch zahlreiche talentierte Frauen in vielen Positionen getroffen habe und sich auch in unserem Unternehmen ebenso viele talentierte und sehr erfolgreiche Frauen finden. Die Gleichheit von Chancen ist mir und uns von e&Co. ein hohes Gut und ein großes Anliegen.

12 Die AutoInc. ist eine erfundene Gesellschaft, die aber mit den dort auftretenden Problemen nicht im »luftleeren Raum« steht. Dennoch gilt: Die Handlung und alle handelnden Personen sind frei erfunden. Jegliche Ähnlichkeit mit lebenden oder realen Personen wäre rein zufällig.

13 Nachdem der Blockchain-Hype so schnell, wie er gekommen war, wieder verflogen ist, wirkt nun auch die Seite der NABA etwas verwaist: https://www.nablockchain.org/, abgerufen am 30.03.2019

14 Siehe dazu auch: https://www.ibm.com/ibm/ideasfromibm/us/ibm_fellows/, abgerufen am 30.03.2019

15 Bei all dem (oft begründeten) Enthusiasmus für die großen Leistungen des Silicon Valleys finden sich in den letzten Jahren zunehmend Berichte über die sozialen Auswirkungen des Superwachstums der letzten Jahrzehnte. Das will ich explizit erwähnen. Korrespondierend dazu findet sich zum Beispiel unter https://www.fastcompany.com/40572368/twenty-times-we-got-a-good-look-at-silicon-valleys-dark-side, abgerufen am 30.03.2019, eine imposante Aufzählung recht verstörender Momente, die das Werden des Silicon Valleys begleitet haben.

16 Ich habe in meinem Leben bereits viele Workspaces gesehen und genutzt, doch war und ist die Atmosphäre des HanaHauses im Silicon Valley tatsächlich beeindruckend. Ein Abstecher, insbesondere zu einer der vielen Veranstaltungen, lohnt sich immer: http://www.hanahaus.com/

17 Eine Studie von Stuart Andersen im März 2016, beauftragt von der amerikanischen National Foundation for American Policy belegt diese Zahlen (und ist auch sonst lesenswert): http://nfap.com/wp-content/uploads/2016/03/Immigrants-and-Billion-Dollar-Startups.NFAP-Policy-Brief.March-2016.pdf, abgerufen am 30.03.2019

18 Die Zahl stammt aus dem Jahr 2000, dürfte aber durch den extremen Zustrom ins Valley in den letzten Jahren eher noch höher geworden sein (Isaak, R. et al., 2016, S. 176).

19 Ein Ranking dazu: https://www.topuniversities.com/where-to-study/north-america/united-states/ranked-top-100-us-universities, abgerufen am 30.03.2019

20 Durch die jahrzehntelange Selektion von eher leistungsmüdem, selbstgerechtem und wirtschaftsfeindlichem Lehrpersonal haben wir hier einen volkswirtschaftlichen Schaden angerichtet, dem ein eigenes Buch gewidmet sein sollte. Das, was Psychologen »anal-fixiertes« Pauken von totem Stoff nennen, ist genau das Gegenteil dessen, was die wichtigsten Proponenten des Valley als erfolgsentscheidend für ihren späteren Lebensweg beschreiben. Wir können das Thema Schule hier leider nicht weiter vertiefen, aber wer Kinder hat, sollte sich dringend Gedanken machen, welche Initiativen in den Familien und Freundeskreisen zur Kreativität anregen könnten, denn unser Schulsystem wird dazu keinen Beitrag leisten. Worüber wir uns hier aber schon Gedanken machen sollten, sind die Lernmechanismen in unseren Unternehmen, die Offenheit unserer Funktionen und Manager, »sich mit Neuem« konstruktiv auseinanderzusetzen.

21 http://www.csmonitor.com/Technology/Tech-Culture/2012/0831/Maria-Montessori-and-10-famous-graduatesfrom-her-schools/Google-founders-Larry-Page-and-Sergey-Brin und Text. Und auch Jeff Bezos war in einer Montessori-Schule: https://www.mariamontessori.com/about/montessori-grads, abgerufen am 08.04.2019

22 Auch für das Silicon Valley gilt der Satz von Heraklit: Der Krieg ist der Vater aller Dinge. So hat die Entwicklung des Valley zum Teil auch mit den großen nicht zivilen Projekten der Beforschung, Vorbereitung und Verbreitung von zum Beispiel der Radartechnik und dergleichen im Zuge des Zweiten Weltkrieges und dann fortgesetzt auch während des Kalten Krieges zu tun.

23 Der Name von Google ist genau daran angelehnt: Ein Gogol ist eine englischsprachige Bezeichnung für eine Zahl mit einhundert Nullen.

24 Reid Hoffman, der Co-Founder von LinkedIn sagt dazu: »If you are not embarrassed by the first version of your product, you've launched too late.« Wenn dir dein erstes MVP also nicht peinlich ist, dann bist du noch zu langsam. (Ries, E., 2011)

25 Siehe: https://www.fastcompany.com/3063846/why-these-tech-companies-keep-running-thousands-of-failed, abgerufen am 31.03.2019

26 Erhellend die Geschichte der Erfindungen und die Beschreibung des Vorgehens von Thomas Edison, der mit einer Lebensleistung von 1293 internationalen Patenten mehr als erfolgreich war. (Gelb, M. J. & S. M. Miller Caldicott, 2007)

27 Siehe: https://observer.com/2017/11/forget-10000-hours-edison-bezos-zuckerberg-follow-the-10000-experiment-rule/, abgerufen am 30.03.2019

28 Siehe: https://www.natlawreview.com/article/latest-and-greatest-updates-about-non-compete-and-non-solicitation-agreements, abgerufen am 30.03.2019

29 Die Details zu dieser Geschichte in: Touhill, C. J. et al., S. 5 ff

30 Nachzulesen in der Chronik der Deutschen Bank: https://www.db.com/company/de/media/Deutsche-Bank-Geschichte--Chronik-von-1870-bis-heute.pdf, abgerufen am 30.03.2019

31 Eine Liste der Top 100 Venture-Capital-Firmen und der erfolgreichsten VC-Partner (auch als .XLS zur weiteren Auswertung), erstellt zusammen mit der New York Times, ist unter folgendem Link zu erhalten: https://www.cbinsights.com/research/top-venture-capital-partners/, abgerufen am 08.04.2019

32   Der Gründer von Alibaba, Jack Ma, ist heute
      einer der reichsten Menschen auf dem Globus.
      Er hatte aber auf die harte Tour lernen müssen,
      mit Ablehnung umzugehen. So unternahm er
      zehn Anläufe, um an der Harvard Business
      School einen Platz zu erobern. Jedes Mal wurde
      er abgelehnt. Später, meinte er vor einigen Jah-
      ren, könnte er dann dort unterrichten und sich
      seinen Traum dennoch erfüllen. Damit aber nicht
      genug. In seinen jungen Jahren hatte er in Hang-
      zhou einen Job nach dem College gesucht und
      war bei dreißig Bewerbungen dreißigmal abge-
      lehnt worden. Sogar beim Hähnchenbrater KFC
      war er der einzige von 24 Bewerbern, der keinen
      Job bekam. Er probierte es auch als Polizist,
      und sollte der einzige von fünf sein, der abge-
      lehnt wurde.

33   Die gesamte Segway-Innovationsgeschichte
      spannend erzählt von Kemper, S., 2005

34   Dazu ein Interview mit dem Science-Fiction-
      Autor in der ZEIT: https://www.zeit.de/zeit-
      magazin/leben/2017-01/william-gibson-
      science-fiction-neuromancer-cyberspace-
      futurist/seite-3, abgerufen am 30.03.2019

35   Stimmt. Ist nicht gesichert ein Zitat von Steve
      Jobs. Und ja, kann auch heißen »ding into the
      universe«. Aber hier tradiere ich das Mem
      dennoch gerne weiter. Bekenne aber: Wahr-
      scheinlich ein Fake.

36   Dazu ein Artikel der OECD, der diesen Abstand
      im Einkommen zwischen der ländlichen und der
      städtischen Bevölkerung sogar noch auseinan-
      derdriften sieht: http://oecdobserver.org/news/
      fullstory.php/aid/5669/China_92s_urban-ru-
      ral_divide.html , abgerufen am 30.03.2019

37   Wie aus einer Umfrage der Berater von Bain
      & Company und der China Merchants Bank her-
      vorgeht, hat sich der Wert des Privatbesitzes in
      China zwischen 2006 und 2016 etwa versechs-
      facht – auf nunmehr rund 24 Billionen US-Dollar.
      Zugleich stieg die Zahl der Hochvermögenden,
      die über mindestens rund 1,5 Millionen Dollar
      verfügen, von 180.000 auf gut 1,6 Millionen
      Chinesen. Etwa 116.000 Chinesen kommen
      auf ein Vermögen von über ca. 15 Millionen
      US-Dollar. Diese Gruppe hatte 2006 gerade
      einmal 7.000 Menschen umfasst. Siehe:
      https://www.bain.com/de/insights/china-
      private-wealth-report-2017/, abgerufen am
      30.03.2019

38   Laut einer Studie von UBS und PwC war
      der Zuwachs an Milliardären 2017 in China
      größer als in jedem anderen Land (auch
      wenn es deutlich mehr altes und besonders
      großes Vermögen in den USA gibt). Quelle:
      http://www.chinadaily.com.cn/a/201810/28/
      WS5bd4f3dda310eff303284f75.html, abgeru-
      fen am 30.03.2019

39   Der streitbare Chef des CAR-Center Automotive
      Research an der Universität Duisburg-Essen,
      Prof. Dr. Ferdinand Dudenhöffer, beschreibt
      im April 2018 entsprechend die Situation unter
      dem Titel: China auf dem Weg zur Industrie-
      führerschaft in der Autoindustrie: http://chinese.
      car-symposium.com/fileadmin/user_upload/
      Artikel_zur_China_Beijing_Auto_2018.pdf,
      abgerufen am 30.03.2019

40   Als Zusammenfassung der Bericht des European
      Intellectual Property Office im Jahr 2017 EUIPO
      unter: https://euipo.europa.eu/tunnel-web/
      secure/webdav/guest/document_library/
      contentPdfs/news/EUIPO_China_report_
      2017_en.pdf, abgerufen am 30.03.2019

41   Daten dazu als Zeitreihe in der Studie der CEIC
      von 2017: https://www.ceicdata.com/en/
      indicator/china/oil-consumption, abgerufen
      am 08.04.2019

42   Diese Zahl ist leider nicht einfach zu erheben,
      da es sehr »unterschiedliche« Zählungen gibt.
      Wir argumentieren mit einer Einwohnerzahl
      von 1,418 Milliarden Menschen in China
      (http://www.worldometers.info/world-
      population/china-population/, abgerufen
      am 08.04.2019) und einem Bestand an Auto-
      mobilen von 2017 mit 327 Millionen Fahr-
      zeugen. Daraus errechnet sich ein Bestand
      von 232 Fahrzeugen pro 1.000 Einwohner.

43   Siehe: https://www.un.org/development/desa/en/
      news/population/world-population-prospects-
      2017.html, abgerufen am 30.03.2019

44   Zuwachs der Weltbevölkerung 2017 bis 2050
      laut UN von knapp 7,6 auf fast 9,8 Milliarden
      Menschen. In Afrika wächst die Bevölkerung
      von 1,23 auf 2,53 Milliarden Menschen, in Asien
      von 4,50 auf 5,26 Milliarden Menschen, in Latein-
      amerika und Karibik von 646 auf 780 Millionen
      Menschen, in Nordamerika von 361 auf 435 Mil-
      lionen Menschen. Nur Europa schrumpft –
      von 743 Millionen auf 653 Millionen Menschen.

45 Der chinesische Geely-Besitzer Li Shufu hat beispielsweise für rund 7,2 Milliarden Euro knapp zehn Prozent an Daimler gekauft.

46 Siehe dazu die Studie von PwC China: https://www.pwccn.com/en/retail-and-consumer/publications/total-retail-2017-china/total-retail-survey-2017-china-cut.pdf, abgerufen am 30.03.2019

47 Dazu ausführlich: http://time.com/collection/davos-2019/5502592/china-social-credit-score/, abgerufen am 30.03.2019

48 Für den nicht-fachlichen Nervenkitzel: »Drohnenland« (Hillenbrand, T., 2014).

49 Eine recht ernüchternde Analyse dazu unter https://www.merics.org/sites/default/files/2017-09/MPOC_No.2_MadeinChina2025.pdf, abgerufen am 30.03.2019

50 Nachdem der Mittelfluss der chinesischen Staatsbanken für Unternehmen, die internationale Übernahmen planten, beinahe unbegrenzt war, hatte Pekings Regierung 2017 begonnen, auf die Bremse zu treten. Die aktuelle Ordnungskampagne für eine stärkere Kontrolle der Kreditvergabe für Auslandsinvestitionen soll drei Jahre dauern, sagte Politbürofunktionär Liu He, Wirtschaftsberater von Parteichef Xi Jinping, auf dem Weltwirtschaftsforum in Davos. Auf seinem Wirtschaftsparteitag im Januar 2018 hatte Präsident Xi die Ordnung der Finanzen zur »allerhöchsten Priorität« erklärt. Siehe: https://www.welt.de/print/die_welt/wirtschaft/article173372446/Chinas-Milliardaere-unter-Druck.html , abgerufen am 30.03.2019

51 Interessant zu verstehen, dass es kulturbedingt sehr unterschiedliche Bedingungen für den Erfolg von Carsharing-Programmen gibt. So wurde der Transfer eines der europäischen Carsharing-Programme in China ursprünglich nur deswegen sehr schleppend angenommen, weil die Kunden aus hygienischen Gründen nicht in Autos einsteigen wollten, die bereits von vielen anderen Menschen gefahren wurden.

52 »Start-up Nation. The Story of Israel's Economic Miracle« (Senor, D. & S. Singer, 2011)

53 Plattformkapitalismus als sozialwissenschaftlicher Begriff, in dessen Verständnis die digitalen Plattformen (Beispiele: Google, Facebook, Amazon, Uber) dominante Wirtschaftsakteure sind.

54 Siehe aktuelle Daten der Bank of Israel: https://www.boi.org.il/en/DataAndStatistics/Pages/Indicators.aspx?Level=1&IndicatorId=1&sId=0, abgerufen am 30.03.2019

55 Daten des Unesco Institute for Statistics: http://uis.unesco.org/en/news/rd-data-release, abgerufen am 08.04.2019

56 https://www.forbes.com/sites/richardbehar/2016/05/11/inside-israels-secret-startup-machine/#198a53fe1a51, abgerufen am 08.04.2019

57 Siehe Abschnitt: Wagnisse finanzieren (¬ Im Irren besser werden)

58 Israel ist oft Pionier in Sachen Computer-Hardware. In den Neunzigerjahren schrieben die Entwickler von Intel in Israel mit der Präsentation des 8088-Prozessors Geschichte (das Gehirn des ersten PCs). Bekannt auch die technologische Stärke Israels bei der Entwicklung des Pentium-Prozessors oder der MMX- und Centrino-Mobiltechnologie.

59 Nur zum Vergleich: Frankreich hat auf dieselbe Anzahl Menschen (also pro 1.400 Menschen) bezogen 0,112 Start-ups, UK immerhin 0,21 Start-ups und Deutschland lausige 0,056. Das ist im Falle Deutschlands ein Faktor von 18.

60 »Wettbewerbsvorteile (Competitive Advantage). Spitzenleistungen erreichen und behaupten« Porter, M. E., 1986

61 Siehe dazu auch das Konzept der Ambidextrie (Duncan, R. B., 1976, S. 167 – 188).

62 Der Begriff Meme geht auf das 1976 erschienene Buch »The Selfish Gene« des Wissenschaftlers Richard Dawkin zurück. Er beschreibt damit die Ausbreitung kultureller Informationen von Person zu Person, bis diese schließlich populär sind. Memes werden definiert als »Ideen, Verhaltensweisen, Informationen usw., die sich von Person zu Person innerhalb einer Kultur verbreiten« (Dawkins, R., 1978).

63 Zitiert aus: Drucker, P. P. F., 1954, S. 37.

64 UN – DESA Population Division (2017): World Population Prospects: the 2017 Revision. https://de.statista.com/statistik/daten/studie/1717/umfrage/prognose-zur-entwicklung-der-weltbevoelkerung/, abgerufen am 30.03.2019

65 Siehe Bericht: Data WorldBank 1960 – 2017. Population Syrian Arabic Republic. https://data.worldbank.org/indicator/SP.POP.TOTL?locations=SY, abgerufen am 30.03.2019

66   Siehe dazu: UN – DESA, Population Division: World Population Prospects. The 2015 Revision. https://esa.un.org/unpd/wpp/publications/files/key_findings_wpp_2015.pdf, abgerufen am 30.03.2019

67   United Nations – Department of Economic and Social Affairs, Population Division: World Population Prospects. The 2017 Revision, 2017 Eurostat: Online-Datenbank: Population change (08/2018), Population (01/2018), abgerufen am 30.03.2019

68   Derselbe Bericht wie (66): UN – DESA, Population Division 2015: World Population Prospects. The 2015 Revision, https://esa.un.org/unpd/wpp/publications/files/key_findings_wpp_2015.pdf), abgerufen am 30.03.2019

69   United Nations – Department of Economic and Social Affairs, Population Division 2017: World Population Prospects. The 2017 Revision, abgerufen am 30.03.2019

70   United Nations – Department of Economic and Social Affairs, Population Division 2014: World Urbanization Prospects. The 2014 Revision, abgerufen am 30.03.2019

71   United Nations, Department of Economic and Social Affairs 2015: Trends in International Migrant Stock. The 2015 revision

72   Dazu: https://www.statista.com/statistics/617570/average-monthly-electricity-outage-africa-by-select-country/, abgerufen am 08.04.2019

73   PwC (2017): The Long View How will the global economic order change by 2050? https://www.pwc.com/gx/en/world-2050/assets/pwc-the-world-in-2050-full-report-feb-2017.pdf, abgerufen am 08.04.2019

74   Es steht drin, was drauf steht, und hat mich sehr zum Nachdenken angeregt (besonders empfehlenswert für Eltern mit Kindern im Teenager-Alter). (Spitzer, M., 2018)

75   Schon etwas älter: SecurEnvoy (2012): »66 Prozent of the population suffer from Nomophobia the fear of being without their phone.« https://www.securenvoy.com/en-gb/blog/66-population-suffer-nomophobia-fear-being-without-their-phone, abgerufen am 08.04.2019

76   Ein ähnlich erschreckendes Kulturphänomen ist das »Killfie«, ein Selfie, bei dem man das Leben verliert. Death by selfie ist leider ein Trend, bei dem die Zahlen tragisch ansteigen. Dazu auch: https://www.morgenpost.de/vermischtes/article210509345/Gefaehrliche-Fotos-Wenn-das-Selfie-zum-Killfie-wird.html, abgerufen am 08.04.2019

77   Bitkom Research (2017): https://de.statista.com/statistik/daten/studie/1106/umfrage/handy-besitz-bei-jugendlichen-nach-altersgruppen/, abgerufen am 08.04.2019

78   Medienpädagogischer Forschungsverbund Südwest (2017): KIM-Studie 2016 – Kindheit, Internet, Medien. https://www.mpfs.de/fileadmin/files/Studien/KIM/2016/KIM_2016_Web-PDF.pdf

79   Vergleiche dazu: »Consumerism: As a Way of Life« (Milles, S., 1998)

80   Das Studium der tieferen Motivationen für Kaufentscheidungen ist meiner Meinung nach noch immer stark unterbelichtet. Warum kaufen wir einen Apple statt einem PC? Wie ändern sich die Kaufentscheidungen für Fahrzeuge, wenn diese nicht in »einer großen Investition«, sondern in zahlreichen kleinen Nutzungseinheiten bezahlt werden?

81   Vergleiche dazu: »Designing Organizations for an Information-Rich World« (Simon, H. A., 1971, S. 40 f)

82   »The Attention Economy. Understanding the New Currency of Business« (Davenport, T. & J. C. Beck, 2001)

83   Folgende Überschlagsrechnung für Deutschland A) Was bleibt dem OEM an Profit pro Monat und »einsatzbereitem« Fahrzeug? Vom durchschnittlichen Neuwagenpreis von 31.130 € (2018, zdk) muss erst die Umsatzsteuer von 5.915 € und die Deckungsbeiträge des Handels (13 Prozent overall incl. 2 Prozent Marge, e&Co), sowie Logistik und Gewährleistung abgezogen werden. Der Hersteller verkauft das Durchschnittsfahrzeug mithin für 20.424 €. Das durchschnittliche Alter der Flotte in Deutschland beträgt 9,5 Jahre (lkba) und damit die Lebensdauer derzeit 19 Jahre. Der Umsatz pro Jahr und Fahrzeug im Feld (vereinfacht, der Umsatz pro Fahrzeug ist angestiegen) beträgt mithin rund 1.075 € pro Jahr oder 89 € pro Monat. Bei einer Zielmarge vom Umsatz von 8 Prozent (den wenige OEM erreichen)

verbleiben dem OEM etwa 7 € Gewinn pro Fahrzeug und Monat. Dazu kommen noch die After-
sales-Erträge. Umsatz D 33 Milliarden € pro Jahr
in 2018 (zdk) bei einem Bestand von 64.5 Mio.
Fahrzeugen in D in 2018 (KBA). Pro Fahrzeug
also 42 €, wobei die OEM Erlöse (optimistisch
50 Prozent Teileeinsatz gerechnet) dann bei
21 € liegen. Bei einer vereinfachten Marge von
50 Prozent im Teilegeschäft verbleiben 10,5 €
pro Jahr und Fahrzeug beim OEM. Also grob
1 € pro Monat. Addieren wir weitere 2 € für die
Finanzprodukte, die nur in den ersten Jahren wirken, ergibt sich: Die OEM verdienen an einem
Fahrzeug über die Lebenszeit hinweg ca. 10 € pro
Monat. Ein Auto fährt pro Jahr im Durchschnitt
14.259 km (KBA) und mit einer durchschnittlichen Geschwindigkeit von 41 km/h (e&Co in
Anlehnung an ADAC). Das bedeutet eine Jahres-
fahrzeit von gerundeten 350 Stunden pro Jahr,
also etwa 29 Stunden pro Monat. Der Stunden-
ertrag für den OEM liegt dann bei 34 ct.
B) Nun zum zusätzlichen Profitpotenzial (e&Co,
Schätzungen für Einsatz in Szenario ohne HAF
L5 – also ohne vollautomatisiert/autonomes Fahren): B1) Abos für Parkleitsysteme, Schwarmdaten und Verkehrsflussoptimierung: 4 ct pro
Stunde. B2) IOT Dienste / Sicherheit / Gesundheit und Monitoring: 1 ct pro Stunde. B3) Me-
dienstreaming/Werbung in etwa im Ausmaß
heutiger Fernsehwerbung: ca. 4 ct pro Stunde
B4) Funktionen »on demand« wie Flottendienste
(Fahrtenbuch), Extra-Luftfilter, Lichtsysteme
oder Leistungsspitzen: 2 ct pro Stunde. B5) Re-
mote-Diagnose und Optimierung Aftersales:
8 ct mehr Profit pro Stunde. B6) Re-Skinning
von Gebrauchtwagen: 2 ct pro Stunde. B7)
E-Commerce (50 Prozent des heutigen E-Com-
merce-Geschäfts aus dem Fahrzeug zu erledigen,
Marge von 15 Prozent) bringt 42 ct pro Stunde.
B8) Zuschaltbarer Autobahn- und Parkpilot als
Service: 1 € pro Stunde (ohne Vollfunktion autonomes Fahren). Summe damit 1,63 € pro Stunde,
verglichen mit heute 34 ct (grob: Faktor 5)

84 Eine ausführliche Untersuchung der Wirkung
digitaler Werbemethoden (und deren Wirkungs-
losigkeit) in Rodgers, S. & E. Thorson, 2017

85 »Through the Looking Glass. Chapter II:
The Garden of Live Flowers« (Lewis, C., 1871,
S. 71 – 72)

86 Google Webmaster Guidelines: https://support.
google.com/webmasters/answer/35769?hl=en,
abgerufen am 08.04.2019

87 Die zugrundeliegenden Studien variieren stark
bei der Bemessung der reinen Parkplatzsuch-
zeit. Die Ergebnisse der Messung hängen von
der Stadt (dazu zum Beispiel das Parkplatz-
survey von IBM: https://parkithere.wordpress.
com/2011/09/28/global-parking-survey-dri-
vers-share-worldwide-parking-woes/, abgerufen am 30.03.2019), der Tageszeit, dem
Wochentag und dergleichen ab. Dazu auch;
https://eu.usatoday.com/story/money/2017/
07/12/parking-pain-causes-financial-and-
personal-strain/467637001/, abgerufen am
08.04.2019

88 2.32 Milliarden, Q4 2018. Siehe: https://zephoria.
com/top-15-valuable-facebook-statistics/,
abgerufen am 30.03.2019

89 Aktuelle Statistiken aus 2019 von Zephoria:
https://zephoria.com/top-15-valuable-facebook-
statistics/, abgerufen am 06.04.2019

90 Auswertung siehe CNN Business: https://edition.
cnn.com/2012/08/02/tech/social-media/facebook-
fake-accounts/index.html, abgerufen am
08.04.2019

91 F.A.Z., https://www.faz.net/aktuell/gesellschaft/
prominente-machen-bei-ice-bucket-challenge-
mit-13107643.html, abgerufen am 08.04.2019

92 ALS Association, http://www.alsa.org/news/
media/press-releases/ice-bucket-challenge-
082114.html, abgerufen am 30.03.2019

93 Die Originalquelle von AppAnnie Insights
ist leider per 30.03.2019 nicht mehr verfügbar (offline)! Referenz dazu dennoch:
https://www.engadget.com/2016/08/01/pokemon-
go-100-million-downloads/, abgerufen am
30.03.2019

94 Emarketer, https://www.emarketer.com/Article/
US-Digital-Ad-Spending-Surpass-TV-this-Year/
1014469, abgerufen am 30.03.2019

95 Kersti Kaljulaid (2018): »E-Residency 2.0 White-
paper«, https://s3.eu-central-1.amazonaws.com/
ereswhitepaper/e-Residency+2.0+white+paper+
wEnglish.pdf, abgerufen am 30.03.2019

96 https://www.x-tee.ee/factsheets/EE/#eng,
abgerufen am 30.03.2019

97 Matthias Kolb (2017): »Die Zukunft ist schon da, aber sie ist vor allem in Estland.«, in: Süddeutsche Zeitung vom 07.09.2017. https://www.sueddeutsche.de/digital/sz-serie-smart-city-ein-land-alles-digital-1.3652533, abgerufen am 30.03.2019

98 ARD/ZDF-Onlinestudie 2018: Erstmals sind über 90 Prozent der Deutschen online. Deutlicher Zuwachs bei der Nutzung von Medien und Kommunikation via Internet. SWR Medienforschung/Programmstrategie, http://www.ard-zdf-onlinestudie.de/ardzdf-onlinestudie-2018/, abgerufen am 30.03.2019

99 https://www.faz.net/aktuell/politik/ausland/ruanda-zwischen-musterstaat-und-diktatur-15133915.html, abgerufen am 19.02.2018

100 Aktuelle Studien zeigen leider, dass das Phänomen »Funkloch« bei weitem nicht nur auf die ländlichen Gebiete begrenzt ist: https://www.computerbild.de/artikel/cb-Tests-Handy-Funkloecher-Deutschland-22688715.html, abgerufen am 08.04.2019

101 Raschendorfer, Josefa (2016): »Gefällt euch wer ich bin?«, in: ZEIT Online vom 29.08.2016, https://www.zeit.de/zeit-wissen/2016/05/soziale-netzwerke-internet-likes-verhaltenspsychologie/komplettansicht, abgerufen am 08.04.2019

102 »Die Null-Grenzkosten-Gesellschaft«. Das Internet der Dinge, kollaboratives Gemeingut und der Rückzug des Kapitalismus (Rifkin, J. ,2014)

103 Siehe auch Tucker, H. (2011) im Prolog zu: »Blood Work. A Tale of Medicine and Murder in the Scientific Revolution«

104 Unter dem Suchbegriff »Aderlasstherapie« findet Google 19.200 Einträge. Es mag gewisse medizinische Indikationen geben, die ein solches Vorgehen nahelegen. Die Anzahl von »Heilkundlern«, die das aber »als traditionelle Heilmethode« anbieten, finde ich sehr bedenklich.

105 https://jimcarroll.com/category/trends/industry-trend-reports/page/2/, abgerufen am 30.03.2019

106 Der Schweizer Kabarettist Ursus Wehrli erregte um die Jahrtausendwende Aufmerksamkeit mit seiner Idee, die Kunst aufzuräumen, in dem er Reproduktionen bekannter Bilder zerschnitt und neu, aber geometrisch geordnet, zusammensetzte. Besonders nett finde ich auch den Gedanken der Sortierung von Buchstaben in einer Buchstabensuppe. (Wehrli, U., 2002)

107 Sehr ausführliches Werk zum Net Promoter Score. (Blokdyk, G., 2019)

108 Das ausführliche Buch zum Harvard Business Review Artikel (Pine II, J. & J. H. Gilmore, 1999)

109 Siehe auch: https://www.handelsblatt.com/unternehmen/industrie/elektrofahrzeug-m-byte-so-stellt-sich-byton-das-auto-der-zukunft-vor/23834188.html?ticket=ST-835390-foLXyf56W5yndp4ZpC7e-ap2, abgerufen am 08.04.2019

110 Beispiel: https://9to5mac.com/guides/apple-car/, abgerufen am 30.03.2019

111 Die Hon Hai Precision Industry Co., Ltd. ist ein multinationales Unternehmen, das unter dem Namen Foxconn Technology Group auftritt. Foxconn bietet vor allem »einfache und komplexe« Auftragsfertigung für die Elektronikprodukte bekannter Marken. 1974 von Terry Gou als Hersteller von Kunststoffprodukten gegründet, heute etwa 1,3 Millionen Beschäftigte (die harten Arbeitsbedingungen in den Montagewerken haben zu Selbstmorden, Protesten und Unruhen geführt). Seit 1991 ist das Unternehmen an der taiwanischen Börse notiert.

112 Das »Brand«-Memo des Nokia CEO Stephen Elop aus dem Jahr 2011 wurde ein Stück Industriegeschichte: https://www.engadget.com/2011/02/08/nokia-ceo-stephen-elop-rallies-troops-in-brutally-honest-burnin/?guccounter=1, abgerufen am 08.04.2019

113 https://www.faz.net/aktuell/technik-motor/motor/daimler-chinesischer-unternehmer-li-shufu-groesster-einzelaktionaer-15477677.html, abgerufen am 08.04.2019

114 Siehe (unter anderem): https://www.zukunfts-institut.de/artikel/die-neuen-wege-der-mobilitaet/, abgerufen am 30.03.2019

115 Derzeit liefern sich mehrere Unternehmen (unter anderem: OneWeb, Starlink, Telesat Canada) einen intensiven Wettlauf, um als erste einen weltweit verfügbaren, via Minisatelliten übertragenen WLAN-Schleier zu liefern. Das bedeutet, dann auch in den entlegensten Gebieten der Erde auf gutes und breitbandiges Netz zugreifen zu können.

116 Zusammenfassung unterschiedlicher Studien zu den Risiken: https://sma.nasa.gov/docs/default-source/safety-messages/the-dangers-of-distracted-driving.pdf?sfvrsn=999aedf8_6, abgerufen am 06.04.2019

117 Deloitte Analysis, »The future of mobility – How transportation technology and social trends are creating a new business ecosystem« Corwin, S. et al, 2015: https://www2.deloitte.com/insights/us/en/focus/future-of-mobility/transportation-technology.html, abgerufen am 30.03.2018

118 http://www.myfirst100days.net/blog/robert-hargrove-s-blog-on-your-first-100-days/bid/109296/Navigating-the-5-Phases-of-Executive-Transition-Your-First-100-Days, abgerufen am 08.04.2019

119 Angeblich tritt dies auch bei Ärzten auf: In den ersten zwei Jahren sind sie noch sehr vorsichtig und genau, um keine Fehler zu machen. Dann aber kommt der Honeymoon und das dritte Jahr soll kolportiert die meisten Fehleinschätzungen junger Ärzte mit sich bringen. Später lernt der Arzt dazu (aus den Fehlern) und kann sich besser auf seine praktische Erfahrung und seine Intuition verlassen. Ein Schelm, wer jetzt Ärzte in ihrem dritten Jahr meiden möchte.

120 Diese Zahl geistert seit einem Artikel in der New York Times vom 15.01.2007 durch das Netz und wird immer wieder zitiert (siehe Original: https://www.nytimes.com/2007/01/15/business/media/15everywhere.html, abgerufen am 30.03.2019). Über die von der Firma Yankelovich darin angegebene Schätzung kann man streiten, doch kennen wir keine »belastbarere« Studie, die sich der Zahl von Brandkontakten bisher viel besser genähert hätte.

121 Seit 2017 kann man bei Tesla online direkt aus dem Auto und bzw. auch via seines Tesla-Accounts einen Servicetermin buchen. 24 × 7. Die Hindernisse bezüglich der Digitalisierung der bestehenden Betriebe sind sicher enorm, gemessen an der extremen Bedeutung des Aftersales für die klassischen OEMs fragt man sich aber, wie es sein kann, dass das noch nicht nachgezogen wurde.

122 https://zephoria.com/top-15-valuable-facebook-statistics/, abgerufen am 07.04.2019, und die bereits oben zitierten, weiteren Quellen

123 Siehe: https://techcrunch.com/2018/06/20/instagram-1-billion-users/, abgerufen am 07.04.2019

124 Siehe: https://edition.cnn.com/2019/01/17/media/netflix-earnings-q4/index.html, abgerufen am 07.04.2019

125 https://www.adweek.com/tv-video/netflix-thrives-by-programming-to-taste-communities-not-demographics/, abgerufen am 07.04.2019

126 Und hat zwischen Anfang 2018 und April 2019 nochmal um ca. 60 Milliarden zugelegt. Dieser Wertzuwachs alleine ist ziemlich genau der gesamte Marktwert von General Motors.

127 Siehe die Diskussion: https://www.quora.com/Is-it-okay-for-Google-employees-to-mainly-use-DuckDuckGo-at-home-and-work, abgerufen am 07.04.2019

128 Die Diskussion der Konsequenzen einer »Züchtung einer konsumgetriebenen Monokultur« kann ich leider hier nicht aufnehmen und muss ich an anderer Stelle vertiefen. Es wäre schrecklich, wenn wir in einer Welt enden würden, in der es für die überraschenden und spontanen Momente keinen Platz mehr gäbe, weil wir so eng an unseren Profilen gesteuert zu unserer eigenen Echokammer würden. Ein Besuch in einem Restaurant, in dem man noch nie war, ein Film, der ganz anders ist, ein Land, das man aus Zufall besucht. Ein Leben, in dem für die explorative Erweiterung kein Platz wäre, ist aus meiner Sicht kein anzustrebendes Ergebnis.

129 http://time.com/4586842/person-of-the-year-2006-2016/, abgerufen am 07.04.2019

130 https://newkleus.com/news/2017/5/8/38-mind-blowing-stats-about-user-generated-content, abgerufen am 07.04.2019

131 https://www.toyota-europe.com/world-of-toyota/articles-news-events/2016/feeling-the-street-2016, abgerufen am 07.04.2019

132 Zur Erheiterung über die Ernsthaftigkeit, mit der sich Kunden aufregten, die keine Tafel der Einhornschokolade abbekommen haben: https://www.ritter-sport.de/blog/2016/11/17/stellungnahme-zur-ritter-sport-einhorn/, abgerufen am 07.04.2019

133 https://www.nielsen.com/content/dam/nielsenglobal/apac/docs/reports/2015/nielsen-global-trust-in-advertising-report-september-2015.pdf, abgerufen am 07.04.2019

134 Der Tesla Motors Club ist eine Plattform, die 2006 von unabhängigen Elektroauto-Enthusiasten gegründet wurde. Laut Crunchbase besuchen monatlich 1,5 Millionen Nutzer die Seite und vernetzen sich dort zu allen möglichen Fragen rund um Tesla. Die starke Unterstützung durch Tesla Mitarbeiter legt ein gewisses »symbiotisches« Verhältnis von Tesla und TMC nahe.

135 Ein kontrolliert offenes System schreibt Regeln vor, unter deren Einhaltung man als Anbieter von Inhalten die Plattform nutzen darf, um Endanwender zu erreichen. So zum Beispiel die App-Stores von Android oder Apple. Der Anbieter muss sich dann verpflichten, eine sehr beachtliche Anzahl technischer und inhaltlicher Restriktionen zu akzeptieren, gewisse Daten zu teilen und natürlich auch eine Nutzungsgebühr anzuführen.

136 In diesem Zusammenhang sehr interessant die Perspektive von SAP: https://assets.dm.ux.sap.com/ro-sap-customer-experience-day-2018/pdfs/presentation_andreas.pdf , abgerufen am 07.04.2019

137 Zum Produktentstehungsprozess folgende Übersicht: https://www.porscheengineering.com/filestore/download/peg/de/pemagazin-01-2015-artikel-01/default/8664198c-bdd1-11e5-8bd4-0019999cd470/Der-Produktentstehungsprozess-Grundlage-f%C3%BCr-den-Erfolg-eines-Produktes-Porsche-Engineering-Magazin-01-2015.pdf, abgerufen am 08.04.2019

138 Die extreme Komplexität der Software in vielen neuen Produkten kann von außen nur unterschätzt werden. Das gilt auch für den Flugzeugbau, wie man an den jüngsten Pannen der Boeing 737 Max sehen kann. Dazu: http://www.spiegel.de/wissenschaft/technik/abstuerze-der-737-max-8-boeing-raeumt-weiteres-softwareproblem-ein-a-1261370.html, abgerufen am 07.04.2019

139 Fahrzeuge ähnlicher »Gestalt« als Geschwister auf den Markt zu bringen, also einen Antrieb in einen anderen umzuwandeln, ist ein technischer Kompromiss (Conversion genannt). Wir werden in den kommenden Jahren immer weniger solcher Formen sehen, dafür viel mehr »reine Elektrofahrzeuge«, die von vornherein eine elektrisch getriebene Basisplattform nutzen werden.

140 https://de.statista.com/statistik/daten/studie/893915/umfrage/connected-car-anzahl-der-fahrzeuge-weltweit/, abgerufen am 08.04.2019

141 Studie zur Entwicklung des globalen Datenbestandes: https://www.seagate.com/files/www-content/our-story/trends/files/idc-seagate-dataage-whitepaper.pdf , abgerufen am 12.04.2019

142 Studie zur Entwicklung des globalen Datenbestandes: https://www.seagate.com/files/www-content/our-story/trends/files/idc-seagate-dataage-whitepaper.pdf , abgerufen am 12.04.2019

143 https://www.oreilly.com/ideas/what-is-big-data, abgerufen am 08.04.2019

144 Gartner (2017): Gartner IT Glossary, »Big Data«, https://www.gartner.com/it-glossary/big-data, abgerufen am 19.02.2018

145 Vgl. Bernard Marr (2015): »Why only one of the 5 Vs of big data really matters«, in: IBM Blog, http://www.ibmbigdatahub.com/blog/why-only-one-5-vs-big-data-really-matters, abgerufen am 19.08.2018

146 https://eur-lex.europa.eu/legal-content/de/TXT/?uri=CELEX:32016R0679, abgerufen am 12.04.2019

147 Siehe: https://www.gtai.de/GTAI/Navigation/DE/Trade/Maerkte/suche,t=chinas-cybersecuritygesetz-verlangt-handeln,did=1927728.html, abgerufen am 08.04.2019

148 Wenn Moore's Law sicherlich auch keine strenge Gesetzmäßigkeit ausdrückt, wie man sie beispielsweise aus den Naturwissenschaften kennt, so ist die Regelmäßigkeit doch trotz all ihrer vermeintlichen »Tode« und »Wiederauferstehungen«, zumindest längerfristig gesehen, von einer gewissen Kontinuität geprägt gewesen. Was für die Vergangenheit galt, muss jedoch nicht für die Zukunft gelten: In jüngster Zeit scheint sich zwar eine Verlangsamung der Entwicklung abzuzeichnen, weil das Potenzial herkömmlicher Fertigungsarten innerhalb der technischen Grenzen fast völlig ausgeschöpft ist. Die Miniaturisierung stößt dabei mehr und mehr auf physikalische Hürden. Neue Technologien wie die Entwicklung von Quantencomputern könnten jedoch zu einem bisher ungeahnten Effizienzschub führen und auch Moore's Law erneut erfüllen oder gar bei weitem übertreffen.

149 Wir sprechen von »Deep Learning«, siehe das MIT Press Book von Ian Goodfellow, Yoshua Bengio und Aaron Courville, in dem dieser Begriff erstmals geprägt worden ist: https://www.deeplearningbook.org, abgerufen am 12.04.2019

150 Basisbegriffe gut erklärt: https://skymind.ai/wiki/deep-reinforcement-learning, abgerufen am 14.04.2019

151 F.A.Z. vom 10.03.2016, »Go-Genie verliert gegen den Computer«, https://www.faz.net/aktuell/feuilleton/go-genie-lee-sedol-verliert-gegen-alphago-14116573.html, abgerufen am 17.04.2019

152 Zahlen und Auswertungen zum Stanford University AI-Kurs unter: https://altc.alt.ac.uk/blog/2011/11/what-can-we-learn-from-stanford-universitys-free-online-computer-science-courses/#gref, abgerufen am 07.04.2019

153 Algorithmen aus dem Bereich des Maschinenlernens sollten, besonders im Bereich der neueren Waffensysteme, zu intensiver Diskussion anregen. Bereits seit Jahren träumen viele Militärstrategen von autonom agierenden »Killer-Robotern« und in den vergangenen zehn Jahren haben wir uns diesem schrecklichen Traum mit großen Schritten genähert. Zum Beispiel: https://www.popularmechanics.com/military/research/a23133118/us-ai-robots-warfare/, abgerufen am 14.04.2019. Dazu auch der berühmt gewordene »Offene Brief« von u. a. Stephen Hawking und Elon Musk, in dem diese eindringlich vor den Auswirkungen einer nicht mehr kontrollierbaren künstlichen Intelligenz warnen: https://futureoflife.org/ai-open-letter/?cn-reloaded=1, abgerufen am 14.04.2019

154 https://bigthink.com/paul-ratner/how-philosophers-use-zombies-to-understand-consciousness, abgerufen am 14.04.2019

155 Für Filmenthusiasten zum Nachschlagen: https://terminator.fandom.com/de/wiki/Skynet, aufgerufen am 07.04.2019

156 Dazu auch interessant der Artikel von Hellmuth Vensky in der ZEIT vom 19. Mai 2010, https://www.zeit.de/wissen/geschichte/2010-05/komet-halley-gift, abgerufen am 08.04.2019

157 Vgl. dazu auch Kevin Kely in WIRED: https://www.wired.com/2017/04/the-myth-of-a-superhuman-ai/, abgerufen am 26.08.2018

158 Dazu: »Preston Tucker & Others. Tales of Brilliant Automotive Innovations« (Linde, A., 2011, S. 113)

159 https://www.wired.com/2010/06/iphone-4-loses-reception-when-antenna-band-is-touched-firmware-issue/, abgerufen am 12.04.2019

160 In diesem Zusammenhang der Hinweis auf den »Degenerationseffekt«, der eintritt, wenn Menschen beginnen, den Maschinen mehr zu vertrauen, als dem eigenen Wissen und Können (Carr, N., 2014, S. 85 ff)

161 https://www.youtube.com/watch?v=J3lYLphzAnw, abgerufen am 08.04.2019

162 https://www.gartner.com/binaries/content/assets/events/keywords/cio/ciode5/top_strategic_predictions_fo_315910.pdf, abgerufen am 29.09.2018

163 Ich erwähne hier stellvertretend nur eines davon: »Platform Revolution. How Networked Markets are Transforming the Economy« (Parker, G. et al., 2016)

164 Ein Überblick: https://www.predictiveanalytics-today.com/top-intelligent-personal-assistants-automated-personal-assistants/, abgerufen am 13.04.2019

165 Ein Sportler könnte so zum »Nachmodellieren« eine ganze Heerschar von Nacheiferern verhaltenstechnisch befeuern. Nahrung, Kleidung, Bewegung … inklusive. Wir haben erst begonnen zu verstehen, welches Geschäft zwischen einem Prominenten und seinen Followern denkbar sein könnte.

166 Der Artikel ist nicht mehr ganz taufrisch, aber noch immer interessant: http://www.spiegel.de/netzwelt/web/google-pixel-so-veraendert-der-digitale-assistent-unseren-alltag-a-1115263.html, abgerufen am 08.04.2019

167 Zur Belustigung: Es gibt Programme, die sich darauf spezialisiert haben, über den Browser der jeweiligen Nutzer sehr häufig nach zufälligen Suchbegriffen zu googlen, nur um den Datensammler von Google zu verwirren. Schneier, B., 2015)

168 Diese Aussage wird dem Apple-Gründer Steve Jobs zwar in zahlreichen Quellen zugesprochen, doch konnte ich keine eindeutige Quelle dazu finden. In diesem Falle entschieden: Go with the flow.

169 Technische Spezifikation und Hinweise zur aktuellen Verfügbarkeit von Google Glass 2 für Unternehmen und Universitäten: https://www.wearvision.de/googleglass/, abgerufen am 13.04.2019

170 »Die Scrum-Revolution. Management mit der bahnbrechenden Methode der erfolgreichsten Unternehmen« (Sutherland, J. 2015)

171 Vielen Dank an dieser Stelle für die guten Beiträge zur Entwicklung von agilen Methoden an die Kollegen der Gartner Inc. An dieser Stelle der Link zu: https://www.gartner.com/newsroom/id/3085517, abgerufen am 3.10.2018

172 Siehe auch: https://www.vdi.de/technik/ fachthemen/produkt-und-prozessgestaltung/ fachbereiche/produktentwicklung-und- mechatronik/themen/rilis-mechatronische- systeme/richtlinie-vdi-2206-entwicklungs- methodik-fuer-mechatronische-systeme/, abgerufen am 30. August 2018

173 Ein Standard wie Autosar (AUTomotive Open System ARchitecture) geht in die richtige Rich- tung (wie auch das darauf aufbauende adaptive Autosar), jedoch vollzieht sich die Setzung der Standards und der korrespondierenden Werk- zeuge viel zu langsam. Wenn die Autoindustrie nicht schnell die modernen IT-Standards (Ob- jektorientierung, Kapselung, Abstraktion etc.) umsetzt, werden digital native Unternehmen diese Standards definieren.

174 Sehr empfehlenswerter Standpunktwechsel zum Thema Architektur als Gestaltung in der Zeit statt Gestaltung im Raum im Lebenszyklus von Gebäuden (Brand, S., 1995)

175 Der Gartner Inc. gebührt die Anerkennung für dieses aus meiner Sicht weitreichende Modell. Für eine gute Zusammenfassung zum Thema Pace Layered (Application) Architecture siehe: https://cio-wiki.org/home/loc/home?page= gartnerspace- layered-application-strategy, abgerufen am 07.10.2018

176 Zum zwanzigjährigen Bestehen von Google hat der Konzern an zahlreichen Stellen einen Ein- blick in die Weiterentwicklung der intelligenten Suche gegeben und dabei das Thema »Knowled- ge-Graphen« stark ins Zentrum der Strategie gerückt. Beispiel: https://www.thinkwithgoogle. com/intl/en-gb/advertising- channels/search/ 10-things-mark-20-years-google/, abgerufen am 10. Oktober 2018

177 Siehe dazu den Link zur 2016er Google Developer Konferenz: https://www.theverge.com/2016/10/4/ 13122406/googlephone-event-stats, abgerufen am 10. Oktober 2018

178 https://techcrunch.com/2018/05/08/google- announces-a-new-generation-for-its-tpu- machine-learning-hardware/, abgerufen am 13.04.2019

179 »Only the Paranoid Survive, Broadway Business« (Grove, A. S., 1996)

180 Spannend dazu auch ein Artikel aus dem Manager Magazin (Rest, J., 2018, S. 46 ff).

181 https://www.gartner.com/binaries/content/ assets/events/keywords/cio/ciode5/top_ strategic_predictions_fo_315910.pdf, abgerufen am 13.04.2019

182 »Open Innovation. The New Imperative for Creating and Profiting from Technology« (Chesbrough, H. W., 2003)

183 Eine herzhaft amüsante und zutiefst kluge Ana- lyse des »Küchenchefs«, der nichts erfindet, aber dennoch Geniales aus den Zutaten kombiniert, finden Sie unter: https://www.theguardian.com/ technology/2012/sep/03/apple-invented-anything, abgerufen am 14. Oktober 2018

184 Dazu viele Quellen und auch erklärend: https://www.theguardian.com/technology/ 2012/sep/03/apple-invented-anything, abgerufen am 14. Oktober 2018

185 Aus: »Thriving on Chaos. Handbook for a Management Revolution« (Peters, T., 1991)

186 Ein Hackathon (von »Hack« und »Marathon«) ist eine Veranstaltung, bei der sich einige Tech- nologen gezielt zur Soft- und Hardwareent- wicklung treffen. Häufig startet ein Hackathon mit einem oder mehreren Vorträgen zum Thema des Hackathons. Anschließend werden Ideen für Projekte gesammelt und Teams gebildet. Diese bilden sich möglichst interdisziplinär und selbst- organisiert nach Interesse und Fähigkeiten. Nachdem sich die Teams gebildet haben, findet die eigentliche Arbeitsphase statt. Diese kann von einigen Stunden bis mehrere Tage lang dau- ern. Bei mehrtägigen Veranstaltungen ist es nicht ungewöhnlich, dass die Teilnehmer am Veranstaltungsort schlafen und essen. Hack- athons haben immer ein spezifisches Thema oder sind technologiebezogen.

187 Erst war ich bezüglich des aktuellen Hypes um die Elektroscooter durchaus skeptisch, doch ist das Fahrgefühl auf den kleinen Rol- lern tatsächlich mitreißend. Ob das ausreicht, damit die Scooter die »iPhones« der Stadtmo- bilität werden, bezweifle ich. Dass die aber eine wichtige Rolle in der Stadtmobilität der Zukunft einnehmen werden, finde ich sehr überzeugend.

188 Hier erklärt Andy Grove auf nur fünf Seiten das Konzept der OKR und schuf damit eine extrem wichtige Basis für das operative Management in dynamischen Umgebungen. (Grove, A., 1995)

189 Die Methode wurden später von John Doerr, dem legendären Investor bei Google und späteren Prediger des OKR-Konzeptes, systematisch beschrieben und in seinem Buch »Measure What Matters« publik gemacht. Heute erfreuen sich OKRs vor allem im Silicon Valley und nun bei uns wachsender Beliebtheit. (Doerr, J., 2018)

190 Dazu auch: https://firstround.com/review/How-to-Make-OKRs-Actually-Work-at-Your-Startup/, abgerufen am 08.04.2019

191 »Strategy and Structure: Chapters in the History of the American Industrial Enterprise« (Chandler, A. D. Jr., 1962)

192 »The Design School: Reconsidering the Basic Premises of Strategic Management« (Mintzberg, H., 1990, S. 171 – 195)

193 Steven Aronowitz, Aaron De Smet und Deirdre McGinty: »Getting organizational redesign right« in: https://www.mckinsey.com/business-functions/organization/our-insights/getting-organizational-redesign-right, abgerufen am 31.10.2018

194 Das Konzept hatte Larry E. Greiner bereits Anfang der Siebzigerjahre in Büchern erst mit fünf Stufen, später dann in den Achtzigerjahren mit sechs publiziert (die sechste Stufe beschreibt den Übergang von der Einzelorganisation zum organisationsübergreifenden Netzwerk, was neues Wachstum erlaubt). Spätestens die berühmte zweite Vorstellung im Harvard Business Review etabliert die Strukturierungsmethode im »Mainstream« der Managementliteratur« (Greiner, L. E., 1998, S. 55. 67).

195 Siehe dazu auch: »Managemententscheidungen, Methoden, Handlungsempfehlungen, Best Practices« (Niermann, P. F.-J. & A. M. Schmutte, 2017, S. 55 – 60).

196 Laut https://de.statista.com/statistik/daten/studie/3555/umfrage/mitarbeiterzahl-von-der-deutschen-telekom-und-ihrer-wettbewerber-seit-1998/, abgerufen am 14.04.2019, hatte die Deutsche Telekom im Jahr 2000 179.200 Mitarbeiter, im Jahr 2007 dann noch 148.900 und im Jahr 2017 nur mehr 101.900. Die letzten Zahlen von 2018 weisen einen Personalstand von 98.800 Mitarbeitern aus.

197 Dazu auch die Unterscheidung zwischen Exploitation und Exploration. Die aktuelle wirtschaftswissenschaftliche Literatur verweist zur Unterscheidung von Exploitation und Exploration meist auf March: »Exploration includes things captured by terms such as search, variation, risk taking experimentation, play, flexibility, discovery, innovation. Exploitation includes such things as refinement […], efficiency, […] implementation, execution« (March, J. G., 1991, S. 71 – 87)

198 Aus Eingänglichkeitsgründen verwende ich hier die Begriffe »Skalierung« und »Erkundung«, verweise aber natürlich gerne auf den Begriff der organisationalen Ambidextrie bzw. der ambidexteren Organisation. Dieser wird in der Betriebswirtschaft seit 1976 verwendet und er leitet sich vom medizinischen Phänomen der Beidhändigkeit ab. Ambidextrie beschreibt eine organisatorische Fähigkeit, um ausgerichtet und effizient bei den heutigen betriebswirtschaftlichen Belangen und gleichzeitig anpassungsfähig hinsichtlich Umweltveränderungen zu sein, also gleichzeitig forschen (Exploration/Erkundung) und optimieren (Exploitation/Skalierung) zu können. Es wird zusätzlich oft zwischen struktureller und kontextueller Ambidextrie unterschieden. Kontextuelle Ambidextrie meint die Dualität unterschiedlicher organisatorischer Faktoren (z. B. Führung, Werte, Normen, etc.) innerhalb einer gleichbleibenden Struktur je nach Aufgabe situativ steuern zu können (siehe die 80/20-Regel von Google, laut der sich die Mitarbeiter von Google mit 20 Prozent ihrer Arbeitszeit mit innovativen Themen außerhalb ihrer angestammten Rolle im Tagesgeschäft beschäftigen können). Strukturelle Ambidextrie will Exploitation und Exploration mithilfe dualer Strukturen im Unternehmen umsetzen. Dazu werden differenzierte Organisationseinheiten gebildet, welche sich jeweils mit der Exploitation/Skalierung und Exploration/Erkundung beschäftigen. Die Herausforderung der strukturellen Ambidextrie besteht darin, eine geeignete strukturelle Abgrenzung der beiden Organisationseinheiten zu schaffen.

199   Als Präsident Kennedy 1961 das Ziel vorgab, noch innerhalb einer Dekade einen Menschen auf den Mond zu senden, da war das genau das, was man einen Moonshot nennt: Ein gigantisch großes Vorhaben, das genau bis zu dem Tag, an dem jemand dieses Ziel erreicht, als kaum machbar gilt. Damals, 1961, war die Technik bei weitem nicht reif genug. Und genau solche besonders großen Ziele versuchen auch die Moonshots in der Digitalbranche. Ganz vorn dabei: X, das ehemalige Google X, unter der Leitung von Astro Teller. Seine Devise: Während alle anderen versuchen 10 Prozent besser zu werden, wollen die Moonshots um den Faktor 10× besser sein. Das kann man nicht erreichen, indem man etwas härter arbeitet, da muss man völlig anders herangehen.

200   Zur Korrektheit der behaupteten 20-Prozent-Regel gibt es eine umfassende Debatte, der zufolge die 20 Prozent sich nicht auf eine Addition von 20 (Sonderthema) und 80 (Basisarbeit) und damit also 100 in Summe, sondern eher auf eine von 20 und 100 (also 20 Prozent Extra-Effort) beziehen würden. Ich schließe mich in Kenntnis der Arbeitsweise im Silicon Valley dem zweiten Lager an. Zur Referenz auch gerne: https://channels. theinnovationenterprise.com/articles/the-myth-of-google-s-20-time, abgerufen am 14.04.2019

201   Zum Beispiel: »FinnishED Leadership: Four Big, Inexpensive Ideas to Transform Education« (Sahlberg, P., 2017, S. 25)

202   https://www.3m.com/3M/en_US/careers-us/culture/15-percent-culture/, abgerufen am 14.04.2019

203   Ein anderes, durchaus bemerkenswertes Beispiel ist das Organisationsmodell der W. L. Gore & Associates GmbH: Die Amöbenorganisation. Das sind kleine Organisationseinheiten (der Name Amöbe verweist auf die Einzeller) von weniger als 150 Mitgliedern. Wächst die Zelle über diese Schwelle, teilt sich die Organisation. Eine Zelle tastet permanent seine Umgebung mit sogenannten Scheinfüßchen ab. Was der Organisation dient, wird absorbiert, bei schädlichen Partikeln zieht sie ihre Scheinfüßchen schnell wieder ein. Sie besteht aus entscheidungsfähigen Teams (unwirtschaftliche Ideen können schnell verworfen werden), die durch flache Hierarchien miteinander verbunden sind. Die Mitarbeiter arbeiten an Projekten, die ihren Fähigkeiten und Interessen entsprechen, und sie profitieren über einen Beteiligungsplan am Wachstum des Unternehmens. (Brafman, O. & R. A. Beckström, 2007)

204   Dazu ein Interview von Marc Pitzke mit dem Mitarbeiter von Kodak und dem Erfinder der Digitalkamera, Steve Sasson, im Auftrag des Spiegel im Oktober 2015: https://www.spiegel.de/einestages/digitalkamera-erfinder-steve-sasson-ueber-kodaks-pleite-a-1057653.html, abgerufen am 14.04.2019

205   … jetzt auch in Ihrer Stadt: https://fuckupnights.com/, abgerufen am 14.04.2019

206   »The Innovator's Dilemma: When New Technologies Cause Great Firms to Fail« (Christensen, C., 2016)

207   Dazu der Jahresbericht von Nokia aus dem Jahr 2007: https://www.nokia.com/sites/default/files/files/request-nokia-in-2007-pdf.pdf, p3, abgerufen am 14.04.2019

208   Nicht erst seit der Enthüllungen durch Edward Snowden wissen wir von den Verwicklungen der NSA und des CIA in die Anschubfinanzierung und die Beaufsichtigung wichtiger Player im Silicon Valley. Ohne weiteren Kommentar: https://www.foxbusiness.com/features/in-q-tel-a-glimpse-inside-the-cias-venture-capital-arm, abgerufen am 14.04.2019

209   https://www.iqt.org/portfolio/, abgerufen am 25.11.2018

210   https://hbr.org/2013/10/corporate-venturing, abgerufen am 24.11.2018

211   https://www.wsj.com/graphics/billion-dollar-club/, abgerufen am 25.11.2018

212   Corporate Venture Capital Funds müssen dabei keineswegs an den Grenzen ihrer Branche haltmachen. So hat Coca-Cola Geld für das Wachstum von Spotify zur Verfügung gestellt und damit sicherlich mindestens den Riecher von privaten Investment-Funds bewiesen.

213   So sprechen Philip King und John Kennedy in einem Artikel im der Financial Review von 90 Prozent der M & A-Vorhaben, die nicht die erwarteten Vorteile einer solchen Transaktion bringen. Siehe: http://www.europeanfinancialreview.com/?p=5897, abgerufen am 25.11.2018. Andere Quellen wie der »KPMG 2016 M & A Survey Report« sind etwas optimistischer und sprechen von einer Fehlerrate von »nur« 70 Prozent.

214 spannendes Interview mit Dr. Ulrich Quay von BMW i-Ventures: https://medium.com/sosv-accelerator-vc/42-questions-with-bmw-i-ventures-the-ultimate-investing-machine-daec02fa7e5a, abgerufen am 25.11.2018

215 Der Fund wurde 2016 gegründet und mit einem Kapital von 10 Millionen Dollar ausgestattet, siehe auch: http://www.sesameworkshop.org/sesame-ventures/, abgerufen am 25.11.2018

216 Dazu die Kommentare des ehemaligen Staatsanwaltes Richard Blumenthal und des Rechtswissenschaftlers Tim Wu in der New York Times, zwanzig Jahre nach dem Prozess: https://www.nytimes.com/2018/05/18/opinion/microsoft-antitrust-case.html, abgerufen am 14.04.2019

217 http://www.nethistory.info/History%20of%20the%20Internet/browserwars.html, abgerufen am 14.04.2019

218 »The Cathedral and the Bazar« (Raymond, E. S., 2010); www.snowballpublishing.com

219 In der Open Source Definition der Open Source Initiative (siehe: https://opensource.org/osd, abgerufen am 01.12.2018) wird Folgendes für Open-Source-Lizenzen verlangt:
1. Freie Weitergabe: Die Lizenz darf niemanden darin hindern, die Software zu verkaufen oder sie mit anderer Software zusammen in einer Software-Distribution weiterzugeben. Die Lizenz darf keine Lizenzgebühr verlangen.
2. Verfügbarer Quellcode: Die Software muss im Quellcode für alle Nutzer verfügbar sein.
3. Abgeleitete Arbeiten: Die Lizenz muss von der Basissoftware abgeleitete Arbeiten und deren Distribution unter derselben Lizenz wie die Basissoftware erlauben.
4. Integrität des Autoren-Quellcodes: Die Lizenz muss explizit das Verteilen von Software erlauben, die auf einer modifizierten Version des Originalquellcodes beruhen. Die Lizenz kann verlangen, dass solche Änderungen zu einem neuen Namen oder einer neuen Versionsnummer der Software führen und solche Änderungen dokumentiert werden. Die Lizenz darf verlangen, dass nur Patches zum Originalcode verteilt werden dürfen, wenn diese mit dem Quellcode verteilt werden dürfen.
5. Keine Diskriminierungen von Personen oder Gruppen: Die Lizenz darf nicht einzelnen Personen oder Gruppen die Nutzung der Software verweigern, z. B. den Bürgern eines bestimmten Staates.
6. Keine Nutzungseinschränkung: Die Lizenz darf den Verwendungszweck der Software nicht einschränken, z. B. kein Ausschluss militärischer oder kommerzieller Nutzung o. Ä.
7. Lizenzerteilung: Die Lizenz muss für alle zutreffen, welche die Software erhalten, ohne z. B. eine Registrierung oder eine andere Lizenz erwerben zu müssen.
8. Produktneutralität: Die Lizenz muss produktneutral gestaltet sein und darf sich z. B. nicht auf eine bestimmte Distribution beziehen.
9. Die Lizenz darf andere Software nicht einschränken: Sie darf zum Beispiel nicht verlangen, dass sie nur mit Open Source Software verbreitet werden darf.
10. Die Lizenz muss Technologie-neutral sein: Sie darf z. B. nicht verlangen, dass die Distribution nur via Web/CD/DVD verteilt werden darf.

220 Ein oft anzutreffendes Zitat zu Open Source-/Free-Software von Richard Stallman, einem der Mitbegründer der Idee von Freier Software lautet: »Frei wie in Redefreiheit, nicht wie in Freibier«. Diese Freiheit, also die Zugänglichkeit und Verwendbarkeit der Software, ist jedoch nicht frei von rechtlichen Verpflichtungen und Risiken – vor allem wenn die Software im Rahmen einer gewerblichen Nutzung weiter an Kunden vertrieben wird. Siehe dazu: https://www.informatik-aktuell.de/management-und-recht/it-recht/open-source-software-rechtliche-risiken.html, abgerufen am 01.12.2018

221 In dem Buch »Das egoistische Gen« von Richard Dawkins (1989) wurde der englische Begriff »meme« geprägt, es beschreibt grob gesprochen die kleinsten Bausteine von kultureller Informationen als »Mini-Geschichten« in Anlehnung an die Bausteine des Lebens, die Gene. Im Zuge der digitalen Revolution hat sich der Begriff auch für eine Reihe von grundlegenden Internetphänomen etabliert. Zitat: »We need a name for the new replicator, a noun that conveys the idea of a unit of cultural transmission, or a unit of imitation.› Mimeme‹ comes from a suitable Greek root, but I want a monosyllable that sounds a bit like

›gene‹. I hope my classicist friends will forgive me if I abbreviate mimeme to meme. If it is any consolation, it could alternatively be thought of as being related to ›memory‹, or to the French word même.«(Dawkins, R., 1989, S. 192)

222   1962 von Thomas S. Kuhn geprägter Begriff, der den Wandel grundlegender Rahmenbedingungen für einzelne wissenschaftliche Theorien, z. B. Voraussetzungen »in Bezug auf Begriffsbildung, Beobachtung und Apparaturen« (= Paradigma) bezeichnet.

223   Whitehurst, Jim (2015): »The Open Organization, Igniting Passion and Performance«, Harvard Business Review, mit einem Vorwort von Gery Hamel

224   Hier treffen sich seine Aussagen mit denen eines anderen wichtigen Zeitgeistes, der sich in den Büchern von Simon Sinek finden lässt, und den wir in unserer Diskussion rund um die Führungsfrage wieder treffen werden.

225   Original Press-Release: https://www.ibm.com/investor/att/pdf/IBM-RED-HAT-Press-Release-10-2018.pdf, abgerufen am 14.04.2019

226   Je nach Herkunft des Fleisches, der Rinderrasse und dem Fütterungsverfahren kann der Ausstoß von Klimagasen pro Kilogramm Rindfleisch bis zu einem Äquivalent von 1.600 km gefahrene Strecke mit einem Auto betragen (also der Vergleich, wie viele Kilometer müsste man mit dem Auto fahren, um so viel Klimagase zu erzeugen, wie durch den Genuss eines Kilos Rindfleisch bewirkt). Der Extremwert von 1.600 km für dieses Äquivalent wird vom Wiener Wissenschaftler Kurt Schmidinger in einer Studie für Rindfleisch aus Brasilien ermittelt: https://link.springer.com/article/10.1007%2Fs11367-012-0434-7, abgerufen am 08.04.2019. Als »realistischeren Referenzwert« für die Mischung des Klima-Fußabdrucks von Fleisch setzen wir hier einen Wert von Forschern der University of Manchester, Namy Espinoza-Orias und Adisa Azapagic an, die von 176 km Fahrt als Äquivalent des Konsums von einem Kilogramm Rindfleisch sprechen: https://www.sciencedirect.com/science/article/abs/pii/S2352550917300635?via%3Dihub, abgerufen am 08.04.2019

227   Siehe: https://agilemanifesto.org/history.html, abgerufen am 14.04.2019

228   Spannend dazu auch ein ähnlicher Ansatz in dem Papier: »Next Gen Corp« der Unternehmensberatung Stern Stewart, https://www.sternstewart.com/files/ssco_nextgencorp_1.pdf, abgerufen am 15.12.2018

229   Zum theoretischen Fundament der durchgehenden Prozessorganisation (»Prozessorganisation: Entwicklung, Ansätze und Programme des Managements von Geschäftsprozessen«; Gaitanides, M., 2007)

230   »Reengineering the Corporation« (Hammer, M. & J. Champy, 1994)

231   Die schwedischen Unternehmensberater Henrik Kniberg und Anders Ivarsson haben bereits 2012 eine sehr plastische Beschreibung der Funktion von Quady/Tribes/Chapters und Guilds veröffentlicht. Siehe dazu: https://blog.crisp.se/wp-content/uploads/2012/11/SpotifyScaling.pdf, abgerufen am 15.12.2018

232   Zu der Entwicklung flexiblerer und günstigerer Alternativen zum klassischen Ausbildungsprogramm von Universitäten siehe unter anderem: https://www.brookings.edu/blog/techtank/2015/02/23/how-google-and-coursera-may-upend-the-traditional-college-degree/, abgerufen am 14.04.2019

233   Ein Burn-Down-Chart ist eine grafische Darstellung der noch zu erledigenden Arbeit. Es wird häufig in agilen Softwareentwicklungsmethoden wie Scrum verwendet. Auf der vertikalen Achse wird die noch ausstehende Arbeit (der Backlog) aufgetragen, die Zeit entlang der horizontalen Achse. So kann man sehen, wie die noch ausstehende Arbeit erledigt wird.

234   »The Stockdale Paradox« (Collins, J., 2001, S. 83 – 85)

235   Folgt man dem radikalen Konstruktivismus und Luhmanns Theorie sozialer Systeme, kommt man zur Idee einer vorteilhaften Kombination von fester Kopplung zwischen den Mitgliedern einer Subkultur (»orientierungsfördernd«) und loser Kopplung zwischen den Subkulturen (pluralitätsfördernd) innerhalb eines Unternehmens. Pluralität ist aber über eine homogene Einheitskultur nicht zu haben. (Jochheim, S., 2002,)

236   Julie Goran, Laura LaBerge, and Ramesh Srinivasan: »Culture for a digital age«, McKinsey Quarterly, July 2017, https://www.mckinsey.com/business-functions/digital-mckinsey/our-insights/culture-for-a-digital-age, abgerufen am 24.12.2018

237 Zur Struktur und Strategie von Alibaba gibt es auch eine spannende Harvard Business School Case Study der Harvard Professorin Julie Wulf. Siehe: https://hbr.org/product/Alibaba-Group/an/710436-PDF-ENG , abgerufen am 24.12.2018

238 »Start with why. How great leaders inspire everyone to take action« (Simon, S., 2009)

239 TED (Abkürzung für Technology, Entertainment, Design) war ursprünglich eine jährliche Innovations-Konferenz in Monterey, Kalifornien. Die TED-Talks sind bekannt durch die TED-Talks-Website TED.com, auf der die besten Vorträge kostenlos ins Netz gestellt werden. Unter dem Motto »Ideen, die es wert sind, verbreitet zu werden«, hat jeder Vortragende (es sprechen Wissenschaftler, Unternehmer, Aktivisten, Autoren, Designern, Künstlern etc.) maximal 18 Minuten, seine Idee ansprechend zu präsentieren. Daraus sind später die weltweit unabhängig organisierten TEDx-Konferenzen hervorgegangen. Seit 2009 haben mehr als 10.000 TEDx-Events in mehr als 2.500 Städten in 164 Ländern stattgefunden. Auf YouTube findet man viele davon zur kostenlosen Ansicht

240 Das Video kann kostenfrei abgerufen werden unter: https://www.ted.com/talks/simon_sinek_how_great_leaders_inspire_action, abgerufen am 26.12.2018

241 First Place: Wohnung. Second Place: Arbeit. Es scheint nun ein Rennen um die Position des »Third Pace« zu geben zwischen dem Fahrzeug und einem »temporären Workspace« in einem Café oder dergleichen.

242 Die exakte Mission und Vision von Lego siehe: https://www.lego.com/de-de/aboutus/lego-group/mission-and-vision, abgerufen am 18.04.2019

243 Ein kurzer Überblick über die unterschiedlichen Konzepte: Purpose: Daseinszweck und Antwort auf die Frage nach dem »Warum« Sie über den finanziellen Gewinn hinaus etwas machen wollen. Ein Test, ob der Purpose sinnvoll ist, ist die Prüfung, ob es für Einzelpersonen und für die gesamte Organisation gilt. Dann können Sie normalerweise sagen »Wir glauben ...« Vision: Der Unterschied, den Sie im Leben Ihrer Kunden oder in der größeren Welt schaffen, wenn Sie Ihren Purpose verwirklichen. Die Vision sollte Menschen sowohl innerhalb als auch außerhalb des Unternehmens begeistern. Beginnt oft mit »Wir werden ...«

Mission: Eine ehrgeizige (aber am Ende erreichbare) Position im Markt oder im Leben Ihrer Kunden, die Ihren Purpose anerkennen. Es sollte klar werden, in welchem Unternehmen Sie tätig sind. Beginnt oft mit »Sei der Beste ...«

244 Siehe dazu auch die Studie (unter anderem gibt es vergleichbare Studien auch von stategy&) von Kienbaum unter dem Titel: CDO-Studie 2017/2018, »Digitale Titeljagd, Ein kritischer Blick auf die CDO-Funktion«: https://cdn-assets.kienbaum.com/downloads/180206_CDO-Broschu%CC%88reNEU_digital_k.pdf?mtime=2018022313535, abgerufen am 24.12.2018

245 Alle Gedanken hier zur Netzwerktheorie wurden stark durch das folgende Buch beeinflusst: »Linked. How everything is connected to everything else and what it means for business, science, and everyday life« (Barabási, A.-L., 2003).

246 http://www.wired.com/2010/01/slime-mold-grows-network-just-like-tokyo-rail-system, abgerufen am 08.04.2019

247 Dazu ein spannender Ausflug in die Komplexitätstheorie: »Small Worlds. Das Universum ist zu klein für Zufälle« (Buchanan, M., 2002).

248 »The Small World Problem« (Milgram, S., 1967, S. 60 – 67)

249 Die Namen der beiden Microsoft Netzwerk-Forscher lauten: Jure Leskovec und Eric Hirvitz. Dazu die Zusammenfassung auf Deutsch: https://www.heise.de/newsticker/meldung/Microsoft-Wissenschaftler-bestaetigen-die-These-von-der-kleinen-Welt-192414.html, abgerufen am 08.04.2019

250 Siehe Ausführungen und Hinweise im Abschnitt »Lernende Maschinen für die Datenflut«

251 Robert Melancton Metcalfe hatte die Faustregel über das Kosten-zu-Nutzenverhältnis von Kommunikationssystemen postuliert, der zufolge der Nutzen eines Kommunikationssystems proportional zur Anzahl der möglichen Verbindungen zwischen den Teilnehmern (also dem Quadrat der Teilnehmerzahl) wächst, während die Kosten nur proportional zur Teilnehmerzahl selbst wachsen. Metcalfe hatte das selber nie publiziert, wurde jedoch von George Gilder 1993 in seiner Publikation Metcalfe's Law and Legacy als Verfasser erwähnt.

252 Zur noch jungen Netzwerktheorie: »Bursts: The Hidden Pattern Behind Everything We Do« (Barabasi, A.-L., 2010) und auch im Internet unter: barabasi.com und barabasi. com/f/628. pptx, abgerufen am 29.12.2018.

253 Derjenige mit der besseren Anpassung setzt sich durch und verdrängt die weniger Angepassten: Vor 160 Jahren erschien Charles Darwins »On the Origin of Species«. Dieses erklärte die Artentransformation (Evolution), worin die natürliche Auslese, d. h. das Selektionsprinzip, im Vordergrund steht (Darwin, C., 2003). Der Begriff Darwinismus selber wurde im April 1860 von Thomas Henry Huxley populär gemacht, als er im Westminster Journal Darwins On the Origin of Species besprach. Das Werk selbst begründete eine Generaltheorie der Evolutionsmechanismen, die besagt, dass in beliebigem Rahmen (d. h. auch außerhalb der Biologie) bei Vorhandensein von Variabilität und einem Selektionsdruck Evolution stattfinden kann. Darwin propagierte den Begriff der besten Anpassung als Verbesserung der Chancen im Kampf um das Überleben, was leider oft (bewusst) als die Überlegenheit des Stärkeren missverstanden wurde.

254 https://techcrunch.com/2015/06/22/consumers-spend-85-of-time-on-smartphones-in-apps-but-only-5-apps-see-heavy-use/, abgerufen am 08.04.2019

255 »The Long Tail: Why the Future of Business Is Selling Less of More« (Anderson, C., 2006)

256 DARPA: die US-amerikanische Defense Advanced Research Projects Agency ist eine Behörde des Verteidigungsministeriums der Vereinigten Staaten, die Forschungs-Projekte für die Streitkräfte der Vereinigten Staaten durchführt. Sie hat wesentlich zur Entwicklung des Internets beigetragen.

257 Unter Keiretsu versteht man Zusammenschlüsse japanischer Unternehmen, auch wirtschaftliche Verbundgruppen genannt. Die Unternehmen sind rechtlich selbstständig, aber voneinander abhängig und nach außen oft »abgeriegelt«.

258 Ein Chaebol ist das koreanische Gegenstück zum Keiretsu. Im Vergleich »zentralistischer« und als großes Familienunternehmen organisiert (das südkoreanische Recht verbietet die Bildung von bei uns als »Holding-Gesellschaften« bekannten Konstrukten), werden die Einzelunternehmen durch enge familiäre Bindungen zusammengehalten. Meist ein Mischkonzern (Konglomerat) aus verschiedenen Sparten.

259 TQM = Total Quality Management, ursprünglich in den USA entwickelt und später wichtige »Zutat« für den erfolgreichen Aufstieg von Japans Industrie

260 ERP = Enterprise-Resource-Planning, eine Vielzahl miteinander kommunizierender Anwendungssoftware- bzw. IT-Systeme (bzw. Module), die zur Unterstützung der Ressourcenplanung des gesamten Unternehmens eingesetzt werden. In unserer Industrie meist: SAP

261 Im Jahre 2003 platzte ein Artikel aus dem Harvard Business Review in die Diskussion der Zukunft der IT. Dieser Artikel und die Diskussion dazu wurde später als die »Carr-Debatte« bekannt und hat die IT aus der überzeichneten Positionierung als »strategische Waffe« auf den Erdboden des »die IT als reines Cost-Center« zurückgeholt. Zu sehr vielleicht. Siehe: Nicholas G. Carr, »IT Doesn't Matter«, Harvard Business Review, Mai 2003. https://hbr.org/2003/05/it-doesnt-matter, abgerufen am 29.12.2018.

262 Der hier bekannte De-facto-Standard ist die IT Infrastructure Library (ITIL).

263 Dazu: https://www.gartner.com/newsroom/id/2903717, abgerufen am 31.12.2018

264 »A two-speed IT architecture for the digital enterprise«, McKinsey Publikation (Bossert, O. et al, 2014), oder auch unter https://www.mckinsey.com/business-functions/digital-mckinsey/our-insights/ a-two-speed-it-architecture-for-the-digital-enterprise, zu finden, abgerufen am 31.12.2018.

265 Ein humorvoller Hinweis: https://twitter.com/DEVOPS_BORAT, abgerufen am 08.04.2019

266 Zitat wird Ian Hacking zugeschrieben, einem kanadischen Wissenschaftstheoretiker und Sprachphilosoph, der Beiträge zur Realismus-Debatte verfasst hat.

267 Legendär: https://www.das-leben-des-brian.de/clips/das-leben-des-brian-volksfront-von-judaea, abgerufen am 31.12.2018.

268 Hier darf man Elon Musk mit seinem Vorgehen des »Updates over the air« durchaus als Visionär und Vordenker begreifen.

269 Zu Hintergrund und Werkzeugen eines »PULS«-Meetings siehe: http://publications.lib.chalmers.se/records/fulltext/165803/165803.pdf, abgerufen am 1.1.2019

270 Ein Erfahrungsbericht der Kollegen der VW-Group dazu unter: https://www.volkswagenag.com/de/group/intern/on-the-cutting-edge.html, abgerufen am 1.1.2019

271 Eine aus meiner Sicht für große Unternehmen zur Synchronisierung großer agiler Programme (auch, um agil zumindest etwas mit den klassischen Prozessen zu versöhnen) unerlässliche Referenz und Methode: SAFe. Siehe: https://www.scaledagileframework.com/, abgerufen am 01.01.2019

272 Link zum Framework LeSS (Large Scale Scrum) unter: https://less.works/, abgerufen am 15.04.2019

273 Wird dem aus dem Iran stammenden Wiener Trendforscher und Storyteller Ali Mahlodji zugeschrieben. Über den Kollegen siehe hier: https://www.ali.do/, abgerufen am 01.01.2018

274 Studie zur Employee Loyality der US-Firma payscale: https://www.payscale.com/data-packages/employee-loyalty/full-list, abgerufen am 01.01.2019

275 »The Start-up of You: Adapt to the Future, Invest in Yourself, and Transform Your Career« (Hoffman, R. & B. Casnocha, 2013)

276 Eine schöne Zusammenfassung des von Reid Hoffman beschriebenen »Lebens im Zustand des permanenten Beta« unter: https://www.youtube.com/watch?v=PX8i8fcC5NQ, abgerufen am 02.01.2019

277 Ich verweise hier nur auf diese Zusammenfassung und enthalte mich einer allgemeingültigen Aussage zu den Produktivitätsunterschieden zwischen guten und sehr guten Programmierern (aus eigener Erinnerung kann ich aber bestätigen, dass es an meiner Universität sogenannte Code-Poets gab, die nicht nur Dinge schneller als andere erledigen konnten, sondern die Dinge schafften, die kein anderer »normaler Programmierer« konnte. Das ist dann mehr als nur ein Qualitätsunterschied einfacher Ordnung): http://www.devtopics.com/programmer-productivity-the-tenfinity-factor/, abgerufen am 08.04.2019

278 Auch spannend zur Frage des Vorteils der Besten über die Besseren: »Auf die richtigen Mitarbeiter kommt es an, in: Die Besten für den Vertrieb« (Aygen, N., 2015, S. 1 – 21)

279 Sagt der frühere HR-Direktor von Google Laszlo Bock in seinem Buch: »Work Rules! Insights from Inside Google That Will Transform How You Live and Lead« (Bock, L., 2015)

280 »Good to great: Great: Why Some Companies Make the Leap … and Others Don't« (Collins, J., 2001, S. 42)

281 Vergleiche dazu das Paper: »Personnel Economics: The Economist's View of Human Resources« (Lazear, E. P. & K. L. Shaw, 2007, S. 91 – 114)

282 Siehe dazu Michael Housman und Dylan Minor: »Toxic Workers«, Working Paper 16-057, Harvard Business School, 2016. https://www.hbs.edu/faculty/Publication%20Files/16-057_d45c0b4f-fa19-49de-8f1b-4b12fe054fea.pdf , abgerufen am 02.01.2018

283 Der Pygmalion-Effekt (nach der mythologischen Figur Pygmalion, wissenschaftlich auch oft Rosenthal-Effekt genannt) fußt auf den Beobachtungen des deutsch-amerikanischen Psychologen und Psychologieprofessors Robert Rosenthal, der sich mit den Auswirkungen einer positiven Erwartungshaltung auf verschiedene Ausgangssituationen auseinandersetzte. Wichtig ist das im Kontext von Menschenkenntnis sowie Bewertung und Förderung von Menschen (zum Beispiel zwischen Führungskraft und Mitarbeitern oder in der Schule zwischen Lehrer und Schülern). Die Essenz: Was man glaubt (oder was einem glauben gemacht wird), wie jemand ist, beeinflusst unseren Umgang mit demjenigen. Und das beeinflusst wiederum das Verhalten und die Entwicklung desjenigen in die erwartete Richtung. Daher trifft der Satz zu: »Man wird, wie man gesehen wird«. Dass dies eine reale Wirkung hat, konnte 1965/1966 von Rosenthal gemeinsam mit Lenore Jacobson in einem Feldexperiment an einer amerikanischen Grundschule gezeigt werden. Rosenthal und Jacobson führten mit den Schülern einen Test durch, der angeblich die 20 Prozent der Schüler ermitteln würde, bei denen im kommenden Schuljahr aufgrund eines erwarteten Entwicklungsschubs eine Leistungssteigerung eintreten würde. Tatsächlich handelte es sich um einen Intelligenztest und die Auswahl der Schüler erfolgte per zufälligem Losverfahren. Die Namen der gelosten Kinder wurden als die kommenden »Entwicklungsstars«

an die Lehrer kommuniziert. Als der Intelligenztest nach acht Monaten wiederholt wurde, zeigten die zufällig ausgewählten 20 Prozent der Schüler tatsächlich eine besonders ausgeprägte Leistungssteigerung. Dieser Trend bestätigte sich auch vier Monate später. Rosenthal und Jacobson schlossen daraus, dass die Lehrer die Schüler durch ihre positive Erwartung unbewusst anders bewertet und behandelt hatten. Etwa indem sie geduldiger mit ihnen umgingen oder deren Lernfortschritte besonders hervorhoben. Das motivierte die so behandelten Kinder positiv und wirkte insgesamt unterstützend auf deren Entwicklung. (Rosenthal, R. & L. Jacobson, 2003)

284 »Der Stärken-Code: Die eigenen Talente entschlüsseln, anerkennen und weiterentwickeln« (Rebmann, F., 2017)

285 Eine wissenschaftlich belastbarere Analyse (was aber den narrativen Charakter stören würde) dessen, welche Führungsverständnisse und Führungstheorien sich finden lassen bietet zum Beispiel: »Führen und führen lassen: Ansätze, Ergebnisse und Kritik der Führungsforschung« (Blessin, B. & A. Wick, 2017, S. 29)

286 »Führung und Organisation – zwei Seiten ein und derselben Medaille, in Revue für postheroisches Management« (Wimmer, R., 200). Der Artikel ist auch im Internet abrufbar unter: https://www.researchgate.net/publication/329415599_Fuhrung_und_Organisation_-_zwei_Seiten_ein_und_derselben_Medaille, abgerufen am 15.01.2019

287 Zur Einordnung der Great Man Theory auch: »Führen und führen lassen«, (Blessin, B. & A. Wick, 2017, S. 86)

288 Eine Würdigung der Eisernen Lady in der ZEIT: https://www.zeit.de/news/2013-04/08/regierung-portraet-die-eiserne-lady-ist-tot---bewunderung-und-hass-08182805, abgerufen am 03.02.2019

289 Umfassend dargestellt zum Beispiel in: »Staatsformen-Modelle politischer Ordnung von der Antike bis zur Gegenwart« (Gallus, A. & E. Jesse, 2004)

290 Zu der Frage des Überlebenskampfes der Inkas, Azteken und Apachen: »Der Seestern und die Spinne. Die beständige Stärke einer kopflosen Organisation« (Branfman, O. & R. A. Beckström, 2007, S. 23 ff)

291 Zur »Vermessung« der Eigenschaften von Führungskräften siehe: »The Bass handbook of leadership, theory, research, and managerial applications« (Bass, B. M. & R. Bass, 2008)

292 Katz, R. (1974): »Skills of an Effective Administrator«, in: Harvard Business Manager, Sept. 1974, https://hbr.org/1974/09/skills-of-an-effective-administrator , abgerufen am 15.01.2019

293 Die Idee des »Situatives Führens« siehe: »Management of organizational behavior« (Hersey, P. & K. H. Blanchard, 1988, S. 169 – 201). Die Autoren unterscheiden zwischen einem eher aufgabenbezogenen und einem mehr personenbezogenen Führungsstil. Abhängig vom »Reifegrad« geführter Mitarbeiter verspricht ein jeweils anderes Verhalten des Vorgesetzten mehr Erfolg. Die vier wesentlichen Verhaltensweisen sind: Führungsstil 1: Niedrige Reife der Mitarbeiter erfordert eher eine hohe Aufgabenorientierung bei niedriger Beziehungsorientierung (»telling«). Führungsstil 2: Hat sich der Mitarbeiter weiterentwickelt, soll der Vorgesetzte verstärkt mitarbeiterbezogen und aufgabenbezogen führen (»selling«). Führungsstil 3: Bei mäßiger bis hoher Reife sollte der Vorgesetzte stark mitarbeiterbezogen und gleichzeitig weniger aufgabenbezogen führen und sie an Entscheidungen beteiligen (»participating«). Führungsstil 4: Sehr »reife« Mitarbeiter benötigen weder besondere Zuwendung, noch braucht man ihnen detaillierte Vorgaben bezüglich Aufgaben/Verhalten zu machen. In diesem Falle sollte man Verantwortung delegieren (»delegating«)

294 Ich berufe mich hier auf das, was der Sozialpsychologe Kurt Lewin als »autoritären« Führungsstil bezeichnet: Die autoritäre Führungsperson trifft wichtige Entscheidungen im Alleingang, sagt anderen, was zu tun ist, und kümmert sich selbst um auftretende Probleme (Lewin, K. et al, 1939, S. 271 – 299)

295 König Pyrrhos I. von Epirus sagte nach seinem Sieg über die Römer in der Schlacht bei Asculum zu einem Vertrauten: »Noch so ein Sieg, und wir sind verloren!«. Bei den Recherchen zu diesem Buch hatte ich in diesem Bereich auch meine Bemerkungen zur Außenhandelspolitik des amerikanischen Präsidenten Trump eingeordnet, der die Steuern senkt und einen dramatischen Anstieg der Staatsausgaben vorantreibt und die das US-Haushaltsdefizit unweigerlich vergrößert.

Finanziert werden die Schulden im Wesentlichen durch die Länder mit hohem Außenhandelsüberschuss. China liefert preiswerte Konsumartikel und erhält dafür Schuldpapiere der Amerikaner. Sicherlich, die Zentralbankbilanzen sind sehr geduldig. Aber munter sägt Donald Trump, während er auf Twitter seine vermeintlichen Siege verkündet, an dem Ast, auf dem er und seine Politik sitzen. Siehe auch Marcus Richert in der Finanzkolumne von Portfolio-Concept.de unter: https://portfolio-concept.de/author/markus-richert/, abgerufen am 19.01.2019

296 Dirk Baecker beschreibt die Elemente der autoritären heroischen Führung wie folgt: »Die Welt der heroischen Führung ist einfach. Sie kennt nur Gewinne und Verluste. Und sie preist ihre Helden dafür, dass sie eine klare Orientierung bieten und mit leuchtendem Beispiel, das heißt mit Siegeswillen und Opferbereitschaft, vorausgehen.« (Baecker, D., 2015, S. 2)

297 Der Begriff »postheroisches Management« wurde in den 1980er-Jahren vom britischen Managementberater Charles Handy geprägt. Es schreibt Konzepte fort, die in den 1960er-Jahren entwickelt worden waren, als man begann, das tradierte »mechanische Managementsystem« von einem neuen, als »organisch« bezeichneten Managementsystem zu unterscheiden (Handy, C., 1989).

298 Ich zweckentfremde die Geschichte hier. Das Original geht so: Ein Mann will ein Bild aufhängen. Den Nagel hat er. Nicht aber den Hammer, jedoch hat der Nachbar einen. Also beschließt der Mann, hinüberzugehen und ihn sich zu borgen. Doch da kommt ihm ein Zweifel: Was, wenn der Nachbar ihm den Hammer nicht leiht? Schon gestern hatte er nur flüchtig gegrüßt. Vielleicht war er in Eile. Aber vielleicht war die Eile nur vorgetäuscht, und er hat etwas gegen ihn. Aber was nur? Er hat ihm nichts getan; der bildet sich da etwas ein. So denkt er weiter: Wenn jemand von ihm ein Werkzeug borgen wollte, er gäbe es ihm sofort. Warum aber sein Nachbar nicht? Leute wie der Kerl vergiften einem das Leben und bilden sich noch ein, man sei auf sie angewiesen. Bloß weil sie einen Hammer haben. Jetzt reicht's aber wirklich. Und so stürmt er hinüber, läutet, der Nachbar öffnet. Noch bevor der Guten Morgen sagen kann, schreit ihn unser Mann an: Behalten Sie Ihren Hammer, Sie Rüpel! Zum genussvollen Wiederlesen: Watzlawick, P. 2009, S. 37 – 38

299 Welch, J. & S. Welch, 2005, S. 63 ff

300 »The Innovator's Dilemma: When New Technologies Cause Great Firms to Fail«, Christensen, C. M., 2013

301 Das ist eine Nacherzählung der Geschichte »Der Fall des Marineoffizier Sims« aus: »Die Innovationsmaschine. Wie die weltbesten Unternehmen Innovationen managen« (Wentz, R.-C., 2008, S. 215 ff)

302 Tatsächlich ist die Rede von der »Burning Platform« im Change Management ein gefährliches Spiel mit dem Feuer. Beginnen wir mit der Herkunft des Begriffes, dann geht dieser auf das Feuer auf der »Piper Alpha Ölbohrplattform« im Jahr 1988 zurück. Damals waren etwa 190 Kilometer nordöstlich von Aberdeen, Schottland, 168 Menschen bei einer Explosion und dem darauffolgenden Großfeuer ums Leben gekommen. Die äußert negativ besetzte Absprungmotivation ins kalte Wasser (angetrieben durch das Feuer auf der Plattform) ist keine Vorlage für kluges Change Management. Im Change Management arbeitet man über positive Zielbilder und über Wege, die die Mitarbeiter selber mitgestalten können. Having some personal control over the change.

303 Carsten Tams ist Partner bei der New Yorker Beratungsboutique Emagence und beschreibt die von mir hier nacherzählte Geschichte in einem Blog zum »shared leadership« bei Forbes: https://www.forbes.com/sites/carstentams/2018/03/09/bye-bye-heroic-leadership-here-comes-shared-leadership/#49c207fe2c67, abgerufen am 22.02.2019

304 Erhellend die sehr interessante Abhandlung über Leadership im herkömmlichen Sinne von: »Leadership for the disillusioned: Moving beyond myths and heroes to leading that liberates« (Sinclair, A., 2007)

305 Kanter, R. M., 1998

306 Für eine Exkursion zur Frage, was gutes Design ausmacht, empfehle ich von Professor William Lidwell: https://www.youtube.com/watch?v=rdH8Kuku9tA, abgerufen am 23.01.2019. Dieser unterrichtet Design am Gerald D. Hines College of Architecture an der University of Houston.

307 Auf den eigenwilligen Firmengründer James Dyson gibt es zahlreiche Verweise im Netz. Ich begnüge mich mit dem Hinweis auf: https://www.dyson.com.au/community/about-james-dyson.aspx, abgerufen am 23.01.2019

308 Sehr anregend dazu auch Peter Drucker, »Managing Oneself.« In Harvard Business Review, Januar 2005. Im Internet auch unter: http://sbuweb.tcu.edu/jmathis/Org_Mgmt_Materials/Managing_Oneself.pdf, abgerufen am 08.04.2019

309 Im Original: »Die Frage, wie groß der Beitrag der Persönlichkeitseigenschaften zur Führung bzw. zum Führungserfolg sei, ist ebenso müßig wie die Frage nach dem Beitrag der Breite zur Fläche eines Feldes«. (Wunderer, R. & W. Grunwald, 1990, S. 117)

310 Senge, P. M., 2011

311 Für Senge steht dabei der Mensch im Vordergrund, während die Leistungssteigerung für die Organisation ein positiver Nebeneffekt ist. Personal Mastery muss dabei als lebenslanger Prozess verstanden werden.

312 Dazu eine erfrischende und mit wenig akademischer Distanziertheit geschriebene Beschreibung des Burnout-Syndroms: »Das Burnout Syndrom: Theorie der inneren Erschöpfung – Zahlreiche Fallbeispiele – Hilfen zur Selbsthilfe« (Burisch, M., 2014)

313 Talentierte Führungskräfte scheitern oft an sich selbst, weil sie die »Verbindung zu sich selbst« verlieren und hartnäckig (eine zu starke Zielfokussierung führt zu Blindheit für Alternativen oder zu Überanstrengung, Stress und einem permanenten Spannungszustand) an schädlichen Verhaltensweisen festhalten (übertriebene Großzügigkeit oder Zurückgezogenheit gegenüber anderen), oder wiederholt in dieselben Fallen tappen (Missbrauchssituationen etc.). Oft machen dann die Emotionen mit der Führungskraft, was sie wollen (statt umgekehrt) oder die körperlichen Befindlichkeiten werden der begrenzende Engpassfaktor. In all diesen Fällen wird der Bedarf des gesunden Menschen, sich selber wahrzunehmen, »ausgeschaltet«. Dauert das zu lange, sind Konsequenzen oft sehr schlimm für die Betroffenen. Eine emphatische Führungskraft nimmt solche Entwicklungen wahr und gibt entsprechend früh Hinweise und Entwicklungsimpulse.

314 Der Schriftsteller und Sprachwissenschaftler Dietrich Krusche schreibt in einem spannenden Aufsatz in der Internationalen Zeitschrift für Philosophie und Psychosomatik davon, dass das »Selbst« Konjunktur habe. So zählt er im Rechtschreibduden auf eineinhalb Spalten knapp 150 solcher Bildungen, von Selbstabholer bis Selbstzweck. Siehe: Dietrich Krusche: »Die Bezugnahme auf mich selbst und die Selbstregulierung organischer Einheiten. Zu einer Schnittstelle zweier Beschreibungssprachen«. Erschienen in der Internationalen Zeitschrift für Philosophie und Psychosomatik, 10. Ausgabe 01/2014.

315 Humberto Romesin Maturana; das für seine weiteren Arbeiten grundlegende Papier »Biology of Cognition« entstand als Research Report am Biological Computer Laboratory Research Center der University of Illinois, im Jahr 1970. Es ist verfügbar unter: http://www.enolagaia.com/M70-80BoC.html, abgerufen am 02.02.2019. Dazu auch: »Der Baum der Erkenntnis. Die biologischen Wurzeln menschlichen Erkennens« (Maturana, H. R. & V. Varela, 2009)

316 Singer, W., 2002, S. 61

317 Ein durchaus spannender, unter anderem philosophisch verwendeter Begriff zur Wahrnehmung und Philosophie des Geistes. Ein Homunkulus ist dann sozusagen nochmals ein Wesen »im Kopf«, das Reize wahrnimmt und die Welt erlebt. So etwa, dass in der visuellen Wahrnehmung ein Bild auf die Netzhaut gelangt, das als Bild dann in das Gehirn gesendet wird, und dort im Kopf nochmals vom Homunkulus angeschaut werden würde.

318 Zu Heraklit: »Panta rhei. Der Fluß und seine Bilder. Ein kulturgeschichtliches Lesebuch« (Seiderer, U., 1999)

319 Ein sehr praktisch orientiertes »Manual« für die Verbesserung der Selbstführung mit vielen Beispielen und Checklisten siehe: »Praxisfeld Selbstführung – Der Werk- und Denkzeugkasten für den Einsatz persönlicher Ressourcen« (Braun, W. & G. F. Müller, 2009)

320 Vergleiche dazu: »Praxisfeld Selbstführung – Der Werk- und Denkzeugkasten für den Einsatz persönlicher Ressourcen« (Braun, W. & G. F. Müller, 2009)

321 Die vier Begriffe in Anlehnung Karl-Heinz Seßler: Der nextleader ist Führungskraft für das eigene Selbst, https://www.nextleader.de/index.php/home-nextleader.html, abgerufen am 02.02.2019

322 Bruce Wayne Tuckman, Developmental sequences in small groups. Psychological Bulletin, issue 63, 1965, p 348-399. Siehe: http://www.garfield.library.upenn.edu/classics1984/A1984TD25600001.pdf, abgerufen am 02.02.2019

323 Wir verdanken dem findigen Journalisten Brad Stone die einigermaßen entlastende Entzauberung der »Two Pizza Rule«, denn die Brutalität, die man der Regel in der Antizipation in den Medien und in der wissenschaftlichen Literatur zugeschrieben hatte, hat es in Wahrheit bei Amazon in dieser Radikalität nie gegeben. Erst war klar, dass viele Funktionsbereiche wie Finanz oder Recht nicht sinnvoll in Kleingruppen geschnitten werden sollten. Dann hatte auch das Engineering seine Sorgen damit und so weiter. Was geblieben ist, ist der Versuch, die Teamgrößen sinnvoll zu verkleinern und die Kommunikation zwischen den Teams sinnvoll zu reduzieren. Dem gebührt allerdings viel Respekt. Siehe dazu auch: »The Everything Store: Jeff Bezos and the Age of Amazon« (Stone, B., 2013)

324 Die wissenschaftliche Erklärung für die Limitierung der Teamgröße liegt in den überproportional zunehmenden Kosten für die Verwaltung und Betreuung der Links zwischen den einzelnen Mitgliedern der Gruppen. Dazu auch: »The Psychology of Leadership: New Perspectives and Research, Lawrence Erlbaum Associates« (Messick, D. M. & R. M. Kramer, 2005, S. 131 ff)

325 Eine Studie des Harvard Business Review aus dem Jahr 2016 zeigt, dass sich die Anzahl der Vorstände in den größeren Unternehmen innerhalb einer Generation etwa verdoppelt hat. Spannend auch die Analyse, wonach dadurch CEOs zu Schiedsrichtern der Funktionsvertreter werden, die in den Boardmeetings ihre Konflikte austragen. Siehe Jacques Neatby: »The Ballooning Executive Team«, Harvard Business Review 07/2016. https://hbr.org/2016/07/the-ballooning-executive-team, abgerufen am 02.02.2019

326 Zur Definition und zur inhaltlichen Vertiefung zu New Work: »New Work – auf dem Weg zur neuen Arbeitswelt« (Hackl, B. et al, 2017, S. 3 ff)

327 Vergleiche dazu: »Arbeit« (Riedel, M. 1973, S. 125 – 141)

328 Ansprechend dazu auch der Artikel von Brigitte Weingart: »Arbeit – ein Wort mit langer Geschichte«, http://www.ethikprojekte.ch/texte/arbeit.htm, abgerufen am 03.02.2019

329 Ein Interview mit Frithjof Bergmann im personal magazin 09/18: https://www.haufe.de/personal/zeitschrift/personalmagazin/personalmagazin-ausgabe-092018-personalmagazin_48_465346.html, abgerufen am 02.02.2019. Eine Zusammenfassung des dortigen Interviews auch unter: https://www.haufe.de/personal/hr-management/frithjof-bergmann-uebt-kritik-an-akteuller-new-work-debatte_80_467516.html, abgerufen am 02.02.2019

330 Zur Selbstbeobachtungsfähigkeit auch Rudolf Wimmers Business-Navigator: https://www.osb-i.com/fileadmin/user_upload/osb_business_navigator.pdf, abgerufen am 08.04.2019

331 Die psychoanalytischen Konzepte legen folgende Störungen als »Führungstypologie« nahe, die in der folgenden Tabelle mit ihren jeweiligen Mustern aufgezählt sind:

BENENNUNG	STÖRUNG IN PHASE	LEBENSTHEMATIK	UMFELD
Narzisstische Struktur	Symbiose	Grandiosität und Bewunderung	Pomp und Personenkult
Schizoide Struktur	Urvertrauen	Angst vor Intimität	Steuerung durch Zahlen, Führungssubstitute
Depressive Struktur	Oralität	Wärme und Akzeptanz	Kooperative Entscheidungsfindung, Klimapflege
Zwangsstruktur	Analität	Ordnung und Kontrolle	Detaillierte Vorschriften und Kontrollsysteme
Hysterische Struktur	Phallisch	Selbstinszenierung, Abwechslung	Improvisation, Form und Stil wichtiger als der Inhalt

Dazu: »Führung von Mitarbeitern. Handbuch für erfolgreiches Personalmanagement« (Rosenstiel, L.v. et al., 2014, S. 21 ff)

332 Dazu Otto Scharmer »How to escape your organization's echo chamber«, https://consciouscompanymedia.com/the-new-economy/how-to-escape-your-organizations-echo-chamber/, abgerufen am 07.02.2019

333   Nur eine dazu: James R. Detert und Ethan R. Burris, »Can Your Employees Really Speak Freely?«, Harvard Business Manager, Ja/Feb Ausgabe, 2016, https://hbr.org/2016/01/can-your-employees-really-speak-freely, abgerufen am 07.02.2019

334   Dazu ein eigenes Kapitel in dem Buch: »Business @the Speed of Thought: Succeeding in the Digital Economy« (Gates, B., 1999)

335   Ford, H., 1952, S. 48 ff

336   Dazu: »My Years with General Motors« (Sloan, A., 1990)

337   Dazu: »The Toyota Production System – Leaner manufacturing for a greener planet« (TMC, 1998)

338   Dazu auch: Monique Valcour, Motivating People Starts with Having the Right Attitude, März 2012, https://hbr.org/2017/03/motivating-people-starts-with-having-the-right-attitude, abgerufen am 17.02.2019

339   Dazu insbesondere der sehr lesenswerte Artikel: »Über die allmähliche Verfertigung der Führung beim Reden: Anmerkungen zu einer postheroischen Führung nach der Krise« von Thomas Schumacher, 2010, S. 211 – 237

340   Ein wesentlicher Teil des Materials kann von den Empfängern des e&Co. AG VALUE LETTERS auch online abgerufen werden (wichtige Folien, Mindmaps und einige der Fallgeschichten): https://www.eandco.com/newsletter

341   Ideen dazu entnommen aus dem Online-Artikel von Conny Dethloff, »Gute Führung lässt sich nicht beschreiben«, https://www.lean-knowledge-base.de/gute-fuehrung-laesst-sich-nicht-beschreiben/, abgerufen am 17.02.2019

342   Auch Top-Talente wie Steve Jobs und viele weitere hatten vor ihrem Aufstieg karrieremäßige »Nahtoderfahrungen«. Siehe auch: https://hbr.org/2007/01/firing-back-how-great-leaders-rebound-after-career-disasters, abgerufen am 08.04.2019

343   »Boreout – Biografien der Unterforderung und Langeweile: eine soziologische Analyse« (Prammer, E., 2013, S. 13)

344   »Das Flow-Erlebnis. Jenseits von Angst und Langeweile: im Tun aufgehen« (Csíkszentmihályi, M., 2010)

345   »Teil der Welt. Fraktale einer Ethik. Ein Drama in drei Akten« (Foerster, H.v. & M. Bröcker, 2002, S. 178)

346   Dazu die spannende Analyse von Chris DeRose und Noel Tichy unter dem Titel: »What Happens When a ›HiPPO‹ Runs Your Company?«, in der die beiden Autoren die Ankunft des mit einem Paket von 52 Millionen Dollar versehenen, neuen CEOs Ron Johnson bei JC Penney analysieren (damit, deutlich, die »highest paid person in the room«). Online verfügbar unter https://www.forbes.com/sites/derosetichy/2013/04/15/what-happens-when-a-hippo-runs-your-company/#4b1fd15240cf, abgerufen am 19.02.2017

347   Sehr erhellend dazu die »Briefe an die Aktionäre«, die der Amazon-Gründer Jeff Bezos jährlich schreibt. Zum Beispiel: https://www.handelsblatt.com/downloads/19668588/1/jeff-bezos-von-amazon-2016-letter-to-shareholders.pdf?ticket=ST-1532704-I3HjHwkjkxJotXKPNC0I-ap3, abgerufen am 19.02.2019

348   Eine in der Digitalwirtschaft viel zitierte Geschichte über das Verzetteln in zu vielen Dingen ist in diesem Zusammenhang das unter dem Titel »Peanut-Butter-Manifesto« im Jahr 2006 bekannt gewordene, interne Memo des Yahoo Vice President Brad Garlinghouse, der darin den Verlust des Fokus des Unternehmens anklagt und mit dem »Sprayen von Peanut-Butter« vergleicht: Überall ein bisschen und eben kein Fokus. Das Dokument fand sich gegen die Absicht seines Verfassers im Wall Street Journal wieder und führte zu heftigen Diskussionen, die bis heute anhalten. https://www.wsj.com/articles/SB116379821933826657, abgerufen am 20.02.2019

349   »Steve Jobs« (Isaacson, W., 2011)

350   »Aufstand des Individuums – Warum wir Führung komplett neu denken müssen« (Sprenger, R. K., 2000)

351   Zur Diskussion dessen und insbesondere dem von den Personalbereichen oft nicht ausreichend begleiteten Feedbackprozess sei unter anderem auf folgende Quelle verwiesen: »Organisationstheorie. Problemstellung – Modelle – Entwicklung« (Miebach, B., 2012, S. 18 ff

352   Dazu und zu »neuen Lernformen«: »Wertungen, Werte – Das Fieldbook für ein erfolgreiches Wertemanagement« (Erpenbeck, J. & W. Sauter, 2018, S. 93 ff)

353   F.A.Z. vom 30.09.2006: »360-Grad-Feedback. Willkommen im Panoptikum«; SZ vom 10.09.2005: »360-Grad-Feedback. Wie findet ihr mich?«

354 Siehe das im Artikel: »360-Grad-Feedback. Willkommen im Panoptikum«. (F.A.Z. vom 30.09.2006) vom Augsburger Psychologen Oswald Neuberger geäußerte Statement: »Wenn man einen Manager von fünf Mitarbeitern mithilfe desselben Fragebogens beurteilen lässt, ist die Überlappung in den Aussagen im Schnitt 30 Prozent«. Es werde weniger die Führungskraft an sich bewertet als vielmehr die Qualität der Beziehung des Feedbackgebers zu ihr. Das Statement ist gut nachvollziehbar, aber es sollte aus meiner Sicht auch als dringender Forschungsimpuls für eine dichtere Beforschung dieser »Behauptung« verstanden werden.

355 Zitiert nach aus einem Artikel in der F.A.Z. (17.10.2018) von Holger Stelzner: »Aufstieg der Volksrepublik: Chinas Weg zur Weltherrschaft«, https://www.faz.net/aktuell/politik/supermacht-china/chinas-weg-zur-weltherrschaft-15377498.html?printPagedArticle=true#pageIndex_0, abgerufen am 08.04.2019

356 Interessant dazu der Artikel: »Leading agile transformation: The new capabilities leaders need to build 21st-century organizations« von Aaron De Smet, Michael Lurie und Andrew St. George, McKinsey White Paper, erschienen Oktober 2018, https://www.mckinsey.com/~/media/mckinsey/business%20functions/organization/our%20insights/leading%20agile%20transformation%20the%20new%20capabilities%20leaders%20need%20to%20build/leading-agile-transformation-the-new-capabilities-leaders-need-to-build-21st-century-organizations.ashx, abgerufen am 20.02.2019

357 Original hier zu finden: https://corporate-rebels.com/haier/, abgerufen am 25.02.2019

358 Dazu als Quelle Zhang Ruimin selber in »Why Haier Is Reorganizing Itself around the Internet of Things«. https://www.strategy-business.com/article/Why-Haier-Is-Reorganizing-Itself-around-the-Internet-of-Things?gko=895fe, abgerufen am 25.02.2019

359 Manfred Becker prägte dafür den schönen Ausdruck: Vom Wissenshamster zum Kompetenzwiesel. Siehe: »Vom Wissenshamster zum Kompetenzwiesel: Reformansätze in der Personalentwicklung« (Becker, M., 2002, S. 112 – 130)

360 Der Branchenverband BITKOM hat dazu 2016 über 500 Unternehmen ab 500 Mitarbeitern befragt: https://www.bitkom.org/Presse/Presseinformation/Weiterbildung-findet-oft-im-Web-statt.html, abgerufen am 08.04.2019. Demnach nutzen zwar schon zwei Drittel der Unternehmen digitale Lernmöglichkeiten für Mitarbeiter, aber die Durchdringung scheint noch arg ausbaufähig, vor allem spielen Smartphone- und Tablet-Apps bislang keine Rolle.

361 Das Groupware-Werkzeug Slack ist ein webbasierter Instant-Messaging-Dienst des amerikanischen Unternehmens Slack Technologies. Der Name »Slack« bedeutet »Searchable Log of All Conversation and Knowledge«. Es wird zur Kommunikation von Arbeitsgruppen eingesetzt. Slack Technologies wurde 2009 in Vancouver, Kanada gegründet (unter anderem von Stewart Butterfield, der auch den Bilderdienst Flickr mitgegründet hat), hat den Firmensitz aber 2016 nach San Francisco verlegt.

362 Atlassian, gegründet 2002 in Sydney und 2013 nach UK gezogen, ist mittlerweile an der Börse NASDAQ im Handel und bietet eine Palette von Werkzeugen für die (vor allem) agile Softwareentwicklung an. Die bekanntesten sind: Bamboo, Crucible, SourceTree, Bitbucket und HipChat, sowie das bekannte Confluence Wiki und die Aufgabenmanagementsoftware Jira. 2017 übernahm Atlassian den sehr bekannten Hersteller der Projektmanagementsoftware Trello.

363 Als Mitbewerber von Slack (Presseberichten folgend, hatte Bill Gates den geplanten Erwerb von Slack unterbunden) hat Microsoft in Erweiterung seines Kommunikationsproduktes Skype auch Groupwarefunktionen. Erinnerungen an den Browser-War sind vielleicht nicht zufällig.

364 Dazu auch: »TOP – Die neue Wissenschaft vom bewussten Lernen« (Ericsson, K. A. & R. Pool, 2016, S. 290 ff) mit vielen weiteren Beispielen wie etwa zu Paganini, dem Eishockeyspieler Mario Lemieux und dem Stabhochspringer Donald Thomas

365 »Versuch einer gründlichen Violinschule« (Mozart, L., 1756)

366 ebd., S. 98 ff

367 In zahlreichen Seminaren erfahren die »Spitzenverkäufer«, dass Bedenken seitens des Kunden, auch sehr kritische, zwar grundsätzlich berechtigt sind, am Ende aber vor allem ein Informationsdefizit aufzeigen, das es zu beheben gilt. Genau dies sei die Aufgabe guter Verkäufer. Fragen und Einwände des Kunden (keine Zeit, kein Interesse, keine Lust) bilden lediglich einen Beitrag zur Kommunikation, den Verkäufer nicht abwiegeln, sondern als Aufforderung zur Nachbesserung und Chance zur Verdeutlichung wichtiger Punkte begreifen sollen (...). Noch Einwände?

368 Dazu ausführlich: »Management: Das A und O des Handwerks« (Malik, F., o.J.)

369 Siehe Philip Hans Franses (2014): »When Did Nobel Prize Laureates in Literature Make Their Best Work?«, Creativity Research Journal 26, no. 3: S. 372 – 74; und auch das Paper unter dem Link: https://www.researchgate.net/publication/323176217_Creativity_Patterns_in_the_Production_of_Scientific_Theories_and_Literary_Fiction, abgerufen am 08.04.2019

370 Dazu das Buch (dieses formuliert in weiten Teilen einige der zentralen Thesen von Clayton Christensens »Innovators Dilemma« vorab): »Seeing What's Next: Using the Theories of Innovation to Predict Industry Change« (Christensen, C. M. et al, 2004)

371 Artikel und Interview mit Reid Hoffman vom Autor Tim Sullivan in der April-Ausgabe des Harvard Business Review vom April 2016. Blitzscaling. https://hbr.org/2016/04/blitzscaling, abgerufen am 03.03.2019

372 Vulgär »Eier haben«, auch: Courage

373 Die Flutung der Start-ups mit »zu viel Geld« kommentiert auch die Neue Züricher Zeitung erhellend kritisch: https://www.nzz.ch/finanzen/softbank-startup-investments-werden-zu-riskant-ld.1460913, abgerufen am 08.04.2019

374 Dazu Bloomberg News: https://www.bloomberg.com/news/features/2018-09-27/masayoshi-son-softbank-and-the-100-billion-blitz-on-sand-hill-road, abgerufen am 08.04.2019

375 Bereits zu einem sehr frühen Zeitpunkt, 1991, brachte die Harvard Business Review einen interessanten und auch geschichtlich lesenswerten Artikel über den ehrgeizigen Masayosho Son heraus: https://hbr.org/1992/01/japanese-style-entrepreneurship-an-interview-with-softbanks-ceo-masayoshi-son, abgerufen am 08.03.2019

376 Das Manager-Magazin (Ausgabe 07.08.2017, Artikel von Andreas Albert) porträtierte Masayoshi Son in einem Artikel als den »Herrn der Roboter«: http://www.manager-magazin.de/unternehmen/personalien/masayoshi-son-der-herr-der-roboter-a-1158534-3.html, abgerufen am 08.04.2019

377 https://www.youtube.com/watch?v=Sa2_VBuod7k, abgerufen am 08.04.2019

378 Im September 2014 erfolgte der Börsengang von Alibaba, woran SoftBank (das Unternehmen Sons) einen 37-prozentigen Anteil hielt. Alibaba wurde mit ca. 167 Milliarden Dollar bewertet, und damit wuchs das Privatvermögen Sons (hätte er verkaufen können) um geschätzte 16 Milliarden Dollar an. Ende Mai 2016 kündigte SoftBank an, den 32-prozentigen Anteil an Alibaba auf 28 Prozent zu reduzieren.

379 Zur Größenordnung nur eine der möglichen Quellen: https://www.dartconsulting.co.in/market-news/global-venture-capital-investments-touching-new-heights-in-2015-with-128-5-b-worth-vc-backed-up-ventures-trends-and-major-industry-ventures/, abgerufen am 08.04.2019

380 https://www.visionfund.com/portfolio, abgerufen am 29.03.2019

381 Vergleiche dazu auch: »The Architecture of Innovation: The Economics of Creative Organizations« (Lerner, J., 2012)

382 Idee dazu: https://www.quora.com/Why-is-storytelling-important-What-would-you-say-to-inspire-provoke-or-dissuade-young-storytellers#, abgerufen am 09.03.2019

383 Jeremy Hsu im Scientific American in der Ausgabe 08/2008: https://www.scientificamerican.com/article/the-secrets-of-storytelling/, abgerufen am 08.04.2019

384 Das ganze Experiment erschien auch als Buch: »Significant Objects« (Glenn, J. & R. Walker, 2012)

385 Diese Geschichten kann man auch unter http://significantobjects.com/ alle nachlesen

386 Nach Angaben des Handelsblatts wurden zum Beispiel 2/3 der Produktionskosten (immerhin 270 Millionen €) von »Spectre« durch die Inszenierung von Marken abgedeckt – ein Rekord. Siehe: https://www.handelsblatt.com/unternehmen/dienstleister/werber-rat/der-werber-rat-die-lizenz-zum-product-placement/12528384.html, abgerufen am 08.04.2019

387 Zum gesamten Abschnitt (u. a. auch Airbnb) als Quelle und Hinweis für eine tiefergehende Befassung: »Tell me! Wie Sie mit Storytelling überzeugen. Für alle, die in Beruf, Marketing und PR erfolgreich sein wollen« (Pyczak, T., 2017)

388 Zum Storytelling und zur kulturellen (und über alle Kulturen gültigen) Bedeutung vergleiche: »Der Heros in tausend Gestalten« (Campbell, J., 1999)

389 Zur Frage, was eine Story ausmacht, auch: »Stories und Storytelling in der Organisationskommunikation, Storytelling in der Organisationskommunikation: Theoretische und empirische Befunde« (Ettl-Huber, S., 2014, S. 14)

390 Siehe das Interview von Gerhard P. Krejci mit Dirk Baecker in der Zeitschrift für Organisationsentwicklung und Change Management vom 13.05.2016: »Dirk Baecker beobachtet die Organisation im Wandel«, https://www.zoe-online. org/meldungen/dirk-baecker-beobachtet-die-organisation-im-wandel/, abgerufen am 08.03.2019

391 Entnommen aus der berühmten Ansprache an die Absolventen der Stanford Universität von Steve Jobs am 12. Juni 2005, https://news.stanford.edu/2005/06/14/jobs-061505/, abgerufen am 08.04.2019

392 Im Grunde teile ich die Auffassung der Autoren und Wissenschaftler Peter C. Evans und Annabelle Gawer, dass wir es eigentlich mit 4 Typen von Plattformen zu tun haben: Transaktionsplattformen, Innovationsplattformen, Investmentplattformen und Integrationsplattformen. Diese Typen haben die beiden in einer interessanten Studie herausgearbeitet und mit ebenso interessanten Zahlen/Einsichten belegt. Siehe dazu: »The Rise of the Platform Enterprise, A global Survey« (Evans, P. C. & A. Gawer, 2016). Link: https://www.thecge.net/app/uploads/2016/01/PDF-WEB-Platform-Survey_01_12.pdf, abgerufen am 08.04.2019

393 Um diese Dominanz zu erreichen, geben Wagniskapitalgeber sehr viel Geld in die oft noch sehr jungen Start-ups (siehe auch Vision Fund weiter oben). Eine aus meiner Sicht spannende Liste zur Beforschung des Wachstumsverhaltens von jungen Einhörnern (unter denen die Mehrheit ein plattformartiges Businessmodell anstrebt) findet sich unter: The Global Unicorn Club: Current Private Companies Valued At $1B+ (including whisper valuations), https://www.cbinsights.com/research-unicorn-companies, abgerufen am 08.04.2019

394 Das Marktforschungsinstitut Wards Intelligence beziffert die weltweiten Verkäufe von Fahrzeugen im Jahr 2017 mit 96,04 Millionen, https://subscribers.wardsintelligence.com/analysis/world-vehicle-sales-grew-27-2017, abgerufen am 14.03.2019

395 Eine wichtige Ausnahme war das in Skandinavien verbreitete NMT-System (Nordic Mobile Telephone – Nordisk Mobil Telefoni), mit dem grenzüberschreitendes Telefonieren möglich war. Die Planungen begannen 1970 und der Betrieb ab 1981. Einsatz in Finnland, Schweden, Norwegen und Dänemark. Heute teilweise noch in Russland in Gebrauch. In der Schweiz als Natel C bezeichnet, in Österreich als C-Netz von 1984 bis 1997 in Betrieb.

396 Zur Geschichte von GSM siehe auch: http://freeweb.dnet.it/fame/michaelgsm/geschichte.htm, abgerufen am 08.04.2019

397 Die AUTOSAR-Entwicklungspartnerschaft wurde im Juli 2003 von BMW, Bosch, Continental, DaimlerChrysler, Siemens VDO und Volkswagen zur Entwicklung eines offenen Industriestandards für die Automotive E/E-Architektur gegründet. 2003 traten Ford Motor Company, Peugeot Citroën Automobiles S. A. und Toyota Motor Corporation bei. 2004 wurde auch General Motors Partner. Siehe: https://www.autosar.org/

398 https://www.vda.de/de/presse/Pressemeldungen/20160101-deutsche-automobilindustrie-investiert-34-milliarden-euro-in-forschung-und-entwicklungo.html, abgerufen am 08.04.2019

399 https://www.welt.de/print/die_welt/debatte/article12914647/Energie-2030.html, abgerufen am 08.04.2019,

A

Anderson, Chris (2006): »The Long Tail: Why the Future of Business Is Selling Less of More«, Hachette Books.

Aygen, Nilgün (2019): »Die Besten für den Vertrieb«, Springer Verlag, Wiesbaden.

B

Baecker, Dirk (2015): »Postheroische Führung: Vom Rechnen mit Komplexität«, Springer Fachmedien, Wiesbaden.

Barabási, Albert- László (2003): »Linked. How everything is connected to everything else and what it means for business, science, and everyday life«, Plume, New York.

Barabási, Albert- László (2010): »Bursts: The Hidden Pattern Behind Everything We Do«, Dutton Adult Verlag, New York.

Bass, Bernard, M. & Ruth Bass (2008): »The Bass handbook of leadership, theory, research, and managerial applications«, 3. Auflage, Free Press, New York.

Becker, Manfred (2002): »Vom Wissenshamster zum Kompetenzwiesel: Reformansätze in der Personalentwicklung«, in: M. Becker, V. Schwarz, A. Schwertner (Hg.), »Theorie und Praxis der Personalentwicklung: aktuelle Beiträge aus Wissenschaft und Praxis«, 2. Auflage, Verlag Hampp, München, S. 117 – 135.

Blessin, Bernd & Alexander Wick (2017): »Führen und führen lassen: Ansätze, Ergebnisse und Kritik der Führungsforschung«, 8. Auflage, VK Verlagsgesellschaft, Konstanz.

Blessin, Bernd & Alexander Wick (2017): »Führen und führen lassen«, 8. Auflage, UTB Stuttgart.

Blokdyk, Gerardus (2019): »Net Promoter Score a Complete Guide – 2019 Edition«, 5starcooks.

Bock, Laszlo (2015): »Work Rules! Insights from Inside Google That Will Transform How You Live and Lead«, Twelve Verlag.

Bossert, Oliver; Chris Ip, & Jürgen Laartz (2014): »A two-speed IT architecture for the digital enterprise«, McKinsey Publikation.

Brafman, Ori. & Rod A. Beckström (2007): »Der Seestern und die Spinne: Die beständige Stärke einer kopflosen Organisation«, Wiley-VCH.

Brand, Stewart (1995): »How Buildings Learn. What Happens After They're Built«, Paperback, Penguin Books, London.

Braun, Walter & Günter F. Müller (2009): »Praxisfeld Selbstführung – Der Werk- und Denkzeugkasten für den Einsatz persönlicher Ressourcen«, Verlag Hans Huber, Bern.

Buchanan, Mark (2002): »Small Worlds. Das Universum ist zu klein für Zufälle«, Campus, Frankfurt am Main.

Burisch, Matthias (2014): »Das Burnout Syndrom: Theorie der inneren Erschöpfung – Zahlreiche Fallbeispiele – Hilfen zur Selbsthilfe«, 5. Auflage, Springer-Verlag, Berlin/Heidelberg.

C

Campbell, Joseph (1999): »Der Heros in tausend Gestalten«, Insel-Verlag, Frankfurt am Main.

Carr, Nicholas (2014): »Degenerationseffekt. Abgehängt: Wo bleibt der Mensch, wenn Computer entscheiden?«, Carl Hanser Verlag, München.

Chandler, A. D. Jr. (1962): »Strategy and Structure: Chapters in the History of the American Industrial Enterprise«, Cambridge, MA, MIT Press.

Chesbrough, Henry W. (2003): »Open Innovation. The New Imperative for Creating and Profiting from Technology«, Harvard Business School Press, Boston, MA.

Christensen, Clayton M., (2013): »The Innovator's Dilemma: When New Technologies Cause Great Firms to Fail«, Harvard Business Review School Press.

Christensen, Clayton M.; Scott D. Anthony & Erik A. Roth (2004): »Seeing What's Next: Using the Theories of Innovation to Predict Industry Change«, Harvard Business School Publishing.

Collins, Jim (2001): »Good to Great: Why Some Companies Make the Leap … and Others Don't«, HarperBusiness, New York.

Csíkszentmihályi, Mihály (2010): »Das Flow-Erlebnis. Jenseits von Angst und Langeweile: im Tun aufgehen«, Klett-Cotta Verlag.

D

Darwin, Charles (2003): »On the Origin of Species«, Faksimile der Erstausgabe von 1859, Harvard University Press, Cambridge.

Davenport, Thomas & John C. Beck (2001): »The Attention Economy. Understanding the New Currency of Business«, Harvard Business Press, Boston MA.

Dawkins, Richard (1978): »The Selfish Gene«, Oxford University Press, New York.

Doerr, John (2018): »Measure What Matters, OKRs – The Simple Idea That Drives 10x Growth«, Portfolio Penguin.

Drucker, Peter Peter Ferdinand (1954): »Practice of management«, Harper, New York.

Duncan, Robert B. (1976): »The ambidextrous organization: Designing dual structures for innovation«, in: R. H. Kilmann, L.R. Pondy & D. Slevin (Hg.), »The management of organization design: Strategies and implementation«, North Holland, New York.

E

Ericsson, K. Anders & Robert Pool (2016): »TOP – Die neue Wissenschaft vom bewussten Lernen«, Pattloch Verlag, München.

Erpenbeck, John & Werner Sauter (2018): »Wertungen, Werte – Das Fieldbook für ein erfolgreiches Wertemanagement«, Springer Verlag.

Ettl-Huber, Silvia (2014): »Stories und Storytelling in der Organisationskommunikation: Theoretische und empirische Befunde«, Springer Fachmedien, Wiesbaden.

Evans, Peter C. & Annabelle Gawer (2016): »The Rise of the Platform Enterprise, A global Survey«, in: The Center for Global Enterprise (Hg.), The Emerging Platform Economy Series, 01/2016.

F

Foerster, Heinz von & Monika Bröcker (2002): »Teil der Welt. Fraktale einer Ethik. Ein Drama in drei Akten«, Carl Auer Verlag, Heidelberg.

Ford, Henry (1952): »Erfolg im Leben«, Paul List Verlag, München.

G

Gaitanides, Michael (2007): »Prozessorganisation: Entwicklung, Ansätze und Programme des Managements von Geschäftsprozessen«, Vahlen.

Gallus, Alexander & Eckhard Jesse (2004): »Staatsformen-Modelle politischer Ordnung von der Antike bis zur Gegenwart«, Böhlau Verlag, Köln.

Gates, Bill (1999): »Business @ the Speed of Thought: Succeeding in the Digital Economy«, Warner Books, New York.

Gelb, Michael J. & Sarah Miller Caldicott (2007): »Innovate Like Edison: The Success System of America's Greatest Inventor«, Penguin Group, New York.

Glenn, Joshua & Rob Walker (2012): »Significant Objects«, Fantagraphics Books, Seattle, WA.

Greiner, Larry E. (1998): »Evolution and Revolution as Organizations Grow«, in: Harvard Business Review.

Grove, Andrew, S. (1996): »Only the Paranoid Survive, Broadway Business«, 1. Auflage, Profile Books Ltd. HaperCollinsBusiness, London.

Grove, Andy (1995): »High Output Management«, Vintage Books, New York.

H

Hackl, Benedikt; Marc Wagner; Lars Attmer & Dominik Baumann (2017): »New Work – auf dem Weg zur neuen Arbeitswelt«, Springer Fachmedien, Wiesbaden.

Hammer, Michael & James Champy (1994): »Reengineering the Corporation«, deutsch: »Business Reengineering. Die Radikalkur für das Unternehmen«, Frankfurt/New York.

Handy, Charles (1989): »The Age of Unreason«, Harvard Business School Press, Boston.

Hersey, Paul & Kenneth H. Blanchard (1988): »Management of organizational behavior«, 5. Auflage, Prentice Hall, Englewood Cliffs, NJ.

Hillenbrand, Tom (2014): »Drohnenland«, Verlag Kiepenheuer & Witsch, Köln.

Hoffmann, Reid & Ben Casnocha (2013): »The Start-up of You: Adapt to the Future, Invest in Yourself, and Transform Your Career«, Verlag Random House Business, London.

I

Isaacson, Walter (2011): »Steve Jobs«, Simon & Schuster, New York.

Isaak, Robert; Andrew Isaak & Jan Zybura (2016): »Replicating Silicon Valley: Talent and technomanagement in a culture of serendipidy«, in: Huiyao Wang & Yipeng Liu (Hg.), »Entrepreneurship and Talent Management from a Global Perspective«, Edward Elgar Publishing, Cheltenham.

J

Jochheim, Sandra (2002): »Von der Unternehmenskultur zum Netzwerk von Subkulturen«, Metropolis Verlag, Marburg.

K

Kanter, Rosabeth Moss (1998): »Bis zum Horizont und weiter: Management in neuen Dimensionen«, Hanser Fachbuch, München.

Kemper, Steve (2005): »Reinventing the Wheel: A Story of Genius, Innovation, and Grand Ambition«, Harper Business, New York.

Kuhn, Thomas S. (1976): »Die Struktur wissenschaftlicher Revolutionen«, Suhrkamp, Frankfurt am Main.

L

Lazear, Edward, P. & Kathryn L. Shaw (2007): »Personnel Economics: The Economist's View of Human Resource« in: Journal of Economic Perspectives, American Economic Association, Vol. 21 (4).

Lerner, Josh (2012): »The Architecture of Innovation: The Economics of Craeative Organizations«, Harvard Business School Publishing, Boston.

Lewin, Kurt; Ronald Lippitt & Ralph White (1939): »Patterns of aggressive behavior in experimentally created ›social climates‹«, in: The Journal of Social Psychlogy, Jg. 10.

Lewis, Carroll (1871): »Through the Looking Glass. Chapter II: The Garden of Live Flowers«, Macmillan Publishers.

Linde, Arvids (2011): »Preston Tucker & Others. Tales of Brilliant Automotive Innovations«, Veloce Publishing, Dorchester.

M

Malik, Fredmund (2013): »Management: Das A und O des Handwerks«, 2. aktualisierte Auflage, Campus Verlag, Frankfurt/New York.

March, James G. (1991): »Organization Science«, Vol. 2, No. 1, Special Issue: Organizational Learning: Papers in Honor of (and by) James G. March.

Maturana, Humberto R. & Vrancisco Varela (2009): »Der Baum der Erkenntnis. Die biologischen Wurzeln menschlichen Erkennens«, S. Fischer Verlag, Frankfurt am Main.

Messick, David M. & Roderick M. Kramer (2005): »The Psychology of Leadership: New Perspectives and Research, Lawrence Erlbaum Associates«, Lawrence Erlbaum Associates, London.

Miebach, Bernhard (2012): »Organisationstheorie. Problemstellung – Modelle – Entwicklung«, Lehrbuch, Springer Verlag.

Milgram, Stanley (1967): »The Small World Problem«, Psychology Today, Vol. 2.

Milles, Steven (1998): »Consumerism: As a Way of Life«, Sage Publications, London.

Mintzberg, H. (1990): »The Design School: Reconsidering the Basic Premises of Strategic Management«, Strategic Management Journal, Vol. 11 (3).

Mozart, Leopold (1756): »Versuch einer gründlichen Violinschule«, Augsburg.

N

Niermann, Peter F.J. & Andre M. Schmutte (Hg.) (2017): »Managemententscheidungen, Methoden, Handlungsempfehlungen, Best Practices«, Springer Verlag.

P

Parker, Geoffrey G., Marshall van Alstyne & Sangeet Paul Choudray (2016): »Platform Revolution. How Networked Markets are Transforming the Economy«, Norton & Company.

Peters, Tom (1991): »Thriving on Chaos. Handbook for a Management Revolution«, Harper Perennial.

Pine II, Joseph & James H. Gilmore (1999): »The Experience Economy. Work Is Theater & Every Business a Stage«, Harvard Business Review Press.

Porter, Michael Eugene (1986): »Wettbewerbsvorteile (Competitive Advantage). Spitzenleistungen erreichen und behaupten«, Campus Verlag, Frankfurt am Main.

Prammer, Elisabeth (2013): »Boreout – Biografien der Unterforderung und Langeweile: eine soziologische Analyse«, Springer Fachmedien, Wiesbaden.

Pyczak, Thomas (2017): »Tell me! Wie Sie mit Storytelling überzeugen. Für alle, die in Beruf, Marketing und PR erfolgreich sein wollen«, Rheinwerk Verlag, Bonn.

R

Raymond, Eric S. (2010): »The Cathedral and the Bazar«, O'Reilly Verlag.

Rebmann, Frank (2017): »Der Stärken-Code: Die eigenen Talente entschlüsseln, anerkennen und weiterentwickeln«, Campus Verlag, Frankfurt am Main.

Rest, Jonas (2018): Manager Magazin, Ausgabe 10/2018.

Riedel, Manfred (1973): »Arbeit«, in: H. Krings et al. (Hg.), »Handbuch Philosophischer Grundbegriffe«, Karl Alber Verlag, München.

Ries, Eric (2011): »The Lean Startup: How Today's Entrepreneurs Use Continuous Innovation to Create Radically Successful Businesses«, Portfolio Penguin, London.

Rifkin, Jeremy (2014): »Die Null-Grenzkosten-Gesellschaft. Das Internet der Dinge, kollaboratives Gemeingut und der Rückzug des Kapitalismus«. Campus Verlag, Frankfurt am Main.

Rodgers, Shelly & Esther Thorson (2017): »Digital Advertising. Theory and Research«, Routledge Taylor & Francis, New York/London.

Rosenstiel, Lutz von; Erika Regnet & Michel Domsch (2014): »Führung von Mitarbeitern. Handbuch für erfolgreiches Personalmanagement«, Kapitel 6.2, »Tiefenpsychologische Erklärungsansätze Führung und für unterschiedliche Führungsverhaltensweisen«, 7. Auflage, Schäffer-Poeschel Verlag, Stuttgart.

Rosenthal, Robert & Lenore Jacobson (2003): »Pygmalion in the Classroom: Teacher Expectation and Pupils' Intellectual Development«, Crown House Publishing Company, Reprint.

S

Sachs, Wolfgang (1991): »Die Liebe zum Automobil«, Rowohlt Verlag.

Sahlberg, Pasi (2017): »FinnishED Leadership: Four Big, Inexpensive Ideas to Transform Education«, Corwin.

Schneier, Bruce (2015): »Data und Goliath: Die Schlacht um die Kontrolle unserer Welt. Wie wir uns gegen Überwachung, Zensur und Datenklau wehren müssen«, Redline Verlag, München.

Schumacher, Thomas (2010): »Über die allmähliche Verfertigung der Führung beim Reden: Anmerkungen zu einer postheroischen Führung nach der Krise«, in: Diego Haunreiter (Hg.), »Kommunikation in Wirtschaft, Recht und Gesellschaft«, Schriftenreihe der Assistierenden der Universität St. Gallen, Stämpfli Verlag, Bern.

Seiderer, Ute (1999): »Panta rhei. Der Fluß und seine Bilder. Ein kulturgeschichtliches Lesebuch«, Reclam, Leipzig.

Senge, Peter M. (2011): »Die fünfte Disziplin. Kunst und Praxis der lernenden Organisation«, 11. Auflage, Klett-Cotta.

Senor, Dan & Saul Singer (2011): »Start-up Nation. The Story of Israel's Economic Miracle«, Twelve/Hachette Book Group.

Simon, Herbert A. (1971): »Designing Organizations for an Information-Rich World«, in: Martin Greenberger (Hg.), »Computers, Communication and the Public Internet«, John Hopkins University Press, Baltimore/London.

Sinek, Simon (2009): »Start with why. How great leaders inspire everyone to take action«, Portfolio/Penguin.

Sinclair, Amanda (2007): »Leadership for the disillusioned: Moving beyond myths and heroes to leading that liberates«, Allen & Unwin, Crows Nest.

Singer, Wolf (2002): »Der Beobachter im Gehirn. Essays zur Hirnforschung«, Suhrkamp, Frankfurt am Main.

Sloan, Alfred (1990): »My Years with General Motors«, Kap. 3 »Concept of the organization«, Crown Business, New York.

Spitzer, Manfred (2018): »Die Smartphone Epidemie: Gefahren für Gesundheit, Bildung und Gesellschaft«, Klett-Cotta, Stuttgart.

Sprenger, Reinhard, K. (2000): »Aufstand des Individuums – Warum wir Führung komplett neu denken müssen«, Campus Verlag Frankfurt/New York.

Stone, Brad (2013): »The Everything Store: Jeff Bezos and the Age of Amazon«, Little, Brown & Co, New York.

Sutherland, Jeff (2015): »Die Scrum-Revolution. Management mit der bahnbrechenden Methode der erfolgreichsten Unternehmen«, Campus Verlag, Frankfurt am Main.

T

Touhill, C. Joseph; Gregory J. Touhill & Thomas, A. O'Riordan (2011): »Commercialization of Innovative Technologies. Bringing Good Ideas to the Marketplace«, John Wiley & Sons, Hoboken, New Jersey.

Toyota Motor Corporation (1998): »The Toyota Production System – Leaner manufacturing for a greener planet«, Public Affairs Division, Tokyo.

Tucker, Holly (2011): »Blood Work. A Tale of Medicine and Murder in the Scientific Revolution«, W. W. Norton & Company.

W

Watzlawick, Paul (2009): »Anleitung zum
Unglücklichsein«, (Erstausgabe 1983),
15. Auflage, Piper Verlag, München.

Wehrli, Ursus (2002): »Kunst aufräumen«,
Kein & Aber, Zürich.

Welch, Jack & Suzy Welch (2005): »
Winning«, Harper-Collins, New York.

Wentz, Rolf-Christian (2008): »Die Innovations-
maschine. Wie die weltbesten Unternehmen
Innovationen managen«, Kapitel 11.1, Springer
Verlag, Berlin/Heidelberg.

Whitehurst, Jim (2015): »The Open Organization,
Igniting Passion and Performance«, Harvard
Business School Publishing, Boston.

Wimmer, Rudolf (2009): »Führung und Organisation – zwei Seiten ein und derselben Medaille«,
in: Dirk Baecker et al. (Hg.), »Revue für postheroisches Management«, 04/2009.

Wunderer, Rolf & Wolfgang Grunwald (1990): »Führungslehre, Grundlagen der Führung« in: Marty Cagan
(Hg.) (2018), »Inspired, how to create tech products
customers love«, De Gruyter Lehrbuch Bd. 1, 2. Auflage, John Wiley & Sons Inc., Hoboken, New Jersey.

Galloway, Scott (2017): »The four. Die geheime DNA von Amazon, Apple, Facebook und Google«, Plassen Verlag, Börsenmedien AG, Kulmbach.

Hoffmeister, Christian & Yorck von Borcke (2015): »Think new! 22 Erfolgsstrategien im digitalen Business«, Carl Hanser Verlag, München.

Krings-Klebe, Janka, Joachim Heinz & Jörg Schreiner (2017): »Future Legends. Business in hyper-dynamic markets«, tredition GmbH, Hamburg.

Lanier, Jaron (2013): »Wem gehört die Zukunft?«, 8. Auflage, Hoffmann und Campe Verlag, Hamburg.

Lanier, Jaron (2014): »Gadget. Warum die Zukunft uns noch braucht«, 2. Auflage, Suhrkamp Taschenbuch Verlag, Berlin.

Martínez, Antonio García (2016): »Chaos Monkeys, obscene fortune and random failure in silicon valley«, HarperCollins Publishers, New York.

Nadella, Satya (2017): »Hit Refresh. Wie Microsoft sich neu erfunden hat und die Zukunft verändert«, Plassen Verlag, Börsenmedien AG, Kulmbach.

Petry, Thorsten (Hg.) (2016): »Digital Leadership. Erfolgreiches Führen in Zeiten der Digital Economy«, Haufe-Lexware GmbH & Co. KG, Freiburg.

Ross, Alec (2016): »Die Wirtschaftswelt der Zukunft. Wie Fortschritt unser komplettes Leben umkrempeln wird«, Plassen Verlag, Börsenmedien AG, Kulmbach.

Schein, Edgar H. & Peter Schein (2017): »Organizational Culture and Leadership«, 5. Auflage, Wiley & Sons Inc, New Dehli.

Zeng, Ming (2018)· »Smart Business. Alibabas Strategie-Geheimnis«, Campus Verlag, Frankfurt am Main.

DER AUTOR

Dr. Engelbert Wimmer ist Gründer und Vorstandsvorsitzender der Beratungs- und Beteiligungsgesellschaft e&Co. AG. Er studierte Telematik an der TU Graz und promovierte an der Universität Bremen in Philosophie. Seit über 20 Jahren berät er internationale Automobilkonzerne – aktuell speziell in Fragen der Digitalisierung und der Agilisierung von Organisation und Führung.

Sein Profil auf LinkedIn
www.linkedin.com/in/dr-engelbert-wimmer-62b2672

E&CO. AG — ENTREPRENEURS & CONSULTANTS

e&Co. ist eine agile Management-Beratung und Investmentgesellschaft mit Fokus auf komplexe Veränderungssituationen – speziell in der Automobil- und Mobilitätsindustrie. Unter der Maxime *enabling value* verstehen sich die Entrepreneurs & Consultants als Spezialisten für maßgeschneiderte Lösungen rund um strategische, organisatorische sowie operative Herausforderungen. Der Schlüssel dazu: ein Team umsetzungsstarker Unternehmer-Persönlichkeiten mit Charisma, Leidenschaft und Mut. Aktuelle Standorte: Berlin, München, Wolfsburg, Wien und Seoul. Mehr Informationen: **www.eandco.com**

BIBLIOGRAFISCHE INFORMATION DER DEUTSCHEN NATIONALBIBLIOTHEK

Die Deutsche Nationalbibliothek verzeichnet diese Publikation in der Deutschen Nationalbibliografie; detaillierte bibliografische Daten sind im Internet über https://portal.dnb.de abrufbar.

GESTALTUNG UND SATZ

Romi Klockau
www.leissnerritter.de

ILLUSTRATIONEN

Matthias Seifert
www.matthias-seifert.com

LEKTORAT UND KORREKTORAT

Nikola Klein
www.e-squid.de

ISBN

978-3-00-060987-9